# 本书编委会

主　　编：胡　军　陶　锋
委　　员：（按姓氏拼音排序）
　　　　　陈　林　方　娴　顾乃华　李　杰　李禹燊
　　　　　潘　珊　祁湘涵　向训勇　燕志雄　余壮雄
　　　　　张　红　周　浩　周永文

# 广东产业发展研究报告

# （2021—2022）

胡 军 陶 锋 ◎主编

暨南大学出版社
JINAN UNIVERSITY PRESS

中国·广州

图书在版编目（CIP）数据

广东产业发展研究报告. 2021—2022/胡军，陶锋主编. —广州：暨南大学出版社，2023.6
ISBN 978 - 7 - 5668 - 3619 - 9

Ⅰ.①广…  Ⅱ.①胡… ②陶…  Ⅲ.①产业发展—研究报告—广东—2021—2022
Ⅳ.①F127.65

中国国家版本馆 CIP 数据核字（2023）第 015088 号

广东产业发展研究报告（2021—2022）
GUANGDONG CHANYE FAZHAN YANJIU BAOGAO（2021—2022）
主　编：胡　军　陶　锋
............................................................................

出 版 人：张晋升
责任编辑：黄文科　冯月盈　彭琳惠
责任校对：刘舜怡　黄晓佳　王燕丽　陈皓琳
责任印制：周一丹　郑玉婷

出版发行：暨南大学出版社（511443）
电　　话：总编室（8620）37332601
　　　　　营销部（8620）37332680　37332681　37332682　37332683
传　　真：（8620）37332660（办公室）　37332684（营销部）
网　　址：http://www.jnupress.com
排　　版：广州尚文数码科技有限公司
印　　刷：广州市友盛彩印有限公司
开　　本：787mm × 1092mm　1/16
印　　张：28.25
字　　数：620 千
版　　次：2023 年 6 月第 1 版
印　　次：2023 年 6 月第 1 次
定　　价：98.00 元

# 前　言

## P R E F A C E

20 世纪 70 年代末开始，在中国改革开放和现代化进程中，工业化和城镇化作为两股强大动力，在大江南北留下了深深的历史印记。

广东因毗邻港澳的独特地缘条件，在此进程中肩负起党中央赋予的"摸着石头过河，杀出一条血路"的历史重任。凭借改革开放先走一步的"特殊政策、灵活措施"，广东走出了特有的工业化和城镇化道路，开启了思想大解放、思想大变革、经济大发展、民生大提高的黄金发展时期，创造了"全国喝珠江水，吃广东粮，穿岭南衣，用粤家电"的产业奇迹，以"东西南北中，发财到广东"的魅力，吸引了近 4 000 万全国劳动力入粤就业，成就了过去 30 余年经济总量、财政总量和进出口贸易总量位居全国之首的历史辉煌。广东成为世界著名的加工制造业基地、商品采购贸易中心和充满活力的城市群之一。

改革开放之初，广东依托政策、地缘和成本比较优势，以开放促改革，以改革促发展，通过率先探索"价格双轨制"，兴办经济特区和沿海开放城市，努力营造生产要素有效流动的市场环境，大量承接港澳两地制造业转移，推动"三来一补"的加工贸易蓬勃发展，培育本土配套工业民营经济，逐步完成了工业化的资本积累，建立以外向、轻型为主要特征的产业体系，实现了工业化初期阶段的经济腾飞。经过 10 年左右的快速发展，1988 年广东经济总量和进出口贸易总量首次跃居全国首位。

1992 年邓小平同志发表重要的"南方谈话"，要求广东加快改革开放步伐，用 20 年左右的时间赶上"亚洲四小龙"。"南方谈话"为广东的基础设施建设和产业经济发展注入了强大动力。产业结构在原来物资匮乏时期主要满足居民一般消费需求的食品、服装、小家电的基础上，首次向较为高端的家用电器、家具、家装等产业转型。1997 年亚洲金融危机爆发，广东化危为机，再次谋划产业结构升级调整，通过扩大开放，引入包括韩国、日本、欧美等地的外资企业，打造出珠江东岸的电子信息产业带和西岸的白色家电制造基地，涌现出一大批专业城镇和本土民营企业，并开始在珠三角和沿海地区布局汽车制造、重化工业和高新技术产业。2008 年全球金融危机之后，广东着力于推动产业高级化和适度重型化，大力发展电子信息、汽车、石化、高端装备、生物医药、新材料、新能源等现代产业，并通过建设产业转移园区的形式，努力优化全省产业发展布局。

党的十八大以来，习近平总书记对广东寄予新的期望，多次作出重要指示和批示，要求广东在四个方面走在全国前列，为全国发展提供重要支撑。在党中央的重大战略部署指引下，广东再次确立了新的产业结构转型升级目标，提出加快发展"十大战略性支柱产业"和"十大战略性新兴产业"的目标。特别是要以建设粤港澳大湾区为重要历史契机，依托深圳这个中国特色社会主义先行示范区，以及前海、横琴、南沙、中新知识城等开放合作平台，努力打造现代产业创新发展高地，有效参与"一带一路"合作，为广东打造新发展格局战略支点提供有力支撑。

在工业化和城镇化快速推进的过程中，广东始终坚守基本农田保护区的耕地红线和较高的绿化覆盖率，走出一条独特、优质、高效的现代农业发展之路。曾以桑基鱼塘闻名遐迩的珠三角，目前依然是水果、蔬菜、水产养殖的主要区域；粤东潮汕平原则以精耕细作成为茶叶、海产、瓜果等重要产区之一；粤西各市水稻、荔枝、龙眼、菠萝和海水养殖等产品远销国内外；粤北山区充分利用山地大力发展油茶、南药、丰产林和林业经济产业。虽然2021年全省第一产业增加值仅占GDP的4%左右，但创造了较高的经济效益，依然是全省经济社会稳定的重要根基。

广东的服务业曾经依托香港这个国际服务中心，为制造业提供了有效的支撑。伴随各项基础设施的日益完备和经济社会的巨大需求，全省尤其是珠三角地区的现代服务业蓬勃发展，从传统的商贸流通服务，到现代物流、海空运输、金融服务、网络经济、会展商旅、专业服务等，生活服务业与生产服务业并进发展，为经济发展注入了强大动力和活力。

今天，当我们站在一个新的历史起点上回首过去广东的产业演变历程，可以更加清晰地看到，这实际上就是一个通过改革开放抢抓历史机遇、营造优势吸引全球资源为我所用、不断转型升级参与国际竞争、借力科技创新推动产业高质量发展的过程。面向未来，回顾40多年的产业发展历程，多维度评估工业化进程，总结经验，分析现状，重视问题，研判趋势，因应挑战，早谋对策，是广东"十四五"时期及面向2035年基本实现现代化目标必须解决的重大战略命题。

鉴于此，按照时任广东省常务副省长林克庆同志有关指示和省政府办公厅有关文件要求，省政府专门设立产业经济发展研究课题，并由省发展和改革委员会（发改委）作为主体，代表省政府以购买服务方式每年委托暨南大学产业经济研究院开展研究，形成《广东产业发展研究报告》。报告要求聚焦于建设更高水平的现代化产业体系，深入研究广东产业发展现状、存在问题和未来发展的基本趋势，特别是要结合重点产业、重点区域展开深入分析，进而为省委、省政府下一年的重点工作和政策实施提供决策参考。

课题组在省发改委带领下，对全省及21个地级以上市进行全面系统的资料搜集与整理，与省直相关部门进行座谈，对广州、深圳、佛山、东莞、汕头、湛江、韶关等地市进行实地调研，并多次召开专题性专家咨询会，经过前后约10个月的共同努力，形成《广东产业发展研究报告（2021—2022）》。本报告分为综合篇、产业篇、区域篇、创新篇四大部分。综合篇，在回顾广东工业化历程基础上，评估了当前广东工业化发展阶段，研究了2021—2022年广东产业发展现状特点与存在问题，分析了广东产业发展国内外环境，判断了广东产业发展主要趋势，并提出了下一步广东产业发展相关对策建议。产业篇，基于产业结构调整视角，分别研究广东农业、先进制造业、传统优势产业、战略性新兴产业、服务业发展的现状特征、存在问题、发展趋势，进而提出相关产业发展的对策建议。区域篇，基于产业布局优化视角，分别研究珠三角核心区产业能级提升、广东沿海经济带强化现代产业支撑、广东北部生态发展区构建绿色产业体系的主要成效、存在问题与对策建议，并对全省21个地级以上市产业竞争力进行评估。创新篇，基于产业创新发展视角，分析广东产业创新发展的新特点、新趋势与对策建议，重点研究了广东产业技术创新、制造业服务化、制造业数字化转型、新业态与新模式演进等专题。

编 者

2022 年 12 月

# 目　录　CONTENTS

## 区域篇

# 创新篇

综合篇

# 第一章

# 广东产业发展历程回顾与工业化阶段评估[*]

工业化是发展中国家或地区经济发展的主心轴，是推进现代化进程的主引擎，而制造业发展更是工业化的核心，是立国之本、强国之基。当前，广东已整体进入工业化后期的后半阶段，但是在产业结构和工业高度化等方面仍有转型升级的空间。广东要实现新型工业化和推进制造业高质量发展，需在分析工业化发展阶段、总结经验教训、找准问题的基础上，进一步研讨广东下一阶段工业化的发展方向和要求。本章在回顾广东自改革开放以来各产业发展历程的基础上，使用多维度指标对广东工业化阶段进行了全方位评估，不仅将广东工业化水平与其他制造业大省进行横向比较，而且剖析了广东工业化进程中存在的问题，然后进一步分析了广东制造业在新发展阶段中的地位，最后对广东如何在新发展格局下实现制造业高质量发展提出了要求。

## 第一节  广东产业发展历程的简单回顾

### 一、 经济总量快速增长， 三次产业结构深度调整

改革开放四十多年来，随着工业化和城镇化的快速推进，广东经济总量实现跨越式增长，人均收入水平明显提升。从经济总量来看，1978 年，广东 GDP 仅为 186 亿元。截至 2021 年，GDP 增长至 124 370 亿元。按 1978 年不变价格计算，GDP 增加约 127 倍（见图 1 - 1）。广东现已成为全球第十一大经济体，高于俄罗斯、巴西、澳大利亚、西班牙等国。从人均 GDP 来看，1978 年广东人均 GDP 为 370 元，略低于全国平均水平（385 元）。截至 2021 年，人均 GDP 为 98 285 元（约 15 234 美元），按 1978 年不变价格计算，增加约 50 倍（见图 1 - 2、表 1 - 1）。

---

* 本章第一执笔人为暨南大学产业经济研究院翟少轩。

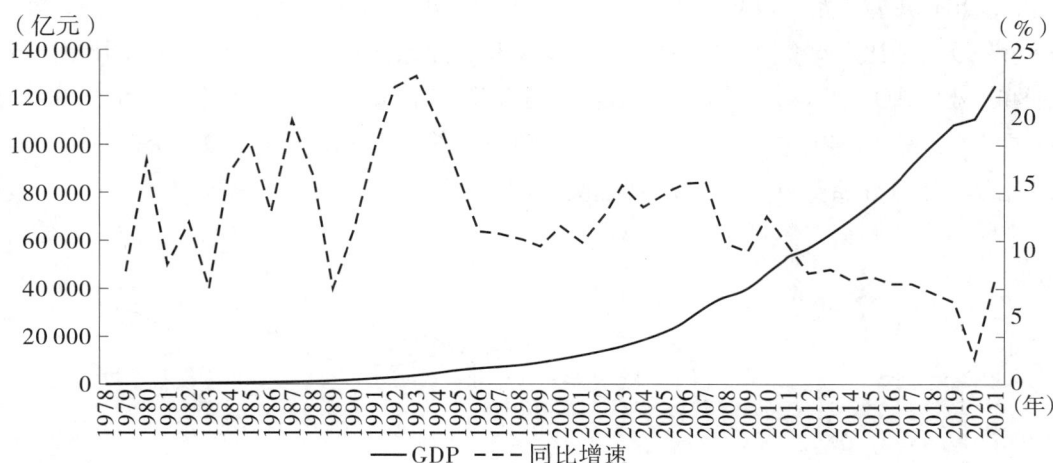

图 1 - 1　1978—2021 年广东 GDP 增长情况

数据来源：广东省统计局。

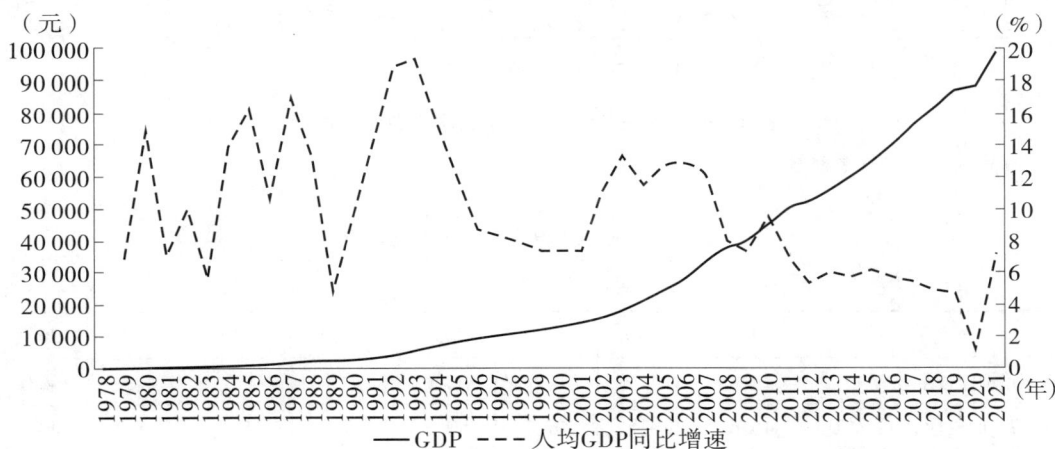

图 1 - 2　1978—2021 年广东人均 GDP 增长情况

数据来源：广东省统计局。

表 1 - 1　主要年份广东 GDP 和人均 GDP 增长情况

| 年份 | 1978 | 1990 | 2000 | 2005 | 2010 | 2015 | 2020 | 2021 |
|---|---|---|---|---|---|---|---|---|
| GDP（亿元） | 186 | 1 559 | 10 810 | 21 963 | 45 945 | 74 732 | 110 761 | 124 370 |
| 人均 GDP（元） | 370 | 2 484 | 12 817 | 23 997 | 44 669 | 64 516 | 88 210 | 98 285 |

数据来源：广东省统计局。

伴随着经济总量快速增长，三次产业结构实现深度调整。从三次产业结构变化来看，1978年，三次产业比重为 29.8∶46.6∶23.6，其中工业比重为 40.96%。80 年代初期，第二产业和工业比重曾出现短暂下滑，1986年第二产业和工业比重出现阶梯式上升，2008年达到最高点。2008年三次产业比重调整为5.2∶50.5∶44.3，其中工业比重为47.3%。从2008年开始，第二产业和工业比重快速下降，而第三产业比重快速上升。到2021年，三次产业比重调整为4.0∶40.4∶55.6，其中工业比重为36.3%。2009—2021年，第二产业比重下降10.1个百分点（其中工业比重下降11个百分点）、第三产业比重上升11.3个百分点（见图1-3、表1-2）。

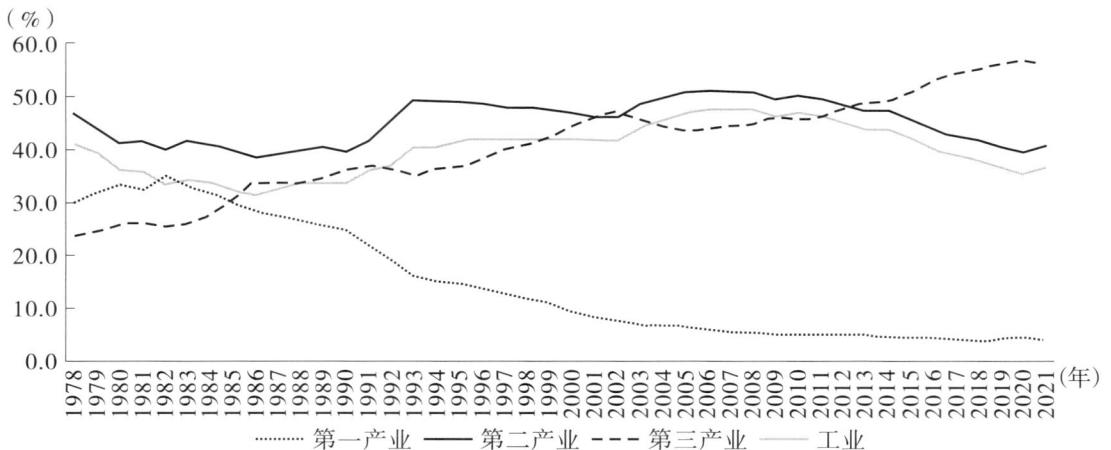

图1-3    1978—2021年广东三次产业结构演变

数据来源：广东省统计局。

表1-2    主要年份广东产业占比情况

（单位:%）

| 年份 | 1978 | 1990 | 2000 | 2005 | 2010 | 2015 | 2020 | 2021 |
|---|---|---|---|---|---|---|---|---|
| 第一产业占比 | 29.8 | 24.7 | 9.1 | 6.4 | 4.8 | 4.3 | 4.3 | 4.0 |
| 第二产业占比 | 46.6 | 39.5 | 46.7 | 50.3 | 49.9 | 45.4 | 39.2 | 40.4 |
| 工业占比 | 41.0 | 33.6 | 41.8 | 46.6 | 46.6 | 41.9 | 35.1 | 36.3 |
| 第三产业占比 | 23.6 | 35.8 | 44.2 | 43.3 | 45.3 | 50.3 | 56.5 | 55.6 |

数据来源：广东省统计局。

## 二、 工业规模持续扩大， 工业占比大幅波动

1978—2021年，广东工业增加值从76亿元增长到45 143亿元，按1978年不变价格计算，增长约261倍。从工业占比来看，80年代初期，工业比重曾出现短暂下滑，从1978年的40.96%下降到1986年的31.23%。1986年以后，工业比重呈现阶梯式上升趋势，到2008年达到峰值。广东工业比重的变化大致可以分为三个时期，即1986—1993年的快速

扩张期，工业比重从 31.23% 增长到 39.97%，7 年之内上升 8.74 个百分点，这主要得益于改革开放政策和工业化的大幅推进；1993—2002 年的稳定增长期，工业比重大致保持在 41%；2002—2008 年的快速增长期，工业比重从 41.38% 增长到 47.29%，6 年之内上升了 5.91 个百分点，这主要得益于中国加入世界贸易组织（WTO）之后工业产品出口的大幅增长。2008 年之后，工业比重进入一个持续快速下滑的过程，从 2008 年峰值 47.29% 下降到 2020 年 35.12%，12 年之内下降了 12.17 个百分点（见图 1-4、表 1-3），这可能受到金融危机冲击、服务需求增长以及产业政策调整等多重因素的影响。但是 2021 年工业比重较上年抬升了 1.18 个百分点，这可能与疫情对服务业冲击以及工业出口增长等因素有关。

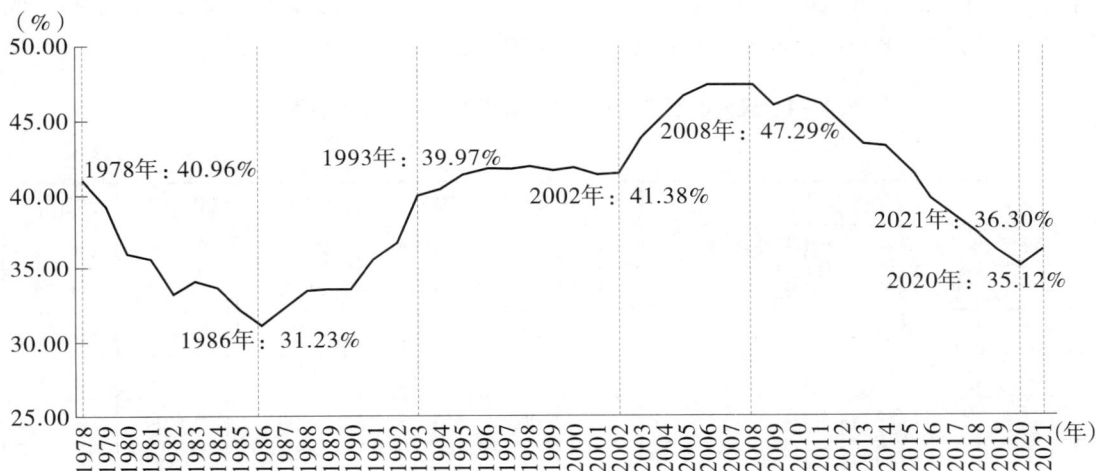

图 1-4　1978—2021 年广东工业增加值占比的变化

数据来源：广东省统计局。

表 1-3　广东关键年份节点的工业增加值和工业占比情况

| 关键年份节点 | 1978 | 1986 | 1993 | 2002 | 2008 | 2020 | 2021 |
|---|---|---|---|---|---|---|---|
| 工业增加值（亿元） | 76 | 208 | 1 387 | 5 629 | 17 357 | 38 904 | 45 143 |
| 工业占比（%） | 40.96 | 31.23 | 39.97 | 41.38 | 47.29 | 35.12 | 36.30 |

数据来源：广东省统计局。

## 三、　制造业大省地位突出，　电子产业集群主导性更趋强化

广东制造规模实力领先全国。2020 年，全省规模以上制造业增加值从 2015 年的 2.66 万亿元提升至 3.01 万亿元，规模以上制造业企业数量超过 5 万家，均居全国第一。在列入全国统计的 41 个大类工业行业中，我省有 40 个，销售产值居全国前三的行业有 25 个。目前，全省已经形成新一代电子信息、绿色石化、智能家电等 7 个产值超万亿元的产业集

群，5G 产业和数字经济规模以及汽车、智能手机、4K 家电、水泥、塑料制品等产品居全国首位，家电、电子信息等部分产品产量全球第一。2020 年，以规模以上工业增加值计算，制造业内部产业比重排名前五的产业分别是计算机、通信和其他电子设备制造业（28.87%），电气机械和器材制造业（11.75%），汽车制造业（6.27%），非金属矿物制品业（4.95%），以及金属制品业（4.75%），如表 1－4 所示。1990—2020 年间，伴随着第三次科技革命和国际产业转移的快速发展，计算机、通信和其他电子设备制造业占比快速抬升，成为广东省具有绝对优势地位的支柱产业，并在珠江东岸形成世界级大型产业集群，涌现出华为等一批实力强劲的龙头企业，代表中国参与国际产业竞争和推动产业高质量发展。此外，电气机械和器材制造业以珠江西岸为主体，也已形成庞大的产业集群，成为广东制造第二大支柱产业，涌现出美的、格力等大型龙头企业。

表 1－4　规模以上工业分行业占规模以上制造业增加值比重

（单位：%）

| 行业 | 1990 年 | 2000 年 | 2010 年 | 2015 年 | 2020 年 |
|---|---|---|---|---|---|
| 计算机、通信和其他电子设备制造业 | 7.06 | 20.99 | 20.82 | 24.46 | 28.87 |
| 电气机械和器材制造业 | 8.50 | 10.63 | 11.53 | 10.17 | 11.75 |
| 汽车制造业 | 2.84 | 3.92 | 7.29 | 5.43 | 6.27 |
| 非金属矿物制品业 | 6.29 | 4.86 | 4.16 | 4.65 | 4.95 |
| 金属制品业 | 4.06 | 4.96 | 5.09 | 5.10 | 4.75 |
| 橡胶和塑料制品业 | 4.75 | 5.17 | 4.75 | 4.33 | 4.33 |
| 专用设备制造业 | — | 0.99 | 2.06 | 2.62 | 4.22 |
| 化学原料和化学制品制造业 | 5.81 | 5.20 | 6.20 | 5.60 | 4.01 |
| 通用设备制造业 | 6.87 | 1.73 | 2.35 | 3.03 | 3.41 |
| 石油、煤炭及其他燃料加工业 | 2.88 | 2.93 | 3.38 | 3.05 | 2.47 |
| 食品制造业 | 6.37 | 2.18 | 1.94 | 2.18 | 2.28 |
| 纺织服装、服饰业 | 5.16 | 5.31 | 3.54 | 3.85 | 2.16 |
| 医药制造业 | 2.91 | 2.22 | 1.35 | 1.65 | 2.04 |
| 文教、工美、体育和娱乐用品制造业 | 4.02 | 2.14 | 1.47 | 2.90 | 1.88 |
| 造纸和纸制品业 | 2.15 | 2.20 | 1.96 | 1.60 | 1.68 |
| 纺织业 | 7.64 | 4.44 | 3.37 | 2.21 | 1.62 |
| 家具制造业 | 0.95 | 0.82 | 1.38 | 1.75 | 1.55 |
| 有色金属冶炼和压延加工业 | 1.28 | 1.35 | 2.44 | 1.78 | 1.52 |
| 烟草制品业 | 4.54 | 1.53 | 1.21 | 1.31 | 1.34 |
| 黑色金属冶炼和压延加工业 | 1.56 | 1.26 | 2.05 | 1.37 | 1.30 |
| 农副食品加工业 | 0.58 | 2.44 | 1.91 | 1.69 | 1.15 |

（续上表）

| 行业 | 1990 年 | 2000 年 | 2010 年 | 2015 年 | 2020 年 |
|---|---|---|---|---|---|
| 仪器仪表制造业 | 0.33 | 2.34 | 1.50 | 0.95 | 1.15 |
| 印刷和记录媒介复制业 | 1.30 | 1.01 | 1.23 | 1.25 | 1.13 |
| 皮革、毛皮、羽毛及其制品和制鞋业 | 2.06 | 3.09 | 2.43 | 2.60 | 1.08 |
| 酒、饮料和精制茶制造业 | 2.58 | 2.45 | 0.92 | 1.22 | 0.97 |
| 木材加工和木、竹、藤、棕、草制品业 | 0.52 | 0.94 | 0.69 | 0.78 | 0.36 |
| 其他制造业 | 1.04 | 1.94 | 1.71 | 0.24 | 0.32 |
| 化学纤维制造业 | 1.88 | 0.92 | 0.22 | 0.12 | 0.15 |

注：2010 年、2015 年和 2020 年使用产业增加值计算各行业增加值占比；2000 年使用各行业工业总产值与增加值率计算得到各行业增加值，并进一步计算各行业增加值占比；1990 年使用工业净产值计算行业净产值占比。

数据来源：广东省统计局。

## 四、 服务业占比快速抬升， 内部结构深度调整

从服务业规模来看，1978—2021 年，广东第三产业增加值从 44 亿元增长到 69 147 亿元，占 GDP 比重从 23.6% 提高到 55.6%（见表 1−5）。按 1978 年不变价格计算，第三产业增加值规模增加约 166 倍。

表 1−5 重点年份广东第三产业增加值和占比的变化情况

| 年份 | 1978 | 1990 | 2000 | 2005 | 2010 | 2015 | 2020 | 2021 |
|---|---|---|---|---|---|---|---|---|
| 第三产业增加值（亿元） | 44 | 559 | 4 781 | 9 519 | 20 828 | 37 629 | 62 541 | 69 147 |
| 第三产业占比（%） | 23.6 | 35.8 | 44.2 | 43.3 | 45.3 | 50.4 | 56.5 | 55.6 |

数据来源：广东省统计局。

从工业化历程来看，工业和服务业的比例关系发生了明显变化。改革开放初期，广东工业占比与服务业占比之差不断缩小。1987—2008 年，广东工业占比与服务业占比呈现共同增长的态势，在这一时期，广东工业快速发展，服务业在工业的基础上蓬勃发展。2008年后，工业占比开始呈现下降趋势，两者占比呈现"此消彼长"的趋势。自 2012 年起，服务业占比超越工业占比，而且服务业占比与工业占比的缺口不断扩大，如图 1−5 所示。服务业与工业的替代发展现象，一方面说明广东的服务业增长速度迅猛，服务业逐渐成为广东经济增长的新动能。但另一方面说明广东的服务业存在发展水平不高、供给质量不够的问题，特别是生产性服务业高端化水平不足。

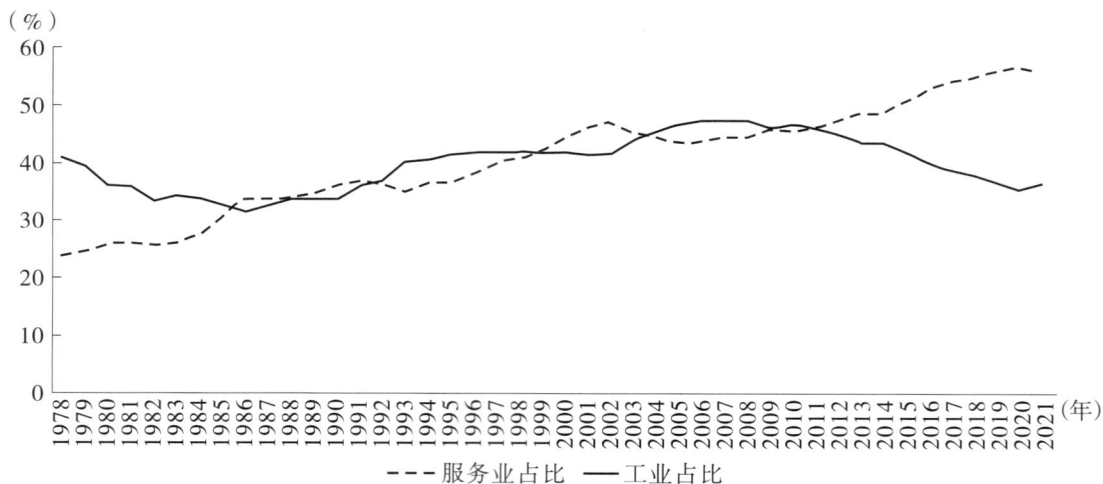

**图 1 - 5　广东服务业占比和工业占比的变化趋势**

数据来源：广东省统计局。

同时，广东服务业内部结构也进行了深度调整。分行业而言，改革开放以来，批发和零售业增加值占第三产业比重呈现波动下降的趋势，1978 年其占比为 44.1%，2021 年其占比下降至 17.5%，尽管批发和零售业占比下降幅度较大，但仍是四大服务业中占比最高的行业；交通运输、仓储和邮政业增加值占第三产业比重同样呈现波动下降趋势，1978 年其占比为 22.9%，2021 年其占比下降至 5.7%；金融业增加值占第三产业比重呈现稳步上升趋势，1978 年其占比为 10.3%，2021 年其占比增加至 16.0%；房地产业增加值占第三产业比重不断提高，1978 年其占比仅为 3.2%，2021 年其占比增加至 15.6%（见图 1 -6、表 1 -6）。

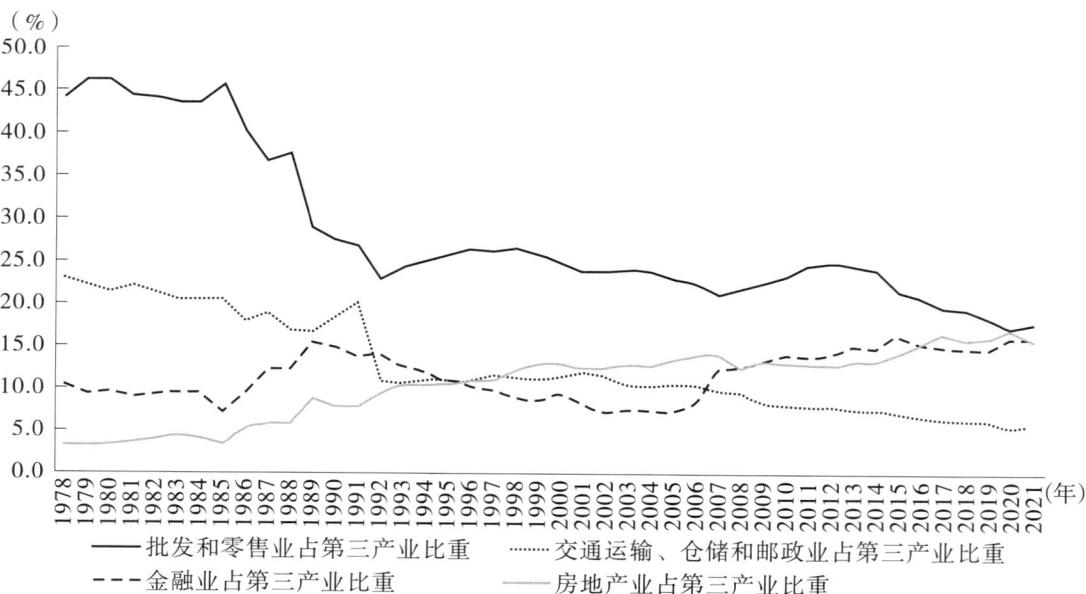

**图 1 -6　第三产业（服务业）内部结构演变趋势**

数据来源：广东省统计局。

表 1-6　分行业占服务业增加值比重变化情况

（单位：%）

| 行业 | 1978 年 | 1990 年 | 2000 年 | 2005 年 | 2010 年 | 2015 年 | 2020 年 | 2021 年 |
|---|---|---|---|---|---|---|---|---|
| 批发和零售业 | 44.1 | 27.4 | 24.6 | 22.9 | 23.2 | 21.3 | 17.0 | 17.5 |
| 交通运输、仓储和邮政业 | 22.9 | 18.2 | 11.2 | 10.5 | 8.0 | 7.1 | 5.4 | 5.7 |
| 金融业 | 10.3 | 14.8 | 9.3 | 7.2 | 13.9 | 16.3 | 15.8 | 16.0 |
| 房地产业 | 3.2 | 7.7 | 12.9 | 13.4 | 12.8 | 14.0 | 17.0 | 15.6 |

数据来源：广东省统计局。

# 第二节　广东工业化发展阶段的评估

## 一、　利用工业化国际通行指标评估广东工业化阶段

学术界关于工业化水平的评价体系已基本上形成共识。郭克莎（1999）在《中国工业化的进程、问题与出路》一文中，采纳吸收了钱纳里等人的《工业化和经济增长的比较研究》中的相关标准；陈佳贵等（2012）又在此基础上出版了《中国工业化进程报告（1995—2010）》，确定了工业化阶段划分标准和测度方法，该报告采用人均 GDP、三次产业增加值结构、工业增加值比重、第一产业就业人数比重、人口城镇化率五个指标作为工业化评价的基本指标。在工业化的不同阶段，经济发展水平、产业结构、工业结构、就业结构、空间结构会呈现不同的特征。因此，既往文献通常利用以上五个维度的指标评估工业化水平。但该指标体系缺乏对产业效率、创新能力的衡量，不太符合当前工业经济高质量发展的趋势和要求。为此，在综合既往评估方法的基础上，本节将第二产业劳动生产率、全社会研发投入占 GDP 的比重纳入评价指标体系。根据工业化水平得分和不同阶段的标志值，判断地区的工业化发展阶段。

从工业化水平的国际通行指标测度来看，广东工业化水平综合得分较高，但是其人均收入、劳动生产率、研发强度等方面仍有待提高。从不同时期来看，2005 年，广东省处于工业化中期，在这一时期，产业结构和工业结构得分均较高，这说明广东产业结构的调整升级速度较快。但广东省在经济发展水平、工业效率、研发水平、空间结构、就业结构方面的得分相对较低，特别是经济发展水平的得分很低，说明在这一阶段，广东的人均 GDP 提升速度未能跟上产业结构升级速度，经济发展相对落后。2010 年，广东工业化水平得分刚好跨过了工业化中期和工业化后期之间的门槛值，进入工业化后期。截至 2020 年，广东工业化得分有提升，但在经济发展水平、工业效率和研发水平指标方面表现较差，人均收入提升速度较慢，第二产业的劳动生产率较低，总体研发水平仍有待进一步提高。

与全国工业大省相比，广东工业化水平的综合得分落后于江苏，与浙江持平，高于山东，但工业化水平的提升速度落后于江苏、浙江、山东。如表1-7所示，2005年，广东工业化水平得分为56分，处在工业化中期，横向对比来看领先于江苏、浙江、山东。然而，到2020年，广东工业化水平得分为88分，横向对比落后于江苏（91分），与浙江持平（88分），同处于工业化后期。

表1-7　不同省份的工业化水平得分

| 省份 | 工业化水平得分 | | | | 2020年工业化阶段判断 |
| --- | --- | --- | --- | --- | --- |
| | 2005年 | 2010年 | 2015年 | 2020年 | |
| 广东 | 56 | 71 | 82 | 88 | 工业化后期 |
| 江苏 | 53 | 74 | 86 | 91 | 工业化后期 |
| 浙江 | 55 | 72 | 83 | 88 | 工业化后期 |
| 山东 | 41 | 62 | 74 | 76 | 工业化后期 |

数据来源：国家统计局。

从工业化水平的分项指标来看，与全国工业大省相比，广东创新能力、城镇化水平相对领先，但人均GDP、劳动生产率均存在一定差距。一方面，广东三次产业结构调整升级速度较快，人口城镇化水平较高，工业化与城镇化共同驱动广东工业规模不断扩大，推动了经济增长。但是，另一方面，广东的人均收入相对较低，2020年广东的人均GDP远低于江苏和浙江；广东工业效率不够高，工业内部结构高度化较低，第二产业劳动生产率较低，低于山东的劳动生产率；研发强度仍有待进一步提高。

从空间结构来看，全省各地市工业化进程存在较大差异，地区发展梯度差距巨大。2020年，深圳、广州、珠海、佛山、东莞、惠州、中山、江门、汕头的工业化水平得分较高，已进入工业化后期；潮州、韶关、揭阳、肇庆、阳江、汕尾、清远、河源、湛江、茂名、云浮、梅州仍处于工业化中期的前半阶段。这说明广东区域发展差距大，仍有较多地级以上市工业化发展缓慢。

因此，结合全省21个地级以上市的工业化进程来看，广东整体上仍处于工业化中期向后期过渡的阶段。尽管全省工业化水平的总体得分相对较高，但各地级以上市的工业化进程存在比较大的梯度差别，有9个市得分较高，进入了工业化后期，其余12个市仍处于工业化中期。就全省而言，推动工业化持续深入发展仍然任重道远。

## 二、　利用收入水平评估广东工业化阶段

鉴于大国经济跨越"中等收入陷阱"的极端重要性，经济学家高度重视收入阶段与工业化阶段之间的高度关联性，因此有必要集中利用人均收入水平来反映工业化发展阶段

（郭克莎和彭继宗，2021）①。此处对工业化水平测度中经济发展水平（人均收入）单项指标进行详细分析，以进一步从收入发展阶段的角度衡量广东工业化发展程度及发展质量。钱纳里等人在《工业化和经济增长的比较研究》一书中，从结构转变的视角，将不同收入发展阶段对应不同的工业化时期，即工业化按人均收入水平可以分为四个阶段。如表1-8所示，以1964年美元计算人均GDP，200至400美元为工业化的第一个阶段，400至800美元为工业化的第二阶段，800至1 500美元为工业化的第三阶段，1 500至2 400美元为工业化的第四阶段。考虑价格水平调整，参考郭克莎《中国工业化的进程、问题与出路》中的处理方法，通过美国GDP平减指数进行价格调整，可以得出1996年以后各年不同工业化阶段对应的收入水平。

表1-8　工业化阶段和收入发展阶段的对应（人均GDP）

| 工业化阶段 | 人均GDP（美元） | | | | 收入阶段 |
|---|---|---|---|---|---|
| | 1964年 | 1970年 | 1996年 | 2021年 | |
| 第一阶段 | 200~400 | 280~560 | 1 240~2 480 | 2 001~4 003 | 低收入 |
| 第二阶段 | 400~800 | 560~1 120 | 2 480~4 960 | 4 004~8 006 | 中低收入 |
| 第三阶段 | 800~1 500 | 1 120~2 100 | 4 960~9 300 | 8 007~15 011 | 中高收入 |
| 第四阶段 | 1 500~2 400 | 2 100~3 360 | 9 300~14 880 | 15 012~24 017 | 高收入 |

资料来源：1964年和1970年的数据源于钱纳里等的《工业化和经济增长的比较研究》，1996年的数据源于郭克莎的《中国工业化的进程、问题与出路》（1999），2021年的指标数据是根据1996年数据以及世界银行的GDP平减指数和人民币美元平均利率计算得出的。

从收入发展阶段来看，尽管目前广东已整体进入高收入阶段，但是其人均收入仍明显落后于江苏、浙江等制造业大省。如表1-9所示，2005年，广东、江苏、浙江和山东的人均GDP分别是24 435元、24 560元、27 703元和20 096元，整体而言，四个沿海工业大省的人均GDP均较低，而且人均收入相近。2021年，广东的人均GDP达到98 285元（按年平均汇率折算为15 234美元），首次突破1.5万美元，并进入高收入阶段。但是，广东的人均GDP低于江苏（137 039元）和浙江（113 032元）的人均GDP，高于山东（81 775元）的人均GDP。

表1-9　不同省份的收入发展水平

| 省份 | 人均GDP（元） | | | | | 2021年工业化阶段 |
|---|---|---|---|---|---|---|
| | 2005年 | 2010年 | 2015年 | 2020年 | 2021年 | |
| 广东省 | 24 435 | 44 736 | 67 503 | 88 210 | 98 285（15 234美元） | 工业化第四阶段 |
| 江苏省 | 24 560 | 52 840 | 87 995 | 121 231 | 137 039（21 241美元） | 工业化第四阶段 |

① 郭克莎，彭继宗. 制造业在中国新发展阶段的战略地位和作用 [J]. 中国社会科学，2021（5）：128-149，207.

（续上表）

| 省份 | 人均GDP（元） | | | | | 2021年<br>工业化阶段 |
| --- | --- | --- | --- | --- | --- | --- |
| | 2005年 | 2010年 | 2015年 | 2020年 | 2021年 | |
| 浙江省 | 27 703 | 51 711 | 77 644 | 100 620 | 113 032（17 520美元） | 工业化第四阶段 |
| 山东省 | 20 096 | 41 106 | 64 168 | 72 151 | 81 775（12 675美元） | 工业化第三阶段 |

　　资料来源：2020年及以前的数据根据国家统计局的数据测算，2021年的数据根据各省的国民经济和社会发展统计公报数据测算，收入阶段的判断标准由郭克莎的《中国工业化的进程、问题与出路》给出。

　　制造业规模扩张和比重抬升是影响工业化深入推进的关键因素，是促进产业结构高级化和提高人均收入的重要保障。通过考察中等收入阶段时期制造业增加值占GDP比重的变化，能够分析制造业对推动工业化发展和提高人均收入的作用。在制造业增加值占GDP的比重中，不变价格计算的比重反映了实际产出结构的变化，当年价格计算的比重反映了产出结构和价格结构两个方面变化的综合结果。由于与服务业相比，制造业的相对价格因技术进步较快而下降，价格结构对当年价格的产业结构变化存在较大的影响，而不变价格计算结果则能够更纯粹地反映产出结构的变化。因此，以不变价格计算制造业增加值的比重及其变化，有利于分析制造业对于经济增长的实际意义。

　　从国际经验来看，制造业比重在整个中等收入阶段往往会相对稳定，并维持在高占比区间运行。从表1-10可以看出，以当年价格衡量，各大国中等收入阶段开始到结束期间制造业增加值比重是呈下降趋势的，但是其下降幅度较小。而以不变价格衡量，仅有美国的制造业增加值比重是下降的，其他大国的制造业增加值比重均是上升的。这说明制造业发展对于进一步提高收入水平和深化工业化发展至关重要，采用当年价格衡量制造业比重变化会受到价格结构变化的影响，进而低估了制造业的发展地位。对于处于中等收入阶段的国家，制造业发展仍然是进一步推动工业化发展的引擎，对促进国家经济发展仍然起到关键作用。制造业比重的普遍、快速下降现象并非发生在中等收入阶段，而是发生在高收入阶段或后工业化阶段。

表1-10　大国中等收入阶段开始到结束期间制造业增加值比重的变化[①]

（单位：%）

| 国家 | 当年价 | | | 不变价 | | |
| --- | --- | --- | --- | --- | --- | --- |
| | 开始 | 结束 | 差距 | 开始 | 结束 | 差距 |
| 美国 | 24.37 | 23.73 | -0.64 | 24.37 | 22.17 | -2.2 |
| 英国 | 39.54 | 34.78 | -4.76 | 39.54 | 42.35 | 2.81 |

---

　　①　郭克莎，彭继宗.制造业在中国新发展阶段的战略地位和作用 [J]. 中国社会科学，2021（5）：128-149，207.

（续上表）

| 国家 | 当年价 | | | 不变价 | | |
|---|---|---|---|---|---|---|
| | 开始 | 结束 | 差距 | 开始 | 结束 | 差距 |
| 法国 | 22.52 | 20.34 | -2.18 | 22.52 | 25.74 | 3.22 |
| 德国 | 40.26 | 36.26 | -4 | 40.26 | 42.05 | 1.79 |
| 日本 | 33.01 | 28.18 | -4.83 | 33.01 | 35.24 | 2.23 |
| 韩国 | 32.16 | 30.69 | -1.47 | 32.16 | 34.27 | 2.11 |
| 平均数 | 31.98 | 29.00 | -2.98 | 31.98 | 33.64 | 1.66 |

制造业对于驱动工业化深入推进具有关键作用，但广东工业比重下降过快、过早，这不利于下一步经济高质量发展。一方面，从不变价格的工业比重变化来看，广东和江苏的工业比重是相对上升的，仅浙江的工业比重是小幅度下降的（见表1-11）。这是因为制造业的技术进步会促使其相对价格下降，通过使用不变价格来剔除价格水平的影响，制造业比重在整个中等收入发展阶段一直维持较高水平，说明制造业对于推动处于中等收入地区的经济发展至关重要。另一方面，从当年价的情况来看，广东、江苏和浙江的工业比重在中等收入阶段均呈现快速下降的态势，下降幅度分别为12.41%、8.60%和10.00%，均远超于表1-10中各国制造业的下降幅度。在三个省份中，广东的工业比重下降幅度最大，而且工业比重下降趋势发生在中等收入阶段。广东工业比重的过快、过早下降不仅不利于进一步支撑工业化发展，而且不利于工业内部进一步转型升级，有损于技术创新。

表1-11　重点省份中等收入阶段开始到结束期间工业增加值比重变化

（单位：%）

| 地区 | 当年价 | | | 不变价 | | |
|---|---|---|---|---|---|---|
| | 开始 | 结束 | 差距 | 开始 | 结束 | 差距 |
| 广东 | 46.60 | 34.19 | -12.41 | 46.60 | 47.36 | 0.76 |
| 江苏 | 50.50 | 41.90 | -8.60 | 50.50 | 53.81 | 3.31 |
| 浙江 | 47.30 | 37.30 | -10.00 | 47.30 | 44.95 | -2.35 |
| 山东 | 49.40 | — | — | 49.40 | — | — |
| 全国 | 41.30 | — | — | 41.30 | — | — |

数据来源：国家统计局。

整体来看，广东已进入高收入阶段，但其人均收入水平仍落后于江苏和浙江等制造业大省，而且与其他省份类似，广东存在工业占比下降过快、过早的问题。具体而言，随着工业化进程的深化，广东自2005年以来，人均GDP有了较大幅度的提升，在2021年更是跨过了1.5万美元的关口，进入高收入阶段。但是，与江苏和浙江相比，广东的人均收入水平仍较低，人均收入提升的幅度落后于工业化发展速度。而且，在中等收入时期，广东的工业比重已经呈现快速下降的态势，过快、过早的"去工业化"不利于充分发挥制造业发展在工业化深化过程中的主导作用和引擎作用。

## 三、 利用工业结构高度评估广东工业化阶段

从工业结构高度来看，广东一部分工业部门仍然处于高加工度化阶段（包括劳动密集型加工和技术密集型加工），一部分工业部门已进入技术集约化阶段，整体上是高加工度化与技术集约化相互重叠交叉的局面，这是广东工业化的重要特色，也决定了广东今后需要探索出一条具有中国特色的新型工业化道路。国家"十四五"规划明确要求，到2035年，我国基本实现新型工业化。工业内部结构演进是新型工业化的重要表征。根据郭克莎在《中国工业化的进程、问题与出路》中的分析，可以依照工业结构的演进规律，将这种变动归纳为三阶段六时期：第一个阶段是重工业化阶段，其中包括以原材料、基础工业为重心和以加工装配工业为重心的两个时期；第二个阶段是高加工度化阶段，包括以劳动密集型加工工业为重心和以技术密集型加工工业为重心的两个时期；第三个阶段是技术集约化阶段，包括以一般技术密集型工业为重心和以高新技术密集型工业为重心的两个时期。从价值链附加值的角度来看，"三阶段六时期"分别对应价值链的低附加值时期、中附加值时期和高附加值时期（见表1－12）。根据广东工业内部结构的演变情况，2021年，高技术制造业增加值占规模以上工业增加值比重为29.9%，先进制造业增加值占规模以上工业增加值比重为54.2%，高技术制造业和先进制造业在工业内部占比较大，而且制造业科技含量高，研发投入高。2020年，高技术制造业R&D经费达1 388.19亿元，其投入强度为2.77%，制造业R&D经费达2 461.82亿元，其投入强度为1.76%。从工业内部结构演变的角度来看，广东现代制造业发展迅速，高技术制造业和先进制造业比重较高，广东制造业已经从劳动密集型向技术集约型转变。总体而言，广东已进入技术集约化阶段，但是仍存在工业内部高度化不足，附加值有待进一步提升的问题。

表1－12 工业内部结构"三阶段六时期"的阶段特征

| 三阶段 | 重工业化阶段 | | 高加工度化阶段 | | 技术集约化阶段 | |
|---|---|---|---|---|---|---|
| 六时期 | 以原材料、基础工业为重心 | 以加工装配工业为重心 | 以劳动密集型加工工业为重心 | 以技术密集型加工工业为重心 | 以一般技术密集型工业为重心 | 以高新技术密集型工业为重心 |
| 价值链分工 | 附加值低 | | 附加值中 | | 附加值高 | |

广东工业内部结构高度化不足，体现为研发投入仍然偏低，创新能力仍然不强，技术集约化水平亟需提升。首先，从R&D经费投入的角度来看，广东共投入R&D经费

3 479.88亿元，比上年增加381.39 亿元，增长12.3%，广东 R&D 经费投入强度（R&D 经费与全省地区生产总值之比）为 3.14%。整体而言，研发投入强度较高。但是就广东工业而言，研发投入强度较低，规模以上工业的 R&D 经费投入强度仅为 1.67%，规模以上制造业的 R&D 经费投入强度仅为 1.76%，均远低于全省平均水平。规模以上高技术制造业的 R&D 经费投入强度为 2.77%，低于全省平均水平。其次，从五大支柱性制造业来看，广东计算机、通信和其他电子设备制造业的 R&D 经费投入强度为 2.70%，低于全省水平，略高于全国同行业的 R&D 经费投入强度（2.35%）；电气机械和器材制造业的 R&D 经费投入强度为 2.13%，不仅低于全省水平，而且低于全国同行业的 R&D 经费投入强度（2.26%）；汽车制造业的 R&D 经费投入强度为 1.40%，远低于全省水平，同时低于全国同行业水平（1.67%）；非金属矿物制品业的 R&D 经费投入强度为 0.59%，远低于全省水平，而且低于全国同行业水平（0.88%）；金属制品业的 R&D 经费投入强度为 1.15%，远低于全省水平，同时低于全国同行业水平（1.44%），如表 1 - 13 所示。尽管广东 R&D 经费投入强度较高，但是制造业的 R&D 经费投入强度较低，不管是高技术制造业还是支柱性制造业的 R&D 经费投入强度均低于全省整体的 R&D 经费投入强度，这说明工业内部结构高度化水平较低，技术水平不够高，工业内部结构尚未转向以高新技术密集型工业为重心，总体工业结构仍处于以一般技术密集型工业为重心的工业化时期。

表 1 - 13　广东与全国 R&D 投入情况

| | 广东 R&D 经费（亿元） | 广东 R&D 经费投入强度（%） | 全国 R&D 经费投入强度（%） |
|---|---|---|---|
| 全社会总计 | 3 479.88 | 3.14 | 2.40 |
| 工业内部 | | | |
| 规模以上工业 | 2 499.95 | 1.67 | 1.41 |
| 规模以上制造业 | 2 461.82 | 1.76 | 1.54 |
| 规模以上高技术制造业 | 1 388.19 | 2.77 | 2.67 |
| 制造业五大主导行业 | | | |
| 计算机、通信和其他电子设备制造业 | 1 182.61 | 2.70 | 2.35 |
| 电气机械和器材制造业 | 342.93 | 2.13 | 2.26 |
| 汽车制造业 | 129.57 | 1.40 | 1.67 |
| 非金属矿物制品业 | 35.71 | 0.59 | 0.88 |
| 金属制品业 | 78.04 | 1.15 | 1.44 |

数据来源：广东省统计局、国家统计局。

与制造业大省相比，广东全社会全要素生产率和工业全要素生产率相对偏低，反映出整体经济效率不高，技术进步缓慢。从全社会全要素生产率来看，自 2000 年以来，广东的全社会全要素生产率呈现波动下降的趋势（见图 1 - 7）。从不同省份情况来看，2000 年广东的全社会全要素生产率相对较高，高于江苏和山东，但是自 2008 年后，广东的全社会全要素生产率落后于江苏、浙江和山东，而且呈进一步下降的趋势（见图 1 - 7）。基于数据可得性，使用规模以上工业的相关数据计算工业全要素生产率，从工业全要素生产率的变化情况来看，广东工业全要素生产率同样呈波动下降的变化态势。2000 年，广东规模以上工业全要素生产率水平较高，高于江苏、浙江和山东，其后呈现下降趋势；同样，在 2008 年后，广东规模以上工业全要素生产率逐渐落后于其他三省；2020 年，广东规模以上工业全要素生产率处于最低水平（见图 1 - 8）。尽管广东工业化进程不断推进，制造业结构逐渐从劳动密集型向资本密集型和技术密集型转化，但是广东的全社会全要素生产率和规模以上工业全要素生产率呈现下降态势，这不仅说明广东工业内部结构缺乏高度化发展，工业集约化程度较低，而且说明广东技术进步缓慢，技术创新的引擎作用不明显，创新驱动发展乏力，未能推动经济高质量发展。将全社会全要素生产率和工业全要素生产率进行比较，工业全要素生产率普遍高于全社会全要素生产率（见表 1 - 14、表 1 - 15），这说明工业仍然是经济社会发展的原动力。

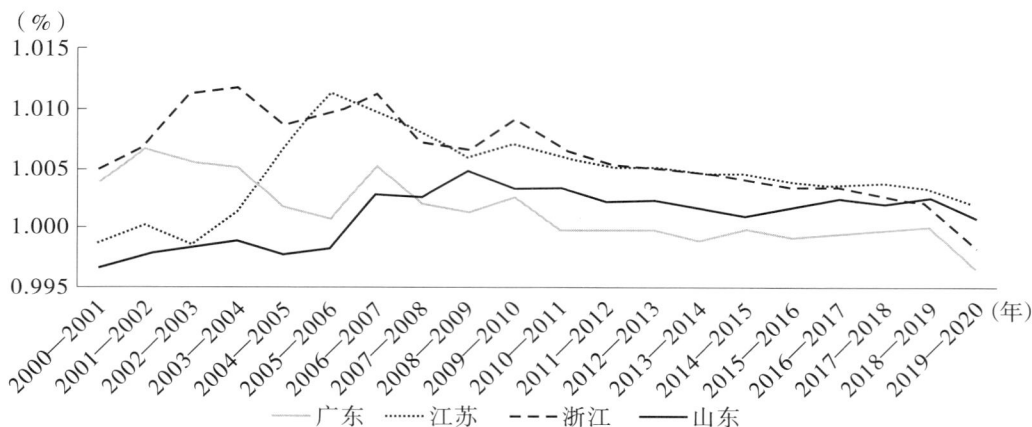

图 1 - 7　不同省份的全社会全要素生产率变化

数据来源：各省统计局。

表 1 - 14　不同省份的全社会全要素生产率

（单位：%）

| 省份 | 2000—2005 年平均 | 2006—2010 年平均 | 2011—2015 年平均 | 2016—2020 年平均 | 2000—2020 年平均 |
|---|---|---|---|---|---|
| 广东 | 1.004 6 | 1.002 3 | 0.999 6 | 0.998 9 | 1.001 3 |
| 江苏 | 1.001 1 | 1.008 4 | 1.005 1 | 1.003 2 | 1.004 4 |
| 浙江 | 1.008 7 | 1.008 7 | 1.005 2 | 1.001 8 | 1.006 1 |
| 山东 | 0.997 9 | 1.002 3 | 1.002 0 | 1.001 8 | 1.001 0 |

数据来源：各省统计局。

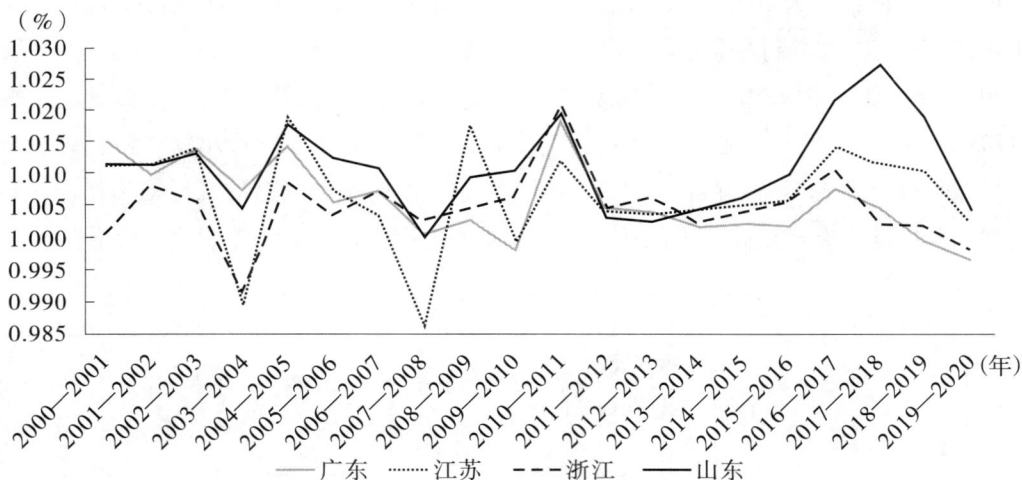

**图 1-8　不同省份的规模以上工业全要素生产率变化**

数据来源：根据各省统计局数据计算，由于数据可得性，使用规模以上工业的相关数据进行计算。

**表 1-15　不同省份的规模以上工业全要素生产率**

（单位：%）

| 省份 | 2000—2005 年平均 | 2006—2010 年平均 | 2011—2015 年平均 | 2016—2020 年平均 | 2000—2020 年平均 |
|---|---|---|---|---|---|
| 广东 | 1.012 4 | 1.003 1 | 1.006 5 | 1.002 3 | 1.006 1 |
| 江苏 | 1.009 2 | 1.003 2 | 1.006 2 | 1.009 2 | 1.006 9 |
| 浙江 | 1.003 4 | 1.005 2 | 1.007 9 | 1.004 0 | 1.005 1 |
| 山东 | 1.012 0 | 1.008 9 | 1.007 5 | 1.016 7 | 1.011 3 |

数据来源：根据各省统计局数据计算，由于数据可得性，使用规模以上工业的相关数据进行计算。

从制造业内部结构来看，广东存在劳动密集型与资本技术密集型共存的二元结构特征，制造业的经济效益水平仍然不高，整体仍处于全球价值链分工的中低端环节，未能全面转向新型工业化发展，制造业向全球价值链中高端环节迈进仍然任重道远。从 2020 年广东规模以上制造业的产出效益指标来看，规模以上制造业行业的平均增加值率为 21.44%，劳均产出为 238 174 万元，单位资产产出为 0.23 元，研发强度为 1.67%。整体而言，规模以上制造业的经济绩效不高，从全球价值量分工的角度来看，广东仍处于价值链的中下游环节。从制造业比重前五名的行业来看，计算机、通信和其他电子设备制造业的增加值率仅为 20.05%，低于制造业整体水平，而劳均产出相对较高，达 261 960 万元。这说明尽管计算机、通信和其他电子设备制造业是最重要的制造业行业，但是整体技术含量不高，附加值较低；电气机械和器材制造业的增加值率略高于全省制造业整体水平，但是劳均产出较低，仅为 203 114 万元；汽车制造业的增加值率和劳均产出分别为 20.75%和 464 192 万元，汽车制造业是重资产行业，其单位资产产出也相对较高，达到 0.27 元，汽车制造业整体绩效较好；非金属矿物制品业的增加值率和劳均产出较高，分别为 23.47% 和 280 358 万元（见表 1 - 16）。整体而言，广东制造业的产出绩效较低，制造业主导行业大部分绩效不高，存在劳动密集型与资本技术密集型共存的二元结构特征，制造业内部结构高度化有待提高，未能从传统工业化发展道路转向新型工业化发展道路。

表 1 - 16　2020 年规模以上制造业产出效益指标

| | 占规模以上制造业增加值比重（%） | 增加值率（%） | 劳均产出（万元） | 单位资产产出（元） | 研发强度（%） |
|---|---|---|---|---|---|
| 全部规模以上制造业行业 | 100 | 21.44 | 238 174 | 0.23 | 1.67 |
| 计算机、通信和其他电子设备制造业 | 28.87 | 20.05 | 261 960 | 0.21 | 2.70 |
| 电气机械和器材制造业 | 11.75 | 22.11 | 203 114 | 0.20 | 2.13 |
| 汽车制造业 | 6.27 | 20.75 | 464 192 | 0.27 | 1.40 |
| 非金属矿物制品业 | 4.95 | 23.47 | 280 358 | 0.26 | 0.59 |
| 金属制品业 | 4.75 | 20.24 | 172 497 | 0.27 | 1.15 |
| 橡胶和塑料制品业 | 4.33 | 23.67 | 164 395 | 0.29 | 1.55 |
| 专用设备制造业 | 4.22 | 28.38 | 223 259 | 0.25 | 2.87 |
| 化学原料和化学制品制造业 | 4.01 | 21.46 | 383 106 | 0.22 | 0.83 |
| 通用设备制造业 | 3.41 | 21.35 | 194 055 | 0.21 | 2.22 |
| 石油、煤炭及其他燃料加工业 | 2.47 | 25.74 | 3 138 675 | 0.38 | 0.16 |
| 食品制造业 | 2.28 | 32.53 | 362 179 | 0.37 | 0.91 |
| 纺织服装、服饰业 | 2.16 | 24.42 | 128 864 | 0.35 | 0.55 |
| 医药制造业 | 2.04 | 32.58 | 395 967 | 0.16 | 3.41 |
| 文教、工美、体育和娱乐用品制造业 | 1.88 | 17.24 | 107 711 | 0.23 | 0.40 |
| 造纸和纸制品业 | 1.68 | 20.16 | 248 023 | 0.21 | 0.59 |
| 纺织业 | 1.62 | 23.19 | 205 647 | 0.32 | 0.54 |
| 家具制造业 | 1.55 | 23.01 | 147 106 | 0.25 | 1.34 |
| 有色金属冶炼和压延加工业 | 1.52 | 12.82 | 319 844 | 0.23 | 0.32 |
| 烟草制品业 | 1.34 | 81.92 | 2 718 503 | 0.75 | 0.81 |
| 黑色金属冶炼和压延加工业 | 1.30 | 13.97 | 581 777 | 0.21 | 0.33 |

（续上表）

| | 占规模以上制造业增加值比重（%） | 增加值率（%） | 劳均产出（万元） | 单位资产产出（元） | 研发强度（%） |
|---|---|---|---|---|---|
| 农副食品加工业 | 1.15 | 10.20 | 247 980 | 0.17 | 0.65 |
| 仪器仪表制造业 | 1.15 | 26.03 | 180 053 | 0.21 | 3.45 |
| 印刷和记录媒介复制业 | 1.13 | 25.50 | 164 614 | 0.25 | 1.43 |
| 皮革、毛皮、羽毛及其制品和制鞋业 | 1.08 | 25.33 | 97 998 | 0.40 | 0.94 |
| 酒、饮料和精制茶制造业 | 0.97 | 29.18 | 440 456 | 0.28 | 0.46 |
| 铁路、船舶、航空航天和其他运输设备制造业 | 0.72 | 17.24 | 203 260 | 0.12 | 1.83 |
| 废弃资源综合利用业 | 0.37 | 11.33 | 531 388 | 0.21 | 0.30 |
| 木材加工和木、竹、藤、棕、草制品业 | 0.36 | 23.84 | 198 333 | 0.24 | 0.86 |
| 其他制造业 | 0.32 | 23.88 | 134 893 | 0.24 | 1.86 |
| 金属制品、机械和设备修理业 | 0.20 | 31.99 | 272 883 | 0.25 | 2.08 |
| 化学纤维制造业 | 0.15 | 24.41 | 367 143 | 0.28 | 1.21 |

注：增加值率＝各行业增加值/各行业工业总产值；劳均产出＝各行业增加值/平均从业人数；单位资产产出＝各行业增加值/年底资产总值。

数据来源：广东省统计局。

综合以上三种评估方法，广东整体上仍处于工业化中期向后期过渡的阶段，各地级以上市之间工业化水平存在较大的梯度差异。从国际通行评估标准来看，广东工业化水平综合得分较高，但是其人均收入、劳动生产率、研发投入强度等方面仍有待提高。从收入水平来看，尽管目前广东已进入高收入阶段，但是其人均收入水平仍明显落后于江苏、浙江等制造业大省，城乡收入差距和地区收入差距仍然较大。与主要工业化国家的相应发展阶段相比，广东还存在工业占比下降过快、过早的突出问题。从工业结构高度来看，广东工业内部结构高度化不足，存在劳动密集型与资本技术密集型共存的二元结构特征，制造业的经济效益水平仍然不高，体现在创新能力仍然不强，全社会全要素生产率和工业全要素生产率相对偏低。从评估结果来看，广东亟需推动工业化模式从传统工业化向新型工业化转变，加快建设现代化产业体系，着力提升全要素生产率，着力提升产业链供应链现代化水平。

## 四、 广东工业化进程存在的主要问题

广东工业（制造业）占比下降过快，不利于维护实体经济和就业结构稳定，不利于维持国民经济整体的生产率水平。制造业作为实体经济的压舱石，同时也是后发国家实现赶超的引擎和抓手，是促进经济发展和收入提升，跨越中等收入阶段的重要途径。近年来，广东去工业化趋势日渐严重，广东工业占比从 2008 年的峰值 47.29% 下降至 2021 年的 36.30%，下降幅度达 10.99%，带来多重不良后果。一方面，工业（制造业）占比在短时间内迅速下降，不仅会对实体经济和就业结构的稳定性产生不利影响，而且不利于广东通过制造业发展促进技术进步，有损广东整体生产率水平。另一方面，尽管服务业占比不断攀升，但是服务业始终无法取代制造业的地位，这不仅因为服务业特别是生产性服务业的发展是以制造业发展为前提的，而且服务业的生产率较低，难以像制造业一样促进技术进步。广东要推动经济高质量发展，需要维护好制造业的规模优势。

广东工业高加工度化和技术集约化不足，不利于维护产业链供应链安全稳定和自主可控，不利于提升产业国际竞争力。过去，广东工业化发展迅速，广东制造业也从劳动密集型向技术密集型和资本密集型转变。2021 年，高技术制造业增加值占规模以上工业增加值比重为 29.9%，先进制造业增加值占规模以上工业增加值比重为 54.2%。但是，广东工业的结构高度化和技术集约水平仍有待提高，技术创新水平不高，2020 年，规模以上制造业的研发强度仅为 1.54%，低于广东的全社会研发强度（3.14%）。在经济逆全球化的背景下，广东的技术水平落后和结构高度化不足不利于维护产业链供应链安全稳定和自主可控，更难以进一步提升国际竞争力。广东要推动经济高质量发展，需要维护好制造业的结构优势。

广东基础研究能力和关键核心技术仍然缺乏，不利于突破国际产业技术封锁，不利于抢占国际产业技术前沿赛道。近年来，广东省基础研究取得了显著进步，但与发达经济体相比，离构建新发展格局和实现科技自立自强的要求，仍存在不小差距。2019 年，虽然广东省 R&D 人员全时当量与其他主要省市相比较高，但是基础研究人员全时当量投入占比仅为 3.7%，不及全国平均水平（8.2%），更不如北京（20.2%）、上海（14.7%），甚至山东（7.7%）。2019 年，广东省基础研究投入强度仅为 4.6%，低于 6.0% 的全国平均水平。2014—2019 年，广东省地方财政科技投入的基础研究投入平均占比仅为 1.5%。基础研究作为科技创新的源头活水，是实现科技自立自强和构建新发展格局的最基本依托，对于改变传统"模仿型"创新路径、推动前沿基础技术突破、促进科技与经济的紧密结合等均具有举足轻重的作用。广东要推动经济高质量发展，需要大力提升广东基础研究能力。

广东参与国际大循环和全球价值链层次仍然不高，不利于构建全方位对外开放格局，不利于适应新发展阶段需求。广东作为中国制造业大省和对外经贸大省，是中国参与全球

价值链程度最深的省份之一，但是当前广东参与国际大循环的水平不高。以"一带一路"建设为例，广东省与沿线国家的已有合作主要集中在基础设施、经贸投资等传统领域，而金融、文化等"软联通"领域合作相对滞后，特别是经贸规则和技术标准等领域对接严重不足。广东外贸依存度相对较高，加工贸易受国际经济环境波动影响明显。2020年，广东省外贸依存度达63.78%，在31个省市中位居第3，仅次于上海、北京。但近年来，世界经济不稳定因素显著增多，保护主义抬头，导致国际市场需求萎缩、世界经济急剧下滑，广东省外贸企业也正遭遇供应量挤压和市场需求萎缩双重打击；而2020年初暴发的新冠肺炎疫情进一步阻断了供应链联系，对广东省外贸发展造成了较大影响。广东省是我国对外开放重要门户和参与国际大循环的主力军，在对接国际大循环、助力我国构建全方位对外开放格局上具有战略性意义。广东要推动经济高质量发展，需要参与更高水平的国际循环。

广东工业产品供给结构与内需市场适配性不足，不利于充分利用国内超大规模市场优势，不利于构建新发展格局战略支点。广东省已经拥有产能巨大、门类齐全的工业产品供给体系，极大地支撑了经济发展和人民美好生活需要。但与满足国内市场需求的要求相比，广东工业产品供给体系仍然存在不匹配、不安全和质量不高的问题。"不匹配"是指供给体系仍不完全适应新一轮科技革命和产业变革下的生产需求、创新需求，与生活需求相关的供给体系仍处于从数量扩张向质量提升、从实物消费向服务消费转变的过程之中，结构性矛盾突出。"不安全"是指大量关键核心技术和产业生态的供给严重依赖于国外，供给体系的自主性不强。"质量不高"是指作为主体的国内供给体系，在满足国内生产生活需求方面存在质量安全、多样性、稳定性等方面的短板。提升供给体系对国内需求的适配性，以高质量供给满足日益升级的国内市场需求，是习近平总书记在深圳经济特区建立40周年庆祝大会上提出的重要要求，为我们实现新时代经济的高质量发展，构建以国内大循环为主体、国内国际双循环相互促进的新发展格局指明了重要的实现路径。广东要推动经济高质量发展，需要提高工业产品供给与内需市场的适配性。

广东产业集群建设和区域发展不协调短板突出，不利于打造世界级产业集群，不利于推动全省一体化均衡发展。"最富在广东，最穷也在广东"这是广东区域发展失衡的写照。作为全国经济第一大省，区域发展不平衡不协调一直是广东的短板。以GDP为例，2021年云浮市GDP为1 139亿元，深圳市GDP为3.07万亿元，约为云浮市的27倍。以高新技术企业为例，粤东西北地区的高新技术企业数量占广东省高新技术企业总数的比例仅为5%，而广州和深圳两市高新技术企业总数就占了广东省高新技术企业总数的50%以上。区域发展不协调一直是制约广东发展的全局性问题，也是改革开放以来历届省委、省政府花大力气破解的难题之一。广东要推动经济高质量发展，需要进一步促进制造业区域协调发展。

# 第三节　新发展格局下广东制造业发展的主要要求

## 一、　广东制造业发展需利用好超大规模国内市场优势

过去，广东通过积极参与国际大循环，主动融入全球价值链产业链分工，形成先发优势。如今，在全球新冠肺炎疫情和经济逆全球化的背景下，广东需积极利用国内超大规模的市场优势，主动融入以国内大循环为主体、国内国际双循环相互促进的新发展格局。一方面，随着经济社会发展水平的提高，我国内需潜力不断释放，中国将成为世界生产中心和世界消费中心，广东也将依托粤港澳大湾区平台成为国内主要的消费中心。另一方面，我国基础设施建设不断完善，交通运输条件不断改善，生产要素市场迅速发展，逐渐形成统一的大市场。广东作为制造业大省，要向制造业强省转型，需要及时认清市场需求的转变，深度融入国内大市场，积极开拓省内消费，重视并培育本地消费市场，及时调整产业布局和发展方向，促进现代产业供给体系对国内需求的适配性。

## 二、　广东参与国际大循环需增强产业链供应链自主可控能力

过去，依靠广阔的海外市场、相对优越的地理位置条件和低要素成本优势，广东不断融入全球产业链供应链，促进制造业高速发展。如今，全球新冠肺炎疫情和经济逆全球化趋势不仅对全球产业链供应链的完整性造成严重冲击，而且暴露了产业链关键环节控制力的薄弱性。在未来深度参与国际大循环的过程中，广东要实现制造业高质量发展，需要进一步提升产业链供应链的自主可控能力，促使核心零部件、材料、工艺的产业基础能力适应产业发展和需求侧变化，强化对产业链关键环节的控制力和主导权，进一步畅通基础研究、技术研发、工程应用及产业化协同创新链，形成具有国际竞争力的高质量高水平制造业。

## 三、　广东走好新型工业化道路需强化创新驱动发展能力

随着国内大市场对广东制造业发展的重要性日趋增强，广东制造业原有的低成本要素优势和地理位置优势逐渐消失，广东需要以信息化带动工业化，以工业化促进信息化，逐步提高制造业企业科技含量和经济效益，引导制造业企业进一步提升技术创新能力，使创新成为广东制造业高质量发展的新优势。一方面，从整体层面来看，广东制造业尚缺乏足够的技术创新能力，导致在关键领域和关键环节不能掌握核心技术，自主创新能力尚需提

高。另一方面，广东基础研究投入不足，前沿研发能力缺乏，基础研究与成果转化之间存在障碍，未能充分发挥产学研模式的优势和特点。广东需要促使创新要素向制造业企业集聚，加强技术创新平台建设，引导建立产学研深度融合的利益分配机制和风险控制机制，促进大中小企业的创新链协作和分工，推动本土制造业的自主创新和成果转化，提升制造业企业的技术创新能力。

## 四、 广东推动产业结构转型需抢抓数字经济发展新机遇

一方面，近年来，以云计算、大数据、物联网、人工智能等为代表的新兴数字技术快速发展和渐趋成熟，数字化逐渐成为世界主要国家产业发展和技术创新的着力点。另一方面，数字技术作为通用化技术，与各行各业的融合日渐深入，深刻改变企业的要素整合、产品形态、业务模式、组织架构和生产方式，数字化转型对制造业的赋能作用明显。广东需要抓紧数字化转型的新机遇，加大对数字技术的研发投入，提升数字技术创新水平，促进制造业企业的数字化转型，强化数字技术应用对制造业企业的赋能效应和结构转型的升级作用。

## 五、 广东实现产业可持续发展需推动产业全面绿色低碳转型

"碳达峰，碳中和"的实现是中国经济社会发展的既定目标，为了推动"双碳"目标的实现，需要深度推动资源要素的合理配置和产业结构的转型升级。在此背景下，全面绿色低碳转型成为制造业企业发展的必然趋势。一方面，绿色技术发展是企业实现绿色低碳转型的保障，广东需要加大绿色技术的研发投入，驱动绿色技术创新，促进绿色技术的应用和制造业企业绿色化改造。另一方面，改善能源资源的消耗情况是绿色低碳的重要一环，广东需要推动环保产业发展，合理科学调整能源资源的供给结构，提高制造业的资源利用效率，驱动制造业企业的全面绿色低碳转型。

## 六、 广东促进区域协调发展需推动 "一核一带一区" 产业共建

广东推动制造业区域协调发展需要紧紧依托"一核一带一区"建设，通过优化资源要素配置与生产力空间布局，根据各地区的要素禀赋和比较优势，推动"一核一带一区"产业梯度转移和共建，实现制造业在区域层面的高度分工协作。第一，珠三角核心区既要讲究创新驱动发展，又要通过主导产业的示范带动效应和产业共建，推动产业链创新链的不断延伸，与周边地区形成主体功能明显、优势互补、高质量发展的区域产业布局。第二，沿海经济带要突出"双核＋双副中心"的驱动作用，以核心城市带动沿海经济带东西翼地区的产业发展，形成既有梯度又有分工的区域产业体系。第三，北部生态发展区要推动绿

色产业发展，促进产业全面低碳绿色转型，强调产业资源集约化、绿色化、低碳化、环保化发展，与珠三角核心区形成技术共享、产业共建的一体化建设。广东制造业区域协调发展需要依托"一核一带一区"建设，"一核一带一区"建设需要基于产业转移、产业分工与产业共建，形成主体功能明显、优势互补的产业空间布局，以制造业的区域协调发展推动广东经济一体化。

# 第二章

# 广东产业发展的现状与问题*

2021 年，广东省围绕制造业提质增效、服务业能级提升、数字经济和互联网新业态培育、创新动能转换等方面不断发力，现代产业体系建设不断完善。尽管受到新冠肺炎疫情和中美贸易摩擦的影响，广东省依托强大的生产制造能力和完整的产业链支撑，产业结构逐步优化，制造业高质量发展锻造新优势；市场主体活力和创造力迸发，产业组织合理化实现新突破；科学技术创新能力显著增强，产业创新发展铸就新引擎；把握结构转型新机遇，产业集聚发展构建新格局；紧抓巨变时代的新增长机遇，产业数字化转型带来新气象；服务构建"双循环"新发展格局，开放型经济体制迈上新台阶；能源结构持续优化转型，产业绿色低碳循环发展取得新成效；资源要素保障能力全面提升，产业发展环境展示新面貌。

## 第一节 广东产业发展的现状特征

### 一、 经济总量实现恢复性增长， 结构优化锻造发展新优势

#### （一）三次产业实现恢复性增长，第二产业比重止跌回升

经国家统计局统一核算，2021 年广东实现地区生产总值（初步核算数）124 369.67 亿元，比上年增长 8.0%。其中，第一产业增加值 5 003.66 亿元，增长 7.9%，对地区生产总值增长的贡献率为 4.2%；第二产业增加值 50 219.19 亿元，增长 8.7%，对地区生产总值增长的贡献率为 43.0%；第三产业增加值 69 146.82 亿元，增长 7.5%，对地区生产总值增长的贡献率为 52.8%。三次产业结构比重为 4.0∶40.4∶55.6（见图 2 - 1），第二产业比重提高 0.9 个百分点。与国内重点省份相比，2021 年，广东第一产业增加值略低于山东省，远高于浙江省，与江苏省相当；第二产业增加值略低于江苏，远高于浙江、山东；第三产业增加值高于江苏、浙江、山东（见图 2 - 2）。

---

\* 本章第一执笔人为暨南大学产业经济研究院谢紫阳。

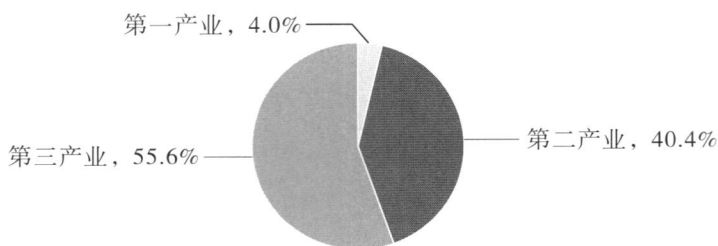

图 2 - 1　2021 年广东省三次产业占 GDP 的比重

数据来源：广东省统计局。

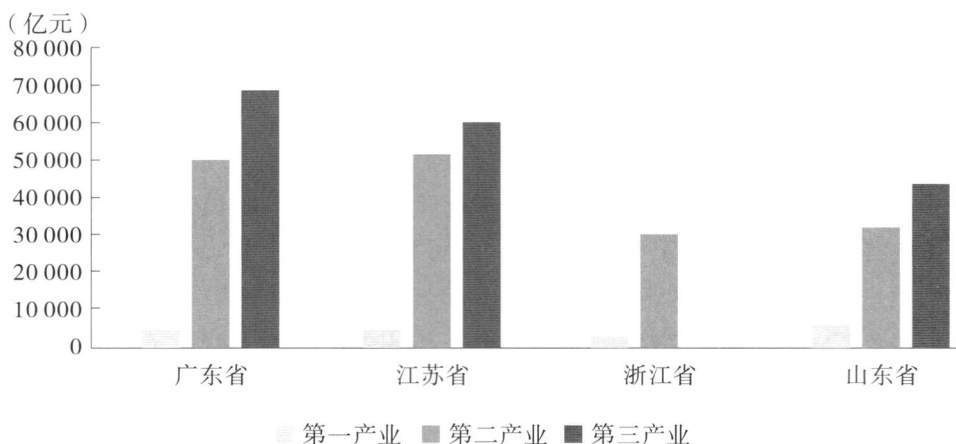

图 2 - 2　2021 年广东、江苏、浙江、山东三次产业增加值对比

数据来源：广东、江苏、浙江、山东省统计局。

从就业结构来看，近几年广东第一产业就业人数占比持续下降。由于制造业转型升级，落后产能被淘汰，大量传统劳动密集型制造业工人被机器取代，第二产业就业人数有所下降。第三产业吸纳就业的能力逐年增强，越来越成为吸纳就业的"蓄水池"，就业人数占比不断提升，如图 2 - 3 所示。

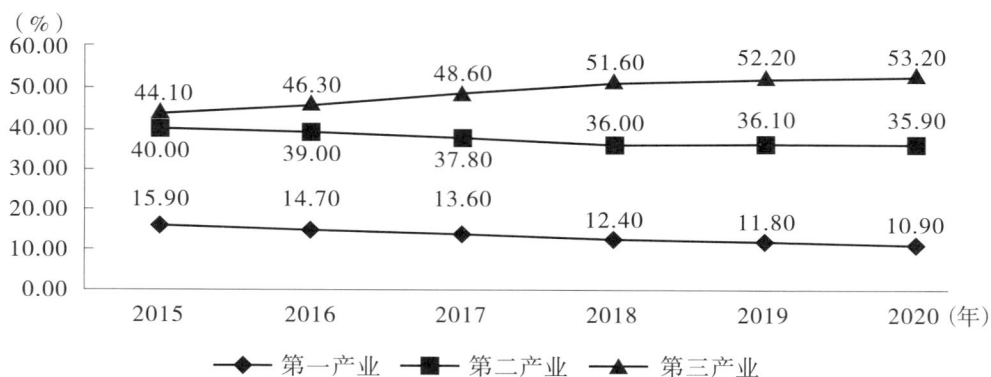

图 2 - 3　2015—2020 年广东三次产业就业人数占比

数据来源：广东省统计局。

## （二）农业基础地位更加巩固，农林牧渔业全面发展

2021年，全省农林牧渔业总产值8369.00亿元，比上年增长5.9%，总产值创34年来最高（见图2-4）。从不同行业来看，畜牧业产值1756.62亿元，同比增长18.7%；渔业产值1763.52亿元，同比增长8.7%；林业产值497.58亿元，同比增长7.2%；农林牧渔业及辅助性活动产值404.49亿元，同比增长12.7%。总体上来说，全省农业发展保持着一个良好的势头，"米袋子""菜篮子""果盘子"产量增势良好，重要农产品供应保障有力有序，农业全产业链建设稳步推进，现代农业产业体系初步建立。

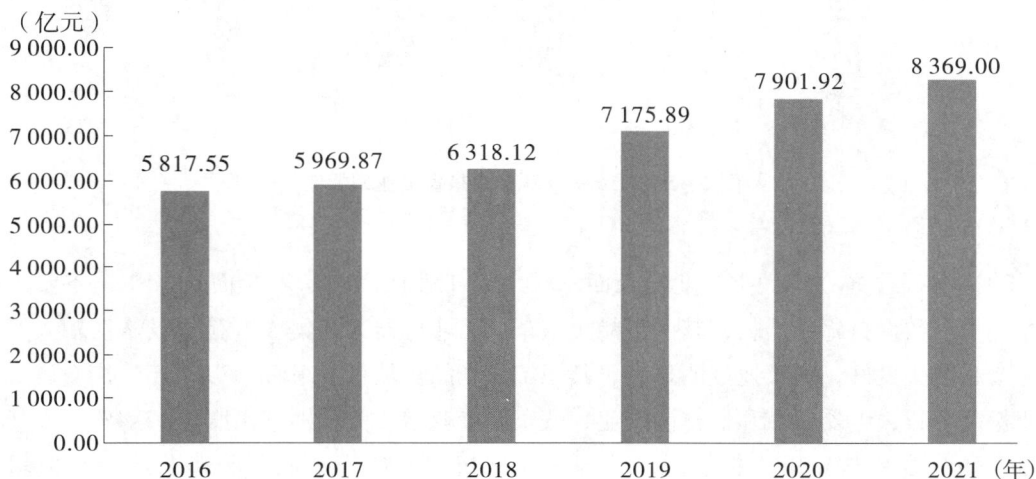

图2-4　2016—2021年广东省农林牧渔业总产值

数据来源：广东省统计局。

## （三）工业延续恢复性增长势头，制造业内部结构进一步优化

尽管遭遇新冠肺炎疫情和世界经济下行的严重冲击，但是在经济新动能和产业新业态的带动下，工业增加值依旧保持正增长。2021年，全省规模以上工业企业完成增加值37453.05亿元，比上年同期增长15.2%（见图2-5）。

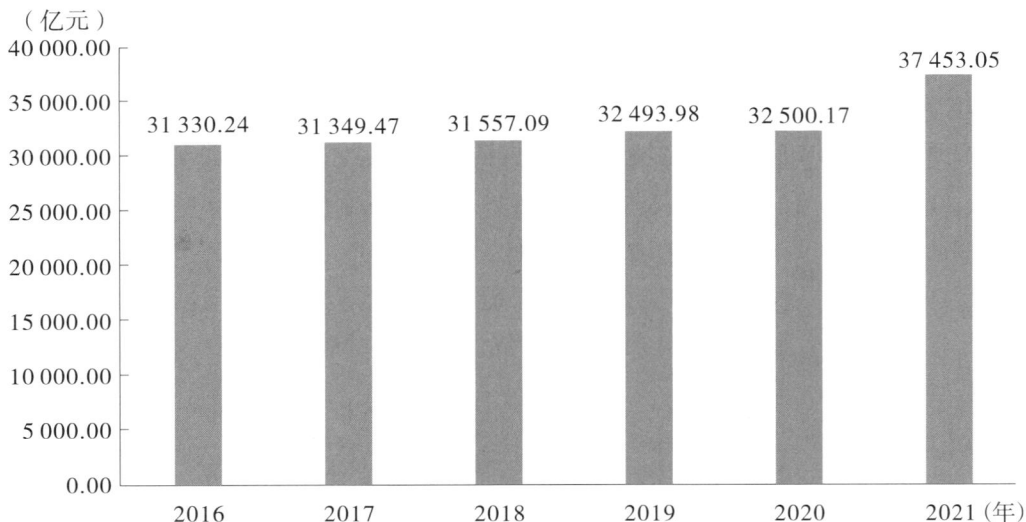

**图 2 - 5　2016—2020 年广东省工业增加值**

数据来源：广东省统计局。

2021 年，全省在产大类行业增长面 92.3%，工业产品产量增长面 68.0%，主要工业产品产量多数保持稳定增长，其中新能源汽车、工业机器人和集成电路等战略性新兴产品产量增长势头良好，增长速度明显高于其他工业产品。从行业来看，2021 年，广东省支柱产业稳定增长，电器机械和器材制造业、汽车制造业增加值分别同比增长 13.4%、9.4%。在"双碳"发展战略下，新能源产业迎来发展机遇，带动新能源装备制造增加值增长 19.9%。战略性新兴产业产品产量增势良好，工业机器人增长 56.5%，集成电路增长 30.3%，新能源汽车增长 155.6%（见图 2 - 6）。

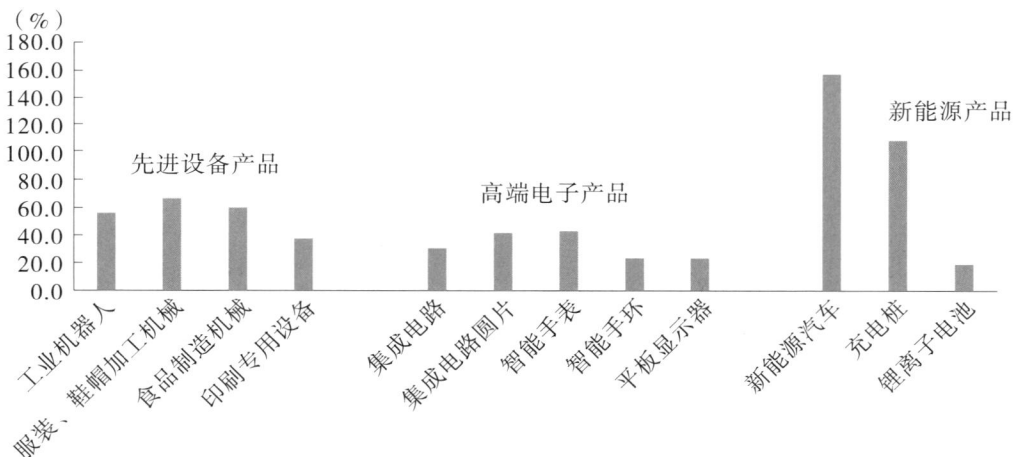

**图 2 - 6　2021 年广东省主要工业产品增长率**

数据来源：广东省统计局。

同时，广东省制造业高端化趋势进一步显现。2021 年高技术制造业增加值增长
6.9%，占规模以上工业增加值比重的 29.9%，其中，受疫情影响，国内外对防控物资的
需求仍处于高位，生物药品制造、卫生材料及医药用品制造分别增长 44.3%、28.0%。先
进制造业增加值增长 6.5%，占规模以上工业增加值比重的 54.2%。

### （四）规模以上服务收入破四万亿，现代服务业优势地位更加巩固

2021 年，广东服务业增加值同比增长 7.5%，两年平均增长 5.0%。其中，金融业增
加值同比增长 5.9%，两年平均增长 7.5%，批发和零售业增加值同比增长 10.6%，拉动
经济增长 1.0 个百分点，其中批发业受进出口畅旺的带动，增加值增长 11.1%。受下半年
疫情扩散影响，住宿和餐饮业，交通运输、邮政和仓储业恢复步伐受阻，增加值分别增长
10.9% 和 11.8%。货运量、港口货物吞吐量分别增长 11.9% 和 3.6%。旅客运输受疫情影
响持续负增长，全年客运量、旅客周转量分别同比下降 29.2% 和 10.1%。房地产在调控
政策下进入调整通道，房地产销售市场持续降温，增加值增长 3.2%。新建商品房销售面
积自 1—11 月首次出现下降后，全年下降 6.0%。其他服务业增加值增长 7.7%，拉动经
济增长 1.8 个百分点。规模以上服务业增速保持在较高位运行并趋于平稳，规模以上服务
业营业收入突破 4 万亿大关，达到 42 014.60 亿元，同比增长 18.2%（见图 2-7）。其中，
营利性服务业实现营业收入 24 096.40 亿元，增长 17.5%。2020 年规模以上服务业受到疫
情的冲击，增速有所放缓，2021 年增速已经回到疫情前的水平。

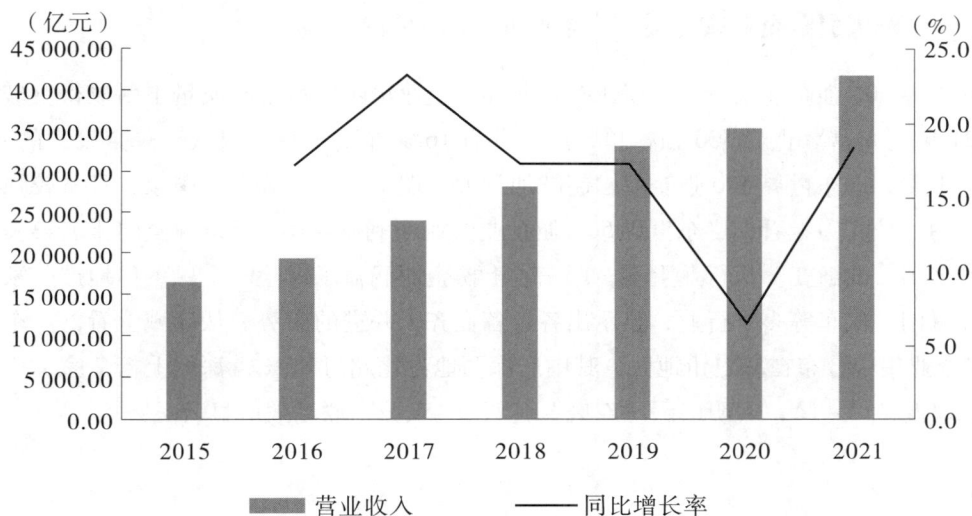

图 2-7　2015—2021 年广东省规模以上服务业营收情况

数据来源：广东省统计局。

服务业新动能不断增强，新业态蓬勃发展。广东省以新经济为代表的营利性服务业不
断加快发展，以"互联网＋"为标志的现代服务业新动能也在持续增强。2021 年上半年，

现代服务业增加值增长 10.9%，占服务业增加值比重的 66.0%。网络购物、网络广告、在线医疗、在线教育等新兴业态、新服务模式迅速兴起并蓬勃发展。信息消费升级，5G 移动用户数同比增长 75.2%，移动互联网接入流量增长 38.6%，电信业务总量同比增长 29.6%。线上消费活跃，全省限额以上单位通过公共网络实现商品零售额同比增长 26.6%，两年平均增长 23.4%；网络购物带动快递业务量同比增长 45.3%，实现快递业务收入同比增长 22.3%。

## 二、 市场主体活力快速迸发， 产业组织生态日趋优化

近年来，广东持续深化商事制度改革，大力破除市场壁垒，培育壮大市场主体，激发市场活力和社会创造力，维护市场公平竞争秩序，打造市场化、法治化、国际化营商环境。截至 2020 年末，全省纳入统计的规模以上工业企业数达到 55 605 户，比 2015 年末增加 15 036 户，增长 37.1%，年均增长 6.5%。分行业看，全省规模以上工业企业主要集中在计算机、通信和其他电子设备制造业、电气机械和器材制造业、金属制品业，2020 年末分别拥有企业 7 189 家、6 314 家和 4 986 家，合计占全省规模以上企业数的 33.3%。分区域看，珠三角地区市场主体聚集效应明显。2020 年，全省新增市场主体在珠三角、粤东、粤西、粤北地区的分布分别为 189.70 万户、16.02 万户、14.72 万户和 18.43 万户，全省占比分别为 79.42%、6.71%、6.16% 和 7.71%。

### （一）龙头引擎企业成为提高广东产业竞争力的领头雁

从世界 500 强企业来看，广东龙头企业和大企业集团的数量和质量不断取得突破。根据 2021 年《财富》世界 500 强榜单，广东共有 16 家企业上榜，仅次于央企聚集的北京。从数量上看，广东世界 500 强企业已超越加拿大、瑞士、荷兰等发达国家，具备较强的全球竞争力。从实力上看，广东世界 500 强企业营业净利率高达 8.5%，全国排名第一，远高于排名第二的浙江。从行业上看，广东省上榜企业涵盖了保险、金融、房地产、家电制造、互联网、汽车等多个行业，显示出各行各业齐头并进的态势。从区域上看，广东世界 500 强企业集中分布在珠三角地区，其中广深两地占比超过 80%，深圳上榜 7 家，广州上榜 6 家（见表 2 - 1），表明广深"双区"建设、"双城"联动效应显著。

表 2-1　广东上榜世界 500 强的企业名单

| 企业 | 2021 年排名 | 2020 年排名 | 2020 年营收（亿美元） | 2019 年营收（亿美元） | 所在城市 | 行业 |
|---|---|---|---|---|---|---|
| 中国平安保险 | 16 | 21 | 1 915.094 | 1 842.803 | 深圳 | 保险 |
| 华为投资 | 44 | 49 | 1 291.835 | 1 243.163 | | 通讯 |
| 正威国际 | 68 | 91 | 1 002.805 | 888.621 | | 有色金属 |
| 招商银行 | 162 | 189 | 604.332 | 572.521 | | 金融 |
| 腾讯控股有限公司 | 132 | 197 | 698.642 | 546.127 | | 互联网 |
| 万科企业股份有限公司 | 160 | 208 | 607.407 | 532.527 | | 房地产 |
| 深圳投资控股有限公司 | 396 | 442 | 311.436 | 288.545 | | 金融 |
| 南方电网 | 91 | 105 | 836.99 | 819.781 | 广州 | 电力能源 |
| 中国恒大集团 | 122 | 152 | 735.14 | 691.271 | | 房地产 |
| 广州汽车工业集团 | 176 | 206 | 577.239 | 536.621 | | 汽车 |
| 雪松控股集团 | 359 | 296 | 338.37 | 412.767 | | 贸易 |
| 广州建筑集团有限公司 | 460 | — | 266.824 | | | 建筑业 |
| 广州医药集团有限公司 | 468 | — | 260.701 | | | 生物医药 |
| 碧桂园 | 139 | 147 | 670.804 | 703.353 | 佛山 | 房地产 |
| 美的集团股份有限公司 | 288 | 307 | 414.071 | 404.404 | | 家电制造 |
| 珠海格力电器股份有限公司 | 488 | 436 | 247.097 | 290.236 | 珠海 | 家电制造 |

数据来源：财富中文网。

## （二）"专精特新"企业成为广东产业强链补链的生力军

自 2018 年国家发布《关于开展专精特新"小巨人"企业培育工作的通知》至 2020 年，共有 4 762 家中小企业被选入国家级专精特新"小巨人"企业名单。其中，有 433 家"小巨人"企业来自广东，仅次于浙江的 475 家，排名全国第二。在区域上，这些中小企业主要分布在产业基础较好的珠三角九市，共 411 家，占广东全省的 94.9%。而在各大地级市中，深圳以 170 家的成绩排名第二，略逊于宁波（182 家）。在"小巨人"企业数量前 20 位的城市中，广东有深圳、广州和东莞三地上榜。这 433 家"小巨人"企业中，已有 74 家在新三板市场挂牌，14 家在科创板上市，19 家在创业板上市，7 家在沪深主板上市。从行业分布上看，广东 90% 以上的"专精特新"企业分布在制造业，涉及高端装备、医药生物、化工材料、新能源、新一代电子信息、电气机械、新材料、智能汽车等众多领域。这表明在全球产业链分化重构、国际竞争日益加剧的背景下，广东"专精特新"企业在补链强链延链中的作用愈加凸显。

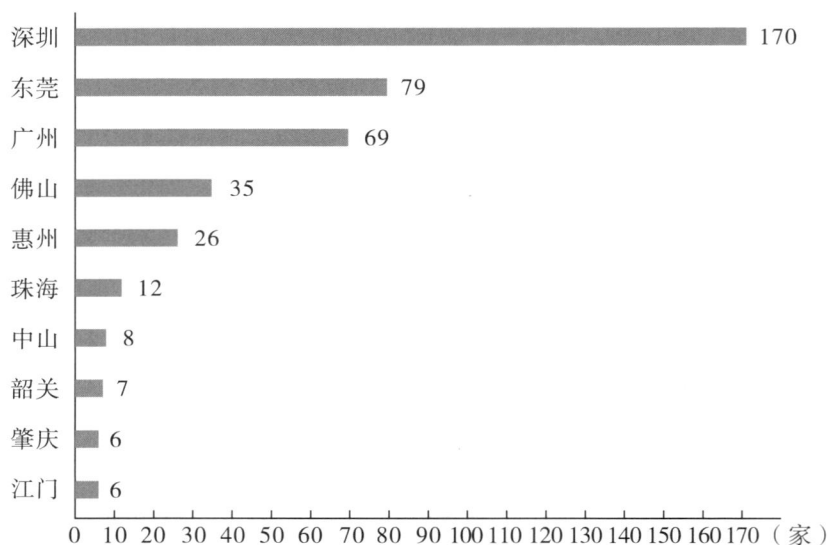

图 2 - 8　广东专精特新"小巨人"区域分布

*数据来源：广东省工信厅。*

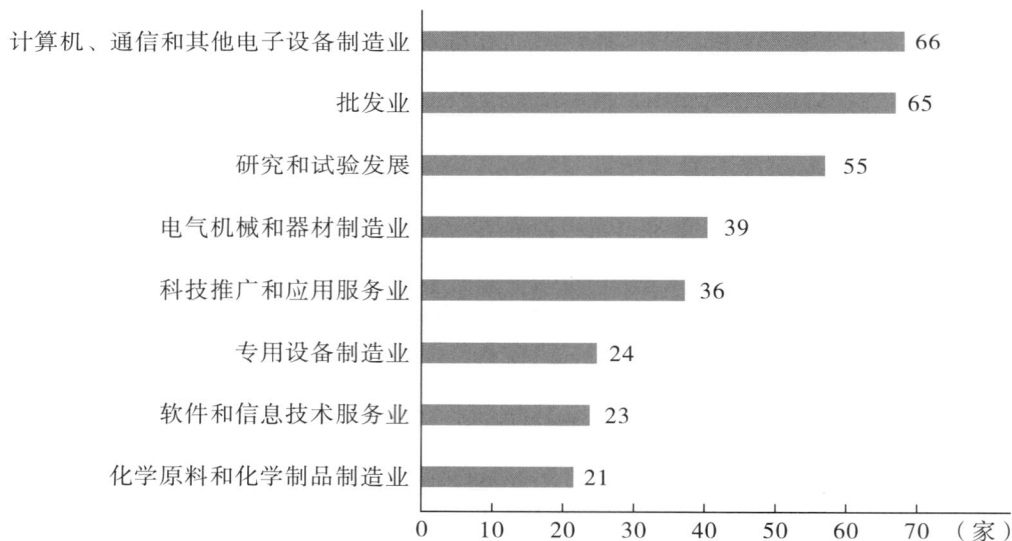

图 2 - 9　广东专精特新"小巨人"行业分布

*数据来源：广东省工信厅。*

## （三）行业骨干企业带动广东战略性产业集群量质齐升

上市企业数目是衡量地区产业竞争力的重要指标之一。从上市公司整体数量上看，广东一直是拥有上市公司数量最多的第一大省。截至 2021 年 2 月 22 日，沪深两市上市公司

4 192 家，总市值 90 万亿。广东省上市公司 685 家，占沪深上市公司总数的 16%；总市值 17 万亿，占沪深市场总市值的 19%。其中，广东地区（不含深圳）上市公司 347 家，占沪深上市公司总数的 8%；总市值 6.17 万亿，占沪深市场总市值的 7%。

广东地区（不含深圳）上市公司总体上呈现出以下几个特征。一是上市公司主要分布在珠江东西两岸的七大地市。具体地，广州（118 家）、东莞（40 家）、佛山（39 家）、汕头（32 家）、珠海（28 家）、中山（22 家）、惠州（12 家），七市共有上市公司 291 家，总市值 5.58 万亿，分别占广东地区（不含深圳）的 84% 和 90%（见图 2-10）。二是上市公司行业集中度高，"科技 + 先进制造"的特征明显。从数量上看，电子（45 家）、机械设备（35 家）、化工（32 家）、医药生物（31 家）、轻工制造（27 家）上市公司数量位居前五。从市值上看，家用电器（1.17 万亿）、食品饮料（0.77 万亿）、电子（0.70 万亿）、医药生物（0.46 万亿）、化工（0.28 万亿）市值位居前五（见图 2-11）。三是民营企业占比高，数量占比达到 69%，总市值占广东地区（不含深圳）上市公司总市值的 64%，表现出旺盛的经济活力。

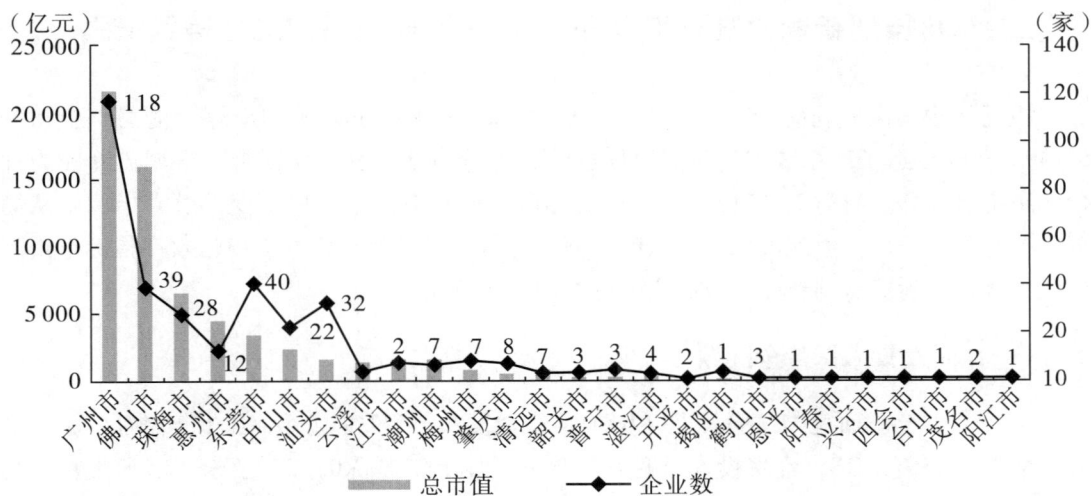

图 2-10　广东地区（不含深圳）上市公司数量和市值的区域分布

数据来源：Wind。

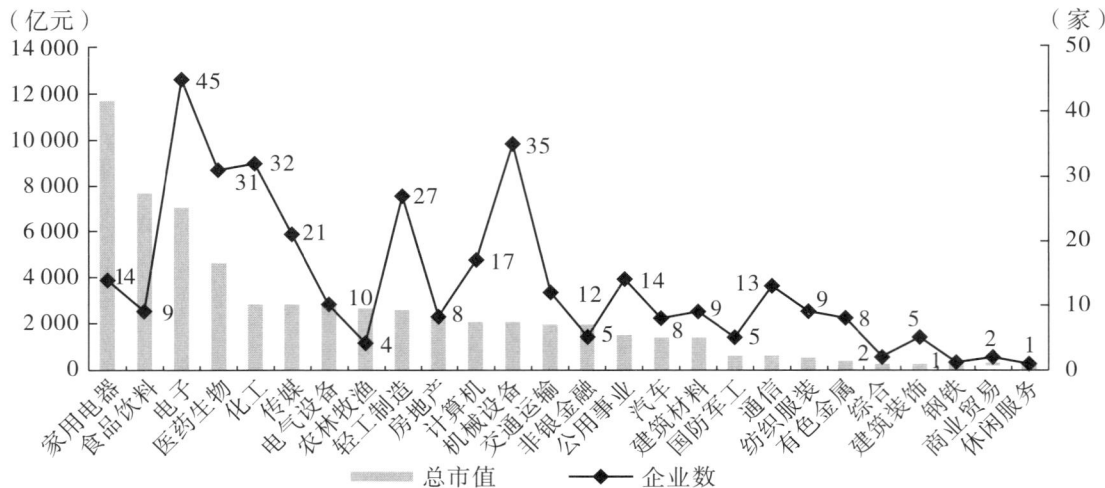

图 2-11　广东地区（不含深圳）上市公司企业行业分布（申万一级行业）①

数据来源：Wind。

## 三、 科技创新能力进一步提升， 产业链自主可控能力得到增强

根据《中国区域创新能力评价报告 2021》，2021 年广东区域创新综合能力综合得分 65.49，不仅创造了广东区域创新能力评价的历史最高分，也是全国省市区域创新能力评价的历史最高分。与 2020 年相比，广东实力指标和效率指标保持不变，潜力指标则从第五位上升到第一位。由此可见，广东区域创新能力不仅稳固了总量优势，效率指标也得到优化提升，成为广东创新能力位居全国榜首的关键所在。

### （一）研发投入保持全国领先

2020 年，全省研究与试验发展（R&D）经费投入 3 479.9 亿元，比上年增加 381.4 亿元，增长 12.3%，R&D 经费投入强度为 3.14%，比上年提高 0.27 个百分点，研发投入总量位居全国第 1，研发投入强度位居全国第 3。数据显示，自 2000 年以来，广东 R&D 经费逐年提升，2019—2021 年规模攀至 3 000 亿大关，并向 4 000 亿目标迈进。R&D 经费投入强度自 2000 年以来也一直保持向上趋势，2020 年 R&D 经费投入强度为 3.14%，高于

---

① 申万行业是指申银万国的行业划分，申银万国是一家证券公司的名称，由原上海申银证券公司和原上海万国证券公司于 1996 年 7 月 16 日合并组建而成。申万行业从投资、实际研究的角度出发，将行业划分为一级行业 28 个、二级行业 104 个、三级行业 227。

申万一级行业主要有：非银金融、家用电器、建筑装饰、化工、汽车、农林牧渔、传媒、公用事业、建筑材料、机械设备、纺织服装、房地产、电子、计算机、采掘、轻工制造、钢铁、交通运输、国防军工、电气设备、休闲服务、通信、医药生物、银行、有色金属、综合、商业贸易、食品饮料。

全国平均值（2.40%）0.74 个百分点（见图 2 – 12）。

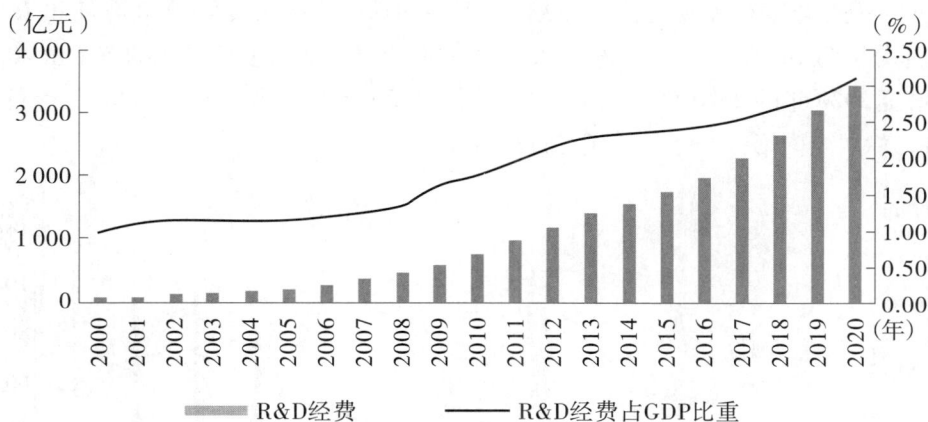

**图 2 – 12　2000—2020 年广东省 R&D 经费投入情况**

数据来源：《广东科技统计年鉴》。

与全国相比，广东 R&D 经费投入呈现稳中有进态势。一是总量稳定增长，2020 年广东 R&D 经费总量约为江苏的 116%、浙江的 190%（见图 2 – 13），占全国 R&D 经费的 14.3%，是拉动我国 R&D 经费增长的重要力量。二是强度追赶加快，广东 R&D 经费投入强度水平已从 2016 年的全国第 5 位提升到第 3 位，达到创新型地区水平。

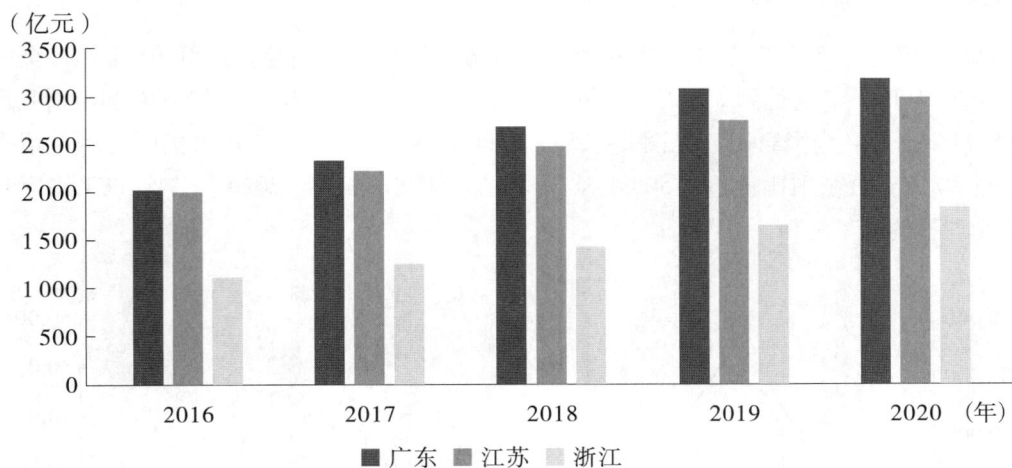

**图 2 – 13　2016—2020 年广东、江苏、浙江 R&D 经费投入情况**

数据来源：广东、江苏、浙江省统计局。

## （二）专利创造实现量质齐升

2007 年，广东省人民政府发布《广东省知识产权战略纲要（2007—2020 年）》，首次确定建立知识产权强省，为推动全省产业转型升级，强化创新驱动发展和促进创新型广东建设提供了有力保障。

从专利数量上看，广东省发明专利申请及授权量连续多年位居全国前列。2007—2020年，发明专利年申请量和授权量分别从 2.7 万件和 0.4 万件增长至 23.0 万件和 7.1 万件，平均增速分别为 18.77% 和 28.58%（见图 2 - 14）。每万人口发明专利拥有量由 2008 年的 1.7 件增至 2020 年的 28.0 件。从全国层面看，2020 年广东省专利申请 96.7 万件，授权 71 万件，稳居全国第一，是名副其实的专利大省。

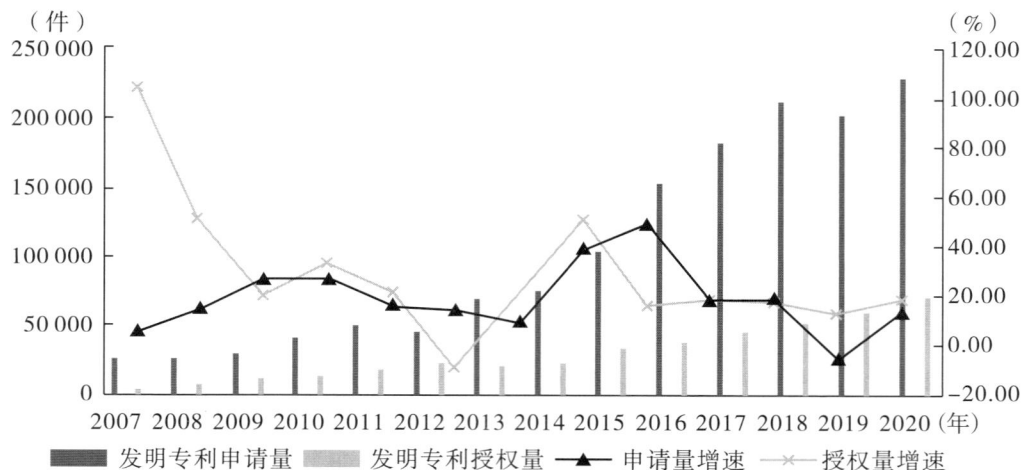

**图 2 - 14　2007—2020 年广东省发明专利申请量与授权量及其增速**

数据来源：Incopat 数据库。

从专利质量上看，广东省 PCT 专利申请数量整体呈上升趋势且连续 19 年保持全国第一。2020 年 PCT 专利达到 2.8 万件，同比增长 13.64%，占全国 PCT 国际专利申请受理量的 41.97%，排名全国第一（见图 2 - 15）。截至 2020 年底，广东 PCT 国际专利申请受理量超过 20 万，占全国比重超过 50%。与排名第二的江苏相比，2020 年广东 PCT 国际专利申请受理量约是其三倍。

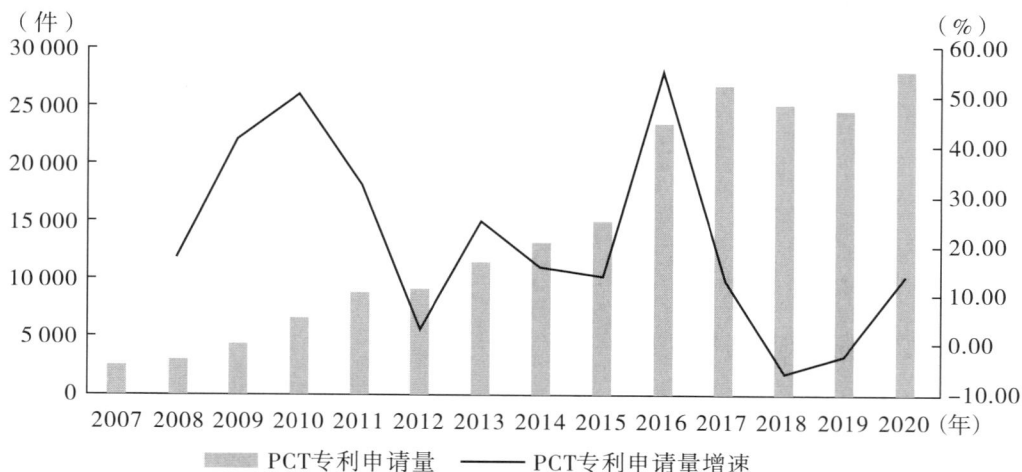

**图 2 - 15　2007—2020 年广东省 PCT 专利申请量及其增速**

数据来源：Incopat 数据库。

## 四、 产业集群发展迈出新步伐， 区域产业共建需求更趋旺盛

产业布局不仅影响产业规模化、集约化发展，而且影响经济发展的空间结构。广东省政府注重推动产业集群发展，2020 年，国家发改委公布了 66 个战略性新兴产业集群，广东占其中的 6 个，数量居各省市之首；科技部火炬中心公布了 109 个产业集群，广东占其中的 13 个，为全国各省市之冠。

### （一） 园区建设夯实产业集群化发展根基

广东省产业集群效应明显，逐渐形成优势互补、协同发展的产业发展格局。根据广东省商务厅公布的资料，目前，广东省共有 2 个重点国际合作园区，7 个国家级经济技术开发区，14 个国家高新技术产业开发区，15 个海关特别监管区域。其中，国家级园区主要集中在珠三角地区，广州有 9 个，珠海有 5 个，深圳有 4 个，惠州和东莞各有 2 个，佛山、中山、江门和肇庆各有 1 个。在非珠三角地区中，汕头和湛江各有 2 个国家级园区，茂名、揭阳、清远、河源、梅州各有 1 个。

### （二） 地区之间分工深化趋势更加凸显

产业分工的不断深化是地区产业体系成熟的重要标志。珠三角地区第二产业显示出较高水平的集聚性特征，而粤东西北则第一产业集聚度高。为研究广东三次产业集聚水平，本书参考联合国工业发展组织的方法，构建区位熵指标进行测量。根据图 2－16，珠三角地区第一产业区位熵小于 1；第二产业区位熵大于 1，且呈上升趋势；第三产业区位熵在 0.9～1.0 之间。表明第二产业是珠三角地区的专门化部门和产品输出部门，其产业集中度高于广东省平均水平；第一产业是珠三角地区的产品输入部门；第三产业是珠三角地区发展程度高于粤东西北地区，但专业化水平仍需提高。粤东西北地区第一产业区位熵 2000 年至 2005 年在 3 至 4 之间，2005 年至 2020 年在 3 左右波动；第二产业区位熵在 1 左右波动；第三产业区位熵小于 1（见图 2－17）。表明粤东西北地区第一产业的集聚度非常高，产业集聚效应明显，但工业和服务业集聚水平有待提升。可见，珠三角地区与粤东西北地区分工不断深化，各自比较优势渐显。

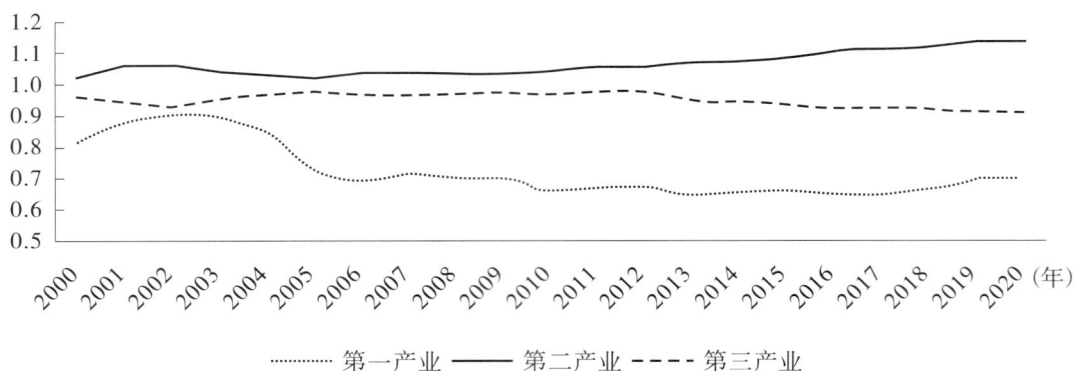

图 2 - 16　珠三角地区三次产业区位熵

数据来源：广东省统计局。

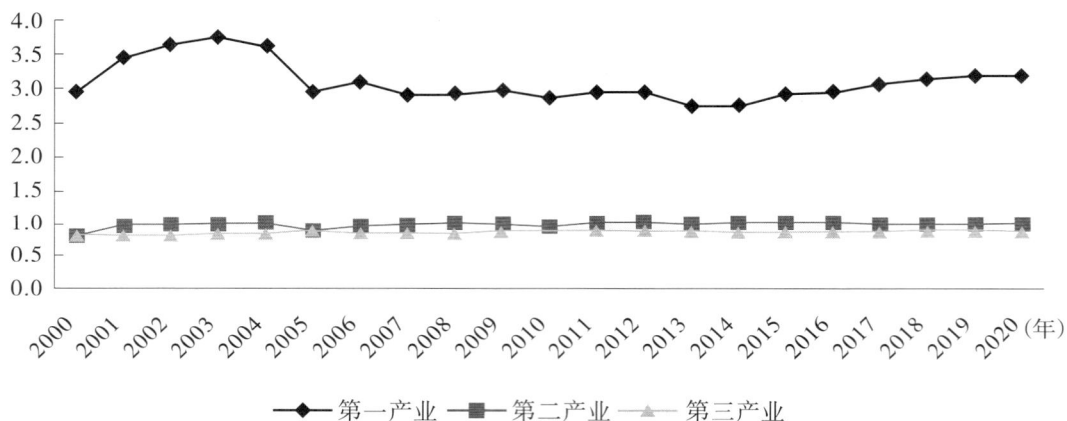

图 2 - 17　粤东西北地区三次产业区位熵

数据来源：广东省统计局。

### （三）"一核一带一区"联动发展趋势增强

根据广东省委和省政府发布的《关于构建"一核一带一区"区域发展新格局促进全省区域协调发展的意见》，"一核一带一区"建设是解决区域发展不平衡问题，推动全省各区域优势互补、差异化协调发展的重要举措。

就产业结构而言，2020 年，珠三角地区的第二产业增加值远高于沿海经济带东西翼和北部生态发展区，"一核一带一区"的第二产业比重分别为 39.96%、37.69% 和 32.67%，三者的第二产业比重相近；2020 年，珠三角地区的第三产业增加值同样远高于沿海经济带东西翼和北部生态发展区，"一核一带一区"的第三产业比重分别为 58.29%、47.93% 和 50.71%，其中，珠三角地区的第三产业比重呈快速增长态势。

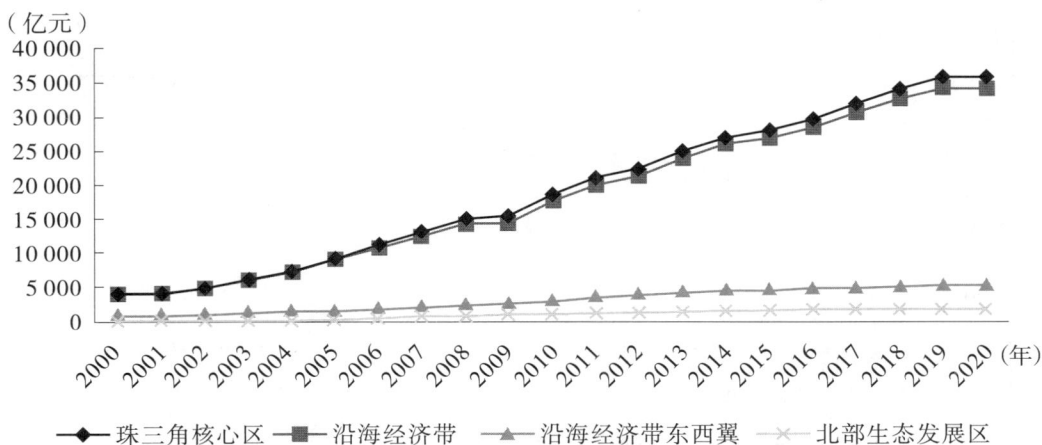

图 2 - 18　"一核一带一区"的第二产业增加值情况

数据来源：广东省统计局。

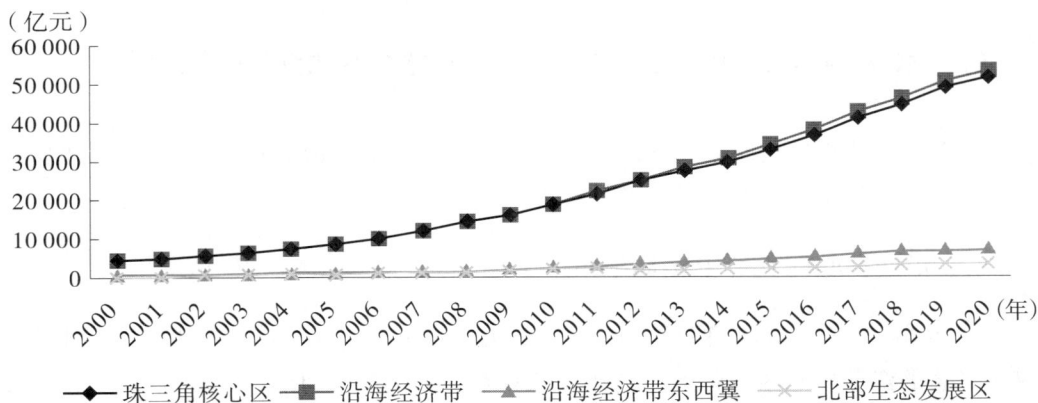

图 2 - 19　"一核一带一区"的第三产业增加值情况

数据来源：广东省统计局。

　　从现代产业发展情况来看，珠三角地区的规模以上先进制造业增加值呈稳步上升趋势，而沿海经济带东西翼和北部生态发展区的规模以上先进制造业增加值呈缓慢上升趋势。2020 年，"一核一带一区"规模以上先进制造业增加值占规模以上工业增加值的比重分别为 58.48%、40.88% 和 32.25%。整体而言，现代制造业主要集中在珠三角地区，沿海经济带东西翼和北部生态发展区的现代产业比重仍有待进一步优化。

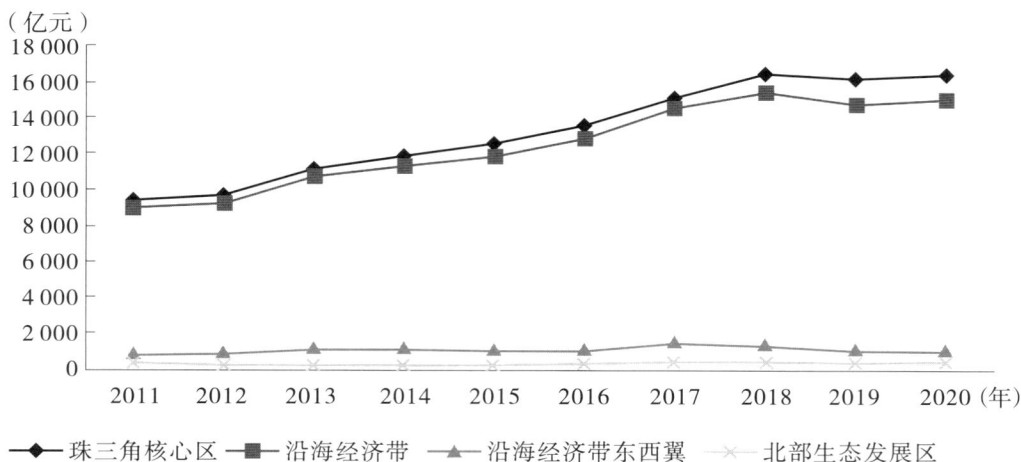

图 2 - 20　　"一核一带一区"的规模以上先进制造业增加值情况

数据来源：广东省统计局。

## 五、 数字经济规模全国领先， 数字技术创新抢占世界前沿

广东是全国信息通信产业大省，电子信息制造业、软件和信息服务业规模多年位居全国第一，为数字经济发展奠定了坚实的基础。

### （一）数字核心产业走在全国前列

从总体规模上看，2020 年广东省数字经济增加值约 5.2 万亿元，规模位居全国第一，超过第二名的江苏省 0.8 万亿元；同比增长 6.6%，增速比 GDP（2.3%）高 4.3 个百分点，数字经济发展位于全国第一梯队。同时，广东省数字经济占 GDP 比重逐年提升，由 2016 年的 37% 提升到 2020 年的 46.8%，在广东省经济增长中的地位日益提升。

数字核心产业增长保持全国领先。2020 年，广东省计算机、通信和其他电子设备制造业营业收入 4.39 万亿元，同比增长 7.3%；信息传输、软件和信息技术服务业营业收入 1.25 万亿元，同比增长 14.8%，两大数字核心产业近几年来均保持稳定增长态势（见图 2 - 21）。与全国相比，广东省计算机、通信和其他电子设备制造业营业收入排全国第一，规模远超其他省份，信息传输、软件和信息技术服务业营业收入排全国第二，仅次于北京市，体现了广东电子信息产业大省的地位（见图 2 - 22）。

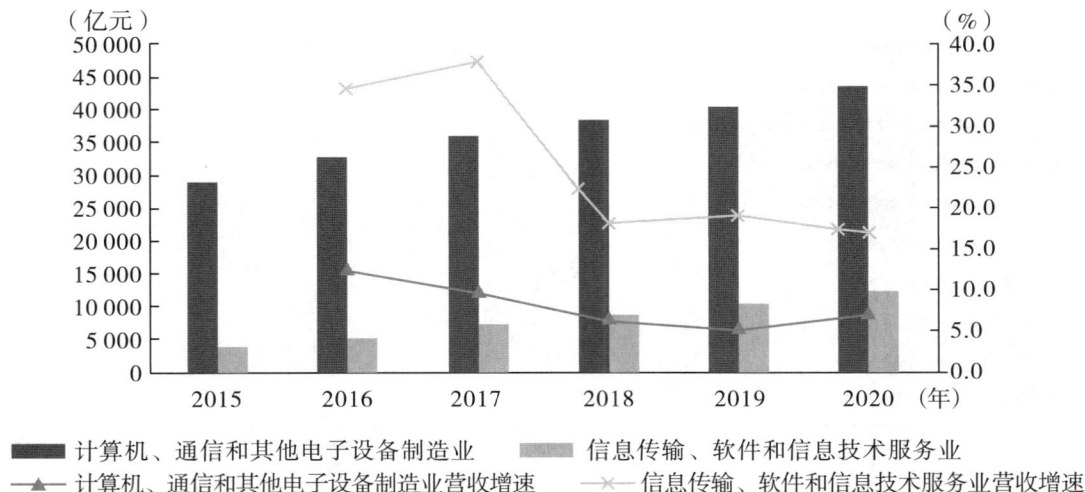

**图 2 - 21 2015—2020 年广东省部分数字核心产业营收及增速情况**

数据来源：广东省统计局。

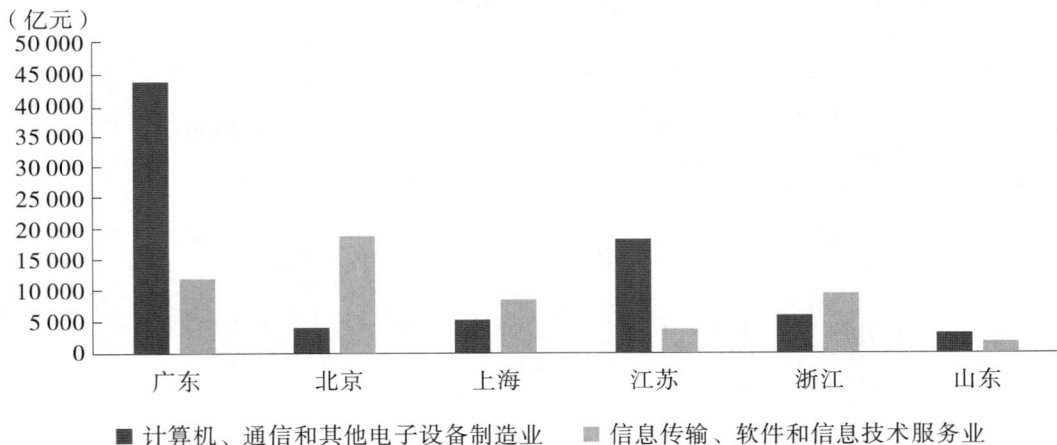

**图 2 - 22 2020 年主要省市数字核心产业营收比较**

数据来源：广东、江苏等省市统计局。

## （二）制造业数字化转型需求旺盛

产业数字化的重中之重是制造业数字化转型升级。广东的制造业数字化紧紧围绕提高经济效益、提升企业可持续竞争力的根本目标，在精益生产基础上推进数字化，注重人机协同，发展成效显著。2020 年，广东省工业互联网相关企业数量 1 382 家，位列全国第一，远超第二名北京市（930 家），是第四名江苏省的 2.76 倍（见图 2 - 23）。2021 年工业机器人产量达 12.44 万台（套），占全国总产量的 33.99%，比上年增长 56.5%，产量远超浙江省的 2.34 万套和山东省的 0.93 万套，是国内重要工业机器人产业基地，为推动广东省产业数字化转型提供了有力支撑。

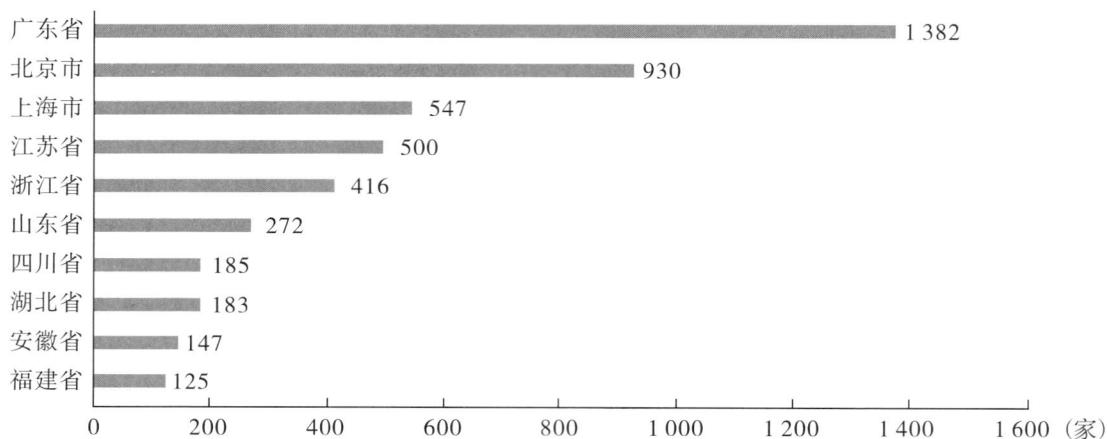

图 2 - 23　2020 年排名前十省市工业互联网相关企业数量

数据来源：亿欧智库。

## （三）数字技术创新为数字经济强省建设加码

从广东省数字经济专利历年总产出来看，广东省数字经济专利产出总体规模呈不断上升趋势（见图 2 - 24）。① 其中，数字产品制造业专利申请数量最多，远超其他数字经济核心产业专利申请数量（见图 2 - 25）。

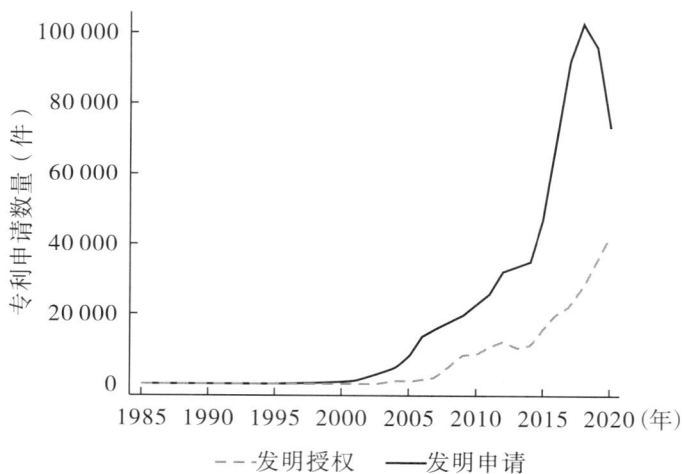

图 2 - 24　广东省数字经济总体专利产出趋势

数据来源：Incopat 数据库。

---

①　其中 2019 年专利申请量相比 2018 年稍有下降，原因：一是与国家总体层面的专利数据下降的趋势有关，二是受数据下载截止时间限制，样本数据时间截至 2021 年 2 月。

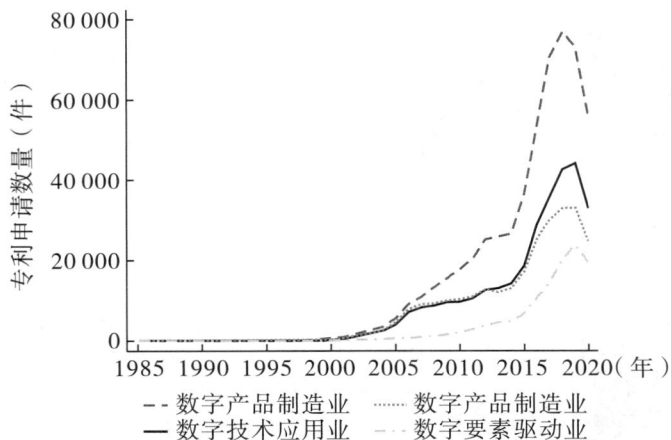

**图 2 - 25　广东省数字经济核心产业专利申请趋势**

数据来源：Incopat 数据库。

广东数字经济行业集中度趋于下降，创新活动越来越活跃。从行业集中度看，广东省数字经济行业赫芬达尔指数自 2002 年左右达到顶峰后，开始呈现快速下降趋势，到 2020 年广东省数字经济总体及各行业赫芬达尔指数已降至 0.1 以下（见图 2 - 26）。从专利申请人分布看，2007—2020 年广东省数字经济总体专利申请人申请数量相较于 1986—2006 年有大幅提升，但专利数量占比明显下降。例如 1986—2020 年，华为与数字经济相关的专利申请数量和占比均排名广东第一，尤其在 2007—2020 年申请数量是 1986—2006 年的 3.79 倍，而与此同时，华为数字经济专利申请数量占比却从 1986—2006 年的 40.92% 下降至 2007—2020 年的 7.34%（见图 2 - 27）。表明广东省的数字经济行业在集中度不断下降的同时，创新活动越来越活跃，创新竞争越来越激烈。

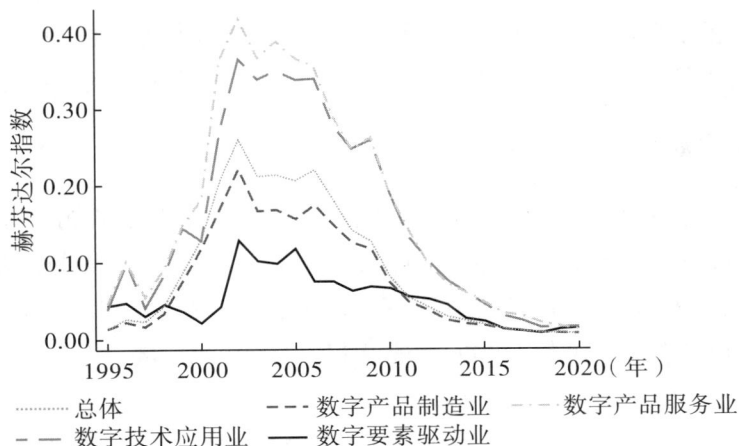

**图 2 - 26　广东省数字经济总体及各行业赫芬达尔指数分布**

数据来源：Incopat 数据库。

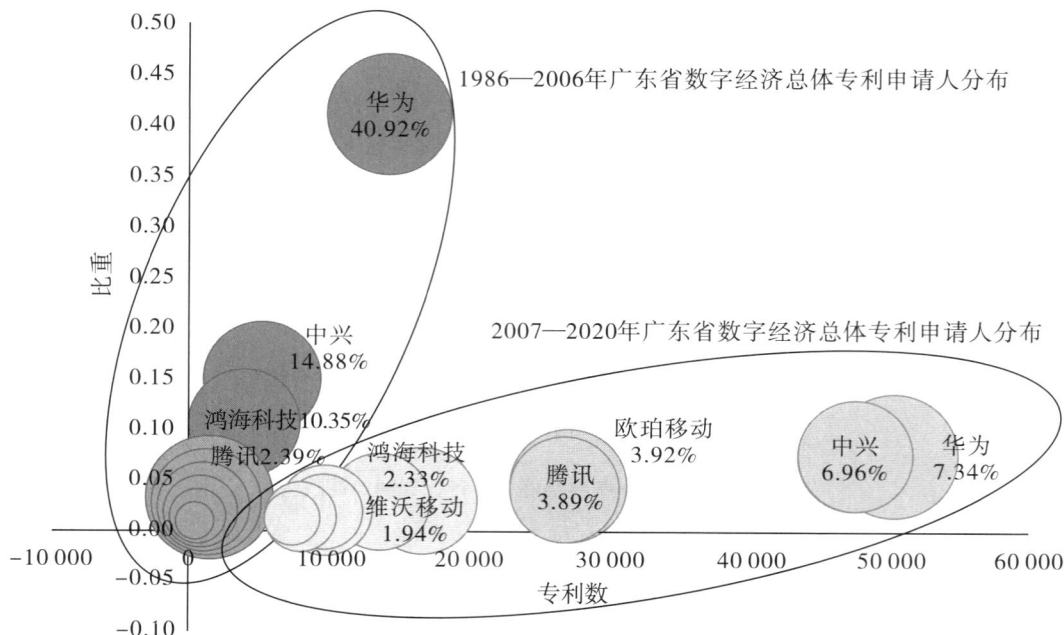

图 2 - 27　1986—2020 年广东省数字经济总体专利申请人分布变化

数据来源：Incopat 数据整理。

注：1986—2006 年专利申请人还有神达电脑、比亚迪、TCL 集团、乐金集团、深康佳等；2007—2020 年专利申请人还有中山大学、格力集团、南方电网、宇龙计算机等。

## 六、　开放型经济体制迈上新台阶，　服务新发展格局能力得到提升

广东作为我国实体经济发展的关键支撑，在国内大循环中是重要的平台和载体，在国内国际相互促进的双循环中是对外的窗口和桥梁。面对全球疫情冲击，广东凭借扎实的实体经济功底，在维护产业链供应链稳定性以及产业国际竞争力方面发挥着战略支撑作用。

### （一）依托"双区"建设推动国际大循环再上新台阶

广东扎实推进粤港澳大湾区和深圳先行示范区建设，以特区新作为更好服务国家发展大局；在更高起点更高层次更高目标上推进改革开放，以特区新探索持续激发发展活力。"十三五"时期，广东外贸进出口总值达 34.52 万亿元，较"十二五"时期增长 8.2%。其中，出口 21.13 万亿元，增长 11.3%，进口 13.39 万亿元，增长 3.8%。广东对外贸易表现出如下特点：

一是贸易规模稳居全国第一。2020 年，广东外贸进出口总值为 7.08 万亿元，较 2015 年增长 11.5%，年均增速为 2.2%。其中出口年均增长 1.7%，进口年均增长 3.0%（见图 2 - 28）。

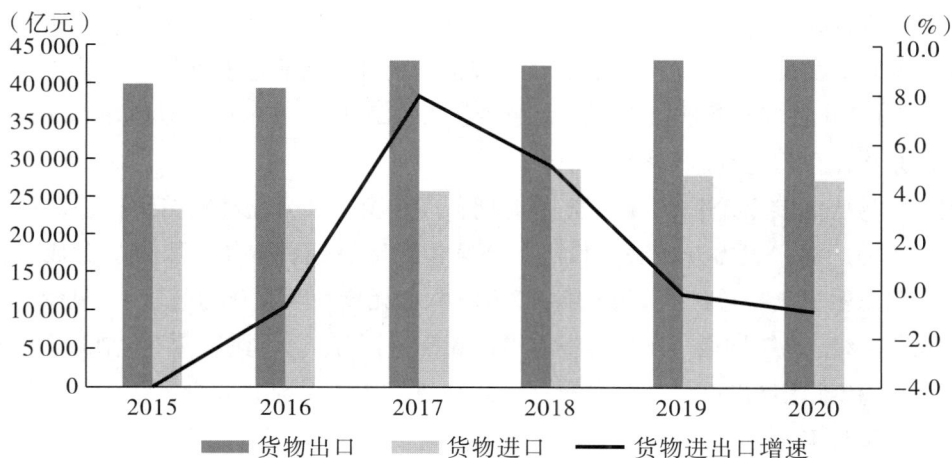

图 2 - 28 2015—2020 年广东省货物进出口额及增长速度

数据来源：《广东统计年鉴》。

二是一般贸易逐渐占据主体地位。相比加工贸易，一般贸易产业链更长、附加值更高，更能反映企业自主发展能力。2020 年，广东一般贸易进出口总额 3.63 万亿元，比 2015 年增长 35.5%，年均增长 6.3%，占广东进出口总值的比重由 43.5% 逐年上升至 51.2%，2020 年一般贸易占比首次过半，占据主体地位（见表 2 - 2）。同期，加工贸易处于转型升级的调整，进出口占比由 38.8% 降至 28.2%。

表 2 - 2 广东省按贸易方式划分的进出口额

（单位：亿元）

| | 2020 年 | | 2019 年 | | 2018 年 | | 2015 年 | |
|---|---|---|---|---|---|---|---|---|
| | 出口 | 进口 | 出口 | 进口 | 出口 | 进口 | 出口 | 进口 |
| 一般贸易 | 22 893.16 | 13 401.73 | 21 724.03 | 13 318.72 | 20 358.14 | 13 316.96 | 17 146.42 | 9 633.41 |
| 来料加工 | 974.81 | 690.77 | 1 373.97 | 1 006.02 | 1 573.23 | 1 197.46 | 1 939.42 | 1 437.67 |
| 补偿贸易 | — | — | — | — | — | — | — | — |
| 进料加工 | 11 948.55 | 6 362.33 | 13 564.39 | 7 095.79 | 14 950.41 | 8 563.37 | 15 533.43 | 8 449.25 |
| 加工设备 | — | 20.76 | — | 11.83 | — | 17.92 | — | 18.72 |
| 外资设备 | — | 75.74 | — | 186.89 | — | 46.48 | — | 45.97 |
| 保税仓库 | 4 385.31 | 6 599.57 | 4 063.44 | 6 260.48 | 3 264.18 | 5 669.24 | 1 659.04 | 1 452.87 |
| 捐赠 | 5.53 | 2.45 | 1.6 | 0.01 | 2.13 | 0.05 | 1.39 | 0.2 |
| 其他 | 3 285.7 | 216.23 | 2 688.61 | 188.62 | 2 595.97 | 90.2 | 3 703.4 | 2 603.2 |

数据来源：广东省统计局。

　　三是外贸新业态蓬勃发展。"十三五"时期，广东营商环境持续改善，以跨境电商、市场采购为代表的外贸新业态、新模式快速发展，为外贸高质量发展注入新动能。市场采购试点自 2017 年在广东落地以来，规模稳步扩大，2020 年广东市场采购出口 2 944.5 亿元，占广东出口总值比重达 6.8%。

　　四是贸易伙伴多元共进。"十三五"时期，广东贸易多元化战略持续推进，在继续深耕传统市场的同时，大力开拓新兴市场，持续优化区域经贸合作，取得显著成效。2020年，广东与东盟进出口总额由 2015 年的 7 040.9 亿元增长至 1.09 万亿元（见图 2 – 29），年均增长 9.1%，高于同期广东外贸整体增速 6.9 个百分点。同期，广东与欧盟（不含英国）、中国台湾地区进出口总额年均分别增长 7% 和 7.3%，与"一带一路"沿线国家进出口总额年均增长 7.5%。

（亿元）

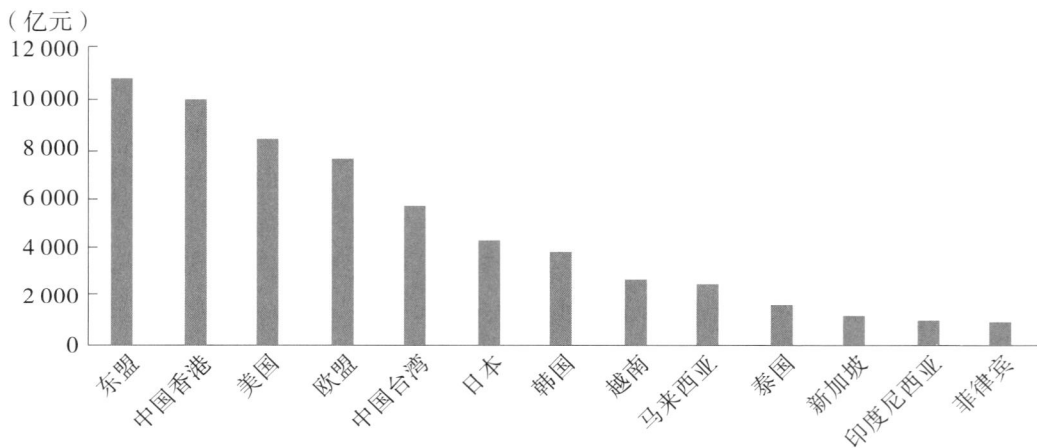

图 2 – 29　2020 年广东同主要国家/地区进出口额

数据来源：广东省统计局。

　　五是内生动力得到强化。民营企业的发展，反映了广东营商环境的持续优化，是广东外贸内生动力和发展活力的重要表现。"十三五"时期，广东民营企业进出口每年均保持 5% 以上的增长，从 2015 年的 2.48 万亿元增长至 2020 年的 3.9 万亿元，年均增速达 9.5%，占广东进出口比重由 39% 上升至 55.1%，从 2018 年开始已连续 3 年保持广东第一大外贸主体地位。

　　六是出口产品结构优化。广东机电产品出口值由 2015 年的 2.7 万亿元增长至 2020 年的 2.98 万亿元，年均增长 2%，高于同期广东整体出口增速 0.3 个百分点，占出口总值的比重由 67.5% 提升至 68.4%。其中，技术含量和附加值较高的集成电路出口年均增长 15%，占出口总值的比重提升 1.8 个百分点。

### (二) 立足畅通国内大循环深入实施扩大内需战略

"十三五"期间，广东消费市场稳步发展，消费规模持续扩大。2020年，全省实现社会消费品零售总额 4.02 万亿元，比 2016 年增长 20.7%，年均增长 5.8%（见图 2 - 30）。从企业数来看，广东限额以上批零住餐企业数从 2015 年的 2.61 万家增长到 2020 年的 4.74 万家，年均增长 12.7%。2020 年，受疫情影响，广东消费市场同比出现回落。但随着疫情影响减弱，居民生活恢复正常，且在一系列促进消费的政策措施下，居民消费需求不断释放，全省消费市场稳步回升。从全国来看，"十三五"时期，广东社会消费品零售总额继续稳居全国首位，占全国比重稳定在 10.0% 以上。与其他主要省份相比，广东"十三五"时期累计社会消费品零售总额分别比江苏、山东、浙江多 2.02 万亿元、5.78 万亿元和 6.97 万亿元（见表 2 - 3）。

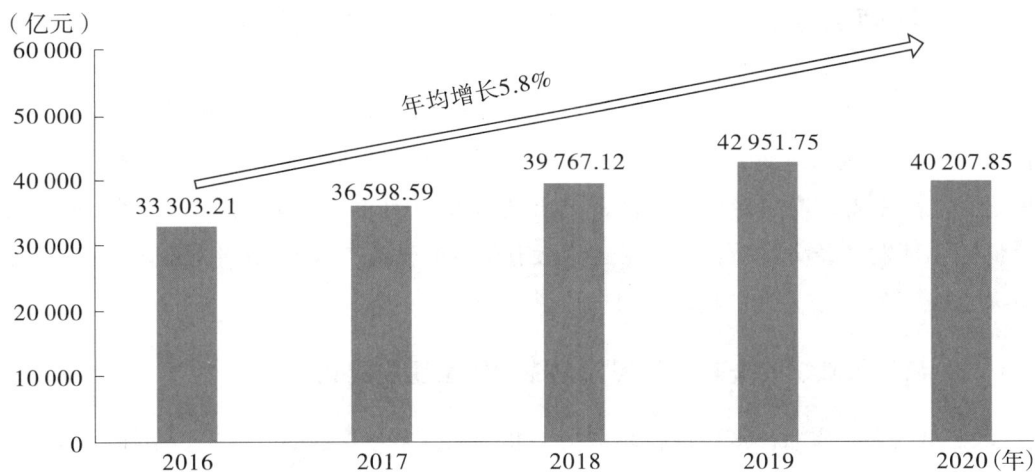

图 2 - 30　"十三五"时期广东社会消费品零售总额

数据来源：广东省统计局。

表 2 - 3　"十三五"时期主要省份社会消费品零售总额

（单位：亿元）

| 地区 | 2020 年 | 2019 年 | 2018 年 | 2017 年 | 2016 年 |
|---|---|---|---|---|---|
| 全国 | 391 980.6 | 408 017.2 | 377 783.1 | 347 326.7 | 315 806.2 |
| 广东 | 40 207.9 | 42 951.8 | 39 767.1 | 36 598.6 | 33 303.2 |
| 江苏 | 37 086.1 | 37 672.5 | 35 472.6 | 32 818.2 | 29 612.5 |
| 山东 | 29 248.0 | 29 251.2 | 27 480.3 | 25 527.9 | 23 482.1 |
| 浙江 | 26 629.8 | 27 343.8 | 25 161.9 | 23 121.3 | 20 916.7 |
| 上海 | 15 932.5 | 15 847.6 | 14 874.8 | 13 699.5 | 12 588.2 |

数据来源：国家统计局。

随着居民收入水平不断提高、消费环境持续改善以及消费观念的逐步转变，广东城乡居民商品消费结构不断优化升级。从限额以上商贸企业商品零售 2020 年与 2015 年对比看，增速最高的前三名均为消费升级类商品，其中化妆品类商品零售额增长 97.3%，通信器材类商品零售额增长 63.1%，体育、娱乐用品类商品零售额增长 61.6%。

随着消费热点和新兴消费业态不断涌现，依托"互联网＋零售"模式发展迅猛，广东省线上零售额持续快速增长，同时传统实体业态积极转型调整，线上线下加速融合发展，为消费品市场发展带来支撑和活力。2020 年，广东实现实物线上商品零售额 2.23 万亿元，在疫情对消费市场冲击较大的情况下，比上年增长 11.1%，是 2015 年的 2.7 倍，占全国的 22.9%，远高于浙江、上海、江苏，在各省市中独占鳌头。可见，消费已成为广东省经济增长重要动力。

## 七、　能源消费结构实现新优化，　绿色低碳发展取得新成效

绿水青山就是金山银山，良好的生态环境是最普惠的民生福祉。2020 年中央经济工作会议将"正确认识和把握碳达峰碳中和"列为新发展阶段我国面临的新的重大理论和实践问题之一。广东省政府出台相关文件，提出到 2035 年碳排放达峰后稳中有降，率先建成绿色低碳循环发展经济体系。实现碳达峰碳中和是推动高质量发展的内在要求，作为全国经济大省，广东正有序朝"双碳"目标迈进。

### （一）清洁低碳、安全高效的现代化能源体系逐步建立

2010 年以来，广东能源供应保障能力不断增强，基本形成煤、油、气、电、核等多元化能源供应体系，电网规模位居全国第一。截至 2020 年底，省内电源装机容量约 1.44 亿千瓦，西电东送（受端）送电能力约 4 500 万千瓦，原油加工能力约 8 325 万吨/年，天然气供应能力约 470 亿立方米/年，较 2010 年分别增长 102.82%、84.58%、82.97%、422.22%（见表 2 - 4）。

表 2 - 4　2010—2020 年广东省能源供应能力变化情况

| 供应能力 | 单位 | 2010 年 | 2015 年 | 2020 年 |
|---|---|---|---|---|
| 省内电源装机容量 | 亿千瓦 | 0.71 | 0.98 | 1.44 |
| 西电东送（受端） | 万千瓦 | 2 438 | 3 500 | 4 500 |
| 原油加工 | 万吨/年 | 4 550 | 5 200 | 8 325 |
| 天然气供应 | 亿立方米/年 | 90 | 350 | 470 |

数据来源：广东省统计局、南方财经全媒体集团研究院整理。

　　能源生产规模不断扩大、生产结构持续优化。2020 年，能源生产总量达到 8 563.01 万吨标准煤，较 2010 年增长 76.26%。省内发电量 5 225.9 亿千瓦时，较上年同比增长 3.5%，占全国比重为 6.8%，位居全国第二。2020 年，原油、天然气、一次电力及其他能源占能源生产总量比重分别为 26.9%、17.7%、55.4%，比 2010 年分别提高 - 10.9、- 3.8、14.8 个百分点（见图 2 - 31）。截至 2020 年底，省内电源装机容量共 1.44 亿千瓦，占全国比重为 6.5%，位居全国第四。其中，火电（含煤电、气电等）占比最大，水电（不含抽蓄）、核电、风电、光伏占比分别约为 3.09%、23.17%、1.76%、0.6%。截至 2020 年底，省内在运核电机组 12 台，合计装机容量 1 613.6 万千瓦，在建机组 2 台，合计装机容量 230.2 万千瓦。

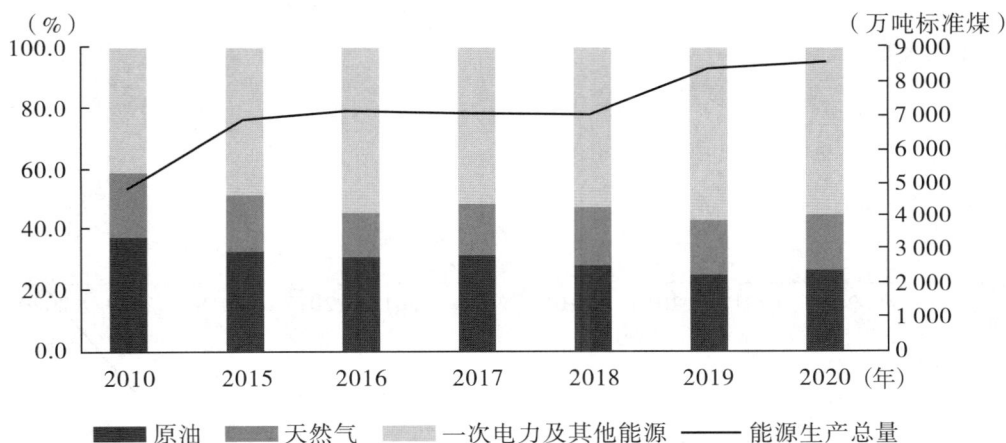

图 2 - 31　2010—2020 年广东省能源生产总量及构成情况

数据来源：《广东统计年鉴》。

　　"十三五"以来，广东通过减少煤炭消费、稳定油气供应、增加清洁能源比重等措施，不断优化能源结构。2020 年全省一次能源消费结构中，煤炭、石油、天然气、一次电力及其他能源的比重分别约为 31.3%、27.2%、10.3% 和 31.2%（见图 2 - 32），全省非化石能源占一次能源消费比重 29%，低于全国平均水平。与此同时，广东能源利用效率不断提高。2020 年，单位 GDP 能耗为 0.31 吨标准煤/万元，较 2010 年下降 53.3%，较上年同比下降 1.16%（见图 2 - 33）。规模以上工业单位工业增加值能耗同比上升 1.21%，单位 GDP 电耗同比上升 1.12%。

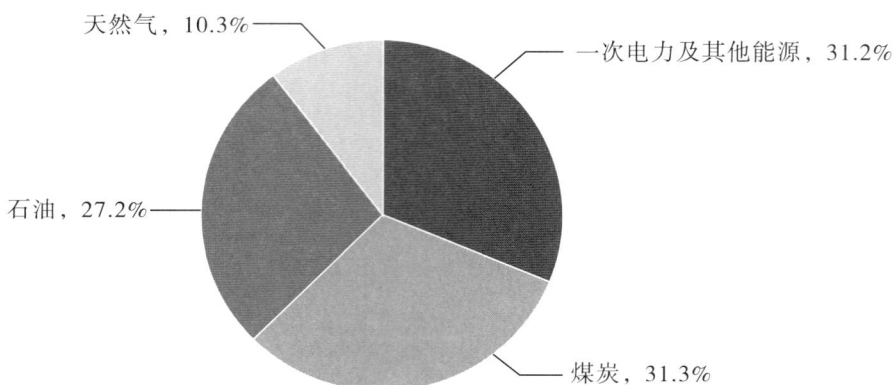

图 2-32　2020 年广东省一次能源消费结构情况

数据来源：《广东统计年鉴》。

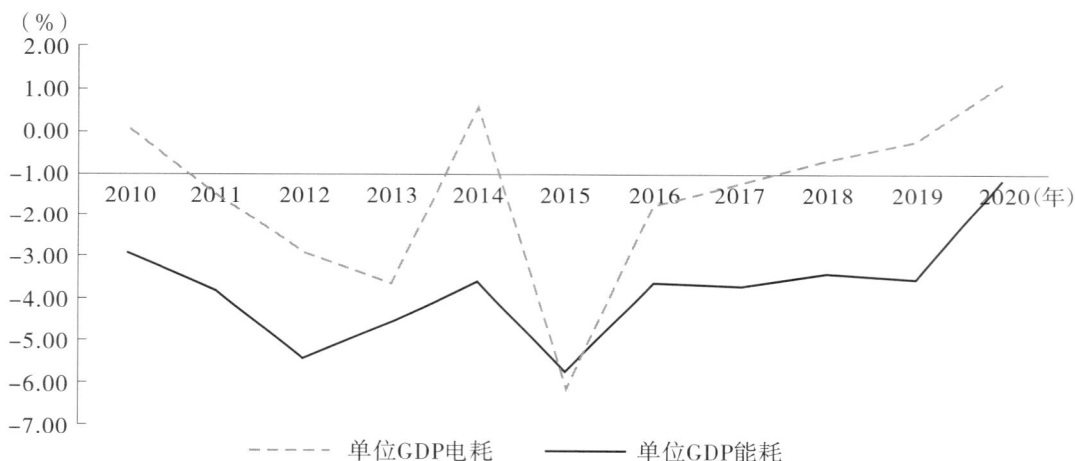

图 2-33　2010—2020 年广东省单位 GDP 能耗、电耗增长速度情况

数据来源：《广东统计年鉴》。

## （二）绿色低碳产业赋能"双碳"战略落实

近年来，广东深入践行绿色发展的新理念，以绿色、低碳促进高质量发展，节能环保、新能源、新能源汽车等相关产业发展迅猛。

节能环保产业作为广东绿色发展的支撑力量，在助力全省推进生态文明建设，深入打好污染防治攻坚战，实现"双碳"目标中发挥着不可或缺的作用。截至 2020 年底，广东省节能环保产业有效发明专利量 3 270 件，位列全国第四（江苏、北京、浙江分别位列全国前三），同比增长 10.53%，占广东省战略性新兴产业有效发明专利量的 2.37%，占全国节能环保产业有效发明专利量的 7.84%。以节能环保技术为牵引，广东省节能环保产业不断取得突破发展。根据《2020 中国环保产业分析报告》，广东省环保产业营业收入 2018 年排名全国第四，2019 年排名第二，2020 年以约 3 600 亿元的营业收入排名全国第一（见图 2 - 34），约占当年全国环保产业营业收入（1.95 万亿元）的 18%。广东环境服务业营业收入连续 5 年排名全国第一。在细分领域营业收入方面，土壤修复和环境监测异军突起，和固体废物处理处置与资源化并列，均排在全国第一。

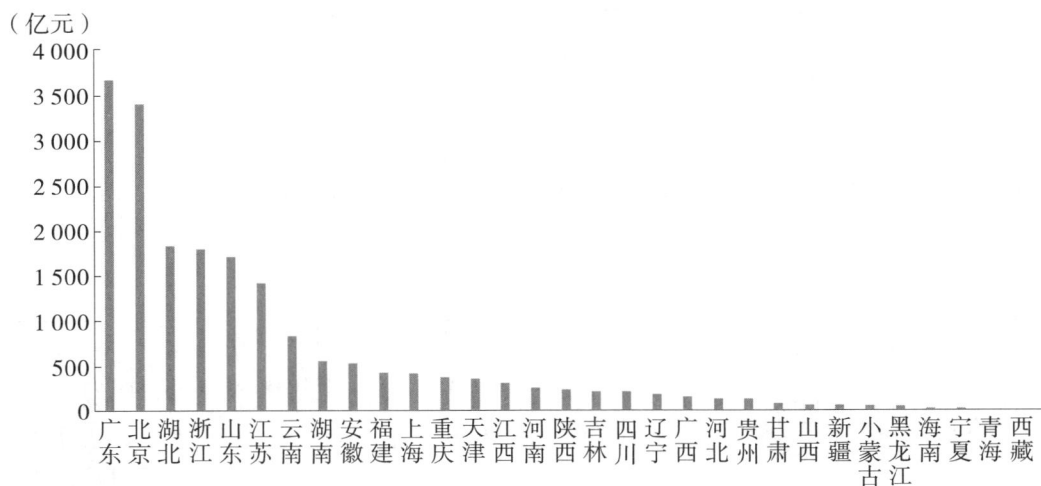

**图 2 - 34　2020 年列入统计的环保企业营业收入的地区分布**

数据来源：《2020 中国环保产业分析报告》。

　　广东省新能源产业已具备较好的发展基础和较强的竞争能力，海洋能、地热能、生物质能资源和技术优势突出。近年来，广东新能源产业规模不断壮大，风能、太阳能、生物质能实现规模化应用，核电装机规模、天然气储备能力全国领先，海上风电进入快速发展通道。与此同时，新能源产业技术水平加快提升，风力发电机组、逆变器、高效太阳能电池和集热器、氢燃料电池电堆等研发制造处于全国领先地位，氢能利用、储能技术、充电桩和智能电网建设位居全国前列，自主品牌"华龙一号"三代核电技术达到国际先进水平，天然气水合物连创试采纪录。截至 2020 年底，广东省新能源产业有效发明专利量 5 388 件，位列全国第三（江苏、北京分别位列全国第一、第二），同比增长 14.97%，增速比全国新能源产业高 2.12 个百分点，占广东省战略性新兴产业有效发明专利量的 3.91%，占全国新能源产业有效发明专利量的 9.96%。

　　广东新能源汽车产业已形成以广州、深圳、佛山三地为核心的整车制造核心集聚区，以及以东莞、中山、惠州、肇庆等地区为支撑的关键零部件及配套生产基地，从而实现了区域间汽车产业协作发展的局面。在核心零部件方面，广东形成了"三电"系统完整自主开发能力。在电池领域，广东是全球最大的动力电池生产基地，拥有比亚迪、比克、珠海银隆等企业；同时，在电池正负极材料、电解液、电池隔膜等领域也具有相对优势。在电机电控方面，广东具备了量产功率 7.6～130 千瓦永磁同步电机驱动系统的能力。其中，大洋电机动力系统市场占有率约 30%，珠海英搏尔电器控制器在国内市场占有率已达 30% 左右。在新能源整车制造领域，广汽新能源、比亚迪、广汽比亚迪、珠海银隆、北汽福田等车企已经形成规模化生产；东风日产、广汽丰田等部分传统车企已经进入了新能源汽车量产阶段；而一汽—大众华南基地、广汽本田已经进入新能源汽车全面投产阶段。根据《广东省发展汽车战略性支柱产业集群行动计划（2021—2025 年）》，到 2025 年广东新能源汽车超过 60 万辆，新能源汽车公用充电桩超过 15 万个。

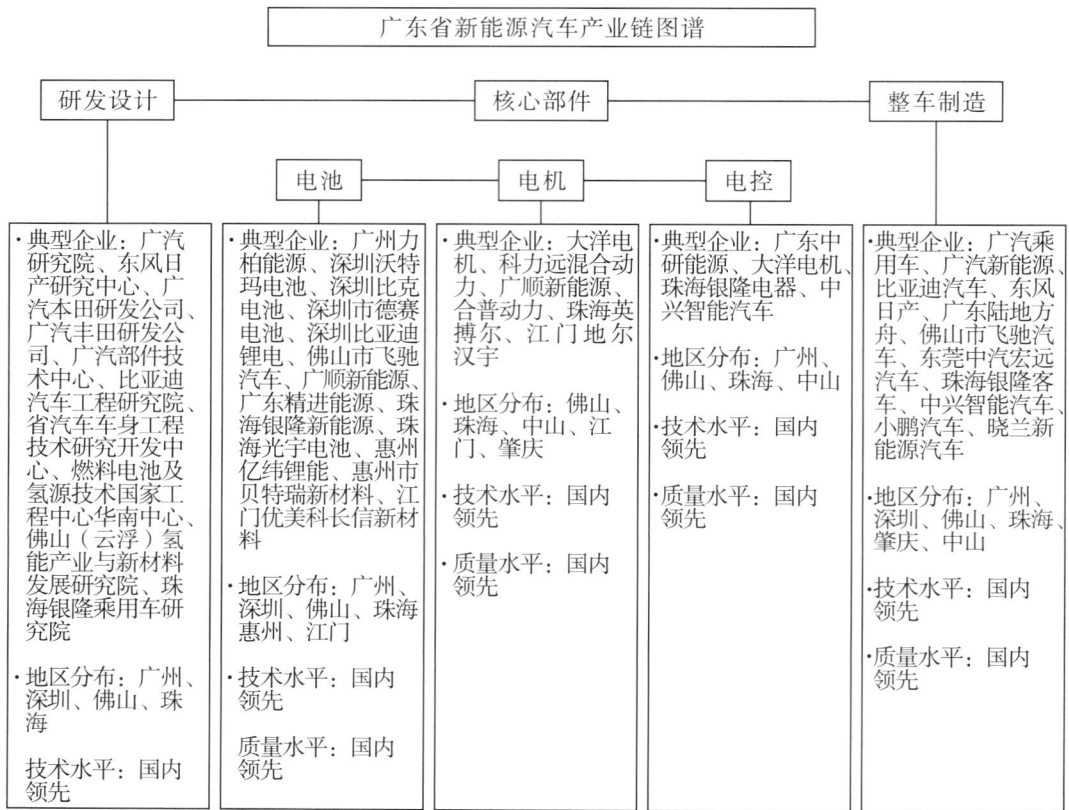

图 2－35　广东省新能源汽车产业链图谱

## 八、 资源要素保障实现新强化， 营商环境建设展示新面貌

优化要素市场化配置机制，提高要素配置效率，促进要素自主有序流动，有助于进一步激发全社会创造力和市场活力，对推动广东产业高质量发展，构建现代化产业体系具有重要意义。

### （一）金融支持实体经济力度增强

广东金融支持实体经济的力度表现出"量质齐升"的特点。从量上看，截至 2020 年底，全省制造业贷款余额达到 1.8 万亿元，是"十二五"期末的 1.6 倍。2020 年，全省社会融资规模增量超过 4 万亿元，是 2015 年的 2.8 倍。实现直接融资约 1 万亿元，在全部社会融资中的占比提高到 24.5%。五年累计新增科创板和创业板上市企业 139 家，高新技术企业和科技创新型企业占新上市企业的 85%。从质上看，金融支持实体经济的精准性明显提升。截至 2020 年底，全省基础设施贷款余额约 4 万亿元；民营企业贷款余额 5.5 万亿元；普惠小微贷款余额约 2 万亿元，服务小微市场主体 188 万户，解决小微和民营企业融资难问题的迫切性进一步提高。

### （二）工业用地效率明显提升

珠三角工业用地建设趋近饱和，工业用地效率较高。广东纯工业用地（不含物流仓储用地）的占比约为 17.7%，工业用地占比基本合理。值得注意的是，珠三角工业用地占比达 26.5%，远高于全省平均水平。同时，珠三角核心区工业用地固定资产投入强度和地均税收分别达 9 551.6 万元/公顷和 1 352.2 万元/公顷，土地集约利用水平远远高于全省平均水平。

### （三）人才要素加速流动

广东人口红利持续，并逐步向人才红利转变。根据第七次人口普查结果，广东省的常住人口数量为 1.26 亿，相比 2010 年第六次全国人口普查增加了约 2 170 万人，增长率达 20.81%，人口增量位居全国之首。与此同时，在 31 个省市区中，广东老龄化程度排倒数第六。人口数量多且年轻，既体现了粤港澳大湾区经济活跃对人才的吸引力，也体现了粤港澳大湾区近年来人才战略的成效。截至 2020 年底，全省专业技术人才和技能人才分别比"十二五"期末增长 43% 和 32%，其中高层次人才、高技能人才分别增长 19% 和 57%。全省博士后平台 1 700 家，在站博士后 10 280 人，居全国首位。

### （四）数据要素丰富

从数据要素上看，广东制造业数据资源丰富，企业数字化转型成效初显。截至 2021 年 6 月底，广东累计发布可共享资源目录 55 154 类，发布通用数据接口服务 2 104 个，数据需求满足率高达 99.98%，其中与制造业相关数据占比超七成。广东高水平的 5G 建设与布局为数据的流动应用打下坚实基础，数字新基建走在全国前列，同时，广东积极推进产业集群，利用数字化转型重塑产业生态，重点选择装备制造、小家电、定制家居等优势集群进行数字化转型赋能，并取得显著效果。

# 第二节　广东产业发展存在的问题

广东省是我国工业发展的排头兵，具有良好的产业基础和较为完善的产业体系。然而，立足更高站位，对标国际最高标准、最高水平，广东现行产业体系仍然发展不平衡不充分，国际竞争力仍然明显不足。这主要表现在以下几个方面：

## 一、 制造业比重下滑趋势明显， 产业结构呈现 "虚高" 现象

广东大力推动产业结构向高端化发展，产业发展方式转变取得了明显成效，但是与国际先进水平相比，广东当前产业发展方式还是比较粗放，产业结构调整和转型升级力度还需要进一步加大。

从制造业上看，广东制造业比重过早、过快下降现象比较突出。一个显著的事实是，广东制造业从业人员占全社会从业人员比重自 2008 年开始持续下降，制造业增加值占 GDP 的比重自 2010 年开始持续下降，这意味着广东具有全面、过早、快速的过度 "去工业化" 特征。更令人担忧的是，广东现阶段不但出现了过早 "去工业化" 的倾向，还面临着制造业生产率上升速度不及制造业占比下降速度的问题。广东规模以上制造业全员劳动生产率从 2015 年的 18.9 万元/人提高到 2020 年的 23.9 万元/人，年均增长 5.7%。而同期规模以上制造业占比却从 34.49% 下降到 26.58%，降幅 7.91%。且广东不少高技术制造业企业主要进行低端产品的组装，技术密集型制造业的高级化程度相对滞缓，先进制造业发展质量不高。比照国际经验，广东制造业比重的下降不符合产业结构转变的基本规律，具有早熟的性质，可能会导致产业空心化现象发生，威胁产业安全，制约创新发展，甚至会落入中等收入陷阱。

## 二、 战略性产业集群建设有待加强， 产业布局一体化进程亟须加快

### （一） 产业链集群建设仍显不足

广东省产业集群劣势之一是产业集聚往往并非基于关联企业的整体统筹，而多为简单的企业扎堆，在内部缺乏产业链分工协作，存在着低水平产业同构和产品同质现象。另外，广东产业集群创新网络发育程度低，集群协同创新能力弱，高校、科研机构、企业良性协同创新格局尚未形成，技术资源配置能力偏低，科技成果转化不畅，先进制造业技术转化为产业化商品效率低下。

## （二）城市间产业同质化竞争现象突出

经历了改革开放以来四十余年的发展，广东已经形成了比较完备的产业体系，珠江东西两岸分别形成了电子信息产业基地和装备制造业基地。然而，珠三角城市之间地方保护主义与市场分割现象仍然明显，区域市场一体化水平有待提升。由于统筹规划和协调机制不够有效，部分地区和领域还存在同质化竞争和资源错配现象，城市间协同性、包容性有待加强。

从珠三角内部看，有 16 个城市对的产业相似系数超过 0.6，其中深圳与东莞、惠州之间产业相似系数更是高达 0.95，产业趋同程度极高（见表 2-5）。更为细致地，在制造业中也存在明显的局部同质化现象，例如深圳、东莞、惠州均以计算机通信产业为主，中山、佛山、珠海均以电气机械产业为主。这反映出珠三角地区在缺乏协同的政策导向下，共同追逐类似的高端制造业发展，导致区域内部分城市产业特色化程度不明显，不但没能形成良好的分工体系，合作发展，反而会导致内部之间资源竞争的加剧，造成产业的不良发展。

表 2-5　珠三角地区制造业结构相似度矩阵

| | 广州 | 深圳 | 佛山 | 东莞 | 惠州 | 珠海 | 中山 | 江门 | 肇庆 |
|---|---|---|---|---|---|---|---|---|---|
| 广州 | 1.00 | 0.37 | 0.39 | 0.42 | 0.48 | 0.42 | 0.45 | 0.50 | 0.43 |
| 深圳 | | 1.00 | 0.24 | 0.95 | 0.95 | 0.63 | 0.48 | 0.45 | 0.37 |
| 佛山 | | | 1.00 | 0.44 | 0.40 | 0.84 | 0.93 | 0.64 | 0.52 |
| 东莞 | | | | 1.00 | 0.95 | 0.74 | 0.66 | 0.62 | 0.53 |
| 惠州 | | | | | 1.00 | 0.73 | 0.63 | 0.57 | 0.51 |
| 珠海 | | | | | | 1.00 | 0.94 | 0.64 | 0.40 |
| 中山 | | | | | | | 1.00 | 0.72 | 0.51 |
| 江门 | | | | | | | | 1.00 | 0.73 |
| 肇庆 | | | | | | | | | 1.00 |

数据来源：广东省统计局。

## （三）珠三角与港澳产业合作仍然有限

一方面，由于历史原因，粤港澳大湾区内分工模式不同，出现利益分化。港澳地区制造业空心化，而珠三角地区日益发达的服务业又逐渐对港澳地区服务业构成直接挑战，致使两者的合作关系趋弱。粤港澳大湾区原有的互补性结构逐步向替代性结构转变。另一方面，在"一国两制"下，粤港澳大湾区内社会制度不同、法律制度不同，分属于不同关税区域，市场互联互通体制机制尚未完全打通，以致生产要素高效便捷流动的良好局面尚未形成，进而制约了港澳与珠三角之间产业发展的协同性、包容性。

## 三、 关键核心技术受制于人， 产业链自主可控能力有待提升

### （一） 基础研究能力相对薄弱

粤港澳大湾区科技创新的突出问题表现为基础研究领域创新产出能力相对薄弱，创新链缺位、断链问题较大。从最能代表基础研究的高水平论文发表数量上看，粤港澳大湾区与其他湾区相比属于最低水平。2009—2017 年，粤港澳大湾区高水平论文数略低于东京湾区，但与旧金山湾区和纽约湾区差距较大，后两者分别是粤港澳大湾区的 2.6 倍和 7.5 倍（见图 2－36）。在基础研究—应用研究—市场开发型研究的科技产业链中，粤港澳大湾区的科技创新偏向于追赶型的科技创新，基础研究存在较严重的"缺位、断链"问题。

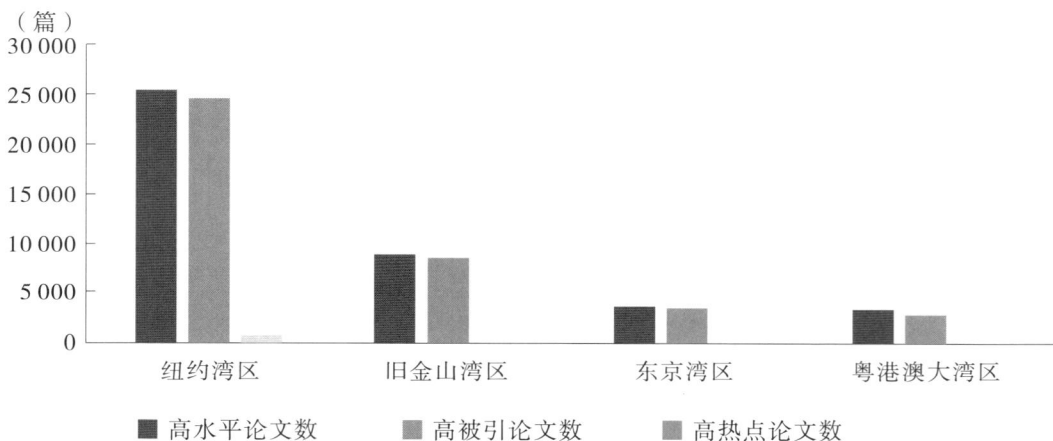

（篇）

图 2－36    2009—2017 年四大湾区高水平论文分布状况

数据来源：广东省科技厅情报研究所。

### （二） 关键核心技术受制于人

重点领域"卡脖子"等关键核心技术的掌握，表现为高价值专利的培育。粤港澳大湾区创新产出主要表现为数量的增长，而非质量的跨越。2020 年，粤港澳大湾区发明专利公开量约 36.59 万件，为东京湾区的 2.39 倍，旧金山湾区的 5.73 倍，纽约湾区的 7.85 倍。但 PCT 专利被引用频次与 PCT 专利公开量的比值最高的仍然是旧金山湾区，纽约湾区次之，粤港澳大湾区专利质量相较于其他三个湾区较低（见图 2－37）。这表明粤港澳大湾区总体仍然停留在模仿复制阶段，创新产出主要表现为数量的增长，而非质量的跨越。

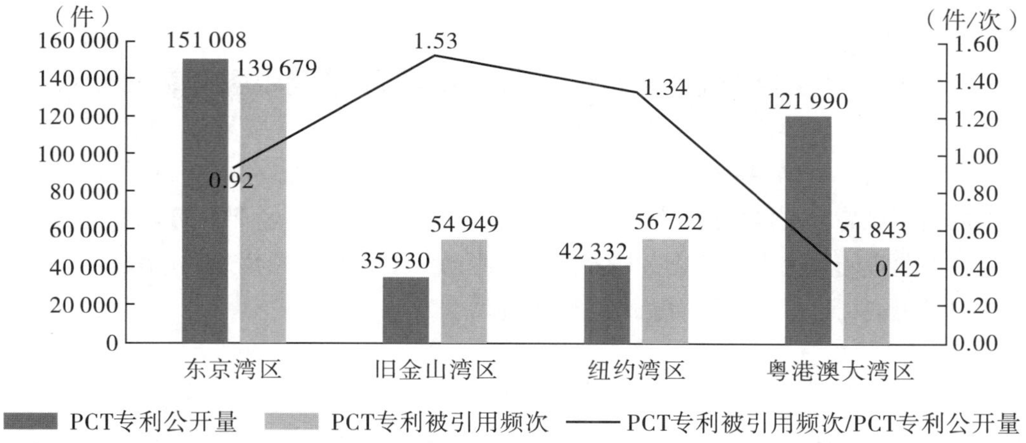

.

.

图 2-37　2020 年四大湾区 PCT 专利被引频次和 PCT 专利公开量

数据来源：《粤港澳大湾区协同创新发展报告（2021）》。

## （三）创新资源区域分布不均

总体而言，粤港澳大湾区的创新资源比较丰富，创新能力在全国乃至全球均处于前列，但是大湾区内创新能力不均衡。从 R&D 经费投入强度来看，粤港澳大湾区各城市的极差较大。其中深圳接近 5%，明显超出了其他城市，珠三角发展较为滞后的肇庆则只有 1% 左右的投入强度（见图 2-38）。香港和澳门虽然经济发达，但 R&D 经费投入强度也不高，主要原因在于两地制造业空心化，缺乏企业研发投入。创新资源的分布不均一定程度上造成了粤港澳大湾区创新能力的空间异质性，地理上临近而科技创新水平和能力不均衡，意味着大湾区内科技溢出效应较弱。

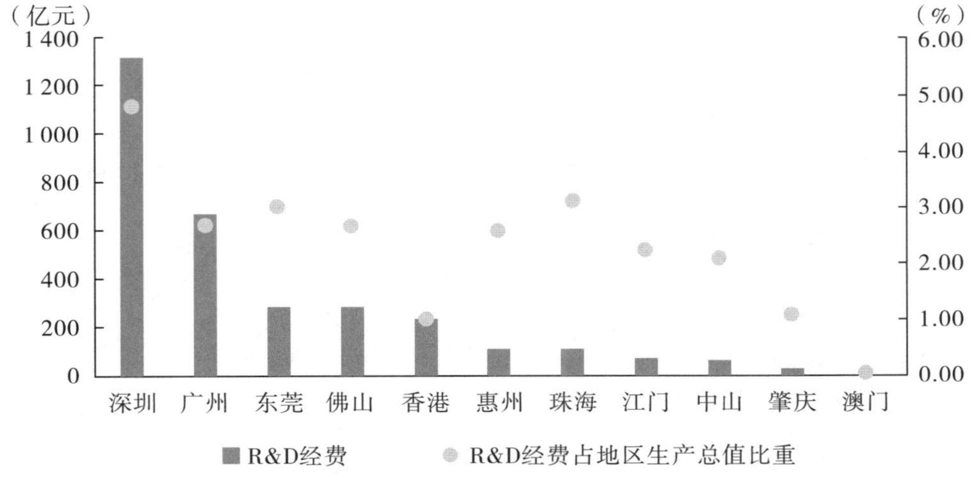

图 2-38　2020 年粤港澳大湾区内各城市研发投入情况

数据来源：《广东统计年鉴》。

## 四、 产业链数字化水平不高， 数字经济质量变革亟须重视

广东产业链数字化主要表现为供应链模式与数字化智能化技术融合程度不高，供应链体系中的信息孤岛、数据分割、数字化基础设施薄弱、上下游企业缺乏联动、行业资源向龙头企业聚集等问题突出，供应链横向集成、纵向集成、端到端集成程度较低，敏捷化、柔性化以及可视、可感、可控的能力有待加强。

### （一） 创新驱动数据驱动能力不足

一些重点行业核心技术和关键产品受制于人，关键零部件、关键原材料、关键设备等严重依赖进口，"缺芯少核"问题仍然严峻。广东作为全国最大的芯片应用市场，培育了华为、中兴等世界 500 强企业，但高端芯片自给率仅有 14% 左右，86% 依靠进口；无线射频芯片、传感器、嵌入式处理器等 5G 核心关键技术 80% 以上依赖国外；人工智能关键技术研发仍落后于北京、浙江等省市以及美国等发达国家。受体制机制障碍和数据安全因素的影响，广东庞大的数据资源还未能实现有效的开发利用，数据作为关键创新要素驱动数字经济发展的作用尚未充分发挥。

### （二） 智能制造水平有待提升

智能制造是广东制造强省建设主攻方向，也是制造企业提升核心竞争力的主要路径，其发展水平直接关乎制造业高质量发展水平。根据《智能制造发展指数报告 （2021）》，完成智能制造能力成熟度自诊断企业数量仅 630 家，达到二级以上的企业 371 家，远低于江苏省和山东省 （见图 2 - 39）。同时，广东制造业数字化水平发展不均衡，工业细分行业信息化程度参差不齐。离散制造业信息化水平明显低于流程制造业，在工业 34 个细分行业中，有 25 个生产装备，数控化率低于全国平均水平 （44.1%）。多数中小企业向智能化转型的自身实力有限，动力不足。

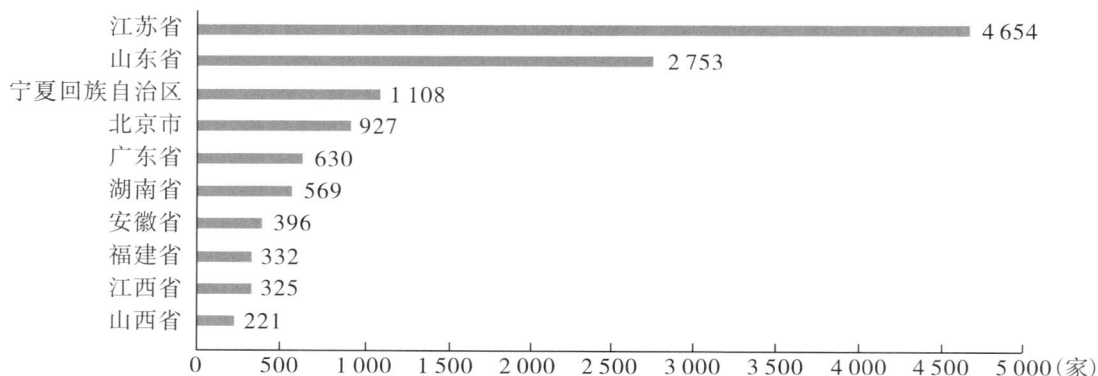

图 2 - 39　2021 年各省智能制造能力成熟度自诊断企业数量

数据来源：《智能制造发展指数报告 （2021）》。

### （三）新模式新业态发展优势不突出

在新兴产业市场主体培育方面，广东数字经济新业态企业数量少、规模小，缺乏共享经济、平台经济等领域新兴业态的大企业。与北京和浙江相比，广东缺乏类似于旷世科技、寒武纪、阿里巴巴等人工智能龙头企业，难以形成互联网深厚土壤，孕育人工智能、分享经济、新零售等互联网新业态，支撑数字经济发展的新动能还比较薄弱。

## 五、 能源结构调整压力大， 绿色发展水平待提升

### （一）能源消费结构问题依然存在

总体来看，全省重化型产业结构、煤炭型能源结构、开发密集型空间结构尚未根本改变。虽然2020年广东省一次能源消费结构中，煤炭、石油、天然气、一次电力及其他能源的比重分别约为31.3%、27.2%、10.3%和31.2%，全省非化石能源占一次能源消费比重达29%，但以煤为主的能源结构短期难以改变，完成煤炭消费减量控制指标存在较大压力。

### （二）新能源开发建设需加速

虽然广东省新能源产业近年来发展迅猛，但从现阶段看，广东省内清洁能源、新能源生产量仍然相对有限。2020年广东省发电量构成中，火电（含气电）占比超70%，水电、风电和光伏占比均不超过5%。一方面，广东省的资源利用不够充分。风能、太阳能发电装机规模明显低于苏浙鲁等省份，天然气开发利用水平还有待提高，地热能、海洋能、天然气水合物等资源丰富的新能源尚处于示范、试采阶段，开发成本较高。另一方面，广东省能源基础设施建设仍需加快。电网建设不能满足大规模新能源发电发展需求。

### （三）绿色产业有待发展壮大

广东省节能环保产业集聚发展滞后，节能环保产业园区的数量、规模和知名度都有待提升。国家发展改革委等六部委发布的《中国开发区审核公告目录》（2018年版）显示，全国有2 543家开发区，以节能环保产业为主导产业的有53家，其中长三角地区有21家、京津冀地区有16家、成渝地区有14家，而广东省仅有2家。

## 六、 资源要素支撑短板突出， 营商环境建设仍需强化

### （一）要素市场化配置体制机制尚不健全

广东省要素市场化配置体制机制建设尚处于初级阶段。一是部分要素目前仍存在交易单位不明确、交易方式不统一、定价机制非市场化、交易场所缺失、监管体制机制不健全

和创新驱动力不足等问题。二是缺乏成熟的中介服务体系。成熟的要素市场应归集交易会员单位、中介服务机构等各类企业和品牌，但从广东目前发展现状来看，部分要素中介机构数量不足甚至缺失。三是缺乏足够的数据要素支撑。要素市场决定价格的前提是具备完善的数据存储与共享机制，目前除资本要素外，广东其他要素尚未形成大规模统一的、公开的、规范化的数据资源。

### （二）地区之间资源要素配置不平衡问题仍突出

从区域上看，珠三角核心区、沿海经济带东西两翼和北部生态发展区要素配置均存在规模总量、利用效率方面的差异，总体呈现珠三角先进、其他地区落后的态势。从行业上看，广东制造业细分行业间要素配置规模和效益也有较大区别，其中计算机、通信和其他电子设备制造业等聚集较多要素资源，而非金属矿物制品业、金属制品业等要素资源配置相对较少，利用效率也相对较低。从要素市场发展上看，广东的人才和资本要素市场化程度相对较高，土地和能源要素市场化程度相对较低，而技术、数据等要素的市场化体系仍在探索当中。

### （三）国际一流的营商环境尚未形成

与国际一流和先进地区相比，广东营商环境仍然有待优化。根据2020年中国营商环境便利度的报告显示，排在第一、二、三的分别是北京、上海、浙江，广东省排在第八位，得分73.42，相比第一名北京的90.06分，仍存在一定差距。如部分基础性、关键性改革还不到位，"准入不准营""证照不分离""融资难融资贵"等问题仍然突出，政策落实还存在"中梗阻""一刀切"等问题，政府作风还需持续改进，政务服务效率有待提高。

# 第三章

# 广东产业发展的外部环境<sup>*</sup>

地区产业发展不仅受到内部经济社会等因素影响，还会受到外部环境的影响。广东省作为中国第一经济大省、人口大省，更是产业大省和产业强省，其产业发展会对全国产业发展起到引领作用，但同时也要积极关注外部环境变化。金融危机以后，世界经济陷入深度下滑期，复苏乏力，这间接导致了地缘政治环境恶化、贸易保护主义抬头和逆全球化趋势。但当前也是创新密集期和全球产业链重构期，应把握好外部环境带来的机遇与挑战，应时而动、顺势而为，加速广东产业转型升级，夯实广东产业强省地位。

## 第一节　广东产业发展政策环境

### 一、　各层级规划政策引领能力增强

培育一批具有竞争力的企业是产业发展壮大的基础。然而，企业作为微观市场主体，是有限理性的，若不辅以规划引导，则会导致个体理性与集体理性之间的冲突，企业行为与国家政策方针相违背。无论是倡导自由主义的欧美国家，还是中国等社会主义国家，都会在宏观上通过政府的规划引导产业发展，当然这种规划可能是隐性的。美国每一任总统候选人都将产业发展纳入其施政纲领，以获取选民支持。克林顿政府时期，拟定了一系列电子信息开发计划，积极引导大型企业围绕经济繁荣、国家安全和环境保护等目标开展信息技术的创新和应用探索；奥巴马政府在金融危机以后提出启动"再工业化"发展战略；特朗普政府时期也继续坚持了这一产业发展规划，通过在白宫举行"美国制造周"活动和制定一系列法律和监管措施，驱动制造业回流和再工业化。由此可知，从宏观层面发挥产业规划的引领作用是实现地区产业发展的重要抓手。

我国经历了从计划经济到社会主义市场经济的特殊发展历程，产业规划也有鲜明的中国特色。在计划经济时期，我国的产业规划是面面俱到的，完全将市场对资源配置的功能

---

\* 本章第一执笔人为暨南大学产业经济研究院傅雨婷。

排除在外。而改革开放以来，我国的产业规划逐步放松对微观层面的控制，而偏向于对宏观的引领作用。从经济社会整体层面的规划引领来看，国家和各省区市每隔五年都会制订一次经济和社会发展规划，总结上一时期的发展经验，同时制定下一时期的发展目标，理清重点发展方向，但不会具体干预每一个企业生产经营活动。经济和社会发展规划具有总纲性质，也保证了产业方向在较长时间内的稳定性。在总体经济与社会发展规划之外，我国就产业发展还会制订各种各样的具体规划，这类规划的制订通常会考虑产业发展的现实需求。2010年，国务院发布的《国务院关于加快培育和发展战略性新兴产业的决定》（国发〔2010〕32号），是党中央基于产业转型升级和培育下一代主导产业的现实考虑做出的决定。依据中央的要求，各省市结合本身的产业基础和禀赋特征确定了相应的战略性新兴产业。然而，如果缺乏宏观层面的政策引领，战略性新兴产业发展可能会面临路径不明确、标准不统一等问题，从而导致产业发展缓慢和资源浪费等现象。故而，从国家到省市都制订了相应的战略性新兴产业发展规划，厘清了发展的主要路径，为企业提供必要的引导。但在政策制定中也存在各种产业规划之间相互冲突的情况，尤其是在土地资源、金融资源等稀缺性资源的分配上，各个规划之间协调程度不高。为更好引领产业发展，需要以"多规合一"等手段协调不同产业在生产要素分配上的矛盾。

宏观产业发展规划引领作用保证了广东省产业发展能够紧跟国家产业安全需求和世界产业发展潮流，规划先行的产业发展模式能够有效规避各自为政可能导致的资源浪费和同质化竞争等问题。但是，当前的宏观经济规划和产业发展规划也可能会对广东省产业发展产生限制。国家层面的规划无法对各省市的产业发展形成直接指导作用，故而要求广东省强化自身的规划对接能力，依据国家产业发展的需求和广东省的禀赋特征对接国家产业发展需求。此外，随着经济发展和技术进步，产业体系日趋复杂，对于制订合理的产业规划提出更高的要求，这也要求规划引领进一步宏观化，将微观层次的资源调节功能归于市场。

## 二、　功能型补贴政策占据政策主流

补贴政策作为使用频率极高、实施靶向明确、效果明显的产业政策，在经济高质量发展阶段亟需开始转型。传统的补贴政策倾向于将补贴资金集中于某些重点行业的重点企业，促进特定企业发展壮大，从而带动整个行业发展，属于选择型产业政策。在经济高质量发展目标导向下，培育一批国际一流企业已经成为迫切需求，依靠补贴政策发展壮大的企业在国际市场上无法获取长期竞争优势。学界和实务界很多对于补贴政策的批判都来自政策制定部门基于选择型产业政策导向制定补贴政策。选择型补贴政策相对于功能型和普惠型补贴政策而言更为微观，政府可直接决定财政补贴的微观对象，故而在新的发展阶段由选择型补贴向功能型、普惠型补贴转变可兼顾发展成果和市场竞争。近年来，国际社会反补贴趋势明显，各国对我国发起的反补贴调查也日益增加。欧盟国家援助制度明确指出要避免国家援助（补贴）对市场竞争的破坏，将补贴集中于少数领域，体现出明显的功能性特征；源自澳大利亚和 OECD（经济合作与发展组织）的竞争中性原则，对于财政补贴也进行了严格限制，杜绝财政补贴对市场竞争产生不利影响。既为应对国际环境，也为更好地发挥市场在资源配置中的作用，我国也将"强化竞争政策基础性地位"作为建设高标准市场的重要内容。2016 年，国务院印发的《关于在市场体系建设中建立公平竞争审查制度的意见》（国发〔2016〕34 号），是强化竞争政策基础性地位的关键布局，而后《公平竞争审查制度实施细则》以及《中华人民共和国反垄断法》的修订都体现了对公平竞争的重视，也将进一步促进补贴政策转向普惠型、功能型。

在补贴政策转型的同时，当前产业发展也将面临补贴退坡的境况。2021 年 12 月 31 日，财政部、工业和信息化部、科技部、国家发展改革委四部门联合发布《关于 2022 年新能源汽车推广应用财政补贴政策的通知》要求，2022 年，新能源汽车补贴标准在 2021 年基础上退坡 30%；城市公交、道路客运、出租（含网约车）、环卫、城市物流配送、邮政快递、民航机场以及党政机关公务领域符合要求的车辆，补贴标准在 2021 年基础上退坡 20%。补贴退坡不是某些行业的特定现象，近年来，全国财政工作多次提出要过"紧日子"，部分地方政府的"土地财政"难以为继，部分地市甚至债台高筑，这些都可能导致补贴退坡。广东省财政厅公布的预决算报告统计，2015—2019 年期间，广东省财政补贴资金支出额度分别为 2 634.95 亿元、2 567.37 亿元、2 756.87 亿元、1 801.3 亿元、2 211.12 亿元，整体呈下降趋势，财政补贴支出在省级财政支出比重下降超过 10%。补贴退坡会导致处于导入阶段的产业无法快速发展壮大，可能会对产业转型升级产生不利影响。

广东省是工业大省和产业密集带，全球化参与程度高、内需市场规模大，故而广东省要积极承担双循环新发展格局下重要节点和战略枢纽功能。国际上对于财政补贴调查日趋严格，这会对广东省外向型经济产生不利影响，OECD 主导的竞争中性和全球最低税率，会抑制对出口企业的补贴，削弱广东省主要出口企业的国际竞争力，也使得招商引资面临更多限制，可能对产业链关键技术和关键环节的引入产生不利影响。从国内来看，广东省作为建设高标准市场体系的先行示范区，将面临更为严格的补贴审查，这将导致广东省的政策环境相对于中西部地区缺乏吸引力。但从长远来看，功能型补贴有利于激励企业将更多的资源投入到生产性努力之中，减少分配性努力，使企业获得长期的竞争力，从而保障产业发展的长期向好。故而，补贴政策的转型会使广东省产业发展面临短期阵痛，但长期而言是有利于提升产业自身能力的。同理，补贴退坡也可能在短期内对新兴产业中的中小企业产生负面影响，甚至可能使一部分缺乏竞争力的企业退出行业，于行业规模不利，但可能有利于提升行业内市场主体的质量。

## 三、 产业高质量发展政策导向明显

中华人民共和国成立之初，由于经历长达数十年的战争，国民经济状况已是千疮百孔，产业基础极差。而当时苏联等社会主义国家通过大力发展重工业实现了短期内综合国力的快速提升，故而"苏联模式"成为中国学习的对象。当时的政策以快速扩大产业规模，大力发展重工业为主要导向，未曾考虑各产业协调发展和集约化发展的要求，依靠大规模的资源投入和廉价的劳动力支撑整个国家的经济增长。改革开放以后，无论是在政策理论还是在政策实践方面，我国开始逐步摆脱"苏联模式"的影响，不再以经济规模为唯一要求。然而，由于当时国民经济体系濒临崩溃，发展是第一要务，故而生产规模的扩大依旧是经济快速发展的首选。此后，在以经济建设为中心的思想指导下，我国实现了长达三十年的高速发展，从1980年到2010年除了面临金融危机等外生冲击外，其余年份我国经济皆维持接近两位数的增长速度，平均增速超过10%。而在2011年以后，我国经济增长速度开始出现缓慢下滑，即经济"软着陆"，从2011年到2021年GDP增速分别为9.55%、7.86%、7.77%、7.43%、7.04%、6.85%、6.95%、6.75%、5.95%、2.35%、8.1%。由于新冠肺炎疫情的大规模暴发，2020年、2021年我国经济增速波动幅度较大，我国经济增速下滑一方面是受金融危机后全球经济增长乏力的波及，另一方面也是中国宏观经济政策主动求变的结果。

在2013年中央经济工作会议上，习近平总书记首次提出"新常态"时这样定义：我们注重处理好经济社会发展各类问题，既防范增长速度滑出底线，又理性对待高速增长转向中高速增长的新常态。这一定义体现了党中央对于我国经济和产业发展的路径调整。2010年，我国GDP总量超过日本，中国成为世界第二大经济体，但依旧只是个经济大国而非经济强国，产业结构不合理和"低端嵌入"等成为我国经济发展面临的新问题。2014年，习近平总书记系统阐述了"经济新常态"的特点：一是从高速增长转为中高速增长。二是经济结构不断优化升级，第三产业、消费需求逐渐成为主体，城乡区域差距逐步缩小，居民收入占比上升，发展成果惠及更广大民众。三是从要素驱动、投资驱动转向创新驱动。对于新常态内涵的解读进一步明确了，要转变原本依靠要素投入的粗放式发展模式，转向以创新驱动为主的集约式发展，要进一步优化产业结构。作为我国进入经济新常态之后的第一个五年规划，《中华人民共和国国民经济和社会发展第十三个五年（2016—2020年）规划纲要》提出"经济保持中高速增长"，同时也强调了"产业迈向中高端水平"。2017年党的十九大作出新的论断"我国经济已由高速增长阶段转向高质量发展阶段"，而经济高质量发展的重点则在于推动产业结构转型升级。同时，十九大报告还首次提出要提升全要素生产率，这也意味从国家政策层面对于经济和产业发展的关注重点已经由规模转向质量。广东省作为中国经济第一大省也是改革的先行示范区，势必将成为我国产业高质量发展的先行者。近年来，广东省在制造业数字化转型、战略性新兴产业发展、现代服务业发展等领域制定了诸多政策，是契合产业高质量发展要求的。

宏观政策对产业高质量发展提出了诸多严苛要求，势必会产生阵痛，导致一批高投入、高耗能、高污染、低效益的企业在竞争中处于弱势地位，甚至被市场所淘汰。最为直观的表现是经济增加值下降，社会创造的劳动岗位减少。广东省是产业高质量发展的先行区，加速淘汰落后产能和将部分劳动密集型产业转向欠发达地区，而新兴产业尚未能够完全替代传统产业在支撑经济增长和稳定社会就业中的作用，使得经济增速下降明显，中小企业面临的生存压力陡然上升。但宏观和微观层面的高质量发展应该是一以贯之坚持的发展方向，广东省要处理好可能的下岗安置、企业破产和新兴产业发展资源限制等问题，积攒产业发展新动能，发挥好高质量发展的先行示范作用。

## 四、 微观层面政策 "放活" 趋势明显

近年来，我国简政放权、优化营商环境的政策趋势明显。2020 年实施的《优化营商环境条例》（国令第 722 号）提出 "最大限度减少政府对市场资源的直接配置，最大限度减少政府对市场活动的直接干预"，两个最大限度是我国简政放权、充分发挥市场主体主观能动性的集中体现。实质上，在我国社会主义市场经济改革过程中，政府对于经济的干预越来越集中在宏观层面，而微观层面更依靠市场发挥作用。十八大以来，关于市场在资源配置中起决定性作用的论断在很多场合被反复提及，意味着从顶层设计来看，政府与市场之间的分工更加明确：市场机制侧重于从微观层面调节资源配置，政府则从宏观层面维持经济稳定。十九大报告再次旗帜鲜明地指出了 "要全面实施市场准入负面清单制度……激发各类市场主体活力"，这体现了除负面清单规定的行业和领域之外，其他领域的监管将全面放开，为各类市场发挥主观能动性创造更好的发展条件。

"证照分离" 试点是微观层面政策 "放活" 的重要表现。2015 年国务院同意上海市开展 "证照分离" 改革试点。2018 年国家市场监督管理总局表示，将全面推广 "证照分离" 改革，推动 "照后减证"，大幅减少行政审批，着力解决 "准入不准营" 问题。同时，规范 "多证合一" 改革，及时发布全国统一的 "多证合一" 改革涉企证照事项目录，进一步减少企业办理证照时间，降低准入成本。2021 年 6 月 3 日，国务院正式印发《关于深化 "证照分离" 改革进一步激发市场主体发展活力的通知》，根据所属行业和经营业务的差异性，采取直接取消审批、审批改革备案、实行告知承诺和优化审批服务四种方法突进审批制度的改革，减少了由于审批流程对于企业发展的限制。此外，在规制政策制定机关干预微观市场主体行为上，我国也制定了一系列的政策。2016 年，国务院发布的《关于在市场体系建设中建立公平竞争审查制度的意见》（国发〔2016〕34 号）提出政策制定机关指定的政策不得妨碍市场准入和退出、妨碍商品和要素自由流动、影响生产经营成本、影

响生产经营行为，而后 2017 年和 2021 年，又先后出台了暂行的实施细则和正式的实施细则，对政策制定机关的违法行为进行明确界定。对政府和其他政策制定机关出台的政策进行公平竞争审查，避免了以经济政策的形式干预企业经营活动，也为企业抗辩不正当的干预提供了依据。

综上所述，无论是"证照分离"、税制改革等"放管服"改革，还是公平竞争审查等规制行政垄断的制度安排，都在进一步约束政府权力行使的范围，减少政府对于企业生产经营决策的干扰。广东省拥有全国最完善的市场制度和最优渥的投资环境，随着微观层面政策干预的减少，企业在市场机制调节下组织生产经营活动，调节资源配置，有利于具备发展潜力的产业积聚大量的优势资源，使产业转型升级符合市场规律。

# 第二节　广东产业发展经济环境

## 一、　世界经济持续低迷

自 2008 年国际金融危机以来，世界经济持续低迷，复苏乏力。西方主要经济体陷入高债务、高失业、低增长的发展困境，新兴市场国家的经济增速也大幅下降，全球经济陷入漫长的恢复期。2008 年全球金融危机后，全球经济增长较危机前出现了一次性损失（2008 年第三季度损失约 3%，主要因为受全球流动性危机和银行危机的冲击）和长期的增速损失（约 0.5 个百分点），世界主要经济体增速均受影响。中国年均增速从金融危机前的 10.4% 下降到金融危机后的 7.7%，欧元区则从 2.0% 下降到 1.4%，韩国从 5.4% 下降到 3.3%，其他主要经济体（如巴西、澳大利亚、俄罗斯等）的经济增速都有明显下降（见表 3 - 1）。

表 3 - 1　2020—2030 年全球经济增速阶段性比较

| 地区 | 2020 年 GDP（万亿美元） | 2000—2008 年 年均增速（%） | 2009 年 增速（%） | 2010—2019 年 年均增速（%） | 2020 年 增速（%） | 2021—2030 年 年均增速（%） |
|---|---|---|---|---|---|---|
| 全球 | 84.54 | 3.1 | -2.0 | 2.9 | -3.6 | 2.8 |
| 美国 | 20.93 | 2.4 | -2.5 | 2.3 | -3.5 | 2.0 |
| 中国 | 14.72 | 10.4 | +9.3 | 7.7 | +2.3 | 5.5 |
| 欧元区 | 12.92 | 2.0 | -4.5 | 1.4 | -6.6 | 1.5 |
| 日本 | 5.05 | 1.2 | -5.7 | 1.3 | -4.8 | 1.0 |
| 东盟 | 3.08 | 5.4 | +2.5 | 5.3 | -3.4 | 5.5 |

（续上表）

| 地区 | 2020 年 GDP（万亿美元） | 2000—2008 年 年均增速（%） | 2009 年 增速（%） | 2010—2019 年 年均增速（%） | 2020 年 增速（%） | 2021—2030 年 年均增速（%） |
|------|------|------|------|------|------|------|
| 英国 | 2.71 | 2.4 | −4.1 | 1.8 | −9.9 | 2.2 |
| 印度 | 2.71 | 6.8 | +8.5 | 7.0 | −8.0 | 6.5 |
| 加拿大 | 1.64 | 2.6 | −2.9 | 2.2 | −5.4 | 2.2 |
| 韩国 | 1.63 | 5.4 | +0.8 | 3.3 | −1.0 | 2.5 |
| 俄罗斯 | 1.47 | 7.0 | −7.8 | 2.1 | −3.1 | 2.2 |
| 巴西 | 1.43 | 3.8 | −0.1 | 1.5 | −4.1 | 2.2 |
| 澳大利亚 | 1.36 | 3.3 | +1.9 | 2.6 | −2.4 | 2.5 |
| 墨西哥 | 1.08 | 2.2 | −5.3 | 2.7 | −8.2 | 2.4 |

数据来源：IMF、中银研究，全球 GDP 由汇率法计算。

新冠肺炎疫情则带来全球经济更大幅度的一次性损失（2020 年第二季度约 10%），大封锁导致经济活动的暂停，全球化背景迅速引起全球产业链停摆，全球经济陷入衰退中。但随着中国迅速控制疫情、美英率先全面接种疫苗解封经济、各大经济体相继采取量化宽松等经济刺激措施，全球经济迅速反弹，全球实际经济指数曲线呈现"深 V"形走势，V 形底部在 2020 年第二季度。到 2021 年第二季度，全球工业生产和全球贸易量已经超过疫情前水平，实体经济增长逐渐恢复，但也仅是回到疫情前的缓慢增长水平。疫情已经持续了一年之久，并且仍在全球蔓延扩散，病亡人数不断上升，数百万人面临失业困境，全球仍在应对疫情造成的极端社会经济压力。

广东省疫情防控在取得阶段性成效后，正在加快产业链协同，促进企业复工复产达产。但随着 2020 年 2 月底疫情全球蔓延，全球经济再次开始停摆，欧美日韩部分产业停滞。2020 年第一季度纺织服装、家具等传统劳动密集型产业领域的出口企业几乎无新增订单，导致外贸企业复工不能复产。世界银行数据表明，我国约有 17% 的出口品（包括电子零件、汽车零件、钢材等）都是中间产品。2018 年，我国从日本进口的中间产品和零部件合计占对日进口商品的 65% 以上，这些零部件高度集中于汽车及其零部件、高端装备以及塑料等化工领域。因此，若日本疫情进一步恶化，作为制造业大省、外贸大省，广东省的汽车、机械设备、化工行业在供应链上均存在一定风险。

另外，日趋频繁的地缘政治冲突使得处于下行阶段的世界经济复苏面临更多的挑战。2011 年以来，利比亚战争、叙利亚内战、也门内战、纳卡冲突、俄乌冲突等局部战争不断，这些冲突可能导致国际贸易受到不利冲击，大宗商品的价格飙升，妨害正常的生产生活秩序。2022 年俄乌冲突更为世界经济发展蒙上一层阴影。俄罗斯是第三大原油生产国、第一大石油产品出口国、第二大天然气生产国和最大的天然气出口国。俄乌冲突爆发后，美国、加拿大、英国等国家禁止进口俄罗斯的石油，西方国家企业抵制俄罗斯的石油，打破了国际石油市场平衡。同时，世界天然气市场也受到重大冲击。能源作为生产生活的必需品，能源价格的异常波动会导致企业生产经营面临更多的不确定性。同时，能源冲击会随着全球产业链蔓延至世界各国，这将给广东省产业健康稳定发展带来新的挑战。

## 二、 逆全球化趋势明显

当前，"逆全球化"思潮有所蔓延，全球范围内单边主义和贸易保护主义抬头，尤其是 2018 年以来，美国一系列贸易保护行动持续发酵，引起各国连锁反应，国际商品和资本流动成本不断推高，对市场和投资信心造成打击，导致全球贸易走低，我国及周边亚洲新兴经济体受到明显影响。中美贸易摩擦爆发以来，广东外贸出口受到较大影响。同时，由于各国实行严格的出入境限制和隔离措施，贸易限制措施提高了企业运营成本和风险，"贸易保护主义"借机大行其道。广东是我国外贸第一大省，作为国际经贸往来最活跃的地区之一，广东外贸尤其是中小企业最先受到冲击。如图 3 - 1 所示，广东 2020 年的外贸出口虽然同比增长了 0.2%，连续四年保持增长，但因为进口下降，进出口总值反而较上年下降 0.9%，一改前几年增长的趋势。与国内其他地区相比，2020 年广东稳外贸面临的困难和挑战要更严峻：广东外贸总量大、加工贸易比重大，受国际新冠肺炎疫情和国际贸易摩擦的冲击较大，且广东外贸大部分是机电和中间产品，一直以来，上游在日韩、下游在美国，与发达国家产业结构联系非常紧密，但 2020 年以来，日韩与欧美发达国家经济活动陷入停摆。随着国家和广东省出台一系列稳外资稳外贸政策，外贸情况有望后续出现恢复性反弹，但恢复程度取决于境外疫情得到有效控制的时间。

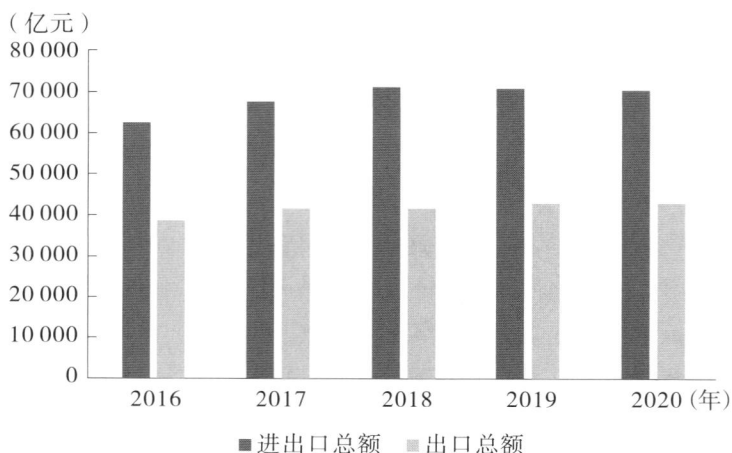

图 3 - 1  2016—2020 年广东省进出口数据

数据来源：广东省统计局。

为了应对欧美国家的蓄意封锁，破解贸易保护主义对我国经济发展的不利影响。我国主动求变，加快了区域贸易伙伴关系建设，"一带一路"与 RECP（《区域全面经济伙伴关系协定》）的签订给我国带来了巨大的发展机遇。RECP 的实施将大幅提升区域内的贸易活动，有利于广东省依托国内大市场与 RECP 区域之间供给、需求、投入产出、物流商流联通效率和便利化水平，在 RECP 区域一体化合作中发挥更大的作用。省内港口航运、跨境电商这类提供平台工具的企业将直接受益，以跨境物流为例，RECP 的成功签署，有望帮助提高广东省出口商品在目的国海关的通关效率，大幅提高跨境物流效率、缩短物流时间，提高消费者的购物体验，从而促进跨境电商规模不断发展壮大，进一步带动纺织服装、轻工家电等在广东省的布局发展。

"一带一路"将促进广东省与沿路各国之间的交流往来，拓展广东产业的发展空间。许多沿线国家和地区把本国和区域发展战略与"一带一路"对接，一批重大标志性项目开工建设，"基建输出"能形成较大的出口拉动，有效对冲内部需求端的下滑，大幅缓解广东省及国内的建筑业、制造业的产品需求压力。广东在计算机、通信、机械、汽车、纺织、印刷和其他电子设备等行业实力雄厚，产业链完善，在制造业方面有很深的造诣。沿线经济体偏农业和偏服务业，广东与沿线国家有极强的互补性，这些国家对广东各种工业制造品有迫切的需求。"一带一路"倡议的推行，有助于广东省继续扩大自身制造工业品的出口，从而增加贸易额，由此带动广东本土的就业、税收和外汇收入。随着沿线国家的兴起，国际市场需求会持续扩大，这将为广东产业发展带来广阔而纵深的市场。

## 三、 国内经济恢复向好

新冠肺炎疫情暴发一度使生产生活几乎陷入停滞状态。在党中央部署决策下，我国采取了居家隔离、停工停产等一系列措施，有效地限制了疫情大范围传播，并且组织了有效的复工复产。2020 年 1 月和 2 月为疫情暴发期，直接造成第一季度 GDP 增速下降至 −6.8%，为我国改革开放以来首次负增长，第二季度 GDP 增速实现由负转正，上升至3.2%，第三季度 GDP 增速为 4.9%，第四季度经济进一步恢复，GDP 增速为 6.5%，从而使 2020 年经济增速修复至 2.3%。从结构看，农业受疫情影响较小，2020 年农业增加值实际增长 3%，全国粮食总产量 13 390 亿斤，连续 6 年稳定在 1.3 万亿斤以上水平。工业生产恢复最快，全年规模以上工业生产增长 2.8%。服务业恢复相对缓慢，全年第三产业增加值增长 2.1%。而到 2021 年，虽然面临疫情防控常态化的挑战，但我国经济基本恢复正常状态，全年增速达到 8.1%。2020 年和 2021 年两年平均增长 5.1%，也显示出疫情冲击并未使我国经济偏离"新常态"。与我国防疫取得成功、经济快速恢复形成对比的是，世界许多国家受疫情影响，长时间不能组织正常的生产经营活动，从而导致经济负增长。

在双循环的新发展格局下，国内经济稳定向好，为广东省产业健康发展稳定了基本盘，2020 年广东省地区生产总值增速第一季度大幅度下降，上半年降幅收窄，前三季度由负转正，全年稳步恢复，全年 GDP 达 11.07 万亿元，增长 2.3%，顺利完成了"十三五"时期的预期目标。2021 年广东省生产经营活动基本恢复正常，产业结构转型升级速度进一步加快。先进制造业、战略性新兴产业、现代服务业和现代农业在经济中的重要程度稳步提升。此外，由于受疫情影响，实体经济受限制，而以互联网为代表的信息传输、软件和信息技术服务业等新兴服务业增长态势良好，特别是疫情催生的在线办公、在线教育、远程诊疗、网络游戏等新业态新模式快速发展，带动广东省经济快速恢复。随着疫情防控措施的常态化，旅游、娱乐等消费潜力得到释放，带动了广东省消费、服务业继续回暖，进一步推动经济复苏。

从国际市场来看，疫情导致广东省的几个主要贸易对象经济发展几乎陷入停滞，市场需求萎缩，产业链上游也受到影响，不能如期供货，供需的双向挤压对广东省汽车产业、装备制造业、生物医药产业等产生了较大的影响。同时，疫情也导致国际航运成本上升和通关时间延长。疫情对国际市场产生的不利影响通过产业链传递到国内，对广东省两头在外的产业链模式产生了较大影响。一方面，使得产业链断链风险大幅上升，企业生产经营活动受到影响，生产效率下降明显；另一方面，国际市场需求下降和不确定性增加，会挫伤企业的生产积极性，不利于发挥微观市场主体的主观能动性、促进产业提质升级。为应对疫情对国际市场的不利冲击，我国鼓励创新外贸新模式，拓展外贸渠道，注重夯实国内外贸供应链产业链，以减少疫情带来的不确定性。随着稳外贸政策的推出，广东省将通过增设跨境电子商务综合试验区、培育一批离岸贸易中心城市（地区）等方式，鼓励新业态的发展，既能让对外贸易实现高质量发展，精准帮扶企业纾困解难，也能优化营商环境，减轻外贸企业的负担。目前，广东省有 7 个市新获批跨境电商综合试验区，全省累计已有 13 个跨境电商综合试验区，居全国首位，2020 年全省跨境电商进出口总值超过 1 000 亿元，占全国一半以上。未来，跨境电商综合试验区全面覆盖广东省，又将进一步巩固广东省跨境电商的发展优势。由此可知，在疫情倒逼下，国内经济稳步复苏，内需市场回复明显，保证了广东省产业发展的基本盘稳定；而国家层面应对国际市场风险制定的企业帮扶政策、贸易创新政策等激励广东省产业数字化和生产性服务业发展。

## 四、"双碳" 倒逼经济绿色发展

"碳达峰、碳中和"是新发展理念中绿色发展理念的主要内容，绿色发展在更高层面体现为"双碳"；同时，从近期中美顶层对话来看，"双碳"还是未来全球治理的合作焦点，未来全球化存在解构、重构的过程，"双碳"、疫情防控将是未来国际合作的核心领域。

1992 年联合国大会通过具有法律约束的《联合国气候变化框架公约》（简称《公约》），1997 年《公约》第 3 次缔约方会议通过《京都议定书》，2015 年《公约》第 21 次缔约方会议达成《巴黎协定》，国际社会在气候领域的合作逐步推进。作为全球气候治理的重要参与者，中国早在 2009 年底的哥本哈根全球气候大会上承诺，到 2020 年，国内单位生产总值二氧化碳排放比 2005 年下降 40% 至 45%，为《巴黎协定》达成发挥了引领性作用。2020 年 9 月 22 日，习近平总书记在第七十五届联合国大会一般性辩论上提出："二氧化碳排放力争于 2030 年前达到峰值，努力争取 2060 年前实现碳中和。"这是我国向国际社会做出的承诺。2021 年 10 月 26 日，国务院发文《国务院关于印发 2030 年前碳达峰行动方案的通知》（国发〔2021〕23 号），对"十四五""十五五"时期的减碳降碳方案作出了明确安排。

从我国目前的能源结构来看，2020 年我国能源消耗总量 49.8 亿吨标准煤，完成了"十三五"规划提出的"能源消费总量控制在 50 亿吨标准煤以内"的目标。然而，当前我国的能源结构中煤炭的使用量依旧占据能源消费总量的 56.8%，而天然气、水电、核电、风电等清洁能源占比仅为 24.3%。[①] 煤炭作为二氧化碳的主要排放源，也是我国主要的能源消耗。从源头推动能源结构逐步转型，提高清洁能源在能源消耗中的占比，是减碳降碳的必由之路，也是实现经济绿色发展的必然要求。在国家战略的引领下，省市县各级开始依据本辖区的经济社会发展现状制订碳达峰行动方案。积极推动电力部门脱碳，逐步淘汰常规燃煤发电，推广可再生能源、核能发电，同时在发电厂推广碳捕集、碳封存等技术；通过普及电动汽车，促进部分工业部门（如钢铁、化工和玻璃）以电产热，以及加速建筑供暖和热水供应的电气化，实现终端用能部门的电气化；在电气化不具可行性的情况下，工业（作为燃料或原料）和交通（如长途货运、航运和航空）部门改用氢气和生物燃料等低碳燃料。

广东省作为我国经济第一大省，碳达峰时间将领先于全国大部分地区。2021 年底，广东省人民政府印发了《关于加快建立健全绿色低碳循环发展经济体系的实施意见》，提出到 2035 年，碳排放达峰后稳中有降，率先建成绿色低碳循环发展经济体系。这促使广东省各行各业积极部署碳达峰、碳中和工作，给广东省经济发展带来极大的机遇和挑战。一方面，广东经济体量大、人口规模大，承担着相对艰巨的稳增长、稳就业任务，率先实现碳达峰的战略布局无疑使得广东面临着比其他省份更重的减排压力，也使得广东企业面临比其他省份企业更为严峻的减排压力，在市场竞争中处于劣势；另一方面，率先实现碳达峰给广东省带来发展机遇，在产业布局、人才引进、技术开发、产业发展等角度全面开展制度创新，优化制度环境，夯实产业发展的先行优势，而随着碳资产管理创新在全社会的普及，碳交易由试点扩大到全国碳市场，使得企业降低降碳成本，甚至通过碳资产管理创造更多经济收益和提升品牌价值。

---

① 《2020 中国生态环境状况公报》。

# 第三节　广东产业发展社会文化环境

## 一、 人口老龄化趋势更加明显

从 2000 年开始，我国已步入老龄化社会，而近年来，我国老年人口规模呈现总量扩张、增量提速的发展态势，65 岁及以上人口所占比重从 2015 年 10.5% 迅速上升至 2020 年的 13.5%（见表 3 - 2、图 3 - 2）。我国的抚养比则在 2011 年结束了长达三十年的下降后首次上升，此后我国抚养比逐年攀升，从 2011 年的 34.4% 上升到 2020 年的 45.9%。我国迅速发展的人口老龄化趋势，与人口生育率和出生率下降，以及死亡率下降、预期寿命的提高紧密相关。目前，中国的生育率已经下降到更替水平以下，人口预期寿命和死亡率接近发达国家水平。可以预见，随着 20 世纪中期出生高峰的人口陆续进入老年，21 世纪前期将是中国人口老龄化发展最快的时期。

表 3 - 2　2011—2020 年末我国人口年龄结构情况

| 时间 | 年末总人口数（万人） | 0 ~ 14 岁 | | 15 ~ 64 岁 | | 65 岁及以上 | |
|---|---|---|---|---|---|---|---|
| | | 人口数（万人） | 占比（%） | 人口数（万人） | 占比（%） | 人口数（万人） | 占比（%） |
| 2011 年 | 134 916 | 22 261 | 16.5 | 100 378 | 74.4 | 12 277 | 9.1 |
| 2012 年 | 135 922 | 22 427 | 16.5 | 100 718 | 74.1 | 12 777 | 9.4 |
| 2013 年 | 136 726 | 22 423 | 16.4 | 101 041 | 73.9 | 13 262 | 9.7 |
| 2014 年 | 137 646 | 22 712 | 16.5 | 101 032 | 73.4 | 13 902 | 10.1 |
| 2015 年 | 138 326 | 22 824 | 16.5 | 100 978 | 73 | 14 524 | 10.5 |
| 2016 年 | 139 232 | 23 252 | 16.7 | 100 943 | 72.5 | 15 037 | 10.8 |
| 2017 年 | 140 011 | 23 522 | 16.8 | 100 528 | 71.8 | 15 961 | 11.4 |
| 2018 年 | 140 541 | 23 751 | 16.9 | 100 065 | 71.2 | 16 724 | 11.9 |
| 2019 年 | 141 008 | 23 689 | 16.8 | 99 552 | 70.6 | 17 767 | 12.6 |
| 2020 年 | 141 212 | 25 277 | 17.9 | 96 871 | 68.6 | 19 064 | 13.5 |

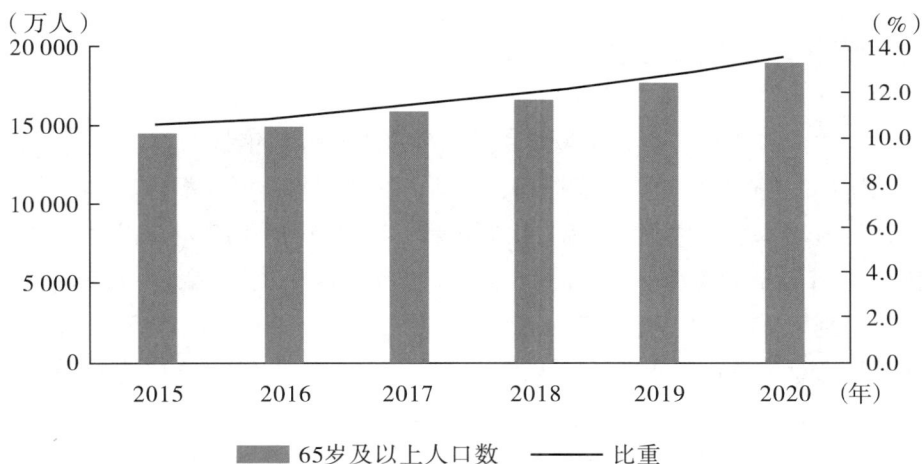

图 3 - 2　2015—2020 年中国老龄人口增长趋势

数据来源：《中国统计年鉴》。

　　中国经济的高速腾飞，离不开人口第一大国的底蕴和积累，人口老龄化深刻影响着中国经济发展的驱动力，劳动力老化也给经济发展带来了挑战。首先，老龄化直接导致了劳动力供给的减少，国内潜在经济增长率面临着下行的压力。劳动力老化对总体生产率提高和经济增长抑制作用较大，在知识变化迅速的部门更为严重。从需求角度出发，消费对经济增长所做的贡献会越来越大，而人口老龄化很可能不利于消费领域新产品、新技术的应用和推广。其次，劳动力老化也会影响产业布局与产业结构升级。完成压缩过剩产能，淘汰落后产能，发展现代服务业等促进产业转型升级的任务都需要调整劳动力的结构，而劳动力个体的生产率随着年龄的增长呈现出先增后降的变化态势，老年劳动力接受新事物能力较差，创新精神不足，对于技术革新和产业结构调整所带来的职业转换适应性不强，不利于产业结构调整。最后，从长期来看，人口老龄化会加重社会养老压力。人口老龄化是经济发展水平和社会人口发展达到一定阶段后的产物。老年人口的养老支出与收入水平的变动、老年人口规模及比重有着密切的关联。人口老龄化将使政府公共财政在基本养老金、退休金、医疗和保险费补贴方面的支出有所增加。我国这种未富先老的人口老龄化和大规模高速度的老龄化发展对社会养老造成了极大的经济压力。

　　广东省作为经济大省和人口大省，在人口老龄化冲击下面临的首要问题就是劳动力缺口扩大，尤其是在产业结构转型升级时期，劳动力供求之间的技能不匹配，通常出现"就业难"与"招工难"并存的情况。而疫情导致的劳动力流动成本上升也导致外省流入劳动力供给偏紧，进一步加剧了劳动力短缺。人口老龄化已经成为长期趋势，会限制广东省劳动密集型产业的发展，使大量的传统制造业被迫转移或者引入智能化、数字化设备实现转型升级。

## 二、 劳动力供给质量提升明显

根据第七次全国人口普查，2020 年我国 16～59 岁劳动年龄人口平均受教育年限达 10.75 年，与上次普查结果相比明显提高，劳动力的整体素质明显提升。人口素质和受教育程度是决定劳动生产率的关键指标。数据显示，2020 年全国 15 岁及以上人口的平均受教育年限为 9.91 年，比 2010 年提高 0.83 年。劳动年龄人口中，大专及以上受教育程度的人口占比达到了 23.61%，也比第六次人口普查时提高了 11.27 个百分点。具体来看，近十年来我国劳动力总量缓慢提升，从 2011 年的 78 579 万人到 2019 年达 81 104 万人，而高中及以下劳动力人数稳步下降，专科、本科及研究生劳动力人数则缓慢提升（见图 3-3）。改革开放之后的三十多年，我国凭借劳动力成本优势在劳动密集型产业发展中占据了重要地位，也使得我国成为世界第一大出口国和"世界工厂"。但是，随着近年来我国的劳动力增速下降，劳动力"红利"逐步消失，大量劳动密集型产业转移到劳动力成本更低的东南亚国家。劳动密集型产业的转移倒逼我国产业升级，知识密集型产业将日渐替代劳动密集型产业，也使得产业发展对劳动力储备需求转向对人力资本储备需求。广东省作为全国人口大省和人口净流入大省，全国劳动力质量提升，有利于提升广东的人力资本储备，为广东省产业转型升级奠定人力资本基础。

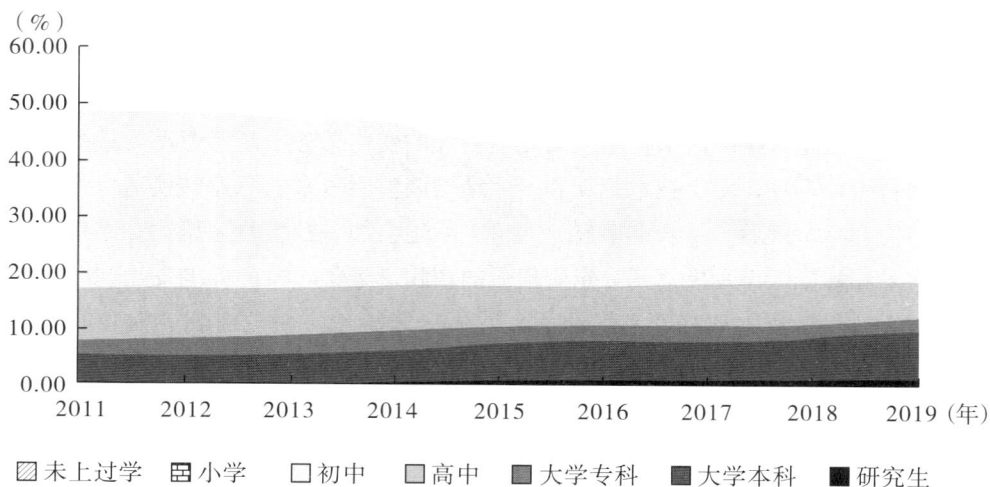

**图 3-3　2011—2019 年全国就业人员受教育程度构成**

数据来源：《中国人口和就业统计年鉴》。

同样，近年来广东省的劳动力构成变动趋势与全国一致，高中及以下劳动力占比下降，大学专科及以上劳动力占比提升（见图 3-4）。这意味着无论是全国层面还是广东省层面，劳动力受教育程度都有明显提升，人力资本储备不断增强。

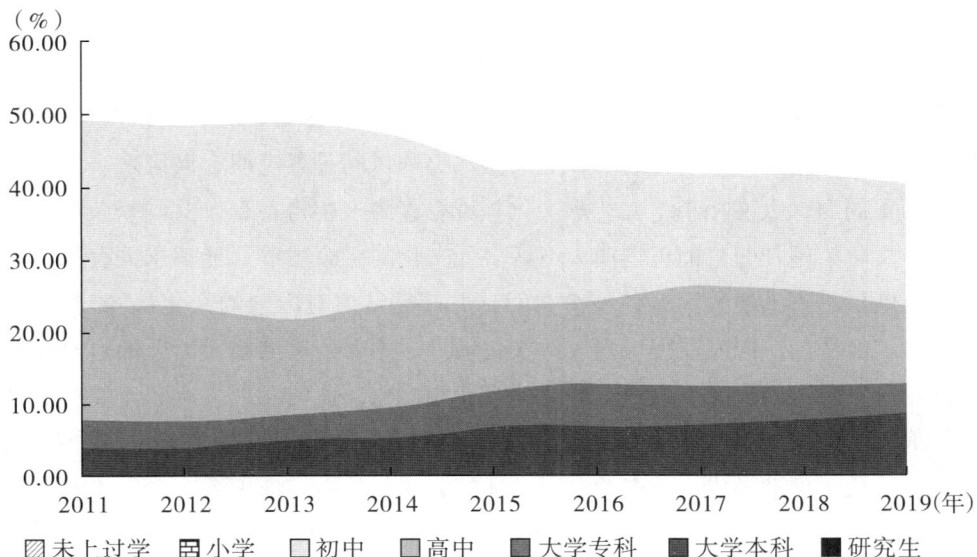

**图 3 - 4　2011—2019 年广东省就业人员受教育程度构成**

数据来源：《中国人口和就业统计年鉴》。

人口老龄化导致的劳动力短缺是广东省产业发展面临的重要挑战，尤其是长期以来珠三角地区积聚了大量的纺织业、电子产品加工业等劳动密集型产业，劳动力成本的提升使劳动密集型产业竞争力弱化。但从另一个方面来看，劳动力质量的提升也为广东省传统产业现代化转型奠定了人才资本基础。当前世界产业发展的主流趋势是信息化、智能化、融合化发展，通常要求人才能够熟练使用计算机、能够较快地上手操作各类机械设备，而人力资本质量提升能够满足这一要求。尤其是近年来广东省教育水平不断提升，除省内本土高校外，国内一流的北京大学、清华大学等高等学校在深圳等地设立分校，从 2015 年到 2020 年广东省高等学校数量从 143 所增加到 154 所，毕业生人数从 33.42 万增加到 55.01 万，在校生人数从 185.64 万增加到 240.02 万，这进一步夯实了广东产业现代化所需的人力资本基础。

## 三、粤港澳三地文化融合发展

目前，越来越多的国家和地区通过加强文化建设来提升自身的文化软实力，文化软实力逐渐成为一个国家或地区综合实力的重要构成部分。其中，区域文化融合发展则是有效彰显文化软实力的关键。"粤港澳大湾区"不仅仅是一个经济概念，也是一个文化概念，三地地缘相近，文化同根同源。虽然港澳文化受到了西方文化的深刻影响，但仍保留着岭南文化的传统根基。以广府文化为主体的珠江系文化，一方面彰显出大湾区丰富多元的文化价值，另一方面展现出中国特色社会主义源远流长博大精深的文化内涵。粤港澳三地区域文化深度融合发展，对推动粤港澳大湾区的区域合作和协同发展，充分展现区域文化软实力具有重大而深远的现实意义。

粤港澳大湾区在"一国两制"的大背景之下，虽然存在着"三种货币""三种关税"的差异，但在文化上是一致、相通的，而文化共鸣和认同是粤港澳大湾区融合发展的源动力。三地历史同源、人文相亲，在艺术文化领域有着诸多相得益彰、共同繁荣的过往。因此，以岭南文化为精神纽带的粤港澳大湾区多元文化的融合发展，能够求同存异，相互汇聚交流，不断增进粤港澳大湾区各城市之间，尤其是港澳对内地的文化认同与价值认同，为粤港澳区域经济的协同发展提供强大的文化动力。同时，粤港澳大湾区通过自身区域文化的相互融合发展，能够有效促进三地文化事业和文化产业的发展，有利于文化旅游相互促进，形成以文塑旅、以旅彰文的文旅融合高质量发展局面，通过文创宣传、文旅合作、文创宣传等手段，推动形成文化产业融合发展的成效，从而实现大湾区文化的繁荣兴盛。

粤港澳作为"一带一路"的重要枢纽，借助区域文化融合的机遇，不断推动三地的优势文化"走出去"，能够进一步丰富"构建人类命运共同体"的地域文化内涵，推动构筑丝绸之路经济带和 21 世纪海上丝绸之路对接融汇的重要支撑区，更好助推"一带一路"建设。《粤港澳大湾区发展规划纲要》中提到，粤港澳大湾区要"塑造湾区人文精神""共建人文湾区"。粤港澳大湾区所要构建的国际一流湾区和世界级城市群，不仅是要打造一个强大的经济集合体，更需要塑造一个充分发挥港澳独特优势和广东改革开放先行先试优势，面向世界的充满影响力、凝聚力和感召力的国际形象。粤港澳区域文化的融合发展能够充分凸显三地同根同源、血脉相通的文化自信，共同塑造和丰富大湾区的人文精神家园，从而在整体上构筑起人文湾区形象，合力打造宜居宜业宜游的国际一流湾区。

# 第四节　广东产业发展技术环境

## 一、 数字经济发展趋势明显

全球数字化革命推动产业数字化转型。新科技与产业革命不断兴起，以新一代信息技术为基础、以数据为核心投入要素，人工智能、物联网、云计算、大数据、先进机器人等先进数字化技术使得制造业的生产性质发生根本性改变，物理制造与数字化制造系统之间的界限日益模糊。在数字革命大潮的驱动下，传统产业数字化、网络化、智能化步伐不断加快，智能化生产、网络化协同、服务化延伸等新型模式加速发展。在数字经济时代，数字化转型将为产业集群发展提供更多想象空间，只有通过数字化转型打破产业链的断点和堵点，才能更好推动传统产业高质量发展。

数字经济是继农业经济、工业经济后的主要经济形态，不断推动着生产方式、生活方式和治理方式的深刻变革。新技术和产业变革创造新产业新业态，而新产业新业态对传统经济和产业的提升改造，需要具有相当规模的传统产业基础，在这一方面，以中国为代表的新兴经济体和经济快速发展的发展中国家更具市场端优势。"十三五"时期，我国深入实施数字经济发展战略，不断完善数字基础设施，加快培育新业态新模式，推进数字产业化和产业数字化取得积极成效。如图 3－5 所示，中国数字经济规模不断扩张，从 2015 年的 18.6 万亿元增长到 2020 年的 39.2 万亿元，在"十三五"期间，我国数字经济年均增速超过 16.6%，正迈向全面增长期。国内数字经济规模持续扩大，不仅有效对冲了疫情带来的经济下行压力，更成为撬动经济增长的主要动能之一，成为我国实现经济转型、改变全球竞争格局的核心驱动力。同时如图 3－6 所示，近年来中国数字经济内部结构不断调优，目前已进入以产业数字化为主导，数字产业化提质完善的双轮驱动阶段。

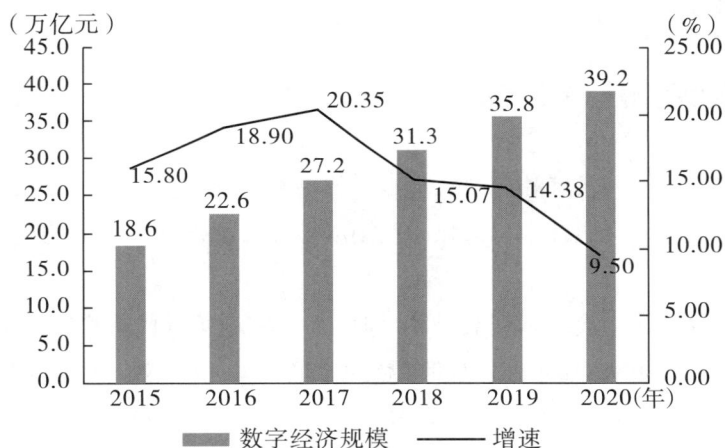

图 3－5　2015—2020 年中国数字经济规模及增速

数据来源：中国信息通信研究院。

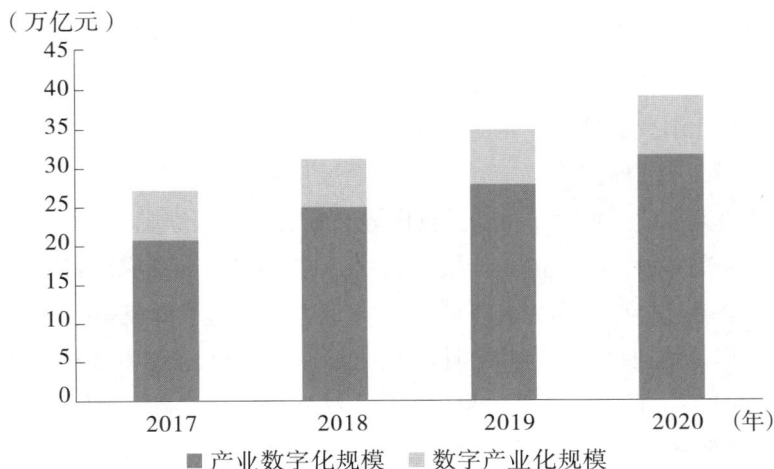

图 3－6　2017—2020 年我国数字经济内部结构

数据来源：中国信息通信研究院。

数字经济发展可以跟各行各业合作，颠覆传统行业的组织形式、产品服务等。国内数字经济的全面扩展，为广东省各行各业深入融合提供了良好的发展环境，有助于广东省深入挖掘数字技术价值，培育发展新兴产业，进一步提升数字产业化水平，推动产业链、价值链向高端延伸。对比其他地区，广东具有明显的产业集群优势，智能家电、汽车、电子信息、生物医药与健康等产业集群发展迅速，是广东省经济增长的重要支撑，也使得广东省更容易建设数字化的产业集群。可以运用5G、大数据、人工智能等新一代信息技术推动广东制造业企业实施数字化转型，大力推进智能制造、工业互联网试点示范和工业机器人应用普及，推动工业企业运用工业互联网实施数字化、网络化、智能化改造。这有助于广东省立足实体经济，进一步深化大数据、人工智能等技术与实体经济融合发展，持续推进省内产业数字化，壮大融合产业，重塑生产方式、服务模式与组织形态，提升广东省实体经济的发展韧性。

## 二、 基础设施建设日益完善

随着我国社会经济的发展和科学技术水平的不断提升，我国的基础设施得到了不断完善，尤其是通信技术、交通技术、知识产权制度等方面都得到了极大的提升，为产业提供了良好的发展空间。

20世纪80年代初期的第一代通信技术（1G），到现在第五代通信技术（5G），在短短几十年间，中国就从曾经的落后迅速发展跨越到了如今的领跑地位。由工信部召开的5G、6G专题会议提到，我国累计建成5G基站超81.9万个，占全球比例约70%。目前，国内5G手机终端用户连接数已达2.8亿，占全球比例超过80%，5G标准必要专利声明数量占比超过38%，位列全球首位。中国已然成为全球5G行业的领头者。5G技术的出现推动了许多新型产业的形成与发展，5G技术应用范围广泛，催生出了大量的新型产业，为我国产业提供了广阔的发展空间，同时也增加了许多就业岗位，大大缓解了我国的就业压力。

党的十八大以来，我国在交通运输方面取得了历史性成就，发生了翻天覆地的历史性变化。在中华人民共和国成立之初，全国铁路总里程仅2.2万公里，公路里程仅8.1万公里，民航航线只有12条，道路运输发展严重滞后。经过几十年的道路交通建设，目前我国以铁路为主干、以公路为基础、水运和民航比较优势充分发挥的国家综合立体交通网日趋完善。六轴、七廊、八通道的国家综合立体交通网的主骨架空间已初步形成，高速铁路对百万以上人口城市的覆盖率超过95%，高速公路对20万以上人口城市的覆盖率超过98%，民用运输机场覆盖了92%以上的地级市。与此同时，我国交通运输的服务能力和水平也显著提高。数据显示，截至2020年年底，全国铁路运营里程为14.6万公里，高铁运营里程为3.8万公里，占世界高铁运营里程的三分之二，我国动车组列车承担了70%的铁路客运量，民航航班正常率连续3年超过80%。货运结构也在不断优化，新业态新模式正加速发展，网络预约出租汽车覆盖了我国 300 多个城市，日均完成订单量 2 000 万单。我国新建改建农村公路 235.7 万公里，农村公路的总里程达到了 438 万公里，占我国公路总里程的 84.3%。这些社会发展不可或缺的基础设施网正成为我们祖国大地的动脉血管，不断为改善出行条件、提高人民生活水平、促进经济社会发展提供关键支撑，为国家发展提供不竭动力。

在知识产权方面，我国知识产权综合实力实现了快速跃升，知识产权制度体系建设不断完善。2020 年全国知识产权综合发展指数从 2010 年的基期值 100 提升至 304.7，年均增速 11.8%。我国知识产权发展迅速，知识产权创造能力显著提升，全国知识产权创造指数从 2010 年的基期值 100 增至 2020 年的 296.5，年均增速达 11.5%，知识产权创造产出快速增长，创造质量和效率均得到稳步提升，充分具备了向知识产权强国迈进的坚实基础。同时，我国知识产权保护水平全面加强，知识产权司法保护力度不断加大、行政保护全面加强、知识产权保护效果显著，全国知识产权保护指数从 2010 年的基期值 100 增至 2020 年的 339.9，年均增速达到 13%。而知识产权制度环境也在大幅改善，全国知识产权环境指数从 2010 年的基期值 100 增至 2020 年的 315.3，年均增速达 12.2%。知识产权法律制度体系不断完善、知识产权服务能力大幅提升、知识产权保护意识明显加强，这为知识产权成果的市场转化提供了良好的环境，有利于推动建立比较完善的支持知识产权推广应用的市场化机制，通过知识产权质押融资、证券化等多种形式，建设知识产权运营和交易平台，实现知识产权与金融、产业有机结合，加快知识产权成果的市场转化。

## 三、"双链"安全面临挑战

科技全球化带来全球技术变革，全球科技创新进入了空前密集的活跃期，大数据、物联网、人工智能、3D 打印等数字技术主导的新一轮技术革命正在世界范围内酝酿生产方式的重要变革，进而引发全球生产、投资和贸易格局的深刻变化。跨国公司主导的全球价值链分工在 20 世纪 80 年代以来成为国际产业分工的重要形势，发达国家主要占据价值链高端环节，发展中国家则主要完成中低端的加工制造，这使得世界产业链呈现分层化。当前在信息、环境、能源、生物、海洋、制造等产业领域，美国等西方发达国家掌握着大多数的基础性技术，并且在新产业竞争中有充分的主导权和话语权，我国在基础科学研究方面短板依然突出，缺乏重大原创性成果，在技术上面临着许多"卡脖子"问题。

2019 年以来，美国加紧了对我国在高科技领域的制裁和打压，在这种高压之下，我国在关键核心技术方面的短板也清晰地浮现出来。例如，在芯片制造以及相关设计工程软件上，国际上最先进芯片量产制程精度已达 7 纳米，而我国只有 28 纳米，虽然在实际应用中，通过系统优化我国可以采用低端芯片代替大多数高端芯片的进口，但是在高端手机等高度集成设备中短期难以形成进口替代；在数据库管理系统方面，甲骨文、微软、IBM 等美国公司占据了大部分市场份额，我国国产数据库管理系统在稳定性、通用性上存在着不足；由于没有掌握核心算法，我国的高端机器人依然依赖进口，而国产工业机器人的稳定性、易用性、故障率等关键指标尚不如日本发那科、瑞士 ABB 的产品。

对标发达国家、先进省市，广东省在基础研究领域短板突出，关键核心技术仍受制于人。广东省拥有全国规模最大的软件产业和完善的基础芯片配套产业，是全国最大的软件产业板块，软件产业规模超万亿元，但仍然存在着一些迫切需要解决的痛点、难点问题。比如整个计算机产业缺芯少核，工业软件、基础软件等缺乏核心技术，软件市场占有率低，更新迭代缓慢；企业发展规模不大，其中业务收入不足亿元的中小企业占比超80%，缺乏具有国际影响力的品牌产品；人才供需结构矛盾突出，缺乏既懂软件技术又熟悉业务流程的复合型高技能人才。如图 3 - 7 所示，广东高新技术产品占出口总额的比重一直稳定在35%左右，但是高新技术产品进口占比一直呈现上升态势，在相关产品的核心零部件上，企业对进口的依存度较大。

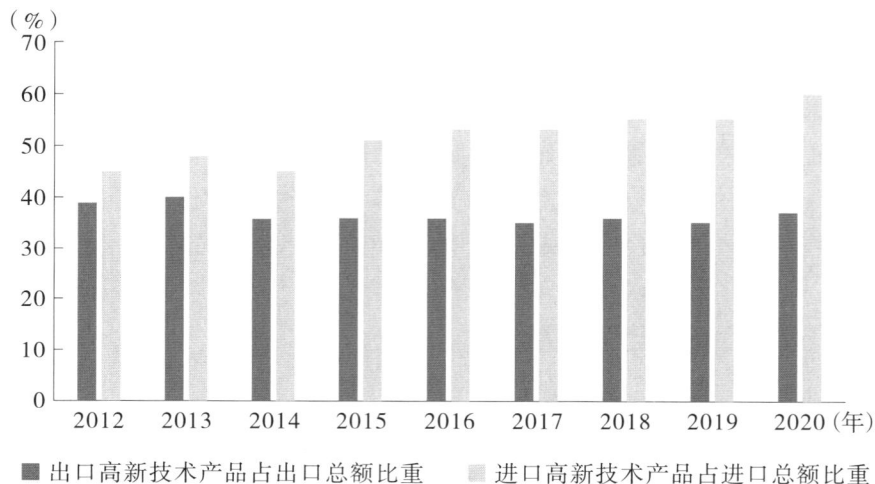

图 3 - 7　2012—2020 年广东省进出口高新技术产品情况

数据来源：《广东统计年鉴》。

对于广东省来说，在科技全球化的背景下，科学研究活动日趋全球化、企业间策略性技术联盟迅速发展、区域科技合作不断增强，将推动广东突破性发展芯片等产业领域，进一步巩固广东电子信息产业等高端优势产业的发展，实现产业集群不断向产业链中高端攀升。以半导体及集成电路产业为例，全球技术变革突破推动广东省在芯片设计及底层工具软件、芯片制造等关键领域开展研究与突破，有利于建设以广州、深圳等市为核心的具有全球竞争力的芯片设计和软件开发集聚区，不断发展壮大高端产业集聚区规模，提升高端产业发展质量，打造具有国际影响力的半导体及集成电路产业集聚区。全球技术变革有利于广东省积极应对"缺芯""少核"等产业链短板，加快关键核心技术攻关，不断加强基础研究，注重原始创新积累，强化应用基础研究主攻方向，推动基础研究向产业创新转化，不断提升产业基础高级化、产业链现代化水平，深度融入全球产业链。

# 第四章

# 广东产业发展的主要趋势[*]

广东省是中国的经济先行区和产业密集带，长期以来一直引领中国产业发展。"十三五"时期，广东省产业发展取得诸多成果，以先进制造业为支撑、现代服务业为主导的现代产业体系初步形成，战略性新兴产业、数字产业、生产性服务业发展居于全国领先水平。在取得丰硕成果的同时，广东省产业发展对外面临着国际市场需求萎缩、贸易保护主义和逆全球化挑战，对内面临着各省市产业结构趋同、疫情防控常态化等限制。故而，在当前产业发展基础上，结合产业发展的一般规律和国内外相关经验，初步判断下一阶段广东省产业发展的主要趋势，对于进一步制定产业发展策略显得尤为重要。

## 第一节 产业融合发展促进经济转型升级

### 一、 制造业与服务业融合

制造业的规模和水平是衡量一个国家综合实力的重要标志，而服务业则是主要就业来源，与国民经济息息相关。伴随数字技术和商业模式的不断发展，高技术制造业的生产流通过程开始出现服务业态，而服务业也开始拓展自己的产业链边界，向制造环节延伸。尤其是研发设计、第三方物流、融资租赁、信息技术服务、服务外包等生产性服务业的不断涌现，使制造业与服务业间的产业边界日益模糊。目前已产生工业互联网、智能工厂、柔性化定制等十种典型业态和模式，其中工业互联网平台为"两业融合"的基本方向与主要依托。根据《中国工业互联网产业经济发展白皮书（2021年）》，2020年我国工业互联网直接产业增加值0.95万亿元，带动就业603万人；渗透产业增加值规模2.62万亿元，带动就业2 126万人。以生产性服务业发展为着力点，"两业融合"成为现代产业体系发展的关键特征与趋势，为新时期我国推动经济高质量发展的重要方向。

制造业与服务业融合为经济高质量发展赋予新动能。"两业融合"带来生产方式的柔

---

[*] 本章第一执笔人为暨南大学产业经济研究院陈雅文。

性化、智能化、精细化转变可促使制造业企业延伸服务链条，推动制造业朝高端化、智能化、绿色化、服务化方向发展，催生制造业竞争新优势。同时，"两业融合"可助力服务业中生产性服务业的发展，推动生产性服务业向专业化和价值链高端延伸。

虽然我国生产性服务业取得长足发展，生产效率和产业附加值不断攀升，但是在"两业融合"方面依旧存在较多问题。我国服务业对制造业高质量发展的支撑作用依然有限，一方面是我国制造业部门高端服务活动（研发、管理）比重较低，导致出口中来自制造业部门的服务活动价值贡献较少；另一方面是我国制造业服务化（尤其是国内服务化）总体上还较为低端，研发、商务、市场营销等高智能服务占比较低。因此，下一阶段深度促进"两业融合"，是加速释放经济增长新动能、推动产业结构升级与发展现代产业体系的重要举措。

2019 年国家发改委等 15 部门联合印发的《关于推动先进制造业和现代服务业深度融合发展的实施意见》也指出，"推动先进制造业和现代服务业相融相长、耦合共生"。2021 年发布的《中华人民共和国国民经济和社会发展第十四个五年（2021—2025 年）规划和 2035 年远景目标纲要》提到，推动现代服务业与先进制造业、现代农业深度融合，深化业务关联、链条延伸、技术渗透，支持智能制造系统解决方案，流程再造等新型专业化服务机构发展。

整体来看，通过"两业融合"实现制造业与服务业的耦合共生，既能顺应全球产业结构变迁与技术变革趋势，又能提升制造业与服务业的发展能级，提振产业国际竞争力，奠定壮大实体经济的根基。广东省作为我国的制造业和服务业大省，具备"两业融合"的产业基础，也具备良好的数字化基础，应利用数字技术对传统产业链和供应链进行智能化改造，促进制造业与服务业融合发展，从而实现实体经济高质量发展。

## 二、 传统产业与新兴产业融合

我国传统工业产业发展面临包括资源环境约束趋紧、生产要素成本上升、核心技术尚待突破、关键技术受制于人、产能过剩情况突出和重复建设等挑战。而新兴产业具有技术密集度高、附加值高但发展基础薄弱的特征。推动传统产业和新兴产业融合发展，使传统产业的主导技术逐渐被高新技术取代，提升传统产业结构的水平，有利于解决传统产业发展动力不足和新兴产业发展基础薄弱的双重困境，也是当前转变经济增长方式、实现产业结构优化升级的重要途径。首先，清洁能源、低碳环保、信息技术等新兴产业向传统产业不断渗透，有利于推动传统产业由要素投入型向创新驱动型转变，降低传统行业对资源要素的依赖，提升行业全要素生产率。其次，传统产业与新兴产业的融合显著提升经济效益。最后，二者的融合催生更多高质量就业岗位，其创造的新产业、新业态成为承载就业、促进就业的关键力量。

　　国家层面也出台相关政策助力传统产业与新兴产业深度融合。"十三五"规划强调产业结构调整，提出推进供给侧结构性改革，改造提升传统产业，培育壮大新兴产业。党的十九大报告指出："支持传统产业优化升级，加快发展现代化服务业，瞄准国际标准提高水平。""十四五"规划明确数字技术将助力传统产业转型升级，提出促进数字技术与实体经济深度融合，赋能传统产业转型升级，催生新产业新业态新模式，壮大经济发展新引擎。此外，为促进传统产业改造提升，实现制造业提质增效，国家发改委发布《中国制造2025》，明确落实装备制造业质量品牌提升专项行动、服务型制造专项行动和制造业与互联网融合发展专项行动等措施。

　　广东省在传统产业与新兴产业融合方面取得较多成果，新技术、新经济与实体经济深度融合，实现传统产业"老树"发"新芽"。佛山、东莞等地积极投身传统制造业技术改造，截至2020年，累计共超过25 000家工业企业开展数字化、网络化、智能化和绿色化技术改造。广州大力推动汽车等支柱产业向绿色、智能方向转型，吸引小鹏汽车、睿驰电动汽车、小马智行、景驰科技等一批新能源汽车和无人驾驶领域创新企业入驻。珠江西岸先进装备制造带围绕母机类制造业、机器人、新能源汽车产业，引进哈工大机器人、中兴智能汽车等项目。深圳推动传统服装制造业与创意设计行业融合，推动当地传统服装制造业从低技术含量、低附加值、出口加工型向高技术含量、高附加值、自有品牌型模式转变。

　　面临当前传统产业规模较大，资源环境约束和劳动力供给约束趋紧的情况，稳步推进传统产业与新兴产业融合，将传统产业与先进的技术和管理经验相结合，实现传统产业先进化，是实现缓解产业转型升级"阵痛"的可行之道。故而，传统产业与新兴产业融合发展是下一阶段广东省产业发展的重点方向。

## 三、　农村三次产业融合

　　当前中国已经进入后工业化时代，制造业与服务业取得长足发展，但是作为"百业之基"的农业依旧存在发展模式落后、资源消耗过高等情况。推动一、二、三产业融合发展，以农业现代化为根基，以产业联动、技术渗透等方式使农村一、二、三产业之间紧密相连、协同发展，最终实现农业产业链延伸、产业范围扩展和农民增收，这是推动农业现代化发展和实现乡村振兴的重要抓手，也是保证我国粮食安全、提高农业生产效率的必然选择。

　　当前，我国三次产业融合发展取得明显成效。产业融合主体形式多样，专业大户、家庭农场、农民合作社、农业产业化龙头企业等农村农业融合主体不断涌现，国家现代农业示范区、休闲旅游区等产业融合载体建设步伐加快。截至2018年底，全国家庭农场、农民合作社、新型农业经营主体和服务主体总量超过500万家，成为推动现代农业发展的重要力量。农村新产业新业态提档升级，各地打造出一批集自然、风情、历史、人文等于一体的"可游、可养、可居、可业"的乡村景观综合体，推出休闲农业示范县、美丽休闲乡村和经典旅游线等地方知名品牌项目，成为农业农村发展新活力和新动能的重要来源。

农村三次产业融合是农村经济转型升级的重要抓手和有效途径。首先，农村三次产业的融合发展有助于构建现代化农业产业体系，调整优化农村种植和养殖业结构，发展循环、生态、绿色农业。其次，促进三次产业融合能激发农业农村发展的内生动力。产业融合创造了乡村旅游、电子商务等新业态、新模式，鼓励和吸引返乡下乡人员等实现创业就业。最后，促进三次产业融合能助力精准扶贫精准脱贫。产业发展是扶贫脱贫的着力点和突破口，通过有效开发和利用贫困地区的资源优势发展特色产业，培育龙头企业，激发贫困人口脱贫内生动力，提高扶贫脱贫的质量。

我国将促进农村一、二、三产业融合作为落实乡村振兴战略的重要手段。十九大报告明确指出："促进农村一二三产业融合发展，支持和鼓励农民就业创业，拓宽增收渠道。"2018 年 4 月，国家发改委发布《农村一二三产业融合发展年度报告（2017 年）》，对全国各地农村三次产业融合发展的经验进行总结，这意味着三次产业融合已上升到国家战略层面。《乡村振兴战略规划（2018—2022 年）》中也提及 "推进农村一二三产业交叉融合，加快发展根植于农业农村、由当地农民主办、彰显地域特色和乡村价值的产业体系，推动乡村产业全面振兴" 等表述。2022 年中央一号文件《中共中央　国务院关于做好 2022 年全面推进乡村振兴重点工作的意见》提出发展农产品加工、乡村休闲旅游和农村电商等产业，并强调要 "加快落实保障和规范农村一、二、三产业融合发展用地政策"，持续推进农村一、二、三产业融合发展以支撑实现乡村振兴。

广东省也出台相关措施推动农村三次产业融合。2021 年 7 月广东省发布的《关于全面推进乡村振兴加快农业农村现代化的实施意见》提出发展农产品、渔产品、畜牧产品加工制造业，推动农业数字化等三次产业融合发展对策；2022 年 2 月广东省自然资源厅等部门联合制定了《关于保障农村一二三产业融合发展用地促进乡村振兴的指导意见》，对农村一、二、三产业融合项目的认定和用地需求保障和审批等进行了明确规定。推动农村一、二、三产业融合发展，既有助于丰富乡村产业类型，构建彰显地域特色和乡村价值的产业体系，又能有效带动农民就地就近就业增收，分享产业增值收益，促进共同富裕。因此，推动农村三次产业融合发展是未来广东省部署产业工作的重要方向之一。

# 第二节　数字经济发展推动增长动能转换

## 一、　产业数字化培育经济增长新动能

当前，实体经济加速向以数字经济为重要内容的新经济转变。数字经济正不断催生新产业、新技术、新业态、新模式，成为引领新常态、壮大新经济、打造新动能的主要引

擎。其中，产业数字化，即传统产业应用数字技术所带来的产出增加和效率提升，成为数字经济发展的主引擎。根据《中国数字经济发展白皮书（2021）》，2020年产业数字化规模达31.7万亿元，占GDP比重为31.2%，同比名义增长10.3%，占数字经济比重由2015年的74.3%提升至2020年的80.9%。预计未来五年，产业数字化占数字经济的比重将提升至85%左右。

产业数字化在促进经济高质量发展、培育经济新动能中发挥重要作用。产业数字化将新能源技术、互联网技术和智能制造等应用于三次产业，催生数字农业、智能制造、产业互联网等新兴产业形态，帮助实现传统产业转型升级。此外，产业数字化将数字技术与各类服务场景结合，诞生电子商务、数字金融、智慧物流、数字公共服务平台等高效便捷的数字化服务，为政府、企业、个人提供更加精准有效的数字服务，促进数字信息资源的共享。

各国竞相制定数字经济发展战略，出台鼓励政策。美国的《数字经济议程》、德国的《数字化战略2025》、日本的数字发展新政和澳大利亚的数字经济发展战略都反映出数字经济在国际层面受到高度重视。我国也对数字经济的发展作出部署。政府工作报告提出，建设数字信息基础设施，推进5G规模化应用，促进产业数字化转型，发展智慧城市、数字乡村。2022年初发布的《"十四五"数字经济发展规划》明确大力推进产业数字化转型。加快企业数字化转型升级，全面深化重点行业、产业园区和集群数字化转型，培育转型支撑服务生态。

广东省高度重视产业数字化发展，出台一系列促进产业数字化的重大规划和政策措施。2020年启动广州狮岭镇箱包皮具等六大产业集群数字化转型项目，通过打通品牌、生产、加工、物料供应等产业链多个环节，实现产业链上下游的协同生产和与数据对接。2021年发布的《广东省数字经济促进条例》通过工业数字化、农业数字化、服务业数字化三章，推动产业数字化发展。同年印发的《关于加快数字化发展的意见》在产业数字化方面提出以数字化转型重塑广东制造新优势、推进数字赋能现代农业、以数字化推动服务业高端化发展等6项举措。

当前，数字经济已成为各国促进经济复苏、重塑竞争优势和提升治理能力的关键力量。广东省在制造业、服务业以及数字产业领域都处于全国领先位置，推动产业数字化转型是提升传统产业生产效率、破解资源和环境约束的必然选择，也是在数字经济时代构建广东省经济发展新动能的必然要求。

## 二、 数字产业化抢占产业发展制高点

随着新一代信息技术的蓬勃兴起，以大数据、电子信息、信息技术为主要内容的数字产业化重要性日益提升。2020年我国数字产业化规模达7.5万亿元，占数字经济比重的

19.1%，占 GDP 比重的 7.3%，同比名义增长 5.3%。2020 年中共中央、国务院发布的《关于构建更加完善的要素市场化配置体制机制的意见》提出加快培育数据要素市场。当前，我国的数据要素市场尚处于萌芽阶段，加快培育数据要素市场，为我国提升国际地位、实施"非对称"赶超战略、实现高质量发展创造了重要机遇。

推动数字产业化对抢占数字经济发展制高点具有重要意义。推动数字产业化，促进通信、大数据、芯片制造、消费电子等行业的发展，有助于弥补数字化关键技术短板，夯实数字经济发展的基础和框架。此外，推动数字产业化还有利于汇聚各类数据资源，促进数字价值链的形成，完善数据要素市场化配置机制，使数据在经济价值创造活动中发挥更加重要的作用，筑牢数字经济的数据基础。

在数字产业化政策支持方面，我国于 2015 年提出"国家大数据战略"并发布《促进大数据发展行动纲要》，为我国大数据产业发展作出统筹。2022 年初印发的《"十四五"数字经济发展规划》提出加快推动数字产业化，增强关键技术创新能力，加快培育新业态新模式，营造繁荣有序的创新生态。广东省作为数字经济大省，在数字产业化方面早有布局。2021 年，广东省人民政府印发的《广东省数据要素市场化配置改革行动方案》率先提出构建省域数据要素市场体系。同年发布的《关于加快数字化发展的意见》在数字产业化方面提出打造全球领先的 5G 产业创新高地、打造人工智能产业开放创新体系等 6 项举措。

推动全省数字产业化发展，既是顺应新一轮数字科技革命和产业变革趋势，培育构建新发展格局内生动力的战略要求，又是广东省在数字经济浪潮中抓住数字产业化发展契机、构建数字价值链、稳步推动产业高质量发展的不二选择。广东省是我国数字经济发展的前沿阵地，也是数字资源最丰富的区域。持续推动数字产业化，是广东省应对日趋复杂的国内外环境的必然选择，也是广东省产业转型升级的关键。

## 三、 新基建发展提升"双链"数字化水平

当前，制造业产业链供应链面临的国际市场风险日益增加，"断链""卡链"情况时有发生。数字化供应网络和数据分析能够有效帮助制造业企业采取更加灵活的多重措施来应对供应链的意外中断。因此，加强以 5G、人工智能、大数据等为代表的新型基础设施建设，是提升"双链"数字化水平，规避产业链供应链风险的重要举措。据测算，2020年新基建规模约 3.3 万亿，同比增长 26%，至 2025 年年均复合增长率为 15%。"十四五"期间，我国新基建投资有望达 10.6 万亿元，占全社会基础设施投资的 10% 左右；5G 网络建设投资累计将达到 1.2 万亿元，带动产业链上下游及各行业应用投资将超 3.5 万亿元。

布局新基建对加强数字中国建设整体布局具有重要意义。首先，新基建是数字经济的支撑产业，依赖于 5G、人工智能等新型基础设施建设，数字经济的技术、产品和服务才

能从潜在的可能性变成现实的经济活动。其次，新型基础设施建设有效拉动新经济的发展，带动如新能源汽车、VR/AR、车联网、无人机等新经济产业消费需求的旺盛。最后，新基建为提高我国经济的强度和韧性提供了新机遇。通过布局新基建，引导创新集聚与需求拉动，实现关键技术与关键产品的自主创新，有助于增强我国产业链、供应链韧性。

我国也出台相应政策规划助推新基建投资发展。《"十四五"数字经济发展规划》提出，优化升级数字基础设施，加快建设信息网络基础设施，推进云网协同和算网融合发展，有序推进基础设施智能升级。《"十四五"信息通信行业发展规划》提出，到2025年，基本建成高速泛在、集成互联、智能绿色、安全可靠的新型数字基础设施。全国多地也明确2022年新基建规划，上海市推进5G网络深度覆盖，建设超大规模开放算力平台等一批新型基础设施；安徽省实施"新基建+"行动，创建国家互联网骨干直联点、全国一体化算力网络国家枢纽节点集群；贵州省将建设全国一体化算力网络国家枢纽节点，推进"东数西算"。广东省到2022年将累计建成5G基站22万个，加快实现全省20户以上自然村光网全覆盖，建成50个以上工业互联网标识解析二级节点，建成5个以上国家级跨行业、跨领域工业互联网平台，建成20个以上行业/区域工业互联网平台，带动超过5万家工业企业"上云上平台"。

广东省作为中国经济强省和数字化发展领先地区，在率先开展大规模新基建方面具有独特优势。因此，布局新基建、实现全产业链供应链数字化将是广东产业发展的必然趋势，"双链"数字化水平稳步提升也将更好地规避来自国际国内两个市场的风险。

## 第三节 智能制造推动制造业向中高端迈进

### 一、 制造业压舱石作用持续发力

制造业是立国之本、强国之基，既是实体经济的"压舱石"，又是大国博弈、国际产业竞争的焦点。目前，制造业国际竞争已经进入到白热化阶段，但我国制造业产业规模与产业附加值不匹配，制造业发展依然面临着规模大而不强、门类全而不优的难题。因此，未来我国制造业发展必须立足国际形势与国内环境，做好制度供给，改善发展环境，坚定不移地走创新驱动发展之路，做大做强。

2008年金融危机的爆发令许多国家重新重视实体经济，尤其是制造业的高质量发展。2010年，奥巴马签署了《美国制造业促进法案》，意在通过大范围减税降低制造业成本，以促进相关领域的就业并增强美国制造业的国际竞争力。2014年通过的《振兴美国制造业和创新法案》则明确将纳米技术、光子及光学器件、先进陶瓷、混动技术等领域纳入制造业创新中心重点关注领域。法国政府则在2013年推出了"新工业法国"计划，重在解决能源、数字革命和经济生活三大问题，2015 年又做出调整提出"未来工业"计划，将法国工业化战略布局优化为九大领域，包括新型能源、可持续发展城市、未来医疗、未来交通等，旨在通过信息化改造产业模式实现再工业化的目标。为做大做强制造业，中国 2015 年发布的《中国制造 2025》全面推进实施制造强国战略，以提质增效为中心，以加快新一代信息技术与制造业深度融合为主线，以推进智能制造为主攻方向，以满足经济社会发展和国防建设对重大技术装备的需求为目标，实现制造业由大变强的历史跨越。2021 年《中共中央国务院关于新时代推动中部地区高质量发展的意见》统筹规划引导中部地区产业集群（基地）发展，在长江沿线建设装备制造产业集群，在京九沿线建设电子信息产业集群，在大湛沿线建设制造产业集群。深入实施制造业重大技术改造升级工程，重点促进传统产业向智能化、绿色化、服务化发展。

2018 年以来，广东省相继出台了一系列关于支持制造业做大做强、转型升级的政策措施。2021 年，广东省公布的《广东省加快先进制造业项目投资建设若干政策措施》聚焦 20 个战略性产业集群，以制造业项目为着力点，汇聚各方力量进一步激发制造业投资推动工业投资增长的牵引带动作用；以项目为抓手，成立了全省制造业重大项目建设总指挥部，负责制造业重大项目的跟踪服务，集中协调解决项目建设中存在的困难问题；以激励为支点，积极撬动工业企业投资意愿，推动设立先进制造业发展专项资金，加大先进制造业投资奖励。

广东作为连通"一带一路"的战略枢纽，也是首批"中国制造 2025"试点示范城市群所在地，对做强广东制造业具有重大战略意义。一方面，制造业以生产物质产品为依托，本身具有更强的抗风险能力。对广东省本身而言，做强制造业是稳定经济和保障就业的基础。作为经济大省和人口大省，广东省面临稳增长和保就业压力更大，尤其是在国际贸易保护主义抬头和新冠肺炎疫情等多重冲击下，以制造业稳定保障经济社会稳定将是广东省未来的发展趋势。另一方面，广东省是中国制造业集中带和示范区，也是中国制造业参与国际竞争的重要战略支点，尤其是在面临欧美国家以"经济安全""国家安全"为由进行制裁的情况下，做大做强广东省制造业必定是广东省未来的发展趋势。

## 二、 先进制造业引领作用不断强化

先进制造业作为制造业中知识密集、创新活跃、成长性好、附加值高的关键领域，近年来，已成为一国经济高质量发展的重要推动力和国家经济安全的重要支柱，是一国工业实力和现代化水平的重要体现。当前，先进制造业已成为科技革命和产业变革的主要阵地。新一轮科技革命和产业变革突飞猛进，新材料、新能源、数字技术、生命科学等领域新技术的成熟和大规模产业化不断催生新产业、新产品，先进制造业正引领着未来产业发展的方向。

机器人、生物医药、微电子、先进材料、纳米技术、新能源等先进制造业是世界各国正在布局的重点产业。美国实施"再工业化"中最重要的内容就是发展先进制造业，特朗普政府发布了《国家先进制造业战略》，明确规定由美国国家科学技术委员会统筹整个先进制造业的发展，以国家转移支付和引导社会资本的方法支持小企业创新和制造业创新网络建设。2013年英国政府发布的《制造业的未来：英国面临的机遇与挑战》（又称《英国工业2050战略》）对英国制造业的长期（2050年）发展进行了深入分析，提出要保持英国在高技术制造业上的发展优势，扩大在全球高端制造业领域的优势。德国在《高技术战略》中将以智能制造为主导的"工业4.0"纳入十大未来项目，通过支持企业、大学、研究机构联合开展研究，促进制造业领域的技术进步和效率提升。中国对发展先进制造业，推动我国制造业由"大"转"强"的重视程度日益增加。2015年颁布的《中国制造2025》明确了制造业强国的基本方向，而后"十三五"规划、"十四五"规划都将发展先进制造业、推动传统制造业转化升级为先进制造业作为重点。在国家战略的引导下，全国各省市都制订了相应的先进制造业发展规划，先进制造业成为我国产业体系的关键内容。

广东作为制造业大省，拥有全国最全的制造业门类和最完善的制造业产业链，一直高度重视以制造业为主体的实体经济发展。当前广东省先进制造业发展已经颇具基础，2020年广东省先进制造业增加值同比增长3.4%，占规模以上工业增加值的56.1%，占比同比提高1.2个百分点。工业机器人、计算机工作站、新能源汽车、4K电视等高技术新产品产量增长迅猛，增长率分别为48.5%、47.4%、27.6%和19.6%。为了更好地培育先进制造业集群，广东省减轻企业税费负担，积极优化实体经济以发展营商环境，提振企业发展信心，支持企业建设国家级企业技术中心、省级企业技术中心等一系列措施，为先进制造业发展提供全方位的支持。

先进制造业作为先进生产力的代表，引领制造业未来发展方向的产业形态。近年来，广东省开展了淘汰落后产能、劳动密集型产业转移、引进高新技术产业等一系列产业转型升级举措，同时通过引进高端自动化设备承担重复度高但关键性的工作流程，提高生产效率和产品质量。改进生产效率、降低生产成本、提升产品质量，发展先进制造业，朝着更高技术水平的产业链与价值链环节攀升将成为广东省的产业发展趋势。

## 三、　关键技术攻关力度不断增强

加强核心技术攻关是保障产业安全的关键举措。我国在集成电路、高端生产装备、新材料等关键技术与核心产品上存在被发达国家实施出口管制的情况，譬如不断热议的芯片产业"卡脖子"问题。因此，我国制造业要走上高质量发展之路，应围绕核心技术这个关键攻克点，加快供给侧结构性改革，持续推进技术创新和产业创新。

我国在2021年发布的"十四五"规划中提出，要从国家急迫需要和长远需求出发，集中优势资源攻关医药和医疗设备、关键元器件零部件和基础材料、油气勘探开发等领域关键核心技术。2021 年，广东省人民政府发布了《广东省科技创新"十四五"规划》，规划明确，广东省要强化重点领域关键核心技术攻关，以增强新一代信息技术创新能力，推动信息产业整体加速迈向价值链中高端为目标，重点在芯片设计与制造、新一代人工智能、新一代通信与网络、半导体材料与器件等方面，围绕重大产品、核心设备、原材料等关键技术领域展开攻关。同时，广东税务以研发费加计扣除政策为发力点，聚焦新一代信息技术、高端装备制造、绿色低碳、生物医药、数字经济、新材料、海洋经济、现代种业和精准农业、现代工程技术、半导体及集成电路等十大重点领域研发费推出针对性税收政策指引，为推动广东科技创新强省建设和培育产业集群提供有力税收支持。

改革开放以来，特别是党的十八大以来，我国虽然综合实力和国际竞争力大幅提升，工业化、信息化领域成就显著，产业转型升级方面进展明显，但我国制造业仍然呈现大而不强、关键核心技术缺乏的局面。广东省作为全国制造业强省，产业发展也面临着"缺芯少核"和核心技术、关键零部件、重大装备受制于人的瓶颈问题。对于制造业来说，加强核心技术攻关是产业转型升级的必由之路。因此，加强对关键核心技术的攻关将是广东省产业发展的趋势。

## 四、　消费驱动型制造迅速发展

十九大报告指出，中国特色社会主义进入新时代，我国社会主要矛盾已经转化为人民日益增长的美好生活需要和不平衡不充分的发展之间的矛盾。当今技术飞速发展，消费者的需求也日新月异。不少制造企业离消费者太远，使得制造企业对于消费者所需的产品和服务难以及时响应。如今，客户对于制造企业的需求越发挑剔，期望制造企业能够提供个性定制化的产品和服务、透明交付流程并及时交付。因此，制造企业要想保持全球范围内的竞争力就必须具备高度敏捷性和灵活性。规模化个性定制是新一代信息技术与制造业深度融合的产物，是产业变革和消费升级的重要趋势。以广州市为例，为了促进广州市家具、汽车、时尚服饰等行业规模化个性定制的积极发展，广州市工业和信息化局、广州市商务局印发了《广州市推动规模化个性定制产业发展建设"定制之都"三年行动计划（2020—2022 年）》，培育引进一批具有国际竞争力的规模化个性定制龙头骨干企业。

随着第四次工业革命的到来，以互联网、大数据、云计算为代表的新一代信息技术与制造也加速融合，推动制造业向数字化、网络化、智能化转型升级。在消费者驱动型制造的当下，制造企业可以实施如数字化质量控制、资产位置监控和物料自动补给等策略来提高运营效率，提高反应速度，更快地将产品送达消费者的手中。技术可以让用户和利益相关者自主选择数字互动体验。技术在强化制造业企业经营水平的同时，也在改变它们为客户提供的服务。技术强化后的制造业可以在客户业务环节的每一个关键节点采集数据，精准分析采集到的数据，不断提高产品及相关服务的质量。互联服务也为制造企业创造了额外的收入来源和更高的利润率。加快促进数字技术与实体经济深度融合，培育壮大新业态新模式，大力发展规模化定制、个性化定制等新业态新模式，促使制造业向消费驱动型发展将是广东省制造业未来的发展趋势。

# 第四节　产业链集群建设推动区域一体化发展

## 一、　产业园区建设夯实产业集聚发展载体

改革开放以来，经过 30 多年的实践探索，以开发区为代表的产业集群已经成为我国经济发展的重要空间承载。作为探索经济发展政策的试验田，开发区为区域经济增长带来资本的流入和积累，吸引先进的技术与人才，并在形成与发展的过程中产生显著的知识溢出效应。

高科技园区最早起源于美国，20 世纪 50 年代以"硅谷"为代表的高科技园区带动了世界高新技术及其产业的迅速崛起。发达国家把发展高科技园区作为促进本国高新技术产业及区域经济发展的重要手段。美国硅谷被誉为创新能力最强、科技服务业发展最为成熟的高新技术产业集群，其拥有全球领先的技术，如生物技术、半导体、通信等，集聚了英特尔、苹果、谷歌等世界知名的高新技术企业。硅谷地区人口占美国总人口的 1%，却创造了美国 13% 的专利，拥有 40% 的美国 100 强企业。慕尼黑高科技工业园以高科技跨国公司为核心，主要发展领域为高端制造、激光技术、纳米技术和生物技术等，是德国电子、微电子和机电方面的研究与开发中心，也是世界十大著名高科技工业园之一。慕尼黑高科技工业园一度聚集着 600 多家生产电子元件和电子系统的公司，为 2 400 家公司提供产品，创造了大量工作岗位。2019 年，我国 218 个国家级经济技术开发区实现地区生产总值 10.8 万亿元，同比增长 5.88%；实现财政收入 2.1 万亿元，同比增长 10.53%；实现税收收入 1.9 万亿元，同比增长 11.76%；实现进口总额 6.3 万亿元，同比增长 1.78%。国家级经济技术开发区占城市的 GDP 总量大，对我国财政收入贡献较大。2019 年，我国财政收入为 19.04 万亿元，国家级经济技术开发区实现的财政收入占比为 11.03%。中央、国务院高度重视国家级经济技术开发区发展。2019 年 5 月，国务院印发的《关于推进国家级经济技术开发区创新提升打造改革开放新高地的意见》提出推进国家级经济技术开发区创新提升、打造改革开放新高地，从提升开放型经济质量、赋予更大改革自主权、打造现代产业体系、完善对内对外合作平台功能、加强要素保障和资源集约利用等方面加快推进国家级经济技术开发区高水平开放、高质量发展。

广东省也高度重视借助开发区等大平台促进经济发展。2020 年 6 月，广东省发布的

《广东省开发区总体发展规划（2020—2035 年）》提出"到 2025 年、2035 年，全省开发区地区生产总值分别超过 4 万亿元、8 万亿元，规模以上工业增加值分别达到 2.3 万亿元、5.2 万亿元"。广东省开发区既有国家级开发区，也有更为微观的以某一产业为主要内容的园区，走专业化之路。以广州开发区为例，该开发区聚焦生物医药产业的高质量发展。目前全区已聚集生物医药企业超过 3 000 家，其中高新技术企业 325 家；上市企业 15 家，占全市 75%；大分子生物制药规划产能近 60 万升，已建成 10 万升，其中百济神州产能将超过 20 万升，单厂产能亚洲第一。2020 年，全区获新药临床试验批件 42 张，创新能力突出；营收规模突破 1 400 亿元，发展成为国内生物医药产业第一梯队，被评为中国生物医药最佳园区、中国生物医药园区创新药物潜力指数十强园。

实施区域协调发展战略是新时代我国重大战略之一，也是贯彻新发展理念、建设现代化经济体系的重要组成部分。根据《中国开发区审核公告目录》（2018 年版），中国开发区总数为 2 699 个，拥有国家级经济技术开发区、高新区、海关特殊监管区等共计 639 家，省级开发区 2 060 家。2018 年《中共中央　国务院关于建立更加有效的区域协调发展新机制的意见》提出"鼓励国家级新区、自由贸易试验区、国家级开发区等各类平台大胆创新，在推动区域高质量发展方面发挥引领作用"。因此，产业园区建设的发展将是广东省产业集聚发展的重要趋势。

## 二、 产业链分工深化推动制造业高质量发展

近年来，我国产业链供应链发展面临诸多挑战。国际环境方面，自 2008 年世界金融危机以来，世界经济持续低迷，外部需求收缩，民粹主义、贸易保护主义等逆全球化思潮在西方国家泛滥。疫情等外部冲击也使我们认识到我国过去区域化、碎片化、分散化的产业链供应链优势变成了风险和隐患。与此同时，制造业内部也发生着一系列本质性的变化。新一轮科技革命和产业革命带来产业体系内部的资源重组与整合。数字技术的出现引发传统产业的巨大变革，如制造业服务化和服务制造化等颠覆以往生产组织形式，引起世界贸易格局和产业分工模式的重大调整。在此背景下，我国产业基础薄弱、核心关键技术受限、全球价值链低端锁定、现代化水平较低、货物贸易和服务贸易发展不平衡等问题日益突出，尤其是"卡脖子"事件对我国产业链供应链的安全稳定产生不利影响。综上，在疫情等事件的冲击下，保证产业链供应链自主可控，强大实体经济成为应对系统性冲击的重要手段。提升本国产业链的韧性、柔性与抗风险能力成为我国经济高质量发展的当务之急。

在日渐复杂的国际环境下，我国作为全球唯一覆盖联合国产业分类所有门类的国家，以产业链为单位在全球市场上竞争是我国独有的竞争优势。作为后发国家，我国在全球分工中一直处于弱势地位，以欧美为代表的先行国家在研发、知识产权、标准输出等方面占

据着优势地位，构建了难以逾越的技术壁垒，由此形成了以欧美巨头企业为核心的全球产业链发展模式。欧美企业在全球产业链中处于引领者地位，通过标准输出从源头控制了技术的扩散和产品的生产，把控了整个产业链的发展。而在新兴国家的崛起、全球经济疲软和疫情冲击等因素的联合影响下，欧美国家"引领者"地位不再稳固，新兴国家在这一背景下积极提升产业链竞争力，尤其是中国作为唯一可以发展全产业链的国家，竞争优势日渐明显。积极开展以产业链为基础的竞争，重视关键环节的技术突破，避免"断链"风险，是后发国家突破欧美国家基于技术领先和规则制定权形成的产业链控制，重新定义全球价值链剩余分配的应然要求。中国作为最具发展潜力的新兴国家，在双循环的新发展格局下已将产业链竞争作为参与国家竞争的重点。"十四五"规划中明确提出，要以提升产业链现代化水平应对世界百年未有之大变局和全球产业链供应链重构。上海、苏州、浙江、广东等制造业强省都将强化产业链建设、提升产业链国际竞争力作为产业发展重点，并进行一系列制度创新。

产业链"链长制"是由地方政府在双循环新发展格局下，为应对环境重大不确定性所发明的、具有中国体制特色的地方产业管理制度的突破性创新。"链长制"是选定地方经济发展的核心产业，通过地方政府主要官员甚至省政府一把手担任"链长"，以"补链""强链"为目标的一系列制度设计。"链长制"体现了以产业链为单位的竞争思维，在同一条产业链上有"链长"和"链主"等各司其职，"链长"以产业政策为抓手引导整个产业发展，"链主"作为产业链上的核心企业，通过在市场竞争中获得话语权带动其他成员企业的发展。当前"链长制"已经是我国广为施行的一项制度，湖南、浙江等省市在近几年大范围推广"链长制"，以规避可能的断链风险，更合理地开展"强链""补链""延链"工作。从广东省"链长制"实施情况来看，2020 年 7 月深圳市发布了《深圳市重点产业链"链长制"工作方案》，在全省范围内率先实施"链长制"；2021 年 1 月，广东省两会上公布的政府工作报告中首次提到了"链长制"；2021 年 4 月，广东省正式宣布全省建立实施"链长制"，全面推进广东战略性产业集群建设。当前，广东省各地市都将"链长制"这一重要制度创新作为稳定产业发展尤其是稳定制造业发展的重要抓手。"链长制"的实施发端于广东省制造业强市的战略需求，同时"链长制"也只是提升产业链竞争力的一种方式，其本质体现的还是当前国际市场上的竞争是以产业链为单位的，甚至随着各个产业之间的边界越来越模糊，产业链与产业链之间相互合作，形成产业链网络乃至产业生态圈，以产业链网络为单位的竞争也将成为主流形式。

以产业链为单位的竞争主要是为应对先行国家在技术和规则上的封锁，抓住全球产业链价值链重构的机遇，提升我国产业竞争力。广东省作为我国改革开放前沿和双循环的重要战略支点，面临的来自国际市场技术封锁等"卡脖子"风险更高。要保障广东省产业安全，推动产业转型升级的有序展开，要充分发挥国际国内两个市场的优势，但也要积极应对可能的风险与挑战。持续推动"链长制"等制度创新，增强产业链竞争力是广东省发挥战略支点作用和做大做强自身产业体系的应然方向。

## 三、 集约化发展模式助力缓解资源环境约束

2010 年，中国成为制造业第一大国，占世界制造业产值的比重 20% 以上。然而在取得显著成就的同时，也存在一系列的环境、资源问题。尤其是当前，中国制造业的发展面临要素价格上升、环境污染严重、资源消耗过多等各种约束，从粗放型转为集约型发展势在必行。

改革开放以来，广东逐渐形成以纺织服装、食品饮料、建筑材料、家具制造、家用电器、金属制品、轻工造纸及中成药制造等 8 个劳动密集行业为支柱的优势传统产业体系。广东省的劳动密集型行业在全国乃至全球都具有一定规模、技术和品牌优势。但同时，广东省传统产业发展仍较为粗放。具体表现在：一是增速相对低迷，传统产业下行压力较大。随着国内外发展环境的深刻变化，近年来广东传统优势产业呈现下行趋势，产业增加值及增加值增长率呈现"阶梯式"下滑态势。二是创新能力薄弱，质量效益水平有待提升。广东省传统制造业中，除了各行业中少数规模大、实力强的上市公司外，企业普遍存在研发投入比例不高，自主创新能力较弱的问题。三是要素成本上升，传统产业发展环境亟待改善。当前市场需求多变，劳动力等资源要素成本上升，节能减排约束趋紧，传统优势企业普遍面临用地、用工、用能、融资等要素供应保障不力的问题。自中国实行计划生育政策以来，我国人口结构发生了重大变化，人们预期寿命不断延长，而生育率持续下降。根据联合国《世界人口展望》对中国人口发展趋势的预测，1950—2050 年，中国在世界人口中所占的比例逐年下降，而 65 岁及以上人口逐年增加，预测到 2050 年将达到 3.31 亿，占世界人口的比例为 22.26%，人口老龄化问题严重。2019 年，老年人口所占比重达 12.57%，超过老龄化标准的 7%。老龄化将导致未来劳动力供给减少，在此前提下，劳动力密集型产业将不再符合资源比较优势。

2020 年 9 月 22 日，国家主席习近平提出，我国二氧化碳排放力争于 2030 年前达到峰值，努力争取 2060 年前实现碳中和。实现碳达峰、碳中和最大的挑战是能源，最关键是优化能源结构。只有优化能源供应和消费结构，完成清洁能源替代，同时提高生产生活中能源的利用效率，碳达峰、碳中和目标才能实现。换言之，高耗能、低效率的粗放发展方式不再符合时代的要求，通过创新提高生产过程中的物质利用效率，优化生产要素组合，同时提升劳动者的素质和技能从而提高生产效率，实现产业的集约化发展才是未来产业的发展趋势。广东省作为制造业大省，应坚定走集约化发展路线，推动传统的劳动密集型产业加快转变发展方式，以实现经济持续健康高质量增长的目标。

# 第五节  节能降碳改造推动产业绿色发展

## 一、 循环经济和绿色经济全面发展

以碳达峰为牵引，持续深化产业、能源、交通等方面结构调整，加快构建绿色技术创新体系，提高全社会资源产出率，促进经济社会发展全面绿色转型。《中国制造2025》将全面推行绿色制造列入九大战略任务，确定绿色发展的基本方针。在广东省层面，《广东省国民经济和社会发展第十四个五年规划和2035年远景目标纲要》明确提出"要大力推进绿色低碳循环发展"。2021年，广东省发展和改革委员会印发《广东省人民政府关于加快建立健全绿色低碳循环发展经济体系的实施意见》，以习近平生态文明思想为根本遵循，从供给和需求两端同时发力，用全生命周期理念全方位全过程推行绿色循环经济的发展，争取在2025年基本建成绿色低碳发展经济体系，到2035年总体形成绿色生产生活方式，生态环境得到根本好转，美丽广东基本建成。

广东省始终将绿色循环发展作为新常态下经济提质增效的重要动力，主要有以下两点理由：第一，产业结构呈现绿色低碳化趋势。广东省2010—2020年第二产业比重逐步下降，第三产业比重稳步提升，服务业成为经济第一大产业。并且2020年三次产业结构比重达到4.3：39.2：56.5，第三产业所占比重比上年提高1.0个百分点，较"十三五"初期提升6.2个百分点。另外，2020年广东战略性新兴产业全年完成增加值（含研发）9 724.28亿元，同比增长2.7%，占GDP比重为8.8%。新材料产业、新能源产业和节能环保产业均比去年同期上升0.1个百分点。第二，清洁能源产业集聚发展态势初步形成。广东省大力发展先进核能、海上风电等优势产业，在风电、太阳能、核电、氢能产业方面产生了一批优势特色企业，形成了骨干企业带动、重大项目吸引、上下游配套企业集聚发展的态势。另外，广东省高度重视新能源产业发展，不断提升新能源产业集群整体发展水平，打造沿海新能源产业带和省内差异化布局的产业集群区。

"十三五"期间，广东省始终坚持绿色发展理念，大力推进碳达峰研究工作，分地区、分步骤、分行业开展碳达峰行动，严格控制温室气体排放，不仅全面完成国家下达的"十三五"生态环境保护约束性指标，生态环境质量得到明显改善，同时也初步形成了具有广东特色的绿色循环发展模式，为绿色经济和循环经济成为广东新的增长点奠定了扎实的基础。

目前来看，广东省高质量绿色低碳能源体系已经初步建成。一方面，广东省不断优化能源结构，绿色能源消费模式基本形成。2010—2019年煤炭消费量占比由45.3%降至34.7%，石油消费量由28.5%降至26.1%，天然气消费量由4.9%增加至8.0%（见图4-1）。由此可见，近年来广东省能源结构已逐步向绿色清洁能源调整。2020年，广东省全额消纳省内清洁能源，全省清洁能源占比达48%，相当于每2度电就有1度来自清洁能源。

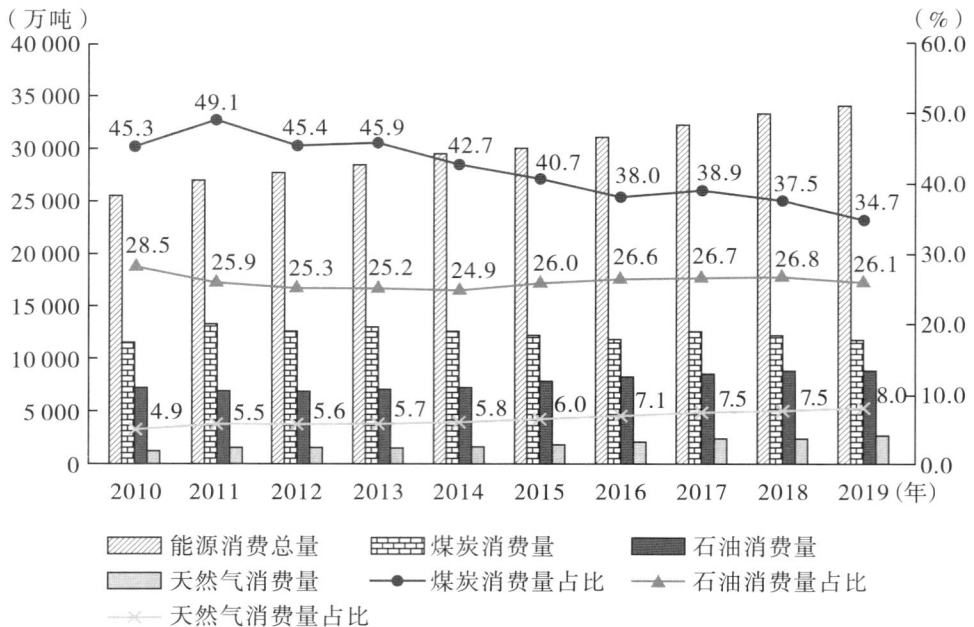

图 4-1 2010—2019年广东省主要能源消费量及其消费占比

数据来源：《广东统计年鉴》。

另一方面，广东省已实现风能、太阳能、生物质能等清洁能源的规模化应用。广东省大手笔投资布局包括核电、海上风电、光伏在内的非化石能源，截至2019年底，广东省新能源发电装机规模2 903万千瓦，其中风电、光伏、生物质发电装机1 289万千瓦，核电装机1 614万千瓦，较"十二五"末增长约133.9%，并且建成充电站约2 350座、充电桩约12万个、加氢站34座；全省天然气供应能力约470亿立方米/年，天然气主干管道约2 780公里，通达17个地市。值得一提的是，广东省海上风电进入了快速发展通道，成为加快能源结构转型的重要驱动力。广东电网不仅积极发挥海上风电产业优势，专门成立了海上风电服务中心，而且加快配套电网接入工程建设。2020年广东海上风电在建装机达800多万千瓦，位居全国之首，打造了粤东千万千瓦级基地，加快8兆瓦及以上大容量机组规模应用化，促进海上风电实现平价上网。

企业层面，以广州市为例，根据工业和信息化部公布的2021年度国家级绿色制造名单，广州成功入围绿色工厂7家、绿色设计产品68项、绿色供应链管理企业2家，截至2022年2月，累计入围220项，数量居全国第一。广州市级绿色工厂46家、绿色园区1家、绿色设计产品180项、绿色供应链管理企业6家。全市狠抓工业节能与清洁生产，2021年实施清洁生产改造方案3 113个，带动投资5.6亿元，可实现节能2万吨标准煤，节水 65 万立方米，减排二氧化碳当量 8 万吨。广州市将继续加快传统产业改造升级，鼓励使用绿色清洁能源，力争在重点领域中创建一批绿色设计产品、绿色工厂、绿色园区和绿色供应链示范项目，打造一批具有核心竞争力的绿色制造骨干企业。

## 二、　产业能源结构绿色低碳转型

我国的产业能源结构逐渐由以化石能源为主向以低碳能源为主转型。首先，产业能源结构绿色低碳转型符合世界能源消费的发展趋势。目前，世界能源消费体系已形成煤炭、石油、天然气和新能源"四分天下"的格局，其中新能源的消费量及占比稳步提升，能源低碳化、去碳化趋势明显。其次，推动产业能源结构绿色低碳转型有助于实现碳达峰、碳中和目标。为实现 2030 年前碳达峰、2060 年前碳中和的承诺，我国能源系统需要更早实现零碳，其中电力系统预计在 2040—2045 年实现零碳，产业能源结构转型势在必行。最后，推动产业能源结构绿色低碳转型有助于实现产业结构深度调整，构建现代产业体系。对高耗能、高排放的重点行业实施供给侧结构性改革，着力构建碳减排的产业结构，对实现产业体系的全面绿色转型至关重要。

近年来，国家层面与省层面不断加码产业能源结构绿色低碳转型。《"十四五"工业绿色发展规划》指出，加快能源消费低碳化转型，着力提高能源利用效率，构建清洁高效低碳的工业用能结构，持续提升能源消费低碳化水平。《广东省能源发展"十四五"规划》也指出，"十四五"是实现碳达峰的关键期与窗口期，我省应围绕加快转变能源生产消费方式、优化能源供应和消费结构、推动能源技术创新和体制机制改革等重点任务，加快能源绿色低碳转型，推动碳达峰、碳中和进程，实现能源高质量发展。

在低碳政策的持续引导下，广东省的产业能源结构转型升级取得显著成效。一是能源消费结构逐步优化。2020 年，全省原煤、油品、电力及其他终端能源消费的比重分别为 6.3%、20.1%、58.0% 和 15.6%，与 2015 年相比，原煤、油品、其他能源消费分别下降 3.7%、0.9%、0.4%，电力消费提高 5.8%（见图 4-2）。二是产业能耗结构持续改善。以能耗占比最高的制造业为例，2015—2020 年制造业能源消费总量保持相对稳定，原煤消费量有所降低，电力等清洁能源的消费量相对提升（见图 4-3）。从不同行业来看，传统制造业能耗降低明显。2020 年，制造业 31 个行业大类中有 21 个行业综合能源消费量同比实现下降。其中，纺织服装、服饰业降幅最大，同比下降 39.6%，其他制造业和纺织业分别同比下降 27.4% 和 23.9%（见表 4-1）。三是能耗强度总体呈现下降趋势。2015—2020 年，我省单位 GDP 能耗持续下降，能源利用效率不断提升。单位 GDP 电耗在 2020 年之前持续降低，2020 年有所回升（见图 4-4）。

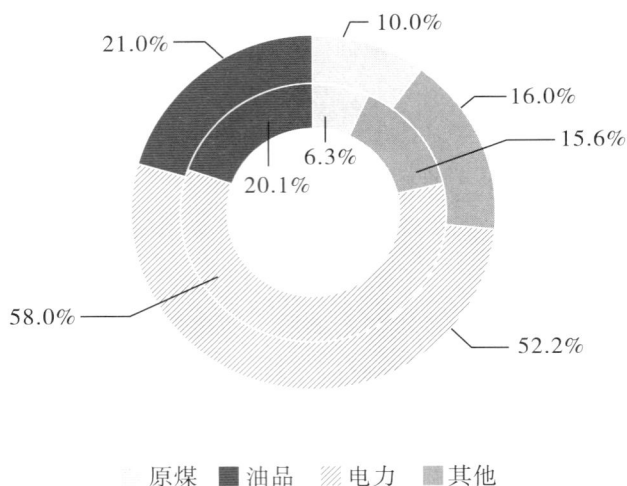

图 4 - 2　广东省 2020 年相对 2015 年能源结构变化

注：课题组按各类能源与标准煤的参考折标系数统一折算为标准煤消费量。内圈为 2020 年数据，外圈为 2015 年数据。

数据来源：《广东统计年鉴》。

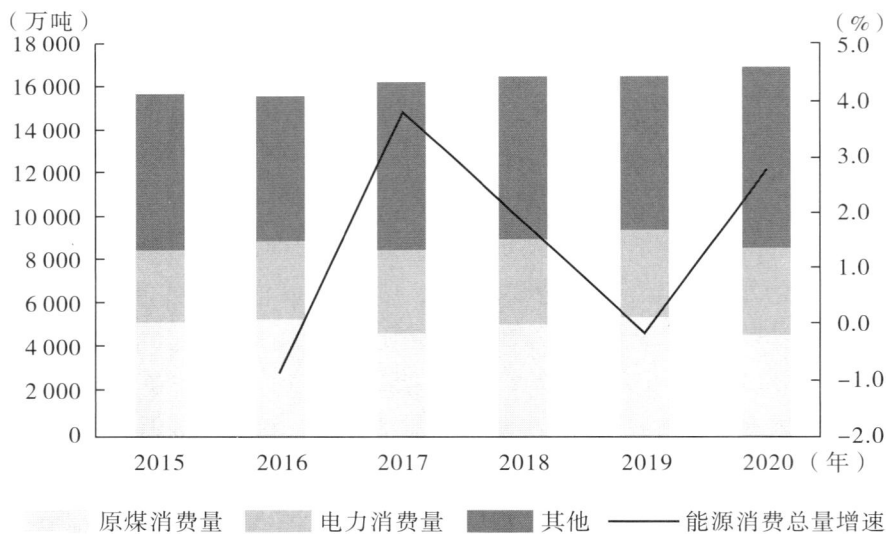

图 4 - 3　广东省 2015—2020 年规模以上制造业主要能源消费量及增速

注：课题组按各类能源与标准煤的参考折标系数统一折算为标准煤消费量。

数据来源：《广东统计年鉴》。

表 4 - 1　2020 年规模以上制造业不同行业主要能源消费量（万吨）降幅前五

| 行业 | 2020 年 | 2020 年增速（%） | 年均能耗占比（%） |
|---|---|---|---|
| 纺织服装、服饰业 | 2 | -39.6% | 17.3% |
| 其他制造业 | 0 | -27.4% | 0.1% |
| 纺织业 | 52 | -23.9% | 1.8% |
| 通用设备制造业 | 7 | -18.8% | 1.5% |
| 金属制品业 | 10 | -14.5% | 2.5% |

数据来源：广东省统计年鉴。

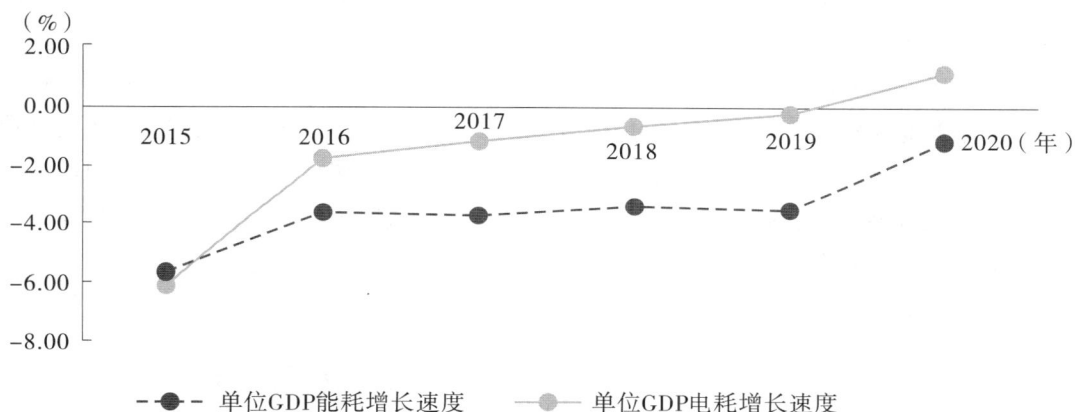

图 4 - 4　广东省 2015—2020 年单位 GDP 能耗、电耗增长速度

数据来源：广东省统计年鉴。

　　当前，国内外能源发展形势日趋复杂，在新一轮科技与产业变革深入发展，全球应对气候变化呈现新局面等因素的共同作用下，世界能源清洁低碳发展格局已定，低碳化、智能化的能源体系和发展模式是大势所趋。以主要耗能行业为重点，推进能源智慧化管理，实施能源动态监测、控制和优化管理，持续开展重点企业节能低碳行动，是实现产业绿色化转型的不二之举。广东省作为能源消费大省，应当在保证能源安全的前提下，加速能源结构绿色低碳转型，构建现代能源体系，并通过对重点行业、重点企业的能源监测与管理，实现能源高质量发展。综上所述，产业能源结构绿色低碳转型是广东产业升级的重要趋势之一。

# 第五章

# 广东产业发展的对策建议<sup>*</sup>

2021 年，在以习近平同志为核心的党中央坚强领导下，广东省人民团结奋进，各产业发展稳中向好，高质量发展迈出坚定步伐。同时，我们也要清醒地认识到，广东产业发展还面临不少困难和挑战，经济发展不确定不稳定因素较多，关键核心技术"卡脖子"问题需要持续攻坚，产业链供应链稳定性和竞争力有待进一步提升。在新发展格局的背景下，为促进广东产业在新一轮科技革命和产业革命中占据主导地位，构建更加完善的现代产业体系，还需从优化产业组织结构、提高产业创新能力、壮大产业集群、合理规划产业布局、加快产业数字化绿色化转型、构建产业开放体系、加强产业发展要素保障和体制机制创新等方面提升广东产业发展实力。

## 第一节  以制造业高质量发展为核心，
## 构建高水平现代产业体系

党的十九大报告提出："建设现代化经济体系，必须把发展经济的着力点放在实体经济上，把提高供给体系质量作为主攻方向，显著增强我国经济质量优势。"由此可见，制造业高质量发展是构建高水平现代产业体系的核心支撑。

从广东现有产业体系状况出发，构建高水平现代产业体系的主要路径是建设"雁形"产业体系框架（见图 5 - 1）。要以技术创新、自主创新为"引擎"，强化创新驱动对现代产业体系的引领和趋向；以新一代电子信息、绿色石化、智能家电、汽车、先进材料等战略性支柱产业集群为"躯干"，发挥支柱产业竞争优势和关联带动作用；以半导体与集成电路、高端装备制造、前沿新材料、新能源等战略性新兴产业集群和尖端生命科学、颠覆性材料、信息科技以及数字经济等未来产业为"两翼"，发挥战略性新兴产业和未来产业的增长动能和引领带动作用；以生产性、生活性服务业为"尾翼"，提升现代服务业对实体经济的服务支撑功能。

---

* 本章第一执笔人为暨南大学产业经济研究院叶永豪。

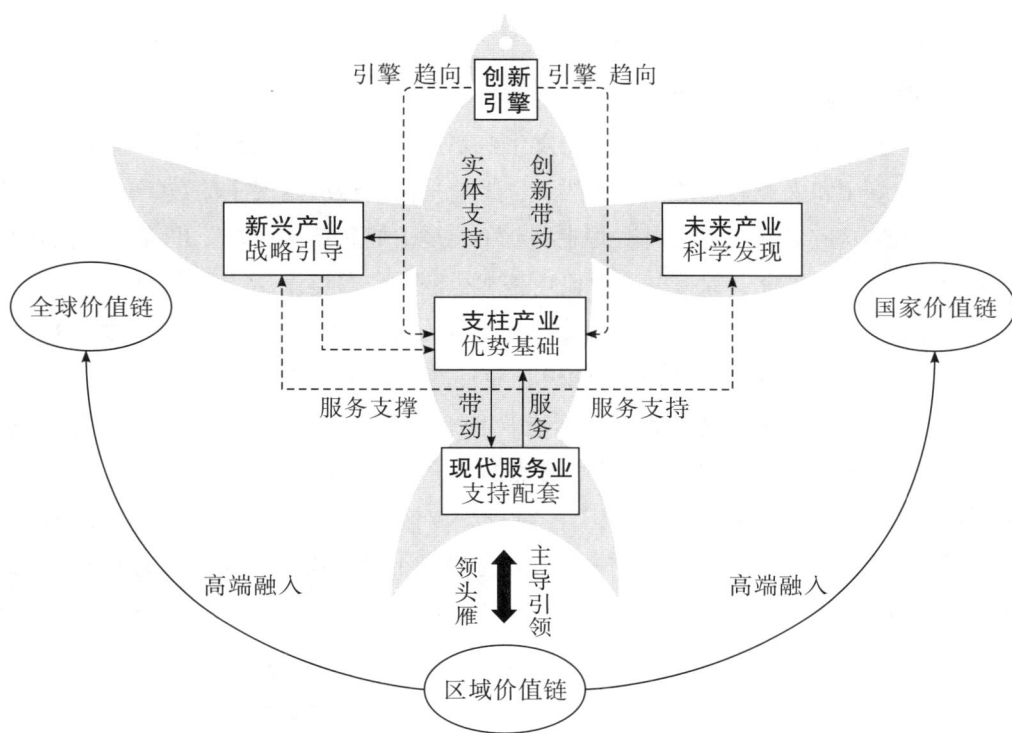

图 5-1 新发展格局下广东构建"雁形"现代产业体系框架

## 一、 推动制造业迈向全球竞争力中高端

广东省委、省政府高度重视制造业高质量发展，坚持制造业立省不动摇，为加快将广东省建设成为制造强省，编制了《广东省制造业高质量发展"十四五"规划》（以下简称《规划》）。《规划》提出高起点谋划发展战略性支柱产业集群、战略性新兴产业集群以及未来产业。战略性支柱产业集群是广东制造稳定器，包括新一代电子信息、绿色石化、智能家电、汽车、先进材料、现代轻工纺织、软件与信息服务、超高清视频显示、生物医药与健康、现代农业与食品；战略性新兴产业集群是广东制造推进器，包括半导体及集成电路、高端装备制造、智能机器人、区块链与量子信息、前沿新材料、新能源、激光与增材制造、数字创意、安全应急与环保、精密仪器设备；未来产业包括卫星互联网、光通信与太赫兹、干细胞等。《规划》大力实施制造业高质量发展"强核""立柱""强链""优化布局""品质""培土"六大工程，提升产业基础高级化、产业链现代化水平，加快先进制造业和现代服务业深度融合发展，深度融入全球产业链，不断开创制造强省建设新局面。

## （一）全力以赴：保持制造业比重基本稳定

制造业既是创新诱导型产业又是诱导创新型产业。从工业革命以来的经济史看，引起产业革命和产业发展的创新活动大概率先发生在制造业，进而渗透到其他产业中。从正在兴起的新科技革命和人类面临的现实挑战看，无论是数字经济发展中的数字产业化还是产业数字化，无论是应对气候变化提出的能源革命还是碳捕获技术要求，也都建立在高水平的制造业基础之上。因此，保持制造业比重基本稳定是广东建设制造强省的中坚力量，是打造具有国际竞争力的现代产业体系的关键支撑。为此，要坚定贯彻落实《规划》内容，全力保障到 2025 年，制造业增加值占 GDP 比重保持在 30% 以上。

自 2013 年，我国主要制造业省市的制造业增加值占 GDP 比重呈不断下降趋势，其中，广东省下降最多且是唯一下降超过 10 个百分点的省份（见表 5 - 1）。根据各省市出台的"十四五"期间制造业发展规划，广东省提出，到 2025 年制造业增加值占 GDP 比重保持在 30% 以上，浙江省则提出占比在 33.33% 左右，而江苏省和上海市均并未确定准确占比，只是提出保持基本稳定（见表 5 - 1）。可见，"十四五"期间维持制造业比重基本稳定任重而道远。

表 5 - 1　我国主要省市制造业增加值占 GDP 比重

| 年份 | 广东 | 浙江 | 江苏 | 山东 | 上海 |
|---|---|---|---|---|---|
| 2013 | 38.23% | 42.42% | 40.4% | 36.25% | 34.88% |
| 2014 | 37.26% | 42.36% | 39.2% | 35.06% | 33.65% |
| 2015 | 36.49% | 40.92% | 37.9% | 34.81% | 30.74% |
| 2016 | 35.25% | 39.49% | 37.3% | 34.13% | 26.92% |
| 2017 | 32.13% | 38.24% | 36.9% | 32.74% | 27.27% |
| 2018 | 29.75% | 37.28% | 36.4% | 29.59% | 27.11% |
| 2019 | 27.46% | 36.06% | 35.4% | 26.94% | 25.18% |
| 2020 | 26.85% | 35.06% | 34.5% | 26.83% | 24.95% |
| 2025E | 30%以上 | 33.33%左右 | 保持基本稳定 | — | 保持基本稳定 |

注：受统计口径限制，浙江省数据为工业增加值占 GDP 比重，江苏省数据为制造业增加值占 GDP 比重，其余省市为规模以上制造业增加值占 GDP 比重。

广东制造业比重短时间内过快下降不完全符合产业结构转变的基本规律。从近些年看，广东制造业无论是增加值还是从业人员比重都出现较大幅度下降（见表 5 - 2），短时间的大幅调整既有市场自发调节的因素，又有政府干预和体制机制扭曲带来的影响。与制造业比重过快下降相对应的是，服务业比重快速上升，特别是服务业、金融业和房地产业急速膨胀（见表 5 - 3）。这种现象不仅损害了经济健康稳定，还使得"脱实向虚"问题变得更加严重。

表 5-2　制造业法人单位从业人员变化

| 省市 | 2013 年末<br>从业人员（万人） | 2018 年末<br>从业人员（万人） | 2014—2018 年<br>从业人员增长率（%） |
|---|---|---|---|
| 广东 | 2105.72 | 1855.73 | -11.87 |
| 浙江 | 1215.90 | 1076.00 | -11.51 |
| 山东 | 1311.20 | 976.60 | -25.52 |
| 上海 | 369.50 | 249.50 | -32.48 |
| 辽宁 | 517.49 | 280.72 | -45.75 |

注：制造业法人单位从业人员数据源于第三次、第四次全国经济普查公报。

表 5-3　广东省服务业增加值占 GDP 比重

| 年份 | 服务业 | 金融业 | 房地产业 |
|---|---|---|---|
| 2013 | 48.45% | 7.20% | 6.33% |
| 2014 | 48.71% | 7.15% | 6.32% |
| 2015 | 50.34% | 8.19% | 7.07% |
| 2016 | 52.53% | 8.00% | 8.05% |
| 2017 | 54.01% | 7.98% | 8.92% |
| 2018 | 54.75% | 7.97% | 8.54% |
| 2019 | 55.81% | 8.12% | 8.84% |
| 2020 | 56.46% | 8.94% | 9.59% |

数据来源：《广东统计年鉴 2021》。

### （二）共振发展：做优做强"双十"战略性产业集群

巩固提升战略性支柱产业集群。做强做优新一代电子信息产业，加快 5G 产业集聚发展，培育自主软件生态，大力发展软件与信息服务业，建设超高清视频产业发展试验区。坚持传统与新能源汽车共同发展，推广新能源及智能网联汽车，提升纯电动汽车研发水平，建立安全可控的关键零部件配套体系。加快发展生物医药产业，在生物药、化学药、现代中药、高端医疗器械等领域形成竞争优势。充分发挥广东沿海"两种资源，两个市场"的优势，扩大提升炼油化工规模和水平，提升有机原料、电子化学品等高端精细化工产品和功能性材料、可降解材料等化工新材料占比，推动石化产业绿色化、智能化改造。发展先进材料产业，推动现代建筑材料、绿色钢铁、有色金属、化工材料、稀土材料等先进材料向规模化、绿色化、高端化转型发展。推动纺织服装、塑料、皮革、日化、五金、家具、造纸、工艺美术等重点行业创新发展模式，构建现代轻工纺织产业集群。

培育壮大战略性新兴产业集群。加快培育半导体与集成电路产业，布局建设高端特色模拟工艺生产线和 SOI 工艺研发线，积极发展第三代半导体、高端 SoC 等芯片产品。加快培育高端装备制造产业，重点发展高端数控机床、轨道交通装备、智能机器人、精密仪器等产业。加快培育氢能产业，建设燃料电池汽车示范城市群，突破燃料电池关键零部件核心技术。重点发展前沿/领先原创性技术、高性能激光器与装备、增材制造装备与系统、应用技术与服务等，形成激光与增材制造产业集群。以数字技术为核心驱动力，以高端化、专业化、国际化为主攻方向，大力推进 5G、AI、大数据等新技术深度应用，发展数字创意产业。大力发展安全应急与环保产业，健全安全应急物资生产保供体系和绿色生产消费体系。

**（三）科学发现：前瞻布局未来产业**

把握世界科技产业革命趋势，聚焦重大产业创新需求和开发区优势领域，前瞻布局面向未来的先导产业，积极承接国家战略产业布局，实施未来产业培育计划。围绕尖端生命科学、颠覆性材料、新能源、信息科技以及数字经济等前沿科技和产业变革领域，加强前沿技术多路径探索、交叉融合和颠覆性技术供给，实施产业跨界融合示范工程，打造未来技术应用场景。积极在氢能源与储能、细胞工程、智能材料、纳米材料、物联网、人工智能等领域开展布局，加快形成一批具有自主知识产权的原创技术成果和新兴产品，打造广东未来发展新引擎。

**（四）锻长补短：提升产业链现代化水平**

围绕广东具有基础优势的领域，打造具有战略性和全局性的产业链，提升产业链现代化水平。推动传统产业链优化升级，加快推进电子信息、石油化工、装备制造等传统优势行业和企业应用先进适用技术，加强设备更新和新产品应用，提升高端产品供给能力，推动产业链向价值链高端环节延伸发展。打造标志性全产业链，聚焦芯片、智能传感器、5G 设备、无人机、生物药制备、高端医疗影像设备、智能机器人、北斗卫星导航等特色产业链，围绕龙头企业，打通上下游环节，强化关键技术、材料、零部件、整机、系统集成、后端服务的全链条培育，形成具有产业链控制力的技术和产品。推动"补链固链强链"，滚动编制重点产业链全景图，探索建立精准化、差异化、个性化的政策供给机制。

## 二、 推动现代服务业提升发展能级

推动生产性服务业向专业化和价值链高端延伸、生活性服务业向高品质和多样化升级，推动先进制造业与现代服务业深度融合，着力提高服务效率和服务品质，努力构建优质高效、布局优化、竞争力强的服务业新体系。

## （一）高端专业：推动生产性服务业集聚创新

对标国际一流水平，大力发展金融、研发、设计、咨询、会计、税务、法律、会展等现代服务业，壮大总部经济。加快检验检测服务、研发设计服务、知识产权服务、科技成果转化服务等高技术服务业的发展。实施生产性服务业供给质量改造提升行动，支持利用大数据、物联网等新技术改造提升传统生产性服务业，探索区块链等新技术在金融、信用服务等领域的应用。

## （二）丰富多样：加快生活性服务业品质升级

着力优化生活性服务业供给，积极发展健康体育、养老育幼、文化娱乐、休闲旅游、家政、物业等，满足多样化、多层次需求。支持粤港澳大湾区内地企业使用香港的检验检测认证等服务。支持引进港澳成熟生活性服务业，加强健康服务、家庭服务、文化旅游等生活性服务业合作。大力发展新消费，丰富"网红经济""首店经济""数字互动娱乐""无界零售"以及保税展示交易、直播带货、生鲜电商、在线教育、远程问诊等业态。

## （三）耦合共生：促进服务业与制造业深度融合发展

大力发展服务型制造，培育一批服务型制造示范企业和平台，支持创建服务型制造示范城市。支持研发设计、文化创意、电子商务等服务企业以委托制造、品牌授权等形式向制造环节延伸，着力完善生产性服务业配套，推动科创服务、金融服务、商务咨询与会展、人力资源服务、系统集成、物流与供应链管理等服务业态规模化、专业化发展，向价值链高端延伸。保护和利用工业遗产资源，大力发展工业文化旅游，鼓励有条件的企业、园区等开发工业旅游产品、打造工业旅游精品线路，支持深圳争创国家级工业博览馆。

# 三、 推动绿色现代农业壮大发展

民族要复兴，乡村必振兴。稳住农业基本盘、守好"三农"基础是应变局、开新局的压舱石。积极发展现代农业需要以绿色发展为导向，全面推进科技助农，推进农产品稳产保供，走出一条产出高效、产品安全、资源节约、环境友好的可持续发展道路。

## （一）创新驱动：全面推进科技助农强农

发挥农业关键核心技术攻关新型举国体制优势，集中资源、集中力量、集中突破，着力打造自主创新高地，积极推进种业振兴，加快科技成果转移转化和推广应用，促进农业科技自立自强，为农业农村现代化提供硬核支撑。实施粤强种芯工程，加大种源"卡脖子"核心技术攻关，培育突破性新品种，提升种业科研创新水平。对接广深港澳科技创新走廊建设，实施农业科技创新工程，强化农业科技战略力量，推动实现农业关键核心技术安全、自主、可控。加快科技成果转化孵化平台建设和科技产业化进程，创新完善配套政策和服务，探索农业科技成果转移转化的新路径、新机制和新模式。

**（二）固本强基：推进农产品稳产保供**

立足战略需求、资源禀赋和市场发展，坚持藏粮于地、藏粮于技，深化农业结构调整，保数量、保多样、保质量，有力履行国家粮食安全广东责任，分类推进粮食等重要农产品、特色农产品稳产保供。突出提升耕地质量，筑牢稳产保供战略根基；突出底线思维，稳固粮食生产与供给；突出战略资源保障，强化重要农产品生产能力；突出大湾区大市场需求，优化"菜篮子"产品供应；突出保多样增效益，提升发展特色农产品生产。

# 第二节　以"链主"企业为牵引，增强产业生态系统竞争力

弘扬企业家精神，加快培育发展制造业优质企业，建设卓越制造业企业群体，是激发市场主体活力、推动制造业高质量发展的必然要求，也是提升产业链供应链自主可控能力的迫切需要。更好培育发展优质企业，增强产业生态系统竞争力，以构建优质企业梯度培育格局为抓手，充分发挥"链主"企业在技术、标准、市场等方面的生态主导力，带动提升中小企业在各自产品领域形成独特优势和产业地位，实现大中小企业融通发展、相互补位、共同做强的格局。

## 一、 培育 "领航型" 链主企业

抓住链主企业就相当于抓住了产业链供应链的"牛鼻子"。选取在产业生态中处于枢纽地位、核心凝聚力强、产业链拉动作用强、产值规模大的企业担任链主企业。利用产业用地出让力度加大等措施，提升链主企业在所属行业综合生态系统中的影响力、支配力和引领力等。推动链主企业和大型企业强化创新引擎功能，使之成为国家建设自主可控产业链的领航者。鼓励骨干企业牵头建设产业创新平台，参与国际大科学计划和国家重大科技项目攻关，承担国家和省级重点领域研发计划立项项目。

## 二、 培育 "跨越型" 中场企业

推动中型企业跨越"中等规模陷阱"，成为战略性产业集群建设的中坚力量。鼓励中

型企业设立企业研究院等新型研发机构，落实研发费用加计扣除等惠企政策，以企业创新积分制为抓手，支持中型企业加大 R&D 研发经费投入。支持中型企业攻克关键核心技术，进入自主创新示范企业名单。

### 三、 培育 "启明星" 隐形冠军

围绕产业基础领域和制造业重点领域，坚持培优企业与做强产业相结合，分层培育"专精特新"中小企业群体，打造一批具有创新能力的排头兵企业和具有全球竞争力的制造业单项冠军企业。梳理产业发展重点领域技术趋势，积极引导中小企业专注细分领域的研发制造、工艺改进和市场开拓，走专业化、精细化、特色化、新颖化的发展道路，加强产品质量提升和企业品牌培育。

## 第三节　以全过程创新生态链为主线，
## 推动创新链与产业链融合

习近平总书记指出，要围绕产业链部署创新链、围绕创新链布局产业链，推动经济高质量发展迈出更大步伐。围绕产业链部署创新链，要着力增强战略科技力量，掌握核心科技，构筑国家重大创新动力源；要跳出创新高原地带"舒适区"，敢闯"无人区"，走进创新最前沿，提升原始创新和自主创新能力，勇攀硬核创新"最高峰"；要强化企业技术创新主体地位，掌握关键核心技术，推动各类创新要素加速向企业集聚，促进产学研深度融合，实现融通创新；要深化科技创新体制机制改革，充分发挥创新活力，建设竞争充分、共生进化、新奇涌现的创新生态系统，实现共治创新。

### 一、 着力增强战略科技力量和创新源头供给

#### （一）协同创新：构建大湾区创新发展新格局

面向国家重大需求，围绕国家战略布局，进一步推进"广州—深圳—香港—澳门"科技创新走廊建设，更好发挥港澳开放创新优势和广东产业创新优势，深化粤港澳在产业发展、技术攻关、创业孵化、科技金融、成果转化等领域协同创新，推动粤港澳三地实现更高水平的创新"一体化"发展。

支持广深"双城联动"共筑创新核心引擎。发挥广州、深圳"双城联动"核心引擎功能和作用，推动广深科技创新优势互补，共建实验室等重大科技创新平台，引导和支持两地科研力量组建创新共同体，共同参与国家重大科技项目，形成一批自主可控、具有国

际竞争优势的重大科技产品和装备。

全面深化粤港澳科技创新合作。更好发挥港澳开放创新优势和广东产业创新优势，深化粤港澳在产业发展、技术攻关、创业孵化、科技金融、成果转化等领域协同创新。积极促进粤港澳规则衔接和机制对接，加快创新要素高效流动。

加快强化战略科技力量布局。着力推进综合性国家科学中心建设，优化提升实验室体系，建设一流科研机构、高水平研究型大学和科技领军企业，推动技术创新中心建设，构筑国家重大创新源动力。

### （二）勇攀高峰：全面增强原始创新策源能力

加强基础研究的顶层设计和前瞻布局。瞄准世界科技发展前沿，聚焦广东发展需求，强化前沿技术和颠覆性技术研究，创新基础研究组织机制和模式，围绕前瞻性基础研究、引领性原创成果的重大突破，着力完善环境生态、着力整合资源体系、着力完善多元社会投入体系、着力建设基础设施、着力优化科技项目、着力加强人才培育合作，支持构建开放、高效、可持续的基础研究发展体系，大幅提升原始创新能力。

支持形成硬科技产业链。以"支持硬科技研发—畅通硬科技转化—培育硬科技企业—做强硬科技产业"为核心主线，突出围绕产业链部署创新链，围绕创新链布局产业链，实现"两链融合"，持续推进"转化一代、突破一代、探索一代"三代技术，打造一流硬科技创新发展生态，建设全国一流的硬科技创新先行区。

## 二、 着力强化企业自主创新主体地位

### （一）梯队培育：培育科技型企业梯队

提升科技型领军企业全球竞争力。支持科技型领军企业开展战略性、前瞻性、原创性的创新研究，抢占重点行业技术制高点，提升产业技术全球化竞争力。

强化高新技术企业树标提质。聚焦广东省战略性支柱产业、战略性新兴产业领域，重点培育一批高新技术企业，遴选培育一批创新标杆企业，提升产业链协同创新能力和产业技术自主性。

支持科技型中小企业创新发展。壮大科技型中小企业规模，培育一批瞪羚企业、独角兽企业和隐形冠军企业，大力培育主营业务突出、竞争力强、成长性好的细分行业领军企业，持续优化产业创新生态。

加强企业研发机构建设。充分发挥企业在技术创新中的主体作用，鼓励企业建立健全不同层级、多种形式的自主研发机构，提高企业技术创新能力，为产品升级和规模化生产提供技术支撑。

### （二）融通创新：促进产学研深度融合

探索产业协同创新新形式。支持行业骨干企业牵头组建创新联合体，承担国家和省重大科技项目，以科研众筹众包、"揭榜挂帅"等方式解决战略性重点产业发展中的关键科学问题。鼓励企业与大学科研机构建立多种形式的合作关系，打造统一开放、竞争有序的产学研协同创新网络。

推动大中小企业融通发展。鼓励大企业发挥引领支撑作用，采取"龙头企业＋创新服务机构＋中小企业＋融资担保"的模式，通过中小企业发展专项资金、创业投资引导基金、科技成果转化引导基金等，带动各类产业基金、社会资本等支持产业链上中下游、大中小企业整合，强化融通创新模式。

培育南粤新型企业家群体。常态化组织企业家赴名校名企开展国际先进知识体系培训、赴海内外开展学习考察活动，建立"科技型企业家"培养体系。依托企业家、基层商会、行业协会，常态化、主题化举办"企业家沙龙"，搭建企业家与政府领导、经济专家、知名企业家"面对面"互动交流的平台。

## 三、　着力提升创新体系治理现代化水平

### （一）迸发活力：深化科技创新体制机制改革

优化科技创新资源配置。加大对基础研究的支持力度，加快形成以政府投入为主、社会投入多元化为辅的机制，更多地采用后补助和间接投入等方式，引导创新要素向企业聚集。针对战略性、基础性、公益性研究，更好地发挥财政科技资金对国家和省重大科技战略目标实现的保障作用。

完善科技成果转移转化机制。推进科技成果权属改革，开展赋予科研人员职务科技成果所有权或长期使用权改革试点，推动高校院所建立健全职务科技成果转化尽职免责和风险防控机制，完善容错机制。

健全科技成果评价和奖励机制。完善科技成果分类评价机制，对不同类型科技活动评价注重标志性成果的质量、贡献和影响，持续出台破除"唯论文、唯职称、唯学历、唯奖项"的有效措施。完善科技奖励制度，强化国家奖励配套扶持，引导社会力量设立定位准确、学科或行业特色鲜明的科技奖，探索建立信息公开、行业自律、政府指导、第三方评价、社会监督的社会科技奖励发展新模式。

### （二）开放创新：拓展提升科技创新内外循环

加强国内科技交流合作。强化粤港澳大湾区地区协同创新发展模式。强化与京津冀、长三角两大国际科技创新圈联动发展，建立健全科学研究、人才互访、成果转化、产业对

接等常态化合作交流机制。

加强国际科技交流合作。加强与世界主要创新型国家多层次、宽领域的科技交流合作，完善多边科技合作机制。加强面向"一带一路"的开放创新合作；与联合国多边科技组织加强联系，深化与国际科技组织合作。

# 第四节　以高水平载体为支撑，<br>推动战略性产业集群提质升级

国家"十四五"规划明确提出，要发展壮大战略性新兴产业，着眼于抢占未来产业发展先机，培育先导性和支柱性产业，推动战略性新兴产业融合化、集群化、生态化发展。广东作为改革开放的排头兵和制造业高质量发展的先行者，需要打造高水平产业发展载体，坚定推动战略性产业集群建设。打造高水平产业发展载体是促进产业集群发展的抓手，产业集群发展有利于企业充分利用地理集聚和产业关联优势。

## 一、 打造高水平产业发展载体， 夯实制造强省基础支撑

### （一）产业集中：实施园区主导产业提升计划

提升产业链供应链现代化水平，加快构建具有国际竞争力的现代化产业体系，需要强化园区建设，推动产业结构转型升级，壮大主导产业，培育战略性新兴产业，促进产业集群发展。第一，引导园区围绕广东省着力培育的产业集群，结合产业基础，进一步明确主导产业发展方向并研究制定专门扶持政策，广东省工业和信息化厅对主导产业突出、产业集中度较高的工业园区加挂"特色产业基地"牌子。第二，充分发挥省产业发展基金引导作用，落实因地制宜、一园一策的方式，鼓励其对园区主导产业项目定向投放，加快建设珠海、汕头、佛山、肇庆等大型产业集聚区。第三，支持各地以主导产业或特色产业龙头企业、产业联盟为主体创建品牌园区。

### （二）质量提升：实施园区制造业质量提升计划

制造业是现代产业体系中的基础性和支柱性产业，制造业发展是促进重大技术创新的基础，坚定推动制造业高质量发展，坚持制造业立省不动摇是广东省继续引领改革发展的重要条件。第一，要提升制造业发展质量，坚定支持先进制造业和高技术制造业发展，建设强大制造业创新体系，保障核心零部件、核心材料、核心技术的自有化。第二，加快推动产业园区提质增效，加快建设专业化园区，落实大项目、大产业、大集群的园区发展路径。第三，按照"一核一带一区"分类划设园区产值基准线，各地在基准线上按照园区建

设发展能力、发展潜力，选择若干个工业园区进入"倍增培育库"，制订实施园区产值倍增计划，广东省对各地列入产能倍增计划的园区要加强跟踪服务并给予政策倾斜。

### （三）创新驱动：实施园区创新设施提升计划

整合优化产业集群园区的科技资源配置，加快建设与园区产业相匹配的科研实验室，构建重大科技创新平台，打造重大科技基础设施集群。围绕国家重大战略需求、世界科技前沿和区域发展需求，采取"央地共建"等模式，加大重大科技基础设施布局建设力度，聚焦信息、能源、生命、材料科学、粒子物理和核物理等重点领域，推动形成空间分布上集聚、研究方向上关联的重大科技基础设施集群。对标最高、最好、最优建设省实验室、高水平创新研究院、国家技术创新中心，开展具有重大前景和颠覆性潜力的前沿研究。

## 二、　推进战略性产业集群建设，　构建产业集群协同创新体系

### （一）牢固基础：发挥战略性支柱产业集群稳定器作用

发展产业关联度高、链条长、影响面广，具有相当规模增长的支柱产业，重点打造新一代电子信息、先进材料、绿色石化、软件与信息服务、现代轻工纺织等万亿级产业集群，巩固提升战略性支柱产业对广东省经济的基础地位和支撑作用。实施产业集群培育升级行动，激发战略性支柱产业集群增长潜力，使产业规模实力迈上新台阶，发展更加巩固。充分发挥广东制造业大省优势，同时吸引国内核心配套环节和先进要素在广东省集聚发展，形成协同集群效应，提升资源配置能力，进一步增强国际竞争力、创新力、控制力。

### （二）孕育新机：发挥战略性新兴产业集群引领作用

把握产业属性和发展规律，重点聚集集成电路、人工智能、新能源等前沿领域，积极发展数字创意、新能源、高端装备制造、半导体及集成电路、精密仪器设备、智能机器人、激光与增材制造等新兴产业。以技术突破和发展需求为基础，实现科技创新和产业发展的深度融合，培育一批具有前瞻性、战略意义、高附加值、先进技术、增长潜力等特征的战略性新兴产业集群，打造国家级战略性新兴产业集群建设高地，推动部分重点领域在全球范围内实现并跑领跑发展。落实广东省战略性产业集群联动协调推进机制，创新集群治理模式，完善集群发展公共服务体系，培育产业集群发展促进组织和战略咨询支撑机构。

# 第五节　以珠三角为引领，
# 促进"一核一带一区"产业共建

国家"十四五"规划提出，要聚焦实现战略目标和提升引领带动能力，推动区域重大战略取得新的突破性进展，促进区域间融合互动、融通补充。推动广东区域协同发展，以建设高水平现代产业体系为抓手，以现代产业发展激活生产要素流动的积极性，以核心地区的现代产业发展辐射带动周边地区的产业发展，以产业联动、产业共建打通生产要素在区域流动的制度性壁垒。

## 一、 强化珠三角核心区引领带动作用

### （一）协同发展：加快粤港澳大湾区世界级城市群建设

以珠三角区域一体化和产业链创新链融合推动粤港澳大湾区城市群协同发展。珠三角地区是粤港澳大湾区的主战场，建设粤港澳大湾区，需要推动珠三角地区的一体化发展带动大湾区整体一体化，为香港和澳门的发展注入新动能。推动粤港澳大湾区协同发展，建设区域产业合作网络，强化不同地市企业间的联动、合作和分工，促进产业链上下游深度合作，建立产业合作网络和开放型区域产业协同体，既要强化不同地市间的纵向产业关联和横向产业关联，又要加快新产业、新业态、新模式的培育和发展，促进建立具有风险抵抗能力的多样性产业体系。在珠三角地区培育壮大战略性新兴产业，打造产业链创新链完整、辐射带动效能强的战略性产业集群，构建现代服务业体系。

### （二）示范发展：加快深圳先行示范区建设步伐

发挥深圳现代化产业优势，推动深圳先行示范区建设。支持深圳建设中国特色社会主义先行示范区是中共中央、国务院作出的重要政策决定，对全面深化改革，实现更高水平对外开放，推动供给侧结构性改革具有深远意义。战略性新兴产业的高速高质量发展是深圳的优势，深圳需要构建具有国际竞争力的现代产业体系，大力发展战略性新兴产业，在未来通信高端器件、高性能医疗器械等领域创建制造业创新中心。建设制造业创新中心，积极发展新产业新业态，深入推进深圳综合改革试点。

### （三）联动发展：强化广深"双城"联动的核心引擎作用

"双城联动"建设打造广东高质量发展新引擎。产业高度联动与深度分工是现代产业体系的特征，双城联动的核心在于现代产业联动。第一，广深两地需要联合实施一批战略

性新兴产业重大工程，加强战略性新兴产业的联动与分工，共同推动现代产业体系建设。第二，广州和深圳需要建立共商共建共享的新型体制机制，打造产业创新体系，推动产学研模式的深化，加强技术创新的研发投入和成果转化合作。第三，以点带面，促进广深两地的产业协作和功能分工，完善联动发展机制，扩大"双核心"的辐射带动作用和示范效应。

### （四）合作发展：以横琴合作区和前海合作区探索新型跨境共建机制

以合作区建设打造新型跨境合作平台，打通区域协同联动发展障碍。制度性壁垒是阻碍生产要素在粤港澳大湾区跨区流动的障碍，是阻碍地区间产业合作的障碍。前海深港现代服务业合作区应该以发展现代服务业为着力点，建立健全联通港澳、接轨国际的现代服务业发展体制机制，深化深圳与港澳的产业合作与创新互联，服务粤港澳大湾区的先进制造业和战略性新兴产业，成为区域产业联动合作的纽带。横琴粤澳深度合作区是港澳融入大湾区发展的新范式，通过发展科技研发和高端制造、文旅会展商贸等产业，促进澳门产业融入大湾区产业发展，嵌入大湾区产业合作网络。

## 二、　推动　"一核一带一区"　产业共建

### （一）以点带面：增强珠三角核心区辐射效应

实施"一核一带一区"建设，是为了强化区域功能分工，建设更高水平的现代化区域协调发展体系，缩小区域发展差异，促进区域协调发展。珠三角核心区与沿海经济带东西翼、北部生态发展区联动发展的关键在于强化核心区的功能性溢出，辐射带动沿海经济带东西翼、北部生态发展区的发展。第一，珠三角核心区需要充分发挥地区功能优势，强调创新驱动发展，充分发挥辐射带动作用和示范效应，推进"一核一带一区"的深度一体化，延伸产业链创新链在不同地区的布局，加快构建以创新为引领的现代化经济体系。第二，推动产业集群高端创新要素聚集，将珠三角高端制造业核心区打造成世界领先的先进制造业发展基地。发展珠江先进装备制造业产业带，壮大珠江电子信息产业带，建设高端产业集聚发展区。第三，充分发挥好粤港澳大湾区和深圳先行示范区"双区驱动效应"，不断强化广深"双核联动""双轮联动"作用，加速优势互补，助力战略性新兴产业蓬勃发展。

### （二）优势互补：壮大提升沿海经济带东西翼和北部生态发展区

沿海经济带东西翼和北部生态发展区既要融入核心区产业联动，合理利用核心区优势，又要突出主体功能区作用，充分发挥自身的产业比较优势。根据规划，对于沿海经济带东西翼地区，培育壮大粤东生物医药、石化等重大产业集群；推动粤西重大项目建设，

全力打造粤西区域重化产业集群；对于北部生态发展区，需要大力推动产业绿色化，合理利用绿色资源禀赋，因地制宜发展绿色产业，实行差别化产业政策，构建与区域发展功能相适应的绿色产业体系。沿海经济带东西翼和北部生态发展区的现代产业发展离不开珠三角核心区的资本、人才、技术，需要推动"一核一带一区"的产业共建，建立资本网络、人才网络、创新网络，建立更加有效的区域协调发展新机制，以共建产业园、开发区和重大项目工程为主要抓手，实现规模借用和技术借用，构建主体功能突出的新发展格局。

# 第六节　前瞻布局数字经济新业态，加快推动制造业数字化转型

习近平总书记指出：发展数字经济是把握新一轮科技革命和产业变革新机遇的战略选择。随着互联网、大数据、云计算、人工智能、区块链等技术加速创新并日益融入经济社会发展各领域全过程，数字经济已经成为重组全球要素资源、重塑全球经济结构、改变全球竞争格局的关键力量，推进世界经济数字化转型是大势所趋。

## 一、 促进数字经济业态创新迈进新赛道

### （一）场景驱动：重视以应用场景驱动数字经济

加强认知驱动，尊重市场规律的新逻辑、新理念，集中各方社会力量，如创业者、民间智库、科学家、社会投资人等，挖掘新赛道、创建新理念、评估新赛道，发挥智库、官方等敏感性和判断力，对新赛道的未来进行研究。积极设立场景创新促进中心以及场景实验室，创建多元化应用场景，加速新赛道中新技术、新产品、新模式等成果转化，推广实现商业化应用，进而加快垂直领域的市场拓展。

### （二）引爆支撑：积极培育数字新物种企业

积极建设开放创新平台，实施创新应用工程，积极培育"独角兽"企业、"小巨人"企业、"隐形冠军"企业、"哪吒"企业等新物种企业，在应用场景、数据支持等方面分级分类加强精准支持，促使其在原始创新、关键核心技术方面的集中突破。集聚各类新物种企业发挥聚合效应，实现数字经济不同细分产业领域的精准引爆。

## 二、 强化制造业数字化转型基础支撑

### （一）铸魂工程：推动工业软件攻关及应用

积极发展基础软件及工业软件，大力支持行业龙头骨干企业、制造业数字化转型服务商、高校院所、工业软件企业等强化协同，创建数字化工业软件联盟以及关键软件攻关委员会。在通用、行业专用工业软件领域，集中力量突破关键技术"卡脖子"难题，推进工业软件云化部署。依托攻关基地成果，开展安全可控工业软件应用示范，推动规模化应用，加快工业软件解决方案迭代升级。

### （二）生态工程：培育工业互联网平台生态

加快建设技术高赋能型、信息高集成型、行业高应用型的跨业跨域工业互联网平台，以及涵盖重点行业、区域的特色型工业互联网平台和专业型工业互联网平台。开发和应用组件化、平台化的工业互联网行业系统解决方案，实现平台应用服务水平的提高。加快推进大数据、边缘计算、云计算、人工智能、虚拟现实、区块链、数字孪生等新兴前沿技术与工业互联网平台的融合应用，培育发展智能化制造、数字化管理、服务化延伸、网络化协同、个性化定制等新模式、新业态。

## 三、 实施制造业数字化转型分类指引

### （一）赋能添翼：深化新一代信息技术与制造业融合发展

加快推进数字产业化和产业数字化，推动数字经济和实体经济深度融合，运用互联网、大数据、人工智能等新一代信息技术推动制造业企业实施数字化转型。培育"工业互联网＋安全生产"协同创新模式，推广工业机器人、工业互联网试点示范和智能制造等方面应用普及，鼓励工业企业"上云上平"以及运用工业互联网实施数字化、网络化、智能化改造。大力发展智能制造装备与智能工业软件，提升国产智能技术、产品与装备市场占有率，培育智能制造系统解决方案供应商，积极参与国家智能制造、工业互联网等标准体系建设。

### （二）一企一策：推动行业龙头骨干企业集成应用创新

加快建设工业互联网平台，发挥行业龙头企业引领带动作用，支持鼓励开放先进技术和应用场景，向行业企业辐射推广数字化转型经验以及标准化解决方案。实施国有企业数字化转型专项行动，进一步提升运营效率，加强集团管控能力，实现业务流程优化，塑造

行业数字化转型样板。

### （三）一行一策：推动中小型制造企业数字化普及应用

分行业加快中小型制造企业"上云上平台"，融入产业链供应链。推动企业应用低成本、快部署、易运维的工业互联网解决方案，加快工业设备和业务系统"上云上平台"。鼓励工业互联网平台联合数字化转型服务商，打造深度融合行业知识经验的系统集成解决方案。

### （四）一园一策：推动产业园和产业集聚区数字化转型

支持基础电信运营企业、平台企业、制造业数字化转型服务商等组建联合体，面向产业园区企业，打造数字化转型和内外网升级，打通数据链、产业链、创新链，实现园区产业链企业整体数字化改造升级。

## 第七节　贯彻落实"双碳"发展战略，推动产业全面绿色转型

习近平总书记在第七十六届联合国大会一般性辩论上的讲话中提出，中国将力争2030年前实现碳达峰、2060年前实现碳中和。"双碳"目标的实现，需要推动经济、产业和能源结构转型升级。为了贯彻落实"双碳"发展大战略，广东需要基于当前的产业结构和产业布局，抓紧产业转型升级和技术升级的机遇，推动产业全面绿色转型。

### 一、　加快绿色技术创新步伐，　建设绿色低碳产业体系

#### （一）绿色产业：发展绿色低碳产业，推动产业全面绿色转型

落实"双碳"发展战略需要加快发展绿色低碳产业，推动经济向绿色低碳转型。第一，重点发展绿色低碳制造业、高质量环保型制造业、现代服务业等。培育壮大环保产业，积极推动资源再利用，推广清洁生产方式。第二，加强绿色发展的规章制度和相关政策的落地与保障，落实有利于绿色低碳产业发展的政策，实施有利于节能环保和资源综合利用的税收政策。第三，根据禀赋优势，在北部生态发展区等拥有绿色资源比较优势的区位，大力推进发展方式向绿色发展转型，形成符合主体功能定位的绿色发展新格局。

#### （二）绿色转型：淘汰污染落后产能，加快产业结构调整

推动产业全面绿色转型需要对当前的产业结构进行兼具合理性和科学性的调整，需要

进行科学论证，合理规划。坚决遏制高耗能、高排放项目盲目发展，合理淘汰高污染、高耗能的过剩产能，在重点行业领域实施减碳、减污的绿色行动，不断提高产业绿色低碳发展水平。

### （三）绿色创新：加大绿色研发投入，加强绿色技术创新

"双碳"目标的实现，不仅要对现有高耗能产业进行减碳行动，还需要在技术方面实现重大突破，通过生产技术创新，提高绿色生产率，实现能源资源高度节约的集约化生产方式，从根本上减少对化石能源的依赖。第一，需要合理引导技术创新以绿色化、低碳化为主导方向，促进绿色技术创新发展，构建绿色技术创新体系。第二，加大在绿色技术方面的研发投入，强化绿色技术创新动能，以重点项目方式实施绿色技术创新攻关行动，实现绿色重大技术在关键领域的突破。第三，强化产学研模式在促进绿色技术转化中的作用，鼓励绿色技术的研发和应用，支持绿色低碳技术创新成果转化，通过合理的机制设计，促进不同主体对绿色技术的研发合作和成果共享。

## 二、 推动能源供给侧结构性改革， 完善绿色低碳政策体系

### （一）结构调整：推动能源供给侧结构性改革

贯彻落实"双碳"发展战略，不仅仅要促进绿色产业发展，更要调整当前产业的能源投入结构。第一，需要推进能源结构调整，合理降低化石能源的投入比重，提高低碳能源、清洁能源、零碳能源等非化石能源在生产和消费方面的比重。第二，要促进能源高效利用，提高能源的一次利用率和循环再利用率，形成激励提高能源利用效率的政策机制，实施可再生能源替代行动，深化电力体制改革，提高风电、核电、光伏以及生物质能源的比例，加快促进电力部门脱碳，构建新型电力系统，以新能源为主体实现化石能源替代。第三，在特定领域加快能源结构调整和转变，在建筑、制造和生活消费领域加大节能力度，推进钢铁、石化、建材等行业绿色化改造，着力提高能源资源的利用效能。

### （二）政策支持：完善绿色低碳政策和市场体系

能源结构的调整需要政府实施积极有为的绿色政策，绿色技术的研发和应用需要强化绿色发展的法律和政策保障，绿色产业的健康发展需要构建向绿色化转型的市场体系。第一，要实施有利于绿色产业发展和能源资源优化利用的税收政策。第二，要大力发展绿色金融，完善碳交易市场，落实、健全能源资源有偿使用制度，通过价格机制合理调整高耗能、低经济社会价值产业的能源投入，引导高污染产能的合理淘汰。第三，以点带面，推动能源资源综合改革试点，促进绿色经济转型综合配套改革试验区建设。

# 第八节　提升链接国内国际双循环功能，
# 建设开放型产业体系

2020 年 5 月，中共中央政治局常委会提出"构建国内国际双循环相互促进的新发展格局"。"双循环"新发展格局的提出，既符合我国发展阶段转换的内在历史逻辑，也是国际市场外部环境变化加速使然。国际循环国内循环的相互促进，大循环小循环的开放联动，亟需广东立足新发展阶段，贯彻新发展理念，积极融入新发展格局。

## 一、　提升服务国内大循环层次水平

### （一）主动作为：服务融入全国统一大市场

强化战略对接与交流合作。围绕国内统一大市场建设，加强"双区"与京津冀、长江经济带、长三角、海南自由贸易港、黄河流域、成渝地区等国家重大区域发展战略对接、协同联动，推动与雄安新区深度交流合作。发挥广东制造优势，增强与兄弟省区在科技、产业、人才、教育、环保等领域合作，深化省际交流合作。

### （二）供需适配：疏通国内大循环堵点痛点

打破行业垄断和地方保护，推动生产、流通、分配、消费各环节以国内市场为重要依托。坚持科学技术创新，优化供给结构，提高供给质量，强化产业体系和供给体系对国内需求的适配性。推动金融、房地产同实体经济均衡发展，坚持金融服务于实体经济，防止产业空心化，加强上下游以及产供销有机衔接，促进农业、制造业、建筑业、服务业等产业门类关系协调发展。降低全社会交易成本，破除体制机制壁垒障碍，畅通商品服务流通，实现生产要素市场化有效配置。

## 二、　强化国内国际双循环链接能力

### （一）筑链共进："以链入链"高端融入全球价值链

积极推进主导产业链的补链延链强链，积极融入国内价值链和全球价值链的高端位置。积极推进区域价值链从加工制造环节拓展为富有深度垂直分工的"研发服务→零部件生产→加工制造→营销品牌→服务配套"的完整链条（见图 5-2）。数字经济和新基建的先发优势正助力中国积极拥抱新一代技术革命，叠加资本市场的深度改革，有望培育一批掌握核心技术、富有科创能力的"头雁"型高新技术企业。立足于中国超大规模市场优势，以及居民消费升级潜力和疫情时代服务消费回流机遇，叠加数字化转型的赋能，进一步细化分工、深耕技术，从而在各个细分领域培育出"隐形冠军"。

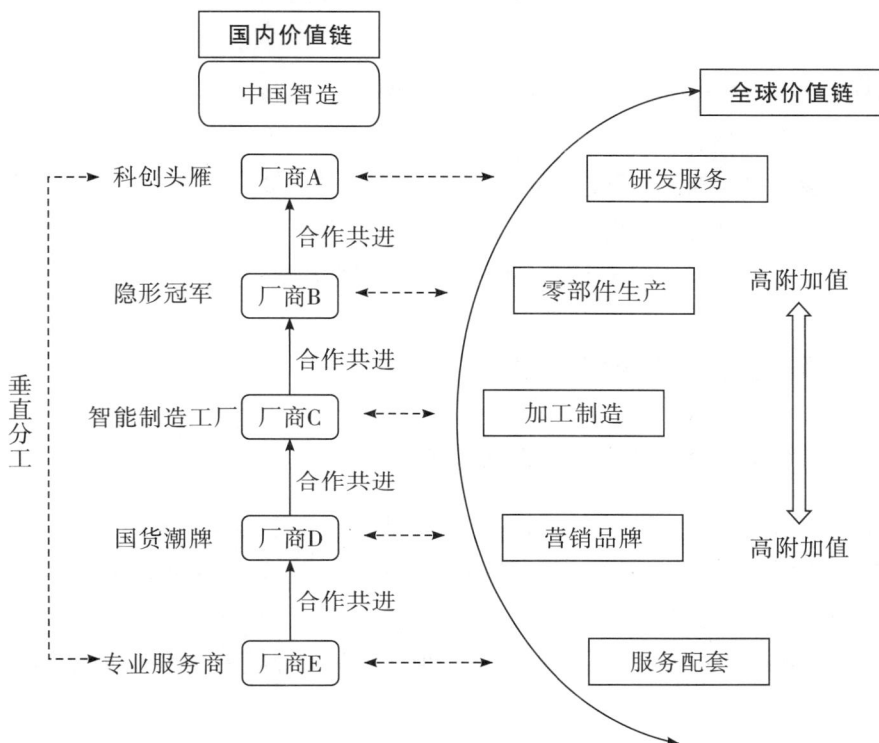

图 5-2　"以链入链"融入国内价值链和全球价值链

## （二）内外协调：推进外需稳定与内需扩大平衡发展

抢抓扩大内需的新机遇，顺应人口集聚和消费升级趋势，完善现代商贸流通体系，推动消费成为经济发展的新动能。充分发挥广东信息产业发展优势，积极壮大信息消费，拓展 5G 终端、智能家居、可穿戴设备、智能网联汽车等信息产品和在线教育、医疗、交通、文化娱乐等信息服务消费。推进文化旅游和健康、会展等产业融合互通，打造高质量旅游新业态。加强制度供给，积极培育定制消费、体验消费、共享消费、"智能+"消费、直播带货消费等新模式。围绕广东优势产业需要，重点支持开展先进技术、关键设备的技术贸易，推动外贸稳定和创新发展。

# 第九节　加快要素配置市场化改革，强化产业资源要素保障能力

党的十九大报告指出，经济体制改革必须以完善产权制度和要素市场化配置为重点，实现产权有效激励、要素自由流动、价格反应灵活、竞争公平有序、企业优胜劣汰。党的十九届四中全会提出，推进要素市场制度建设，实现要素价格市场决定、流动自主有序、配置高效公平。产业要发展，就要激发人才、资本、数据、技术、土地等各种要素活力、完善市场机制、释放改革红利，为产业高质量发展集聚动能。

## 一、 扎实推进人才强省建设

### （一）海纳汇聚：以全球视野集聚高素质人才

积极把握全球人才流动新趋势，推进实施"珠江人才计划"等人才工程，加强海外引才力度，吸引优质海外人才。制定关键核心技术引才目录，精准引进海外高素质人才以及优质创新创业团队。构建创新人才、创业团队培养体系，建立面向未来的顶尖人才早期发现、培养和跟踪机制。扩大高层次人才培养规模，加强产业技术研发、重点关键领域基础研究的人才培养。

### （二）分层分类：以系统方法统筹各类人才队伍建设

以战略科学家为引领的高层次人才。完善粤港澳大湾区人才协同发展和交流合作机制，加大人才支撑力度，强化国际科技创新中心建设。依托"广东特支计划""珠江人才计划"等重大人才工程计划，吸引诺贝尔奖获得者、国内外科学院（工程院）院士、国家最高科学技术奖获得者等全球尖端科学家。

以精工巧匠为代表的高技能人才。构建产教训融合、育选用贯通、政企社协同的专业人才培育体系，加强工程师队伍建设，建设一批工程师协同创新中心，打造专业人才集聚地，匹配全球先进制造业基地，倡导弘扬精益求精、爱岗敬业的工匠精神。

### （三）筑巢引凤：以用户思维优化人才生态

深化人才体制机制改革，建设人才管理改革先行示范。推进全省人才公共服务一体化，建立人才综合服务保障体系，涵盖人才优粤卡制度、高层次人才安居工程等保障措施。建立健全人才创新激励、人才保障机制以及创新要素收益分配机制。鼓励扩大创新人才科研活动自主权，拓宽人才创业融资渠道，推动科技成果转化，加强知识产权保护。大

力弘扬科学家精神，突出对人才的政治引领和政治吸纳，加强优秀人才宣传，营造尊重人才、关爱人才的良好环境。

## 二、　优化资本要素市场化配置

### （一）纵深推进：健全高水平现代金融体系

加快发展科技金融。围绕科技型企业全生命周期、科技创新规律，创新体制机制，构建以风投创投、资本市场、投贷联动、知识产权金融为主的新型金融服务体系。加强对拟上市企业的指导与支持，建立企业上市有关事项办理绿色通道。引导银行等金融机构设立科技支行、科技金融专营机构，充分发挥科技信贷风险补偿资金池作用，支持科技信贷产品创新模式，加大供给。

拓展多元融资渠道。积极对接多层次资本市场，完善融资工具组合，结合利率及市场波动，让直接融资与间接融资形成合理搭配，提升资金使用效率。以推动企业上市为新动能引育工作的重要抓手，健全完善工作协同、信息交流、资源共享工作机制，将更多优质企业推向资本市场。

### （二）产融结合：增强金融市场服务实体经济能力

满足制造业高质量发展的金融需求。完善促进金融支持制造业的财政撬动机制，建立制造业中长期贷款风险补偿机制，加大政府性融资担保支持力度，引导金融资源重点支持新一代电子信息、绿色石化、先进材料等十大战略性支柱产业和半导体与集成电路、高端装备制造、新能源等十大战略性新兴产业。支持制造业专特精新"小巨人"企业对接科创板、创业板，鼓励通过并购重组实现行业整合和布局优化。

对接现代服务业优化升级的金融需求。引导金融企业重点支持高端科技服务、个性化定制服务、工业设计、供应链管理、节能环保、智能制造与运营管理、工业互联网、整体解决方案服务、总集成总承包服务、产品全生命周期管理等与制造业深度融合的生产性服务业发展。鼓励金融企业针对健康、养老、育幼、文化、旅游、体育、家政、物业等行业经营特点开发特色金融产品，推动生活性服务业的高品质和多样化升级。

## 三、　加快数据要素市场化配置改革

### （一）一级市场：释放公共数据资源价值

一级市场主要是指公共数据的开放共享，强调提高数据供给能力，其有效运转依赖于以政府性质机制为主推进的政务数据共享、公共数据开放和政企数据共享等。一级市场以政府行政机制为主，通过管运适度分离，建设公共数据运营机构，释放公共数据资源价值，推动公共数据分类分级管理和深度开发利用，为数据流通交易提供保障。

### （二）二级市场：激发社会数据资源活力

二级市场主要是指社会数据的交易流通，强调提高数据供需对接能力，其有效运转依赖于以市场竞争机制为主的鼓励社会数据所有权、使用权以及数据服务的交易流通。二级市场以市场竞争机制为主，以激发供给主体活力、促进有序竞争为目的，规范数据进场交易，保障市场健康发展。

## 四、 加快培育技术要素市场

### （一）揭榜挂帅：完善技术要素配置机制

充分发挥市场配置技术要素的决定性作用，发挥企业在市场导向类科技项目研发投入和组织实施中的主体作用，推动企业等技术需求方深度参与项目凝练、设计和研发实施全过程，建立企业主导的产学研协同攻关机制。充分发挥企业家整合技术、资金、人才的关键作用，探索"揭榜挂帅""赛马制"等形式，支持企业牵头组建创新联合体，承担重大科技任务。

### （二）对接资本：健全技术要素市场定价机制

发挥创业投资对技术要素价值发现的先导作用。发挥公募资管产品对创投基金的支持作用，支持符合条件的创投机构发行债券用于科技企业的股权投资。落实创业投资企业和天使投资个人投向种子期、初创期科技型企业的优惠政策。优化创投机构投资退出机制，支持创投机构综合运用并购重组、股权转让方式，实现市场退出。

## 五、 深化工业用地市场化配置改革

### （一）盘活存量：优化存量工业用地

降低"工业改工业"的政策门槛，支持存量工业用地补办用地手续，有效推进节约集约用地试点示范省工作，落实"三旧"改造。推动试行预告登记转让，对于投资额未达到转让条件的工业用地，先实行预告登记，再投入、转让。明确集体工业用地的供应方式，以及明晰工业用地监管责任，鼓励支持工业项目使用集体经营性建设用地。

### （二）激活增量：高效配置新增工业用地

多渠道搜集工业用地的市场需求，有效衔接工业用地供需。推进"标准地"改革，明确用地的投资、建设、税收、能耗、环境等标准，完善控制指标体系和区域评估体系，将控制指标纳入供地方案，在省级以上开发区或产业园区形成先行示范。明确产业招商引资准入条件，实行"带项目"供应，优化供地方案。推动"交地即开工"，明确规划建设条件，助力工业项目有效开展，通过将施工图设计方案、建设工程设计方案纳入供地方案，加快有关报建手续的简化。

产　业　篇

# 第六章

# 广东农业发展现状、趋势与对策建议[*]

改革开放 40 多年以来，广东省经济快速发展，产业结构不断优化。1978 年，广东省三次产业结构比例为 29.8∶46.6∶23.6，到 2021 年已经调整为 4.0∶40.4∶55.6，由第二产业占据绝对优势向第三产业占据绝对优势转变（见图 6-1）。虽然第一产业所占比重不断下降，但是农业仍然是国民经济的重要组成部分，2021 年第一产业对地区生产总值增长的贡献率为 4.2%，为广东省应对国内外风险挑战、稳定经济社会发展大局提供了有力支撑，在社会经济发展中仍旧占据十分重要的地位。《广东省推进农业农村现代化"十四五"规划》指出，自"十三五"以来，广东省农产品供给能力实现新提升，现代农业建设取得新成效，农业绿色发展迈出新步伐，全省农业取得历史性成就。

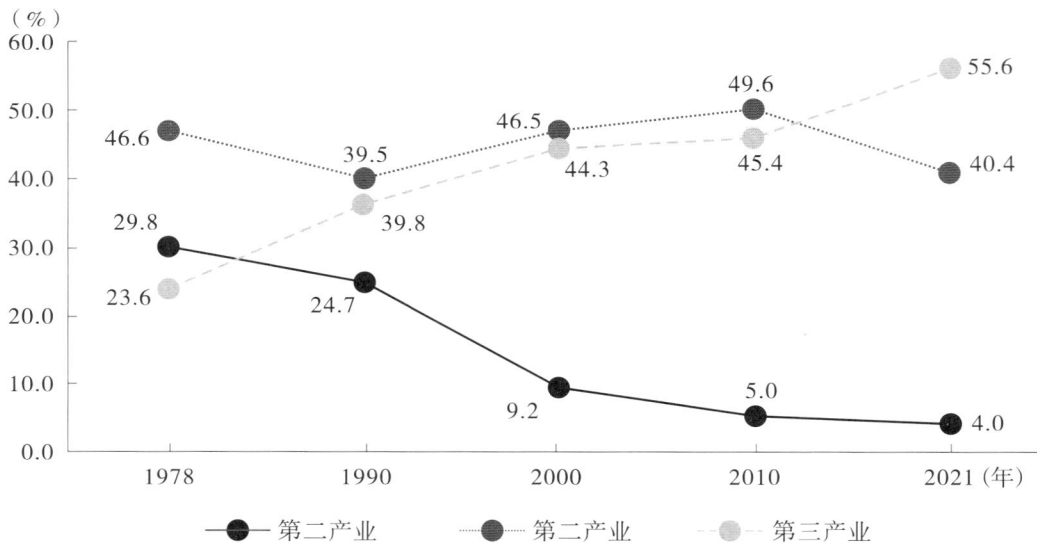

图 6-1 广东省三次产业构成趋势

数据来源：《广东统计年鉴》。

---

[*] 本章第一执笔人为暨南大学产业经济研究院蒋珊珊。

# 第一节　广东农业发展现状特征

2021 年是"十四五"的开局之年，广东省坚持推进农业现代化建设，加快建设现代农业强省。2021 年，广东省统筹推进农村疫情防控和农业生产保障供给各项工作，农业农村经济运行全面持续向好。从全国来看，2021 年广东省的农林牧渔业总产值超过 8 000 亿元，排名全国第四。从不同产业看，2021 年农业总产值超过 3 900 亿元，排名全国第六；林业总产值 495.44 亿元，排名全国第二；牧业总产值 1 707.82 亿元，排名全国第十一；作为渔业大省，2021 年广东省渔业依然保持了较好的发展态势，渔业总产值为 1 747.34 亿元，仅次于江苏，排名全国第二（见表 6 - 1）。

表 6 - 1　2021 年全国农林牧渔业总产值前十省（市、区）排行榜

（单位：亿元）

| 地区 | 农林牧渔业总产值 | 农业总产值 | 林业总产值 | 牧业总产值 | 渔业总产值 |
|---|---|---|---|---|---|
| 山东省 | 11 468.01 | 5 814.56 | 219.94 | 2 904.24 | 1 652.60 |
| 河南省 | 10 501.20 | 6 564.83 | 134.08 | 2 942.06 | 143.41 |
| 四川省 | 9 383.32 | 5 089.48 | 408.44 | 3 305.28 | 327.82 |
| 广东省 | 8 305.84 | 3 951.14 | 495.44 | 1 707.82 | 1 747.34 |
| 湖北省 | 8 296.44 | 3 912.47 | 302.70 | 1 990.16 | 1 458.88 |
| 江苏省 | 8 279.72 | 4 426.06 | 178.15 | 1 215.87 | 1 833.51 |
| 湖南省 | 7 662.36 | 3 532.87 | 455.82 | 2 542.51 | 570.82 |
| 河北省 | 7 018.67 | 3 645.02 | 263.66 | 2 239.50 | 298.02 |
| 广西壮族自治区 | 6 524.39 | 3 690.73 | 538.10 | 1 437.58 | 555.06 |
| 黑龙江省 | 6 459.97 | 4 099.55 | 208.05 | 1 833.07 | 135.90 |

数据来源：国家统计局（因统计口径不同，后文数值与本表或有差异）。

在细分产业维度，对比广东省与全国的农业生产结构，广东省表现出畜牧业弱而渔业强的特征。广东省农业生产结构的这一特征与其他沿海农业强省的农业生产结构比较相似，都表现为种植业占的比重最多，渔业较为发达（见表 6 - 2）。

表 6 - 2　2021 年广东省与其他省份农业生产结构对比

（单位：%）

| 地区 | 农业（种植业） | 林业 | 畜牧业 | 渔业 |
|---|---|---|---|---|
| 全国 | 53.3 | 4.4 | 27.1 | 9.9 |
| 广东省 | 47.6 | 6.0 | 20.6 | 21.0 |
| 福建省 | 36.6 | 8.2 | 20.4 | 31.2 |

（续上表）

| 地区 | 农业（种植业） | 林业 | 畜牧业 | 渔业 |
|---|---|---|---|---|
| 浙江省 | 47.4 | 4.7 | 11.3 | 33.2 |
| 江苏省 | 53.5 | 2.2 | 14.7 | 22.1 |
| 山东省 | 50.7 | 1.9 | 25.3 | 14.4 |

数据来源：国家统计局。

## 一、 农业规模稳步增长， 细分产业特色发展

### （一）种植业撑起农业半边天

#### 1. 产业结构

农业可分为广义农业和狭义农业，广义农业包括种植业、林业、畜牧业、渔业，而狭义的农业单指种植业。2021 年广东省种植业表现突出，总产值为 3 946.79 亿元，在农林牧渔总产值中居首位，所占比重最多，为 47.16%；渔业在农林牧渔总产值中排在第二位，2021 年渔业总产值为 1 763.52 亿元，所占比重为 21.07%；位于第三位的是畜牧业，2021 年畜牧业总产值为 1 756.62 亿元，所占比重为 20.99%；排在第四位的是林业，2021 年林业总产值为 497.58 亿元，所占比重为 5.95%。除农林牧渔业外，总产值还包括农林牧渔专业及辅助性活动总产值，2021 年辅助性活动总产值为 404.49 亿元，所占比重为 4.83%。

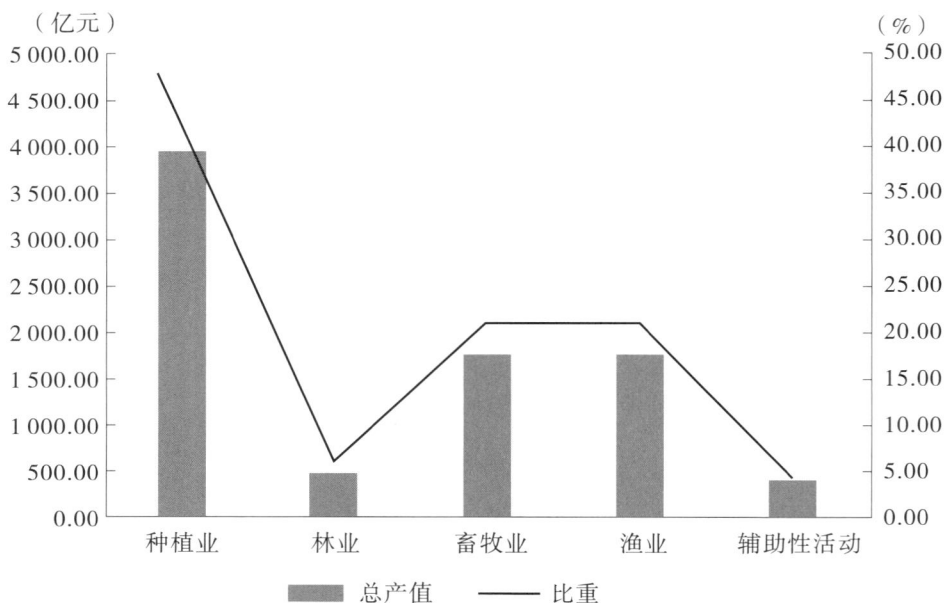

图 6 - 2　2021 年广东省农林牧渔产值结构统计图

数据来源：广东省统计和信息网。

纵向来看，整个"十三五"期间，广东省农林牧渔结构相对稳定，没有太大浮动。2016—2021年间，农业所占比重最多，一直维持在50%左右，畜牧业和渔业所占比重比较稳定，都在20%左右，林业所占比重一直维持在5%~6%，农林牧渔专业及辅助性活动所占比重同样相对稳定，为3%~5%（见图6-3）。

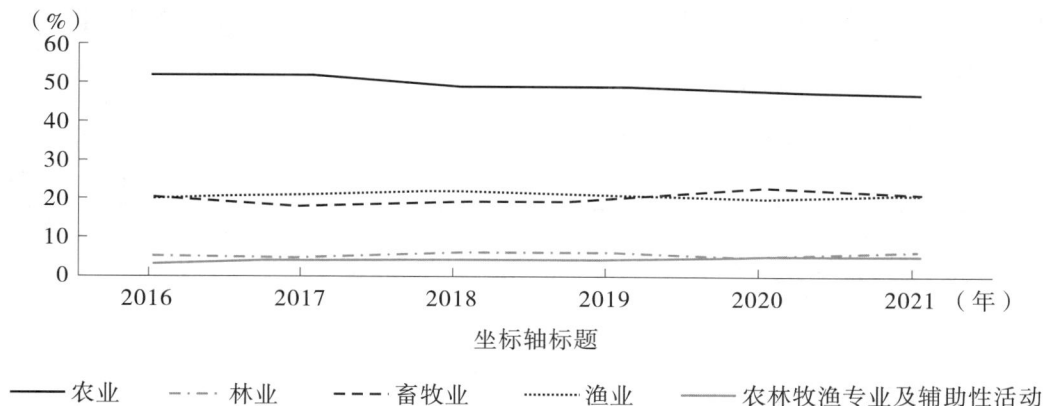

图 6-3 2016—2021 年广东省农林牧渔所占比重结构统计图

数据来源：广东省统计和信息网。

横向来看，2020年广东省粮食作物产量在沿海主要农业强省中位居第三位，仅次于山东和江苏。具体来看，由于得天独厚的地理位置和气候因素，广东省稻谷产量在沿海5省中居于前列，2020年稻谷产量超过千万吨，仅次于江苏；广东省地形以丘陵为主，平原分布较少，不适宜大面积种植农作物，2020年小麦产量为0.14万吨，仅高于福建；玉米产量为58.15万吨，高于福建和浙江；豆类产量为11.76万吨，在沿海5省中居于末位；薯类产量较高，为97.29万吨，仅次于山东；油料作物产量113.52万吨，在沿海5省中居于第2位，低于山东；糖料作物产量1 366.8万吨，与其他沿海省份相比优势明显，在沿海5省中居于首位（见表6-3）。水果方面，广东受热带和亚热带气候影响，盛产热带水果，在水果种植方面优势明显，2020年广东省水果产量为1 882.57万吨，仅次于山东，在沿海5省中居于第2位。具体来看，广东省水果种植以香蕉和柑橘为主，2020年香蕉产量遥遥领先于其他省份，为478.73万吨；柑橘产量497.68万吨，在沿海5省中居于第1位（见表6-4）。

表 6-3 2020 年广东省与其他省份主要农作物产品产量比较

（单位：万吨）

| 地区 | 粮食 | 稻谷 | 小麦 | 玉米 | 豆类 | 薯类 | 油料 | 糖料 |
|---|---|---|---|---|---|---|---|---|
| 全国 | 66 949.15 | 21 185.96 | 13 425.38 | 26 066.52 | 2 287.46 | 2 987.41 | 3 586.4 | 12 014 |
| 广东 | 1 267.56 | 1 099.58 | 0.14 | 58.15 | 11.76 | 97.29 | 113.52 | 1 366.8 |

（续上表）

| 地区 | 粮食 | 稻谷 | 小麦 | 玉米 | 豆类 | 薯类 | 油料 | 糖料 |
|------|------|------|------|------|------|------|------|------|
| 福建 | 502.32 | 391.75 | 0.02 | 14.76 | 11.99 | 82.15 | 22.73 | 27 |
| 浙江 | 605.7 | 465.12 | 40.79 | 25.91 | 30.84 | 38.81 | 32.09 | 46.4 |
| 江苏 | 3 729.06 | 1 965.7 | 1 333.87 | 308.3 | 71.64 | 25.77 | 93.01 | 7.1 |
| 山东 | 5 446.81 | 98.77 | 2 568.85 | 2 595.4 | 56.69 | 114.05 | 290.95 | — |

数据来源：国家统计局。

表 6-4　2020 年广东省与其他省份主要水果产量比较

（单位：万吨）

| 地区 | 水果 | 香蕉 | 苹果 | 柑橘 | 梨 | 葡萄 |
|------|------|------|------|------|------|------|
| 全国 | 28 692.36 | 1 151.33 | 4 406.61 | 5 121.87 | 1 781.53 | 1 431.41 |
| 广东 | 1 882.57 | 478.73 | — | 497.68 | 12.29 | 1.88 |
| 福建 | 764.58 | 45.21 | 0 | 386.14 | 19.49 | 22.87 |
| 浙江 | 755.27 | 0.02 | 0 | 191.75 | 35.2 | 76.2 |
| 江苏 | 974.17 | — | 56.6 | 3.37 | 78.35 | 61.06 |
| 山东 | 2 938.91 | — | 953.63 | — | 111.09 | 116.07 |

数据来源：国家统计局。

### 2. 产业规模

2021 年，广东省农业经济稳步增长，农业生产总体形势保持良好，农林牧渔业平稳发展。据广东省统计局统计数据，2021 年广东省全年实现农林牧渔业总产值 8 369.00 亿元，同比增长 9.0%，增幅比上年提高 5.0 个百分点，总产值创 34 年以来最高水平。从不同行业看，农业（种植业）产值 3 946.79 亿元，同比增长 5.1%；畜牧业产值 1 756.62 亿元，增长了 18.7%；渔业产值 1 763.52 亿元，增长了 8.7%；林业产值 497.58 亿元，增长了 7.2%；农林牧渔专业及辅助性活动产值 404.49 亿元，增长了 12.7%。

2021 年，广东省粮食安全基础进一步巩固，农产品供给能力稳步提升。2021 年，广东省粮食作物播种面积、产量、亩产实现"三增"，其中，粮食作物播种面积为 2 213.03 千公顷，同比增长 0.4%，粮食作物产量为 1 279.87 万吨，同比增长 1.0%，粮食产量为近九年最高水平，单位面积产量为 386 千克/亩，同比增长 0.6%（见图 6-4、图 6-5、图 6-6）。其中，2021 年糖蔗种植面积 192.58 万亩，下降了 6.1 个百分点；油料种植面积 536.26 万亩，增长了 0.6 个百分点；蔬菜种植面积 2 088.37 万亩，增长了 2.1 个百分点；中草药种植面积 88.78 万亩，增长了 11.5 个百分点。2021 年糖蔗产量 1 118.08 万吨，下降了 4.9 个百分点；油料产量 117.32 万吨，增长了 3.3 个百分点；蔬菜产量 3 855.73 万吨，增长了 4.0 个百分点；水果产量 1 826.73 万吨，增长了 4.0 个百分点；茶叶产量 13.95 万吨，增长了 8.8 个百分点。

纵向来看，"十三五"期间，粮食作物播种面积、产量及亩产均实现增长，其中，粮食作物播种面积由 2016 年的 2 177.78 千公顷增长到 2021 年的 2 213.03 千公顷，增长了 1.6%；粮食作物产量由 2016 年的 1 204.22 万吨增长到 2021 年的 1 279.87 万吨，增长了 6.3%；粮食作物亩产由 2016 年的 369 千克增长到 2021 年的 386 千克，增长了 4.6%。

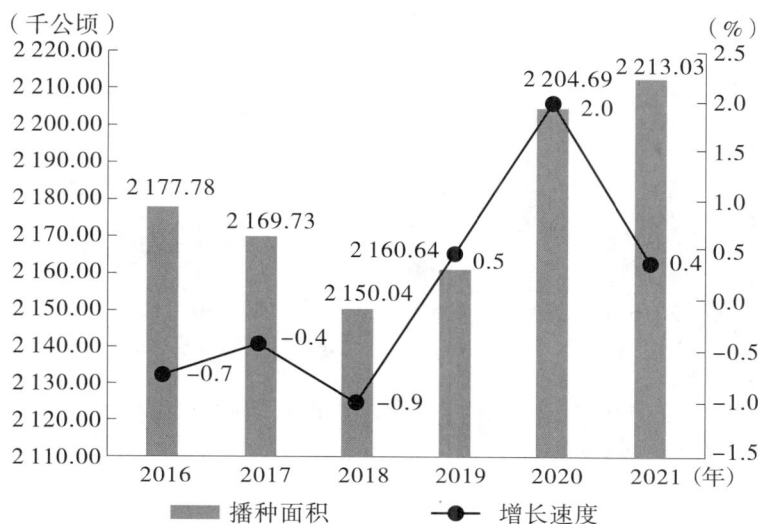

**图 6 - 4　2016—2021 年粮食作物播种面积及其增长速度**

数据来源：广东统计和信息网。

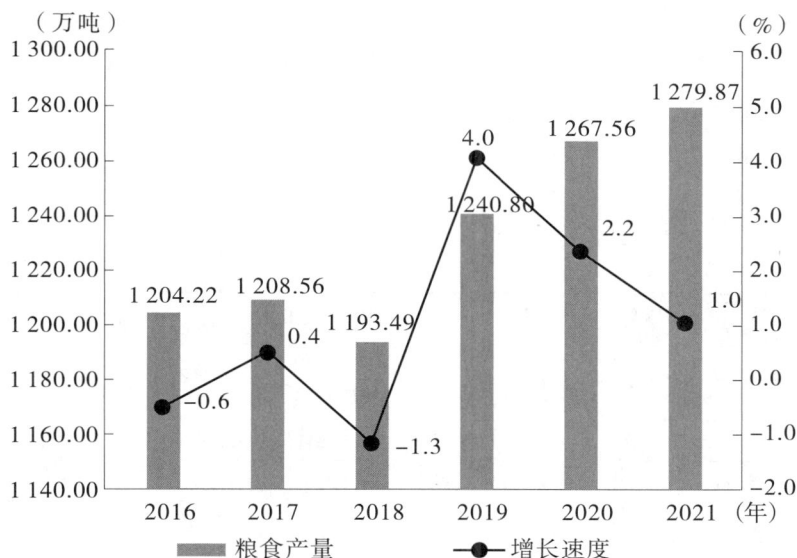

**图 6 - 5　2016—2021 年粮食作物产量及其增长速度**

数据来源：广东统计和信息网。

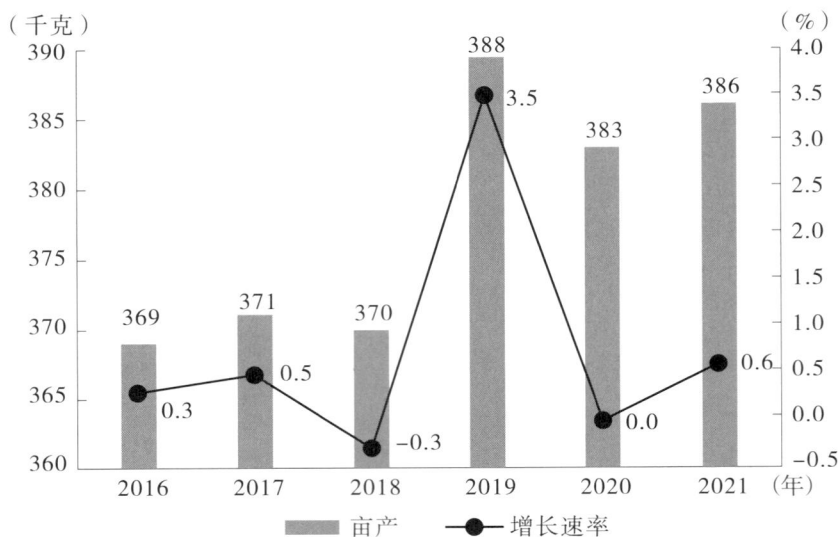

图 6 - 6　2016—2021 年粮食作物亩产及其增长速度

数据来源：广东省统计和信息网。

## （二）渔业产出位列全国第一

作为渔业大省，2021 年广东省渔业依然保持了较好的态势，渔业总产值为 1 763.52 亿元，排名全国第一。广东省作为渔业大省，2020 年水产品总产量在沿海 5 省中居于首位，为 875.81 万吨（见表 6 - 5）。具体来看，广东的海水产品产量与淡水产品产量较为均衡，接近 1 : 1，其他省份中福建、浙江、山东以海水产品为主，江苏以淡水产品为主；而且，广东的海水产品与淡水产品均以人工养殖为主，这提升了产量稳定性，缓解了休渔期禁止作业的局限。

表 6 - 5　2020 年广东省与其他省份主要水产品产量比较

（单位：万吨）

| 地区 | 水产品总产量 | 海水产品产量 | 其中：天然生产海水产品产量 | 其中：人工养殖海水产品产量 | 淡水产品产量 | 其中：天然生产淡水产品产量 | 其中：人工养殖淡水产品产量 |
|---|---|---|---|---|---|---|---|
| 全国 | 6 549.02 | 3 314.38 | 1 179.07 | 2 135.31 | 3 234.64 | 145.75 | 3 088.89 |
| 广东省 | 875.81 | 450.53 | 119.29 | 331.24 | 425.28 | 9.87 | 415.41 |
| 福建省 | 832.98 | 740.49 | 213.69 | 526.8 | 92.49 | 7.02 | 85.47 |
| 浙江省 | 589.55 | 450.94 | 313.7 | 137.24 | 138.61 | 16.98 | 121.63 |
| 江苏省 | 490.18 | 134.99 | 42.71 | 92.28 | 355.2 | 25.94 | 329.26 |
| 山东省 | 828.61 | 718.09 | 203.95 | 514.14 | 110.52 | 9.56 | 100.95 |

数据来源：国家统计局。

纵向来看，"十三五"期间，广东省渔业持续保持攻坚态势，实现高质量发展。与2016年相比，水产品总产量提升明显，已经由818.29万吨提高到2020年的875.81万吨，增长了7.0%，其中，捕捞产量大幅减少，而养殖产量大幅增加，海洋捕捞和淡水捕捞产量分别由151.01万吨、12.12万吨减少到2020年的119.29万吨、9.87万吨，分别下降了21.0%、18.6%，而海水养殖和淡水养殖产量分别由290.52万吨、364.63万吨上升到2020年的331.24万吨、415.41万吨，分别增长了14.0%、12.2%，水产品生产结构不断优化（见表6-6）。

表6-6　2016—2020年广东省水产品产量变化情况表

（单位：万吨）

| 项目 | 2016年 | 2017年 | 2018年 | 2019年 | 2020年 |
|---|---|---|---|---|---|
| 水产品总产量 | 818.29 | 833.54 | 842.44 | 866.40 | 875.81 |
| 海洋捕捞 | 151.01 | 148.91 | 132.44 | 126.36 | 119.29 |
| 海水养殖 | 290.52 | 302.91 | 316.73 | 329.13 | 331.24 |
| 淡水捕捞 | 12.12 | 12.04 | 11.35 | 10.90 | 9.87 |
| 淡水养殖 | 364.63 | 369.69 | 381.75 | 400.01 | 415.41 |

数据来源：2017—2021年《广东农村统计年鉴》。

"十三五"期间，水产品总产值同样实现大幅增长，从2016年的1 223.44亿元增长到2020年的1 581.54亿元，增长了29.3%。其中，海洋捕捞产值增长了74.3%，海水养殖产值增长了19.9%，淡水捕捞产值增长了4.7%，淡水养殖产值增长了32.7%（见表6-7）。

表6-7　2016—2020年广东省水产品产值变化情况表

（单位：亿元）

| 项目 | 2016年 | 2017年 | 2018年 | 2019年 | 2020年 |
|---|---|---|---|---|---|
| 水产品总产值 | 1 223.44 | 1 306.65 | 1 383.82 | 1 524.78 | 1 581.54 |
| 海洋捕捞 | 141.1 | 158.63 | 147.72 | 263.14 | 245.88 |
| 海水养殖 | 457.22 | 530.89 | 603.99 | 499.60 | 548.00 |
| 淡水捕捞 | 15.84 | 15.51 | 18.53 | 15.07 | 16.58 |
| 淡水养殖 | 581.17 | 571.08 | 613.57 | 746.98 | 771.08 |

数据来源：2017—2021年《广东农村统计年鉴》。

### （三）林业与畜牧业平稳发展

#### 1. 林业

广东既是林业大省，也是林业产业强省。广东发展林业具有得天独厚的条件，广东省位于我国大陆的南部，地势北高南低，北部为南岭，南部濒临南海，东西向腹部倾斜。北回归线从广东中部横穿而过，气候类型为亚热带和热带季风气候，独特的气候类型使广东成为全国光、热、水资源最丰富的地区。广东境内"七山一水二分田"，山地、平原、丘陵纵横交错，北部南岭地区的典型植被为亚热带山地常绿阔叶林，中部为亚热带常绿季雨林，南部为热带常绿季雨林，主要以针叶林、中幼林为主。

广东林业产品品牌化发展迅速，拥有一批知名林业品牌。代表性的林业品牌有"欧派橱柜""纯五季""曼陀神露""大自然地板""瑞恒高州茶油""联邦家私"等；代表性的"互联网＋林业"品牌有"林氏木业""林家铺子"等。

截至 2020 年末，广东有 27 家国家级林业重点龙头企业，300 家省级林业龙头企业；13 家国家级林下经济示范基地，130 家省级林下经济示范基地；5 个国家级森林康养基地，30 个省级森林康养基地。

从产业结构上看，广东林业产业具有完整的产业体系优势。其中，第一产业以包括干鲜果品、含油果、茶、中药材以及森林食品等在内的经济林产品、花卉及其他观赏植物种植为主；第二产业以家具制造、造纸和纸制品制造、木本油料、果蔬、茶饮料等加工制造为主；第三产业则以森林旅游、休闲服务、专业技术服务为主。纵向来看，"十三五"期间，第一产业、第二产业加快转型升级，第一产业总体呈上升趋势，产值占比由 2016 年的 11.5% 提高到 2020 年的 15.4%，第二产业总体呈下降趋势，产值占比由 2016 年的 65.3% 下降到 2020 年的 63.0%，第三产业发展潜力巨大，2016—2020 年第三产业产值占比一直稳定在 20% 以上（见表 6 - 8）。

表 6 - 8　2016—2020 年林业产业产值占比情况

（单位：亿元）

| 项目名称 | 2016 年 | | 2017 年 | | 2018 年 | | 2019 年 | | 2020 年 | |
|---|---|---|---|---|---|---|---|---|---|---|
| | 产值 | 占比 | 产值 | 占比 | 产值 | 占比 | 产值 | 占比 | 产值 | 占比 |
| 总产值 | 7 696 | | 8 022 | | 8 168 | | 8 416 | | 8 212 | |
| 第一产业 | 883 | 11.5% | 946 | 11.8% | 993 | 12.2% | 1103 | 13.1% | 1 264 | 15.4% |
| 第二产业 | 5 023 | 65.3% | 5 243 | 65.4% | 5 331 | 65.3% | 5 446 | 64.7% | 5 177 | 63.0% |
| 第三产业 | 1 790 | 23.2% | 1 833 | 22.8% | 1 843 | 22.5% | 1 866 | 22.2% | 1 771 | 21.6% |

数据来源：2017—2021 年《广东农村统计年鉴》。

#### 2. 畜牧业

2021 年，新冠肺炎疫情的影响逐渐减弱，广东省畜牧业产量逐渐恢复。2021 年全年猪牛羊禽肉产量 451.75 万吨，比上年增长 14.7%。其中，猪肉产量 263.23 万吨，增长了 36.8%；禽肉产量 182.19 万吨，下降了 6.7%。年末，生猪存栏 2 075.48 万头，增长了 17.4 个百分点；生猪出栏 3 336.63 万头，增长了 31.5%。

纵向来看，2020 年与"十三五"初期的 2016 年相比，肉类产量下降明显，由 448.70 万吨下降到 2020 年的 400.99 万吨，下降了 10.6%（见表 6-9）。其中，牛肉产量小幅上升，禽肉产量上升幅度较大，猪肉和羊肉产量均呈现波动下滑趋势。禽蛋产量大幅下降，牛奶产量小幅上升（见表 6-9）。

表 6-9　2016—2020 年广东省畜牧业养殖产量变化情况

（单位：万吨）

| 项目 | 2016 年 | 2017 年 | 2018 年 | 2019 年 | 2020 年 | 2021 年 |
|---|---|---|---|---|---|---|
| 肉类产量 | 448.70 | 444.08 | 449.90 | 412.12 | 400.99 | 457.42 |
| 其中：猪肉产量 | 288.24 | 277.96 | 281.52 | 221.93 | 192.42 | 263.23 |
| 其中：牛肉产量 | 3.96 | 4.08 | 4.07 | 4.08 | 4.22 | 4.37 |
| 其中：羊肉产量 | 1.93 | 1.96 | 1.97 | 1.97 | 1.92 | 1.96 |
| 其中：禽肉产量 | 146.50 | 151.73 | 153.25 | 176.24 | 195.27 | 182.19 |
| 禽蛋产量 | 36.15 | 38.50 | 11.92 | 12.24 | 11.97 | 43.66 |
| 牛奶产量 | 13.61 | 13.88 | 13.89 | 13.92 | 15.10 | 17.23 |

数据来源：2017—2021 年《广东农村统计年鉴》。

从畜禽头数变化情况看，"十三五"期间，黄、水牛及奶牛、山羊年末存栏头（只）数都有小幅增长，分别从 2016 年的 114.17 万头、5.95 万头、92.82 万只增长到 2020 年的 115.56 万头、6.84 万头、94.31 万只，分别增长了 1.2%、15.0%、1.6%；而生猪由于受非洲猪瘟疫情和各地扩大禁养区、清拆养殖场影响，生猪年末存栏头数出现阶梯式下滑，由 2016 年的 2 263.36 万头下降到 2020 年的 1 767.27 万头，下降了 21.9%，其中能繁殖母猪年末存栏头数由 2016 年的 240.22 万头下降到 2020 年的 184.72 万头，下降了 23.1%（见表 6-10）。

表 6-10　2016—2020 年广东省畜牧业畜禽头数变化情况

| 项目 | 2016 年 | 2017 年 | 2018 年 | 2019 年 | 2020 年 |
|---|---|---|---|---|---|
| 黄、水牛年末存栏头数（万头） | 114.17 | 114.70 | 114.59 | 114.61 | 115.56 |
| 奶牛年末存栏头数（万头） | 5.95 | 5.98 | 5.97 | 5.97 | 6.84 |
| 山羊年末存栏只数（万只） | 92.82 | 93.30 | 92.96 | 93.57 | 94.31 |
| 生猪年末存栏头数（万头） | 2 263.36 | 2 132.82 | 2 024.26 | 1 333.79 | 1 767.27 |
| 能繁殖母猪年末存栏头数（万头） | 240.22 | 229.43 | 217.98 | 131.01 | 184.72 |

数据来源：2017—2021 年《广东农村统计年鉴》。

## 二、 立足禀赋凸显特色， "四区两带" 逐渐形成

广东省立足于各地区的资源禀赋和优势条件，因地制宜，合理布局各地区的特色优势产业，形成了珠三角都市农业区、潮汕平原精细农业区、粤西热带农业区、北部山地生态农业区以及南亚热带农业带、沿海蓝色农业带的"四区两带"区域农业发展格局，进一步优化了农业产业结构。

珠三角都市农业区，以广州、深圳、佛山、东莞、江门、中山、惠州等地区为中心，充分利用珠三角地区人力、科技、资金等资源优势，主要发展都市精品农业，建设农村集体产权制度改革先行区。发展生物育种研发农业，建设全省农业科技创新核心区；发展高效园艺及水产加工农业，建设高效园艺水产品生产加工基地；发展现代化农产品物流农业，建设现代化农业物流集散地；发展观光休闲农业，建设都市休闲农业度假区。

潮汕平原精细农业区，以潮州、汕头、揭阳等地区为中心，充分利用潮汕地区的平原优势，主要发展精致高效农业，建设粤台农业合作基地。依据潮汕地区特色，发展具有当地优势的水果、蔬菜、茶叶、水稻、花卉、畜禽及海产品的农产品加工和休闲食品加工业，推进"一镇一业""一村一品"的建设。

粤西热带农业区，以湛江、茂名等地区为中心，依托雷州半岛优势，主要发展节水高效农业，建设热带亚热带农业现代化示范区。发展种业，建设国家种业二线南繁基地；发展蔬菜种植业，建设冬季北运菜重要生产基地；发展热带水果种植业，建设热带水果示范区；发展草食畜牧业，建设草食畜牧业基地；发展橡胶、糖蔗及剑麻等经济作物，建设战略资源生产保障基地。

北部山地生态农业区，以韶关、河源、梅州等地区为中心，发挥北部山地及气候资源优势，主要发展绿色生态农业。发展具有当地山区特色的生态绿色农产品，推动当地林下经济、畜禽生态养殖、药材种植、养生休闲旅游建设。

南亚热带农业带，以茂名、云浮、肇庆等地区为中心，发挥南亚热带优势，主要发展集约高效农业。发展粮食、水果种植业、草食畜牧业、淡水养殖业及南药加工业，建设全省现代粮食及畜禽产品供给保障基地。

沿海蓝色农业带，以广东沿海地区为中心，依托海洋及港口资源优势，主要发展现代海洋渔业。发展海水养殖业，建设海水养殖加工基地；发展海产品交易，建设海产品交易集散区；发展海洋旅游业，建设滨海休闲旅游区。

### 三、 园区载体建设加快， 集聚水平不断提升

"十三五"以来，广东省深入推进农业供给侧结构性改革，以"四区两带"农业发展格局为基础，聚焦农业优势产业区（带），推动发展富民兴村产业，促进现代农业提质增效，形成粮食、蔬菜、岭南水果、畜禽、水产、精制食用植物油、岭南特色食品及功能性食品、调味品、饮料、饲料、茶叶、南药、苗木花卉、现代种业以及烟草等 15 个子集群，推进创造产业要素集聚、资源高度集约的产业生态。

各地区充分发挥当地产业优势，形成适宜当地发展的产业集群。粤西、粤北地区播种面积最大，粮食产业子集群主要分布在粤西、粤北粮产区；蔬菜产业子集群充分展现地区特色，形成了城郊型商品蔬菜基地、粤西北运蔬菜基地、粤北夏秋蔬菜基地以及粤东精细加工型蔬菜基地；水果产业子集群依水果生长习性分布，荔枝、龙眼重点发展区域为茂名、广州等地，香蕉重点发展区域为茂名、湛江等地，柚子重点发展区域为梅州等地；畜禽产业子集群中生猪重点发展区域为韶关、梅州等地，家禽重点发展区域为梅州、惠州等地；南药产业子集群重点发展区域为云浮、肇庆等。

粮食产业子集群。"十三五"期间，广东省大力生产优质稻米，培育壮大广东优质丝苗米品牌，并兼顾玉米、薯类作物的发展，不断推进水稻生产机械化，保障全省口粮供给。从播种面积看，粤西、粤北粮产区的播种面积最大，为优质稻的生产奠定基础。优质稻产业集群区域为粤西、粤北粮产区。在粮食加工和生产方面，"十三五"期间粮食产地初加工和精加工水平不断提升，粮食加工副产品的综合利用不断增强，粮食加工和生产产业链不断延长，附加值不断提高。粮食加工集群区域为粤西、粤北粮产区及珠江三角洲地区。

蔬菜产业子集群。"十三五"期间，广东省继续加强"菜篮子"基地和蔬菜出口基地建设，不断开发蔬菜品种，迎合市场需求，不断扩大冬季北运菜的规模，确保蔬菜的有效供给。蔬菜生产方面，逐渐推广蔬菜生产的设施化、机械化，发展培育蔬菜的设施装备水平，提升蔬菜竞争力。蔬菜加工方面，不断开发蔬菜高效腌制、节能干制、生物转化等采后加工处理技术，延长蔬菜加工产业链，发展腌制蔬菜、休闲蔬菜和方便蔬菜等的加工，提升蔬菜加工附加值，建设蔬菜冷链物流系统，为蔬菜运输提供基础。蔬菜产业集群为城郊型商品蔬菜基地、粤西北运蔬菜基地、粤北夏秋蔬菜基地以及粤东精细加工型蔬菜基地。

水果产业子集群。"十三五"期间，广东省大力发展具有岭南特色优势的荔枝、菠萝、柚子、龙眼、香蕉、柑橘、青梅产业，兼顾三华李、火龙果、猕猴桃、鹰嘴蜜桃、水晶梨、橄榄、无核黄皮等其他特色水果产业发展。在水果加工方面，水果产地商品化处理技术及装备研发和冷链物流设施建设不断加强，水果精深加工不断发展。水果产业子集群主

要有：荔枝、龙眼重点发展区域为茂名、广州、惠州、阳江、东莞等；香蕉重点发展区域为茂名、湛江、阳江等；菠萝重点发展区域为湛江；柚子重点发展区域为梅州、韶关；柑橘重点发展区域为肇庆、清远、韶关；青梅重点发展区域为揭阳、汕尾。

畜禽产业子集群。"十三五"以来，广东省积极推动生猪生产以及加工的转型升级，由以前的调活猪转向调肉品，推动由小散户养殖向标准化机械化规模养殖转型，由粗放养殖向绿色科学养殖转型，由小型屠宰厂（场）向现代化屠宰企业转型。生猪重点发展区域为韶关、梅州、湛江、茂名、肇庆、清远、阳江等。在以黄羽鸡为重点的家禽生产屠宰及深加工方面，以清远麻鸡、惠阳胡须鸡、怀乡鸡、杏花鸡等特色品种为基础，不断提升家禽养殖机械化、智能化水平，推动畜禽就地屠宰，建设完善冷链配送体系，推动由运活畜禽向运肉转型。家禽重点发展区域为梅州、惠州、江门、茂名、肇庆、清远、云浮等。

南药产业子集群。"十三五"以来，广东以大宗特色中药材，如阳春砂、广陈皮、何首乌、五指毛桃、益智、化橘红、广藿香、牛大力、穿心莲、巴戟天、溪黄草、肉桂等为重点，建立优质岭南中药材生产基地，在药材原产地及适宜地区建立岭南中药材良种繁育基地，推动发展南药综合加工技术，开发南药药食同源产品。南药种植及初加工重点发展区域为云浮、肇庆、茂名、江门、阳江、潮州等；南药制药精深加工重点发展区域为广州。广东省是我国中药材的优势产区，广东中药材资源有2 600多种，约占全国药材种类的20%，依托各地南药特色品种和种植基础，大力推进南药产业集聚式发展。截至2020年11月，全省已公布的南药省级现代农业产业园达到了12个（见表6-11）。

表6-11　广东省12个南药省级现代农业产业园

| 第一批产业园 | 茂名市化州市化橘红产业园、肇庆市高要区南药产业园 |
|---|---|
| 第二批产业园 | 阳江市阳春市春砂仁产业园、云浮市云城区南药产业园、云浮市罗定市肉桂产业园 |
| 第三批产业园 | 康美药业（惠来）南药产业园、茂名市电白区沉香产业园 |
| 第四批产业园 | 惠州市博罗县南药产业园、湛江市徐闻县良姜产业园 |
| 第五批产业园 | 德庆县南药产业园、平远县南药产业园、潮州市湘桥区佛手果产业园 |

资料来源：根据公开资料整理。

## 四、 发展方式加快转变， 绿色农业全面推进

"十三五"以来，广东省加快转变农业发展方式，加快发展资源节约型、环境友好型农业，农业资源保障能力、农业生态环境、农业面源污染防治、农业废弃物资源化利用得到明显改善，农业绿色发展取得明显进展。

农业资源保障能力进一步增强，严守耕地保护红线，撂荒耕地复耕复种稳步推进，不

断加强林业及海洋资源保护。截至 2020 年，广东耕地面积为 259.3 万公顷，林地面积为 1 001 万公顷，园地面积为 125.6 万公顷，牧草地面积为 0.31 万公顷，海域总面积为 41.9 万平方千米，海洋滩涂面积为 18.02 万公顷，海岛面积为 1 513.17 平方千米，大陆海岸线长度为 4 114.4 千米，岛屿岸线长度为 2 378.71 千米，岛屿个数为 1 963 个。

农业生态环境明显改善，营造林工作不断推进，截至 2020 年末，全省森林面积为 1 053.22 万公顷，森林覆盖率达到 58.7%，森林蓄积量达到 5.84 万立方米。全省全年完成造林 259 966 公顷，其中，人工造林 20 022 公顷，封山（沙）育林 101 663 公顷，退化林修复 63 702 公顷，人工更新 74 579 公顷。

农业面源污染得到有效防治，化肥和农药使用量均实现负增长，2020 年化肥和农药使用量分别较上一年下降2.7%、4.9%（见表6－12），粮食综合生产能力稳定在 1 200 万吨以上，绿色优质农产品供应能力进一步增强。

表 6－12　2016—2020 年广东省化肥和农药使用情况

| | 2016 年 | 2017 年 | 2018 年 | 2019 年 | 2020 年 |
|---|---|---|---|---|---|
| 化肥施用量（万吨） | 241.97 | 237.94 | 231.32 | 225.79 | 219.80 |
| 农药施用量（万吨） | 9.60 | 9.46 | 9.37 | 8.75 | 8.32 |

数据来源：2017—2021 年《广东农村统计年鉴》。

农业废弃物资源化利用进一步增强，畜禽养殖废弃物资源化利用设施进一步升级改造，畜禽规模养殖环境评价准入制度进一步落实，到 2020 年，全省生猪出栏量稳定在 2 500 万头以上，畜禽粪污综合利用率达 88.4%，规模养殖场粪污处理设施装备配套率达 98.6%，大型畜禽规模养殖场粪污处理设施装备配套率达到 100%。

## 五、　科技兴农持续发力，　现代农业上新台阶

"十三五"以来，广东省农业现代化水平不断提升。国家现代农业科技中心、岭南农业重点实验室建设不断推进，生猪、荔枝等良种不断实现科研攻关。

数字农业加快发展，数字经济逐渐走进传统农业企业。2021 年，广东数字农业发展联盟正式成立运作，联盟包括数字农业领域的产业龙头、科技创新型企业、金融与产业服务、新闻媒体、科研机构及高校，为农民、农业、农村导入互联网、数字技术，共享数字成果，推进乡村振兴，加快农业农村现代化。

农业机械化转型升级，农业科技进步贡献率不断提升。"十三五"以来，从事农业科研活动人员不断增加，由 2016 年的 3 611 人上升到 2020 年的 4 570 人（见表 6－13），农业机械化不断转型升级，2020 年全省农机总动力超过 2 480 万千瓦，包括耕整地机械、农用排灌机械、收获机械、水产机械、农用航空器等，同时实行农机购置补贴政策，在全省

率先组织开展水稻精量穴直播、水稻农用无人机直播作业补贴，提高农民使用农机积极性。2020 年，全省主要农作物耕种收综合机械化率达 65%，农业科技进步贡献率达 70.2%。

表 6 - 13　2016—2020 年广东农业科研机构和人员基本情况

| 项目 | 2016 年 | 2017 年 | 2018 年 | 2019 年 | 2020 年 |
|---|---|---|---|---|---|
| 机构数（个） | 76 | 76 | 73 | 68 | 73 |
| 职工人数（人） | 4 781 | 4 760 | 4 289 | 4 633 | 5 193 |
| 从事农业科研活动人员（人） | 3 611 | 3 651 | 3 432 | 3 995 | 4 570 |

数据来源：2017—2021 年《广东农村统计年鉴》。

# 第二节　广东农业发展存在的问题

## 一、　粮食生产基础不牢，　供给压力凸显任务重

"十四五"时期，全省农业农村发展风险挑战前所未有，保障粮食等重要农产品的供给压力尤为凸显。2020 年全国各省市粮食产量排行榜中，广东位于全国第 19 位，总产量为 1 268 万吨，占全国粮食总产量的 1.9%，全省粮食生产基础不牢固，自给能力亟待提升，应对各种风险挑战，履行好国家粮食安全广东责任、保障重要农产品有效供给的任务更大、更重。

当前，粮食生产在各种扶持奖励政策下实现了播种面积、产量、亩产的"三增"，但维持粮食生产的持续稳定仍存在各种限制性因素。一是广东省"七山一水二分地"的地形，以山地、丘陵为主，平原相对较少，不适宜粮食作物的大规模耕种。土地作为粮食生产的基础，当前的撂荒耕地复耕复种效果甚微，撂荒地水利设施和农机通道等基础设施建设还未完善，耕地的"非粮化"问题还待进一步解决。二是粮食的种植主要为个体分散化经营，规模化种植程度较低，农村土地流转不畅通，导致粮食播种面积不稳定。

## 二、　农业专业人才稀缺，　引才育才用才待强化

实施乡村振兴战略，推动农业农村现代化，需要一大批农业专业人才。伴随着农产品的消费升级，各种差异化的特色优质农产品相对于传统农产品具有更高的经济效益，农产品营销方式也发生了翻天覆地的变化，出现了电商等"新农业"。现在的田间地头，手机变身为"新农具"，直播变成"新农活"。尤其在疫情防控期间，农产品线下销售受阻，

直播带货大为兴起，而这对农业从业人员也提出了更高的要求，需要农业从业人员懂技术、懂管理、懂经营。受限于各种因素，目前全省的农业专业人才稀缺。一是学校相关专业设置仍然偏传统，涉农业专业数量较少，培养的农业相关人才难以满足农村产业发展的需要。二是作为数字农业的先行先试区，广东数字农业人才紧缺，尚未形成完善的农村电商人才培养体系。三是农村的生活条件、基础设施与城市差距过大，收入水平较低，难以吸引相应的人才。

## 三、 财政支农力度不够， 资金扶持力度待加强

"十三五"期间，广东财政对农林水公共预算支出逐年增加。从绝对量上看，增量明显。其中，2018 年和 2020 年的增速较快，但与地方一般公共预算支出相比，农林水公共预算支出比重稳定在 5% ~6%，表明广东财政用于扶持农业发展的比重仍然较低，对农业重视程度不够，支持力度小（见图 6 – 7）。

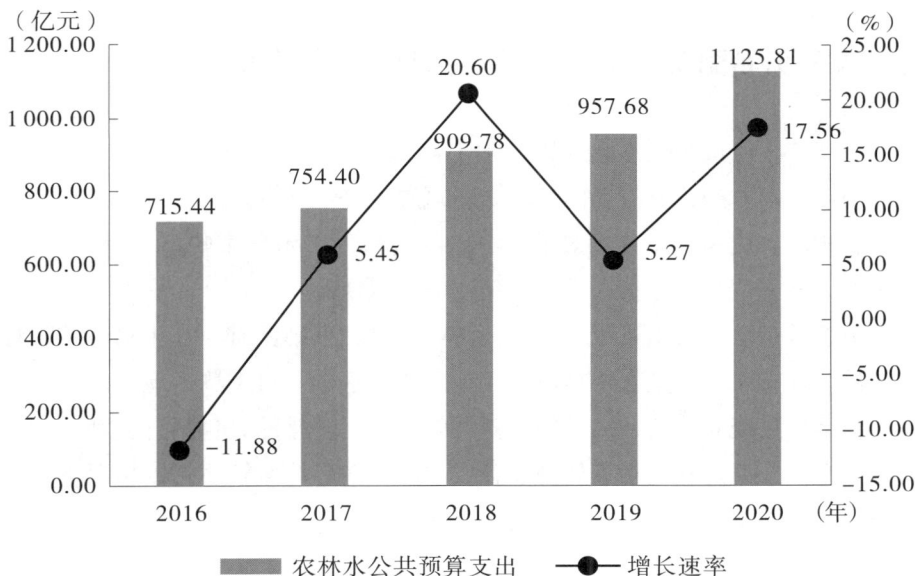

图 6 – 7　2016—2020 年广东省农林水公共预算支出情况

数据来源：2017—2021 年《广东统计年鉴》。

## 四、 产品精深加工不足， 品牌发展层次需提升

作为全国第一经济大省，广东省的农业总产值同样居全国前列，但是农产品精深加工程度不高，供给结构不优，优势农产品的竞争力不强。"十三五"期间，广东省农副产品

加工业增加值下降明显，由 2016 年的 469.70 亿元下降到 2020 年的 342.46 亿元，下降了 27.1%（见表 6 - 14）。

表 6 - 14　2016—2020 年广东省农副产品加工业情况

|  | 2016 年 | 2017 年 | 2018 年 | 2019 年 | 2020 年 |
|---|---|---|---|---|---|
| 工业增加值（亿元） | 469.70 | 395.15 | 364.84 | 341.64 | 342.46 |
| 增长速度（%） | 7.2 | -15.9 | -7.7 | -6.4 | 0.5 |

数据来源：2017—2021 年《广东统计年鉴》。

受各种因素影响，农产品附加值程度低。一是受气候条件影响，广东省优质农产品以荔枝、龙眼、菠萝等热带水果为主，成熟后不宜储存，精深加工程度不高，上市时间集中，消费的季节性特点突出，水果成熟后易导致农产品积压，销售压力较大。二是品牌战略意识弱，因此延长农产品生产产业链，生产多样化特色优质农产品，推进传统农业向现代农业转变的任务依然繁重。

## 五、　病害防治面临压力，　养殖污染处理困难大

当前，非洲猪瘟已成为常态化病毒，加上广东属热带、亚热带季风气候，高温多雨，成为生猪传统疫病及非洲猪瘟流动的温床。新冠肺炎疫情暴发之后，政府对疫情管控愈发严格，疫情影响已经成为常态化，对散户、中小规模的养殖场影响严重，疫情一旦发生，小散养户需要大面积清场，亏损严重，生猪复养难以恢复。

畜禽养殖尤其是生猪养殖过程中，粪便污染严重，处理困难。在生猪养殖过程中，粪便通常有两种处理方式，一是直接排放在土地上或者水中，对土壤、地表水和地下水产生严重污染，甚至导致疫病传播；二是经过粪便处理之后再排放，包括化粪池、沼气池、粪便有机处理等方式，但是这类污染处理设备成本高，在环境监管不严的情况下，养殖场主通常不会采用此类设备，导致生猪污染问题严重。

## 六、　资源虹吸效应持续，　地区发展仍显不平衡

广东省虽是农业大省，在全国的排名位于前列，但省内各地农业发展不平衡。农业发展较好的地区主要集中在珠江三角洲，而粤东西北的农业发展水平相对落后。一是珠三角地区地理位置优越，有巨大的冲积扇平原和大片的土地，还有丰富的自然资源，这为农业发展奠定了良好的基础，主要发展都市精品农业，农业的规模效应明显。粤东西北的农业以精耕细作为主，多为小规模经济，农业发展水平相对较低。二是虹吸效应，由于历史原因以及珠三角地区的先发优势，广东省各区域之间经济发展水平存在巨大的差距，珠三角

地区成为粤东西北等非珠三角地区人口流向的主要区域，使得更多的资源向珠三角地区倾斜，而粤东西北地区的资源越来越少，从而加剧了各地的不平等。

# 第三节　广东农业发展趋势

## 一、 设施农业成为农业结构调整的突破口

近年来，广东省设施农业效益显著，已经成为农业结构调整的突破口。广东省气候以热带、亚热带季风气候为主，热、水资源丰富，一般认为广东省不需要发展设施农业。但广东易受极端恶劣天气影响，对农业生产不利，而设施农业可以防风防雨，有效抵御自然灾害，提高土地产出率和资源利用率，保障农产品的全年供给，促进农民增产增收，为农业生产提供稳定保障。

近年来，广东省出台一系列政策推动设施农业有序发展，生产规模逐年扩大，推动了农村一、二、三产业的融合，社会经济效益稳步提升。从广东省设施农业分布情况看，塑料大棚、连栋温室超半数都是分布在珠三角地区，而中小拱棚则是珠三角地区和粤北地区齐头发展，粤东和粤西发展程度较低（见表6-15）。

表6-15　广东省设施农业主要类型分布情况

| 区域 | 塑料大棚 | | 中小拱棚 | | 连栋温室 | |
|---|---|---|---|---|---|---|
| | 面积（万亩） | 占比 | 面积（万亩） | 占比 | 面积（万亩） | 占比 |
| 珠三角地区 | 7.35 | 56% | 2.72 | 31% | 0.99 | 60% |
| 粤东地区 | 0.52 | 4% | 1.47 | 17% | 0.02 | 1% |
| 粤西地区 | 2.77 | 21% | 1.68 | 19% | 0.19 | 11% |
| 粤北地区 | 2.50 | 19% | 2.97 | 33% | 0.46 | 28% |

数据来源：广东省农业农村厅。

## 二、 "一核一带一区" 农业联动发展加速

"十四五"以来，广东省立足各地农业生产力布局基础，构建全省"一核一带一区"区域发展格局，坚持珠三角引领带动、粤东西重点提升、粤北生态优化，突出重点、分类施策，协同推进农业农村现代化。

珠三角核心区发挥引领带动作用，建立珠三角现代化农业产业体系、生产体系与经营体系。发挥珠三角地区科技资源优势，推动科技创新，建立粤港澳大湾区农业国家科学中

心和现代生物育种创新中心等创新平台，建设珠三角地区农业高新技术产业集群，将珠三角地区打造成为国家现代农业产业科技创新中心；将珠三角地区建设为"菜篮子"生产供应基地，并建设农产品冷链物流园区，保障珠三角地区蔬菜供给；发挥粤港澳大湾区优势，开发珠三角地区都市休闲农业区，建设创意农业体验湾区。

沿海经济带西翼保障粮食和重要农产品的供给，将其打造成全省粮食供给保障基地、冬季北运菜基地，建设亚热带水果产业集群；同时，发挥雷州半岛与海南的地区优势，加强粤西与海南自由贸易港的联动发展，做好粤港澳大湾区与海南自由贸易港的连接。

沿海经济带东翼依托潮汕地区优势，发展精细特色农业，开发具有潮汕地区特色的农产品，推进当地"一村一品、一镇一业"和现代农业产业园建设；挖掘潮汕文化底蕴，建设具有潮汕特色的乡村；发挥粤台农业合作优势，建设粤台农业合作先行区，推动海峡两岸乡村融合发展。

粤北生态区坚持绿水青山就是金山银山的理念，建设生态保护屏障，力争到 2025 年建成农业绿色发展试验区；开发具有地方特色的优质农产品，融入粤港澳大湾区，引领绿色消费；加快山地农村基础设施建设，将其打造成为粤北山地生态精美乡村。

## 三、 数字农业创新成为乡村振兴新机遇

习近平总书记多次强调，要发展数字经济，加快建设数字中国。农业农村发展数字经济潜力巨大，数字农业农村是数字中国的重要组成部分。农业的发展需要经历四个阶段，即从农业 1.0 到农业 4.0，农业 1.0 指的是传统农业，使用简单工具进行生产，生产力低下；农业 2.0 指的是小型规模化农业，使用机械化工具进行生产，生产力得到提升；农业 3.0 指的是自动化农业，利用计算机等设备进行专业化生产，生产力进一步提升；农业 4.0 指的是智慧型农业，实现农业生产数字化、智能化、无人化。

自 2015 年以来，广东省政府相继推出各项政策推动农业生产的智能化和农产品流通网络化，包括《"互联网＋"行动计划（2015—2020 年）》《广东省信息基础设施建设三年行动计划（2018—2020 年）》《数字农业农村发展规划（2019—2025 年)》等。

广东探索数字农业发展成效初显。自疫情暴发以来，直播带货逐渐成为潮流，各地都在利用互联网销售当地特色产品，广东发挥自身数字基础设施优势，通过线上线下相结合助推农产品销售，梅州柚、广东丝苗米、徐闻菠萝等"粤字号"品牌闻名全国。广东各地市涌现出一批包括揭阳军埔村、茂名高州元坝村等名声在外的电商村，根据农业农村部信息中心联合中国国际电子商务中心发布的《2021 全国县域数字农业农村电子商务发展报告》，2020 年广东省县域农产品网络零售额排名全国第一，县域网络零售额排名第二，全省共 12 个县（市、区）跻身全国县域电商 Top 100，农业农村电商发展引领华南地区。此外，广东积极推进省级现代农业产业园区和智慧农业产业园区建设，示范带动更多地区实

现产业数字化、数字产业化。

## 四、 机械化生产成为农业效率提升关键

广东省农业农村厅先后发布《广东省2021—2023年中央财政农机购置补贴实施方案》《广东省农业机械化"十四五"发展规划（2021—2025年)》，为农业机械化发展提供全局性的政策支持。目前，已在全省布局建设3个水稻智能农机装备示范基地和15个水稻机械化种植示范点。全省水稻机种率突破30%，珠海、江门两市的水稻机种率已超过70%；全省农机合作社达930家，农机合作社拥有农机装备原值达7亿元，农机合作社作业服务面积近1 000万亩，年经营收入超7.5亿元。

未来几年，农业机械化加快发展。全省农业机械化将以水稻为重点，推进机械化全程全面发展；以目标为导向，推进农机补贴政策规范高效实施；以补短板为契机，增强农机装备研发生产能力；以"机械化+"为模式，增强农机社会化服务能力；以训赛为抓手，加强农机化人才队伍建设；以法规为依据，强化监管保障农机安全发展。

## 五、 现代农业产业园建设步伐持续加快

2018年以来，为加快推进广东农业农村现代化，促进农村一二三产业的融合发展，推动农业全环节升级、全链条增值，广东省委、省政府等部门先后制定出台一系列政策积极推进现代农业产业园建设，现代农业产业园建设步伐逐渐加快（见表6–16）。

表6–16　广东省促进现代农业产业园建设一系列政策

| 时间 | 文件名称 | 印发机构 |
|---|---|---|
| 2018年10月 | 《广东省现代农业产业园建设指引（试行)》 | 广东省农业农村厅 |
| 2018年10月 | 《广东省现代农业产业园财政资金管理规定（试行)》 | 广东省农业农村厅 |
| 2019年7月 | 《广东省实施乡村振兴战略规划（2018—2022年)》 | 广东省委、省政府 |
| 2019年8月 | 《关于支持省级现代农业产业园建设政策措施的通知》 | 广东省人民政府办公厅 |
| 2020年5月 | 《广东省建立健全城乡融合发展体制机制和政策体系的若干措施》 | 广东省委、省政府 |
| 2021年6月 | 《2021—2023年全省现代农业产业园建设工作方案》 | 广东省人民政府办公厅 |

数据来源：根据政府文件整理。

2018年至2020年底，中央、省、市县财政累计分别投入6.27亿元、75亿元、70.8亿元，创建14个国家级、161个省级、55个市级现代农业产业园，形成国家、省、市三级现代农业产业园梯次发展格局，实现主要农业县、主导产业和主要特色品种全覆盖。其

中 2020 年新增创建 4 个国家级、41 个省级现代农业产业园，新增 12 个国家级农业产业强镇、26 个全国"一村一品"示范村镇，建设了黄羽鸡、金柚 2 个国家级优势特色产业集群，建设区域性渔业全产业链产业集群。广东省的现代农业产业园中，有粮食产业园、生猪产业园，以及岭南水果、水产、蔬菜、茶叶、南药、家禽等岭南特色省级产业园。通过突出粮食、生猪、蔬菜、水产、家禽等重要农产品产业园建设，保障广东重要农产品的有效供给，守住"米袋子"、丰富"菜篮子"，进一步筑牢粮食安全底线。

表 6 - 17　2018—2020 年广东省建成现代农业产业园

| 城市 | 产业园数量 | 主导产业 |
|---|---|---|
| 广州 | 16 | 丝苗米、渔业、迟菜心、田园蔬菜、荔枝、花卉、壹号蛋鸡、农产品、柑橘、生猪、丝苗米、特色水果 |
| 深圳 | 0 | — |
| 珠海 | 3 | 黄鳍鲷、特色水果园艺作物、白蕉海鲈 |
| 佛山 | 6 | 花卉园艺、渔业、鱼花、草鲩 |
| 东莞 | 3 | 生态农业、农产品冷链物流、现代农业 |
| 中山 | 2 | 脆肉鲩、花木 |
| 惠州 | 8 | 丝苗米、蔬菜、南药、深海网箱养殖、马铃薯、胡须鸡 |
| 江门 | 7 | 鳗鱼、水产、丝苗米、家禽、农产品、冷链物流、丝苗米 |
| 湛江 | 14 | 菠萝、红橙、花卉、火龙果、土猪、剑麻、生猪、莲藕、对虾、良姜、深海网箱养殖、茶叶 |
| 茂名 | 8 | 龙眼、三华李、荔枝、化州橘红、罗非鱼、沉香、对虾 |
| 汕头 | 4 | 蔬菜、丝苗米、生猪、狮头鹅 |
| 揭阳 | 4 | 南药、青梅、茶叶、竹笋 |
| 阳江 | 7 | 绿萝、春砂仁、花生、对虾、荔枝、深海网箱养殖、蚝 |
| 肇庆 | 10 | 南药、贡柑、丝苗米、油茶、砂糖橘、蔬菜、杏花鸡、南药、生猪、肉鸽 |
| 清远 | 12 | 清远鸡、英德红茶、菜心、稻鱼茶、蔬菜、杏花鸡、南药、生猪、肉鸽 |
| 韶关 | 13 | 兰花、茶叶、香芋、蔬菜、丝苗米、食用菌、蚕桑、油茶、柑橘、杨梅、食用菌、生猪、岭南落叶水果 |
| 河源 | 9 | 茶叶、猕猴桃、油茶、生猪、鹰嘴蜜桃、板栗、蔬菜、腐竹 |
| 梅州 | 14 | 金柚、蜜柚、茶叶、丝苗米、脐橙、蔬菜、南药、梅州柚 |
| 汕尾 | 6 | 萝卜、水产、甘薯、青梅、蔬菜、丝苗米 |
| 云浮 | 9 | 肉桂、优质鸡、南药、无核黄皮、肉牛、丝苗米、生猪、花卉苗木 |
| 潮州 | 5 | 凤凰单枞茶、佛手果、茶叶、凉果、水产 |

# 第四节　广东农业发展的对策建议

## 一、　推进发展数字农业，　探索农业模式创新

农业数字化是实现农业农村现代化的重要手段，广东省要加快实施数字农业建设，探索农业发展新模式。作为改革开放的排头兵、先行地、实验区，广东发展数字农业具有产业、市场、科技、环境等多方面优势。广东农业资源优越、配套设施完善，拥有坚实的发展基础；内需、外贸大省双合一，拥有广阔的市场基础；农业科技创新实力全国领先，拥有强大的创新驱动力；经济实力雄厚、数字治理能力领先，拥有良好的发展环境；数字农业企业发展迅速，拥有浓厚的创业创新氛围。要推进发展数字农业，一是推进数字农业基础设施建设，全力推进物联网、大数据、5G、云计算、人工智能等数字技术与传统农业基础设施的融合发展，为数字农业发展夯实基础；二是大力培育数字农业人才，扩大对农村剩余劳动力的数字技能培训，吸引人才回乡，实现数字人才队伍的壮大。

## 二、　推动种业健康发展，　增强粮食安全保障

种子被誉为农业的"芯片"，种业是保障粮食安全的源头。习近平总书记强调，"种子是我国粮食安全的关键。只有用自己的手攥紧中国种子，才能端稳中国饭碗，才能实现粮食安全"。为推动广东种业高质量发展，需要加快构建种业创新体系、产业体系。一是打造种业科技创新平台。推进广东（深圳）现代生物育种中心、广东南亚热带作物创新中心、广州种业研究院等种业创新平台建设，加强种业关键核心技术攻关研究，积极开展现代生物技术创新研究及其选育新品种的生物安全评价，有序推进生物育种产业化运用，全面提升种业核心竞争力。二是加强种业基地建设。加强南繁科研育种基地、雷州半岛二线南繁育种示范基地和现代化育苗工厂建设，支持建设国家级生猪、肉鸡等畜禽核心育种场和扩繁基地，支持各地申报以种业为主的省级现代农业产业园，加快省级良种繁育基地和品种试验基地建设。三是培育壮大种业企业。推动广东种业集团组建，支持育种能力强、市场占有率高的种子企业申领有效区域为全国的"育繁推一体化"种子生产经营许可证，组织成立广东畜禽种业发展创新联盟，组织认定一批畜禽种业骨干企业。

党的十八大以来，习近平总书记围绕确保国家粮食安全发表了一系列重要论述，强调"粮食问题不能只从经济上看，必须从政治上看，保障国家粮食安全是实现经济发展、社会稳定、国家安全的重要基础""解决好十几亿人口的吃饭问题，始终是我们党治国理政的头等大事""中国人的饭碗任何时候都要牢牢端在自己手中，饭碗主要装中国粮"。粮

食安全关系到国家的长治久安，广东粮食产量在全国排名中等，为保障全省粮食安全，完成国家下达的粮食产量参考指标，须大力推进粮食生产规模化。一是持续推进撂荒地的复耕复种，盘活耕地资源，并通过加大宣传力度、补贴政策等提高农民复耕种粮的积极性，保障粮食种植面积；二是加强土地流转，推动零散土地的规模化经营，实现土地资源的合理分配，积极动员农民、企业和合作社开展土地流转，实现土地资源的合理分配，进一步保障粮食安全。

## 三、 培育新型经营主体， 壮大农业龙头企业

为推动广东农业的现代化建设，加深农产品精加工程度，改善农产品供给结构，提升农产品竞争力，需多措并举。一是激发农业经营主体发展活力，构建新型现代农业经营体系，大力发展家庭农场、农民合作社等新型农业经营主体，建立小农户与乡村产业振兴的重要纽带，加强产业园区、龙头企业与农户、家庭农场、农民合作社等主体紧密联结；二是要大力发展农业龙头企业，鼓励农业创新，延长农产品产业链，加强农产品精加工能力，增加农产品附加值，发挥龙头企业带头作用，推动地区农业产业发展。

## 四、 建立监管长效机制， 稳定生猪产业发展

在广东，猪肉是肉类消费的主导，生猪养殖是畜牧经济的重要组成部分，为稳定生猪产业健康发展，需采取多种措施。一是建立监管长效机制，建立良好的生物安全理念及管理体系，构建制度化政策环境，保证能繁殖母猪存栏水平，稳定生猪日常供给。二是推动生猪养殖规模化，提升生猪养殖行业规模度，推进生猪产业现代化，优化生猪屠宰加工布局。三是加强环境整治，探索生猪养殖的生态循环模式，走可持续发展之路，提升经济及生态效益。

## 五、 加大科技兴农力度， 提升农业质量效益

发展高品质农产品，需要加大农产品科研投入力度。一是注重传统特色的科学继承与现代农业创新并重，充分借鉴现代农业和生物领域的育种、栽培、加工方面的新技术、新方法，提高中草药材、花卉等新兴产业的科技创新水平。二是科学规划，推动农业生产向专业化、规模化和集约化发展，着力发展特色农业产业，进一步提高广东农业发展的质量和效益。

## 六、 推进地区农业合作， 实现农业联动发展

对于广东省农业发展不平衡的问题，需要推进地区产业合作。一是充分发挥珠三角地区的辐射作用，可以将部分产业向粤东、粤西、粤北地区转移，在遵循市场规律和坚持政府领导下，将两地产业有机融合。二是加强新产业与原有产业的融合，并在此基础上进行创新，形成更加有活力、更具发展潜力的新业态。此外，还可以对两地进行资源互补、优势互补、统筹协调发展。

## 七、 加大财政投入力度， 重点支持科技兴农

针对政府财政支农力度不够与规模小的问题，首先应加强政府财政支农力度，提高财政资金在农业发展的投入比重，对珠三角与粤东、粤西、粤北地区的财政投入应该一视同仁，其次还应该将更多的财政资金和资源投入粤东、粤西、粤北地区，加快当地的农业经济发展。此外，可以通过税收优惠、贷款贴息和增加普惠金融覆盖率来提高农户对农业的投资积极性，减轻政府的财政压力。

政府应鼓励科研发文机构将理论成果转化为实际生产力的行为。一是加大对农业科研创新的投入，鼓励各高校、科研机构和企业对农业的创新研究。二是改善对科研项目的管理制度，对发文质量严把关，加强各高校、科研院所与企业的联系与合作，围绕某一热点、难点农业问题共同进行研究，提出相应的结论对策。

## 八、 开拓市场营销渠道， 树立 "粤字号" 品牌

一是加强农产品市场体系建设，做大做强广东东西部扶贫协作产品交易市场以及农博会、种博会、渔业种业博览会等展会活动，推动地市打造一批特色食品工业旅游线路，举办粤菜美食节。二是探索制（修）定广式腊味、广式凉果、广式凉茶等领域的地方标准。三是深入开展农业和食品重点领域专利导航，大力挖掘培育地理标志产品，深入推进特色农产品优势区和"粤字号"知名农产品品牌创建行动，大力实施供销合作社"粤供优选"特色农产品放心品牌工程，培育和提升一批区域公用品牌、地理标志品牌、企业品牌和产品品牌。

# 第七章

# 广东先进制造业发展现状、趋势与对策建议[*]

习近平总书记曾强调，"实体经济是国家的本钱，要发展制造业尤其是先进制造业"。广东作为制造业发展的排头兵，加快推动先进制造业发展是贯彻落实习近平总书记重要讲话精神、提升制造业核心竞争力的必然要求，对制造业高质量发展具有重要意义。

目前，广东省先进制造业大致由两部分构成：一部分是新兴技术成果产业化后形成的新产业，其中的某些产业带有基础性和引领性；另一部分是传统制造业吸纳、融入先进制造技术和其他高新技术，尤其是信息技术后，提升成为的先进制造业。《广东省先进制造业发展"十三五"规划》明确我省"十三五"时期重点发展高端电子信息制造业、先进装备制造业、石油化工产业、先进轻纺制造业、新材料制造业、生物医药及高性能医疗器械产业等6大产业。本章针对广东先进制造业发展现状、趋势及发展阶段中存在的问题展开分析，并提出相应的对策建议。

## 第一节 广东先进制造业发展现状特征

### 一、产业规模和效益持续增长，吸纳就业能力逐步增强

#### （一）产业规模和增速稳步提升

2016—2021年广东规模以上先进制造业增加值增速基本高于同期全省工业增加值增速，成为全省工业增长的"稳定器"（见图7-1）。2021年先进制造业增加值同比增长6.5%（2020年规模以上先进制造业实现增加值1.81万亿元），增速比上年快3.1个百分点，占规模以上工业增加值比重达54.2%，比上年回落1.9个百分点。其中，生物医药及高性能医疗器械产业增速最快，同比增长15.3%，高端电子信息制造业增长1.3%，先进装备制造业增长11.1%，先进轻纺制造业增长7.8%，新材料制造业增长8.5%，石油化工产业增长8.0%，各行业相比上年均实现不同幅度增长。重要产品产量实现大幅提升，

* 本章第一执笔人为暨南大学产业经济研究院刘瑞儿。

工业机器人、集成电路、新能源汽车分别同比增长 56.5%、30.3%、155.6%，产品产量在国内具有领先优势（见图 7 - 2）。

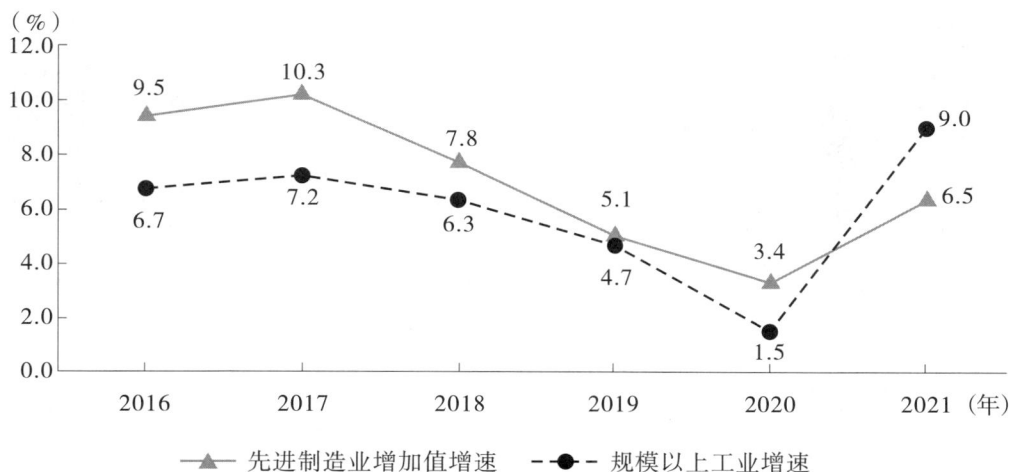

图 7 - 1　2016—2021 年广东省规模以上工业及先进制造业增加值增速

数据来源：2016—2021 年《广东省国民经济和社会发展统计公报》。

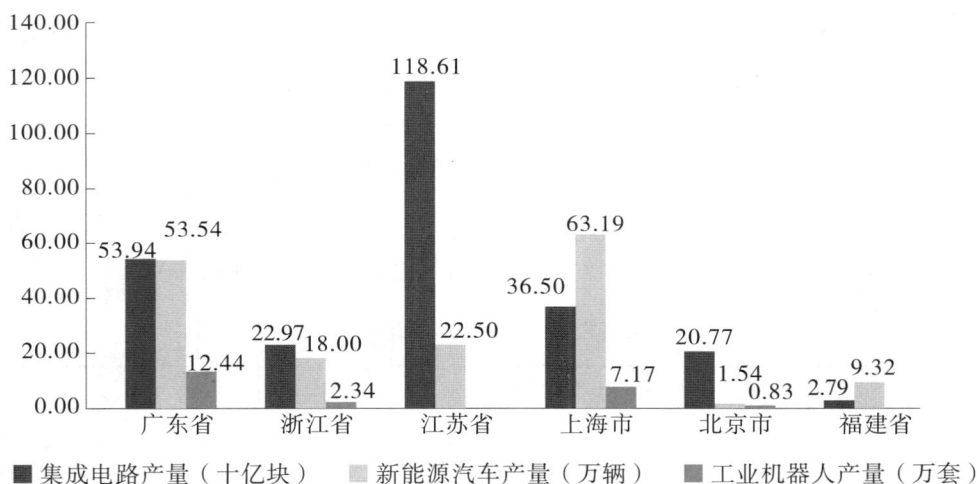

图 7 - 2　2021 年先进制造业重要产品产量比较

数据来源：各省市《国民经济和社会发展统计公报》。

## （二）平均就业人数呈现上升趋势

从就业人数来看，随着全省制造业转型升级步伐加快，先进制造业良好的发展态势吸引了越来越多劳动者的加入，成为保就业的重要力量。2020 年，广东省规模以上先进制造业年均就业人数 817.46 万人，比 2017 年上升 20%。其中，高端电子信息制造业平均就业人数领先，为 258.23 万人，先进轻纺制造业和生物医药及高性能医疗器械产业增速较快，相较 2017 年，增长率分别达 98.00% 和 81.71%（见图 7-3）。

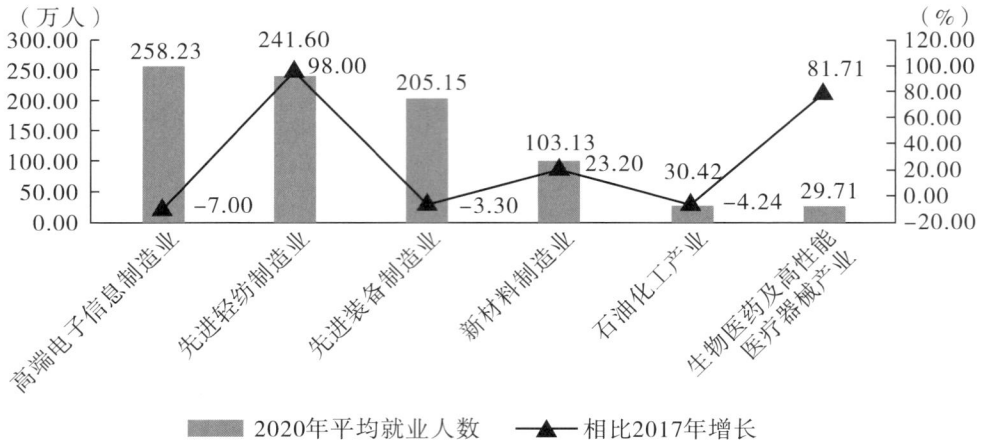

图 7-3　2020 年先进制造业年平均就业人数

数据来源：《广东统计年鉴》。

## （三）质量效益明显提高

从经济效益来看，2020 年广东省规模以上先进制造业实现营业收入 83 545.48 亿元，比 2017 增长 16%；实现利润总额 5 403.28 亿元，比 2017 年增长 10%，增幅高于规模以上工业平均水平 2.02 个百分点。其中生物医药及高性能医疗器械产业的利润总额相比 2017 年实现 28% 的增长率，在 6 大行业中领先（见表 7-1）。从国内比较上看，广东先进制造业利润总额在各省市比较中领先，其中计算机、通信和其他电子设备制造业最为突出（见图 7-4）。

表 7-1　分行业规模以上先进制造业营业收入和利润总额

| | 2020 年 | | | |
| --- | --- | --- | --- | --- |
| | 营业收入<br>（亿元） | 营业收入比<br>2017 年增长（%） | 利润总额<br>（亿元） | 利润总额比<br>2017 年增长（%） |
| 高端电子信息制造业 | 36 659.55 | 17 | 2 017.92 | 20 |
| 先进装备制造业 | 23 251.02 | −5 | 1 632.83 | −13 |
| 石油化工产业 | 7 948.41 | 8 | 470.13 | 24 |
| 先进轻纺制造业 | 10 023.76 | 3 | 804.87 | 13 |
| 新材料制造业 | 7 799.85 | 11 | 441.27 | 16 |
| 生物医药及高性能医疗器械产业 | 2 201.50 | 45 | 387.86 | 28 |
| 合计 | 83 545.48 | 16 | 5 403.28 | 10 |

数据来源：《广东统计年鉴》。

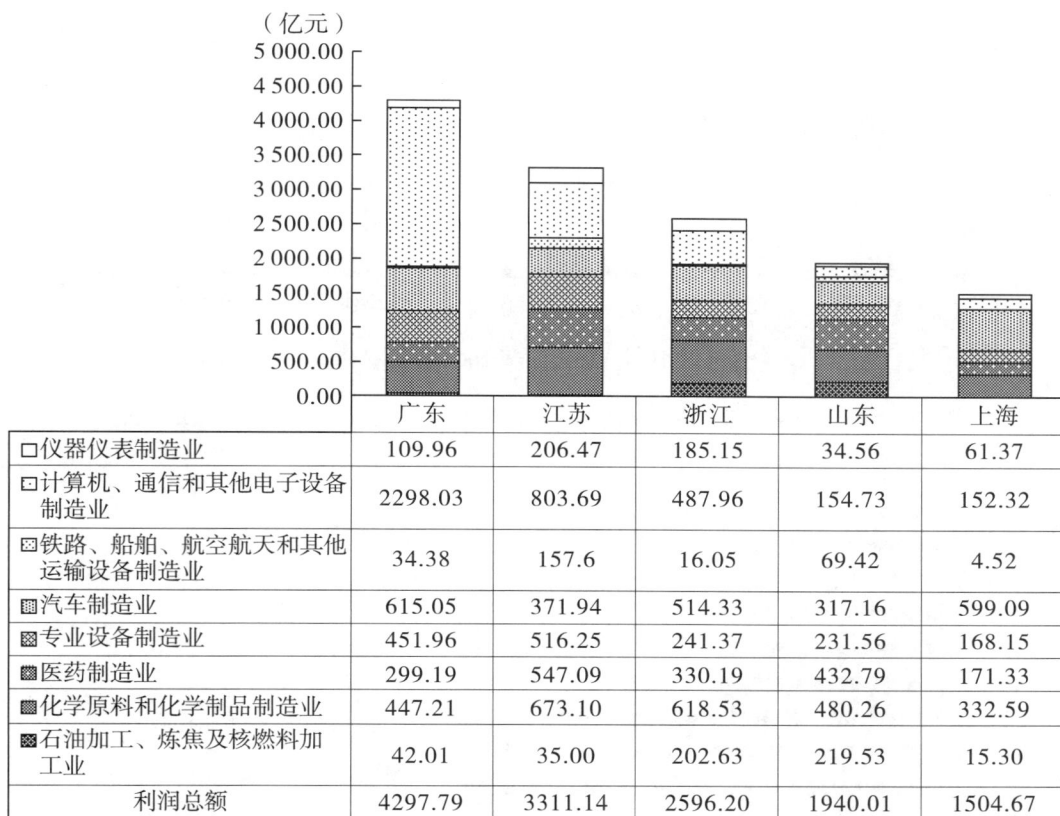

| （亿元） | 广东 | 江苏 | 浙江 | 山东 | 上海 |
|---|---|---|---|---|---|
| □仪器仪表制造业 | 109.96 | 206.47 | 185.15 | 34.56 | 61.37 |
| □计算机、通信和其他电子设备制造业 | 2298.03 | 803.69 | 487.96 | 154.73 | 152.32 |
| □铁路、船舶、航空航天和其他运输设备制造业 | 34.38 | 157.6 | 16.05 | 69.42 | 4.52 |
| ▩汽车制造业 | 615.05 | 371.94 | 514.33 | 317.16 | 599.09 |
| ▨专业设备制造业 | 451.96 | 516.25 | 241.37 | 231.56 | 168.15 |
| ▩医药制造业 | 299.19 | 547.09 | 330.19 | 432.79 | 171.33 |
| ▩化学原料和化学制品制造业 | 447.21 | 673.10 | 618.53 | 480.26 | 332.59 |
| ▩石油加工、炼焦及核燃料加工业 | 42.01 | 35.00 | 202.63 | 219.53 | 15.30 |
| 利润总额 | 4297.79 | 3311.14 | 2596.20 | 1940.01 | 1504.67 |

**图 7 - 4　2020 年各省市先进制造业利润总额对比**

注：统计范围为规模以上工业企业。

数据来源：各省市统计年鉴。

## 二、 大中小企业走向协同发展， 企业梯度培育初现成效

广东大型先进制造业企业的规模和质量进一步提升。2021 年广东省进入制造业 500 强的企业中，年营业收入超百亿元、千亿元制造企业数量分别达 67 家、8 家，次于浙江 95 家、12 家，江苏 93 家、11 家（见图 7 - 5）；进入世界 500 强制造业企业达 8 家，数量较上年增加 2 家；进入中国制造业 500 强企业达 58 家，仅次于北京市（93 家），位列全国第二（见图 7 - 6）。美的集团股份有限公司连续四届获得中国质量奖表彰，中兴通讯股份有限公司、广州金域医疗检验集团股份有限公司和深圳华大基因科技有限公司火眼实验室 3 家组织的质量管理模式和董明珠荣获第四届中国质量奖提名奖，先进制造业高质量发展持续发力。

（家）

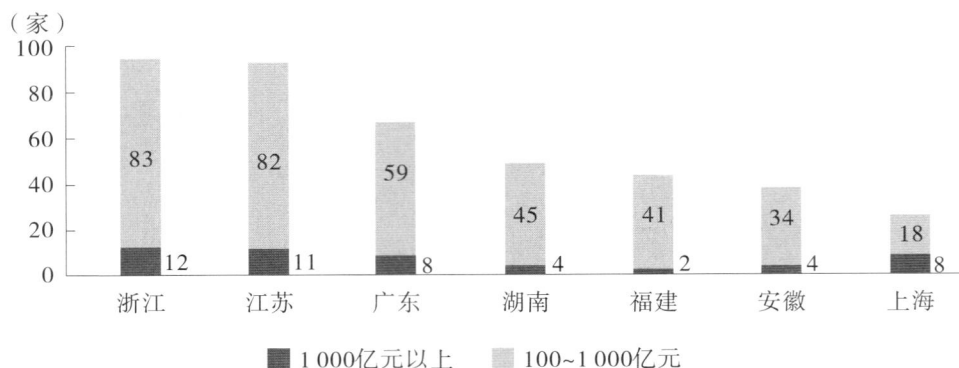

图 7 - 5 2021 年部分重点省市制造业企业年营业收入规模超百亿元、千亿元的数量

数据来源：根据各省市公布的制造业百强企业榜单整理。

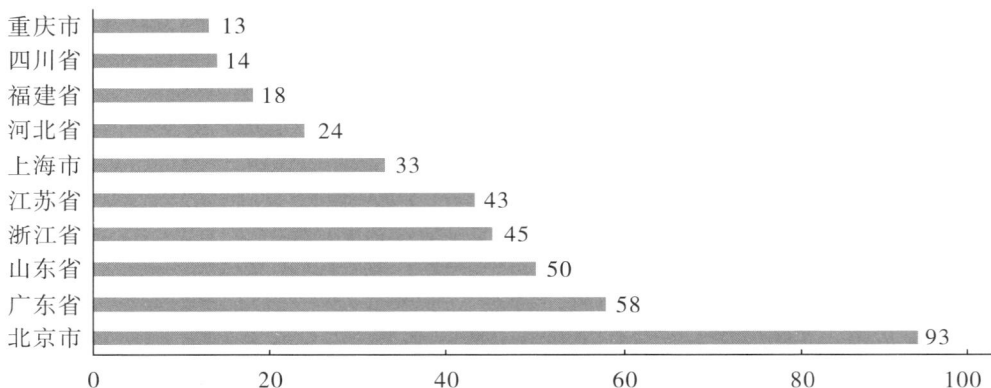

图 7 - 6 2021 年中国制造业企业 500 强入围企业数前十名的省市

数据来源：《中国制造业 500 强》。

"专精特新"成为培育壮大新动能的重要抓手。截至 2021 年底，广东拥有国家级制造业单项冠军企业 85 家（示范企业 37 家、产品 48 个），数量居全国第四位（见图 7 - 7）；累计培育省级"专精特新"中小企业 2 704 家，比 2020 年增加 1 459 家。拥有国家级专精特新"小巨人"企业 429 家，仅次于浙江省（470 家），位居全国第二（见图 7 - 7），其中，重点支持"小巨人"企业 35 家。广东专精特新企业九成以上分布在制造业，主营收入占营业收入比例超过 98%，七成以上"专精特新"企业深耕细分领域 10 年以上；五成以上企业主导产品市场占有率超过 40%，三成以上企业主导产品市场占有率超过 60%；截至 2021 年底，全省"专精特新"企业在主板、创业板、科创板上市 118 家，新三板挂牌 102 家，合计占比 14.78%，整体具有行业分布集中、创新能力强、专业化程度高、成长性好等特点。

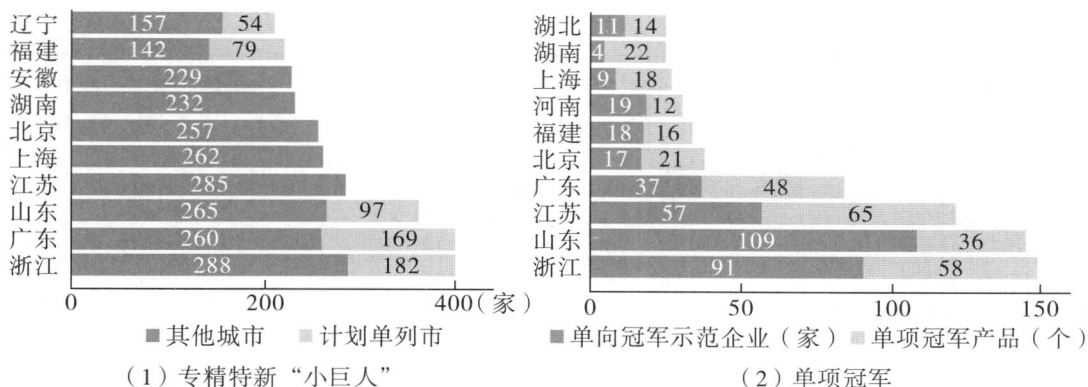

図表（1）専精特新"小巨人"：

| 省 | 其他城市 | 计划单列市 |
|---|---|---|
| 辽宁 | 157 | 54 |
| 福建 | 142 | 79 |
| 安徽 | 229 | |
| 湖南 | 232 | |
| 北京 | 257 | |
| 上海 | 262 | |
| 江苏 | 285 | |
| 山东 | 265 | 97 |
| 广东 | 260 | 169 |
| 浙江 | 288 | 182 |

（1）专精特新"小巨人"

図表（2）单项冠军：

| 省 | 单向冠军示范企业（家） | 单项冠军产品（个） |
|---|---|---|
| 湖北 | 11 | 14 |
| 湖南 | 4 | 22 |
| 上海 | 9 | 18 |
| 河南 | 19 | 12 |
| 福建 | 18 | 16 |
| 北京 | 17 | 21 |
| 广东 | 37 | 48 |
| 江苏 | 57 | 65 |
| 山东 | 109 | 36 |
| 浙江 | 91 | 58 |

（2）单项冠军

图 7-7　国家级专精特新"小巨人"和制造业单项冠军数量前十名的省市

数据来源：工业和信息化部。

## 三、 产业空间布局持续优化， 产业集群建设步伐加快

### （一）广州深圳双极带动，珠三角核心作用加强

先进制造业增加值主要集中于珠三角核心区，其中广州、深圳两市表现突出。在 2021 年先进制造业百强市中，深圳、广州包揽全国第一、第二名。从先进制造业产值上看，2020 年，珠三角核心区规模以上先进制造业实现工业增加值 16 357.94 亿元，占全省规模以上先进制造业的 90.50%，远高于沿海经济带（6.75%）和北部生态发展区（2.75%）。其中，深圳规模以上先进制造业实现工业增加值为 6 096.96 亿元，占全省规模以上先进制造业的 33.73%，占规模以上工业比重达 71.2%；深圳、广州、佛山和东莞四市 2020 年规模以上先进制造业增加值占全省比重近七成（见表 7-2）。

表 7-2　2020 年按地区分组的规模以上先进制造业工业增加值情况

| 地区 | 先进制造业增加值 | | 先进制造业增加值占规模以上工业比重（%） |
|---|---|---|---|
| | 绝对量（亿元） | 占比（%） | |
| 全省 | 18 075.60 | 100.00 | 55.6 |
| 珠三角核心区 | 16 357.94 | 90.50 | — |
| 其中：广州市 | 2 643.88 | 14.62 | 58.2 |
| 深圳市 | 6 096.96 | 33.73 | 71.2 |
| 珠海市 | 715.62 | 3.96 | 60.1 |
| 佛山市 | 2 314.40 | 12.80 | 49.8 |
| 惠州市 | 1 051.83 | 5.82 | 62.2 |
| 东莞市 | 2 371.39 | 13.12 | 53.0 |
| 中山市 | 576.63 | 3.19 | 49.2 |

（续上表）

| 地区 | 先进制造业增加值 | | 先进制造业增加值占规模以上工业比重（%） |
|---|---|---|---|
| | 绝对量（亿元） | 占比（%） | |
| 江门市 | 384.83 | 2.13 | 37.4 |
| 肇庆市 | 202.40 | 1.12 | 31.0 |
| 沿海经济带 | 1 220.08 | 6.75 | — |
| 其中：汕头市 | 245.48 | 1.36 | 36.3 |
| 汕尾市 | 73.23 | 0.41 | 41.1 |
| 阳江市 | 63.12 | 0.35 | 21.1 |
| 湛江市 | 263.66 | 1.46 | 40.3 |
| 茂名市 | 348.69 | 1.93 | 75.3 |
| 潮州市 | 63.14 | 0.35 | 25.1 |
| 揭阳市 | 162.76 | 0.90 | 35.2 |
| 北部生态发展区 | 497.58 | 2.75 | — |
| 其中：韶关市 | 99.43 | 0.55 | 31.0 |
| 河源市 | 145.22 | 0.80 | 51.0 |
| 梅州市 | 53.03 | 0.29 | 21.9 |
| 清远市 | 163.04 | 0.90 | 29.8 |
| 云浮市 | 36.86 | 0.20 | 25.0 |

数据来源：广东省统计局。

　　从大中小企业分布上看，2021年中国制造业500强入选企业几乎全部来自珠三角地区；广东制造业500强企业中，珠三角地区入选企业高达474家，占比95%，深圳包揽前三强。中小企业方面，国家级专精特新"小巨人"珠三角地区共407家，占全省总量的95%，其中深圳市拥有169家，占比39%（见图7-8）；国家级单项冠军深圳市拥有15家单项冠军示范企业、32个单项冠军产品，仅次于宁波市（35家单项冠军示范企业，32个单项冠军产品），排名全国第二。

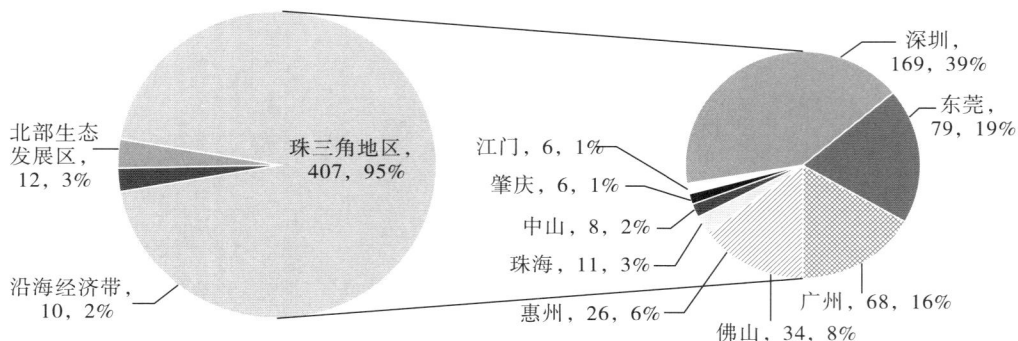

（单位：家）

**图7-8　广东省国家级专精特新"小巨人"城市分布**

资料来源：中国工业和信息化部。

## （二）产业协作加强，"三带两区"格局加速形成

根据《广东省先进制造业发展"十三五"规划》，广东先进制造业以重大产业集聚区为载体，以点带面，沿交通线轴线和海岸线展开，整体呈现"三带两区"的总体空间布局；基本确定以珠三角九市为重点，明确粤东西北与珠三角分工协作、错位发展，加强高端电子信息制造业、先进装备制造业、石油化工产业、先进轻纺制造业、新材料制造业、生物医药及高性能医疗器械产业等6大产业集聚区建设（见表7-3）。

表7-3　　"十三五"时期先进制造业"三带两区"的总体空间布局

| "三带两区" | 具体布局 |
| --- | --- |
| 珠江东岸高端电子信息制造产业带 | 以广州、深圳、东莞、惠州、河源、汕尾等市为重点，着力增强电子信息产业的自主配套能力，不断完善核心部件及软件的自主配套，提升终端产品价值链，打造全球领先的电子信息产业基地 |
| 珠江西岸先进装备制造产业带 | 以珠海、佛山、中山、江门、阳江、肇庆、顺德区等市（区）为重点，发挥广州装备制造业基础优势及辐射带动作用，加强与韶关配套区、珠江东岸高端电子信息制造产业带融合互补发展，发展壮大装备制造产业链，建设具备国际竞争力的先进装备制造业基地 |
| 沿海石油化工及新材料制造产业带 | 以广州、珠海、惠州、茂名、湛江、揭阳等市为重点的石化产业基地 |
| | 以广州、湛江、韶关、阳江等市为重点的高端精品钢材生产基地 |
| | 以广州、深圳、佛山、中山、肇庆等市为重点的高性能复合材料及战略前沿材料产业基地 |
| 环珠江口先进轻纺制造及生物医药产业集聚区 | 以广州、深圳、珠海、佛山、中山等市为重点，着力打造智能节能型家电、环保多功能家具、高附加值纺织服装、绿色食品饮料等先进轻纺制造产业基地 |
| | 以广州、深圳、珠海、佛山、中山、江门等市为重点，着力打造生物药、化学药、中药及高性能医疗器械产业集聚区 |
| 粤东西北配套产业集聚区 | 粤西地区重点加强与珠江西岸先进装备制造产业带的配套协作，打造原材料、基础件和设备制造产业集聚区 |
| | 粤东地区重点承接珠江东岸高端电子信息制造产业带辐射，发展电子信息上下游配套产业 |
| | 粤北地区重点打造珠三角装备和汽车配套产业基地 |

资料来源：《广东省先进制造业发展"十三五"规划》。

　　根据《广东省制造业高质量发展"十四五"规划》① 最新安排，"十四五"期间将以广州、深圳为核心，以珠海、佛山、惠州、东莞、中山、江门、肇庆等城市为重要节点，推动全省制造业从集聚化向集群化发展。20 个战略性产业发展依托的"重点城市"主要集中在珠三角地区（珠三角地区平均 8 个，沿海经济带平均 1.7 个，北部生态发展区平均 0.8 个），其中有着稳定器作用的战略性支柱产业平均有 4.1 个（沿海经济带平均 1.3 个，北部生态发展区平均 0.8 个）、有着推进器作用的战略性新兴产业平均有 3.8 个（沿海经济带平均 0.43 个，北部生态发展区平均 0 个）。广州实现了 20 个战略性产业全覆盖，将成为 18 个战略性产业发展的"重点城市"，其中 10 个为战略性新兴产业。深圳将成为 15 个战略性产业发展的"重点城市"，其中 10 个为战略性新兴产业。作为全省创新资源要素的高度集聚区，广州、深圳辐射带动全省先进制造业发展被赋予更高期望和要求（见图 7-9）。

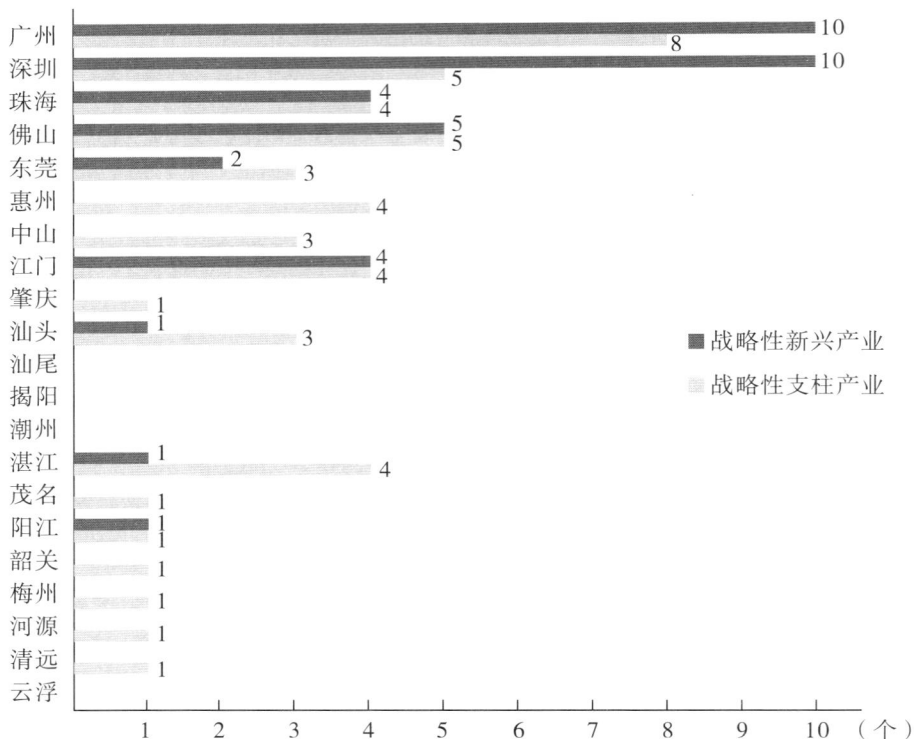

图 7-9　广东各市战略性产业"重点城市"数量

数据来源：《广东省制造业高质量发展"十四五"规划》。

---

① 《广东省制造业高质量发展"十四五"规划》提出高起点谋划二十大战略性产业，其中战略性支柱产业是广东制造稳定器，包括新一代电子信息、绿色石化、智能家电、汽车、先进材料、现代轻工纺织、软件与信息服务、超高清视频显示、生物医药与健康、现代农业与食品；战略性新兴产业是广东制造推进器，包括半导体及集成电路、高端装备制造、智能机器人、区块链与量子信息、前沿新材料、新能源、激光与增材制造、数字创意、安全应急与环保、精密仪器设备。

## （三）园区整体实力增强，为世界级产业集群建设提供有力支撑

广东目前拥有各类开发区 156 个[①]，其中国家级高新区 14 个，位列全国第二（江苏省 18 个）。科技部在 2021 年综合评价结果中，深圳高新区、广州高新区分别跃升至全国第 2、第 3 位（第 1 位为中关村科技园），东莞松山湖高新区排名第 25 位，比上一年度上升了 5 位。在 2021 年全国先进制造业百强园区的评比中，第一梯队广东独占三席，为入围数量最多的省份，总量上广东共有 10 个园区入榜（见表 7 - 4），超浙江省，仅次于江苏省，位列全国第二。

表 7 - 4  2021 年全国先进制造业百强园区广东入选园区

| 排名 | 园区名称 | 园区制造业发展概况 |
| --- | --- | --- |
| 2 | 深圳市高新技术产业园区 | 聚集通信产业群、计算机产业群、软件产业群、医药产业群、新材料产业群、光机电一体化产业群。拥有长城科技股份有限公司、中兴通讯股份有限公司、TCL 集团股份有限公司、深圳创维 - RGB 电子有限公司等龙头企业 |
| 4 | 广州经济技术开发区 | 拥有汽车、能源两大千亿级特色优势产业集群；高端化工、食品饮料、电气机械三大百亿级产业集群，以及新一代信息技术、智能装备、生物医药、新能源、新材料等战略性新兴产业集群 |
| 11 | 广州高新技术产业开发区 | 以电子信息、生物制药、机电一体化产业为支柱 |
| 13 | 佛山高新技术产业开发区 | 以电子信息、数码光学、光机电一体化、精密制造、生物工程、新材料、有色金属加工、家电为重点产业 |
| 24 | 东莞松山湖高新技术产业开发区 | 生物技术、新能源材料、IC 设计产业集聚及高新技术创业区。目前已引进华为机器、华为终端总部、中集集团、新能源、宇龙通信、生益科技等一批国内外行业龙头企业 |
| 33 | 广州南沙经济技术开发区 | 园区目前以广汽丰田整车项目为龙头，新能源汽车项目为扩展，智能网联汽车为发展方向，打造"整车—新能源汽车研发制造—汽车零部件基地—智能网联汽车"完整产业生态链。园区汽车产业集聚效应逐渐显现，广汽蔚来总部、小马智行总部相继落户园区 |

---

① 开发区是指由国务院及其有关部门批准设立的经济技术开发、高新技术产业开发区、海关特殊监管区域，以及省政府批准设立的经济开发区、高新技术产业开发区、特色工业园区和产业转移工业园。根据最新版《中国开发区审核公告目录》，广东拥有各类开发区 156 个，其中经济技术开发区 56 个，国家级经济技术开发区 6 个，省级经济技术开发区 50 个；高新区 29 个，国家级高新区 14 个，省级高新区 15 个；产业转移工业园（含产业集群地）52 个；其他类型开发区 10 个；海关特殊监管区域 15 个。

（续上表）

| 排名 | 园区名称 | 园区制造业发展概况 |
|---|---|---|
| 40 | 珠海高新技术产业开发区 | 以金山办公、远光软件、奇安信、同望、全志等企业为龙头。已形成相对完善的信创产业链条，信创企业分布于整机驱动、外设、芯片等产业链多个环节。设有多个信创公共技术服务平台，包括华为珠海新一代信息技术应用联合创新中心、中国电子联合攻关珠海基地、广东城智大数据中心、珠海南方软件网络测评中心等 |
| 43 | 惠州仲恺高新技术产业开发区 | 国家电子信息产业基地、国家视听产品产业园、激光产业基地，形成电子信息、新能源、光机电一体化为主导的产业体系 |
| 61 | 中山火炬高技术产业开发区 | 全省首批特色产业园，以生物医药产业为特色，以中山火炬开发区国家健康基地为核心集聚区，以湾西智谷、健康医药服务集聚区为拓展园区，形成了"政、产、学、研、贸"结合的一体化发展模式、密集的产业集聚、完善的产业链条和强大的配套能力，汇集了316家国内外知名的生物医药企业落户 |
| 91 | 惠州大亚湾经济技术开发区 | 重点发展石化产业群，拥有中海壳牌、埃克森美孚等龙头企业项目，打造全国绿色石化高地 |

资料来源：根据各产业园官网信息整理。

高水平园区为先进制造业高质量发展提供良好平台，成为先进制造业集群化发展的重要载体。珠三角园区专注于先进制造业，目前重点园区内初步配备集研发、制造生产、贸易、人才培养等于一体的全产业链生态，积极探索建设"众创空间—孵化器—加速器—专业园区"完整的孵化链条，通过龙头企业和重大项目带动产业集聚加速发展，成为各类创新要素的集聚高地。同时，珠三角通过与粤东西北合作共建"飞地园区"，将外溢产业相关企业或环节转移到沿海经济带东西两翼和北部生态发展区，逐步实现"湾—带—区"产业区域联动发展，着力推动粤东西北成为全省先进制造业发展的新增长极。

**专栏　深汕特别合作区**

深汕特别合作区是广东区域协调发展的一大试验田。目前在合作区内，已合作建设深汕工业互联网制造业创新基地、鹅埠先进制造集聚区、深汕湾机器人小镇。其中深汕湾机器人小镇已引进合发、云鼠、远荣、金旺达、显控、华睿丰盛、天鹰智能、普盛旺、科卫、三宝、控汇智能等十余家实体企业，建设锐博特创新基地等平台项目，储备了哈工大机器人集团、中航联创、赛迪研究院等二十多家优质企业。截至2020年，全区已累计供地产业项目96个，其中已投产30个，动工建设34个，开展前期工作32个，计划总投资超过528亿元，全部达产后预计年产值近千亿元。

（资料来源：参考中商产业研究院）

## （四）产业集群加速壮大，产业链条不断延展

广东目前在珠三角地区已经形成珠江东岸高端电子信息制造产业带和珠江西岸先进装备制造产业带两个万亿级大型产业集聚区，形成新一代电子信息、绿色石化、智能家电、先进材料、现代轻工纺织、软件与信息服务、现代农业与食品等 7 个产值超万亿元的产业集群。在工业和信息化部 2021 年先进制造业集群"国家队"名单选拔中，广东共有 6 个集群入选，分别是深圳市新一代信息通信集群、深圳市先进电池材料集群、东莞市智能移动终端集群，以及广佛惠超高清视频和智能家电集群、广佛深莞智能装备集群和深广高端医疗器械集群三个跨地域合作的集群，在数量上居全国首位。在广东已形成的先进制造业集群中，整体具有集聚程度高、产业竞争力较强、产业链生态初显的特点（见表 7-5）。

表 7-5　广东先进制造业重要集群概况

| 产业群 | | 发展概况 | 代表性企业 |
|---|---|---|---|
| 高端电子信息产业群 | 新一代电子信息 | 广东第一大支柱产业，产值连续 31 年居全国首位，电子元器件、计算机整机、非专业视听设备、手机等产品产量稳居全国第一。以深圳、广州为研发设计中心，形成珠江东岸高端电子信息产业带集聚区，龙头带动效应强。新一代电子信息行业初步形成"关键芯片—关键电子元器件—代工制造—终端品牌"全产业链条。超高清视频显示行业初步形成了从前端摄录设备、内容制作到显示面板、智能终端、行业应用的全产业链生态。在半导体与集成电路行业，初步形成"芯片设计、晶圆制造、封装测试、装备材料、终端应用"全产业链条 | 华为、中兴通讯、OPPO、vivo、TCL 科技；立讯精密、长盈精密、瑞声科技、欣旺达、领益制造 |
| | 软件与信息服务 | | 腾讯、平安科技、商汤、金蝶软件（中国）、科大讯飞 |
| | 超高清视频显示 | | TCL 华星光电、乐金显示（中国）、超视界国际科技（广州）、国显科技 |
| | 半导体及集成电路 | | 海思、粤芯、中兴、汇顶科技 |
| 智能装备产业群 | | 横跨广州、佛山、深圳、东莞四市，集中度较高。民营装备企业占比 70% 以上。从上游的数控机床，到中游工业机器人，再到下游的无人机都有明星产品和代表企业 | 广州数控、大族激光、汇川科技、格力智能装备、利元亨（惠州）、大疆、哈工大机器人 |
| 智能家电产业群 | | 在珠三角形成以深圳、佛山、珠海等市为核心的集聚区。龙头带动、品牌效应好。美的电饭煲、格力空调、格兰仕微波炉等享誉海内外。全球最大的家电制造业中心，拥有从核心芯片、家电控制器、压缩机、电机到五金配件全球规模最大、品类最齐全的智能家电产业链 | 美的、格力、康佳、创维、长虹、TCL、志高、小熊 |

（续上表）

| 产业群 | 发展概况 | 代表性企业 |
|---|---|---|
| 汽车产业群 | 集聚效应明显，依托广州、深圳、佛山三地产业园和生产基地。汽车产量连续五年全国第一，形成传统汽车、新能源汽车、智能网联汽车、汽车关键零部件多样化较为完整的产业链条 | 广汽本田、广汽丰田；比亚迪、小鹏、蔚来；文远知行、小马智行；比亚迪锂电、亿纬锂能、德赛西威、国鸿氢能 |
| 绿色石化产业群 | 集聚度较高，依托"六基地"①，主要集中在惠州、广州、珠海等地。逐步形成石油天然气勘探开发、炼化和基础化工、合成材料、精细化工等产业链一体化发展格局，龙头效应显著，产值规模大 | 中石油分公司、中海壳牌、埃克森美孚、巴斯夫；安美特、天赐高新；宝洁、立白、立邦 |
| 生物医药及医疗器械产业群 | "十三五"期间增加值增速最快的先进制造行业，成长性好。形成中医药、生物药品、化学制药、医疗器械与检测服务、医药销售等五大类竞相发展态势，龙头带动效应强。集中在广州、深圳及周边珠三角城市，科研基础较好 | 三九医药、康美药业、香雪制药、众生药业、白云山医药；海王、康泰；迈瑞、华大基因；国药集团、大参林 |
| 新材料产业群 | 形成了以广州、深圳、佛山为主的珠三角新材料产业聚集区。在新型发光显示材料及器件等新材料领域处于国内领先地位。在先进石化材料、半导体材料、新能源电池材料领域形成了较为完整的产业链 | 广州石化、金发科技、格林美、杉杉股份、天赐材料、南玻、广晟有色、道氏科技 |

## 四、 创新能力保持全国领先， 龙头专精特新双向发力

《中国区域创新能力评价报告2021》显示，广东区域创新能力连续五年蝉联榜首，在企业创新、创新环境、创新绩效五个一级指标中均居全国首位。

广东先进制造龙头企业继续发挥创新引领作用，"专精特新"企业则逐步成长为"补链强链"重要助力。根据世界知识产权组织（WIPO）发布的数据，2021年中国PCT国际专利申请量再次蝉联全球首位，进入全球PCT国际专利申请量排行榜前50位的13家中国企业中，广东企业占据9席，占比近七成，其中华为以6 952件申请连续5年蝉联榜首，OPPO广东移动通信以2 208件申请量位于第6位，整体表现稳中有升（见表7-6）；另外

① "六基地"分别是：广州石化基地、惠州大亚湾石化基地、茂名石化基地、揭阳（惠来）大南海石化基地、湛江石化基地、珠海高栏港临港石化基地。

在国家知识产权局发布的 2021 年我国发明专利授权量排行榜前十名专利权利人,广东企业占据一半,华为、腾讯和 OPPO 霸居前三位(见表 7 - 7),广东龙头先进制造业企业创新能力和竞争实力在全国乃至全球处于领先水平。

表 7 - 6　2021 年全球 PCT 国际专利申请量排名前 50 的广东企业

| 企业简称 | 排名 | 排名同比上年 |
|---|---|---|
| 华为 | 1 | — |
| OPPO 广东移动通信 | 6 | +2 |
| 平安科技 | 11 | +6 |
| 中兴通讯 | 13 | +3 |
| vivo 移动通信 | 16 | +7 |
| 深圳大疆 | 20 | +1 |
| 深圳瑞声声学科技 | 29 | +58 |
| 深圳华星光电 | 33 | -9 |
| 腾讯 | 42 | +11 |

数据来源:国家知识产权局。

表 7 - 7　2021 年全国企业专利授权量排名前十的广东企业

| 排名 | 企业名称 | 发明专利授权量(件) | |
|---|---|---|---|
| | | 总量 | 同比增长 |
| 1 | 华为技术有限公司 | 7 497 | 1 094 |
| 2 | 腾讯科技(深圳)有限公司 | 4 536 | 1 723 |
| 3 | OPPO 广东移动通信公司 | 4 179 | 598 |
| 8 | 维沃移动通信有限公司 | 2 898 | 1 211 |
| 9 | 珠海格力电气股份有限公司 | 2 880 | 220 |

数据来源:IP 创新中心。

同时,广东"专精特新"企业在专业领域持续深耕,科创方面亦硕果频出。2021 年广东"专精特新"企业研发支出占营业收入比重超过 8%,户均拥有发明专利 12 件、软件著作权 13 件;在 A 股上市数量达 44 家,授权专利总数达 6 508 件,位居全国第二(见图 7 - 10)。企业新技术(产品)直击产业链短板、痛点,在 2021 年"专精特新"冬季新品发布会中,"小巨人"深圳市轴心自控技术有限公司展出的"半导体大气式等离子表面处理系统",成功打破国外对同类产品的垄断;清远南玻节能新材料有限公司已完全实现自主知识产权的一种新型高铝盖板玻璃基材——"KK7 - P",打破了以往手机屏幕玻璃盖板依赖外国及外资厂商的局面;广州市中崎商业机器股份有限公司的"智能配电运维系统"可有效打通智慧城市配用电"最后一公里"，在行业中处于领先地位。

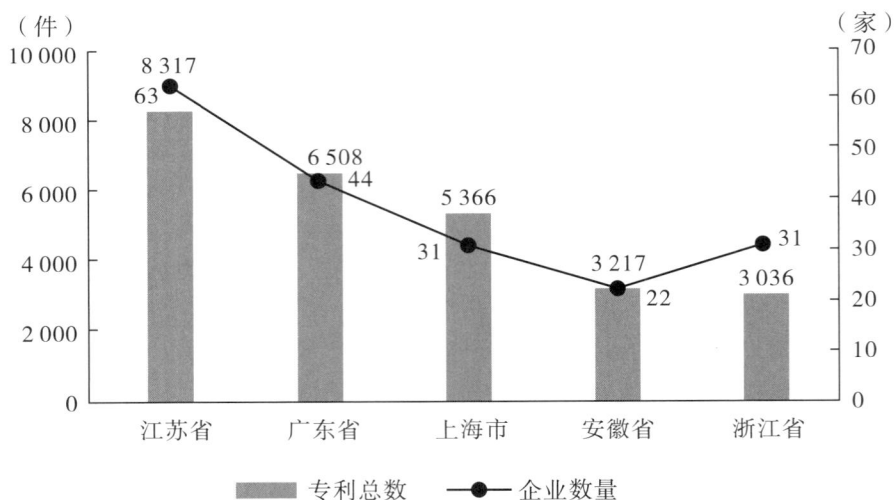

图 7 – 10    A 股"专精特新"企业专利数量排名

数据来源：同花顺 iFinD。

## 五、 外贸外资实现恢复增长， 国际化水平呈持续提升

2021 年广东重要先进制造业产品出口继续增加，双向外资持续提升，较好完成稳住外贸外资基本盘的工作任务。

在进出口贸易方面，广东积极抓住广交会、高交会、海丝博览会、中博会等国际品牌展会，持续拓宽先进制造产品的国际市场，通过广货网上行、广货全球行，推动重点行业企业积极"走出去"，加深与"一带一路"沿线国家的边境贸易。2021 年广东机电产品出口额达 34 845 亿元，同比增长 17.4%，占出口总值的 69.1%，继续保持国内领先优势（见图 7 – 11），其中，自动数据处理设备及其零部件、家用电器、电工器材分别增长 18.7%、13.2%、20.9%；集成电路出口 5.78 万个，同比增长 17.9%，出口金额达 1 901.2 亿元，同比增长 21.2%；液晶显示板出口 74 822.23 万个，同比增长 11.1%，出口金额达 722.4 亿元，同比增长 32%；汽车出口 3.8 万辆，同比增长 55.0%，出口金额达 53.2 亿元，同比增长 27.6%，居于国家前列；医疗器械出口额实现 174.3 亿美元，全国占比 20.60%，居全国首位，受疫情影响回落，相比 2020 年下降 42.70%（见图 7 – 12）。

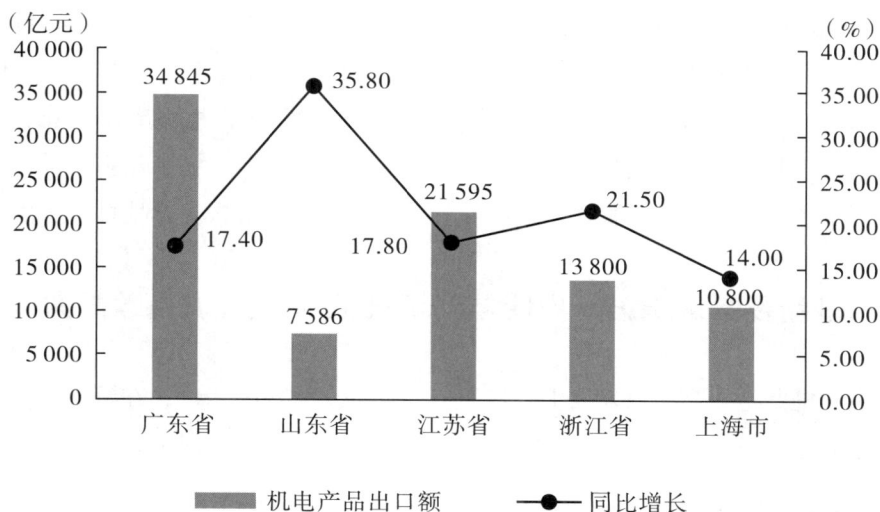

**图7-11　2021年部分省市机电产品出口额及增长率**

数据来源：各省市统计局网站。

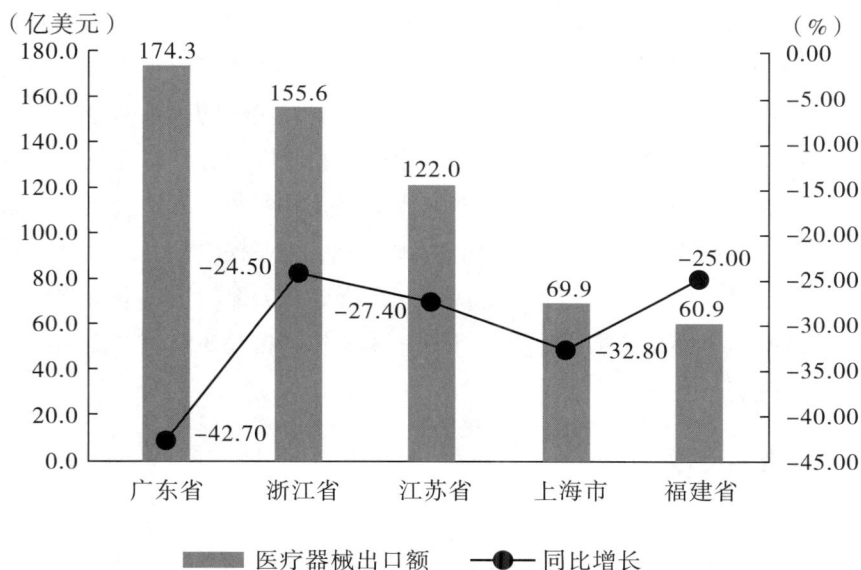

**图7-12　2021年排名前五省市医疗器械出口额及增长率**

数据来源：众城医械。

在双向外资方面，2021年全省制造业对外直接投资额20.4亿元，同比提升84%，实现大幅增长。依托广东—马六甲临海工业园、中国—白俄罗斯工业园、中国—沙特吉赞产业集聚区等共建园区，积极参与"一带一路"周边国家建设，推动国际产能合作提升；积极推动企业海外并购，完善全球业务布局，提升品牌国际竞争力，如TCL科技收购茂佳国际100%股权，香港中广核矿业收购奥尔塔雷克有限公司，道氏技术完成刚果（金）MJM

企业并购等。在引进外资方面，2021 年广东制造业吸引外商投资金额达 310.04 亿元，同比增长 0.6%，占广东实际使用外资额的 16.85%；依托中新（广州）知识城、中德（佛山）工业服务区、中韩（惠州）产业园等一批中外共建园区，加强跨国合作，吸收海外优秀人才、资金和技术；顺利推动现代汽车氢燃料电池、巴斯夫湛江新型一体化石化基地项目、埃克森美孚惠州乙烯项目以及中海壳牌等一批百亿级重大外资项目扎实落地。

## 六、 创新要素保障进一步增强， 产业高质量发展持续蓄力

在促进先进制造业高质量发展上，广东打出了系列"组合拳"，在资金、人才、技术和平台等方面综合发力，全力保障各创新要素对产业链价值链迈向中高端的支撑作用。

### （一）资金要素支撑

金融和产业资本双措并举，保障先进制造业发展的资金需求。2021 年广东省政府发布的《广东省加快先进制造业项目投资建设若干政策措施》强调金融和产业资本的支撑作用，根据政策指导意见，省财政设立先进制造业发展专项资金，计划投入 500 亿元，支持"十四五"期间广东省先进制造业发展，以支持增强产业链供应链自主可控能力；设立以首期规模 200 亿元的省半导体及集成电路产业投资基金为代表的政策基金，积极引导社会资本投入建设重点行业关键领域；先后与建设银行、农业银行、上海浦发银行等金融机构签订合作协议，加大金融资本对战略性产业培育、攻关等各环节的资金支持。目前，中国银行广东省分行已累计为 6 800 多家"专精特新"中小企业提供超过 430 亿元的融资。同时，广东省工信厅联合广东监管局、上交所、深交所等有关部门推出全国首个支持"专精特新"中小企业挂牌上市融资服务方案，预计未来五年将推动 300 家"专精特新"企业登陆资本市场直接融资。

### （二）人才要素支撑

高精尖创新型人才与中高级技能人才共重，人才支撑作用持续增强。广东高度重视产业人才培养工作，在全国率先出台《关于强化我省制造业高质量发展人才支撑的意见》，创新提出培育创新型、应用型、复合型专业技术人才队伍。在政策指引下，广东围绕"引才、育才、用才"全方位、多角度落实系列人才举措。

在引才方面，围绕战略性产业集群重点领域，全省制造业高端人才"千企智造·智汇行动"取得积极成效，2021 年实现对接高端人才数量达 5.4 万，精准定向引进企业急需紧缺人才 1 374 名。实施珠江人才、特支计划等省重大人才工程，择优引进培养高精尖人才 697 人、创新创业团队 238 个，着力打造高水平人才高地。

在育才方面，2021 年广东省教育业投资同比增长 38.3%，本科、高职院校实现地市

全覆盖，建成全国规模最大技工教育体系，全省技工院校达 146 所，在校生 60.87 万人，占全国六分之一。"广东技工"工作取得良好成效，目前全省拥有技能人才 1 350 万人，高技能人才 452 万人，居全国前列。

在用才方面，为缓解企业招人难、毕业生就业难的问题，广东累计开展 70 余场次线上直播带岗活动，5 场次线下"专精特新"企业校园招聘活动，提供优质岗位超过 12.3 万个，达成就业意向大学生 1.3 万余人。2021 年广东省政府工作报告指出，未来要强化制造业人才支撑，开展制造业人才"十百千万"专项行动，探索组建省产业创新人才联盟。高质量人才对先进制造业高质量发展的支撑作用将进一步增强。

### （三）技术和平台支撑

为持续助力科技创新，广东依托先进制造业专项资金，由省工信厅相继出台了企业技术改造、首台（套）重大技术装备研制与推广应用等专项管理细则，着力推动企业技术升级。2021 年实现推动超过 9 000 家工业企业完成技术改造，新增 10 家机构入选国家产业技术基础公共服务平台，国家产业技术基础公共服务平台累计达到 18 家，总数居全国前列；累计培育 56 家国家技术创新示范企业。实验室与平台基地作为创新体系的重要组成部分，截至 2021 年，广东已建成国家重点实验室 30 家、省重点实验室 460 家，实现全省 21 个地级市全覆盖；拥有 3 家国家级制造业创新中心，与北京市并列全国第一；拥有 33 家省级制造业创新中心，比 2020 年新增 5 家。此外，中国（东莞）散裂中子源正式运行，正加快建设网络试验设施、江门中微子实验站、惠州加速器驱动嬗变系统和强流重离子加速器装置等一批国家重大科技基础设施。

# 第二节　广东先进制造业发展存在的问题

## 一、 原始创新能力待提升， 产业链自控力待加强

### （一）基础研究力量仍需增强

基础研究作为原始创新的源头，是先进制造业发展的基石、制造业高质量发展的重要引擎。目前，广东省在基础研究力量方面存在系列短板。从基础研究经费投入看，2020 年广东基础研究经费投入 204.10 亿元，基础研究经费占 R&D 经费支出比例仅为 5.9%，低于全国（6.0%）的平均水平，远低于北京（15.9%）、上海（8.9%）[①]，仍有较大提升空间；从世界百强大学数量看，2021 年 QS 世界大学排名中粤港澳大湾区有 5 所大学进入世

---

① 其中，北京市、上海市为 2019 年数据。

界百强，全部集中在香港。受粤港澳三地分属不同关税区，管理体制、法律制度各不相同的影响，香港高校与内地企业的产学研合作在财政科研资金跨境使用、知识产权跨境合作、创新人才和设备材料资源跨境流动等方面仍面临较大的体制机制障碍。

### （二）企业整体自主创新意识不足

企业作为自主创新的主体，是先进制造业做大做强的微观基础。《中国科技统计年鉴》数据显示，2020 年广东规模以上工业企业引进技术经费支出是消化吸收经费支出的 70.6倍，远高于上海（1.7 倍）、江苏（2.3 倍）、安徽（5 倍），也远高于全国平均水平（6.1倍）。目前广东工业企业仍普遍存在依赖引进国外技术，且"重引进、轻消化"，自主创新主动性不强的问题。

### （三）核心技术受制于人

广东先进制造业长期面临"缺芯少核"的发展难点。高端芯片的自给率仅 14%，制造环节长期被外国厂商把控，类似"卡脖子"的难题在各行业均有不同程度的体现（见表 7－8）。关键技术受制于人对产业链安全性带来的潜在威胁在当前疫情反复、中美贸易摩擦以及俄乌冲突等不确定因素交织的复杂国际形势下充分显现出来。广东省工业和信息化厅提供的数据显示，2021 年上半年广汽集团受"缺芯"影响，汽车减产 8.74 万辆，产值损失 130.32 亿元；TCL 反映大部分彩电芯片库存仅 1 个月左右，预计全年缺口将达 500万片，产业链缺链、断链对企业、产业乃至全省经济造成了较大损失。

表 7－8　先进制造业产业链代表性"卡脖子"环节

| 先进制造业 | "卡脖子"环节 |
| --- | --- |
| 新一代电子信息 | 核心电子元器件、高端通用芯片、关键基础材料等领域的核心关键技术、先进基础工艺 |
| 软件与信息服务 | 基础软件、工业软件缺乏自主可控的核心技术，操作系统、数据库、中间件等自主基础软件市场占有率较低 |
| 超高清视频 | 4K 前端摄录设备、核心芯片、新型显示等关键环节主要依赖进口 |
| 汽车 | 发动机、变速箱、车规级 MCU、IGBT 芯片等高端核心组件高度依赖进口 |
| 装备制造产业 | 数控系统，工业软件，高端金属材料，高性能化合物材料，轴承、切削刀具等 |
| 生物医药 | 高端试剂、耗材，自动反应装置，精密仪器仪表，核心零部件，分离纯化设备等 |

资料来源：广东省工业和信息化厅。

## 二、龙头企业数量及实力有限，产业链牵引带动力不足

从整体上看，广东省先进制造业大而强的龙头企业仍然较少，像苹果、微软、特斯拉

等具有世界级影响力的超级龙头企业数量极少，龙头企业的国际竞争力和影响力仍需提升。此外，现有龙头企业在行业间分布不均衡。华为、中兴、腾讯、美的、格力以及 TCL 等具有全球资源整合能力的大型生产制造商主要集中在电子信息产业，其他行业龙头企业的市场集中度偏低，对产业链辐射带动作用有限，部分链主企业仍以中低端产品为主打，高端产品缺乏核心竞争力和国际竞争力，没有发挥好解决产业链中高端供给不足问题的牵引作用。

## 三、　集群主体集聚不集群，　产业协同性仍待提升

广东由过去"三来一补"模式发展起来的部分产业集群仍普遍存在"集而不群""聚而不合"的现象，集群内各主体仍处在"物理"空间上的简单聚集阶段，而非以技术、产品、资本、信息等为纽带的"化学"聚集。园区往往存在低水平产业同构和产品同质现象，各企业的利益关联度不高，没有形成完整且紧密的产业链上、下游一体化协作关系。与此同时，产业集群协同创新能力弱，尚未具备较强的资本、技术、人才吸纳能力，具有社会认知和影响力的集群品牌不足，也没有形成有利于产业要素在集群内能够充分流动、全方位多元开放合作的内部产业生态。

## 四、　人才供给存在缺口，　科创保障体系待完善

### （一）高技能人才供给趋紧

在规模上，尽管广东高技能人才总量居全国前列，但仍未满足先进制造快速发展的需求。广东人力资源市场数据显示，广东高技能人才的求人倍率长期保持在 2 以上。在结构上，高技能人才发展与产业的匹配度存在差距，高端新兴产业高技能人才、技能领军人才短缺，高技能人才占技能劳动者的比例低于发达国家。在发展环境上，"重使用轻培养"以及"待遇唯学历、干活要技能"的现象较为普遍，企业技能薪酬机制尚未完善，高技能人才各项待遇有待提高。

### （二）科创服务机构专业化水平有限

广东科技创新服务机构在专业化程度和整体服务能力上仍有较大提升空间。一方面，行业整体缺乏标准化和规范化的管理体系，缺少骨干型组织机构引领，服务的辐射范围较小，机构整体运作和信息反应不及时、灵活度低，尚未满足市场创新需求。另一方面，无论是政府组织的创新公共服务平台还是民营资本的企业孵化器等，在运作运营过程中普遍依赖政府支持，对接客户、提供专业性科技服务的主动性不高，市场认可度存在较大提升空间。

## （三）知识产权保护体系仍待健全

一方面，社会整体专利保护意识和氛围仍然不足，消费者出于价格因素对假冒伪劣产品仍保有较大宽容度，从而容易导致知识产权侵权行为多发；另一方面，评估标准和赔偿制度有待完善。案件处理过程中，高立案门槛、高取证要求、高鉴定标准造成维权成本推高，而由于侵权对专利权人造成的无形损失难以计量、侵权惩罚力度较轻等因素，赔偿数额与专利权人实质损失不相匹配。

# 第三节　广东先进制造业发展趋势

## 一、　"链主牵引 + 链长护航"　推动集群壮大

广东省在 2021 年政府工作报告中首次提出"链长制"，要求"培育一批控制力和根植性强的链主企业和生态主导型企业，打通研发设计、生产制造、集成服务等产业链条，构建核心技术自主可控的全产业链生态"。目前，广州、深圳、江门、中山等地相继出台了关于推动"链长制"落实的具体文件（见表 7 - 9）。"链长制"包含"链主"和"链长"两个重要部分。"链主"通常由产业链的龙头企业担任，在推动自身壮大的同时，淘汰产业链落后环节，最终引领整个产业链的发展；"链长"由政府领导担任，按照"五个一"工作体系，从上到下推动资源的纵向整合，推动产业实现协同发展。在强链、延链、补链壮大产业集群中，培育"链主"企业是一大要事。目前，广东省电子信息、汽车等一批优势先进制造业产业群已经出现了一批大型龙头企业，随着"链长制"深入实施，将涌现出越来越多具有生态主导力的"链主"企业，大型龙头企业数量和国际影响力都将进一步加大。未来，由龙头企业驱动，"专精特新"中小企业支撑，政府保驾护航，共同推动产业集群壮大的模式将越来越清晰。

表 7 - 9　广东省各地市政府出台的"链长制"相关文件

| 时间 | 文件名称 | 相关内容 |
| --- | --- | --- |
| 2021 年 6 月 | 《广州市构建"链长制"推进产业高质量发展的意见》 | 针对 21 个产业规模实力强、产业链条完善、龙头企业支撑突出、发展空间大的产业，建立"链长 + 链主"的工作推进体系 |
| 2021 年 7 月 | 《中山市关于实施重点产业链链长制的工作方案》 | 按照"一位市领导、一个牵头部门"工作模式推进产业链发展，各负责部门遵循"一条产业链、一位部门负责同志、一位科室负责同志、一个工作方案"模式 |

（续上表）

| 时间 | 文件名称 | 相关内容 |
|---|---|---|
| 2021年5月 | 《江门市培育发展"5+N"产业集群行动方案》 | 每条产业链除了1个牵头的市直部门外，还明确1~2个牵头市（区），以及相应的"链主"企业和骨干企业。通过发挥市与市（区）两级上下合力、"链长"和"链主"政企联动的作用，共同推进产业集群的培育发展 |
| 2020年7月 | 《深圳市重点产业链"链长制"工作方案》 | 主要市领导挂帅，市领导每人都担任1个产业链链长，构建8条重点产业链 |

资料来源：根据网上公开资料整理。

## 二、 数字技术深度融合步伐加快

数字经济作为第四次工业革命的重点，是各国加速抢占的又一轮产业竞争制高点，尤其在全球新冠肺炎疫情持续、要素成本普遍上涨的国际背景下，数字化转型成为企业供给端和消费需求端共同的迫切要求。广东在推动制造业数字化转型方面具有领先的基础优势，新一代信息技术领军企业、相关人才和科研机构储备丰富。2021年7月，广东省政府正式印发的《广东省制造业数字化转型实施方案（2021—2025年)》和《广东省制造业数字化转型若干政策措施》提出，针对20个战略性产业集群，以行业龙头骨干企业、中小型制造企业、产业园和产业集聚区、产业链供应链的数字化转型为切入点，夯实工业软件、智能硬件及装备、平台、网络、安全等基础支撑，以应用拉动相关产业发展，培育壮大新模式新业态。广东省同时制定了几个可供量化的指标（见表7-10），通过与2021年指标值比对，预计到2025年完成数字化转型的规模以上工业企业和企业上云用云率都将有较大提升。

表7-10　广东省制造业数字化转型指标值对比

| 指标 | 2021年指标值 | 2023年指标值 | 2025年指标值 |
|---|---|---|---|
| 规模以上工业企业数字化转型 | 超2万家 | 超3万家 | 超5万家 |
| 企业上云用云 | 60万家 | 80万家 | 100万家 |
| 制造业数字化转型服务商 | 510家 | 500家左右 | — |
| 国家级跨行业、跨领域工业互联网平台 | 4家 | 5家左右 | — |
| 特色专业型工业互联网平台 | — | 20家左右 | — |

数据来源：《广东省制造业数字化转型实施方案（2021—2025年)》、广东省工业和信息化厅。

### 三、　绿色低碳化成为发展的内生要求

习近平总书记深刻指出："推进碳达峰碳中和，不是别人让我们做，而是我们自己必须要做。"随着生态环境效益逐渐成为世界共识，在市场和供给两端合力推动下，制造业绿色化、低碳化发展完成从外部负担到新一轮竞争优势的转变。《广东省制造业高质量发展"十四五"规划》明确将推动制造业绿色低碳发展作为强链工程的重要抓手之一，提出按照产品全生命周期绿色管理理念，推进重点行业企业开发绿色设计产品，打造绿色工厂，构建绿色供应链，强化绿色制造体系建设。减污降碳成为绿色石化工业、现代轻工纺织等高污染排放产业发展的重点任务之一（见表7-11）。

表7-11　战略性支柱产业集群绿色低碳化相关政策重点任务表述

| 政策 | 绿色低碳化相关重点任务 |
| --- | --- |
| 《广东省发展智能家电战略性支柱产业集群行动计划（2021—2025年）》 | 开展绿色制造试点示范。推广应用智能家电绿色设计与评价、高效节能环保工艺、家电产品回收与资源综合利用等绿色制造技术，在高耗能家电产品领域，研发一系列绿色家电产品。建设一批高水平的绿色工厂、绿色园区及绿色供应链系统，打造一批绿色制造示范项目 |
| 《广东省发展汽车战略性支柱产业集群行动计划（2021—2025年）》 | 加速新能源汽车整车发展步伐。建立完善废旧汽车拆解及汽车动力电池回收利用、废旧电池回收处置和固废处理体系，推动汽车绿色回收、零部件再制造、退役电池回收和梯次利用 |
| 《广东省发展现代轻工纺织战略性支柱产业集群行动计划（2021—2025年）》 | 加大制革、印染、造纸、电镀、陶瓷、日用玻璃等行业节能降耗、减排治污改造力度，完善废旧纤维、废弃纺织品回收利用体系，建设一批绿色转型升级试点示范项目 |
| 《广东省发展绿色石化战略性支柱产业集群行动计划（2021—2025年）》 | 到2025年，形成绿色发展方式和节约资源、保护环境的产业结构，产业耦合进一步加强，主要污染物和有毒有害特种污染物排放量强度显著下降 |

资料来源：广东省工业和信息化厅。

# 第四节 广东先进制造业发展的对策建议

## 一、 聚焦核心技术攻关， 实施创新驱动战略

### （一）实施产业基础再造和技术提升工程

集中优势资源加快对计算与通用信息集成芯片等"卡脖子"关键核心技术和共性技术的突破，深入实施基础与应用基础研究十年"卓粤计划"、九大重点领域研发计划、"广东强芯"工程和"核心软件攻关"等重大工程计划。充分发挥广东省基础与应用基础研究基金的支撑作用，引导推动更多社会资本投入基础研究。加快高水平大学和科研机构建设，采取央地共建、协同港澳等模式，积极争取国家支持，共建重大科技基础设施和高水平实验室，发挥高校、科研院所在基础研究中的生力军作用。加快广深港澳科技创新走廊建设，完善粤港澳三地创新要素自由流通机制，扩大先进制造业高水平开放合作，推动骨干企业积极开展国际科技创新合作，强化创新要素互联互通。

### （二）强化企业技术创新主体地位

实施规模以上工业企业研发机构全覆盖行动，提高企业应用基础研究费用税前加计扣除比例。完善技术消化吸收再创新政策，引导企业强化对国际高新技术和先进适用技术的消化吸收再创新。落实国家自主创新产品采购、首台（套）重大技术装备等鼓励政策，着力推动企业技术升级。完善以企业为主体、市场为导向、产学研深度融合的技术创新体系，鼓励企业组建创新联合体，综合利用"揭榜挂帅""众包众筹"等方式，突破形成一批引领性原始创新成果。

### （三）加强知识产权保护体系和质量标准建设

加强知识产权保护宣传工作，严厉打击侵犯知识产权和制售假冒伪劣商品等违法失信行为。强化对先进制造业关键核心技术的知识产权储备和全球化布局，研究深化粤港澳知识产权政策协调与合作机制。加快重点领域标准化，实现广东新突破和质量标准国际互认。推动国家级检验检测平台、重点计量平台等公共服务平台开放共享，完善质量技术支持"一站式"服务。加强现有科技服务机构的资源整合与功能升级，加快培育一批专业化能力强、市场化程度高、品牌影响力大、具有规模效益的科技服务运营机构和科技成果转化综合性服务平台。

## 二、 发挥链主主引擎作用， 提升产业链竞争力

要发挥"链主"及龙头企业的主引擎作用，推动实现"一个链主企业引领带动一条产业链发展"的良好格局，需要政企联动。"链主"和龙头企业方面，首先要抢抓机遇谋自强，利用好技术、资本、品牌等资源，深度对接市场、打造核心优势、加强技术革新，特别是围绕关键核心技术开展攻关，争当企业标准"领跑者"；同时也要勇担重任，做好强链延链的"排头兵"，引领中小企业融入产业链分工体系，实现协同发展、合作共赢。政府方面，需要完善相关配套政策，确保"链主"和龙头企业更有作为。一方面，对于有意愿且有潜力成为"链主"的企业，通过高能级企业带动、高校科研资源对接以及相关政策支持等方式，助力其实现技术突破，加快向产业链核心和价值链高端跃升；另一方面，应不断积极赋能，在产业链招商、产业园区建设中，给予"链主"和龙头企业充分的话语权，彰显其行业的号召力、影响力、带动力。

## 三、 加强园区统筹规划， 推动集群持续发展

各地政府要根据本地优势和特色，同时兼顾区域间特点，做好本地产业集群发展的定位，合作谋划跨区域产业集群，最大限度避免各种盲目跟风、重复建设造成的资源浪费。强化依据产业链招商引资引技的意识，落实园区各项软硬件基础设施建设，发挥好龙头企业辐射、带动作用，健全孵化网络、技术市场网络、科技信息网络等科技中介服务机构建设。依托工业互联网平台推动共性技术、设计、生产经营、商业服务等环节资源对接，建设上中下游互融共生、分工合作、利益共享的一体化组织模式，推动各要素在集群内自由充分流动。实施品牌战略，重点扶持技术含量和附加值高、有市场潜力的名牌产品企业，着力提升集群的知名度和影响力。

## 四、 发挥政策集成效应， 提高要素保障能力

### （一）强化人才支撑作用

完善先进制造业领域引人、用人和育人机制。加强行业所需的创新型人才培养和企业家精神培养，创新先进制造领域"高精尖缺"人才引进模式，紧扣重大战略、关键领域需求，积极引进海内外高层次人才队伍。深入推进"广东技工"工程，推动职业、技工院校依托优势专业与相关领域龙头企业深入合作，建设一批覆盖全产业链、辐射区域发展的职业（技工）产教融合集成平台。完善人才跟踪激励机制，创新技能型人才多元评价和表彰激励举措，努力营造崇尚人才、技能的社会氛围。

## （二）继续加大金融资金扶持力度

促进金融支持实体经济发展，通过政府性担保、贴息、风险补偿等方式切实降低融资成本。推动金融机构简化贷款审批流程、缩短审批时限，加大对先进制造业项目的金融支持力度。持续拓宽先进制造业中小企业融资渠道，支持发展供应链金融、绿色金融、普惠金融、融资租赁等金融产品和服务，支持先进制造业企业上市挂牌及发行债券融资；鼓励创新科技金融发展模式，在大湾区层面探索设立运营知识产权质押融资风险补偿基金，鼓励金融机构为中小企业提供专利权、商标权、著作权等资产混合质押融资贷款。

## （三）持续优化营商环境

对标国际先进规则，进一步提升贸易投资便利化水平，加快塑造开放型经济体制机制新优势，以高水平开放推动产业链现代化发展。聚焦有效制度供给，围绕激发市场主体活力，持续简政放权、改进服务、优化流程，综合运用市场、法律、行政等手段，充分发挥社会舆论监督作用，打造有利于先进制造业高质量发展的市场生态环境。

# 第八章

# 广东优势传统产业发展现状、趋势与对策建议[*]

优势传统产业是广东省经济发展的重要力量。经过多年发展，广东省以金属制品业、纺织服装业、食品饮料业、家用电器业、建筑材料业、家具制造业六大产业为主的优势传统产业体系已经形成。面临全球产业格局重构、数字经济方兴未艾等发展形势，广东省优势传统产业发展转型升级迫在眉睫。《广东省国民经济和社会发展第十四个五年规划和2035 年远景目标纲要》明确提出改造提升传统产业，推动产业高端化发展，加快建设现代产业体系。本章通过分析广东省优势传统产业发展现状与存在的问题，预判发展趋势，为其高质量发展提供对策建议。

## 第一节　广东优势传统产业发展现状特征

### 一、　产业规模恢复增长，　内部结构趋向优化

#### （一）产业总量恢复增长

"十三五"期间，新一轮科技革命、新供给新需求为广东省优势传统产业转型升级提供了新的动力，也加速了优势传统产业结构迈向中高端的步伐。广东省紧紧围绕"创新、协调、绿色、开放、共享"的发展理念，大力实施创新驱动发展战略，推动提质增效、转型升级。

"十二五"期末至"十四五"期初，广东省优势传统产业规模持续增长，优势传统产业增加值占 GDP 的比重在9% 以上。2015—2021 年，除了 2015 年、2017 年的产业增加值在 1 万亿元以下外，优势传统产业增加值在其他 5 年都是在 1 万亿元以上。广东省优势传统产业增加值占 GDP 的比重虽然逐年下降，但是仍然维持在 9% 以上的较高水平（见图 8 - 1）。虽然部分产业规模小幅下降，但是，不可否认，优势传统产业为广东省经济发展打下了良好的基础。

---

　*　本章第一执笔人为暨南大学产业经济研究院刘晓镇。

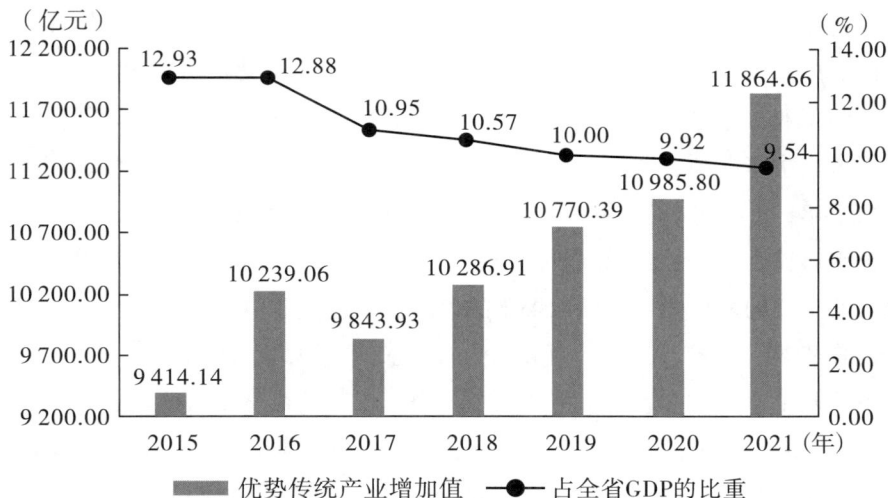

图 8 - 1 2015—2021 年广东省优势传统产业增加值变动情况

数据来源：2015—2021 年《广东省国民经济和社会发展统计公报》。

整体而言，2021 年，优势传统产业工业增加值比上年增长 8.0%。其中，家用电器制造业增长 7.5%，建筑材料增长 9.9%。金属制品业工业增加值 1 582.73 亿元，同比增长 12.1%；食品饮料业工业增加值 1 048.51 亿元，同比增长 8.5%；家具制造业工业增加值 521.42 亿元，同比增长 13.1%；纺织服装业工业增加值 1 139.48 亿元，同比增长 1.3%。

表 8 - 1 2015—2021 年广东省优势传统产业工业增加值情况

（单位：亿元）

| 年份 | 金属制品业 | 纺织服装业 | 家具制造业 | 食品饮料业 |
|---|---|---|---|---|
| 2015 | 1 342.48 | 1 586.68 | 489.20 | 952.20 |
| 2016 | 1 404.23 | 1 608.89 | 514.64 | 958.87 |
| 2017 | — | —1 494.07 | 525.68 | 920.83 |
| 2018 | — | 1 172.27 | 504.59 | 934.9 |
| 2019 | 1 383.22 | 1 240.99 | 526.95 | 995.17 |
| 2020 | 1 411.89 | 1 124.86 | 461.03 | 966.37 |
| 2021 | 1 582.73 | 1 139.48 | 521.42 | 1 048.51 |

数据来源：2015—2021 年《广东省国民经济和社会发展统计公报》。

## （二）企业数量多，发展潜力大

优势传统产业的企业数量多，地级市产业发展差距较大。总体而言，优势传统企业集中在珠三角地区，其次是粤东，再次是粤北，最后是粤西。从优势传统产业的企业数量来看，金属制品业的企业数量最多，全省规模以上企业高达 5 338 家。纺织服装业的企业数量排第二，达 4 092 家。家具制造业的企业数量次之，为 1 740 家。不同的地级市发展的重点也不同。广东省每个地级市金属制品业的企业数量都较多，几乎在 20 家以上。佛山金属制品业的企业数量最多，高达 1 196 家，东莞次之，拥有 1 131 家。其他在 100 家及以上的地级市依次是深圳、江门、中山、广州、肇庆、惠州、揭阳、阳江、潮州，数量分别为 668 家、484 家、374 家、344 家、233 家、214 家、135 家、112 家、100 家。与广东省其他地级市对比，广州的食品饮料业企业数量遥遥领先，为 199 家，是食品饮料业企业数排名第二的东莞的两倍多，佛山和揭阳的食品饮料业企业数量紧随其后。纺织服装业是广东省的老牌产业。广州、深圳、汕头、佛山、东莞、中山、江门、惠州、揭阳 9 个地级市的纺织服装业企业数量都超过了 100 家。其中，东莞的数量是最多的，达 712 家，其次是汕头，达 675 家，佛山排名第三，为 669 家。家具制造业企业数量在 100 家以上的地级市较少，只有 6 个，分别是广州、深圳、佛山、东莞、中山、惠州。并且，各地级市间家具制造业的企业数量差距较大，拥有家具制造业的企业数量最多的是佛山，有 469 家，而韶关一家都没有。东莞的家具制造业企业数量排名第二，为 443 家。惠州、广州、中山、深圳次之，分别为 241 家、146 家、130 家、124 家（见表 8 - 2）。

表 8 - 2　2020 年广东省四大优势传统产业规模以上企业数量

（单位：家）

| 地区 | 食品饮料业 | 纺织服装业 | 家具制造业 | 金属制品业 |
|---|---|---|---|---|
| 全省 | 1 036 | 4 092 | 1 740 | 5 338 |
| 广州 | 199 | 625 | 146 | 344 |
| 深圳 | 56 | 232 | 124 | 668 |
| 珠海 | 36 | 40 | 9 | 81 |
| 汕头 | 72 | 675 | 5 | 35 |
| 佛山 | 92 | 669 | 469 | 1 196 |
| 韶关 | 13 | 12 | 0 | 38 |
| 河源 | 24 | 27 | 8 | 26 |
| 梅州 | 19 | 14 | 17 | 17 |
| 东莞 | 94 | 712 | 443 | 1 131 |
| 中山 | 49 | 328 | 130 | 374 |
| 江门 | 60 | 185 | 71 | 484 |
| 阳江 | 11 | 6 | 1 | 112 |
| 湛江 | 40 | 17 | 17 | 28 |
| 茂名 | 31 | 28 | 11 | 27 |
| 肇庆 | 31 | 61 | 16 | 233 |
| 清远 | 12 | 33 | 14 | 44 |

（续上表）

| 地区 | 食品饮料业 | 纺织服装业 | 家具制造业 | 金属制品业 |
|---|---|---|---|---|
| 潮州 | 66 | 34 | 2 | 100 |
| 惠州 | 22 | 105 | 241 | 214 |
| 汕尾 | 10 | 36 | 1 | 25 |
| 揭阳 | 91 | 237 | 13 | 135 |
| 云浮 | 8 | 16 | 2 | 26 |

注：食品饮料业企业数量为"食品制造业"与"酒、饮料和精制茶制造业"企业数量之和；"纺织服装业"企业数量为"纺织业"与"纺织服装、服饰业"企业数量之和。

数据来源：《广东统计年鉴2021》。

浙江、山东、江苏和广东是我国制造业大省。从这四个省份的食品饮料业、纺织服装业、家具制造业、金属制品业规模以上企业数量的对比来看，2020年，优势传统产业所拥有的企业数量最多的是浙江省，高达12 490家。广东省排第二，拥有12 206家。广东省的金属制品业、家具制造业以及食品饮料业拥有的企业数量在四个省份中排第一，分别为5 338家、1 740家、1 036家。浙江省纺织服装业的企业数量在四个省份中位列第一，江苏省位列第二，广东省仅排在第三位（见图8－2）。

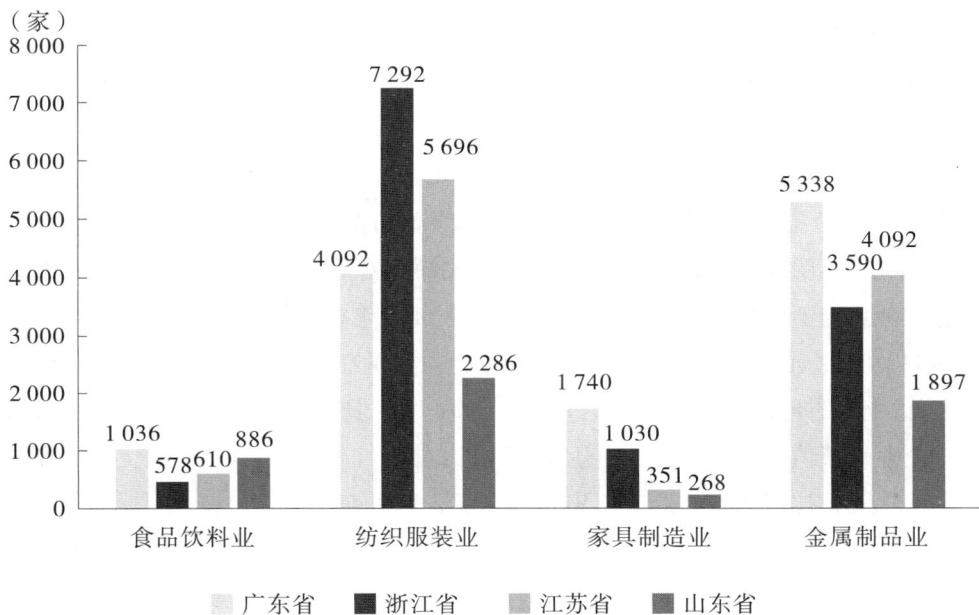

图8－2　2020年我国制造业大省四大优势传统产业规模以上企业数量对比

注：食品饮料业企业数量为"食品制造业"与"酒、饮料和精制茶制造业"企业数量之和；"纺织服装业"企业数量为"纺织业"与"纺织服装、服饰业"企业数量之和。

数据来源：《广东省统计年鉴》《浙江省统计年鉴》《江苏省统计年鉴》《山东省统计年鉴》。

从2021年广东省上市企业市值排行榜来看，据中商情报网，截至2021年12月31日，沪深AB股上市企业中，广东省共781家上市公司，总市值达167 811.86亿元。其中，优势传统企业有62家。从企业的区域分布来看，集中在珠三角地区，珠三角有58家，粤东有2家，粤北、粤西各1家。从不同行业来看，家用电器类企业有24家，总市值排名前三的分别是美的集团、格力电器、兆驰股份，总市值分别是5 155.82亿元、2 190.13亿元、220.01亿元。美的集团在家用电器行业处于绝对的领先地位，市值是排名第三的兆驰股份的23.43倍。纺织服装类企业有17家，总市值排名前三的分别是华利集团，达到1 039.21亿元；迪阿股份，总市值509.13亿元；周大生，总市值194.91亿元。三者市值差距较大，华利集团市值是迪阿股份的2.04倍，迪阿股份市值是周大生的2.61倍。建筑材料类企业有11家。总市值排名前三的分别是南玻集团、科顺股份、塔牌集团，总市值分别是224.96亿元、187.06亿元、126.14亿元，三者市值相差不大。食品饮料类的企业数量相对较少，仅有10家。其中，海天味业处于领先地位，以4 427.84亿元的总市值排在第一位，东鹏饮料以727.38亿元的总市值排在第二位，汤臣倍健排在第三位，总市值为458.40亿元。

广东省传统企业相对于浙江省、江苏省、山东省的来说更具发展潜力。根据2021年广东省、浙江省、江苏省、山东省上市企业市值排行榜来看，广东省在家用电器、食品饮料、建筑材料、纺织服装四大行业的综合竞争力更强。广东省食品饮料业、建筑材料业上市企业数量在制造业大省中是最多的，分别是10家、11家。浙江省和山东省食品饮料业上市企业的数量一样，都是9家。浙江省建筑材料业上市企业数量与江苏省一样，为7家。山东省建筑材料业上市企业数量稍低，仅6家（见图8-3）。广东省食品饮料业上市企业不仅在数量上占优势，还在总市值上遥遥领先，总市值达到6 561.78亿元，是排在末位的山东省的4.15倍（见图8-4）。广东省建筑材料业上市企业虽然在数量上占优势，但是总市值优势不明显，总市值925.60亿元，比浙江省低411.96亿元。广东省家用电器业上市企业数量与浙江省齐平，为24家，但是上市企业总市值为8 893.55亿元，比浙江省高出5 449.64亿元。广东省纺织服装业上市企业数量在四大制造业省份中不是最多的，仅17家，而浙江省纺织服装业上市企业数量为31家。但是从总市值来看，广东省纺织服装业上市企业总市值仍旧是最高的，达2 277.45亿元，浙江省纺织服装业上市企业总市值为1 884.54亿元，比广东省的低392.91亿元（见图8-4）。

（家）

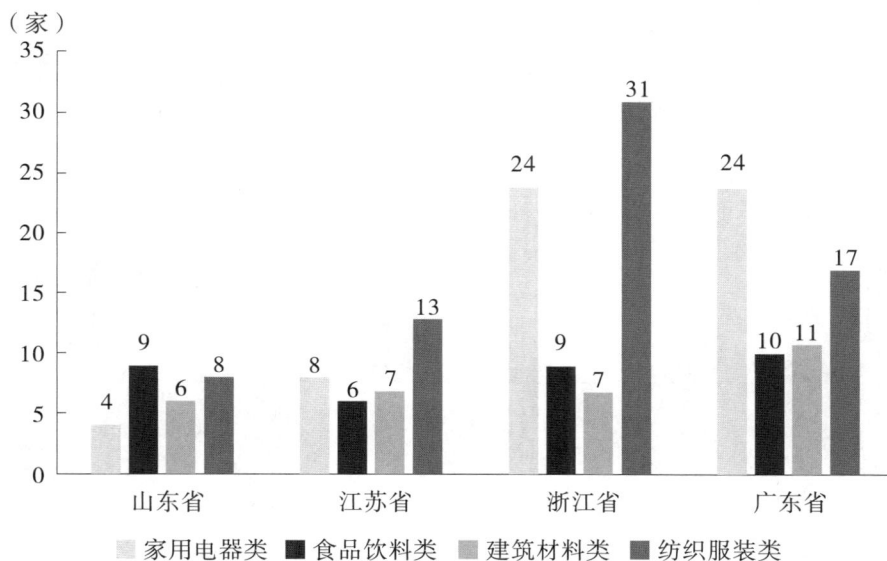

**图 8-3 我国制造业大省已上市传统企业数量对比**

数据来源：根据 2021 年各省上市企业市值排行榜整理。

（亿元）

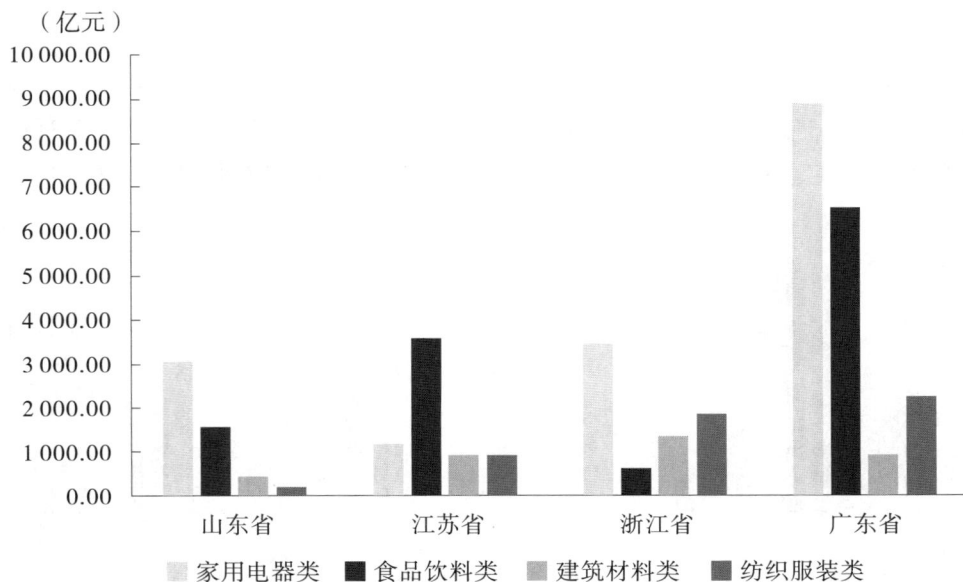

**图 8-4 我国制造业大省传统行业上市企业市值总和对比**

数据来源：根据 2021 年各省上市企业市值排行榜整理。

## （三）产品产量总体稳定

总体来看，2016—2020 年，广东省优势传统产品产量稳定。家用电力器具产业中的主要产品每年产量变动不大。其中，家用电冰箱、家用电风扇、房间空气调节器、微波炉的产量波动上升。家用电风扇的上升幅度最大，2020 年产量比 2010 年上涨了 38.74%。家用冷柜、家用洗衣机、家用吸尘器、家用吸排油烟机的产量很稳定。相较于 2016 年，电饭锅 2020 年的产量下降幅度很大，产量下降 20 490.82 万台（见图 8 - 5）。

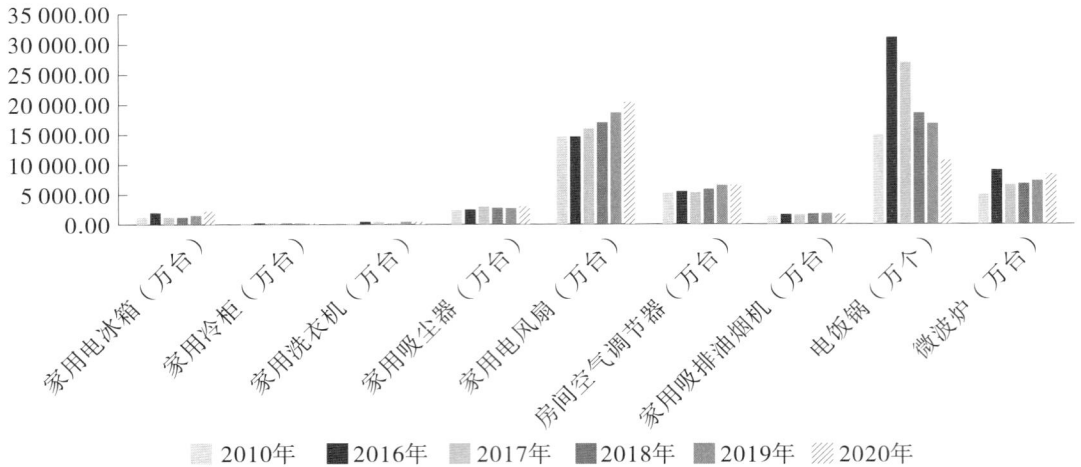

图 8 - 5　广东省家用电力器具产业规模以上工业主要产品产量

数据来源：《广东统计年鉴》。

食品饮料行业中，精制食用植物油每年的产量和三年累计的产量都是最大，2018—2020 年，每年的产量分别为 726.98 万吨、791.71 万吨、799.53 万吨，累计 2 318.22 万吨；饮料酒、啤酒紧随其后；成品糖、乳制品、罐头的产量则相对较低（见图 8 - 6）。

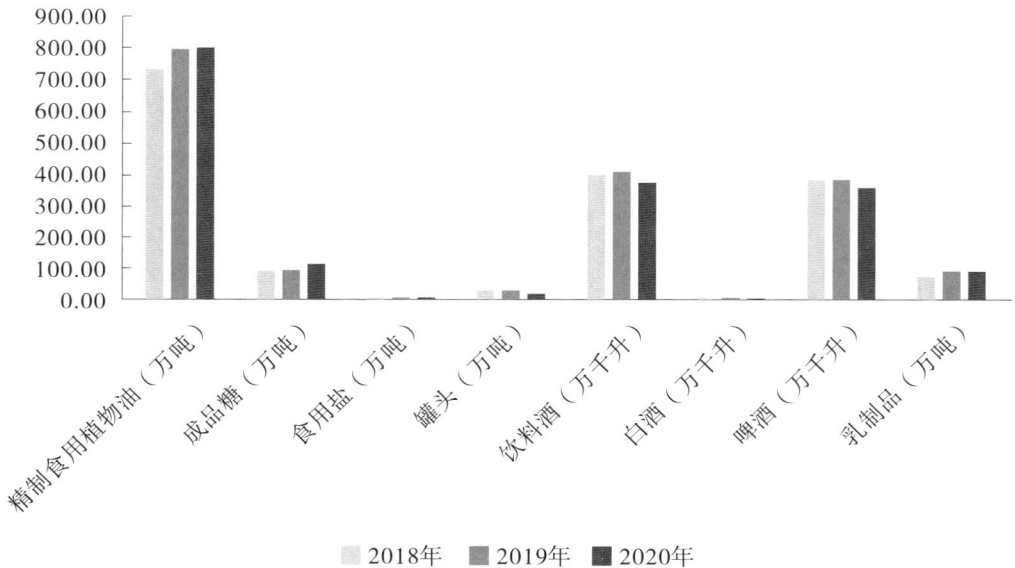

图 8 - 6　2018—2020 年广东省食品饮料行业规模以上工业主要产品产量

数据来源：《广东统计年鉴》。

广东省家用电力器具产业在四大制造业省份中非常具有竞争力。从 2020 年广东省、浙江省、江苏省、山东省家用电力器具产业规模以上工业主要产品产量来看，广东省家用电冰箱、房间空气调节器产量分别以 2 305.76 万台、6 714.61 万台位居四大省份第一。其中，房间空气调节器产量大概是浙江省、山东省的 4 倍，江苏省的 9 倍。广东省家用电冰箱的产量是山东省的 2 倍多，江苏省的 3 倍多，浙江省的 4 倍多。广东省家用洗衣机的产量略低于浙江省，排在第二位（见图 8 – 7）。

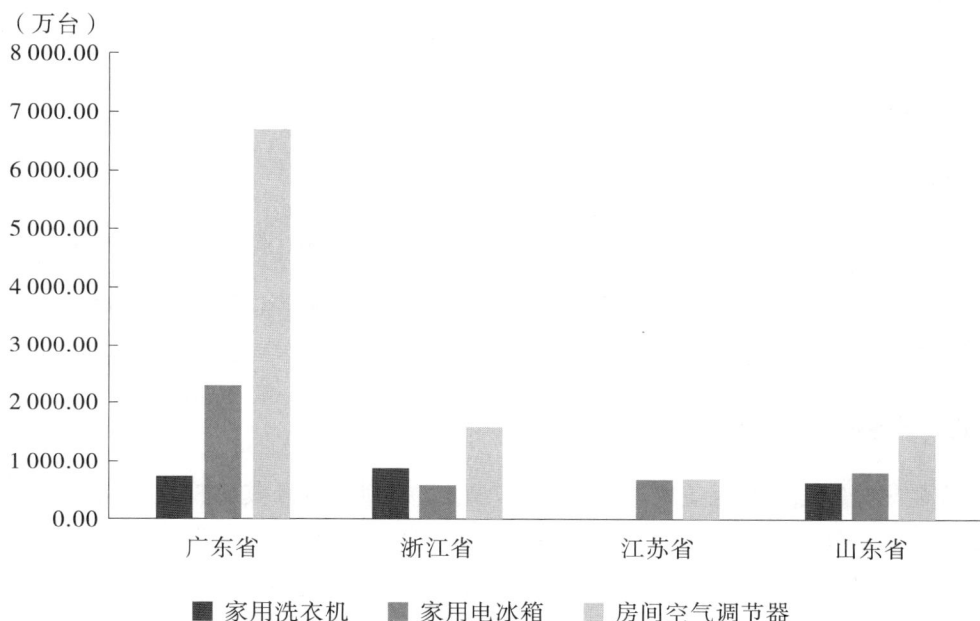

**图 8 – 7　2020 年我国制造业大省家用电力器具产业规模以上工业主要产品产量**

数据来源：各省份统计年鉴。

广东省食品饮料产业产品产量虽然不是处于绝对领先地位，但是与浙江省和山东省相比，也有比较明显的优势。其中，广东省成品糖产量 119.45 万吨，浙江省和山东省还未有规模以上工业企业产出成品糖。广东省精制食用植物油产量也非常大，高达 799.53 万吨，比山东省多 252.23 万吨，比浙江省多 717.78 万吨。广东省的罐头、饮料酒、白酒、啤酒、乳制品的产量与山东省、浙江省相比虽然不是最大，但是产量差距相对较小。整体来看，广东省食品饮料产业产品生产已经明确自身优势，不具优势的产品生产也没有落后（见图 8 – 8）。

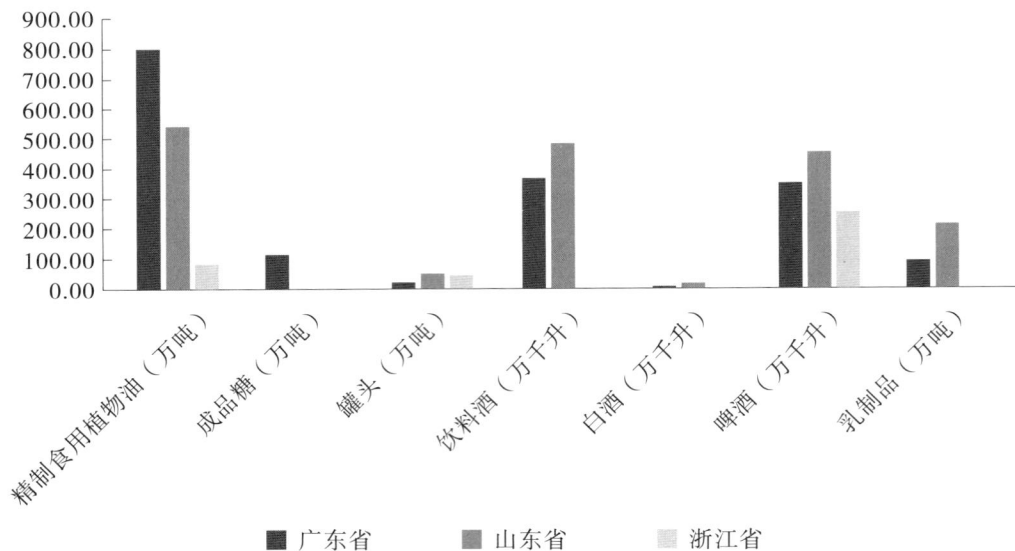

图 8 - 8　2020 年广东省、山东省和浙江省食品饮料产业规模以上工业主要产品产量

数据来源：各省份统计年鉴。

## （四）传统产品出口恢复增长

广东省出口重点商品涵盖机电产品、自动数据处理设备及其零部件、家用电器等商品。其中，属于优势传统产业的产品分别是家用电器、服装及衣着附件、家具及其零件。2021 年，整体来看，广东省出口重点商品的总值都在 1 000 亿元以上。家用电器、服装及衣着附件、家具及其零件三大类优势传统产业的出口额差异明显，家用电器出口额 3282.7 亿元，位列第三；服装及衣着附件出口额 2 024.7 亿元，排在第六位；家具及其零件出口额 1 335.2 亿元，排在第九位（见表 8 - 3）。

表 8 - 3　2021 年广东省出口重点商品总值情况

（单位：亿元）

| 商品 | 出口额 |
| --- | --- |
| 机电产品 | 34 939.2 |
| 自动数据处理设备及其零部件 | 3 356.0 |
| 家用电器 | 3 282.7 |
| 电工器材 | 3 114.7 |
| 手机 | 2 559.8 |
| 服装及衣着附件 | 2 024.7 |
| 集成电路 | 1 901.2 |

（续上表）

| 商品 | 出口额 |
|------|--------|
| 塑料制品 | 1 595.4 |
| 家具及其零件 | 1 335.2 |
| 音视频设备及其零件 | 1 320.1 |

数据来源：海关总署广东分署。

自 2019 年以来，广东省主要传统产品出口情况越来越乐观。家用电器出口额稳步上升，2021 年较 2020 年同比增长 31.52%。纺织服装类的产品统计口径在不断调整。2019 年，纺织服装出口额达 2 760.7 亿元；2020 年纺织纱线、织物及其制品出口额为 1 736.8 亿元；2021 年服装及衣着附件类商品出口额回升至 2 024.7 亿元。2021 年家具及零件出口额与家用电器、服装及衣着附件的出口额的差距较大，大致只占"服装及衣着附件"商品出口额的二分之一。家用电器出口额大概是家具及其零件商品出口额的两倍多。

与国内三个制造业大省浙江省、江苏省、山东省相比，广东省传统产品的出口优势明显。其中，家用电器的出口额自 2019 年开始即保持领先地位，是出口额排名第二的江苏省的 5 倍多。直至 2021 年，广东省家用电器出口额还是遥遥领先于其他三个省份。广东省、浙江省、江苏省的服装及衣着附件的出口额相差不大。2020 年，浙江省的"纺织纱线、织物及其制品"出口额在四个省份中最大，高达 3 174.9 亿元。江苏省次之，为 1 756.7 亿元，广东省紧随其后，为 1 736.8 亿元（见表 8 - 4）。2021 年，广东省的服装及衣着附件类产品的出口额仍旧是最高的，浙江省排名第二，江苏省次之，山东省排在最后。家具及零件类产品出口中，因为 2019 年、2020 年广东省家具及零件产品出口额不如本省其他产品的出口额，所以未作为主要商品来统计，但是 2021 年，广东省家具及零件产品出口额一跃成为四个省份中最大的。总之，广东省的几大优势传统产业非常具有竞争力。

表 8 - 4  2019—2021 年制造业大省主要传统产品出口额对比

（单位：亿元）

| 省份 | 主要传统产品 | 2019 年 | 2020 年 | 2021 年 |
|------|------|------|------|------|
| 广东省 | 家用电器 | 1 933.8 | 2 248.1 | 3 282.7 |
| | 服装及衣着附件 | — | 1 679.0 | 2 024.7 |
| | 家具及其零件 | — | — | 1 335.2 |
| | 纺织纱线、织物及其制品 | — | 1 736.8 | — |
| | 纺织服装 | 2 760.7 | — | — |

（续上表）

| 省份 | 主要传统产品 | 2019 年 | 2020 年 | 2021 年 |
|---|---|---|---|---|
| 浙江省 | 家用电器 | 197.8 | 854.9 | 965.8 |
| | 服装及衣着附件 | 2 081.1 | 1 763.3 | 1 993.4 |
| | 家具及其零件 | 893.8 | 1 026.6 | 1 238.3 |
| | 纺织纱线、织物及其制品 | 2 934.8 | 3 174.9 | 3 315.2 |
| 江苏省 | 家用电器 | 385.8 | 477.3 | 542.9 |
| | 服装及衣着附件 | 1 721.9 | 1 471.3 | 1 568.0 |
| | 家具及其零件 | 329.4 | 331.2 | 384.4 |
| | 纺织纱线、织物及其制品 | 1 623.5 | 1 756.7 | 1 773.6 |
| 山东省 | 家用电器 | — | — | — |
| | 服装及衣着附件 | 872.4 | 978.6 | 979.8 |
| | 家具及其零件 | 184.4 | 266.0 | 305.5 |
| | 纺织纱线、织物及其制品 | 685.7 | 851.9 | 673.2 |

注：江苏省2019年家用电器出口额为电扇、空调、冰箱、洗衣机、微波炉、电视机、液晶电视机出口额之和，2020年、2021年家用电器出口额为电扇、空调、冰箱、洗衣机、吸尘器、微波炉、电视机、液晶电视机出口额之和；浙江省2019年家用电器出口额为电扇、空调、冰箱、洗衣机、电视机出口额之和。

数据来源：海关总署广东分署、杭州海关、南京海关、济南海关。

## 二、产业集聚效应增强，空间布局不断改善

### （一）"产业集聚，一核三群"的空间布局已经形成

"十三五"期末，"一核三群"的优势传统产业区域布局已经形成。其中，优势传统产业核心区以珠三角中的广州、佛山、中山、东莞、江门为重点，以产业高端化发展为目标来推动；将汕头、揭阳、潮州等地区的工业园区和专业镇作为基础打造以食品、陶瓷、纺织为重点的东部产业群；将清远、韶关、梅州、河源等地区的工业园区和专业镇打造为以建材、金属加工、中医药等为重点的北部产业群；将阳江、茂名、云浮、湛江等地区的工业园区和专业镇打造为以金属制品、石油化工、建材、家具、纺织、水海产品为重点的西部产业群。总体形成"特色发展、错位发展、融合发展"的优势传统产业空间布局架构。

### （二）"因地制宜，多点开花"的行业布局逐渐完善

纺织服装行业重点建设中山市、东莞市、开平市、汕头市、普宁市和潮州市等六大产业

集群（基地）。截至 2021 年，广东省纺织服装产业已经在众多专业镇形成了各具特色的产业类别，围绕东莞虎门镇、东莞大朗镇等纺织服装专业镇打造 15 个特色城（镇），提升全省纺织工业区域特色经济和品牌优势，增长方式从数量主导型向品牌效益型转变。

食品饮料行业重点建设八大产业基地，即广州、佛山、中山、江门和梅州等地的发酵食品生产基地，广州、江门、珠海、中山等地的功能性食品生产基地，广州、东莞、佛山、中山等地的软饮料生产基地，东莞、汕头、江门、湛江、惠州、梅州、韶关、河源等地的粮油生产加工基地，广州、深圳、汕头、东莞、江门等地具有岭南特色的焙烤和糖制品基地，汕头、东莞、中山、潮州和云浮等地的肉制品加工基地，潮州、云浮、揭阳、普宁等地的广式凉果生产基地，湛江、茂名、阳江等地的水海产品加工基地。

建筑材料行业重点建设佛山、潮州两大陶瓷产业核心区，粤西、粤北、粤东三大水泥熟料基地，从而推动广东成为世界陶瓷制造和品牌聚集中心、全国现代新型建材制造中心、全国新型建材开发中心和全国建材贸易中心。

家用电力器具行业重点建设三大产业基地。智能家电生产基地以顺德、中山、南海为主，出口家电生产基地以深圳、东莞为主，经济型家电生产基地以粤西湛、茂一带为主，致力于将家用电力器具行业从全球制造基地升级为全球制造中心和全球营销中心，朝着成为"全球设计中心"的方向努力。

家具产业专业园区或孵化器的建设与广东省城市化发展战略结合较好。根据广东家具产业集群特点，以佛山、顺德、东莞、深圳、广州、中山、江门、惠州、韶关、梅州等家具制造基地为重点，基于各地特色产业集群，合理布局、重点支持建设红木家具、办公家具等家具产业专业园区。支持粤东、粤西、粤北建设特色家具产业专业园区或孵化器，支持建设家具行业电子商务科技园区。

金属制品产业重点培育和发展的产业集群（基地）包括：集装箱行业重点打造新会产业基地（中集集团）、韶关特钢基地（宝钢集团广东韶关钢铁有限公司）、茂名基地（化州海利集团公司），金属结构制造行业重点打造东莞—广州基地和阳江高端不锈钢基地，水暖卫浴行业重点打造开平水口基地，小五金行业重点发展阳江五金刀剪集群、揭阳（中德金属生态城）产业集群和中山小榄五金产业基地，不锈钢行业重点布局佛山、广州、云浮、揭阳产业基地，金属包装行业重点发展中山产业基地。

## 三、 智能制造转型加快， 数字赋能加速形成

### （一）智能制造赋能传统制造，产出效率得到提升

《广东省智能制造试点示范项目实施方案》（2020 年）提出推动企业实施智能化改造，推动产业转型升级。为使企业有选择性地从设计、生产、物流、销售、服务等各个环节来提升智能化水平，该实施方案组织实施了不同类型的省智能制造试点示范项目供企业申

报。2020 年，全省共有 88 个智能制造试点示范项目申报成功。其中，流程型制造行业试点示范项目有 27 个，与优势传统产业智能化改造相关的有：5 个食品饮料产业相关的项目、2 个家用电力器具类产业相关的项目、2 个纺织服装产业相关的项目、5 个建筑材料产业相关的项目、2 个家具制造产业相关的项目、1 个金属制品产业相关的项目。这些项目全面提升了传统企业的资源配置优化、实时在线优化、生产管理精细化和智能决策科学化水平。

离散型制造行业试点示范项目有 36 个，与传统产业智能化改造相关的有 4 个家用电力器具产业的相关项目、1 个家具制造业相关的项目。这些项目推动了家用电力器具产业和家具制造产业装备自动化、柔性化、智能化升级，工艺流程改造、生产与管理数据互联共享。

智能制造装备试点示范项目有 13 个，与传统产业智能化改造相关的有 1 个家用电力器具产业相关的项目，该项目极大地提升了装备和系统的自感知、自适应、自诊断能力，实现了智能装备的自主可控。智能产品制造试点示范项目有 5 个，智能服务和管理试点示范项目有 4 个。智能制造新业态和新模式试点示范项目有 3 个，与传统产业智能化改造相关的有 2 个家具制造产业相关的项目，该项目提升了传统企业网络平台功能，加强了企业大数据能力、资源配置能力、信息基础保障能力。

### （二）企业"上云上平台"积极性高，数字化生态体系加速形成

近年来，广东各地紧扣"互联网＋"等市场前景好的产业方向，推动"互联网＋传统产业改造"等新业态加快发展。广东省工信厅数据显示，基于 2018 年广东省工业企业"上云上平台"的支持政策，至今，广东省有 1.5 万家工业企业实施了数字化转型、50 万家中小企业"上线用云"。

众多传统企业积极进行数字化转型，产能得到了极大的提升。例如，广州华糖食品有限公司在煮糖车间内设置中央控制室大屏幕。各个生产环节的各项数据清晰地呈现在眼前，提升了车间生产效率，整个生产线的产能达到 28 万吨/年，提升了近 1 倍。广东格兰仕集团有限公司（简称"格兰仕集团"）为了畅通上下游间的信息渠道，推出了工业互联网平台，已经对接了上下游几千个供应商的生产、库存、物流等数据。格兰仕集团还研发了一个物料通用化的平台，对所有供应商的产品信息进行互通共享。采购部门能批量下单，供应商也能批量制造，不仅降低了成本，还保障了供应商的生产。

此外，部分优势传统产业集群借力数字化完成转型升级。佛山顺德的小家电产业集群通过数字化转型，整合全产业链，帮助 200 家小企业实现交货周期减少三分之一、人均产值提升三分之一、服务人员减少三分之一。美的集团携手国际机器人巨头安川成立机器人合资公司，践行其"智能制造＋智能家居"的"互联网＋"探索。顺德在容桂、北滘等地区建设了一批家电、家具、机械、钢铁电子商务集聚区和特色园区，集聚了 3 000 多家

电子商务企业，形成"线上经济"与"线下经济"齐头并进的发展态势。

### （三）创新平台加速构建，为数字化转型添砖加瓦

基地建设推动产品创新。佛山市顺德区政府、格兰仕集团与恒基（中国）投资公司政企携手共建的开源芯片基地已经开始运作，并组建了以赛昉科技、跃昉科技领衔的研发团队，开展芯片核心技术攻关和工业软件设计研发，培育芯片人才，攻坚"卡脖子"技术，支持专业芯片的快速研发和市场应用。2019 年，跃昉科技首款芯片"BF - 细滘"已应用到格兰仕家电产品中，伴随着格兰仕的产品走进千家万户。

推动以移动互联网、物联网为代表的新技术应用，通过建立创新平台促进集群产业链与创新链的融合，提升集群产业价值链，推动传统产业数字化转型。据广州市工业和信息化局的消息，花都区狮岭箱包皮具产业集群的数字化转型方案成为广东省工信厅 2020 年批准的首个试点。2020 年，15 家骨干企业在该试点的推动下"上云"，在骨干企业的示范作用下，产业链上下游 100 家企业陆续"上平台"，减少了集群行业成本 1 400 万元。佛山陶瓷产业集群企业构建 B2B + O2O 全球对接平台——众陶联产业平台，积极推动陶瓷产业与互联网、金融资本整合，参与产业链的企业产值达 1 000 亿元。

# 第二节　广东优势传统产业发展存在的问题

## 一、　国内外环境严峻多变，　内外需市场面临冲击

受新冠肺炎疫情影响，中国经济下行压力较大，经济恢复可能需要较长时间。当前，广东经济下行压力也加大，疫情使广东经济发展不稳定因素增多。近年来，广东省优势传统产业发展下行趋势明显，其粗放型的发展模式、不尽合理的产业结构等问题逐渐显现。从整体来看，自 2015 年以来，优势传统产业增加值呈下降趋势，且波动较大。2020 年的形势最不容乐观，2020 年的产业增加值增长率比 2015 年的下降了 4.5 个百分点。从六大优势传统产业各自的产业增加值发展态势来看，除了家用电力器具产业增加值在 2020 年有所上升，建筑材料业、金属制品业、食品饮料业、家具制造业、纺织服装业产业增加值都呈下降趋势，其中家具制造业下降幅度最大（见图 8 - 9）。相比 2015 年，2020 年家具制造业产业增加值增长率下降 16.2 个百分点。2021 年，优势传统产业增加值以及分行业增加值有所回升，但是，如何继续保持向好态势仍是一个难题。

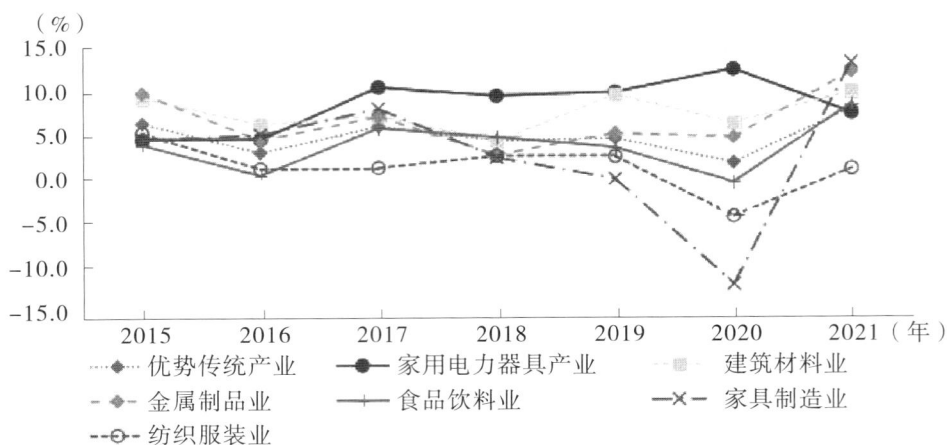

**图8-9　2015—2021年优势传统产业增加值增长率**

数据来源：《广东省国民经济和社会发展统计公报》。

## 二、　研发投入仍然不足，　技术创新能力较弱

广东省优势传统产业研发经费投入难以为优势传统产业转型升级提供充足保障。相较而言，金属制品业R&D经费投入较多，达78.04亿元，但是占比很低，仅为3.12%。家具制造业、纺织服装业、食品饮料业的R&D经费投入更低，只有金属制品业R&D经费投入的三分之一，各自占所有行业R&D经费投入的比重分别为1.05%，0.98%，0.99%（见图8-10）。对于优势传统产业的研发投入亟待加强。

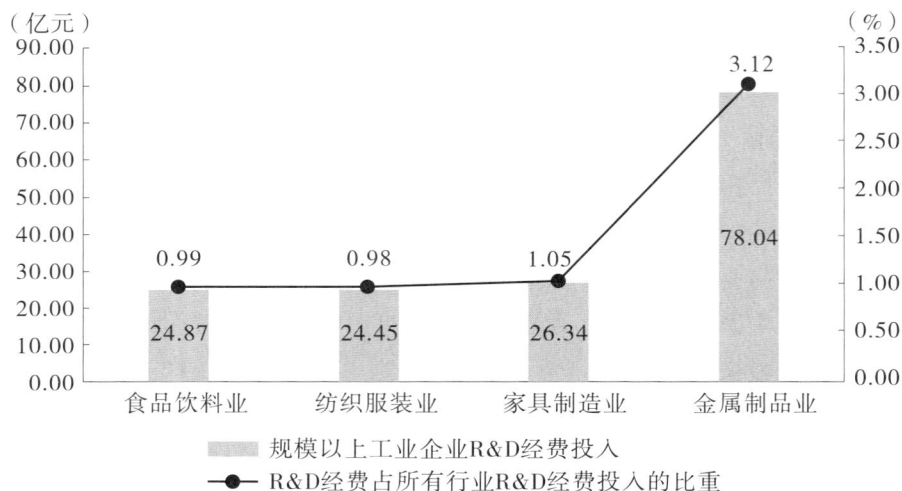

**图8-10　2020年分行业规模以上工业企业R&D经费情况**

数据来源：《2020年广东省科技经费投入公报》。

自主创新能力较欠缺。以广东省家电产业为例，其核心零部件对外依存度高，自主品牌实力偏弱。一是产业发展和产品结构较为低端，国际话语权不强，在自主研发、技术储备、引导行业发展等方面落后于国外行业巨头企业。二是部分核心零部件和关键技术对外依赖严重。目前，虽然广东省家电产业向智能家电方向发展，但是仍旧以末端产业链的整机组装为主，部分核心零部件主要依赖进口，如空调、洗衣机中的高端马达，高端家电中的微处理芯片等关键部件和核心技术长期依赖进口。

## 三、　产业链协作水平不高，　集群联动效应待释放

与世界上发展较为成熟的传统产业集群相比，广东优势传统产业集群产业链"大而不强"问题仍比较突出，未能有效发挥集群的规模经济优势、联动效应与技术创新效应。集群内部产生了大量的模仿创新、跟随式创新乃至"抄袭"现象，不利于传统特色产业集群的建设。并且，全省全部技术创新专业镇的高新技术企业绝大部分集中在电子信息行业，传统产业领域高新技术企业数量仍较少。

从产业链环节来看，广东优势传统产业集群的产业链环节大部分集中在装配加工、贴牌生产、仓储运输、低端营销等产业价值链中低端区域，在研发、工业设计、品牌、标准制定等高端环节缺乏话语权与国际竞争力。最关键的问题在于，广东优势传统产业集群除了拥有少数大型企业外，以中小企业为主，它们大多以廉价劳动力和自然资源为比较优势参与全球中低端价值链分工，不注重对高端产业环节的控制，难以推动产业链与创新链的深度融合，导致集群产业自主创新能力和经验积累不足。

## 四、　资源能源消耗偏高，　节能减排压力偏大

国务院印发的《2030年前碳达峰行动方案》（简称《方案》）提出，到2025年单位国内生产总值能源消耗比2020年下降13.5%，非化石能源消费比重达到20%左右。广东省发布的《广东省生态文明建设"十四五"规划》（简称《规划》）提出，到2025年单位地区生产总值能源消耗降低14.5%，非化石能源占一次能源消费比重达到29%等重要目标。很显然，广东省的目标更高，这对于传统产业来说是一个不小的挑战。

四大优势传统产业能源消耗量较大，纺织服装业尤为显著。从2015—2020年广东省四大优势传统产业能源消费总量来看，虽然食品饮料业、纺织服装业、家具制造业、金属制品业能源消费总量整体上有所下降，但是消耗量仍然很大。纺织服装业的能源消费总量最大，普遍在600万吨标准煤以上，金属制品业的能源消费总量普遍在500万吨标准煤以上，食品饮料业的能源消费总量普遍在200万吨标准煤以上，家具制造业的能源消费总量相对而言较低，没有超过200万吨标准煤（见图8-11）。

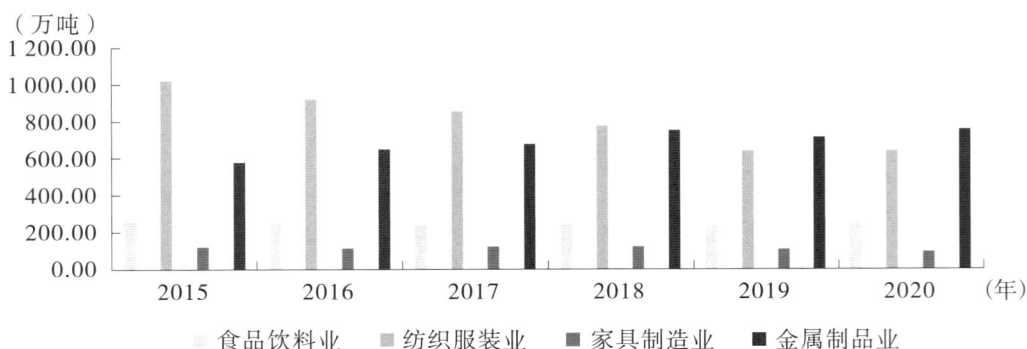

**图 8 - 11　2015—2020 年广东省四大优势传统产业能源（标准煤）消费总量**

注：食品饮料业能源消费总量为"食品制造业"和"酒、饮料和精制茶制造业"能源消费量之和；纺织服装业能源消费总量为"纺织业"和"纺织服装、服饰业"能源消费量之和。

数据来源：《广东统计年鉴》。

2015—2020 年，四大优势传统产业原煤消费总量差距大，纺织服装业原煤消费总量最高。整体而言，广东省四大优势传统产业原煤消费总量下降明显。但是，纺织服装业的原煤消费总量在四大优势传统产业间仍旧很高。食品饮料业、金属制品业的原煤消费总量虽然不高，但是下降的幅度不大（见图 8 - 12）。

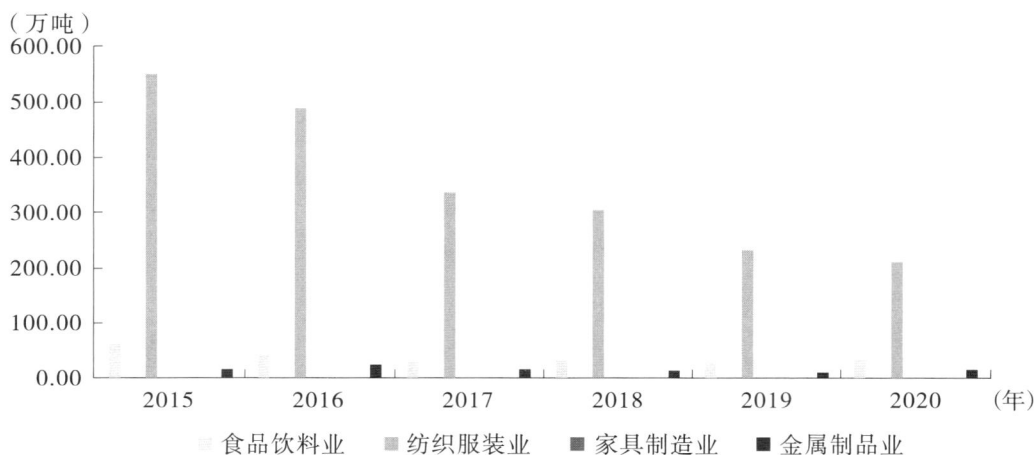

**图 8 - 12　2015—2020 年广东省四大优势传统产业原煤消费总量**

注：食品饮料业原煤消费总量为"食品制造业"和"酒、饮料和精制茶制造业"原煤消费量之和；纺织服装业原煤消费总量为"纺织业"和"纺织服装、服饰业"原煤消费量之和。

数据来源：《广东统计年鉴》。

四大优势传统产业电力消费总量情况不容乐观，纺织服装业与金属制品业电力消费总量较高。2015—2020 年，纺织服装业、食品饮料业、家具制造业、金属制品业四大产业的电力消费总量整体出现小幅上升。2020 年四大优势传统产业电力消费总量比 2015 年增长

0.96%。其中，2020 年食品饮料业的电力消费总量比 2015 年上涨 20.87%，金属制品业的电力消费总量比 2015 年上涨 32.91%。与 2015 年相比，纺织服装业在 2020 年的电力消费总量虽然下降了 30.58%，但是电力消费量总值仍旧很高，在 125 亿千瓦时以上。2020年家具制造业的电力消费总量下降幅度不高，只比 2015 年下降了 9.14%（见图 8 - 13）。未来，广东省优势传统产业需要提升资源能源使用效率，不断降低资源能源使用量。

（亿千瓦时）

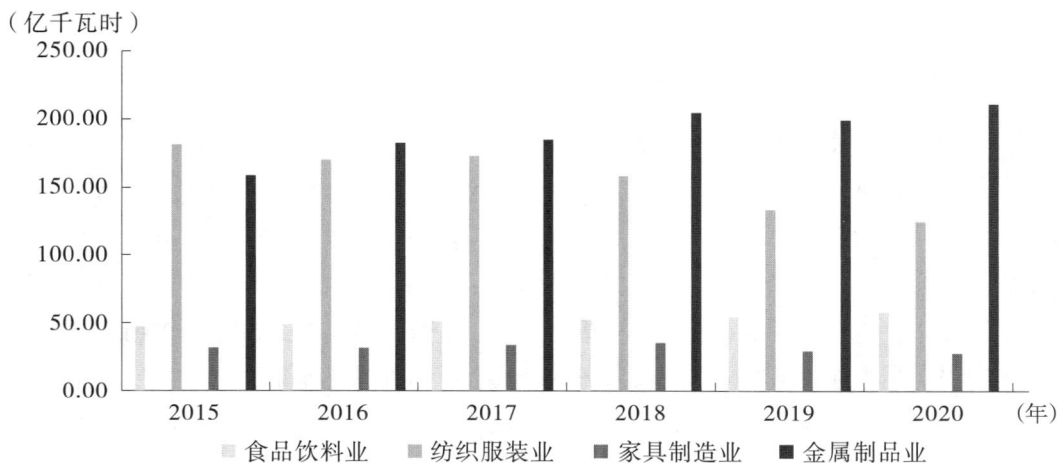

图 8 - 13　2016—2020 年广东省四大优势传统产业电力消费总量

注：食品饮料业电力消费总量为"食品制造业"和"酒、饮料和精制茶制造业"电力消费量之和；纺织服装业电力消费总量为"纺织业"和"纺织服装、服饰业"电力消费量之和。

数据来源：《广东统计年鉴》。

# 第三节　广东优势传统产业发展趋势

## 一、 产业链分工更加深化， 集群化发展趋势明显

### （一）产业集群向核心城市汇聚

优势传统产业从产业集聚到产业集群发展是必然趋势。《广东省制造业高质量发展"十四五"规划》明确提出发挥传统产业的优势，将优势传统产业集群打造成世界级的先进产业集群。智能家电产业集群是家用电力器具产业的发展方向；先进材料产业集群是建筑材料产业的发展方向；现代轻工纺织产业集群是纺织服装产业、家具制造业与金属制品业的发展方向；食品饮料产业则融入现代农业与食品产业集群，向精细化管理、高质量发展转型。同时，《广东省制造业高质量发展"十四五"规划》对珠三角地区、沿海经济带东翼、沿海经济带西翼、北部生态发展群中的各地级市的重要程度进行了标识。智能家电

产业集群的集中度较高，重点布局在珠海、佛山、江门；先进材料产业集群重点布局在广州、佛山、湛江；现代轻工纺织产业集群重点布局在佛山、东莞、中山、江门、汕头、湛江；现代农业与食品产业集群以珠三角地区的广州、惠州、中山、江门、肇庆为核心，深圳、珠海、佛山、东莞为重点发展。沿海经济带东翼以汕头为重点；沿海经济带西翼的三个城市——湛江、茂名、阳江都是核心发展城市；北部生态发展群以韶关、梅州、河源、清远为核心。

**（二）集群内部发展方向明晰**

每个产业集群的重点发展领域与发展方向各有侧重点。智能家电产业集群重点发展空调、冰箱、电视机、洗衣机、厨房电器等领域，未来向功能多样化、智能化、高效化方向发展。建筑材料产业属于先进材料产业集群中的一部分，主要涵盖无机非金属材料、高端建筑陶瓷、陶瓷卫生洁具、绿色水泥等细分领域，高端化、绿色化是其发展方向。现代轻工纺织产业集群主要发展纺织服装、皮革、家具、造纸、日化、金属制品等细分领域，产业基地建设、品牌建设是其未来发展趋势。现代农业与食品产业集群重点发展精制食用植物油、岭南特色食品及功能性食品、调味品等领域。一方面，巩固传统品牌优势；另一方面，推动食品饮料行业更优质、更健康、更具特色。

**（三）产业链分工呈现多元化现代化趋势**

产业集群不仅是企业的集聚，上下游企业的协同发展，产业价值链、供需链等都是产业集群化发展需要考虑的因素。《中华人民共和国国民经济和社会发展第十四个五年规划和2035年远景目标纲要》提出，推动产业链上中下游、大中小企业融通创新，提升产业链供应链现代化水平，坚持经济性和安全性相结合，补齐短板、锻造长板，分行业做好供应链战略设计和精准施策，形成具有更强创新力、更高附加值的产业链供应链，推动产业链供应链多元化。

不仅国家层面非常重视产业链的现代化水平，广东省更是注重产业链整合，进而推动产业集群发展。2020年7月，深圳市工业和信息化局印发《深圳市重点产业链"链长制"工作方案》，率先建立"链长制"，以实体制造业为重点，打造产业链集群和"链主"企业。2021年1月，广东省两会上公布的政府工作报告首次提到了"链长制"；2021年4月，广东正式宣布全省建立实施"链长制"，全面推进广东战略性产业集群建设。依托"链长制"，研判产业经济规模、工艺技术路线、装备设施成本，由政府层担任"链长"，统筹重点产业链建设全局性工作；企业层担任"链主"，协同推动重大规划、工程落实。推动"建链、补链、强链、延链"取得实质性进展，进而与产业集群深度融合。

## 二、 数字赋能加快发展， 智能化高端化趋势加强

### （一） 数字化政策为转型升级保驾护航

广东省 2015 年出台《广东省智能制造发展规划（2016—2020 年)》，明确了广东省传统产业转型升级的方向——高端化、智能化。之后，广东省陆续出台相应的规划文件和行动方案等，从龙头企业培育、体制机制创新等方面为广东省传统产业转型升级保驾护航。

表 8-5　广东省推动产业数字化转型相关政策文件

| 序号 | 政策文件 | 主要内容 |
|---|---|---|
| 1 | 《广东省人民政府关于加快数字化发展的意见》 | 系统谋划推进、统筹资源要素，着力提升数字化发展能力，全方位赋能经济社会转型升级，把广东建设成为全球领先的数字化发展高地 |
| 2 | 《广东省制造业数字化转型实施方案（2021—2025 年)》 | 提升全省制造业数字化、网络化、智能化水平 |
| 3 | 《广东省制造业数字化转型若干政策措施》 | 支持行业龙头骨干企业和"链主"企业加快实施数字化转型；支持重点工业互联网平台建设；支持产业园、产业集聚区数字化改造 |
| 4 | 《广东省发展智能家电战略性支柱产业集群行动计划（2021—2025 年)》 | 支持家电企业开展数字化、网络化、智能化改造；加快发展智能家电战略性支柱产业集群，促进产业迈向全球价值链高端 |
| 5 | 《教育部　广东省人民政府关于推进深圳职业教育高端发展　争创世界一流的实施意见》 | 率先建立中国特色职业教育高质量发展模式，对接新经济、新技术、新职业，加快传统专业升级和数字化改造 |
| 6 | 《广东省智能制造发展规划（2015—2025 年)》 | 推进广东省信息化和工业化深度融合，加快制造业转型升级 |
| 7 | 《广东省制造业高质量发展"十四五"规划》 | 全面提升产业基础高级化和产业链现代化水平，加快建设现代产业体系 |

资料来源：广东省统计局。

### （二） 龙头企业为转型升级形成示范

优势传统产业的龙头企业对于家用电器、食品饮料、纺织服装等传统产业的专业化、品牌化、国际化发展起着先锋作用。以家用电器的龙头企业美的为例，美的高端化、智能

化发展走在了该行业的前列。美的每年数字化转型投入超 20 亿元，高投入之下也获得了高回报。美的微波炉顺德工厂数字化后，订单交付周期缩短 56%，渠道库存下降 40%，产品品质指标提升 15%。美的利润也从 2011 年的 67 亿元大幅提升至 2020 年的 272 亿元。① 2017 年，美的收购了德国工业机器人巨头库卡，将工业机器人应用于多种应用场景。截至 2021 年上半年，美的机器人的使用密度已超过 320 台/万人，并计划在 2023 年达到 530 台/万人的水平，这个目标已经远远超过了中国的平均水平。

食品饮料行业以知名品牌和龙头企业为引领，发挥示范引领作用。以食品行业的龙头企业海天味业为例，海天味业一直致力于用现代科研技术对传统酿造工艺进行传承和创新，对其他中小型传统食品企业起了非常好的示范作用。2020 年，海天味业的研发费高达 7.12 亿元，相当于 195 万元/天，在 60 家 A 股上市企业公司中排名第一。

作为纺织服装行业的龙头企业，广东溢达整合全产业链的每个生产环节，让转型升级贯穿于每个车间、每个岗位、每个工艺，从而实现流程更精益。其中，广东溢达大规模自动化制衣生产技术的突破使得整体自动化制衣效率提升近 3 倍。

**（三）数字技术为转型升级提供支撑**

工业的数字化、互联网化、智能化是产业发展的大势所趋。通过现代技术，广东省传统产业可以在较短时间内掌握国际巨头多年经营经验，冲进第四次工业革命的浪潮。《广东省科技创新"十四五"规划》提出，推动传统产业数字化、智能化、高端化发展。积极利用现代先进适用技术推动纺织服装、食品饮料、家电家具、五金建材等传统产业改造升级。推动新一代信息技术与制造业融合发展，充分利用新一代数字技术全方位、全角度、全链条赋能传统制造业，推动全省制造业数字化转型。推动企业技术改造和设备更新，实施以传统制造装备联网、关键工序数控化等为重点的技术改造，加快机器人推广应用。利用工业互联网改造传统产业，推动产业集群数字化转型，支持工业企业"上云上平台"。

## 三、双碳目标迫在眉睫，绿色化转型成必然趋势

《广东省人民政府关于加快建立健全绿色低碳循环发展经济体系的实施意见》提出坚持系统观念，加强生态环境保护和碳达峰、碳中和统筹考虑、综合施策，将减污降碳协同增效作为促进经济社会发展全面绿色转型的总抓手，把绿色低碳循环发展的理念和模式贯彻到经济社会发展各领域、各环节。争取到 2025 年，产业结构更加优化，传统产业绿色低碳发展取得积极进展。

---

① 21 世纪经济报道. 广东数字经济加速度：赋能制造业转型升级，加速大湾区协同发展［EB/OL］. https://new.qq.com/rain/a/20211213A0ANEM00?no-redirect=1.

《广东省生态文明建设"十四五"规划》为广东省优势传统产业的发展指明了方向。未来广东要加快传统产业绿色化改造，并重点提出要提升钢铁、石化、纺织、造纸、建材等行业绿色化水平。强化能耗、水耗、环保、安全和技术等标准约束，依法依规淘汰落后产能、化解过剩产能和优化存量产能，扎实推进"散乱污"企业整治。通过推动工业企业开展清洁生产，强化绿色制造体系建设，按照产品全生命周期绿色管理理念，推进重点行业企业开发绿色设计产品，打造绿色工厂，构建绿色供应链。继续培育创建工业固废综合利用示范项目，推广资源综合利用技术与装备，培育资源综合利用龙头企业，促进资源综合利用产业集聚发展。

## 第四节 广东优势传统产业发展的对策建议

### 一、 加强科技创新引领带动作用， 加速产业发展高端化

科技创新是新时期支撑广东塑造全球产业竞争优势的根本力量，也是广东抢抓新一轮科技革命和产业变革历史机遇、实现发展动力转换的重大战略举措。为强化科技创新核心优势，政府、企业、高校多个层面需要合力提升创新能力，促进创新成果落地实施，为优势传统产业转型提供动力。

政府需要转变自身职能，由经济建设型政府向公共服务型政府转变，理顺与企业之间的关系。为提高广东省优势传统产业科技创新水平，政府应当鼓励优势传统产业自主创新成果的转化与产业化活动，鼓励优势传统企业加快创新升级，着力推动企业广泛开展技术创新活动，并通过无偿资助、贷款贴息、补助资金等方式给予相应财政支持。政府牵头，畅通鹏程实验室、季华实验室等研发机构与高校的交流，充分利用高校的科研资源，加强"政产学研"合作，推动科研成果商业化、产业化。

此外，高校也可以创办企业直接转化科技成果，通过技术转让与地方政府、企业开展产学研合作，共同开发新技术、新产品，并实现成果转化及产业化。利用一批重点科研基地，加强对重点科技项目的研究、开发和转化，使高校自己成为高新技术产业的孵化器。通过参加各种技术交流活动，向外宣传和推广高校科技成果，进一步通过"技术＋资本"的方式与企业合作，直接参与企业的技术创新及产品开发，风险共担，利益共享。

### 二、 推动数字技术与传统产业融合， 促进产业发展智能化

支持优势传统产业集群全产业链企业率先进行数字化升级，支持集群企业协同头部直播平台企业打造直播基地、建设直播频道，以开展数字化营销，鼓励企业采用直播或短视

频等方法在线介绍产品生产工艺流程，促进在线引流销售，推动优势传统产业向更宽维度、更有温度、更加系统、更快响应的产品创新方向整合提升。

支持集群企业基于上云在线数据的分析诊断与精准核算，针对性开展自动化改造和生产设备改造等。瞄准传统行业领域未来生产操作标准化、少人化等需求，运用工业互联网新技术将装备与不同类型传统行业的工艺、材料、管理特性需求等进行集成创新，打造特定行业系统集成装备。

创建产业信息数据库，搭建产业大数据平台。以产业项目为切入点，以产业项目的用户为对象，以广东省国家数字经济创新发展试验区为载体，对不同产业项目的用户需求进行用户信息的归集、分类和结构化处理，建立一个从产业信息溯源、录入、登记到报送的完整系统，进而培育出优质项目，促进优势传统产业转型升级。

## 三、 提升产业链分工协作能力， 推动产业发展集群化

发挥产业链协作能力，首先需要支持优势传统产业中的大型骨干企业增强实力，着力打造一批品牌价值高、规模大、拥有核心技术和自主知识产权的大型骨干企业。其次，支持重点企业瞄准产业链关键环节和核心技术实施兼并重组，加快产业链关键资源整合，进一步培育出一批"链主"企业和生态主导型企业。由"链主"企业带动产业链中的其他中小型企业，一同打造创新协同、产业链供应链互通的新型产业生态，实现集群企业与信息服务、数字创意、智慧物流、现代供应链、会展经济等生产性服务业融合发展，提升集群产业价值链。最后，提升服务水平，完善集群配套设施。一方面，建立并完善公共服务平台，为集群企业提供全链条全过程的服务，加快联动服务机制的完善，提高企业诉求办理效率和质量。为企业提供技术支持、融资担保、人员培训等服务，畅通企业办事渠道。另一方面，明确各地级市的优势传统产业，建立优势互补的产业园区。不断优化产业园区的基础设施建设，进而推动产业集群现代化发展。

## 四、 加快清洁生产与低碳转型， 实现产业发展绿色化

首先，为促进优势传统产业可持续发展，必须以节能降碳为目标，基于产品的生命周期，大力推行绿色设计，控制生产过程排放，升级末端治理设施，提高生产制造全过程清洁化水平。同时，加快绿色低碳关键技术在传统行业的产业化应用，尤其要大力推广清洁生产新技术、新工艺、新装备、新材料在轻工、纺织服装、食品、建材等传统行业上的应用，支持传统行业改造升级。

其次，针对优势传统企业中走在发展前列的企业，建设绿色制造试点示范工程。譬如家电企业可推广应用智能家电绿色设计、高效节能环保工艺、家电产品回收与资源综合利

用等绿色制造技术。对于耗能较高的家电产品领域，加快绿色家电产品的研发；打造高水平的绿色工厂、绿色园区及绿色供应链系统，进而形成一批绿色制造示范项目。

最后，将互联网与资源循环利用融合发展贯穿始终。一是支持传统企业利用大数据、云计算等技术优化逆向物流网点布局，建立线上线下融合的回收网络。二是鼓励广东省各地市加快建设废弃物在线回收、交易平台。三是推动广东省行业协会、传统企业逐步构建行业性、区域性、全国性的产业废弃物和再生资源在线交易系统。

# 第九章

# 广东战略性新兴产业发展现状、趋势与对策建议[*]

战略性新兴产业是新兴科技与新兴产业的深度融合，代表着新一轮科技革命和产业变革的方向，是培育发展新动能、获取未来竞争新优势的关键领域，已成为世界竞争的焦点。2020年，广东省发布《广东省人民政府关于培育发展战略性支柱产业集群和战略性新兴产业集群的意见》（以下简称《意见》），明确指出加快战略性新兴产业重点领域在全球范围内实现换道超车，并领跑发展，对大幅度提升广东省整体竞争力、推动制造业高质量发展、加快构建现代产业体系具有重大意义。根据《意见》的指导，本章将聚焦半导体及集成电路、前沿新材料、智能机器人、精密仪器设备、新能源、激光与增材制造、安全应急与环保、高端装备制造、区块链与量子信息、数字创意等产业。

表 9 - 1　广东省战略性新兴产业发展领域

| 战略性新兴产业 | 发展领域 |
| --- | --- |
| 半导体及集成电路 | 半导体器件的设计、制造、封装测试，以及相关原材料、辅助材料、装备等 |
| 前沿新材料 | 智能、仿生与超材料，低维及纳米材料，高性能纤维，新型半导体材料，电子新材料及电子化学品，先进金属材料，新型复合材料，超导材料，增材制造材料等 |
| 智能机器人 | 工业机器人、服务机器人、特种机器人和无人机（船） |
| 精密仪器设备 | 工业自动化测控仪器与系统、信息计测与电测仪器、科学测试分析仪器、人体诊疗仪器、各类专用检测与测量仪器以及相关的传感器、元器件、材料等 |
| 新能源 | 核能、风能、天然气及其水合物、太阳能、氢能、生物质能、地热能、海洋能、智能电网、储能等 |
| 激光与增材制造 | 激光与增材制造材料、扫描振镜、激光器、整机装备等 |
| 安全应急与环保 | 安全应急、节能环保领域的专用产品、设备和服务等 |
| 高端装备制造 | 高端数控机床、海洋工程装备、航空装备、卫星及应用、轨道交通装备、集成电路装备等 |

---

[*]　本章第一执笔人为暨南大学产业经济研究院伍臻。

（续上表）

| 战略性新兴产业 | 发展领域 |
|---|---|
| 区块链与量子信息 | 区块链产业包括硬件基础设施、底层技术平台、区块链通用应用、技术扩展平台及终端用户服务等；量子信息产业包括未来信息材料与器件、量子模拟与计算、量子通信与网络、量子精密测量与计量以及关键核心工程装备等 |
| 数字创意 | 数字创意技术和设备、内容制作、设计服务、融合服务 |

# 第一节　广东战略性新兴产业发展现状特征

## 一、产业规模稳步提升，综合实力不断加强

### （一）产业规模与增速保持上升趋势

"十三五"以来，广东省战略性新兴产业不断取得新的突破与成就。高技术制造业总产值与增加值均呈稳步增长趋势。2021 年，全省规模以上高技术制造业总产值达到53 060 亿元，比 2015 年的 34 667 亿元增加了 18 393 亿元，年平均增长率为 7.4%；实现了规模以上高技术制造业增加值 11 672 亿元，比 2015 年的 7 537 亿元增加了 4 135 亿元，年平均增长率为 7.6%。

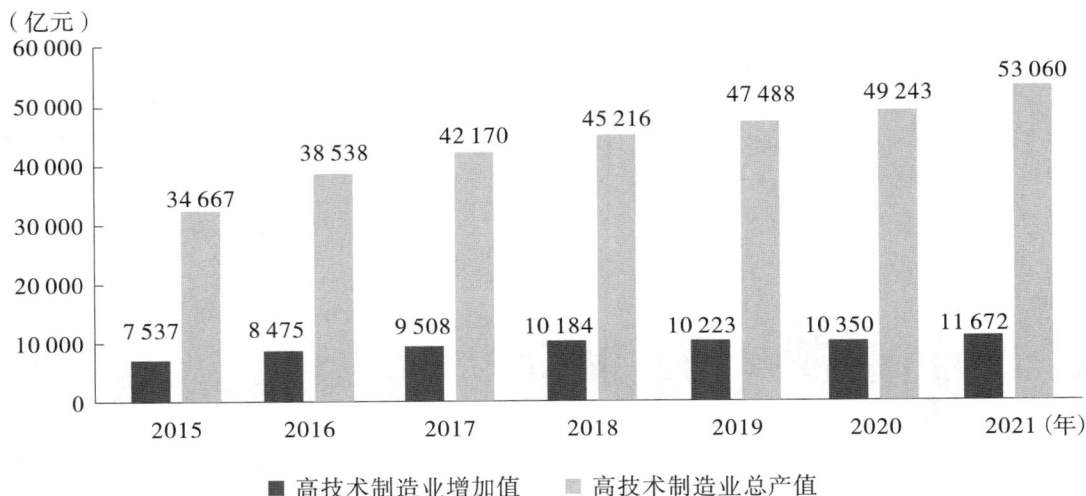

图 9 - 1　2015—2021 年广东省规模以上高技术制造业增加值及总产值变化

数据来源：《广东统计年鉴》。

　　高技术制造业增加值所占规模以上工业增加值比重呈上升趋势。2021年规模以上高技术制造业所占比例为29.9%，比2015年提高大约3个百分点（见图9-2）。近年来，受疫情与关键环节"缺芯少屏"等不利因素的影响，高技术制造业增加值所占比重的增速有所放缓，在2020年至2021年有所下降。随着2021年第四季度以来芯片短缺问题的缓和、"广东强芯"工程的进一步推进，预计高技术制造业将进一步释放产能。从各个细分产业的增加值来看，2021年工业机器人增长56.5%，集成电路增长30.3%。"碳达峰""碳中和"双碳发展战略，也给新能源产业带来了新的发展机遇，带动新能源装备制造业增加值增长19.9%。

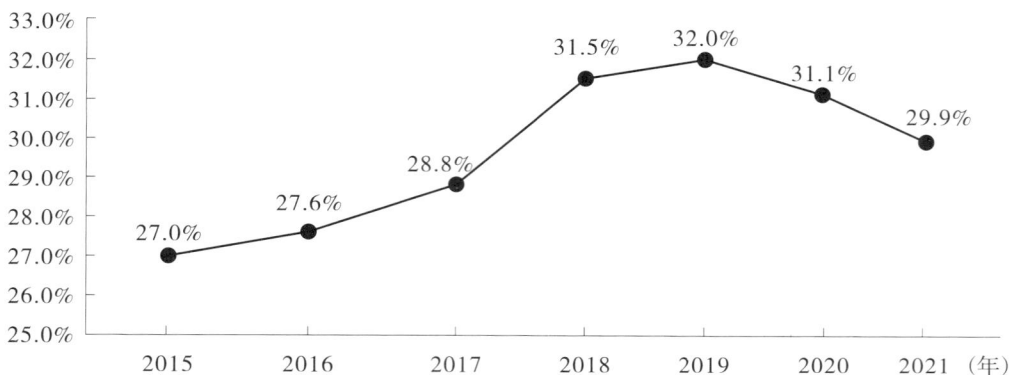

**图9-2　2015—2021年广东省高技术制造业增加值占规模以上工业增加值比重变化**

数据来源：《广东统计年鉴》。

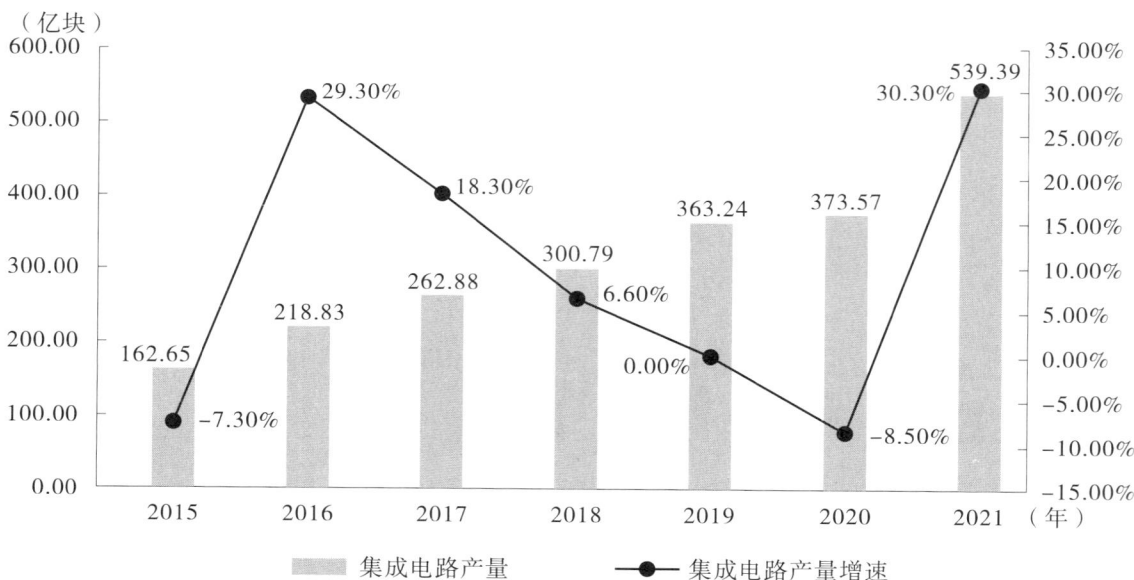

**图9-3　2015—2021年广东省集成电路产量及增速**

数据来源：《广东统计年鉴》。

从产量产能来看，战略性新兴产业产品产量增势良好，产能逐级增长。分行业看，"十三五"以来，在相关政策的有序推动下，广东机器人产业链逐步完善，在2020年，已经实现了工业机器人产量占据全国29.7%的份额，跃居全国第一，2021年广东省工业机器人产量达到12.44万架，同比增长56.5%，是2015年产量的15.7倍，占据全国将近34%的产量份额；生产集成电路539.39亿块，同比增长30.30%（见图9-3），是2015年产量的3.3倍；生产民用无人机346.23万架，是2017年无人机产量的1.2倍。

## （二）战略性新兴产业集群逐渐壮大

产业集群是战略性新兴产业发展的主要形态，是现代产业体系的重要组成部分。"十三五"以来，广东省十大战略性新兴产业集群的集聚效应初步显现，增长潜力巨大，体现了产业发展的"进"，对促使广东省产业结构迈向高端化、构建现代化产业体系具有重要意义。

从产业集群来看，各个战略性新兴产业细分领域逐渐形成规模。半导体与集成电路产业领域在"广东强芯"工程的大力推进、集成电路"四梁八柱"①的稳步构建下，广东省已成立投资规模均超百亿元的湾区半导体、广大融智、智能传感器三大产业集团；设立总规模达千亿级的六大投资基金，成功引进第一条车规级碳化硅芯片制造产线、两条12英寸特色工艺芯片生产线多个重大项目。除此之外，在智能机器人、激光与增材制造、精密仪器设备、数字创意等领域，广东省已经达到国内先进水平；在高端装备制造、新能源、前沿新材料、区块链与量子信息、安全应急与环保等新兴领域，广东省也形成了一定的产业规模，向更高程度的集聚化迈进（见表9-2）。

表9-2　广东省十大战略性新兴产业发展概况

| 战略性新兴产业 | 发展现状 | 代表企业 |
|---|---|---|
| 半导体与集成电路 | 拥有全国最大的消费电子、汽车电子、人工智能、通信等领域的应用市场；2019年，全省集成电路产业主营业务收入超过1 200亿元；建成广州、深圳两个国家级集成电路产业化基地；形成以广州、深圳、珠海为核心，多地协同发展的产业格局 | 中芯国际深圳、粤芯半导体、海思、鹏鼎控股、生益科技、深南电路 |
| 高端装备制造 | 2019年，全省高端装备制造业实现营业收入近1 800亿元；在高端数控机床、海洋工程装备、航空装备、卫星及应用、轨道交通装备等领域建设了一批项目，培育了一批龙头骨干企业；初步形成产业集聚态势 | 创世纪（高端数控机床）、三一海洋重工、烽火科技（海洋工程装备）、广州地铁、白云电气（轨道交通） |

① 指在基金、平台、大学和园区等支撑性方面打造产业"四梁"，从制造、设计、封测、材料、装备、零部件、工具和应用等专业领域构建"八柱"。

（续上表）

| 战略性新兴产业 | 发展现状 | 代表企业 |
|---|---|---|
| 智能机器人 | 产值规模、企业数量、产业园区建设均处于全国领先水平；是国内智能机器人产业的主要集聚区之一；2019年，全省智能机器人产业主营业务收入325亿元，省级机器人骨干企业超86家，工业机器人产量约占全国1/4，民用无人机企业已经达到全球领先水平 | 大疆、广州数控、优必选科技、云鲸智能（扫地机器人）、逸动（电动船外机）、睿魔智能（科技摄像机器人） |
| 区块链与量子信息 | 2019年全省专利申请量约占全国三分之一；近万家企业实现电子发票接入；实现千万级跨境交易，达成亿级供应链金融体系；涌现160余家区块链信息服务备案企业，占国内备案量的22% | 华为、腾讯、顺丰、国盾量子、数字广东、微众银行、壹账通 |
| 新能源 | 2019年，全省新能源发电装机规模5 153万千瓦，建成2 200公里天然气主干管网、4座LNG（液化天然气）接收站、2 350座充电站、约12万个充电桩、34座加氢站 | 恒泰科技（锂电池）、亿纬锂能（锂电池）、鸿基创能、国鸿氢能（氢能） |
| 激光与增材制造 | 建成全国最大的激光与增材制造产业集聚区，产业规模、企业数量、有效专利量全国领先；2019年全省激光与增材制造产业的规模与企业数量均占全国30%以上份额，有效专利量约占全国17%；形成各个环节不断完善、协同发展的产业链；成为驱动"制造强省"的核心动力源 | 大族激光、邦德激光、致凯捷激光、微航磁电 |
| 数字创意 | 产业规模、发展水平、企业数量均处于全国领先水平；2019年，全省数字创意产业营业收入约4 200亿元，游戏、动漫、电竞、数字音乐等领域排名全国第一，直播、短视频等新兴领域迅速发展；影响力水平、国际化程度不断提高 | 腾讯（综合龙头）、网易游戏、三七互娱（游戏）、华强方特、奥飞娱乐（动漫）、YY、虎牙、网易CC（直播）、酷狗、QQ音乐（数字音乐） |
| 安全应急与环保 | 2019年，全省安全应急与环保产业规模约2 500亿元；有效发明专利量1.38万件，约占全国的11% | 格林美、比亚迪、美的集团、格力电器、邦普循环科技、达实智能 |
| 精密仪器设备 | 2019年，全省精密仪器设备产业主营业务收入为1 323.99亿元，出口交货值达429.17亿元；专精特新"小巨人""单项冠军""独角兽"企业近20家；专利授权量约53万件，在示波器、监护仪、血细胞分析仪等领域处于全国领先水平 | 汇川技术、奥普特科技、拓邦股份、华盛昌、优利德 |

（续上表）

| 战略性新兴产业 | 发展现状 | 代表企业 |
|---|---|---|
| 前沿新材料 | 2019 年，全省前沿新材料产业营业收入接近 500 亿元，具有全国领先的技术水平和综合实力；在石墨烯、超材料、新型显示、新能源材料、生物医用材料、先进半导体等领域已取得较强优势；在单晶石墨烯的工业化制备、超宽禁带半导体材料等关键技术领域已实现重大突破 | 贝特瑞新能源材料、乐普医疗 |

资料来源：根据网上公开资料整理。

从统计数据来看，战略性新兴产业已经逐步成为广东省经济发展的新焦点和新引擎。虽然战略性新兴产业内部分行业体量较小，但是潜力释放较快。2021 年上半年，智能机器人、高端装备制造、半导体与集成电路、前沿新材料、新能源等 8 个产业集群增速超过广东 GDP 13% 的增速（见图 9 - 4），十大战略性新兴产业集群营业收入达到 10 403.29 亿元，涵盖超 9.3 万家企业，增加值达 2 608.46 亿元，增加值同比增速达 22.3%（见表 9 - 3），高于同期广东省 GDP 增长率 9.3 个百分点。

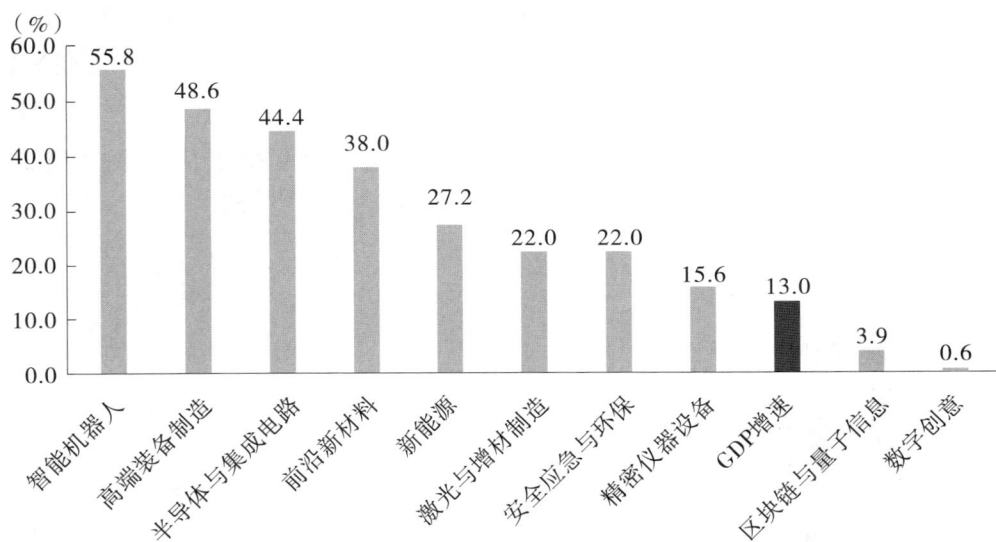

图 9 - 4　2021 年上半年广东省十大战略性新兴产业集群增加值增速及 GDP 增速

数据来源：广东省统计局。

表 9 - 3　2021 年上半年广东省十大战略性新兴产业集群发展状况

| 战略性<br>新兴产业 | 企业数（家） | 营业收入（亿元） | 增加值（亿元） | 增加值增速（%） | 占 GDP 比重 |
|---|---|---|---|---|---|
| 半导体与集成电路 | 1 328 | 901.11 | 215.28 | 44.4 | 0.38 |
| 高端装备制造 | 7 750 | 1 252.04 | 328.70 | 48.6 | 0.57 |
| 智能机器人 | 172 | 241.02 | 47.51 | 55.8 | 0.08 |
| 区块链与量子信息 | 13 168 | 130.07 | 31.50 | 3.9 | 0.06 |
| 前沿新材料 | 20 509 | 344.43 | 84.67 | 38.0 | 0.15 |
| 新能源 | 5 642 | 2 357.43 | 591.21 | 27.2 | 1.03 |
| 激光与增材制造 | 33 612 | 604.64 | 128.56 | 22.0 | 0.22 |
| 数字创意 | 6 879 | 2 257.07 | 558.30 | 0.6 | 0.98 |
| 安全应急与环保 | 2 675 | 1 425.13 | 377.70 | 22.0 | 0.66 |
| 精密仪器设备 | 1 282 | 890.35 | 245.03 | 15.6 | 0.43 |
| 总计 | 93 017 | 10 403.29 | 2 608.46 | 22.3 | 4.56 |

数据来源：广东省统计局。

## （三）大中小企业趋向协同发展

大中小微企业专业化分工协作、共同发展的产业体系逐步建立。从企业来看，根据 2021 年中国企业联合会、中国企业家协会发布的 "2021 中国战略性新兴产业领军企业 100 强榜单"，广东省在新一代信息技术、新材料、高端装备制造等战略性新兴产业领域里共有 19 家企业入选，占据了榜单大约 20% 的比例，仅次于北京的 22 家（见图 9 - 5），其中华为以 8 914 亿元的收入蝉联榜单榜首，同比上年提高了 37.8 亿元。

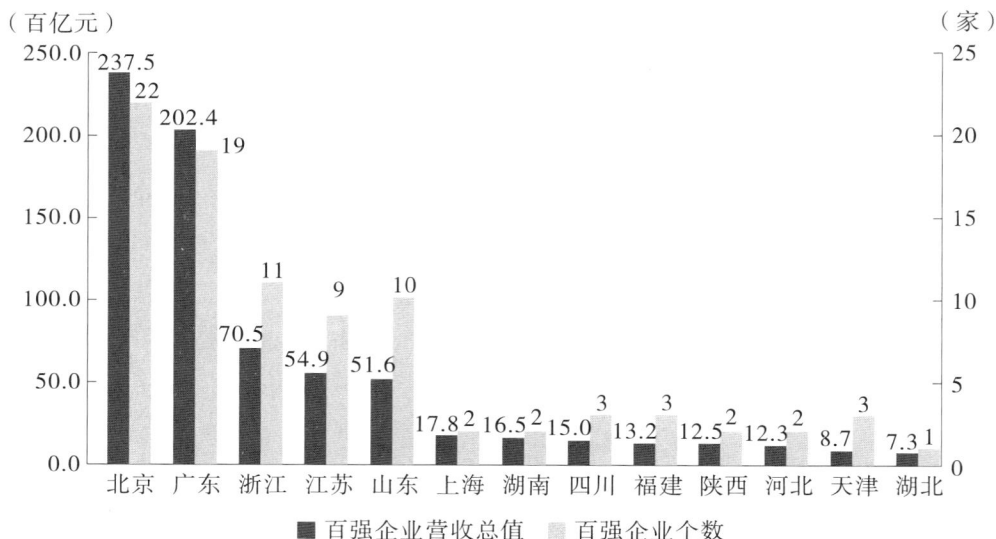

图 9 - 5　2021 年各省市战略性新兴产业百强企业个数及营收总值

数据来源：中商产业研究院。

从营收规模来看，广东省战略性新兴产业百强企业中，合计营收规模达到了2万亿元，有4家企业营收突破1 000亿元，有4家企业营收在500亿~1 000亿元之间，剩余11家企业营收在200亿~500亿元之间。从企业性质来看，广东省战略性新兴产业百强企业中，民营企业占据了大幅比例。整体经济活力强、收入规模大、发展后劲足。

表9-4　2021年广东省入围中国战略性新兴产业领军企业100强企业

| 排名 | 公司名称 | 营业收入（亿元） |
|---|---|---|
| 1 | 华为投资控股有限公司 | 8 914 |
| 6 | 正威国际集团有限公司 | 2 028 |
| 7 | 广州医药集团有限公司 | 1 799 |
| 13 | 中国广核集团有限公司 | 1 090 |
| 21 | 深圳市投资控股有限公司 | 844 |
| 30 | 深圳海王集团股份有限公司 | 645 |
| 32 | 广东省广晟控股集团有限公司 | 626 |
| 44 | 广东省广新控股集团有限公司 | 503 |
| 47 | 欧菲光集团股份有限公司 | 483 |
| 50 | TCL集团股份有限公司 | 468 |
| 54 | 宏旺投资集团有限公司 | 430 |
| 64 | 创维集团有限公司 | 378 |
| 74 | 研祥高科技控股集团有限公司 | 302 |
| 75 | 深圳市信利康供应链管理有限公司 | 302 |
| 76 | 鹏鼎控股（深圳）股份有限公司 | 299 |
| 77 | 招商银行股份有限公司 | 297 |
| 78 | 欣旺达电子股份有限公司 | 297 |
| 84 | 广东德赛集团有限公司 | 267 |
| 85 | 广东省建筑工程集团有限公司 | 265 |

数据来源：中商产业研究院。

与此同时，中小企业"专精特新"发展加速，持续攻关产业空白区，助力补全产业链关键环节。省内不断加大产业链"链主"企业、制造业单项冠军企业、专精特新企业、"小升规"的支持力度。自2019年以来，广东省安排专项经费培育专精特新中小企业，在人民银行广州分行发布的2021年前三季度金融统计数据中，首次披露专精特新"小巨人"企业的信贷数据，获贷率高达74.3%，贷款余额比各项贷款增速高28.2个百分点，显示出资本对企业发展前景的认可。2021年，广东省共有26家专精特新企业实现上市，累计培育国家级制造业单项冠军企业85家、国家级专精特新"小巨人"企业429家、省级专精特新企业 2 704 家。2021 年入选的国家级制造业单项冠军数量达 35 家，位居全国第二，并连续三年翻番。大企业持续突破，中小企业专注技术攻关，企业发展整体质量更高，整体实力不断增强。

## 二、 创新能力不断提升， 产业引擎动力增强

### （一）科技力量持续强化，创新能力持续领先

广东始终保持着高水平的区域创新能力。放眼全球，"十三五"时期，根据中国工程院颁布的《2020 中国制造强国发展指数报告》，广东省处于全球制造业第三阵列向第二阵列的跃升阶段。[①] 纵观国内，从 2016 年到 2021 年，广东省连续五年区域创新能力位于全国第一。从研发投入来看，2020 年，广东省 R&D/GDP（研发投入强度）指标达到 3.14%，一直领先于全国平均水平（见图 9 - 6）；从科研成果来看，广东省战略性新兴产业领域专利授权量位居全国前列，其中半导体照明、节能环保等领域专利授权量居全国首位。平均每万人研发人员多达 90 人，每万人发明专利拥有量达 28.04 件，比全国平均水平高 12.24 件，PCT 国际专利申请量约占全国总量的 41%，知识产权综合实力连续 8 年居全国首位；科技进步贡献率达 60%，基本上达到创新型地区的标准。

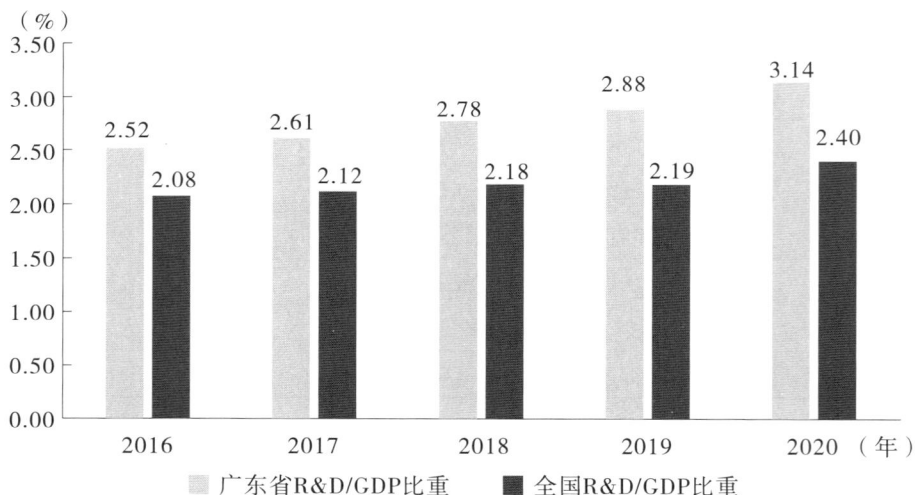

图 9 - 6 2016—2020 年广东省与全国研发投入力度（R&D/GDP 比重）

数据来源：2016—2020 年《广东省国民经济与社会发展统计公报》、2016—2020 年《中华人民共和国国民经济和社会发展统计公报》。

---

① 美国制造业处于第一阵列，德国、日本处于第二阵列，中国、韩国、法国、英国处于第三阵列。

## （二）产业平台支撑作用加强，重大发展项目加快推进

广东省的产业平台正加速建设，为探索"无人区"重点产业科创平台提供支撑。截至2020年，广东省国家重点实验室和省重点实验室总数分别达30个和396个；国家级高新技术企业总量达5.3万家，企业总数、总收入、净利润等均居全国第一；科技产业创新平台建设成效显著，累计获国家批复建设国家级创新中心3个、国家工程研究中心（工程实验室）22个、国家地方联合工程研究中心45个。中国（东莞）散裂中子源正式运行，未来网络试验设施、江门中微子实验站、惠州加速器驱动嬗变系统和强流重离子加速器装置等一批国家重大科技基础设施正加快建设。各个战略性新兴产业细分领域正加强对创新资源的整合，依托重大平台（见表9-5）实现技术突破，依托产业园区实现集约发展。如智能机器人产业的松山湖国际机器人产业基地、深圳南山机器人产业园等，区块链与量子信息产业的金融高新区"区块链+"金融科技产业孵化中心、广州蚁米区块链创客空间、广州蚁米安居宝链享智造园等核心产业孵化基地等，正为战略性新兴产业的发展提供强有力的平台支撑。

表9-5 广东省战略性新兴产业重点依托平台

| 产业 | 平台 |
| --- | --- |
| 高端装备制造 | 广州机械科学研究院、中航通飞研究院、深圳先进技术研究院等 |
| 新能源 | 先进能源科学与技术广东省实验室、中国科学院广州能源研究所、南方电网数字电网研究院等 |
| 激光与增材制造 | 广州市3D打印产业园、深圳激光谷产业园、激光打印机高端装备智能制造产业园（珠海）等 |

资料来源：广东省工业和信息化厅。

## 三、 产业集群加快发展， 区域协同水平提升

广东省内战略性新兴产业区域发展不断协调，协同水平逐步提升。2019年，广东省委和省政府印发《关于构建"一核一带一区"区域发展新格局促进全省区域协调发展的意见》，以功能区战略定位为引领，加快构建形成由珠三角核心区、沿海经济带、北部生态发展区构成的"一核一带一区"区域发展新格局，走差异化的产业发展道路。2021年广东省政府颁布的《广东省制造业高质量发展"十四五"规划》，明确提出要打造珠三角高端制造业核心区、东西两翼沿海制造业拓展带、北部绿色制造发展区，以产业园高质量发展为抓手，构建高质量发展格局。其中，珠三角核心区着力推进产业高端化、培育世界级先进制造业集群，紧紧围绕20个战略性产业集群发展路线图，深入实施制造业高质量发

展"强核""立柱""强链""优化布局""品质""培土"的"六大工程"。沿海经济带则聚焦于推进临海产业集群建设，大力发展海上风电、核电、绿色石化、海工装备等产业，重点发展核电、海上风电等清洁能源产业集群。北部生态发展区则立足绿色底色的最大优势，大力发展新材料、新能源等特色产业，进一步对接珠三角地区产业，形成紧密衔接、互为支撑的产业分工。

### （一）珠三角核心区引领能级进一步扩大

珠三角地区一直是广东省战略性新兴产业要素的集聚区，是引领全省发展的核心区和主引擎。在突出总体核心战略地位的同时，珠三角九市各有侧重，广州定位为国际产业服务中心；深圳则充分发挥已有的创新要素优势，突出国际产业创新中心的引领作用；珠海、佛山将立足于其优质的工业基础，发展高端装备制造业、智能制造产业；惠州有效承接深圳的电子信息产业转移，充分发展高端电子信息产业；东莞将大力发展智能制造和新材料产业；中山主要聚焦于高端装备制造产业；江门和肇庆分别大力发展轨道交通产业、新能源汽车和节能环保产业。同时，广州、深圳正与香港、澳门在人工智能、前沿新材料等领域持续深化合作，促成世界领先产业项目落地。

### （二）沿海经济带前瞻部署释放产业潜力

沿海经济带的战略定位为"新时代全省发展的主战场"，将重点依托已有的科技创新平台与资源禀赋，前瞻布局新兴产业。东翼大力发展新能源产业，西翼在科技研发等领域加强联动合作，同时加快东西两翼地区产业与珠三角核心区的联动，与珠江东岸高端电子信息制造产业带、珠江西岸先进装备制造产业带联动发展，在部分地市创新开展"飞地经济"建设模式。如深汕特别合作区，正朝着有效承接深圳创新产业的方向迈进。

汕头和湛江是沿海经济带的两大增长极，汕头正积极地融入"双区"建设和"双城"联动。大力发展海上风电和海工装备为主的先进装备制造，5G、临港等产业扎实推进。依托汕头大学、广东以色列理工学院的科教资源优势，引入外部创新资源开展协同创新、升级创新平台。汕头高新区升级为国家高新区，5G产业园区入选广东省首批创建名单，广东智能化超声成像技术装备创新中心等大批创新平台也正加快落地。湛江重点依托海洋资源优势，推动"海上云"平台建设，发展海洋工程装备、海上风电、海洋生物医药等产业，推动新一代信息技术与海洋产业的深度融合，促进数字产业创新发展。同时，加快数字化平台载体建设，依托湛江国家高新区等创新载体，主动承接粤港澳大湾区科技溢出项目，重点引进一批5G、云计算、大数据、工业互联网等项目或企业落地发展。

汕尾和阳江是衔接东西两翼和珠三角的战略支点，具备发展新能源产业的区位优势与产业基础。阳江定位为全省海上风电产业的主战场，世界级风电产业集聚效应正初步显现，三峡沙扒、中广核南鹏岛、中节能等海上风电项目建设快速推进，金风科技阳江风电产业基地、海上风电实验室进入全面建设阶段，相应的风电装备制造、大数据中心也具备一定规模，已形成国内产业链最完整的风电装备制造产业集群。在汕尾，明阳智能海上大型风机叶片、中广核汕尾后湖等海上风电项目相继落地。在核电领域，2019 年，阳江核电站 6 台机组全部投入商运，年发电量可达 480 亿千瓦时，成为全球最大的在运轻水压水堆核电基地。

### （三）北部生态发展区致力探索新兴产业绿色发展新模式

北部生态发展区在全省的定位为"全省重要的生态屏障"。发展战略性新兴产业，要与生态相协调，重点聚焦新能源、大数据等领域，同时积极对接珠三角地区的高端制造、智能制造。

北部生态发展区各城市正根据自身资源禀赋探索出各具特色的绿色战略性新兴产业发展路径。韶关通过建设华韶数据谷、鹰硕大数据中心、移动 5G 智慧城市、联通 BPO 二期、零重空间高频遥感监测等一批"新基建"重点项目，打造数据中心产业集群，积极融入国家"东数西算"战略，成为粤港澳大湾区重要的算力枢纽节点。同时，在高端装备制造业领域，韶关将立足原有老工业城市的产业优势，建设高端装备零件配套区。梅州将依托梅兴华丰产业集聚带等生态产业园区，重点发展新能源、新材料等新兴产业。河源将依托深河产业共建示范区等平台，承接深圳电子信息产业转移。清远将依托广清产业园发展先进制造业。云浮重点部署新能源产业，已发展成全国氢能产业基础最好、发展最快、集聚度最高的地区之一。

## 四、　要素保障日益强化，　营商环境逐步改善

### （一）融资渠道多元化，为产业发展筑牢资金保障

战略性新兴产业的资金保障正不断完善。2021 年广东省工信厅将联合中国农业银行广东省分行等 5 家金融机构，在未来五年内为战略性新兴产业集群企业及上下游产业链提供 1.95 万亿元融资支持（见表 9 - 6），逐步加强政银战略合作。2021 年 11 月，广东省半导体及集成电路产业投资基金风险子基金、设计子基金、生态子基金以及粤港澳大湾区科技创新产业投资基金正式成立。其中粤港澳大湾区科技创新产业投资基金达到了 1 000 亿元的总规模，是目前经批准设立的唯一一支专注于粤港澳大湾区科技创新关键领域的战略投资基金，兼具战略性基金和市场化基金的双重特点，采取"直投 + 母基金"的投资策略，重点投向新一代信息技术、集成电路、碳中和关键技术及材料、人工智能、智能制造、生物医药、新基建等科创关键领域，吸引了比亚迪、浪潮、万国数据等科技龙头企业和红杉中国、天风证券等金融服务机构，也有科学城（广州）投资集团等大湾区骨干企业、清华同衡等知名机构、招商局集团等中央企业共同参与。

表9-6　广东省战略性新兴产业配套金融支持方案

| 方案 | 支持额度 |
|---|---|
| 《广东省工业和信息化厅、中国农业银行广东省分行培育发展战略性产业集群专属融资服务方案》 | 5 000 亿元 |
| 《广东省工业和信息化厅、中国建设银行广东省分行培育发展战略性产业集群"智造之光"综合金融服务方案》 | 6 000 亿元 |
| 《广东省工业和信息化厅、中国光大银行广州分行培育发展战略性产业集群专属融资服务方案》 | 500 亿元 |
| 《广东省工业和信息化厅、上海浦东发展银行广州分行培育发展战略性产业集群专属融资服务方案》 | 2 000 亿元 |
| 《广东省工业和信息化厅、中国工商银行广州分行培育发展战略性产业集群专属融资服务方案》 | 6 000 亿元 |

资料来源：广东省工业和信息化厅。

在中小企业领域，广东也着力解决融资难、融资贵、融资慢的突出问题。2020年，广东省工信厅联合中国银行广东省分行在全国首推助力"专精特新"企业融资服务实施方案，已累计为6 800多家企业提供超过430亿元的融资。同时，联合广东监管局、上交所、深交所、全国中小企业股转系统公司在全国首推支持"专精特新"中小企业挂牌上市融资服务方案，计划到2025年推动300家"专精特新"企业登陆资本市场直接融资。此外，广东省还遴选广东股权交易中心股份有限公司等中小企业融资服务示范平台，联合平台共同助力中小微企业打通融资环节。

**（二）汇聚大批优秀人才，人才高地加速形成**

战略性新兴产业的人才保障机制不断完善。近年来，广东以服务粤港澳大湾区、深圳先行示范区"双区"建设为使命，以全链条精细化服务，不断将人才链与创新链深度融合。一是创新制度吸引海外人才，在国内试点并全面实施外国人来华的工作许可制度、外国人才签证制度、广东16项出入境政策，初步构建起高效、便捷、权威的海内外人才服务管理机制，引进大批创新团队和领军人物。在"十三五"期间，约9 000名境外高端紧缺人才已享受大湾区个人所得税优惠政策。深圳机场附近的"海归岛"为海归人才提供7~12个月的免租创业场地等政策支持，在一年半的时间里吸引了149个海归创业团队。二是通过制造业创新中心、重点企业项目等方式培养人才、集聚人才。通过建设集成电路设计产业学院，把粤芯半导体、海格通信等行业重点企业引入人才培养全过程，培养了上千名复合型人才，围绕战略性新兴产业集群的创新中心、重大平台，吸引知名科研院所和高校参与研发。三是直接开展企业人才对接，2021年，通过制造业高端人才"千企智造·智汇行动"，对接高端人才数量达5.4万人，精准定向引进企业急需紧缺人才1 374名。

## 五、 开放发展持续推进， 国际影响不断提升

从 "量" 上看，广东省高新技术产品进出口量总体呈增长趋势。面对复杂的国际环境与疫情的严峻考验，广东省经济长期向好的基本面没有变。从高新技术产品进出口额来看，2021 年，广东省进口额中高新技术产品达到 17 765 亿元，为 2015 年的 1.48 倍，出口额中高新技术产品达 17 151 亿元，为 2015 年的 1.19 倍（见图 9 - 7）。从主要产品来看，"十三五" 期间，作为我国信息产业第一大省，广东拥有国内最大的消费电子、通信、人工智能等领域，国内最大的半导体及集成电路应用市场，广东省的集成电路进口金额占据了国内大约 40% 的比例。2015—2021 年，集成电路出口量从 318 亿块增加到 578 亿块，年均增长 19.4%，出口金额从 783 亿元增加到 1 901 亿元（见图 9 - 8）。

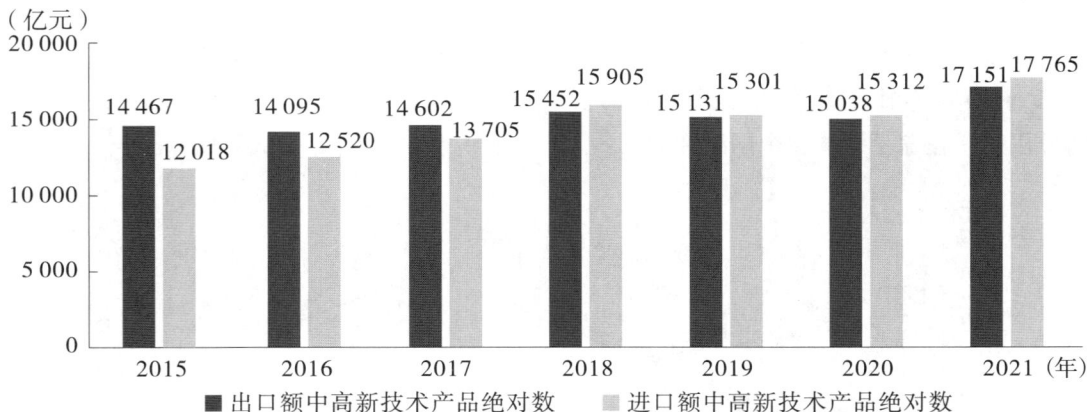

图 9 - 7　2015—2021 年广东省高新技术产品进出口额

数据来源：《广东统计年鉴》。

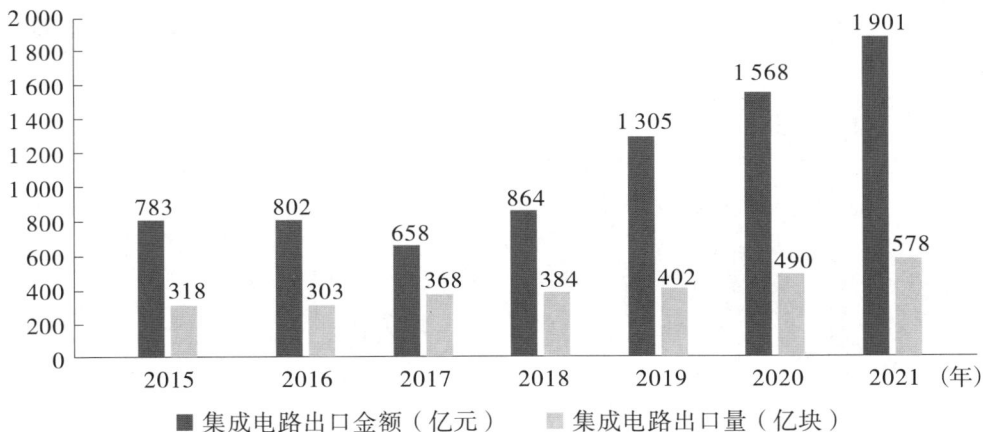

图 9 - 8　2015—2021 年广东省集成电路出口金额及出口量

数据来源：《广东统计年鉴》。

　　从"质"上看，广东省战略性新兴产业的国际化水平不断提高，参与全球知识产权治理体系的程度不断加深。借助"一带一路"、粤港澳大湾区国际科创平台建设，广东省企业不断开拓海外市场，从广东省"走出去"面向全世界。在新材料领域，汕头的华兴冶金的铜冷却壁产品拥有全球最多的市场份额。在智能机器人领域，2020年以来，受疫情影响，国际市场对工业机器人的需求量加速增长，而广东省拥有完备的智能机器人产业链，能有效对接不断扩大的海外需求，迎接企业"出海"重大机遇。广东省的服务机器人已经在送餐机器人、商用清洁机器人等细分领域成功打入欧美中高端市场，大疆、普渡、擎朗等智能制造代表性企业在国际范围内取得瞩目成绩，创新产品居于全球前列。在一些细分赛道上，专精于小型船舶电动化的逸动科技实现了全球第二的出货量，企业版图遍布全球40多个国家。在数字创意领域，广东省游戏产业的出海规模在2020年迎来较大突破。后疫情时代，"宅经济"处于爆发式增长时期，与此同时，广东省游戏产业研发能力和运营手段都逐步提升，在海外市场迎来热情反响。2021年，广东省的网络游戏出口规模达到了389.2亿元（见图9-9），约占国内网络游戏出口总规模的33.9%。其中《和平精英》《使命召唤》等射击类游戏在海外市场广受欢迎。新媒体终端UC浏览器拥有超过一亿的海外用户，覆盖了150多个国家和地区。

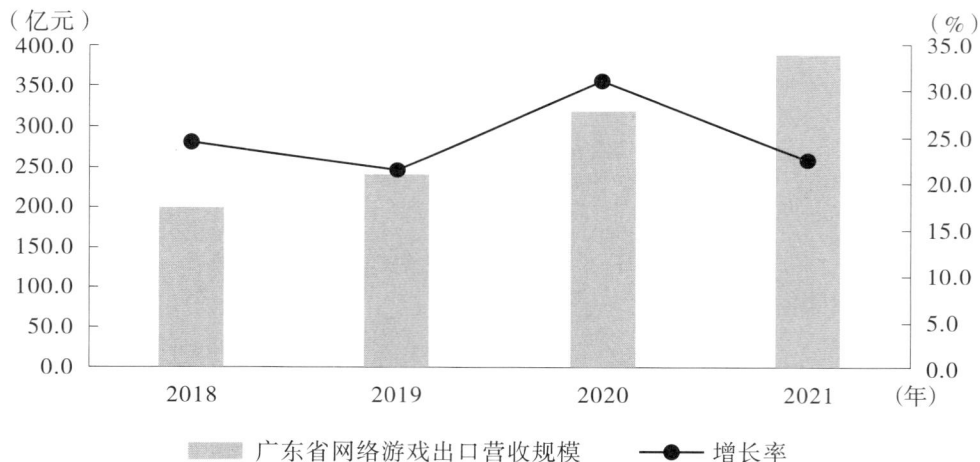

图9-9　2018—2021年广东省网络游戏出口营收规模及增长率

数据来源：广东省游戏产业协会。

# 第二节  广东战略性新兴产业发展存在的问题

## 一、 关键核心技术 "卡脖子"， 产业链供应链自主可控能力不足

广东省战略性新兴产业的发展面临着核心技术受制于人、产业自主可控能力亟待增强的问题。受中美贸易摩擦和新冠肺炎疫情等因素影响，国际经济发展中不稳定、不确定性因素显著增多。而广东省战略性新兴产业在部分关键核心技术领域的"卡脖子"情况较为突出（见表9-7），核心基础零部件（元器件）、关键基础材料、高端通用芯片、基础软件产品以及高端装备制造等严重依赖进口，限制产业迈向中高端价值链。省内精密仪器设备、激光与增材制造、智能机器人产业在国内市场都处于领先水平，但与国际高端产品相比仍有差距。在智能机器人领域，虽然省内拥有齐全的产业链体系，已成功在服务机器人领域打入欧美高端市场，但在工业机器人板块尚未形成进口替代。在激光与增材制造领域，精密激光智能装备、增材制造装备等自主研发的产品还不能对国外先进水平形成替代。在精密仪器设备领域，产品质量可靠性较差，计量准确度不高，与国外质量水平差距较大。在世界经济衰退、全球化面临严重挑战的背景下，关键环节技术和零部件受制于人将对整个产业体系造成安全隐患。

表9-7  广东省战略性新兴产业集群"卡脖子"环节

| 战略性新兴产业领域 | "卡脖子"环节 |
|---|---|
| 高端装备制造 | 高档数控系统、高可靠性电主轴、海上钻井动力系统、光栅、轴承、光刻机 |
| 智能机器人 | 减速器、伺服电机和系统、控制器等关键零部件和部分系统集成技术 |
| 区块链与量子信息 | 量子芯片规模制备与集成 |
| 激光与增材制造 | 特种光纤、激光芯片、扫描振镜、激光器、高端装备等的关键材料和核心零部件 |
| 安全应急与环保 | 大气监测设备和水处理反渗透膜等材料 |
| 精密仪器设备 | 离子源、激光器、传感器等零部件；计量检测、封装测试等高端仪器 |

资料来源：广东省工业和信息化厅。

## 二、 高端创新要素明显不足， 产业要素支撑保障能力需要夯实

### （一） 高校力量与经济实力不匹配

在高端创新要素方面，广东省面临着激烈的竞争。从高校及科研机构来看，省内高水平大学、科研院所和重点实验室的总体数量偏少、影响力尚需增强。2021 年，广东仅有 2 所高校和 18 个学科入选国家"双一流"建设高校和学科名单，且对比京沪名校圈，其综合影响力偏弱，与江苏、湖北、浙江相比也略有逊色（见图 9 – 10）。高校及科研机构是科研人才的蓄水池、科研成果的孵化器，是发展新兴产业的重要依托，广东省仍需夯实校级科研院所基础研究、应用基础的研究力量，打通科技创新转化体制机制的头部环节。

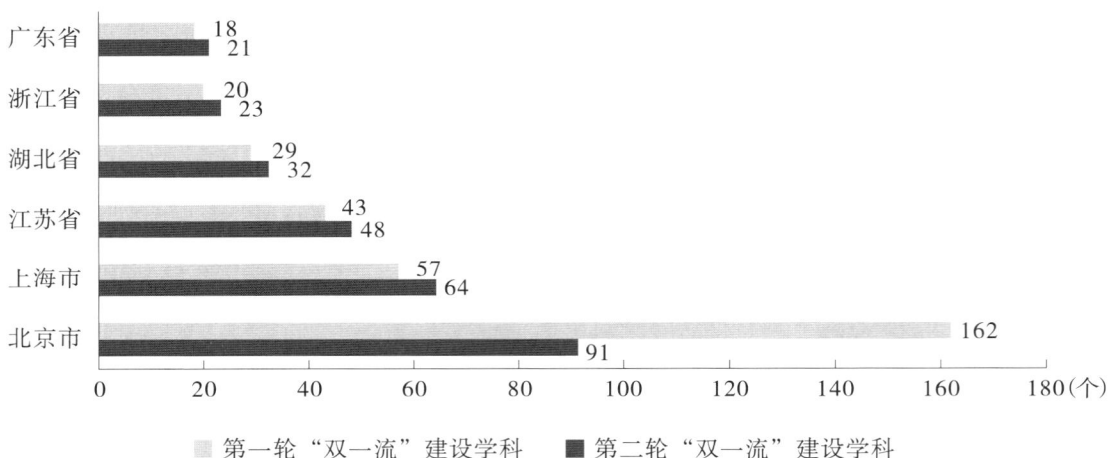

图 9 – 10　各省市双一流学科建设对比

数据来源：根据公开信息整理。

### （二） 世界级领先科创企业不够突出

作为国内创新要素的主要集聚区之一，广东省拥有的世界级领先科创企业相对较少且密度不高。除了华为在电子通信领域属于世界级企业外，其他企业的行业影响力都较为有限。粤港澳大湾区仅有世界 500 强企业中 16 家企业的总部，与纽约湾区的 46 家、旧金山湾区的 36 家、东京湾区的 60 家相比，存在"量"上的差距，总部经济效应不明显。在"质"上，缺乏谷歌、特斯拉等在世界范围内拥有核心竞争力的头部企业，在企业培育上还有进一步提升的空间。

### （三）创新平台效能还未充分凸显

从平台来看，广东国家重点实验室数量虽位居全国前列，但和北京、上海相比差距明显。国家超级计算机广州中心和深圳中心、中微子二期实验室等国家重点平台仍需一定时间才能成规模推出重大原创性基础研究成果，且在平台常态化运作、聚集高端人才团队、拓宽成果转化渠道、提高创新成果辐射能力等方面有待探索创新。

### （四）金融支撑不能满足整体高质量发展需要

在金融支撑方面，珠三角地区中仅广州、深圳两地的金融发展水平位于全国前列，其中广州金融市场与北上深对比稍显薄弱；粤东西北地区金融配套单一。企业运用资本市场发展不足，难以有效地推动产业发展。未来仍需进一步加强战略性新兴产业的金融支撑。

### （五）人才引进政策有待进一步强化

在人才要素方面，广东省不仅面临着北上两所核心一线城市的压力，各个新一线城市也加入了"抢人大战"。由于较高的房地租金与生活成本，逐渐缩小的薪资差距，不少中高端人才将目光转向杭州、成都等新一线城市。此外，在构建粤港澳大湾区科创平台的过程中，人才协同发展还存在优化空间。在社会保障方面，没有涵盖粤港澳三地的医疗保险与社会保障，缴纳的社保不能用于社会养老。在职称制度方面，港澳地区与内地还尚未达成有效共识。

## 三、　未来产业科研基础薄弱，　前沿领域创新有待实现突破

广东省的技术突破走入了部分前沿科技的"无人区"，在新技术催生的新业态、新模式中，相应的舆论、监管、规范标准、法律体系也存在大片"空白区"。在区块链与量子信息领域，产业尚处于发展阶段，整体规模有限，大部分技术领域存在空白，相关的技术、人才、平台、应用、服务等关键产业要素还处于培育阶段，还有待产业生态、产业标准、评估体系、监管体系的进一步完善。在智能机器人产业，民用无人机（船）管理办法、安全管控标准有待健全，无人机（船）空（海）域使用问题在一定程度上制约了产业发展。在数字创意领域，游戏、动漫、电竞发展的舆论影响有待强化，直播、短视频等新兴业态尚需进一步规制。

# 第三节 广东战略性新兴产业发展趋势

## 一、 新发展格局加速形成， 产业体系将进一步开放

### （一） 全球再工业化趋势加剧，新兴产业地位更加凸显

从国际来看，新一轮科技革命和产业变革进一步深入发展，工业化和信息化融合向更大范围、更深层次、更高水平拓展，催生出更多新技术、新产业、新业态、新模式。在美国、德国等发达国家，政府与市场都高度重视新兴产业的发展，战略引领不断加强，资本投入不断加大，新兴产业的产业结构将进一步高端化，科技含量、附加值、产出效率将进一步提高。除此之外，印度等发展中国家也纷纷加入赛道，新兴产业的发展正面对来自发达国家与新兴经济体的"前后夹击"。

从国内来看，国家高度重视战略性新兴产业的规划布局，"十四五"规划政策红利将逐步释放，主要集中在科技创新、产业升级、要素市场改革方面。对广东省来说，前方不仅有赶超跨越的历史机遇，还有差距拉大的严峻挑战。在新一轮科技革命和产业变革的浪潮下，积极主动地加快科技创新的战略部署，实施创新驱动发展战略，力争在激烈的国际经济和科技竞争中赢得主动，尤其具备战略意义。同时，作为全国改革开放前沿阵地，若要继续保持全国经济领先的地位，广东省必须深入贯彻落实中央关于实施创新驱动发展战略一系列重大部署，依靠创新驱动打造发展新引擎，培育新的经济增长点，提升广东省经济发展的质量和效益。

### （二） 内循环与外循环相互促进，"引进来"与"走出去"并重

在当今全球产业链回缩加速的背景下，安全性代替效率性，成为各国首要考虑的原则。为适应全球竞争格局变化，需构建以内循环为主体，内外循环互促的新发展格局。对新兴产业的发展方向，国家定调为不仅要"引进来"，还要"走出去"。"引进来"是鼓励国外企业来华投资，引导其将研发中心向中国转移，在合作中把握主导权，进一步参与全球知识产权体系构建，在掌握核心技术的情况下吸引国外投资；"走出去"是鼓励国内新兴产业企业加速出海步伐，在国外建立工厂和研发中心，在战略性新兴领域打造自主品牌，扩大市场。"引进来"和"走出去"相结合，才能进一步完善中国制造业产业链布局，利用好中国庞大的市场，助力提升我国的国际地位。对于外向经济比重较大的广东省来说，推动省内新兴产业加速全球化，加强与海内外区域合作，践行双循环，有助于制造业整体向更高发展层次迈进。

## 二、　低碳理念深入人心，　绿色发展成为必然趋势

随着新能源、节能环保等战略性新兴产业的进一步发展，广东省的产业发展道路将持续低碳化、环境友好化。2021 年 12 月，广东省出台《关于加快建立健全绿色低碳循环发展经济体系的实施意见》，明确指出要推进产业绿色转型，加快形成绿色产业结构和布局，在制造业领域，广东将在重点行业全面建设绿色工厂、绿色园区、绿色供应链，强化节能技术创新和应用，发展节能环保、绿色低碳产业。同时，国家发改委 2022 年颁布的《"十四五"现代能源体系规划》，明确提出重点建设广东等地的海上风电基地，稳步推进惠州核电站建设，积极开展海上风电，探索开发海洋能，加快阳江、梅州等抽蓄电站建设，鼓励扩大天然气发电规模，完善 LNG 储运和天然气官网体系，积极推动储能电池应用示范区。未来，广东将积极融入全国现代能源体系建设，积极布局新能源产业，提高资源利用效率，推动相关器件退役处置等技术领域攻关，健全绿色低碳投融资体系，有序推动绿色能源革命。

## 三、　数字经济浪潮席卷全球，　数字化转型成为新趋势

在相关政策效应下，数字化将与广东制造业进一步深度融合。广东省政府 2021 年印发的《广东省制造业数字化转型实施方案及若干政策措施》明确提出，到 2025 年力争推动 5 万家规模以上工业企业实施数字化转型，带动 100 万家企业"上云用云"。"十四五"期间，广东省进一步支持具有行业变革能力和公共属性的平台型企业牵头组织实施产业集群数字化转型计划，推动传统产业和先进制造业全方位、全链条数字化转型，加快集群中小企业体系化、生态化"上云上平台"。支持平台型企业牵头联合院校机构等与集群中小企业组团签订"订单式"人才培训协议，培养中小企业数字化转型所需的复合型人才；鼓励平台型企业运营产业园区，丰富技术、数据、供应链等中小企业服务供给。

此外，作为数字基建的重要环节，区块链与量子信息产业集群在数字赋能中发挥的重要性也不言而喻，对广东省整体产业的发展将起到技术引领作用。区块链与量子信息和金融、智能制造、供应链、电子存证、产品溯源、数字版权等应用领域的不断深度融合，在重点领域的进一步推广，将持续促进产业数字化转型。

## 四、　产业链分工持续深化，　"专精特新"　成为重点方向

广东省大力支持中小制造企业，"隐形冠军"等概念不断深化。制造业不再追求无序扩张，从追求短期的"全""大"到追求长期的"精""强"。在全球产业回缩、产业安全成为首要考虑因素的条件下，"隐形冠军""小巨人""专精特新"等企业梯队的打造能

更快适应以国内大循环为主体，国内国际双循环互相促进的新发展格局。在关键核心技术掣肘于发达国家的当下，专精特新"小巨人"企业的涌现能有效针对"卡脖子"环节，专攻于产业空白领域，致力于打通产业链关键环节，常常率先实现关键零部件、关键技术的突破。未来，广东省将持续从市场、人才、技术、数字化转型、产业基金引导等维度充分扶持专精特新企业，到 2025 年，推动 300 家"专精特新"中小企业登陆沪深交易所主板、创业板、科创板。

# 第四节　广东战略性新兴产业发展的对策建议

## 一、攻关核心技术，优化创新生态系统

### （一）突破一批关键核心技术

一是推动省内各高校、科研机构、企业主动承接国家重大战略任务，联合中央、省财政资金撬动社会资金，推进引导企业和科研院所积极参与国家产业基础再造工程和"广东强芯"等重大任务，积极探索形成关键核心技术攻关新型举国体制的"广东路径"。二是在新兴产业政策部署上聚焦于以揭榜制等方式支持核心基础零部件（元器件）、关键基础材料、先进基础工艺和产业技术基础等基础研发领域的技术攻关。大力引进国内外高端产业技术要素，强化产业共性技术支撑能力。三是编制重点产业发展技术路线图，梳理每个产业集群在关键核心技术、零部件、原材料等方面的技术攻关目标和发展重点，形成拟突破的重点产品和技术清单，制定技术攻关时间表、路线图，着力突破一批战略性新兴产业集群关键核心技术和薄弱环节，在部分领域形成战略优势，基本解决"卡脖子"问题，形成进口替代，打造完备的"产业链"。

表 9-8　战略性新兴产业各行业重点攻关领域

| 战略性新兴产业 | 重点攻关领域 |
| --- | --- |
| 半导体与集成电路 | 光通信芯片、AI 芯片、智能终端芯片、MEMS 传感器芯片、物联网芯片、车规级 SoC 汽车电子芯片（专用芯片研制）、边缘计算芯片、储存芯片、处理器（设计领域）、12 英寸晶圆线、8 英寸硅基氮化镓晶圆线、FDSOI（全耗尽型绝缘层上硅—制造领域）、新一代通信与网络超高速光通信核心器件与模块（封测领域） |

（续上表）

| 战略性新兴产业 | 重点攻关领域 |
| --- | --- |
| 高端装备制造 | 激光制造装备、精密数控磨床（高端数控机床）、海上浮式风电、海洋可燃冰开采（海工装备）、航空发动机、高温合金材料（航空装备）、卫星终端射频与基带芯片、相控阵天线（卫星应用装备）、新一代地铁、新型城际轨道车辆（轨道交通装备）、高精密陶瓷零部件、射频电源（集成电路装备） |
| 智能机器人 | 减速器、伺服电机和系统、控制器、集成应用技术 |
| 区块链与量子信息 | 共识机制、智能合约、加密算法、跨链、区块链底层核心技术、量子芯片、专用量子计算机、量子精密测量等 |
| 前沿新材料 | 高端光刻胶、芯片先进封装、宽禁带和超宽禁带半导体材料的原料合成/提纯、低维及纳米材料规模化制备、锂离子电池等 |
| 新能源 | 第四代核电、低风速、大容量、抗台风、防盐雾风电机组、高温高压深水领域气田勘探开发、PERC等 |
| 激光与增材制造 | 高性能激光器与装备、增材制造装备与系统、应用技术与服务等，基础与专用材料、关键器件、装备与系统等 |
| 数字创意 | 数字特效、图像渲染、VR、全息成像、裸眼3D、区块链、VR交互算法、显示光栅、传感追踪等 |
| 安全应急与环保 | 安全防护、监测预警、应急通信、救援特种装备、节能电气装备、多污染物协同治理、碳捕集与利用、固体废物处置利用等 |
| 精密仪器设备 | 质谱、光谱、生物化学分析（核心技术）、离子源、激光器、传感器（关键零部件）、计量检测、封装测试、5G通信（高端仪器） |

资料来源：广东省工业和信息化厅。

## （二）构建产业集群协同创新体系

产业集群的内部协同需进一步完善。一是持续推动集群内高新技术企业"树标提质"，建设高新技术企业培育后备库，建立梯队发展、逐级提升的高企发展培育体系，强化科技型企业、高新技术企业在产业集群建设中的支撑作用。二是推动集群科技成果转化和产业化，支持建立技术成果中试平台和产业化基地，推进集群孵化育成体系建设，引导"众创空间—孵化器—加速器—产业园"全链条科技孵化育成体系提质增效发展。营造开放包容的创新环境，完善知识产权创造、运用、交易、保护等制度安排，保护产业创新成果，激发制造业创新积极性。

## 二、 "链长" 联动 "链主"， 优化产业组织结构

### （一）持续推进建立产业链"链长制"

新兴产业投入周期长、见效慢，由于缺乏核心技术，市场还未开发，企业尚处观望的状态，需要政府做出具有连贯性、系统性与前瞻性的决策。实施"链长制"，以省市全局负责产业链，能充分调动新兴产业发展所需资源。实施"链主"企业倍增计划的同时，科学建立"链主"遴选机制和"链主"企业培育库，开展全链服务，精准施策。以提高产业链根植性为目标，实行省、区、市联动培育，省级负责培育主营业务收入超 1 000 亿元的"链主"企业，市级负责培育主营业务收入超 100 亿元的"链主"企业，区级负责培育主营业务收入超 10 亿元的"链主"企业，促进企业做大做优。引导"链主"企业扎根于国内庞大的内需市场，主动构建自身主导的国家价值链，从服务于国内市场出发，逐步拓展到海外市场，最终成长为全新的全球价值链。

### （二）促进集群大中小企业融通发展

面向各企业定制普惠性产业政策，促进大中小企业融通发展。对于中小企业，支持中小企业通过上下游配套、分工协作等方式进入"链主"企业生产体系，引领中小企业不断发展壮大。对于大型企业，通过鼓励大企业、平台型企业建设产业链生态的方式，积极引导中小企业配套参与，同时组建产业联盟实现抱团式发展。支持企业围绕产业链建设小微企业双创载体，以数据和资源禀赋支持中小企业，以"前孵化—孵化—加速产业化"的全孵化链条为主线，推动大中小微企业融通发展。聚焦广东战略性支柱产业集群细分行业领域，培育一批"隐形冠军""单项冠军""小巨人"企业。

## 三、 强化财政支持， 加大政策统筹力度

### （一）加大财政资金支持力度

一是管理好各类财政扶持资金、产业发展基金，支持战略性新兴产业集群培育发展，保障集群促进机构自身建设、开展公共服务活动以及集群实体项目的建设，将资金保障落到实处，将资金"用在刀刃上"。二是加强省市之间的联动，发挥国家级、省级产业投资基金的引导作用，支持关键环节、重点领域、重大项目创新发展。三是要发挥好政府引导基金作用，吸引社会资本设立产业集群子基金，通过政府与专业机构合作，引入市场化的投资管理机制，利用市场手段促进产业项目的投资引导。

## （二）加大政策统筹扶持力度

一是加强省市统筹协调，增强政策合力，依托各市企业服务平台整合涉企数据，统筹土地、资金等资源要素，推动优质资源向战略性支柱产业、战略性新兴产业企业倾斜配置，进一步完善产业集群发展投融资服务、土地供给、科技创新、人才激励、产业集群培育等政策体系。二是按照"一企一策"为产业集群"链主"企业保驾护航，探索实施工业制造业产业链扶持政策、集群采购补贴政策等，引导企业本地化采购，为中小微企业成长创造"沃土"，提升产业链自主性和安全性。

## 四、 增强人才保障， 促进人才链创新链融合

### （一）持续优化产教融合人才培养机制

完善本土人才培育体系，提高本土人才的培育水平，将高校打造成产业人才的"蓄水池"，为战略性新兴产业的发展提供"储备军"。一是持续推进产教融合，支持校企合作，发动企业与高校共建产业学院等，深度参与职业教育改革。二是实施集成电路、数字化转型等领域产业人才培育专项行动，推动微电子、量子科学等战略性新兴产业领域相关专业走进高校课堂，建设知识型、技能型、创新型人才队伍。

### （二）持续开展人才职业技能培训

提升现有人才队伍素质，训练人才专业技能。新兴产业的发展带来一定的结构转型，将引发人才技能与新兴产业需求不匹配的结构性问题。一是依托人力资源保障部门，建立紧密对接战略性新兴产业集群需求的职业技能发展体系，加大新职业新技能培训力度，组建技能人才培养和评价联盟，广泛开展职工技能培训提升。二是发动组织力量，举办工业和信息化领域系列重要活动赛事，提供人才实践交流提升平台，加快技艺精湛的广东技工队伍建设。

### （三）持续优化人才发展环境

打造更有竞争力的人才发展环境。一是提升产业发展的硬环境，完善工业园区的基础设施，改善公共服务配套与生活配套，打造一个更舒适的工作环境，提升人才的工作与生活质量。二是持续优化产业发展的软环境。首先，在人才服务保障工作方面，继续投入政策支持，在人才户籍、住房、子女教育等社会保障层面予以政策倾斜。建立跨境科研数据互联互通机制，为科研活动提供更为便捷的公共平台与齐全的信息资源。其次，弘扬共建精神，从精神层面的角度，营造人才发展的良好氛围，增强人才的获得感、社会责任感与认同感，让人才"稳得住""留得下"。

### （四）持续完善人才评价体系

科学制订人才评价方案，以市场为导向，将职称评审权力下放到企业，突出产业人才在市场评价的主体地位，将人才为企业、社会带来的综合效益作为评价标准，打造一个更有竞争力的产业发展环境。同时，着力破除人才评价体系的隐形门槛，消除唯论文、职称、学历、奖项论人才的单一评价标准，引导形成注重学识、见识、能力、潜力、效率的更为灵活、包容的人才评价共识。推进第三方人才评价机构的建设，借助数字化技术，运用大数据分析等手段，更为全面、客观地将人才创新潜力量化、可视化。

# 第十章

# 广东服务业发展现状、趋势与对策建议*

改革开放四十多年来，广东服务业一直保持着快速增长的势头，在保持总体规模不断扩大的同时，也在不断调整和优化服务业的内部结构。目前，服务业已经成为广东国民经济发展的重要组成部分。与此同时，现代服务业也在迅速崛起并日益壮大，不断推进服务业高质量发展，进而为稳定经济增长发挥积极的作用。现代服务业在全球价值链中处于高端地位，是产业结构调整的主导力量，也是广东攀升全球价值链的关键。当前，广东正站在经济发展转型的重要关口，积极发展现代服务业不仅是广东转变经济发展方式的需要，还是广东优化产业结构和经济发展的重要驱动力量。

## 第一节 广东服务业发展现状特征

### 一、 服务经济实现企稳回升， 经济增长贡献保持领先

"十三五"以来，广东省十分重视服务业发展，着力优化服务业投资环境，积极推动服务业综合改革试点，服务业发展成果喜人。一方面，服务业规模持续增长；另一方面，产业发展水平不断提升，日益提升服务业在经济社会发展中的地位和作用，有力推动产业转型和消费升级。

#### （一）服务业规模保持扩张，比重保持较高水平

服务业规模跃上新的台阶。"十三五"以来，2021 年广东实现服务业增加值 69 146.82 亿元，即将迈过 7 万亿台阶，相比于 2015 年服务业增加值（36 956.24 亿元）几乎翻一番，继续保持全国领先水平（见图 10 – 1）。

服务业增加值位居全国首位。横向对比全国各个省份，2020 年，广东省实现服务业增加值 62 540.78 亿元，居全国第一位，比第二位江苏省、第三位山东省分别高出 8 584.95 亿元

---

* 本章第一执笔人为暨南大学产业经济研究院吴凯晨。

和 23 387.73 亿元（见表 10 - 1）。2009—2020 年，广东省服务业增加值占 GDP 比重从 45.6% 上升到 56.5%，提高了 10.9 个百分点，年均提高 1.09 个百分点（见图 10 - 1）。

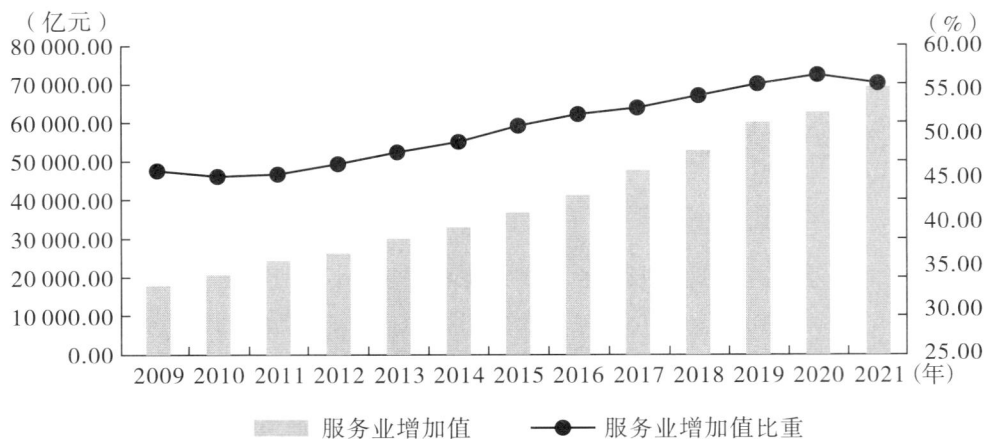

图 10 - 1    2009—2021 年广东省服务业增加值及比重

注：本图按当年价格计算。

数据来源：《广东统计年鉴 2021》和《2021 年广东省国民经济和社会发展统计公报》。

服务业比重稳定在较高水平。2021 年，广东省服务业增加值再创新高，产业结构持续优化并加速调整，服务业增加值比重达到 55.6%，较去年下降 0.9 个百分点，第二产业增加值比重提高 0.9 个百分点。2020 年，全国服务业增加值比重达到 54.5%，服务业占比继续过半。2020 年，东部沿海制造业大省广东、江苏、浙江和山东的服务业增加值比重分别达到 56.5%、52.5%、54.6% 和 53.6%。广东服务业增加值比重不仅高于全国 2 个百分点，同时也在东部沿海制造业省份中保持领先地位（见表 10 - 1）。

表 10 - 1    2020 年全年服务业增加值对比表

| 地区 | 服务业增加值（亿元） | 服务业增加值排名 | 增速 | 增速排名 |
| --- | --- | --- | --- | --- |
| 全国 | 553 976.80 | | 3.8% | |
| 广东 | 62 540.78 | 1 | 4.6% | 12 |
| 江苏 | 53 955.83 | 2 | 5.7% | 7 |
| 山东 | 39 153.05 | 3 | 4.0% | 15 |
| 浙江 | 36 031.16 | 4 | 7.0% | 3 |
| 北京 | 30 278.57 | 5 | 2.5% | 21 |
| 上海 | 28 307.54 | 6 | 2.0% | 24 |

数据来源：《中国统计年鉴 2021》。

## （二）服务业增长持续平稳，经济贡献显著增强

产业增长平稳有力。21世纪以来，广东服务业增速迅猛，从2003年到2017年，广东省服务业增速基本保持在8%以上。服务业和GDP的增速整体变化趋势一致，表现出同步的周期波动。作为制造业大省，从2003年到2014年，广东省服务业的发展速度稍微落后于同期地区生产总值增速。进入"十二五"，随着我国经济下行压力加大，广东地区生产总值增速也明显放缓，但服务业在2015年到2019年仍然保持了一段时间的强势增长。2021年，广东省服务业发展在经历了2020年的疫情冲击后逐渐恢复，增速7.5%（见图10-2），对地区生产总值的贡献率为52.8%（见图10-3）。"十三五"以来，广东服务业增加值的年平均增速为6.6%，高于地区生产总值年平均增速0.8个百分点，服务业对地区生产总值的年平均贡献率在三次产业中排名第一，达到58.9%。全国范围来看，尽管广东省服务业规模庞大，增加值持续保持全国第一，但是增长势头依旧强劲，增速高于全国服务业增速。服务业的稳定增长有力地推动了广东产业转型和消费升级。

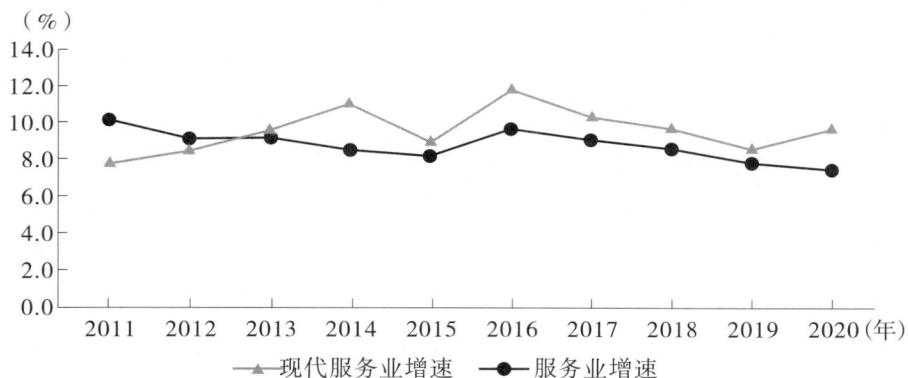

图10-2 2011—2020年广东省服务业增速趋势

数据来源：2011—2020年《广东省国民经济和社会发展统计公报》。

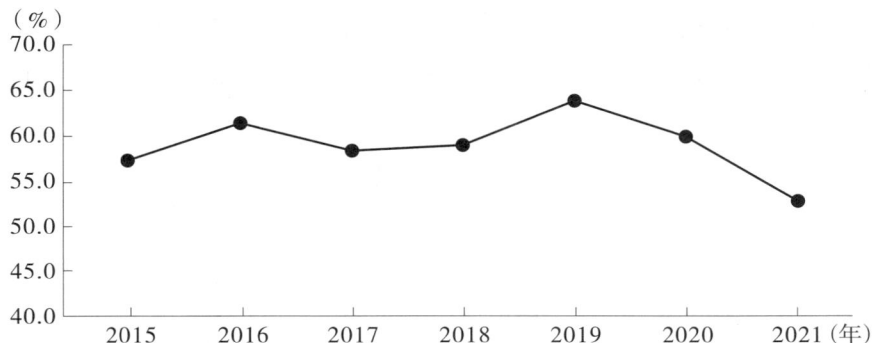

图10-3 2015—2021年广东服务业对GDP增长的贡献率趋势

数据来源：2015—2021年《广东省国民经济和社会发展统计公报》。

服务业固定资产投资持续增长。2021 年，广东全年固定资产投资较上年增长 6.3%（见图 10 – 4）。其中，第一产业投资比上年增长 31.8%，第二产业投资较上年增长 19.4%，第三产业投资增长 2.2%。虽然广东服务业固定资产投资额增速连续四年放缓，但依旧保持继续增长的态势。

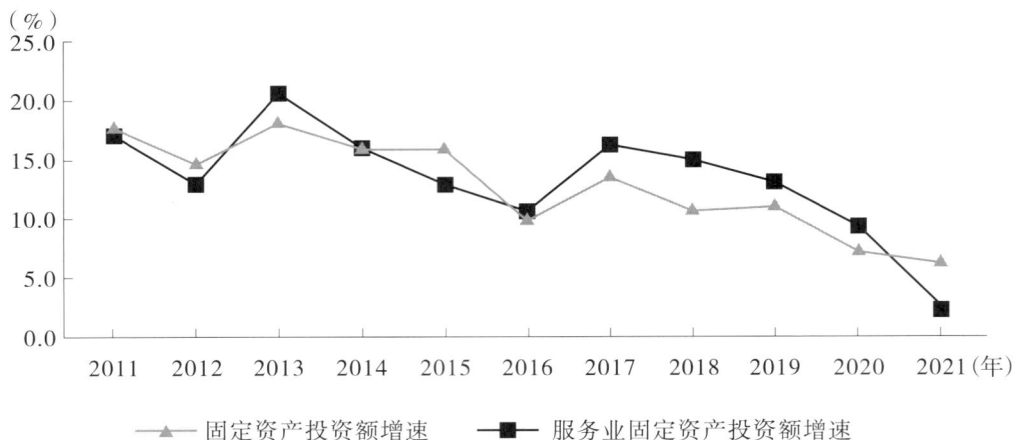

图 10 – 4　2011—2021 年广东省服务业固定资产投资额增速趋势

数据来源：《广东统计年鉴 2022》和《2021 年广东省国民经济和社会发展统计公报》。

服务业就业带动能力继续增强。近年来，广东省经济持续发展，综合实力不断增强的同时，服务业在就业带动方面发挥了积极的作用，就业结构不断优化，已经实现了经济结构调整和劳动力结构调整的协调推进。广东省农村劳动力从第一产业中剥离出来，向第二、三产业转移。第一产业从业人员比重不断下降，第二产业和第三产业从业人员比重呈上升趋势，使从业人员在三次产业间的分布逐步趋向合理（见图 10 – 5）。2020 年末，广东全省就业人口为 7 039 万人，其中第一产业为 767 万人，第二产业为 2 526 万人，第三产业为 3 746 万人。三次产业就业比重分别为 10.9%、35.9%、53.2%，与 2010 年末相比，第一产业比重下降了 13.5 个百分点，第二产业比重下降了 6.5 个百分点，第三产业比重则上升了 20 个百分点。2020 年全省服务业从业人员净增加 96 万人，而全社会从业人员却仅增加 44 万人。可见服务业已经成为吸纳就业最重要的渠道，吸收了超过一半的就业人员。

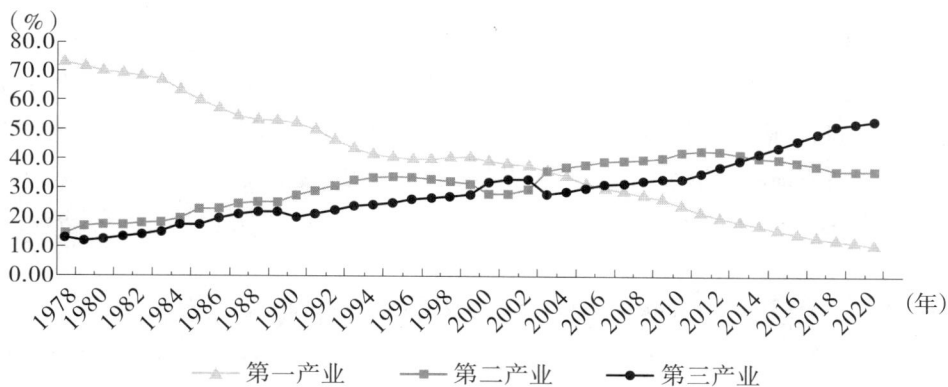

**图 10 - 5　广东省三次产业从业人员分布情况**

数据来源：《广东统计年鉴 2021》。

服务业收入增长效应明显。2020 年广东省城镇单位就业人员年平均工资为 108 045 元，比 2019 年提高 9 152 元，同比增长 9.3%。城镇单位在岗职工年平均工资为 110 324 元，比 2019 年提高 9 635 元，同比增长 9.6%。在 19 个国民经济行业中，信息传输、软件和信息技术服务业以年平均工资 193 867 元居于各行业首位，第二位则是采矿业，为 175 206 元，金融业以 172 070 元位居第三位（见图 10 - 6）。服务业内部行业工资水平差距明显，以金融，信息传输、软件和信息技术服务业为代表的现代服务业就业人员报酬远远高于其他行业，如金融业工资是广东省平均工资的 1.6 倍，相对而言，以住宿和餐饮业为代表的传统服务业就业人员报酬明显偏低，如住宿和餐饮业工资为 49 427 元，仅达到广东省平均工资的 45.75%。

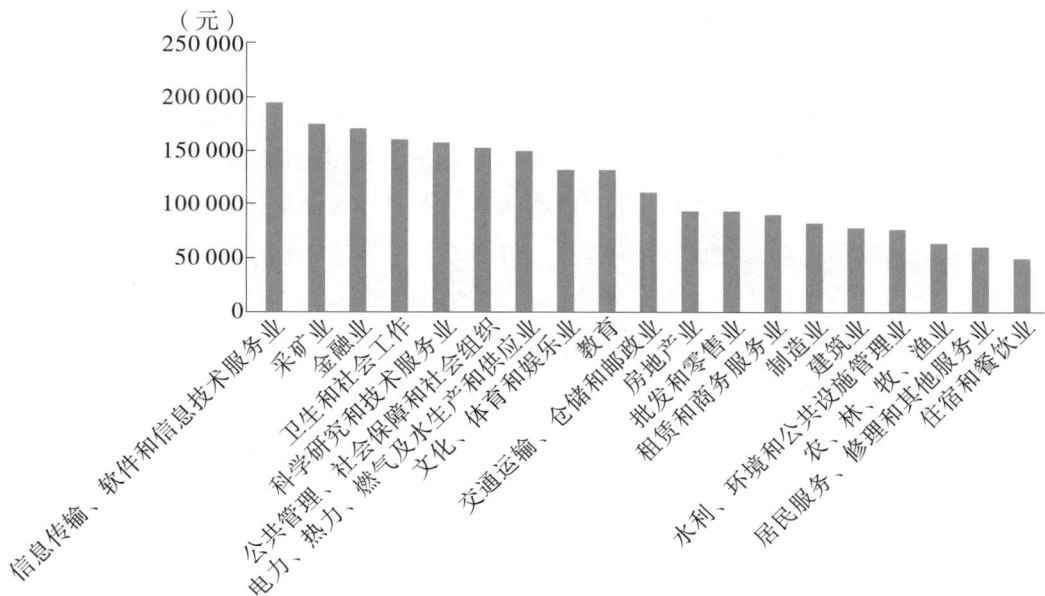

**图 10 - 6　2020 年广东省城镇单位就业人员年平均工资**

注：本图按当年价格计算。

数据来源：《广东统计年鉴 2021》。

　　服务业发展带来新的消费需求。自改革开放以来，服务业增长速度明显高于整个地区经济的发展速度。产业规模的增长带来了产业格局的变化和产业地位的提升。特别是进入21世纪以后，新的服务方式、服务技术不断涌现，产业组织形式和经营方式发生了革命性的变化，各种连锁经营组织相继出现，广东服务业的发展步伐明显加快，并极大地促进了第一产业和第二产业的发展，在拉动内需、满足人们需求方面显示了其无可替代的作用。

　　"十三五"以来，广东不断补充其短板，坚持供给侧结构性改革，支持产业高水平发展，成果斐然，已经初步形成以先进制造业为支撑、现代服务业为主导的现代产业体系。

## 二、 内部结构转型步伐加快， 新兴业态发展趋势良好

　　"十三五"期间，广东坚持生产性服务业与生活性服务业并重的发展方针，实施加快发展现代服务业行动计划，促进产业结构和消费结构升级，大力培育新业态和新商业模式，实现服务业优质高效发展，打造"广东服务"。

### （一）服务业结构不断优化，现代服务业发展动能显著

　　服务业内部发展出现分化。受疫情影响，2020年广东全年金融业增加值9 906.99亿元，比上年增长9.2%；房地产业增加值10 625.65亿元，增长4.3%；批发和零售业增加值10 634.94亿元，下降4.4%；住宿和餐饮业增加值1 605.14亿元，下降2.0%；交通运输、仓储和邮政业增加值3 360.13亿元，下降3.4%（见图10－7）。租赁和商务服务业，信息传输、软件和信息技术服务业增加值合计占服务业比重15.7%，比2015年增加2.9个百分点；互联网和相关服务、软件和信息技术服务业实现营业收入同比分别增长18.2%和8.5%。2020年，广东服务业包含的行业中，增加值占比重最高的是批发和零售业及房地产业，两个行业占地区生产总值比重均为9.6%，占服务业增加值比重达到17.0%；之后为金融业，占地区生产总值比重为8.9%，占服务业增加值比重达15.8%。住宿和餐饮业比重持续下降，占地区生产总值比重从2015年的2.0%减少到2020年的1.4%，减少了0.6个百分点。金融业比重持续增长，占地区生产总值比重从2015年的7.9%稳步提高到2020年的8.9%，增加了1个百分点（见图10－8）。

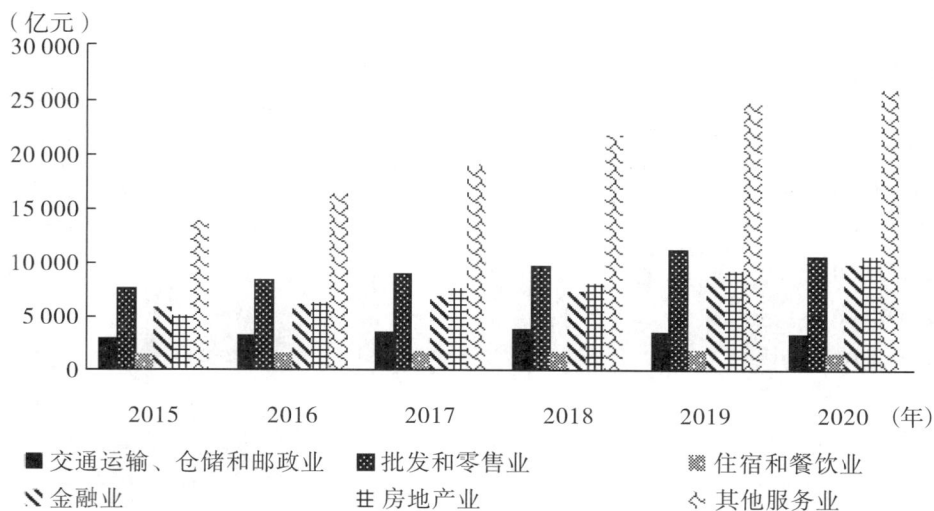

**图 10 - 7　广东省服务业分行业地区生产总值**

注：本图按当年价格计算。

数据来源：《广东统计年鉴 2021》。

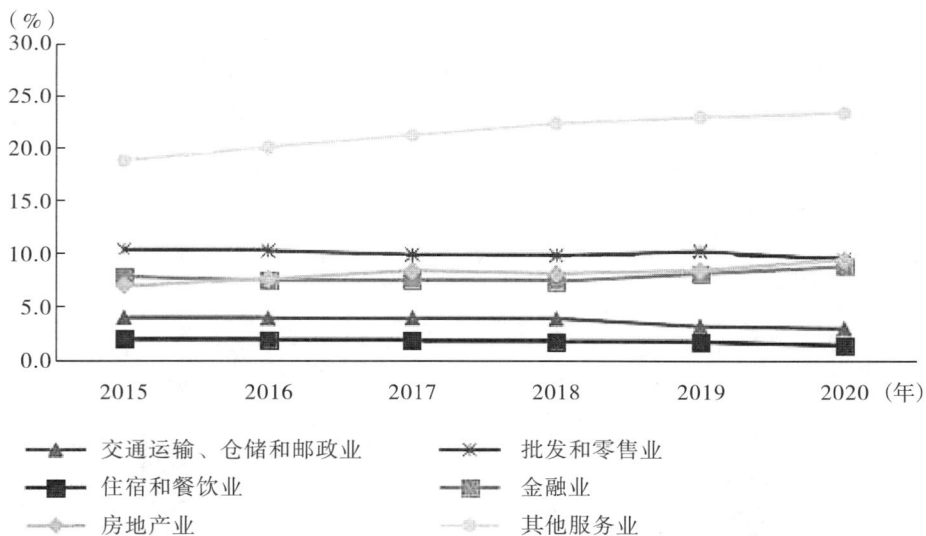

**图 10 - 8　广东省服务业分行业地区生产总值构成**

数据来源：《广东统计年鉴 2021》。

现代服务业规模快速增加。从总量来看，广东省传统服务业规模持续下降，现代服务业已经初具规模。广东现代服务业增加值由 2015 年的 22 338.12 亿元增长到 2020 年的 40 492.33 亿元，年均增长 9.2%，比重由 2015 年的 59.8% 提升至 2020 年的 64.7%（见图 10 -9）。从增速来看，"十三五"期间广东服务业增加值年平均增速达 7.5%，而现代服务业年平均增速达 9.2%，高于服务业增加值年平均增速 1.7 个百分点，成为带动服务业发展的最活跃力量（见图 10 -2）。

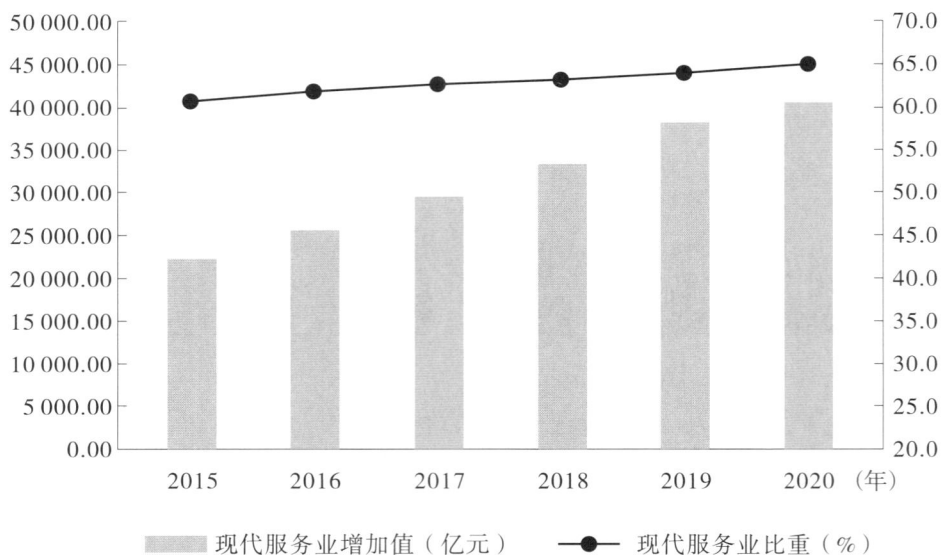

**图 10 – 9　广东省现代服务业增加值与比重**

数据来源：2015—2020 年《广东省国民经济和社会发展统计公报》。

　　广东服务业内部结构优势较大。横向对比广东、江苏、浙江和山东四个省份，广东传统服务业（此处指批发和零售业；住宿和餐饮业）占比不断下降，2020 年传统服务业类增加值占全部服务业比重为 19.6%，比 2016 年下降 4.2 个百分点；浙江、山东分别为 23.7% 和 27.7%，下降 4.8 个和 5.4 个百分点；江苏为 23.2%，上升 0.5 个百分点（见图 10 – 10）。

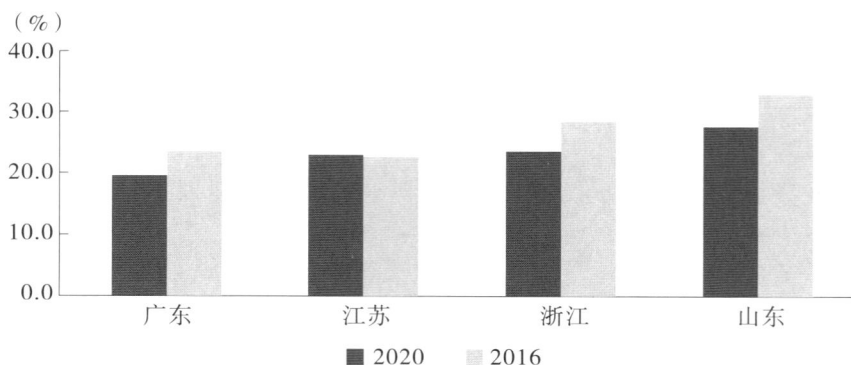

**图 10 – 10　广东、江苏、浙江和山东四省传统服务业占比**

数据来源：广东省统计局和各省份统计年鉴。

### 1. 房地产业

　　房地产市场总体延续强劲的表现，销售量呈现前高后低走势。2021 年广东实现商品房销售面积 1.40 亿平方米，销售额 2.23 万亿元，较 2020 年分别下降 6.0% 和 1.1%，较 2019 年分别增长 1.2% 和 13.0%，综合两年来看平均增长 0.6% 和 6.3%（见图 10 – 12）。

其中，全省商品住宅销售面积达 1.18 亿平方米，销售额达 1.95 万亿元，比 2020 年下降 8.5% 和 1.9%，两年平均下降 0.2% 和增长 7.8%，销售均价为 16 453 元/平方米。

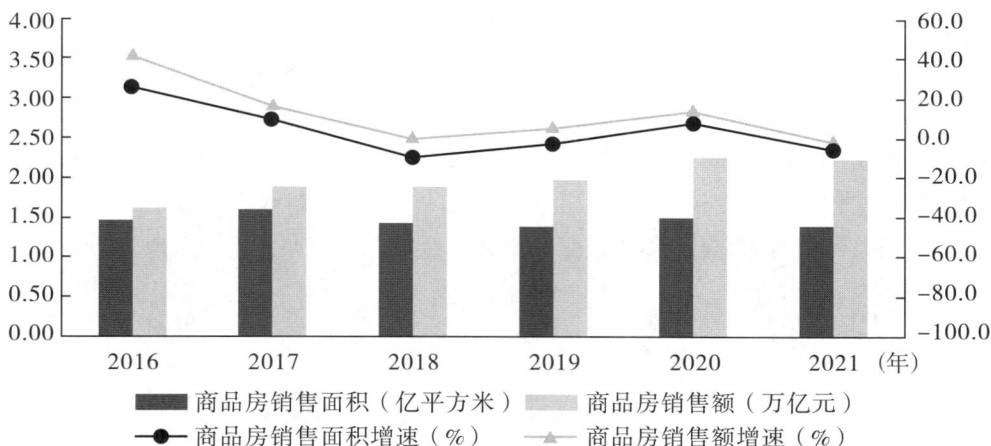

图 10 - 11　2016—2021 年广东商品房销售面积和销售额变化趋势

数据来源：广东省统计局。

住房需求总体依然旺盛。2021 全年广东商品住宅销售面积仍接近 2016—2020 年高峰期的平均水平，明显高于 2015 年及之前年份的水平。对比各市商品住宅销售面积，2021 年汕尾商品住宅销售面积相较 2016—2020 年增幅高达 102.3%，住房需求旺盛，这与深汕特别合作区的大力发展有关。以广州、深圳两个全国中心城市为核心的都市圈，以及湛江、汕头两个省域副中心城市为核心的城市群，其住房市场需求保持着比较旺盛的状态。

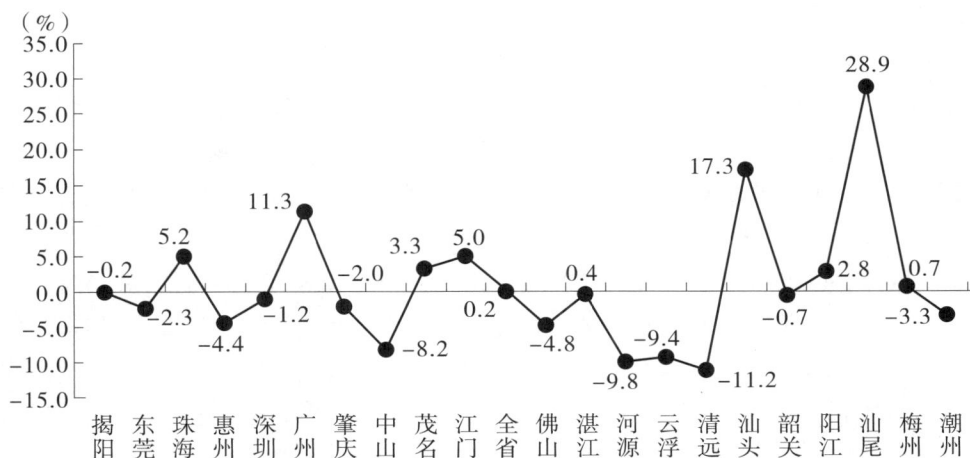

图 10 - 12　2021 年广东各市商品住宅销售面积与 2019 年同期两年平均增速比较

数据来源：广东省统计局。

房地产融资端仍待改善。2021 年广东完成房地产投资 17 465.85 亿元，同比增长 0.9%，总体呈稳中趋降走势。截至 12 月末，广东商品房施工面积 9.42 亿平方米，同比增长 2.8%。其中，新开工面积 1.16 亿平方米，同比下降 12.6%。2021 年广东房地产开发到位资金 2.82 万亿元，同比增长 6.9%。其中，国内贷款、自筹资金、定金及预付款和个人按揭贷款分别为 4 377.99 亿元、9 183.75 亿元、9 589.35 亿元和 4 231.62 亿元，同比分别增长 -8.8%、9.7%、13.0% 和 7.4%。从 2021 年资金来源结构看，国内贷款占 15.5%，为 2017 年以来年同期最低水平；自筹资金占 32.6%，为近年同期最高；定金及预付款和个人按揭贷款分别占 34.1% 和 15.0%，与往年同期水平大体相当（见图 10 - 13）。过去一年，房企的现金流仍较紧张，整体资金状况有待改善。

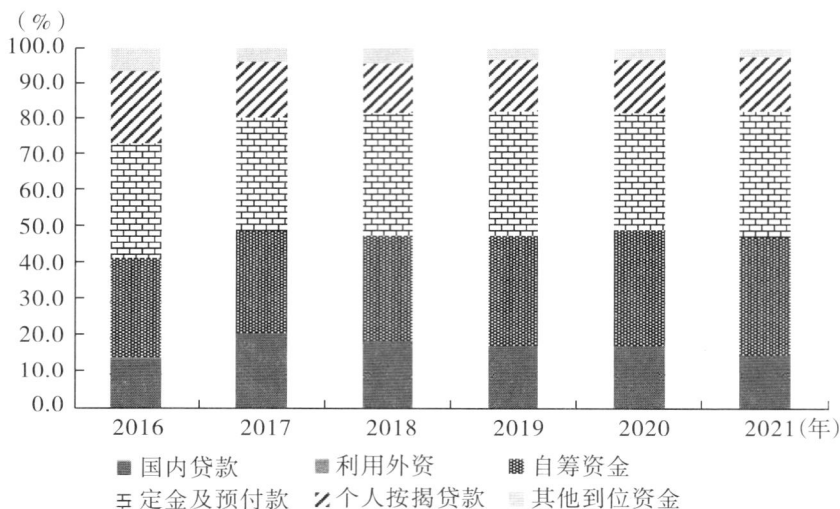

图 10 - 13　2016—2021 年广东房地产开发资金来源结构

数据来源：广东省统计局。

## 2．金融业[①]

金融服务业作为现代经济的核心，在资源配置中处于枢纽地位，金融业已经成为广东的支柱产业。2020 年全年金融业实现增加值 9 906.99 亿元，同比增长 11.5%，占服务业增加值和 GDP 比重分别达 15.8% 和 8.9%，是现代服务业的核心板块和全省经济的支柱产业。

银行业综合实力稳步提升。截至 2020 年末，在贷款增长拉动下，广东省银行业资产总额达 29.6 万亿元，同比增长 13.7%，同比加快 3.2 个百分点。截至 2020 年末，广东省银行业不良率 1.2%，与去年末持平。机构数量有所减少，年末地方法人金融机构数量达 200 家，比年初减少 12 家，全省农村信用社完成农商行改制，小型农村金融法人机构资产总额增长 11.9%。

---

① 金融业数据来源于由中国人民银行广州分行货币政策分析小组发布的《广东省金融运行报告（2021）》。

证券业运营发展稳固。2020 年，总部设在广东省内的证券公司、基金公司和期货公司分别为 29 家、35 家、22 家。其中，全年新增 1 家证券公司总部，基金和期货公司数量稳定，上市公司直接融资效率不断提高。

保险业发展平稳。2020 年，广东省保险业实现保费收入 5 652.9 亿元，同比增长2.8%。其中，财产保险保费同比下降 2.1%，人身保险保费同比增长 4.8%。截至 2020 年末，保险业总资产 1.7 万亿元，同比增长 13.7%，增速较去年同期下降 0.5 个百分点。

### 3. 交通运输、仓储和邮政业①

广东交通运输和邮政电信业运行平稳。2021 年，广东交通运输、仓储和邮政业实现增加值 3 957.31 亿元，比上年增长 11.8%，两年平均增长 3.9%，高质量发展持续推进。

货物运输保持稳定增长。货物周转量两年平均增速逐季回升转正，部分行业已恢复到2019 年的同期增长水平。2021 年，广东完成货运量 39.85 亿吨，完成货物周转量28 388.03 亿吨公里。铁路、公路货运增势良好，货运量两年平均增速超过 2019 年同期增长水平，民航货运保持正增长。

客运稳定低位运行。2021 年，广东全年完成客运量 6.21 亿人，同比下降 29.2%，两年平均下降 36.9%；完成旅客周转量 2 352.19 亿人公里，同比下降 10.1%。

港口货运增势良好。2021 年，广东完成港口货物吞吐量 20.96 亿吨，占全国总量的13.5%。完成港口集装箱吞吐量 7 078.20 万标准箱，占全国总量的 25.0%。沿海重点港口增长态势良好，广州港、深圳港、湛江港三大港口货物吞吐量占全省总量的 55.2%，广州港、深圳港两大港口集装箱吞吐量占全省总量的 74.8%。

邮政电信业务结构持续优化升级。2021 年，广东完成邮政业务总量 3 021.10 亿元，同比增长 25.9%。2021 年，广东完成电信业务总量 1 907.55 亿元，同比增长 26.3%。全省移动电话年末用户 16 268 万户，同比增长 4.7%，其中，5G 移动电话期末用户 4 096 万户，增长 17.9%。

### 4. 批发和零售业

批发和零售业增长势头迅猛。2021 年广东实现批发和零售业增加值 12 105.50 亿元，比上年增长 10.6%。"十三五"以来，广东批发和零售业增加值从 8 134.58 亿元增长到12 105.50 亿元，除 2020 年受疫情影响外，增速均大于 4 个百分点，增长势能巨大（见图10 - 14）。

跨境电商蓬勃发展。据海关总署广东分署统计，2018 年广东跨境电商进出口规模实现759.8 亿元，同比增长 72.0%，总量稳居全国首位，占批发业进出口企业营业收入的 18.7%。

### 5. 住宿和餐饮业

住宿和餐饮业稳步发展，但受疫情影响较大。2021 年广东实现住宿和餐饮业增加值1 742.70 亿元，比上年增长 10.9%。"十三五"以来，广东住宿和餐饮业增加值从

---

① 交通运输、仓储和邮政业统计数据来源于《广东统计年鉴 2022》。

1 534.90 亿元增长到 1 742.70 亿元。2020 年之前广东住宿和餐饮业一直保持两到三个百
分点的增长速度，但受到新冠肺炎疫情的影响，2020 年住宿和餐饮业发生较大规模衰退，
目前仍需进一步的恢复（见图 10 - 15）。

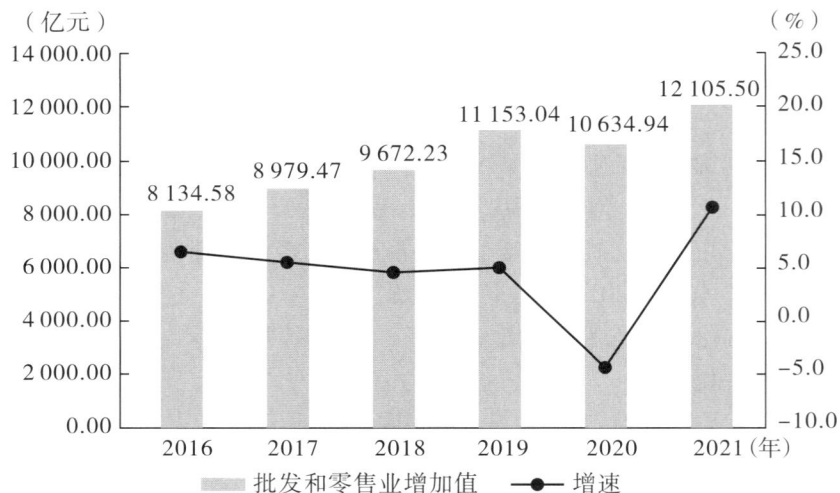

图 10 - 14　2016—2021 年批发和零售业增加值趋势

数据来源：广东省统计局。

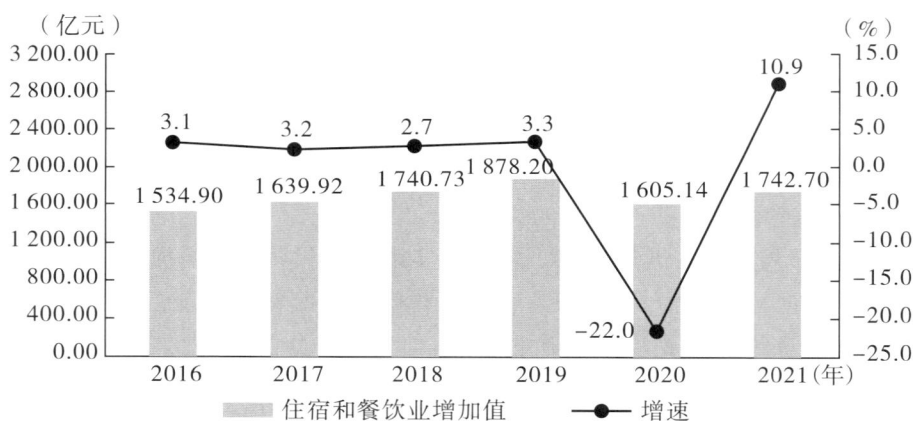

图 10 - 15　2016—2021 年住宿和餐饮业增加值趋势

数据来源：广东省统计局。

## （二）生产性服务业加速发展，新优势逐渐形成

生产性服务业是指为保持工业生产过程的连续性，促进工业技术进步、产业升级和提
高生产效率提供保障服务的服务行业。它是与制造业直接相关的配套服务业，是从制造业
内部生产服务部门独立发展起来的新兴产业，主要是为生产经营主体而非直接向消费者提

供的服务，其本质是一种中间投入。2015 年 9 月，广东省政府办公厅发布《关于加快发展生产性服务业的若干意见》，进一步加大对生产性服务业发展的指导和扶持。

**1. 软件与信息服务产业**

软件与信息服务产业领跑全国。多年来，广东软件与信息服务产业发展规模和综合实力位居全国前列，已经形成以广深为中心、珠三角地区为主体的产业布局。同时，广东注重软件与信息服务产业的研究开发，其软件著作权登记量、PCT（专利合作条约）申请量连续多年全国排名第一，产业的创新能力和综合实力不断提升。随着科技进步和基础设施的不断完善，新技术新业态如云计算、大数据、人工智能、工业互联网等不断投入应用，并快速迭代和融合创新。一批细分领域领军企业和国家级试点示范应用在激烈的市场竞争中脱颖而出，网络化、平台化、服务化、智能化、生态化成为产业演进的新趋势。根据《广东省发展软件与信息服务战略性支柱产业集群行动计划（2021—2025 年）》，2019 年，广东软件业务收入跨上一万亿元的台阶，达到 11 875 亿元，增长 11.1%，其中，软件产品、信息技术服务、嵌入式系统软件和信息安全分别实现收入 2 459 亿元、7 397 亿元、1 966 亿元和 53 亿元。截至 2019 年底，广东全省共拥有约 5 000 家软件与信息服务企业，从业人员超过 100 万名，涌现出一大批优秀企业，其中，中国软件业务收入前百家企业名单中有 18 家来自广东的企业。

**2. 现代物流服务**

运输服务能力不断增强。"十三五"期间，广东共实现铁路货运量 4.1 亿吨，货运周转量 1 360.2 亿吨公里；公路货运量 141.7 亿吨，货运周转量 17 547.0 亿吨公里；水路货运量 49.5 亿吨，货运周转量 115 262.8 亿吨公里。2021 年，物流业运行良好。全年货物运输总量 398 514 万吨，比上年增长 11.9%。货物运输周转量 28 388.03 亿吨公里，增长 2.9%。港口货物吞吐量完成 209 600 万吨，增长 3.6%。其中，外贸货物吞吐量为 69 170 万吨，增长 10.5%；内贸货物吞吐量为 140 430 万吨，增长 0.6%；港口集装箱吞吐量为 7 078.20 万标准箱，增长 5.2%。全年旅客运输总量 62 126 万人，比上年下降 29.2%。旅客运输周转量 2 352.19 亿人公里，下降 10.1%（见表 10 - 2）。

表 10 - 2　2021 年广东省各种运输方式完成货物运输量及其增长速度

| 运输方式 | 货运量 | | 货物周转量 | | 客运量 | | 旅客周转量 | |
|---|---|---|---|---|---|---|---|---|
| | 绝对数（万吨） | 增长（%） | 绝对数（亿吨公里） | 增长（%） | 绝对数（万人） | 增长（%） | 绝对数（亿人公里） | 增长（%） |
| 总计 | 398 514 | 11.9 | 28 388.03 | 2.9 | 62 126 | −29.2 | 2 352.19 | −10.1 |
| 铁路 | 9 919 | 26.4 | 356.53 | 28.0 | 23 977 | 6.1 | 670.39 | 6.4 |
| 高铁 | — | — | — | — | 20 313 | 7.3 | 497.75 | 11.0 |
| 公路 | 267 489 | 15.7 | 2 980.4 | 18.1 | 27 567 | −49.8 | 265.96 | −52.2 |

（续上表）

| 运输方式 | 货运量 | | 货物周转量 | | 客运量 | | 旅客周转量 | |
|---|---|---|---|---|---|---|---|---|
| | 绝对数（万吨） | 增长（%） | 绝对数（亿吨公里） | 增长（%） | 绝对数（万人） | 增长（%） | 绝对数（亿人公里） | 增长（%） |
| 水路 | 10 7206 | 3.3 | 24 688.52 | 1.2 | 1 580 | 17.5 | 4.51 | 5.5 |
| 民航 | 241 | 1.4 | 92.29 | 7.4 | 9 002 | 1.4 | 1 411.33 | −1.1 |
| 管道 | 13 658 | 3.4 | 270.22 | −4.1 | — | — | — | — |

数据来源：广东省统计局。

货运服务更加集约高效。运输结构调整成效初显，实施大宗物资"公转铁"项目82个，铁路货运量占全社会货运量比例自运输结构调整初期的1.8%提高到2020年的2.2%。多式联运示范工程稳步推进，"东盟—广东—欧洲公铁海河国家多式联运示范工程"等4个项目纳入国家多式联运示范工程，"中南西南—粤港澳—海上丝绸之路公铁江海集装箱多式联运示范工程"等10个项目开展省级多式联运示范工程建设。国际货运物流网络进一步拓展，全省港口共开通国际集装箱班轮航线349条，缔结友好港口86对。2020年国际班列发送量达265列，中欧班列通达10个国家、12个城市。广东开展全省无车承运人试点，培育试点企业38家。广州、深圳成为首批"国家绿色货运配送示范城市"，珠海、佛山稳步推进国家绿色货运配送示范城市创建。

技术装备水平稳步提升。道路运输装备专业化、标准化趋势明显，全省专用货车及厢式货车占比分别达23.5%、29.9%。水运船舶向大型化发展，货运船舶平均运力3 551载重吨/艘。铁路商品车、冷链运输等特种运输装备逐步应用。绿色船舶装备得到发展，全省5艘1 000～3 000吨级的LNG动力内河船舶建成运营，国内首艘2 000吨级新能源电动自卸船在广州正式投入营运。

物流枢纽建设成效显著。截至2022年底，全省已有广州空港型、广州港口型、深圳商贸服务型、佛山生产服务型、深圳空港型、深圳港口型6个枢纽入选国家物流枢纽建设名单。

## 3. 电子商贸服务①

跨境电商增长动能迅猛。广东全省21个地级市实现跨境电商综试区全覆盖，总数位居全国第一，2016—2021年广东跨境电商进出口额从228亿元增长到3 310亿元，年均增速70.8%，并实现了连续8年位居全国第一。广东已经建立起比较齐全的工业部门，石油化工、电器机械、食品饮料、纺织服装、建筑材料、电子信息等产业在全国范围内都有着明显优势。随着广东进一步建设优势支柱产业以及新兴产业集群，各个企业开展向外跨境电商业务将会有更加强有力的支撑。

---

① 广东实现跨境电商综试区全覆盖 ［EB/OL］. http://www.gd.gov.cn/gdywdt/ydylygd/content/post_3812389.html.

县域数字农业农村电子商务示范效果明显。2020 年广东县域网络零售额实现 10 392.7 亿元，排名第二，县域农产品网络零售额实现 750.6 亿元，排名全国第一。在全国县域电商 Top 100 的评比中，广东共 12 个县（市、区）上榜。开展电商业务创新在农民合作社逐渐流行起来，2020 年广东省内共有 173 个合作社开展了电商业务，实现了网络零售额排名全国第三。

### 4. 贸易服务

服务进出口规模不断扩大。2020 年，广东实现服务进出口总额 8 519.0 亿元，占全国的比重为 18.7%，排名全国第二位。其中，服务出口总额 3 822.4 亿元，服务进口总额 4 696.6 亿元，实现逆差 874.2 亿元。在贸易规模突破新高的同时，广东服务贸易结构也在发生明显的改变，知识密集型服务进出口规模快速增加，占比已经超过一半，知识产权服务、技术服务、专业服务、电信计算机和信息服务、金融服务等知识密集型领域日益成为推动服务贸易发展的驱动力。

服务外包增速显著。"十三五"期间，广东全省承接服务外包合同金额得到了飞速增长，由 2015 年的 165.69 亿美元增至 2019 年的 353.7 亿美元，仅仅 4 年就实现了翻倍，年均增速超 20%。2019 年承接服务外包执行金额实现 218.52 亿美元，相较于 2015 年的 113.64 亿美元达到年均增长 17.76%，占全国总量比重也快速提高，由 11.8% 提高至 13.8%。2020 年，在疫情等因素带来的诸多挑战之下，广东承接服务外包合同金额略有下降，但承接服务外包执行金额仍保持小规模增长。

## （三）生活服务业量质齐升，新业态不断涌现

积极发展与人们生活密切相关的生活服务业，既可以提升群众生活质量，又可以扩大消费。广东在促进传统生活服务业加快发展的同时，重点发展旅游、健康、养老、家政等民生热点领域，在扩大内需、改善群众生活方面发挥了重要作用。

### 1. 旅游业

旅游业指标稳居全国前列。"十三五"以来，全省旅游总收入从 2015 年的 9 081 亿元，增长至 2019 年的 15 158 亿元；接待过夜游客从 2015 年的 3.62 亿人次，增长至 2019 年的 5.31 亿人次，旅游总收入、外汇收入、入境过夜游客等指标多年保持全国第一。全省涌现出华侨城集团、省旅游控股集团、岭南国际集团、长隆集团、华强方特等一批综合竞争力强的龙头企业，广之旅、广东中旅等一批服务标杆企业。

### 2. 文化产业

文化产业发展动能显著。经统计部门核定，全省文化及相关产业增加值从 2015 年的 3 648 亿元，增加至 2019 年的 6 227 亿元，约占全国七分之一，连续 18 年居全国首位；占全省 GDP 比重从 2015 年的 5.01%，增长到 2019 年的 5.77%。

文化产业示范区建设成果显著。"十三五"时期，广东共创建 1 家国家级文化产业示范园区，认定 28 家省级文化产业示范园区，认定 14 家省文化和旅游融合发展示范区。

2020 年又支持广州北京路文化核心区成功创建国家级文化产业示范园区，组织 22 个园区创建省级文化产业示范园区，组织创建及认定 11 家广东省文化和旅游融合发展示范区。

### 3. 健康服务业

健康服务业发展资源丰富。截至 2020 年底，广东共有各级医疗卫生机构约 55 900 家，与 2015 年相比，总量增加 7 533 个，其中，医院 2 875 家，疾病预防控制机构 137 家，妇幼保健机构 130 家。各类卫生机构拥有病床 56.5 万张，其中，医院拥有病床 45.9 万张。卫生技术人员 83.2 万人，其中，职业（助理）医师 30.7 万人，注册护士 37.5 万人，疾病预防控制机构卫生技术人员 8 119 人，妇幼保健机构卫生技术人员 4.7 万人。广东省健康服务业的产业规模大，产业支撑能力强，一批具有国际竞争力的健康服务产业领军企业与知名品牌不断涌现。

健康服务业初步形成集聚。各类健康服务业在珠三角地区和粤东西北地区因地制宜发展，已经打造出各具特色又相互联系的多元化健康服务产业集群。广州、珠海、江门等珠三角地区医疗、养老、健康管理、健康旅游与文化、生物医药、医疗器械等产业蓬勃发展，医疗、药品和医疗器械贸易等产业比较优势突出；韶关、揭阳、湛江围绕海洋生物医疗、智慧医疗等方面，与健康服务相结合进行有益的探索。

### 4. 体育产业

体育产业发展全国领先。2019 年广东体育产业总规模超过 5 000 亿元，体育产业增加值实现 1 884 亿元，占当年地区生产总值的比重接近 2%，体育产业综合实力和规模总量全国第一，总规模占比近全国的五分之一，大幅领先其他省市。2020 年广东体育产业受新冠肺炎疫情影响，总产出与增加值较 2019 年有所减少，分别为 5 149.94 亿元和 1 743.2 亿元，分别下降 4.68% 和 7.47%。

体育产业示范效应凸显。目前，广东省共有国家体育产业示范基地 3 个，国家体育旅游示范基地 1 个、示范单位 7 个、示范项目 2 个，国家特色体育小镇试点项目 5 个，国家体育旅游精品赛事 1 个，文化产业发展专项资金重大项目资助 2 个。广东体育产业的发展充分发挥产业集群的规模效应、聚集效应和区域辐射效应，为其他产业的全面发展起到了积极的示范作用。

## 三、 集聚发展优势更加明显， 广深核心辐射能力增强

广东服务业集聚明显。"十三五"期间，广东省服务业增加值从 2015 年的 40 260.42 亿元增长至 62 540.78 亿元，增长了 55.3%。2020 年，广东省内服务业增加值最高的前四个城市为广州、深圳、佛山和东莞，服务业增加值分别为 18 140.64 亿元、17 190.44 亿元、4 557.05 亿元和 4 426.83 亿元（见表 10 – 3）。广州、深圳两地服务业增加值远超其他城市，服务业集聚明显，两市服务业增加值占全省服务业增加值的 56%，形成广东省两个主要的服务业增长极（见图 10 – 16）。但除了佛山和东莞两市的服务业增加值超过了

4 000 亿元，其余 17 个城市的服务业增加值都未能超过 2 000 亿元。珠三角地区几乎占有
了广东省的大部分服务业，服务业的发展水平和粤东西北拉开了明显的差距。

表 10 - 3　2015—2020 年广东省各市服务业增加值

（单位：亿元）

| 地区 | 2015 年 | 2016 年 | 2017 年 | 2018 年 | 2019 年 | 2020 年 |
|---|---|---|---|---|---|---|
| 广州 | 11 363.68 | 12 530.25 | 13 750.61 | 14 663.32 | 17 088.17 | 18 140.64 |
| 深圳 | 10 742.22 | 12 353.36 | 13 923.18 | 15 247.60 | 16 564.75 | 17 190.44 |
| 珠海 | 1 124.55 | 1 288.60 | 1 594.63 | 1 711.86 | 1 866.29 | 1 911.06 |
| 汕头 | 840.56 | 976.70 | 1 131.07 | 1 171.05 | 1 284.21 | 1 303.99 |
| 佛山 | 2 976.96 | 3 309.77 | 3 782.81 | 4 168.66 | 4 490.82 | 4 557.05 |
| 韶关 | 502.99 | 530.34 | 588.04 | 638.88 | 690.83 | 690.33 |
| 河源 | 364.91 | 432.55 | 524.43 | 550.66 | 586.36 | 591.16 |
| 梅州 | 423.42 | 478.17 | 546.50 | 579.07 | 594.41 | 595.79 |
| 惠州 | 1 199.48 | 1 339.42 | 1 595.02 | 1 705.00 | 1 828.06 | 1 868.33 |
| 汕尾 | 332.49 | 378.83 | 431.41 | 499.47 | 535.69 | 555.90 |
| 东莞 | 3 166.37 | 3 378.74 | 3 639.82 | 3 831.87 | 4 146.65 | 4 426.83 |
| 中山 | 1 135.19 | 1 231.30 | 1 371.08 | 1 451.32 | 1 505.07 | 1 523.25 |
| 江门 | 1 042.13 | 1 176.38 | 1 305.26 | 1 470.76 | 1 569.27 | 1 593.24 |
| 阳江 | 414.81 | 461.10 | 519.49 | 558.42 | 604.03 | 611.75 |
| 湛江 | 997.21 | 1 055.94 | 1 223.21 | 1 357.01 | 1 426.03 | 1 426.36 |
| 茂名 | 1 121.44 | 1 198.11 | 1 381.00 | 1 519.91 | 1 589.17 | 1 598.20 |
| 肇庆 | 619.76 | 693.34 | 804.42 | 886.79 | 974.60 | 972.19 |
| 清远 | 590.24 | 686.97 | 760.68 | 806.04 | 884.12 | 892.75 |
| 潮州 | 351.69 | 384.93 | 398.51 | 428.30 | 466.35 | 471.26 |
| 揭阳 | 657.97 | 793.27 | 913.74 | 1 032.97 | 1 103.35 | 1 122.97 |
| 云浮 | 292.37 | 335.57 | 390.87 | 430.44 | 469.86 | 497.28 |
| 按经济区域分 | | | | | | |
| 珠三角 | 33 370.33 | 37 301.15 | 41 766.82 | 45 137.18 | 50 033.69 | 52 183.04 |
| 东翼 | 2 182.71 | 2 533.73 | 2 874.74 | 3 131.79 | 3 389.59 | 3 454.12 |
| 西翼 | 2 533.46 | 2 715.15 | 3 123.70 | 3 435.34 | 3 619.23 | 3 636.31 |
| 山区 | 2 173.92 | 2 463.60 | 2 810.52 | 3 005.09 | 3 225.59 | 3 267.30 |

注：本表按当年价格计算。

数据来源：《广东统计年鉴 2021》。

珠三角地区产业结构相对领先。作为经济发展的先驱，"十三五"期间，珠三角地区服务
业占比从 53.36% 提高到 58.29%，已经基本建成现代产业体系。东西翼及山区地区，仅有山区
地区的服务业增加值比重占 GDP 比重超过 50%。2020 年东翼和西翼地区的服务业增加值比重
占 GDP 比重分别为 48.97% 和 46.98%，与珠三角地区仍有较大的差异（见图 10 - 17）。

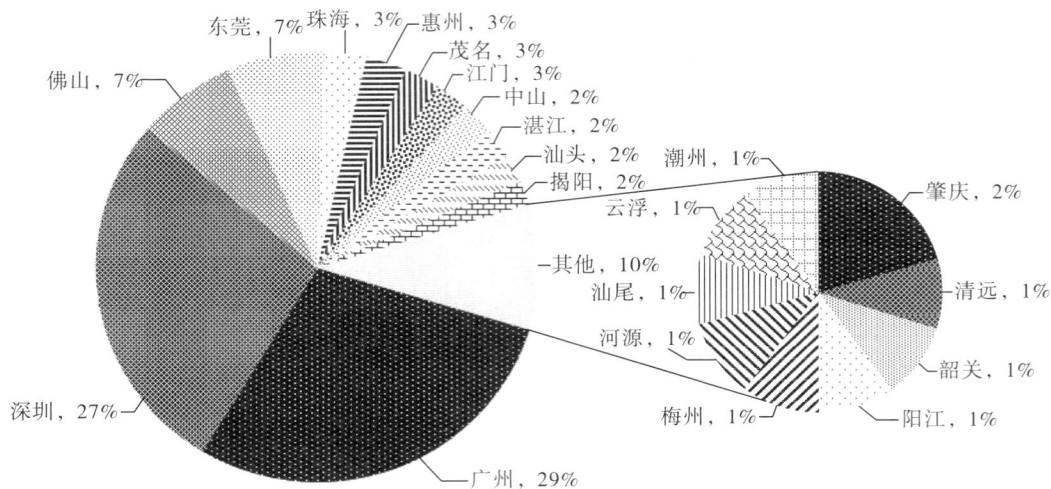

图 10 - 16　2020 年广东省各市服务业增加值占全省比值

数据来源：《广东统计年鉴 2021》。

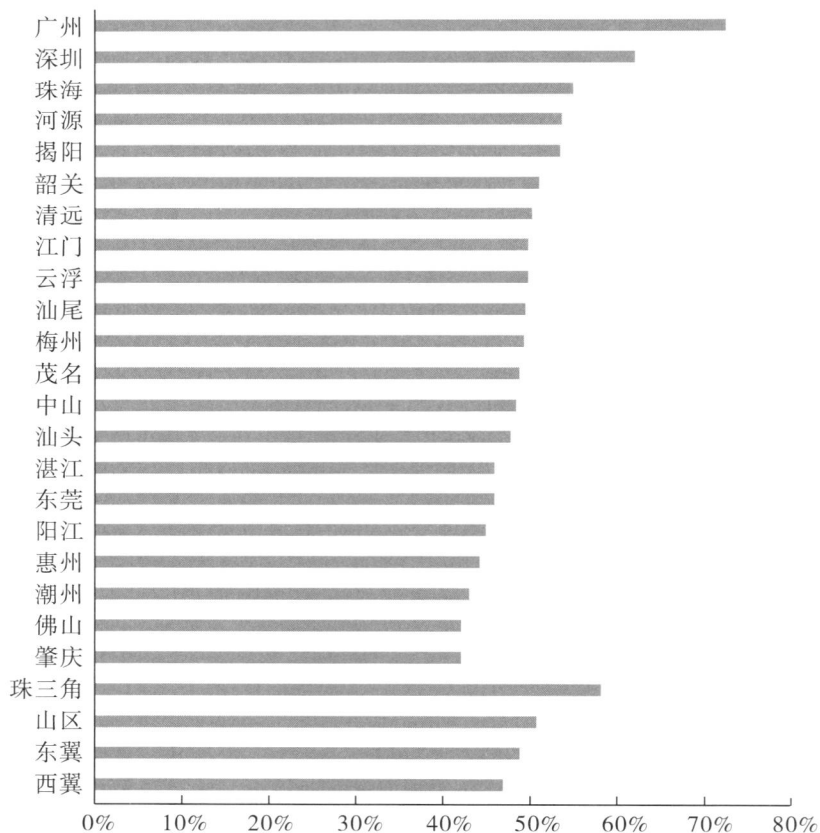

图 10 - 17　2020 年广东省各地区服务业增加值占本地区 GDP 比值

数据来源：《2021 广东统计年鉴》。

现代服务业发展呈现出高度集聚。2020 年，深圳和广州分别位居广东省内现代服务业增加值的第一和第二，分别达到了 13 084.35 亿元和 11 801.21 亿元，而位居第三和第四的佛山和东莞分别仅有 2 823.10 亿元和 2 822.11 亿元（见图 10－18）。广深两城贡献了全省 61.5% 的现代服务业增加值，是名副其实的服务业增长极。同时，深圳现代服务业仍保持高速增长，2020 年增速达到 6.4%，高于广东全省增速 1.4 个百分点，增长势头强劲。2020 年，汕尾现代服务业的增速保持在全省首位，高达 13.9%。

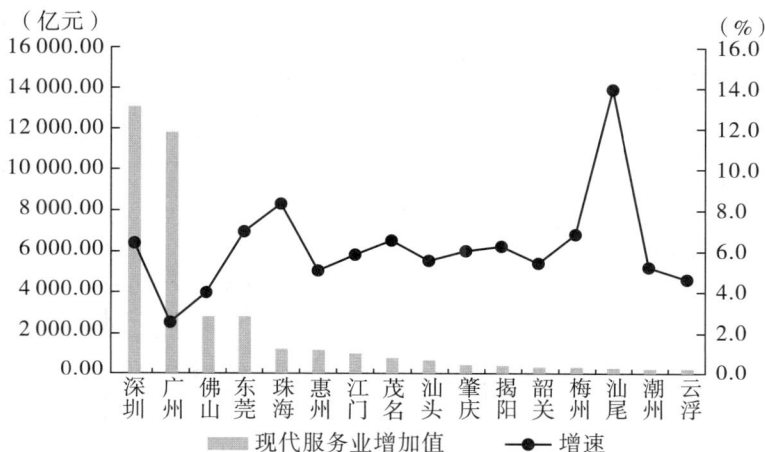

图 10－18　2020 年广东省各地区现代服务业增加值及增速

数据来源：广东各市国民经济和社会发展统计公报。

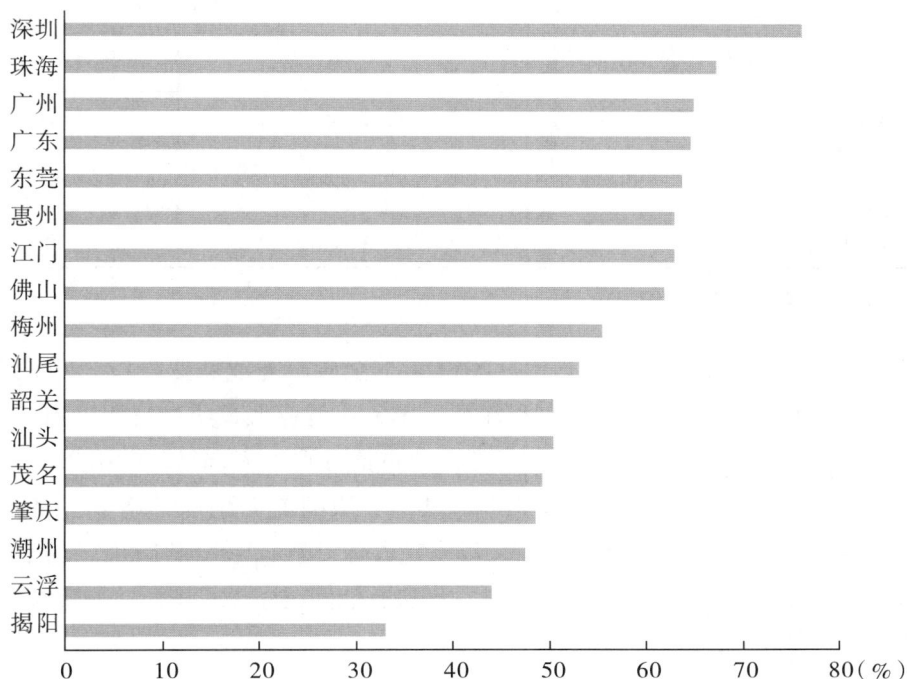

图 10－19　2020 年广东省各地区现代服务业占服务业增加值比重

数据来源：广东各市国民经济和社会发展统计公报。

各市服务业发展分化。为了研究地区服务业分工以及专业化水平，本书通过采用区位熵指标来测量反映地区服务业及其内部结构的专业化水平。如果该指标大于 1，说明该地区服务业或者服务业内部某行业的专业化水平较高。根据广东省 21 个地级市的区位熵指数，仅有广州和深圳两个城市的区位熵指数大于 1（见表 10 - 4），说明这两个城市在服务业的发展过程中，产业结构逐步优化，集聚程度不断提高。

表 10 - 4　2020 年广东省各市服务业区位熵指数

| 地区 | 区位熵指数 | 地区 | 区位熵指数 |
|---|---|---|---|
| 广州 | 1.284 1 | 阳江 | 0.796 4 |
| 深圳 | 1.100 3 | 湛江 | 0.814 8 |
| 珠海 | 0.972 0 | 茂名 | 0.863 1 |
| 佛山 | 0.746 1 | 河源 | 0.949 4 |
| 惠州 | 0.783 7 | 梅州 | 0.873 5 |
| 东莞 | 0.812 4 | 韶关 | 0.903 3 |
| 中山 | 0.856 0 | 清远 | 0.889 6 |
| 江门 | 0.881 5 | 云浮 | 0.878 8 |
| 肇庆 | 0.744 8 | 按经济区域分 | |
| 汕头 | 0.845 8 | 珠三角 | 1.032 3 |
| 汕尾 | 0.876 0 | 东翼 | 0.867 3 |
| 潮州 | 0.760 8 | 西翼 | 0.832 0 |
| 揭阳 | 0.946 1 | 山区 | 0.898 0 |

数据来源：《广东统计年鉴 2021》。

服务业就业人数集中于珠三角地区。2020 年末全省服务业就业人口 3 746.00 万人，占总就业人口比值为 53.22%，广州市和深圳市服务业就业人数明显高于省内其他地区，分别为 838.94 万人和 759.38 万人，服务业就业占比分别为 72.45% 和 61.26%。从经济区域来看，珠三角服务业就业人数为 2 714.21 万人，吸纳了全省 72.46% 的服务业就业人口。同时，珠三角服务业就业占比高达 55.27%，远高于粤东西北地区的服务业就业占比。珠三角服务业的发展创造了更多就业岗位从而解决就业问题，比粤东西北城市吸纳了更多的服务业人才。

表 10 - 5　2019 年和 2020 年广东省各市服务业就业人数及占比

| 地区 | 2019 年 | | | 2020 年 | | |
|---|---|---|---|---|---|---|
| | 全部从业人员（万人） | 服务业从业人数（万人） | 服务业就业占比（%） | 全部从业人员（万人） | 服务业从业人数（万人） | 服务业就业占比（%） |
| 全省 | 7 150.25 | 3 378.02 | 47.24 | 7 039.00 | 3 746.00 | 53.22 |
| 广州 | 1 125.89 | 797.10 | 70.80 | 1 158.01 | 838.94 | 72.45 |
| 深圳 | 1 283.37 | 772.74 | 60.21 | 1 239.61 | 759.38 | 61.26 |
| 珠海 | 161.17 | 90.22 | 55.98 | 147.79 | 82.60 | 55.89 |
| 汕头 | 248.49 | 87.18 | 35.08 | 246.81 | 112.05 | 45.40 |
| 佛山 | 531.43 | 247.63 | 46.60 | 598.10 | 278.63 | 46.59 |
| 韶关 | 133.82 | 49.80 | 37.21 | 124.99 | 66.22 | 52.98 |
| 河源 | 142.02 | 47.63 | 33.54 | 134.50 | 71.87 | 53.43 |
| 梅州 | 169.02 | 61.15 | 36.18 | 169.43 | 88.24 | 52.08 |
| 惠州 | 318.29 | 127.34 | 40.01 | 320.88 | 138.51 | 43.17 |
| 汕尾 | 124.67 | 42.21 | 33.86 | 124.96 | 63.35 | 50.70 |
| 东莞 | 711.11 | 257.53 | 36.22 | 714.59 | 261.98 | 36.66 |
| 中山 | 237.21 | 94.45 | 39.82 | 274.62 | 109.35 | 39.82 |
| 江门 | 272.27 | 108.18 | 39.73 | 256.81 | 140.67 | 54.78 |
| 阳江 | 111.53 | 40.26 | 36.10 | 113.16 | 59.09 | 52.22 |
| 湛江 | 391.78 | 145.22 | 37.07 | 321.14 | 148.96 | 46.38 |
| 茂名 | 323.63 | 125.90 | 38.90 | 270.72 | 131.22 | 48.47 |
| 肇庆 | 231.64 | 78.00 | 33.67 | 200.74 | 104.15 | 51.88 |
| 清远 | 201.13 | 68.13 | 33.87 | 182.75 | 98.49 | 53.89 |
| 潮州 | 109.26 | 31.95 | 29.24 | 108.49 | 42.66 | 39.32 |
| 揭阳 | 198.23 | 67.79 | 34.20 | 231.65 | 103.58 | 44.71 |
| 云浮 | 124.29 | 37.61 | 30.26 | 99.25 | 46.06 | 46.41 |
| 按经济区域分 | | | | | | |
| 珠三角 | 4 872.38 | 2 573.19 | 52.81 | 4 911.15 | 2 714.21 | 55.27 |
| 东翼 | 680.65 | 229.13 | 33.66 | 711.91 | 321.64 | 45.18 |
| 西翼 | 826.94 | 311.38 | 37.65 | 705.02 | 339.27 | 48.12 |
| 山区 | 770.28 | 264.32 | 34.31 | 710.92 | 370.88 | 52.17 |

数据来源：《广东统计年鉴 2021》。

### 四、 粤港澳合作深入拓展， 全方位开放格局加快形成

粤港澳服务业合作进入更深层次。近年来，随着 CEPA 框架的不断完善，广东与港澳积极推动双边服务贸易的发展，现已基本实现粤港澳服务贸易自由化。世贸组织将服务贸易分为 160 个部门，在 CEPA 框架下，目前广东省对粤港澳服务业开放部门达到 153 个，涉及世贸组织分类部门的 95.6%。随着政策的完善和广东自贸试验区试点的推行，广东积极建立规则机制鼓励自贸区对接港澳，进一步扩大对港澳服务业的开放。截至目前，全国首家港澳资控股或独资银行、证券、基金机构已经于自贸区内设立，11 家粤港合伙联营律师事务所获批成立。接下来，广东将继续探索通过项目试点、合伙联营、资质认可、执业备案等制度安排，鼓励港澳金融、法律、会计、专利代理、导游、建筑等专业人士来自贸区内执业。

推进横琴前海双区建设。自 2021 年 9 月 17 日横琴粤澳深度合作区正式挂牌以来，共新增 435 户企业，包括 64 户澳资企业。横琴粤澳深度合作区坚持对澳开放，积极鼓励澳门企业、投资者来合作区设立企业，截至 2021 年 10 月，注册澳资企业超 4 600 家。前海深港现代服务业合作区（简称"前海合作区"）发展空间进一步拓展，打造全面深化改革创新试验平台。2020 年，前海合作区税收收入增长 13.4%，实际利用外资增长 11.7%，注册企业增加值增长 13%，全年进出口总额（按关区口径）增长 21.6%。"双区"将成为广东为推进产业与港澳紧密交流、加强合作的关键示范区，推进"双区"建设有利于整合粤港澳资源要素、破除制度壁垒、推进粤港澳跨境要素便捷流动，同时助力广东参与高层次规章建设，携手港澳构建高标准市场规则体系。

## 第二节 广东服务业发展存在的问题

"十三五"以来，广东加速推进服务业建设，取得了突飞猛进的发展，但服务业与世界发达国家和地区相比还存在一定的差距，主要表现在以下几个方面。

### 一、 区域发展落差偏大， 粤东西北发展严重滞后

珠三角地区的服务业比重较高。"十三五"期间，珠三角地区服务业占比从 53.36% 提高到 58.29%，而对于东西翼及山区地区，仅有山区地区的服务业增加值比重占 GDP 比重超过 50%（见表 10-6）。2020 年东翼和西翼地区的服务业增加值比重占 GDP 比重分别为 48.97% 和 46.98%，与珠三角地区仍有较大的差异。从产业结构的角度考虑，东翼和西翼地区的发展滞后于珠三角十年。在产业结构与区域均衡性方面，也有待进一步调整优化。

表 10 – 6  2020 年分区域主要指标

| 区域 | GDP 总值（亿元） | GDP 增速（%） | 服务业增加值（亿元） | 服务业增速（%） | 服务业比重（%） |
|---|---|---|---|---|---|
| 珠三角 | 89 523.9 | 2.65 | 52 183.04 | 4.30 | 58.29 |
| 东翼 | 7 053.51 | 1.54 | 3 454.12 | 1.90 | 48.97 |
| 西翼 | 7 739.97 | 1.90 | 3 636.31 | 0.47 | 46.98 |
| 山区 | 6 443.54 | 3.40 | 3 267.30 | 1.29 | 50.71 |

注：本表按当年价格计算。

数据来源：《广东统计年鉴 2021》。

广东区域服务业结构发展不均衡。从粤苏鲁浙各市服务业增加值占 GDP 的比重看，广东服务业增加值占比最高的是广州，比重为 72.5%，最低的是肇庆，比重为 42.1%，相差 30.4 个百分点；江苏最高的是南京，比重为 62.8%，最低的是连云港比重为 46.3%，相差 16.5 个百分点；山东最高的是济南比重为 61.6%，最低的是东营比重为 38.4%，相差 23.2 个百分点；浙江最高的是杭州比重为 68.0%，最低的是嘉兴比重为 48.8%，相差 19.2 个百分点。广东有 14 个市服务业比重不足 50%，而江苏、山东和浙江分别只有 8 个、8 个和 2 个，广东各市服务业发展差距明显大于苏鲁浙。

## 二、 结构层次有待提升， 知识型服务业比重不高

服务业内部结构层次有待提高。从增加值和法人单位数量角度考查，广东服务业中的批发和零售业等传统行业所占比重依旧较高，服务业结构水平还不够高，内部发展尚未成熟。服务业中的传统行业广义上包括批发和零售业，交通运输、仓储和邮政业，住宿和餐饮业，房地产业四个，这四大行业 2020 年的增加值占广东服务业总量的 55.21%，法人单位数量占总量的 50.15%，服务业内部传统行业比重仍然较高，新兴行业的规模总量还不够大。

知识型服务业比重较低。世界范围内，服务业快速发展的同时，结构也在不断升级，高附加值的知识密集型产业已经成为新的发展潮流。现阶段，香港提出建立"知识型城市"的发展战略，新加坡认为知识型服务业将成为经济发展的主要引擎。与此相比，2017 年广东的信息服务、教育服务、科技服务这三大知识型服务部门仅占当年服务业增加值的 7.94%、6.26% 和 3.13%，而批发和零售业等传统服务业的比重则相对较高，占 17.00%。

## 三、 "两业" 融合存在障碍， 发展瓶颈亟待突破

2011 年，广东省政府颁布了《广东省生产服务业与制造业融合发展行动方案》，提出要积极推动广东生产性服务业与制造业融合发展。经过 10 年的发展，广东成果斐然，但仍存在一些障碍亟待突破。

一是服务业跨区域、跨行业融合不畅。广东省内特别是大湾区各城市产业结构相似和产业发展重复现象还比较突出，协同城市间产业创新和跨城市专利合作的难度仍较大。在"两业"融合的重点细分行业、关键突破领域，由于缺乏相应的路径指引，"两业"融合的效果还不够显著。

二是先进制造业参与融合的意愿不高。广东已形成了一批积极探索"两业"融合的龙头企业，但它们仅仅是将"服务化内置"作为企业降低生产成本的途径，融合发展的示范效果较差。部分制造业企业甚至压缩服务业的外部需求，导致融合进程受阻，不利于生产性服务业的发展。

三是现代服务业发展水平还不足以支撑融合。当前，广东生产性服务业占地区生产总值的比重与发达经济体相比还有较大差距。受限于自身供给规模和对外服务能力，广东内部研发设计与其他技术服务、信息服务、金融服务、生产性租赁服务等现代服务业发展还不够充分，发展速度和质量还不能够满足制造业转型升级的要求。

四是中小企业数字化意愿偏低。人才资金不足、技术储备不足导致企业"不会"数字化；数字化转型风险大、前景不够明朗导致企业"不敢"数字化；依赖传统发展模式、缺少创新精神导致企业"不想"数字化。此外，受行政体制、法律法规、利益分配等因素影响，广东制造业的信息资源市场不完善，数据公开和共享的体系仍未建成，信息资源的整合利用还不充分。

## 四、 品牌建设有待加速， 国际竞争力亟须增强

2020 年，广东服务贸易逆差达到 874 亿元，是广东贸易逆差的主要项目。相较于欧美发达国家，广东服务业发展水平还不够高，存在附加值小、种类较少，缺乏国际知名品牌等方面的问题。根据研究机构 Kantar 在 2019 年 6 月 11 日发布的 2019 年 Brand Z 全球最具价值品牌百强榜，我国上榜的 14 家企业中有 10 家是服务业企业，其中仅有腾讯和中国平安是来自广东的企业。与发达国家如美国品牌榜排名前 10 的企业中服务业企业有 8 家相比，还存在很大差距。广东服务业缺乏品牌竞争优势，不仅影响了国内市场份额和企业"走出去"，还不利于服务业发展效益的提高。

# 第三节　广东服务业发展趋势

## 一、　消费结构不断升级，　服务业量质需求扩大

"十四五"规划提出，应坚持扩大内需的战略基点，加快培育完整的内需体系，促进产品产业销售方式创新、提高供给质量来引领和创造新需求。紧紧围绕居民消费升级趋势，畅通国内大循环、增强需求的内生动力。一方面，随着社会经济水平的不断提高和中等收入群体的日益壮大，广东的消费结构展现出商品消费比重减少而服务消费比重增加的特征，同时消费者对于服务体验及质量的要求也越来越高。另一方面，随着人口老龄化进程的加快，老年人对生命和生活质量提出了更高的要求，对新型服务消费特别是大健康服务的接受能力也较强。在这样消费升级的大背景下，人们的消费观念和消费方式出现了体验化、价值化、社交化和个性化等新的特征和趋势，享受型、发展型的服务消费支出有望快速增长，品质消费也逐渐成为未来服务消费的重要发展方向。随着新技术广泛应用到服务领域，在服务的复杂性和IT密集度不断增加的同时，服务业的质量和服务效率也得到了显著提升。根据发达国家和地区以往的发展经验，消费结构中服务消费比重与人均GDP呈现显著的正相关关系，广东服务业依旧有很多潜力可以释放。

## 二、　产业融合走向深层次，　生产性服务业前期广阔

随着企业规模的扩大和市场竞争的加剧，企业内部不直接参与制造的服务项目不断地被分离出来，从而形成了生产性服务业。因此，生产性服务业与制造业的工作领域天然就具有重叠性。随着智能制造的推行，制造业生产的链条不断延长，与制造生产直接相关的环节比重逐渐下降，制造企业中越来越多的岗位并不直接参加生产活动，转而为制造过程提供服务，金融、通信、物流、保险、中介、专业咨询服务和农业支撑服务等生产性服务所占比重不断增加。随着工业品生产智能化、个性化的趋势越来越明显，制造业和服务业之间的产业界限日益模糊。许多著名跨国公司开始向服务化转型，服务在企业的销售额和利润中所占的比重越来越高。进入工业4.0时代，制造业面向市场提供的不再只是单纯的工业制成品，而更多的是产品全生命周期价值最大化的整体解决方案，即实物产品与全面服务产品的"泛产品"综合体。由于数字技术逐渐渗透到制造业价值创造的全过程，为提高生产销售效率从而开展的价值链分割与整合，使得生产性服务业融入制造业研发、生产、销售、售后的各个环节，从而推动制造业和服务业深度融合。

## 三、 新技术推动服务创新， 服务业智能化日益显著

现代服务业的发展有利于科学技术的扩散和创新能力的提升，而技术的突破和创新的落地也在加速推动服务业的模式转变和产业升级。一方面，随着信息通信、大数据分析等现代科学技术的大规模应用，现代服务业的发展获得了强有力的支撑，使商品和服务性贸易活动一次次突破空间和时间的限制，得到了极大的拓展。基于 TCP/IP 协议和 3W 标准的互联网商业化应用，极大地促进了媒体数字化、金融信息化、电子商务、电子政务的发展。另一方面，当代科学技术的发展又在不断地催生出现代服务业的新业态新模式，特别是网络技术、通信技术、智能技术和智能终端、智能标签等，越来越成为服务业拓展新方向的依仗。现在，以生物识别技术为代表的一系列安全性、可靠性和强制性技术创新，为远程、跨区域和多点位的组织生产和商贸服务提供可靠有效的保证等。未来，随着新兴技术特别是大数据、物联网、人工智能、加密通信、增强现实和人机协作的发展，服务企业的交付服务方式会不断升级，由实物产品和产品服务化的融合向"无缝服务"演进，通过多渠道、多层次的开放共享式基础架构提供主动化、个性化、智能化的服务体验。

## 四、 疫情冲击传统服务， 新型服务业机遇明显

新冠肺炎疫情对广东的服务业产生了严重的冲击，抑制了消费需求。在此次疫情中，受交通管制、公共防疫、疫区封锁等措施的影响，在需求侧方面对影视娱乐、住宿餐饮、交通运输、批发零售、文化旅游等消费服务领域造成了严重的负面影响。在疫情最严重的 2020 年一季度，广东规模以上服务业营业收入仅实现 6 509.39 亿元，同比 2019 年一季度下降 10.4%，其中，受影响较大的住宿和餐饮业、交通运输业、批发和零售业的下降幅度接近 20%。

疫情促使人们消费方式发生改变，进而推动服务消费升级加速，网络购物、线上娱乐、线上体验等新的服务模式将带动电商、网络直播、高清视频、在线游戏等得到更加广泛的发展；线上办公、在线教育、网络会议、在线医疗等互联网服务产业将加速崛起，增大了对软件和信息技术服务业的需求，并推动快递、外卖等行业进一步发展。根据广东统计局公布的数据，2020 年 1—4 月，广东规模以上信息传输、软件和信息技术服务业实现营业收入同比增长 6.1%。由此可见，疫情防控期间广东与互联网相关的经济受影响较小、表现强势，在线学习、电子商务、线上会议、在线办公、远程问诊等快速发展。2020 年，龙头企业线上业务迅速增长，广东规模以上信息传输、软件和信息技术服务业全年营业收入增长 10.5%。其中，软件和信息技术服务业营业收入增长 8.5%，互联网和相关服务营

业收入增长 18.2%。受网络购物总额显著增长的推动，多式联运和运输代理业、邮政业分别增长 32.7% 和 16.7%。疫情还极大地推动了大健康理念的普及，使得更多人重视健身、体育、医疗、康养等方面，大健康产业将迎来快速发展期。

## 第四节　广东服务业发展的对策建议

### 一、 建设科技服务平台体系， 提高服务业创新能力

围绕提升服务业创新能力，加快构建广覆盖、高水平的服务业创新服务体系。支持在信息服务、检验检测、现代物流、文化创意、工业设计等领域，建设一批国家重点实验室、国家工程（技术）研究中心，提高服务业创新能力。支持服务业企业建立企业技术中心、技术创新平台和技术创新联盟，开展模式创新和技术集成应用。推动众创空间、众包服务、开放平台、新媒体营销、大数据分析等新技术、新模式、新应用的发展，加快技术创新、知识创新、管理创新和业态创新，促进各类创新要素和资源的聚集、开放和共享，打造宽松友好的创新创业环境，营造浓厚的大众创业、万众创新氛围。积极推进"双创"示范基地建设，建立一批支持"双创"发展的公共服务平台。加快推进珠三角国家自主创新示范区建设，完善科技成果转化激励机制，带动科技人员创新创业积极性。支持组织各具特色的创新创业竞赛和活动，培育一批创新创业品牌。

### 二、 全面优化服务供给结构， 激发消费服务新动能

广东需要聚焦产业转型升级，全面扩大服务业有效供给。广东要对标国际一流水平，大力发展研发、设计、金融、会计、税务、咨询、法律、会展等现代服务业，培育高端涉外法律、知识产权、会计等领域专业人才，打造一批规范化、品牌化、国际化的会计师事务所、律师所和咨询企业。培育国际知名展览品牌和配套服务企业，携手香港澳门打造高品质消费展会。开展生产性服务业供给质量改造提升行动，推动传统生产性服务业应用大数据、物联网等新技术实现自身改造升级，探索区块链等新技术在金融、信用服务等领域的应用。

广东需要针对居民消费升级，以服务业供给侧升级激发消费服务新动能。当前居民的长期消费趋向便捷化、智能化、数字化，"云端经济""宅经济"等新消费业态正在深刻重塑生活形态，加之疫情极大地推动了居民对大健康服务的需求，着力优化生活性服务业供给，积极发展家政、物业、健康体育、养老育幼、休闲旅游、文化娱乐等，加快发展电子商务、在线教育、数字娱乐等信息网络消费新业态，打造在线消费、定制消费、体验消费、智能消费等消费新模式，满足人民群众多样化、多层次需求。

## 三、 培育壮大新兴服务业态， 推动产业深层次融合

新兴服务业是驱动服务业高质量发展的新动能，广东需要不断培育、壮大新兴服务业。以需求为导向，着力丰富应用场景，打造5G、人工智能、4K/8K（超高清视频）生态圈。创新发展并应用人工智能、生命科学、物联网、区块链、新一代通信技术等新技术，推动现代新技术、新工艺、新业态、新模式在服务业中的广泛应用，重点支持创意经济、平台经济、分享经济、体验经济发展。实施知识产权保护、旅游服务、文化创意、智慧教育等试点示范，加快形成服务经济发展新动能。

服务业与制造业的深度融合有助于实体经济的高质量发展，广东应推动产业深度融合发展。推动先进制造业和现代服务业深度融合，培育发展全生命周期管理、定制化生产、供应链管理等制造服务业，促进制造业企业向创意孵化、研发设计、售后服务等高附加值服务环节延伸，推动有条件的制造业企业向一体化服务总集成总承包商转变。促进服务业内部融合，鼓励基于互联网的教育、健康、养老、旅游、文化、物流等融合发展，打造综合新兴服务产品。鼓励企业挖掘生产、制造、流通各环节的体验价值，发展线上线下新型体验服务。加快发展良种、农技、保险等农业服务业，增强服务业对发展现代农业的支撑引领作用。发展乡村旅游、健康养老、定制农业、体验农业等新业态，促进农民增收、农业增效、农村繁荣。

## 四、 完善服务创新发展机制， 推动营商环境优化

健全服务质量治理体系。鼓励推广服务质量保险，分级建立质量管理认证和评价制度，健全质量责任追溯、传导和监督机制。鼓励服务业龙头企业参与服务业标准制定，推进社会管理和公共服务综合标准化试点。放宽服务业市场准入，探索包容审慎监管方式，引导和支持新业态、新模式健康可持续发展，完善服务业统计调查制度。

深化服务业领域改革开放，优化服务业营商环境。加大营商环境优化力度，推动营商环境不断改革，鼓励营商环境创新试点，构建更具活力和竞争力的国际一流营商环境，更好促进服务市场主体成立和发展。开展省级要素市场化配置体制机制改革试点，促进要素价格市场化改革，推动要素自由流动、公平竞争、高效配置，打造全球资源要素配置中心。推行包容审慎的监管方式，建立起重点领域免责免强制清单，进一步激发服务业市场主体创新创业活力。完善政策体系促进服务业发展，创新土地、金融、价格、财税等政策适应服务新业态、新模式和产业融合发展需要，鼓励社会力量积极参与服务业发展，实现服务供给多元化、多层次化。

## 五、 切实加大对外开放力度， 增强 "广东服务" 品牌影响

完善支持服务业发展的政策体系。全面实施市场准入负面清单制度，试点进一步放宽服务业准入限制，在金融投资、医疗卫生、教育、文化、交通运输等领域部署一批准入放开的特别事项。全面落实外商投资准入前国民待遇加负面清单管理制度。探索跨境服务贸易负面清单管理，逐步放宽和取消与跨境交付、境外消费和自然人移动等模式相关的限制性措施。

打造"广东服务"品牌。探索简化服务业境外投资管理，优化境外投资流程，进一步引导和规范境外投资方向。构建境外投资促进体系，统筹制定广东"走出去"综合支持政策，提升"走出去"专业服务能力和综合服务平台功能，为企业提供境外投资合作指南、海外投资风险预警等支撑服务。以"一带一路"建设为重点，完善企业海外服务网络，促进海外投资企业交流和项目合作。鼓励企业在境外设立分销中心、物流中心、展示中心等，构建跨境服务产业链。深化对区域全面经济伙伴关系协定（RCEP）等的研究，助力企业加强对外投资合作。

区域篇

**第十一章**

# 珠三角核心区提升产业能级研究*

习近平总书记在庆祝中国共产党成立 100 周年大会上的重要讲话中强调，"着力解决发展不平衡不充分问题和人民群众急难愁盼问题，推动人的全面发展、全体人民共同富裕取得更为明显的实质性进展"。实现共同富裕是社会主义的本质特征，是重大经济问题，也是关系党的执政基础的重大政治问题，而区域协调发展又是实现共同富裕的重要路径。自 20 世纪 80 年代末以来，广东省经济总量已连续 30 多年位于全国第一，经济发展水平比肩中等发达国家，但省内区域发展不均衡问题比较突出，协调发展成为广东省率先实现社会主义现代化亟须解决的问题。为此，广东省提出了"一核一带一区"区域功能布局思路，从功能层面来解决区域协调问题。

"一核"即珠三角核心区（也称"珠三角地区"），包括广州、深圳、佛山、东莞、惠州、中山、珠海、江门、肇庆 9 市，是整个广东省发展的主要引擎。在当下的经济形势下，提升产业能级是珠三角核心区的一个重要目标。"能级"一词是从物理学中借用过来的概念。研究表明，产业能级是一个相对的动态概念，是指在一定时期内某个区域内的产业对经济发展的影响力和控制力，是产业在经济发展中的地位和在国内外市场中所拥有的竞争能力的综合衡量。产业能级不仅强调地方产业的发达程度，也十分强调产业对地方经济和社会的影响力。因此，提升产业能级不仅仅需要产业转型升级，也需要从带动就业、提高财政收入、带动其他产业发展方面提高产业影响力。

## 第一节　珠三角核心区产业发展现状特征

### 一、 产业发展态势良好， 高质量发展初见成效

#### （一）第二、第三产业占据主体地位，第一产业比重少

总体来看，珠三角地区以第二、第三产业为主。珠三角九市 2021 年地区生产总值为

---

* 本章第一执笔人为暨南大学产业经济研究院陈万。

10.06 万亿元，其中第一产业产值为 1 709.93 亿元，第二产业产值为 40 971.76 亿元，第三产业产值为 57 903.56 亿元，占比分别为 1.70%、40.73%、57.57%，第二、第三产业产值之和占 GDP 总值 98% 以上，成为拉动珠三角地区国民经济增长的重要组成部分。

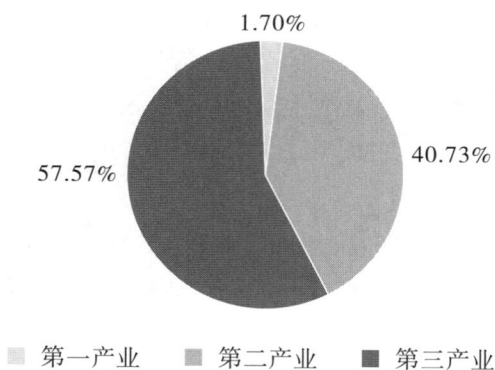

**图 11-1　2021 年珠三角地区第一、二、三产业占比情况**

数据来源：珠三角各市统计年鉴。

从各个城市的情况来看，珠三角九市产业均以第二、第三产业为主，第一产业所占比重很低（大多数城市低于 3%）。2021 年，珠三角第一产业占比最高的城市为肇庆，达 17.30%。最低的为深圳，仅为 0.09%。第二产业是珠三角城市的立身之本，珠三角的经济发展史离不开工业。东莞、佛山、惠州、中山都是比较有名的制造业基地，这些城市的第二产业占比分别为 58.21%、55.99%、53.30%、49.40%，广深两市的第二产业占比逐年降低，2021 年分别仅占 27.35%、36.98%。第三产业在多个城市的经济结构中占据主导地位，特别是广州、深圳、珠海等城市表现得更为明显。其中，广州、深圳的第三产业比重分别为 71.56%、62.94%，表明广深两市的服务业比较发达，由工业经济向服务型经济转型。

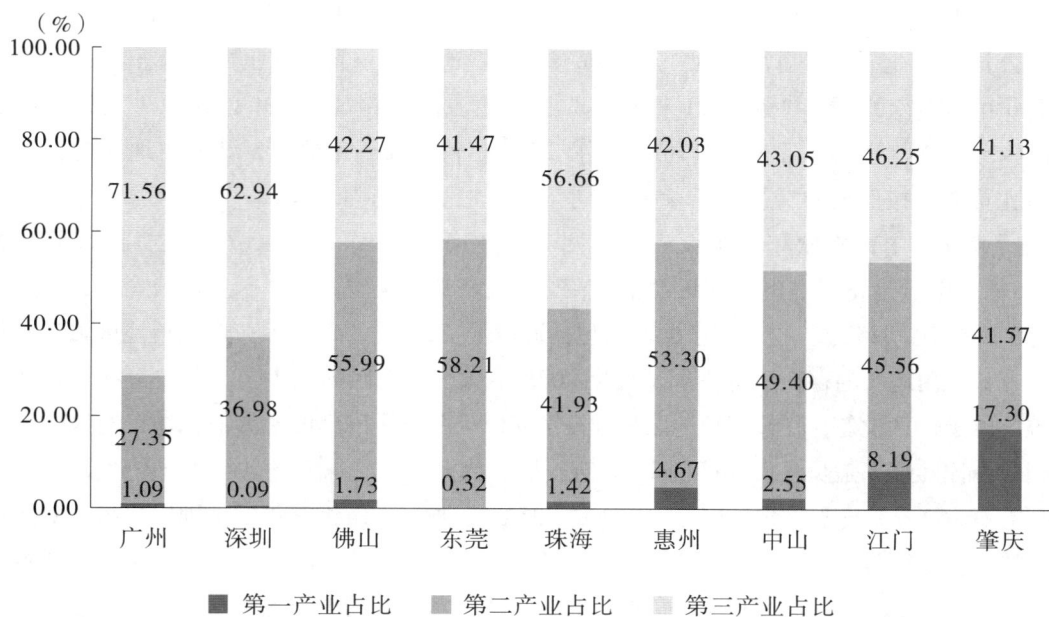

**图 11-2　珠三角九市 2021 年产业结构**

数据来源：珠三角各市统计年鉴。

### （二）传统产业向周边转移，高端产业向中心集聚

近几年来，一方面由于出口退税率调低、加工贸易政策调整、人民币升值等外部经营环境变化，另一方面由于转型中的珠三角对消防、环保、用工规范的要求日益严格，珠三角地区产业转移改变了以电镀、皮革、印染等污染型企业向外迁移为主的态势，制鞋、玩具、服装、电子等劳动密集型传统产业的企业也走上了迁移之路并逐渐成为主体。在珠三角高速公路网络快速延伸和综合投资环境的迅速改善的共同作用下，形成了以纺织服装业、电子元器件组装等为核心的珠三角产业加速向周边"扇状转移"的趋势。

除劳动密集型加工业由于当前面临高成本与国外贸易环境恶化的影响开始向周边地区扩散外，高端产业正处于加速集聚阶段，并逐渐形成产业集群。一是逐渐形成面向国际市场，产业链比较完备的电子信息产业集群；二是逐渐形成以航空工业、船舶制造业、机械装备工业为三大核心地区的机械工业产业集群；三是逐渐形成以本田、丰田和东风等三大外资汽车公司为龙头的汽车产业集群。2021 年，广东省全省规模以上工业增加值增长 9%，20 个战略性产业集群支撑作用凸显，其增加值约占地区生产总值的 1/3。珠三角核心区原有优势产业虽然出现"走出去"和产业转移的迹象，但从总体看，珠三角地区尚未进入产业扩散阶段，经济聚集发展的空间仍比较广阔，资金、技术集聚仍在加强。

### （三）新兴产业发展不断加速，成为拉动经济发展新引擎

在港股、美股上市的公司大部分是在国内上市存在技术障碍的企业，因而区域内 A 股上市公司的行业分布，更可体现一个区域整体的制造业和一般服务业发展水平。从 A 股上市公司的数量上来看，截至 2021 年底，珠三角地区拥有 665 家上市公司，少于长三角地区的 1 551 家。但从 A 股上市公司的结构来看，相较于长三角地区，珠三角地区的新兴产业占比更高。按照证券交易分析软件"同花顺"的分类标准，2021 年长三角地区的上市公司行业分布中，机械和专用设备制造两个行业高居前两位，占比分别达到 16.63% 和 13.93%，然后是化工和电子信息设备。在交运设备这一类型的 100 家上市公司中，生产汽车零部件的就有 85 家。电子信息设备（包括通信设备在内）、家电等在珠三角地区强势的行业，在长三角地区的存在感都不高。反观 2021 年珠三角地区的上市公司行业分布，排在第一位的电子信息设备，在长三角地区只排在第四位；在电子信息设备方面，珠三角地区上市公司的占比几乎都是长三角地区的 2.77 倍，从总数上来看，珠三角地区电子信息设备上市公司共有 160 家，比长三角地区三省一市的 135 家还要多。而长三角地区则以机械、专用设备制造和化工等传统产业为主，这三个行业的上市公司占到长三角地区 A 股上市公司总数的 39% 左右。单就长三角地区和珠三角地区而言，珠三角地区的电子通信、家电等产业，总体上的技术水平和研发投入都较长三角地区具优势的冶金、化工等传统产业偏重更高，这是不争的事实。

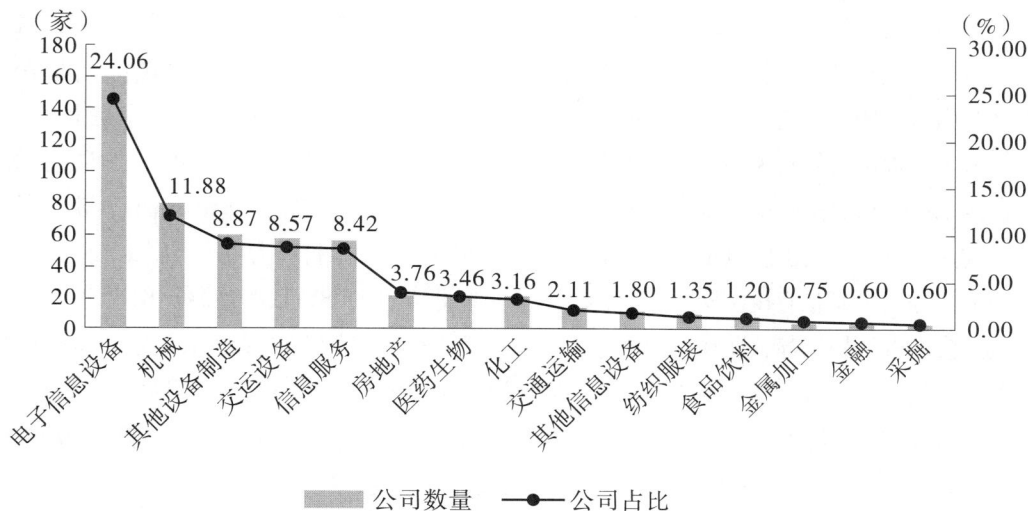

图 11 - 3　2021 年珠三角地区 A 股上市公司行业分布

数据来源：国泰君安 A 股上市企业数据。

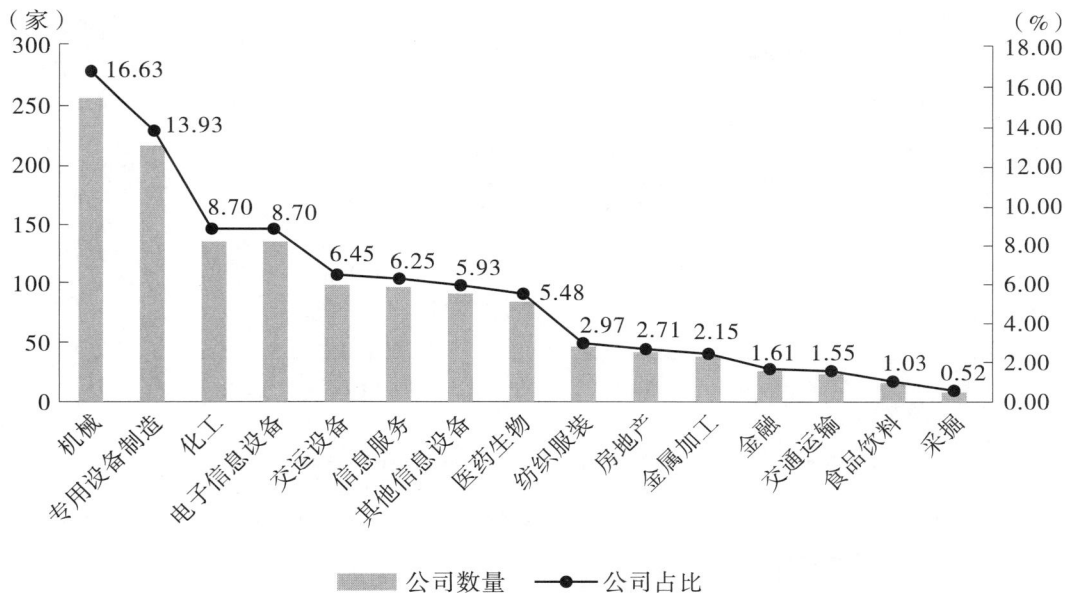

图 11 - 4　2021 年长三角地区 A 股上市公司行业分布

数据来源：国泰君安 A 股上市企业数据。

## （四）开放型产业体系加快构建，服务新发展格局能力增强

珠三角地区的对外开放度高。作为对外贸易大省，广东的对外贸易依存度一直处于较高水平。根据广东省统计年鉴，2015—2020 年，广东省对外贸易依存度虽然连年下降，直到 2021 年才有所回升，但总体上仍高于 60%，高于全国大部分省份。在出口方面，广东省是全国重要的

工业基地，也是多类产品的出口加工基地，主要出口产品类别包括电器及电子产品、计算机与通信技术、机械及设备等。2020 年，香港仍然是广东省最大的出口市场，占总出口的 22.63%。其他主要出口市场包括美国、德国、英国、日本和印度等国家。在进口方面，广东是生产基地，因此输入大量资本财货及半成品，主要进口产品类别包括电器及电子产品、电子技术、计算机与通信技术等。东盟国家是广东省最大的进口来源，占总进口 19.9%；随后为中国台湾、韩国、日本和越南，进口产品也以电子元件、电子技术和机电产品等原材料为主。

尽管广东的外贸依存度下降，但是仍较其他制造业大省的外贸依存度高。相比之下，中国的其他经济大省，如江苏、浙江、山东等，对外贸易依存度都与广东省相差较大，其中浙江省与江苏省近几年对外贸易依存度均在 40%~50% 区间附近波动，远小于广东省的 60% 以上。而山东省的对外贸易依存度在上述四个省份中是最低的，最近几年都低于 30%，直到 2020 年才超过 30%，2021 达到 35%。这表明广东省对外贸易交流的程度远高于中国其他经济发达省份，而经济第二大省江苏的对外贸易开放程度略显不足。

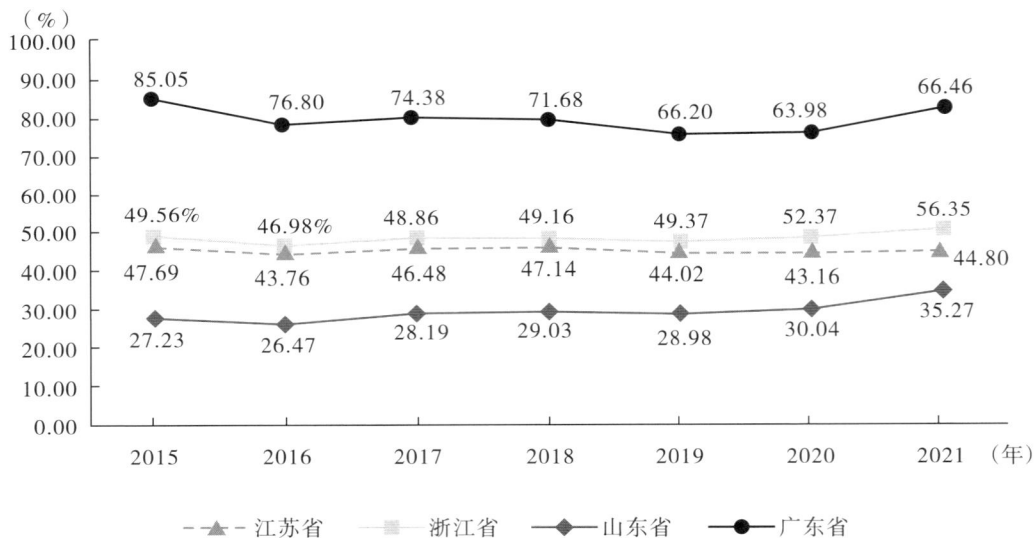

图 11-5　2015—2021 年我国部分省份对外贸易依存度

数据来源：《广东统计年鉴》。

## （五）大中小企业趋向协调发展，市场竞争活力进一步释放

珠三角地区大企业引领发展，小微企业具有活力。根据企业规模，可将企业分为大型企业、中型企业和小微型企业。单从制造业看，2020 年珠三角地区共有大型企业 588 家、中型企业 2 821 家、小微型企业 20 367 家，小微型企业数量大，市场活力充足。2020 年大型企业实现产业增加值 24 809.16 亿元，中型企业实现产业增加值 13 302.37 亿元，小微型企业实现产业增加值 17 576.57 亿元。大型企业以 2.47% 的企业数量创造了 44.55% 的

工业增加值,在珠三角经济发展中起到重要引领作用。

表 11 - 1　2020 年珠三角地区企业规模分类

| 企业类型 | 企业数量（家） | 数量占比 | 产业增加值（亿元） | 产值占比 |
| --- | --- | --- | --- | --- |
| 大型企业 | 588 | 2.47% | 24 809.16 | 44.55% |
| 中型企业 | 2 821 | 11.86% | 13 302.37 | 23.89% |
| 小微型企业 | 20 367 | 85.66% | 17 576.57 | 31.56% |

数据来源：珠三角各市统计年鉴。

从各产业企业数量上来看,电气机械制造业企业数量居第一位,为 2 429 家,其次是金属制品业的 2 070 家、设备制造业的 1 828 家。这几个产业企业数量多,主要原因是这些产业以小微型企业居多,有许多私营的小规模加工作坊。而汽车制造业、电力热力生产和供应业企业数量少,产值高,产业已达到一定的规模集聚状态,具有一定的规模经济效益,这也与这两个行业具有较明显的规模经济的特征相符合。

## 二、　区域产业协作加强,　空间布局进一步优化

### （一）产业集聚效应增强,广深核心引领带动

珠三角地区生产总值主要集中深圳、广州、佛山和东莞四个城市,这四个城市 2021 年的 GDP 占珠三角地区 GDP 的比例分别为 30.49%、28.07%、12.09% 和 10.79%,这四个城市的生产总值之和占珠三角地区的 GDP 的 80% 以上。珠三角地区的大部分产业分布于这四个城市,其余五个城市的 GDP 占比均未超过 5%。

### （二）珠江两岸产业分化,集群发展各有特色

从具体产业的分布来看,在珠江东岸,形成了以深圳、东莞、惠州为主体的电子信息产业走廊。2020 年,这三个城市新一代电子信息产业工业增加值占广东全省比例分别为 59.76%、17.91%、7.67%,三者占比总和为 85.34%,占据整个广东省电子信息产业的绝大部分工业增加值。此外,在珠江西岸,形成了以佛山、中山、珠海、广州为主体的电子、电气机械产业集群。

广州作为广东省的省会城市,是华南地区的铁路枢纽和航空枢纽。广州以汽车、新一代电子信息和绿色石化为支柱产业。2020 年,广州汽车产业工业增加值为 1 231.08 亿元,占全省汽车产业工业增加值的 66.02%。新一代电子信息、绿色石化产业分别实现工业增加值 443.14 亿元、619.06 亿元,各自占全省比例为 5.16%、19.01%。三者增加值总计占广州工业增加值 30% 左右。

深圳与香港接壤,现代服务业发达,是珠三角地区的金融、贸易和创新中心。深圳新

一代电子信息产业、现代物流、软件与信息服务业也十分发达。2020 年，深圳新一代电子信息产业实现工业增加值 5 129.34 亿元，占整个深圳市 GDP 的 18.54%，是深圳最主要的支柱产业。此外，深圳知名公司众多，有华为、腾讯、中兴、比亚迪等大型企业。广深作为珠三角地区毗邻的两座中心城市，目前正在逐渐加强合作，以"双核"带动整个珠三角地区发展。

佛山东靠广州，过去承接了大量来自广州的制造业转移。现今佛山的装备制造业、智能家电、现代轻工纺织业都比较发达。2020 年，佛山的现代轻工纺织业、智能家电分别实现了 1 471.29 亿元、905.53 亿元工业增加值，分别占整个广东省的 23.38%、33.22%，在全省具有重要的地位。由于广州的产业溢出，佛山的绿色石化产业也较为发达，2020 年，佛山绿色石化实现工业增加值 449.98 亿元，占整个广东省的 13.82%。

东莞背靠广州、深圳，早年也是重要的制造业承接地，当地的电子信息、电气设备、纺织服装等产业已形成规模，但大多以中低端制造为主，利润单薄。2020 年，东莞市电子信息产业、纺织服装产业分别实现利润率 2.59%、4.39%，低于深圳的 6.66%、6.21%。自主创新能力有待提高，这也是除深圳外珠三角地区制造业的通病。

珠三角城市群产业发展得益于二十世纪八九十年代国际上的产业大转移，均以劳动密集型为主，产业结构趋同。珠三角其余城市的当前支柱产业仍集中于机械制造、金属冶炼、纺织、食品、化工等低端制造，发展缓慢，亟待转型升级。

表 11 - 2　2020 年珠三角地区主要产业产值分布

| 区域 | | 新一代电子信息 | | 先进材料 | | 现代轻工纺织 | |
|---|---|---|---|---|---|---|---|
| | | 工业增加值（亿元） | 占比 | 工业增加值（亿元） | 占比 | 工业增加值（亿元） | 占比 |
| 珠三角核心区 | 合计 | 8 382.10 | 97.65% | 4 535.43 | 72.65% | 4 573.04 | 72.67% |
| | 广州市 | 443.14 | 5.16% | 629.60 | 10.09% | 512.86 | 8.15% |
| | 深圳市 | 5 129.34 | 59.76% | 354.44 | 5.68% | 420.44 | 6.68% |
| | 东莞市 | 1 537.69 | 17.91% | 886.39 | 14.20% | 1 140.12 | 18.12% |
| | 佛山市 | 178.38 | 2.08% | 1 468.83 | 23.53% | 1 471.29 | 23.38% |
| | 珠海市 | 199.38 | 2.32% | 199.07 | 3.19% | 85.25 | 1.35% |
| | 惠州市 | 658.69 | 7.67% | 383.67 | 6.15% | 252.21 | 4.01% |
| | 中山市 | 120.37 | 1.40% | 265.12 | 4.25% | 280.85 | 4.46% |
| | 江门市 | 92.93 | 1.08% | 272.08 | 4.36% | 312.39 | 4.96% |
| | 肇庆市 | 22.17 | 0.26% | 76.22 | 1.22% | 97.63 | 1.55% |

（续上表）

| 区域 | | 绿色石化 | | 智能家电 | | 汽车产业 | |
|---|---|---|---|---|---|---|---|
| | | 工业增加值（亿元） | 占比 | 工业增加值（亿元） | 占比 | 工业增加值（亿元） | 占比 |
| 珠三角核心区 | 合计 | 2 377.10 | 72.98% | 2 485.79 | 91.20% | 1 666.60 | 89.38% |
| | 广州市 | 619.06 | 19.01% | 191.97 | 7.04% | 1 231.08 | 66.02% |
| | 深圳市 | 177.79 | 5.46% | 416.84 | 15.29% | 2.83 | 0.15% |
| | 珠海市 | 412.40 | 12.66% | 355.32 | 13.04% | 51.87 | 2.78% |
| | 佛山市 | 449.98 | 13.82% | 905.53 | 33.22% | 230.68 | 12.37% |
| | 东莞市 | 130.34 | 4.00% | 204.83 | 7.52% | 20.49 | 1.10% |
| | 中山市 | 330.52 | 10.15% | 111.39 | 4.09% | 49.43 | 2.65% |
| | 江门市 | 145.06 | 4.45% | 218.78 | 8.03% | 39.04 | 2.09% |
| | 惠州市 | 91.70 | 2.82% | 76.21 | 2.80% | 26.72 | 1.43% |
| | 肇庆市 | 20.26 | 0.62% | 4.92 | 0.18% | 14.45 | 0.78% |

数据来源：珠三角各市统计年鉴（统计口径来自广东省统计局）。

# 第二节　珠三角核心区产业能级指标体系构建与分析

## 一、 评价指标的选取

　　产业能级是指在一定时期内某个区域内的产业对经济发展的影响力和控制力，产业能级不仅强调产业的规模和收益，还强调产业对地方经济和相关产业发展的影响力。产业能级的大小通常可以从经济质量、竞争力、创新能力、绿色发展和产业增长五个方面的一级指标来反映，一般来说，产业在当地经济中效益越高、竞争力越强、创新力越强、产业增长越快，其产业能级就越高，反之越低。

### （一）经济质量

　　一个产业对当地经济发展的影响力和推动力离不开产业本身的经济质量。一个产业的经济质量是衡量产业能级的重要指标，而经济质量又由营业收入、总资产、利润率等指标反映，因此将这几个指标作为产业能级的二级指标。

### （二）竞争力

　　产业竞争力是产业发挥影响力的基础，一个没有竞争力的行业会随着时间的推移而衰落，难以对地区经济发展产生较大的影响作用。产业竞争力是指某国或某一地区的某个特定产业相对于其他国家或地区同一产业在生产效率、持续获利等方面所体现的竞争能力。产业竞争力的实质是产业的比较生产力，其主要由技术创新、资源禀赋、产业政策、市场规模等因素决定。

### （三）创新能力

创新是提高产业竞争力、实现产业高质量发展的第一要素。一个产业能否具有可持续的潜质，很大程度上是由产业的创新能力决定的。产业的创新能力越强，越能引领经济发展，为经济和其他产业的增长做出贡献。因此，一个产业创新能力越强，该产业的能级也就越大。

### （四）绿色发展

改革开放以来，我国的经济发展方式是以粗放式发展为主，对资源的浪费较为严重，同时对自然环境造成了极大的污染，经济发展的质量和持续性受到严重影响。目前，我国经济已由高速发展转向高质量发展阶段，国家对环境保护的重视程度越来越高，一个产业的绿色发展程度极大地影响着该产业能否可持续地发展下去。因此，绿色发展也是影响产业能级的一个重要指标。

### （五）产业增长

产业增长的速度毋庸置疑能够为经济的总体发展注入活力，一个快速而持续增长的产业能够促进社会生产总值的增长，吸纳就业，提高人们生活水平，对社会和经济发展具有很大的促进作用。因此，产业增长也是产业能级的重要指标。

## 二、 指标体系的构建

根据上述选取的五个方面的影响要素，构建产业能级指标评价体系。由于目前数据可获得性的局限，一级指标共五个，二级指标七个，各指标见表11-3。

表11-3　产业能级指标体系

| 一级指标 | 二级指标 | 指标类别 | 权重 |
| --- | --- | --- | --- |
| 经济质量 | 营业收入 | 正向指标 | 12.99% |
| | 总资产 | 正向指标 | 15.39% |
| | 利润率 | 正向指标 | 25.04% |
| 创新能力 | 研发资金投入 | 正向指标 | 23.56% |

（续上表）

| 一级指标 | 二级指标 | 指标类别 | 权重 |
|---|---|---|---|
| 竞争力 | 国内市场占有率 | 正向指标 | 6.51% |
| 产业增长 | 营业收入增长率 | 正向指标 | 9.73% |
| 绿色发展 | 单位营业收入耗电 | 逆向指标 | 6.79% |

## 三、　珠三角核心区重点产业能级测算

根据上文确定的指标，再使用熵权法将上述七个指标转化成对珠三角各市及珠三角总体主要产业的产业能级评价。假设对各指标数据标准化后的值为 $Y_{ij}$，正向指标的处理公式为：

$$Y_{ij} = \frac{X_{ij} - \min(X_{ij})}{\max(X_i) - \min(X_i)} \qquad (11-1)$$

逆向指标的处理公式为：

$$Y_{ij} = \frac{\max(X_{ij}) - X_{ij}}{\max(X_i) - \min(X_i)} \qquad (11-2)$$

随后，将已经得到的归一化矩阵进行处理，第 $j$ 项指标下第 $i$ 个样本占该指标的比重为：

$$p_{ij}\frac{x_{ij}}{\sum_{i=1}^{n} x_{ij}}, \quad (i=1, 2, 3, \cdots, n; j=1, 2, 3, \cdots, m) \qquad (11-3)$$

再将权重计算出来，乘以各指标归一化后的得分，最后相加即得到各产业的综合评分。

## 四、　重点产业能级测评结果分析

利用 SPSSAU 软件进行运算，2020 年珠三角核心区总体以及各市主要产业能级指标计算结果如表 11-4 所示。

表 11-4　2020 年珠三角核心区主要产业能级评分

| 产业 | 珠三角 | 深圳 | 广州 | 东莞 | 佛山 | 惠州 | 中山 | 江门 | 肇庆 | 珠海 |
|---|---|---|---|---|---|---|---|---|---|---|
| 现代轻工纺织 | 0.342 | 0.239 | 0.144 | 0.205 | 0.349 | 0.078 | 0.065 | 0.087 | 0.064 | 0.061 |
| 石化产业 | 0.074 | 0.054 | 0.130 | 0.057 | 0.123 | 0.110 | 0.049 | 0.042 | 0.038 | 0.049 |
| 现代材料 | 0.141 | 0.118 | 0.113 | 0.103 | 0.262 | 0.069 | 0.046 | 0.049 | 0.055 | 0.046 |
| 通用设备制造业 | 0.216 | 0.130 | 0.102 | 0.108 | 0.172 | 0.038 | 0.040 | 0.043 | 0.033 | 0.039 |
| 汽车制造业 | 0.261 | 0.089 | 0.373 | 0.046 | 0.106 | 0.044 | 0.037 | 0.038 | 0.035 | 0.037 |

（续上表）

| 产业 | 珠三角 | 深圳 | 广州 | 东莞 | 佛山 | 惠州 | 中山 | 江门 | 肇庆 | 珠海 |
|---|---|---|---|---|---|---|---|---|---|---|
| 电气机械和器材制造业 | 0.434 | 0.190 | 0.087 | 0.119 | 0.471 | 0.091 | 0.145 | 0.054 | 0.035 | 0.145 |
| 电子信息产业 | 0.710 | 0.797 | 0.156 | 0.391 | 0.066 | 0.215 | 0.067 | 0.083 | 0.051 | 0.066 |
| 医药制造业 | 0.406 | 0.113 | 0.132 | 0.046 | 0.079 | 0.033 | 0.063 | 0.038 | 0.034 | 0.063 |

数据来源：作者结合珠三角各市统计年鉴中的数据进行测算。

## （一）电子信息独占鳌头，机械医药紧随其后

从珠三角核心区总体来看，产业能级评分最高的为电子信息产业，评分达 0.710，其次是电气机械和器材制造业、医药制造业，评分分别为 0.434 和 0.406。电子信息产业能级较高，主要原因在于电子信息产业营业收入高、资产多，增长快，对促进当地经济的发展具有巨大的作用。珠三角核心区电子信息产业平均利润率为 5.35%，属于较低水平，主要原因是珠三角核心区的电子信息产业以代工电子厂为主，技术含量较低，导致利润主要被国外厂商摄取，而珠三角电子信息技术产业能级高，主要是产业规模较大。但最近几年珠三角地区电子信息产业的研发投入也在不断加大，发展势头强劲，有望实现突破。医药制造业产业能级也较高，该产业规模虽然不大，2020 年营业收入仅为 1 203.25 亿元，仅为电子信息产业的 3.0%，但医药制造业属于高新技术产业，利润率高——利润率达23.7%，研发投入高，增长快——年均增长率20%左右，是一个十分具有发展潜力的新兴产业，其产业能级高主要体现在高盈利和高增长上。电气机械和器材制造业在规模上、盈利以及增长上均居于中等，没有明显缺陷，因此产业能级评分也较高。

表 11 - 5　2020 年珠三角核心区主要产业部分指标

| 产业 | 营业收入（亿元） | 利润率 | 研发资金投入（亿元） | 增长率 |
|---|---|---|---|---|
| 现代轻工纺织 | 23 362.27 | 0.060 | 111.69 | 0.063 |
| 石化产业 | 6 013.53 | 0.068 | 23.75 | - 0.002 |
| 现代材料 | 12 275.95 | 0.058 | 45.19 | 0.089 |
| 通用设备制造业 | 4 056.70 | 0.071 | 26.99 | 0.119 |
| 汽车制造业 | 8 426.71 | 0.067 | 30.07 | 0.051 |
| 电气机械和器材制造业 | 12 736.13 | 0.106 | 163.37 | 0.088 |
| 电子信息产业 | 39 730.67 | 0.053 | 312.38 | 0.092 |
| 医药制造业 | 1 203.25 | 0.237 | 20.26 | 0.195 |

数据来源：珠三角各市统计年鉴。

珠三角核心区产业能级较低的为石化产业和现代材料产业，评分为 0.074 和 0.141。石化产业评分低，关键在于其盈利能力弱，利润率仅为 6.8%，研发资金投入不高，且增长为负。现代材料产业评分低，也有着类似的原因，盈利能力弱，利润率仅为 5.8%，增长缓慢，市场竞争力不足等。

### （二）广深产业能级领先，其他地市加速追赶

从各个地市的情况来看，深圳市作为珠三角电子信息产业的主要聚集地，其电子信息产业能级高，达 0.797。深圳市能级较高的产业还有现代轻工纺织业、电气机械和器材制造业和医药制造业，这几项产业为深圳市的经济发展提供了巨大的带动作用。广州汽车制造业能级尤为高，评分为 0.373，是珠三角九市中最高的。另外，广州的现代轻工纺织、石化产业、医药制造业和电子信息产业都有相对较高的能级，属于广州市比较重要的产业。佛山和东莞是珠三角地区 GDP 排名第三、第四的城市。佛山离广州较近，有许多产业是由广州转移而来，因此产业结构与广州有点类似。佛山现代轻工纺织、石化产业、电气机械和器材制造业以及汽车制造业发达，佛山汽车制造业产业能级评分为 0.106，仅次于广州在珠三角各市汽车产业中排名较前。佛山的现代轻工纺织产业评分为 0.349，比广州的 0.144 高，且是珠三角轻工纺织产业中排名第一的地区。此外，佛山的电气机械和器材制造业评分为 0.471，是珠三角九市中最高的。东莞毗邻深圳，有许多产业是承接自深圳的。东莞的电子信息产业评分为 0.391，是继深圳之后珠三角第二大电子信息产业聚集地。其他五市除惠州的电子信息产业之外，其他产业在珠三角九市内部能级亦不高。珠三角产业分布在地理上也处于比较集中状态，发展不均衡问题较为明显。

### （三）广东省内产业能级不均衡，珠三角核心区辐射作用仍需加强

从整个广东省来看，省内产业能级分布不均衡。珠三角核心区的产业能级高度领先，八大主要产业能级均值达 0.113，而沿海经济带和北部绿色生态区没有能级大于 0.1 的产业。沿海经济带的能级均值为 0.034，北部绿色生态区的产业能级均值为 0.032，均远小于珠三角的 0.113。从具体产业上来看，珠三角核心区能级较高的汽车制造业、电子信息产业、医药制造业以及电气机械和器材制造业，在北部绿色生态区和沿海经济带都未产生明显的能级优势，珠三角核心区未能充分地将自身的能级优势转化为对周边地区的辐射和带动作用，珠三角核心区与沿海经济带以及与北部绿色生态区的联动作用仍需加强。此外，沿海经济带中汕头的现代轻工纺织、现代材料、电子信息以及揭阳的汽车制造业，北部绿色生态区中清远的现代材料、韶关的电子信息产业，都具有相对较高的产业能级，产业基础良好，适合承接来自珠三角核心区的产业能级转移。

表 11－6　2020 年沿海经济带与北部生态区主要产业能级评分

| 行业 | 云浮 | 清远 | 韶关 | 河源 | 汕头 | 汕尾 | 湛江 | 潮州 | 阳江 | 揭阳 |
|---|---|---|---|---|---|---|---|---|---|---|
| 现代轻工纺织 | 0.028 | 0.036 | 0.035 | 0.033 | 0.083 | 0.035 | 0.026 | 0.041 | 0.037 | 0.037 |
| 石化产业 | 0.026 | 0.034 | 0.031 | 0.025 | 0.038 | 0.027 | 0.027 | 0.029 | 0.025 | 0.033 |
| 现代材料 | 0.031 | 0.054 | 0.049 | 0.034 | 0.045 | 0.035 | 0.026 | 0.038 | 0.042 | 0.032 |
| 通用设备制造业 | 0.025 | 0.026 | 0.030 | 0.029 | 0.031 | 0.025 | 0.028 | 0.029 | 0.033 | 0.031 |
| 汽车制造业 | 0.026 | 0.029 | 0.026 | 0.027 | 0.029 | 0.030 | 0.027 | — | 0.018 | 0.032 |
| 电气机械和器材制造业 | 0.024 | 0.027 | 0.032 | 0.029 | 0.033 | 0.029 | — | 0.028 | 0.033 | — |
| 电子信息产业 | 0.024 | 0.039 | 0.043 | 0.039 | 0.048 | 0.039 | 0.037 | 0.041 | 0.026 | 0.044 |
| 医药制造业 | 0.028 | 0.052 | 0.034 | 0.030 | 0.038 | — | — | 0.032 | 0.024 | — |

数据来源：作者结合广东省各市统计年鉴中的数据进行测算（表中前四个城市为北部绿色生态区城市，后续六个市为沿海经济带城市，由于数据限制，茂名、梅州两市能级指标未参与测算）。

# 第三节　珠三角核心区产业能级提升面临的困难

## 一、区域产业协同不足，产业同构问题较大

### （一）产业结构趋同，协同性较差

改革开放 40 余年以来，珠三角地区已经形成了比较完备的产业体系，但珠三角地区也存在产业结构趋同严重、协同性较差等现实问题。分产业来看，目前珠三角地区在电子信息产业、机电装备产业以及化工和汽车产业等方面具有较高的同质性。分城市来看，除了广佛深莞四大核心城市之外，其他城市的服务业均集中在批发零售业等附加值相对较低的第三产业。在制造业中，也存在着明显的局部同质化现象。其中，珠江东岸的深莞惠均以计算机通信产业为主，珠江西岸的广佛珠则以装备制造业为主，产业垂直分工尚未细化，珠三角地区内部城市之间竞争大于合作，未形成互补的产业链条。相较之下，日本的东京湾区和美国的旧金山湾区，区域内产业更为协调。旧金山湾区有旧金山市、北湾、东湾、南湾和奥克兰港五大区域，各区域经济各有特色，产业协调互补。东京湾区从 20 世纪 60 年代开始，便将一般制造业从中心城区外迁，中心城区强化高端服务业与高新技术产业，东京都市圈外部的横滨、京叶工业区则成为东京湾区外部的产业生产、研发中心；其强大的制造业、发达的交通网络、明确的区域分工、健全的创新体系，为产业发展提供了良好的发展环境。

珠三角九市各自为政，缺乏协同的政策导向。在珠三角九市各自的发展规划中，由于缺乏共同的政策导向，共同追逐类似的高端制造业发展，导致区域内部各城市产生了产业趋同的现象。例如，在珠三角各市的"十四五"规划中，电子信息产业、高端装备制造、新能源、新材料、生物医药、人工智能等几乎是所有城市产业发展导向政策中的关键词（见表 11 - 7）。共同地追求类似的高制造业发展，而不根据自身的产业优势制定合理的产业发展方向，会导致无效的资源要素配置，也会导致珠三角各市之间产业竞争大于产业合作，严重影响区域产业发展的平衡。

表 11 - 7　珠三角各市"十四五"重点发展产业

| 城市 | "十四五"重点发展产业 |
|------|------|
| 广州 | 新兴支柱产业：新一代信息技术、智能与新能源汽车、生物医药与健康<br>未来产业：量子科技、区块链、太赫兹、天然气水合物、纳米科技 |
| 深圳 | 战略性新兴产业：新一代信息技术、生物医药、数字经济、新材料、高端装备制造、海洋经济、绿色低碳<br>未来产业：6G 通信、量子科技、深海开发技术、航天技术 |
| 佛山 | 战略性新兴产业：新一代电子信息、高端装备制造、智能机器人、区块链与量子信息、前沿新材料、新能源汽车 |
| 东莞 | 新兴产业：新材料、新能源、生命健康、人工智能、数字经济、海洋经济<br>未来产业：新概念材料、量子技术、类脑智能、边缘计算、通用航空航天技术 |
| 惠州 | 新兴产业：新能源、新材料、先进装备制造业、生命健康产业<br>未来产业：先进材料、人工智能、海洋经济 |
| 珠海 | 战略性新兴产业：集成电路产业、生物医药大健康产业、特色新能源产业、航空复合新材料产业、高端打印设备 |
| 中山 | 战略性支柱产业：智能家居产业、电子信息产业、装备制造业产业、健康医药产业<br>战略性新兴产业：半导体及集成电路、激光与增材制造、新能源、智能机器人、精密仪器设备、数字创意 |
| 肇庆 | 重点发展产业：新能源汽车、电子信息产业、家具制造业 |
| 江门 | 新兴产业：新材料、大健康、高端装备制造业、新一代信息技术、新能源汽车及零部件 |

数据来源：珠三角各市的"十四五"规划。

## （二）产业同构现象偏重，抗风险能力偏弱

产业同构现象严重，极大地削弱了珠三角地区产业的抗风险能力，这个问题在中美贸易摩擦中尤为突出。以珠江东岸最为发达的电子信息产业为例，从工业增加值上来看，2016—2017 年，珠三角地区电子信息产业工业增加值从 7 204.72 亿元增长到 8 122.15亿元，增长率高达 12.7%。2018 年美国对中国发起贸易摩擦，珠三角地区的电子信息产业受到大力制裁，中兴、华为等龙头企业损失惨重，珠三角地区电子信息产业工业增加值增速开始下滑。2018 年电子信息产业工业增加值为 8 055.96 亿元，同比减少 0.81%。2019 年有所反弹，但增速严重放缓，增速从贸易摩擦前的 12.73% 降低到 7.93%，产业发展受到严重制约。从对外贸易上来看，2016—2018 年，电子信息产业的进出口额连年上升，年均增长率高达 12.47%。中美贸易摩擦后，2018—2019 年，计算机与通信技术进出口额从3 923.64亿元下降到 3 272.16 亿元，进出口严重下滑，对外贸易受到严重挤压。直到 2021 年，国外出现大规模疫情复发，电子信息产业的工业增加值和出口额才有所回升。

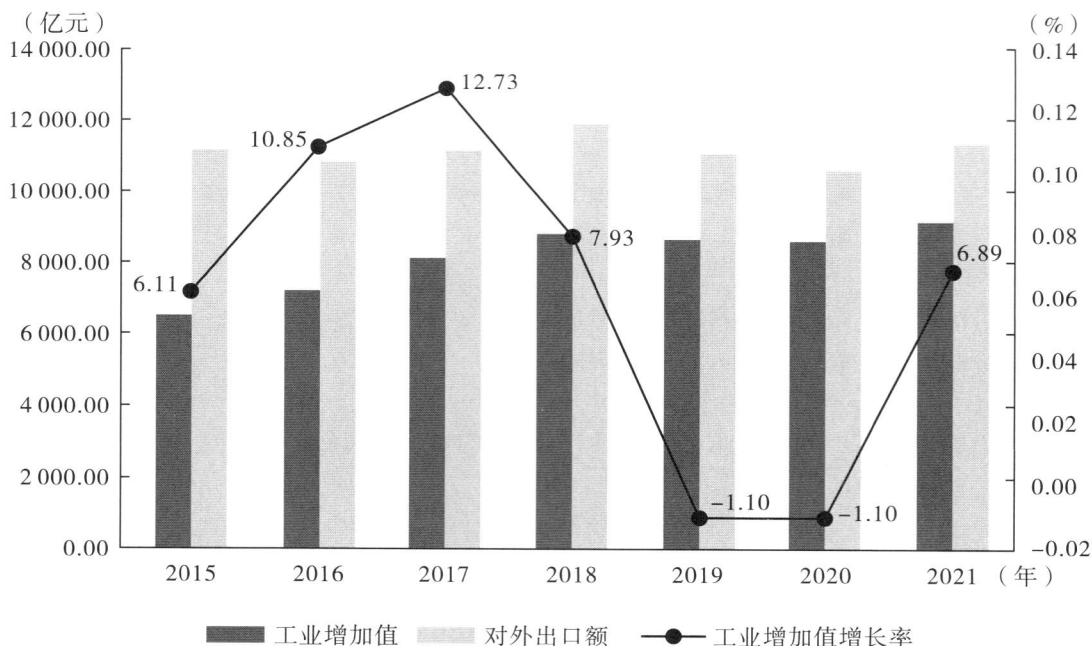

图 11 -6　珠三角地区电子信息产业工业增加值变化

数据来源：广东省历年统计年鉴。

## 二、 产业附加值不高， 核心竞争力仍然不足

### （一） 产业附加值偏低，行业利润率不高

从 2020 年制造业各产业的工业增加值率（工业增加值/工业总产值）来看，珠江东岸生产总值比重最大的计算机通信制造业，尽管属于高新技术产业，但 2020 年的工业增加值率也仅为 20.79%，低于平均工业增加值率 26.9%，产业附加值不高。其中深圳的计算机通信制造业工业增加值相对较高，达 27%。2020 年珠三角地区的装备制造业工业增加值率为 25.31%，要高于计算机通信制造业，但也低于平均工业增加值率。再从珠三角地区其他的主要高新技术制造业来看，除了医药制造业、专业设备制造业具有较高的工业增加值率（分别为 36.30% 和 30.51%）之外，其他类别的制造业附加价值均较低，尤其是计算机整机和零部件制造业，其附加值率尚处于产业链中游偏上位置。而美国、日本的纺织、化工、金属、机电、半导体、食品饮料等各个行业的工业增加值率几乎都很高。其中美国半导体产业工业增加值率甚至接近 60%，作为代工国的中国仅大约为 20%。我国仍处于国际分工低端地位，产业地位与欧、美、日等差距尚大。

相对制造业而言，服务业整体附加值更高，但珠三角地区只有广深珠三市服务业占比较高，其他城市服务业占 GDP 比重都只有 40% ~ 50%。从服务业内部结构来看，如图 11-7所示，珠三角地区部分城市的生产性服务业约占服务业增加值的一半左右，广深两市占据比最高。将服务业分为高端、中端和低端生产性服务业来看，目前只有深圳以高端生产性服务业为主，占服务业比例在 40% 以上，这主要是因为深圳金融业和信息软件业发达，而其他城市仍然存在较大范围的低端生产性服务业，尤其是批发零售业。

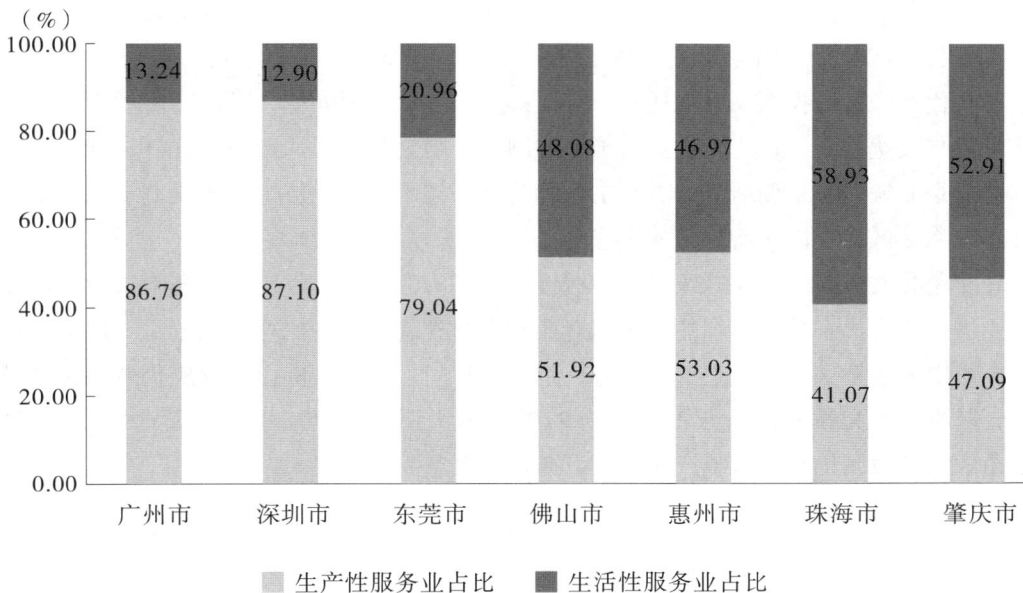

图 11 - 7  2020 年珠三角地区部分城市生产性服务业占比

数据来源：珠三角各市统计年鉴。

从图 11 - 8 珠三角地区主要行业的利润上来看，珠三角地区大多数行业利润率都处于较低水平，除了医药制造业与电气机械和器材制造业利润超 10% 以外（分别为 23.70%、10.60%），其他主要行业利润率均低于 10%。而美国利润率最高的生物医药公司利润率达 44.43%，远超国内同行。此外，美国电子信息产业的利润率为 8.6%，高出珠三角 3.3 个百分点，珠三角各行业利润率都与世界发达国家有一定差距。

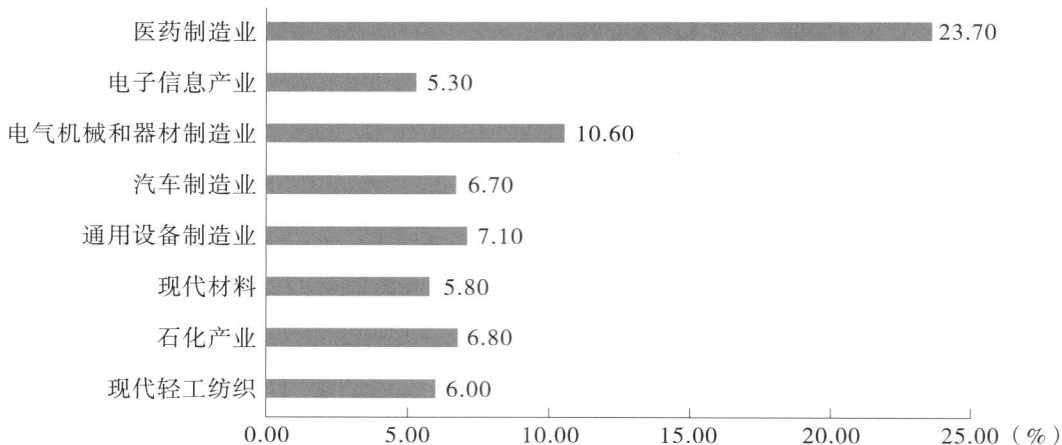

医药制造业　23.70
电子信息产业　5.30
电气机械和器材制造业　10.60
汽车制造业　6.70
通用设备制造业　7.10
现代材料　5.80
石化产业　6.80
现代轻工纺织　6.00

0.00　5.00　10.00　15.00　20.00　25.00（%）

**图 11 - 8　2020 年珠三角地区主要行业利润率**

数据来源：珠三角各市统计年鉴。

## （二）整体上处于价值链中低端，产业缺乏核心竞争力

改革开放以来，珠三角地区依靠廉价的劳动力、低廉的土地成本等优势，主动承接来自港澳和欧美等地区的产业转移，通过"三来一补""前店后厂"等模式，以"世界工厂"的身份，成功融入国际分工体系之中。然而，这种"加工和装配"的分工技术含量低，可替代性强，且投入高、消耗高、排放高、效率低、利润低，在国际市场上仅能依靠价格优势与人竞争，一旦受到欧美等国家的制裁，则会受到很大影响。此外，珠三角大多数制造业企业缺乏自主创新能力、自主品牌与核心技术，产业链供应链受制于人，核心零部件国产率较低，难以保持稳定的供应链。

珠三角各城市间的产业升级也较为缓慢。从 2020 年珠三角地区先进制造业和高技术制造业增加值占比来看，深圳的先进制造业和高技术制造业占比均在三分之二以上，在珠三角九市中遥遥领先。相比之下，珠海、中山、江门、广州、佛山、肇庆仍然以传统企业为主，其中广州高技术制造业占比仅为 21% 左右，而佛山、江门、肇庆更是不到 15%。珠三角大部分地区仍是以传统产业为主，产业升级空间仍然很大。

## 三、 自主创新能力不足， 关键技术卡脖子

### （一） 发明专利占比不高，专利质量有待提升

尽管广东省专利规模全国第一，甚至在规模上不弱于其他世界级湾区，但是其中具有不少的虚高成分。例如，存在发明专利占比较低、专利施引率低等问题，专利"注水"现象较为严重。从专利类型上来看，2021 年广东省发明专利授权数占比为 11.80%，低于全国平均水平，其中实用新型、外观设计等含金量较低的"小专利"比重过大。粤港澳大湾区的发明专利施引率较低也反映出专利质量不高的问题。2015—2019 年，粤港澳大湾区的专利施引率仅为 0.75%，而纽约湾区、旧金山湾区该比例均超过 1%，其中旧金山湾区甚至高达 2.93%。这反映出珠三角地区发明专利虽多，但质量不如其他经济发达地区，专利质量还有较大的提升空间。

表 11 – 8　四大湾区发明专利及其施引情况比较 （2015—2019 年）

| 湾区名称 | 发明专利总量 （件） | 施引率 （%） | 施引量 （件） | PCT 施引率 （%） |
| --- | --- | --- | --- | --- |
| 粤港澳大湾区 | 1 287 618 | 0.75 | 967 495 | 0.34 |
| 旧金山湾区 | 282 201 | 2.93 | 638 263 | 1.21 |
| 纽约湾区 | 203 602 | 1.60 | 827 291 | 1.14 |
| 东京湾区 | 709 583 | 0.90 | 326 599 | 0.78 |

数据来源：《粤港澳大湾区协同创新发展报告 （2020）》。

### （二） 本地高校研究实力有限，基础研究存在短板

截至 2021 年末，珠三角地区总共拥有 131 所高校，高校数量位于全国前列，但研究型大学数量不多，"多而不强"的现象较为突出。从国际上比较权威的 ESI 大学排名来看，珠三角地区仅有 13 所高校有学科进入了全球 ESI 排名前 1% 行列，且学科排名都比较靠后。而进入 ESI 排名前 1‰ 的学科更是寥寥无几，只有中山大学、华南理工大学两所高校拥有全球前 1‰ 的学科。对比之下，东京湾区、旧金山湾区等世界级湾区都拥有大批全球顶尖的学科和院校。从地域上来看，珠三角地区高校资源的分布与经济分布不相匹配。由于历史原因，珠三角地区的高校大多集中于省会广州，广东仅有的四所本地发展的 211 高校也集中于广州。深圳近几年经过大力引进名校分校，如哈尔滨工业大学、清华大学以及香港中文大学等，在一定程度上弥补了高校的不足，在除了广深之外的其他城市，尽管经济上也比较发达，但缺乏相应的高校资源，本土的人才培养和知识技术积累都较为不足。

本地高校资源不足的一个严重后果，就是基础研究方面存在短板。基础研究是科学进步和技术进步的基石。完整的科技创新往往会经历"基础研究—应用研究—技术开发—成果产业化—金融赋能"的完整过程。其中基础研究是科技创新的源头，而基础研究又大多数是以高校和政府科研机构为主体进行的。纵观美国信息技术革命与硅谷的发展过程，不难发现，其信息技术产业的蓬勃发展和迅速产业化离不开高校的助力，许多信息产业巨头公司的创始人也是当地名校出身。因此，高校在基础研究上的投入与发展，对当地产业创新与技术升级具有十分重要的影响。广东企业创新投入位于全国前列，这反映出广东省在应用研究投入上十分强劲，广东基础研究应当进一步跟上企业创新的步伐。

## （三）人才培养与引入机制不足，人才存在结构性缺陷

高校资源不足除了导致基础研究方面的短缺之外，也会导致本地的人才培养不足。珠三角地区经济较为发达，而高等教育资源却相对短缺，因此珠三角地区存在着较大的人才缺口，尤其是结构性的人才短缺问题。珠三角地区较高的房价、物价以及生活环境也让许多人才望而却步。从科研人员数量和居民受教育程度的国内对比来看，广东省人才占比相对较低。珠三角地区 2020 年研发人员占常住人口比例仅为 1.12%，低于长三角地区和京津冀地区，科研领域人才数量还需进一步提升。从学历上来看，珠三角地区本科及以上学历占总人口比例只有 5.8%，这削弱了科技创新的人才基础。再从高端人才上看，广东省也略逊于北京和上海。2021 年，北京市新增两院院士 57 人，江苏省新增 16 人，上海市新增 11 人，而广东省仅新增 7 人，不及北京、江苏和上海。

## （四）与港澳创新交流较少，未充分发挥粤港澳大湾区优势

珠三角地区的科技创新存在许多局限性，如基础研究薄弱、人才资源短缺等，但这恰好是港澳地区的突出优势。香港高等教育资源雄厚，拥有香港大学、香港中文大学、香港科技大学在内的 5 所 QS 世界排名前 100 的高校，这些高校在数学、计算机科学、电子工程等理工科领域建树颇深，为香港塑造了强悍的研究实力以及丰富的人才。同时香港还在金融机构、会计审计、商业资讯、法律服务等商业和专业服务领域发展水平较高，能够弥补珠三角地区在高端生产性服务业方面的不足，为珠三角地区科技成果转化和企业发展提供保障。但从目前来看，珠三角地区和港澳地区的创新协作仍然不够紧密，机制融合也不够深入，珠三角地区内部之间创新资源配置亦不够合理，区域整体的创新效率还有很大的提升空间。从专利合作上来看，粤港澳大湾区跨城市专利合作比率（即同一项专利由湾区内两个及以上的城市共同研发申请）仅 0.95%，不及其他三大世界级湾区，其中旧金山湾区的合作比率甚至高达 10.3%，珠三角与港澳之间的创新协同仍需要进一步加强。

## 四、 比较优势日趋减弱， 要素成本逐年上升

改革开放初期，珠三角地区凭借较低的劳动力成本和较低的用地成本，吸引了大量的劳动密集型企业。但随着珠三角地区聚集的企业越来越多以及中国人口增速的放缓，珠三角地区的用工与用地成本都在不断上升，曾经依靠要素价格的比较优势已经在日趋减弱，大量的劳动密集型产业已经迁往中国内陆地区以及东南亚等企业成本更低的地方。与此同时，珠三角地区的先进制造业和高科技产业又未能发展起来，科技创新体系尚未完善，难以承接高层次的国际产业分工。珠三角地区低层次产业的比较优势正在丧失，而高层次产业的比较优势又尚未完全形成，比较优势效应正在日趋减弱。

此外，随着国家对环境问题越来越重视，资源环境的约束力度越来越大，珠三角地区面临严峻的环境资源问题，企业环保成本不断上升。环境治理压力日益增大，令珠三角经济发展进入高成本时代。此外，较高的住房成本和拥挤的交通也限制了人才的流入，降低当地人才供给，提高了吸引人才的成本。

# 第四节　珠三角核心区产业能级提升的对策建议

## 一、 产业结构优化， 推动转型升级

### （一） 推动制造业服务化发展进程

首先，推动制造业投入服务化，即加大制造业投入要素中的服务要素占比，改变过去主要依赖能源、原材料和廉价劳动力等生产要素投入的状况，加大制造业企业投入中研发设计、管理咨询以及广告营销等服务要素的比重，提高制造业企业的生产效率。其次，推动制造业产出服务化，即鼓励制造业企业向产业链下游蔓延，在生产产品的同时，还要更加注重产品的销售和售后服务，打造属于自己的品牌效应，以提高产品的销量和附加值。最后，推动服务业向中高端生产性服务业发展，大力发展金融、研发、设计、咨询、会计、税务、法律、会展等现代服务业，壮大总部经济。加强与港澳服务业合作，利用港澳服务业优势为珠三角制造业提供金融、会计、法律等方面的支持，加快形成服务经济发展新动能。

### （二） 推动传统产业智能化数字化转型

珠三角地区的传统产业规模仍然很大，但并不一定需要一味地外迁至粤东西北地区以及湖南、江西等地。对于这些传统产业，如佛山、肇庆的建材、金属、机械，中山的纺织服装，惠州的化工，广州的汽车产业等，可以适当地引入新技术，在制造工艺、管理效率

等方面进行改进，通过"智能制造＋传统产业"融合的模式来为企业降成本、增效率，以提高制造业技术水平、核心竞争力进而提升传统产业附加价值。充分利用新一代数字技术，全方位、全角度、全链条赋能制造业、建筑业、农业、服务业，大力提升全要素生产率。持续完善工业互联网网络、平台和安全体系，推进工业互联网试点示范，实施产业集群数字化转型，支持工业企业"上云上平台"，高标准建设国家工业互联网示范区。推动智能建造与建筑工业化协同发展，以数字化、智能化升级为动力，加快建造方式转型。

### （三）增强产业链供应链自主可控能力

第一，弥补基础工业短板，提升基础零部件、基础原材料、基础工艺、产业技术基础，以及质量标准和检测等基础能力水平，夯实产业发展基础。加大制造业核心零部件、核心电子元器件等领域科研攻关力度，掌握产业基础关键核心技术和产业基础数据。第二，保障重点产业链稳定安全，建立重点产业链的核心企业库，围绕产业链关键核心环节强化招商引资。聚焦电子信息、装备制造、汽车、生物医药领域，梳理产业链上下游关键核心技术的短板、薄弱环节、有望突破的细分领域，形成补短板路线图和锻长板清单。第三，推动产业协同融合。加快对制造环节的数字赋能，拓展大规模个性化定制、网络化协同制造、共享生产平台等模式，推行制造业全链条数字化智能化。鼓励研发设计、文化创意、电子商务等服务企业，发挥大数据、技术、渠道、创意等要素优势，以委托制造、品牌授权等方式向制造环节拓展。

## 二、 区域协调发展， 促进分工协作

### （一）引导产业转移，加强区域合作

首先，针对珠三角地区仍然存在的相当规模的劳动密集型和低附加值产业，如电子组装加工、金属冶炼、五金建材制造等，政府应当引导相关产业逐步实现有序退出和转移。一方面，继续淘汰落后产能；另一方面，部分企业可以将生产、仓储物流等环节向粤东西北地区以及湖南、江西等地区布局，而将总部留在珠三角地区。其次，珠三角地区应当建立起一致的统筹规划机构，以统一对珠三角区域发展和治理进行科学研究并提出规划意见，并推动规划和公共政策的落地实施以及监督。

### （二）立足区域特色，避免同质竞争

首先，根据珠江东岸和西岸的产业基础，制定不同的发展目标，以防止出现产业同构竞争。珠江东岸应加快打造高端信息技术产业集群，主要包括新一代通信网络终端设备、集成电路、新型显示及关键元器件、激光器件，并加大研发投入，摆脱单纯的组装加工等较为简单的工作内容，形成不可替代的核心产品。珠江西岸可借助自身基础，大力打造先

进装备制造业集群，包括智能制造装备、新能源装备、节能环保装备、海洋工程和航空航天装备等。此外，珠江西岸还可大力发展生物医药产业和新材料产业。广州、珠海、中山等市都可以发挥其原有的医药业基础优势，在蛋白类等生物医药、高端医学诊疗设备、基因检测等领域实现突破。

广深两市作为珠三角地区的龙头，应当加快建立现代服务业体系，与珠江西岸和东岸的其他城市制造业形成良性互动关系。广州、深圳可以将低技术、高成本的部分制造业迁移到珠三角其他城市，专注高附加值、高成长性的对外贸易、金融服务、精密机械、高新技术等高端产业以及公司总部。广州可依托其市内的众多高校，大力发展科技服务业和商业服务业，为发展珠三角地区的高端制造业提供技术支持和会计、咨询等商务服务。深圳应加快5G和移动互联网、人工智能、区块链、大数据、物联网等新兴领域方面的研究与运用，为传统制造业赋能，为珠三角提供全面的数字化、信息化支持。

## 三、　强化科技创新，　实现创新驱动

### （一）注重提高专利质量

第一，完善以专利质量为导向的资助奖励制度，加大对发明专利的资助奖励力度，重点增加对高质量专利的奖励，并在战略性产业、重点技术领域加大奖励力度。第二，强化对专利申请的监管以及对专利质量的审核，对于恶意的专利申请给予惩罚，强化对专利质量的审核。第三，促进高质量专利运营转化，将专利转化为市场价值，完善知识产权运营服务体系，比如成立更多高水平的专利交易运营服务机构，帮助高校、中小企业将知识产权转化为市场价值。

### （二）补全基础研究短板

第一，进一步提高财政资金在基础研究领域的投入比例，加大力度争取中央财政资金支持，各地方也应主动增加资金投入，大力支持高校和研究机构的基础研究工作。第二，积极引导企业投入基础研究。利用税收杠杆，引导企业将资金更多地投入基础研究领域。加强政府和中小企业间的基础研究合作，推动珠三角地区产学研深度融合。第三，加快改革原有的不符合基础研究客观规律的科研管理体制。一方面，建立以项目负责人为核心的科研项目管理模式，扩大研究者的人财物支配自主权；另一方面，建立多元化、更科学的人才评价机制，改变过去重头衔、重短期的人才评价体系。第四，加强科技创新基础设施和平台在珠三角区域的布局建设。一方面争取推进更多科学大装置在珠三角落地，另一方面建设更高水平的基础研究平台，加快建设已启动的省级实验室，推进建设粤港澳联合实验室等。

## 四、 保障要素供给， 夯实产业基础

### （一）加大人才培养和引进力度

第一，加快广东省高校建设和理工科类重点学科建设。广东省本土高校仍有待提升，应加大财政投入，加快推进高水平大学建设，并根据当地产业导向打造特色院校。第二，大力培养本土优秀科研团队，充分发挥高端人才在科技创新中的作用。一方面，以更大力度实施本土人才计划如"珠江人才计划""广东特支计划"等，打造本土科研创新团队。另一方面，通过设立老科学家、老院士专项研究基金，促进科技人才资源集聚，实现高端人才和企业的有效对接。第三，建立更科学的人才引进制度。在人才引进前，对现有的产业需求和科技人才状况先进行细致评估，再制定合适的科技人才引进政策。制定科学的人才评价标准，并为人才提供更宜居舒适的生活环境，使得珠三角地区能更好地"引人""用人""留人"。

### （二）完善科技金融生态

第一，继续扩大珠三角地区的风投市场规模。通过更优惠的税收政策，带动更多风投机构、私募投资机构在珠三角地区集聚。发挥深圳、香港的金融中心优势，引进更多的国际创投资本，为珠三角地区内的"科技独角兽"提供金融保障。第二，加快完善多层次资本市场体系。充分发挥深交所和港交所的优势，建立更有利于高科技企业上市的机制。广州则继续建立完善的区域性股权交易市场，大力发展产权交易，建设科技创新金融支持平台，实现技术与资本的有效对接。第三，探索新型银行经营模式，加大间接融资对科技创新的支持力度。出台政策鼓励科技信贷机构与风投机构间形成投贷联动模式，共同对科技型创业企业提供融资支持，并强化两者间的互助合作。

## 五、 推进湾区建设， 畅通内外循环

### （一）加强粤港澳大湾区经济一体化建设

一方面，要加强粤港澳大湾区之间的基础设施建设，构建完整便捷的珠三角交通网络。建设以广深为中心，衔接港澳的珠三角城际快速轨道交通系统。加快以白云国际机场、宝安国际机场和南沙港、深圳港、佛山港等枢纽港为中心的港口体系建设。另一方面，打破地方保护，努力构建一个具有统一标准的公共服务体系，使湾区内形成特色服务，达到一流服务水平。促进湾区内生产要素自由流动，通过区域内部的统一协调，打破在资金、人才、技术、资产重组、人口和产品流动方面的各种障碍，确保形成湾区内部的

统一大市场，促进区内与区外之间的交流合作。

### （二）扩大国内市场消费，畅通国内国际双循环

首先，进行税费调整，通过调整所得税，提高国民可支配收入。通过降低消费税税率来鼓励国民消费。其次，增加闲暇消费时间，减少劳动时间，增加劳动者自由时间，促进"带薪集中休假"。最后，提高消费的便捷程度，如鼓励线下便利店与网络购物的发展、加快快递物流体系的建设等。

# 第十二章

# 广东沿海经济带强化现代产业支撑研究*

广东省位于南海之滨，管辖海域面积 41.9 万平方千米，大陆岸线 4 114 千米，是我国重要的沿海省份。广东沿海经济带包括了珠三角沿海 7 市和东西两翼地区 7 市，共计 14 个城市。东翼以汕头市为中心，包括汕头、汕尾、揭阳、潮州 4 市；西翼以湛江市为中心，包括湛江、茂名、阳江 3 市。珠江三角洲是中国南部最大的冲积平原，地理位置、地形要素优越，具有改革开放的先行优势，区域一体化程度高。粤东地区位于珠江三角洲与海峡西岸经济区之间，是广东省除珠三角之外人口密度最高的地区，中心城市汕头于 1981 年被国务院批准成立经济特区。粤西地区位于珠江三角洲与环北部湾地区之间，是省内重要的农业和重化工业基地。从总量上看，2020 年广东沿海经济带创造了全省 82.3% 的经济总量，并创造了全省 90.7% 的进出口总额①。与此同时，广东省区域发展严重不平衡的问题也在沿海经济带上显著地表现出来，珠三角沿海 7 市与东西两翼的差异明显，沿海经济带一体化发展水平不高。广东省委、省政府高度重视区域发展不平衡问题，2017 年 10 月发布《广东省沿海经济带综合发展规划（2017—2030 年）》，统筹规划沿海经济带建设。2019 年 7 月沿海经济带被纳入"一核一带一区"区域发展格局，进一步被明确为新时代广东省发展主战场的功能定位，强调产业支撑作用。

## 第一节　广东沿海经济带产业发展现状特征

### 一、海洋产业加快发展，"蓝色增长"与"蓝色布局"并驾齐驱

广东省海域辽阔、岸线漫长、滩涂广布、港湾优越、海岛众多，海洋资源十分丰富，经济发展基础良好。沿海经济带自然要做好海洋经济的文章，大力发展现代海洋产业。目前，广东沿海经济带海上风电、海工装备、海洋生物、海洋电子信息、海洋油气化工、滨海旅游业等加

---

*　本章第一执笔人为暨南大学产业经济研究院袁浩。
①　《广东海洋经济发展报告（2021）》。

快发展、集聚态势明显，其中沿海重化产业带和海上风电等清洁能源产业集群已经初步形成。

## （一）海洋重化工业

广东沿海经济带持续升级壮大绿色石化、新能源等优势产业。沿海经济带西翼，湛江中科炼化项目一体化一期项目实现稳步达产，中科（广东）炼化有限公司在 2021 年实现产值 806 亿元，推动绿色石化产业集群成为湛江市首个产值超千亿元的产业集群；2021 年茂名石化实现了 5 个重点项目建成中交、4 个项目高水平投产，一批重要科研开发项目中试和工业化装置开建、中交或投用，为"十四五"高质量发展打下良好的基础；2022 年 2 月 23 日，茂名石化与茂名港集团合资成立的茂名石化博贺港储运有限公司揭牌成立，有力地推动了茂名亿吨大港的建设和茂名石化产业的转型升级，助力茂名高质量发展海洋经济。沿海经济带东翼，揭阳广东石化炼化一体化项目 203 个主项单元中，已开工 102 个，另外广物控股集团计划分期投资超 500 亿元、泛亚石油化工集团拟投资 150 亿元，分别在大南海石化工业区建设化工产业基地、延伸建设 7 个芳烃产业链项目。珠三角地区，2021 年 11 月 16 日，埃克森美孚惠州乙烯项目进入全面正式建设阶段，项目建成后将为惠州高质量建设世界级绿色石化产业基地、打造万亿级石化能源新材料产业集群注入强劲动力，也将为广东沿海经济带世界级绿色石化产业集群提供支撑。

## （二）海洋风电产业

2021 年广东海上风电项目建设取得新突破，超额完成了预期目标。全年共规划建设项目 40 个，包括 19 个重点建设项目，其中 11 个重点建设项目计划在 2021 年投产，另外有 21 个重点建设前期预备项目。截至 2021 年底，广东成功完成所有项目计划，还取得了全省海上风电累计并网总容量同比增长超 5 倍、占国内新增海上风电接入总容量近三分之一的优秀成绩。截至 2021 年底，规划投产的 11 个海上风电重点建设项目已全部并网发电。珠海桂山海上风电场示范项目的 13 台海上风电机组与珠海金湾海上风电场项目 55 台风机实现全容量并网发电；同处于珠三角的惠州港口—海上风电项目各项工程建设也在有序推进中，中广核风电有限公司成功在深交所市场发行绿色债券以支持项目建设。沿海经济带西翼的阳江市已经形成了全省乃至全国产业链最完整的风电装备制造业产业集群，基本涵盖了从整机集成到核心零部件制造，并建成省内规模最大的海上风电项目，现有风电装备制造企业 27 家，总投资 422 亿元，年产值 834 亿元。沿海经济带东翼的汕尾市也着力布局海上风电项目，中广核汕尾后湖 50 万千瓦海上风电项目在 2021 年底全部机组正式投产运营，包括 5.5 兆瓦风电机组 91 台，年上网电量可达 14.89 亿度，是国内目前单体容量最大的海上风电场。此外，规划在 2022 年完成的徐闻海上风电项目华电阳江青洲三海上风电场项目等也已实现并网。

## （三）海洋生物医药产业

珠三角地区海洋生物医药产业集群优势明显，沿海经济带东西两翼同样具有不错的发展前景。根据《2020 年广东省生态环境状况公报》，珠江口、大亚湾、雷州半岛珊瑚礁和南澳岛 4 个海域各鉴定海洋生物 318 种、283 种、240 种和 340 种，海洋生物多样性指数平均分别为 1.94、2.63、2.86 和 3.16。这说明沿海经济带 14 个城市拥有丰富的海洋生物资源，东西两翼甚至更具优势，具有培育海洋生物产业集群的优良条件。从广东省海洋生物企业①的分布来看，珠三角地区高度集中，东西两翼比较集中。代表着新兴产业方向的海洋药物与生物制品业则更加集中地分布在珠三角地区，特别是深圳、广州两市。珠三角沿海 7 市要素市场发达，拥有多个生物科技产业园，为生物制药企业的研发提供生物科技的支撑和高端人才的保障。广州国际生物岛目前汇聚了 500 多家生物医药企业，其中世界 500 强项目 7 个，上市公司总部 5 家，研究院所近 40 家，集聚药物临床机构 36 家。深圳建成海洋生物医药技术支撑平台（坪山）、国际生物产业基地，已经吸引了 120 余家生物医药企业和产业化平台项目入驻，代表性企业有赛诺菲巴斯德、国药致君、海普瑞、康哲药业等。金湾生物医药基地是珠海市的核心产业集聚区，基地聚集了丽珠医药集团、联邦制药、润都制药、亿邦制药等 120 家生物医药知名企业，以及全国最大的保健品生产企业——汤臣倍健。在沿海经济带东西两翼的湛江、汕头等地，也有部分海洋医药和生物制品企业集聚，这些地区的海洋生物资源丰富，能有效节约企业的生产成本，具有进一步布局海洋生物医药产业的潜力。针对海洋产业科技含量不足的劣势，湛江高新技术产业开发区和广东医科大学联合成立广东湛江海洋医药研究院，是粤西地区第一个以海洋生物医药大健康产业为主导的新型研发机构，拥有国家级南海海洋生物医药资源研发公共服务平台。2021 年 12 月 12 日，湛江坡头区举办"2021 湛江国家高新区（坡头）招商推介会"，有 103 家来自生物医药、数字产业、海洋科技等领域的企业参加。

### （四）海洋工程装备制造业

广东省海洋工程装备制造业主要集中在珠三角地区的广州、江门和珠海等城市。2020 年，海洋工程装备完工量 11 座（艘），同比下降 42.1%；海洋工程装备新承接订单量 11 座（艘），同比增长 16.7%；海洋工程装备手持订单量 48 座（艘），同比增长 166.7%。深海资源开发装备与高技术船舶建设稳步推进。国内首台 500 千瓦鹰式波浪能发电装置"舟山号"、世界最大打桩船"三航桩 20 号"、MT6027 型大型多功能饱和潜水支持船"ULTRADEEP MATISSE"号等海洋工程装备完成交付。国内首艘中深水半潜式钻井平台"深蓝探索"完工。国内首座绿色功能型移动浮岛示范工程动工。漂浮式深远海波浪能发电与立体观测集成平台完成前期综合设计。2 000 吨绕桩式全回转起重机完成总体设计。双模式智能变频深海船载操控支撑装备的研制和示范应用项目完成

---

① 根据《海洋及相关产业分类（征求意见稿）》，海洋生物企业包括海洋渔业、海洋水产品加工业、海洋药物和生物制品业等领域。

电气控制系统、绞车的结构设计①。2021 年 7 月，智能型无人系统母船在广州开工建造。2022 年 3 月，广东中远海运重工成功交付了为深圳赤湾胜宝旺建造的首批次 4 000 吨钻井平台导管架钢桩。

表 12 - 1　2020 年广东省主要船舶企业情况

| 造船企业 | 造船产值（亿元） | 完工船舶（万载重吨） |
|---|---|---|
| 广船国际有限公司（造修船） | 65.6 | 133.1 |
| 中船黄埔文冲船舶有限公司（造修船、海工） | 51.2 | 101.8 |
| 江龙船艇科技股份有限公司 | 5.8 | 0.1 |
| 江门市南洋船舶工程有限公司 | 4.8 | 19.8 |
| 广东中远海运重工有限公司（造修船） | 4.5 | 10.6 |
| 显利（珠海）造船有限公司 | 4.0 | 0.2 |

数据来源：《中国船舶工业年鉴 2021》。

### （五）海洋电子信息产业

2020 年省级促进经济高质量发展（海洋战略性新兴产业、海洋公共服务）专项资金重点支持了海洋电子信息产业 7 个项目，共计投入 4 500 万元，涉及海洋通信、海洋探测技术、水下机器人、水下网络技术、海洋遥感、海洋观测等领域。2020 年完成发明专利 4 项、软件著作 2 项，新产品、新技术、新装备 1 项。创新平台建设不断加速，自然资源部海洋环境探测技术与应用重点实验室落户广州。我国首个卫星雷达高度计海上定标场——珠海万山雷达高度计海上定标场观测系统实现业务化运行。珠江口首个水下实景三维平台投入使用，实现水下通航环境可视化。

### （六）滨海旅游业

广东滨海旅游公路全面开建，建成后将实现全省 14 个沿海城市 90 个景点的全线连通。广州南沙、深圳蛇口直达航线开通，海岛夜航及跨岛航班固定运营；茂名加快打造"国家级滨海旅游度假目的地"。10 个沿海县（区）获评全域旅游示范区，珠海万山岛渔村风貌之旅等 5 条海岛主题线路获评为广东省乡村旅游精品线路。2020 年沿海经济带接待过夜游客 1.8 亿人次，同比下降 53.4%；其中，国内客 1.79 亿人次，同比下降 51.9%；入境过夜游客 442 万人次，同比下降 83.3%。分区域来看，沿海经济带东西两翼滨海旅游受到疫情的影响更大，平均损失了七成的游客人次。2020 年，全省海洋旅游业增加值

① 《广东海洋经济发展报告（2021）》。

2 647 亿元，同比下降 25.8%。2021 年 3 月，广东省 14 个滨海旅游城市（包括广州、深圳、珠海、惠州、江门、东莞、中山、汕头、潮州、揭阳、汕尾、湛江、茂名、阳江）组成的广东滨海（海岛）旅游联盟正式成立。

表 12－2　2020 年沿海经济带接待游客人数及增长情况

| 地区 | 游客总数（万人次） | 比上年增长（%） | 国内游客（万人次） | 比上年增长（%） | 入境游客（万人次） | 比上年增长（%） |
|---|---|---|---|---|---|---|
| 珠三角 7 市 | 14 660.6 | －43.4 | 14 230.9 | －37.0 | 429.7 | －86.9 |
| 东翼 | 1 547.9 | －81.4 | 1 538.9 | －81.1 | 9.0 | －93.8 |
| 西翼 | 2 156.1 | －64.2 | 2 152.7 | －63.9 | 3.4 | －94.2 |

数据来源：《广东统计年鉴 2021》。

## 二、 产业布局逐渐优化， "一心两极双支点" 格局加速构建

沿海经济带东西两翼传统产业转型升级和战略性新兴产业培育同时进行，产业布局实现了优化。东翼加速布局电子信息产业。2021 年，立讯全球电子信息产业中心在汕头落地建设，总投资额超 50 亿元，汕头市数字科技产业基地初步建成并实现营收 110 亿元，汕头高新区新兴软件和新型信息技术服务创新型产业集群纳入科技部火炬中心 2021 年度创新型产业集群试点（培育）名单。汕尾则迎来了天贸新能源、比亚迪电子、康佳半导体等重大项目的落户，并引进电子科技大学广东电子信息工程研究院汕尾分院、前瞻研究院，创建汕尾"创新岛"，建设省先进能源实验室汕尾分中心。针对东翼民营企业规模偏小、缺少重大项目的劣势，各个城市政府都开展了集中的招商活动。2021 年汕头集中签约了 167 个重大项目，总投资额达 1 694 亿元；省级大型产业集聚区启动建设，以六合先进智造区为核心区，土地征收、基础设施建设和招商引资等工作逐步启动，岭海中小微企业创业园首期已经建成。潮州传统支柱产业集群加快建设，千亿陶瓷等目标稳步达成，重大平台也迎来更积极的前景，闽粤经济合作区列入泛珠三角区域合作十大重大平台，潮州港经济开发区获评广东沿海经济带建设先锋。揭阳全力打造绿色石化、海上风电两大产业，揭东经济开发区升级为国家级经济技术开发区，揭阳高新区进入国家级高新区考察名单。西翼实现了一系列重大重工业项目的落户，湛江进入改革开放以来完成投资额最大、产业集聚效应最高的时期，临港产业发展迅速。2021 年湛江市高新技术企业突破 360 家，约为 2016 年的 5 倍；截至 2021 年，湛江高新区获批国家级高新区，湛江湾实验室落户；拥有研发机构 443 家、省重点实验室 13 家、博士后科研工作站和省博士工作站 35 家。"十三五"以来世界 500 强丰益国际、广药集团及华侨城、东华能源、广州工控等"链主"企业落户茂名，广州工控丙烯腈、广化化工交易中心、广药集团王老吉粤西生产基地等加速落

地，投资 400 亿元的烷烃资源综合利用项目于 2020 年 3 月在茂名开工建设；2021 年茂名新增产业集聚区 10 个，省级产业园面积拓展到 70 平方公里，建成产业项目 626 个，完成投资 725. 29 亿元。另外，湛江也实现了特色优势农业加快发展，截至 2021 年，湛江"全国名特优新农产品"增至 40 个，拥有农业龙头企业 214 家、省级以上现代农业产业园 21 个。近年来，阳江则在合金材料产业突破千亿年产值，成为华南地区重要基础原材料生产基地，形成从冶炼到压延、深加工的全产业链格局；并且食品加工产业进一步发展，获得"中国调味品之都""中国香谷"称号，引进了 2 家世界 500 强企业，国内十大调味品品牌半数落户阳江，在建和落户调味品项目全部投产后年产量将超过 400 万吨，成为全国乃至全球最大的调味品生产基地。

## 三、　区域合作日渐加强，　产业协同基础得到夯实

### （一）基础设施互联互通

在传统基础设施方面，珠三角与东西两翼之间的区域交通得到了重点强化。《广东省国民经济和社会发展第十四个五年规划和 2035 年远景目标纲要》强调，要完善便捷高效的区域交通网，并建设世界级港口群。2021 年 1 月，深圳、汕头市政府深度协作框架协议和广州、湛江市政府战略合作框架协议先后签署，推进珠三角与粤东、粤西的交通设施互连。深圳、汕头市基础设施互联互通包括：加快推进汕汕高铁、深汕高铁建设，通过深汕站实现广汕铁路、汕汕高铁互相衔接，以高铁为重点推进两市共建"1 小时生活圈"，实现高铁直连贯通；加强深圳港、汕头港协同发展。2020 年广湛高速铁路全线开工，设计行车速度 350 公里/小时，预计 2025 年通车。2021 年 7 月，广州港集团与湛江港集团签署业务合作协议，双方将在多式联运、智慧物流、商贸物流、金融物流等多领域开展全方位的合作，推动提高贸易自由化、通关便利化水平，为两地企业搭建更加便捷的物流通道，助推两地经济发展。另外，阳江港现已开通至广州、深圳的定期货运航班，年吞吐量达 2 000 多万吨，能够满足企业的货物运输需求。

在新型基础设施方面，东西两翼也借助珠三角的先进技术和资源加强信息化部署。2021 年 1 月，深圳和汕头签署的深度协作框架协议就提出两市要合作推动 5G 网络、数据中心、工业互联网、云计算等新型基础设施建设。2021 年 11 月，汕头高新区管委会、深圳市软件行业协会、汕头电子信息和软件行业协会三方共同签署战略合作协议，明确要加强软件和信息服务方面的协作，为汕头传统产业转型升级与新兴产业培育壮大赋能，打造深汕新一代电子信息产业园，构建软件与信息服务产业集聚区。2022 年，广东省计划在东西两翼建设汕头化学与精细化工广东省实验室、先进能源科学与技术广东省实验室汕尾分中心以及南方海洋科学与工程广东省实验室（湛江）等项目，总投资超过 82 亿元，2022 年计划投资 13. 2 亿元。

## （二）产业平台共建共享

为破解区域发展不协调难题，广东省于 2005 年开始产业转移园建设。"十三五"期间，广东省建设 93 个省产业转移工业园，形成 5 个年产值超 500 亿元的园区，[①] 其中粤东粤西 7 市共布局 36 家。在"双核 + 双副中心"的背景下，深圳、汕头推动前海蛇口自贸片区、深圳高新区、盐田综合保税区、坪山综合保税区与华侨经济文化合作试验区、汕头高新区、汕头综合保税区等区域发展重大平台对接合作，推动两市区（县）间加强合作、联动发展。由汕头华侨经济文化合作试验区和深圳市共同谋划建设的深圳汕头协同创新科技园项目，将作为深汕合作重点平台，发挥深圳优质企业从规划设计到建设招商的一系列优势，将深圳科技园区的资源与汕头对接，打造高新技术产业园、深圳国企粤东总部、深圳优质民企总部园区等，目前深圳市汕头商会科技园和深汕数字科创产业园两个现代产业项目已成功落地。2021 年广东省工业和信息化厅评审出 19 个特色产业园区，汕头市潮南区纺织印染环保综合处理中心（现代纺织印染）、湛江廉江高新技术产业开发区（小家电）以及茂名市高州产业转移工业园（饲料）成功入选。

表 12 - 3　沿海经济带东西两翼城市产业转移园名单

| 区域 | 所在地市 | 园区 |
|---|---|---|
| 东翼 | 汕头市 | 汕头产业转移工业园、汕头金平产业转移工业园、汕头市海湾新区产业转移集聚地 |
| | 潮州市 | 中山（潮州）产业转移工业园、潮州市饶平县产业转移集聚地、潮州市潮安区产业转移集聚地、潮州市潮州新区产业转移集聚地 |
| | 揭阳市 | 揭阳产业转移工业园、揭阳金属生态城、揭东产业转移工业园、揭阳市普宁市产业转移集聚地、揭阳市惠来县产业转移集聚地、揭阳市揭西县产业转移集聚地 |
| | 汕尾市 | 海丰县产业转移工业园、陆丰产业转移工业园、汕尾市陆河县产业转移集聚地、汕尾市汕尾新区产业转移集聚地 |
| 西翼 | 湛江市 | 湛江产业转移工业园、佛山顺德（廉江）产业转移工业园、吴川华昱产业转移工业园、徐闻产业转移工业园、霞山临港产业转移工业园、湛江市海东新区产业转移集聚地、湛江市雷州市产业转移集聚地、湛江市奋勇高新区产业转移集聚地、湛江市遂溪县产业转移集聚地 |
| | 茂名市 | 茂名产业转移工业园、广州白云江高（电白）产业转移工业园、茂名茂南产业转移工业园、信宜产业转移工业园、高州产业转移工业园、化州产业转移工业园 |
| | 阳江市 | 珠海（阳江）产业转移工业园、中山火炬（阳西）产业转移工业园、珠海（阳江万象）产业转移工业园、阳春产业转移工业园 |

资料来源：广东省工业和信息化厅。

---

[①] 南方日报. 未来产业怎么培育？省工业和信息化厅厅长涂高坤透露广东这几招 [EB/OL]. http://gdii. gd. gov. cn/mtbd1875/content/post_ 3186521. html.

## （三）创新资源开放合作

创新产业融合发展方面，汕头市与深圳市探索建立两市科技资源开放共享机制，支持深圳孵化器运营企业在汕头设立孵化器、加速器，共同推动创新成果产业化；以深圳"设计＋"赋能汕头传统产业，加快产业转型升级和核心竞争力提升；推进两市在海洋工程装备制造、海洋电子信息、海洋生物医药等产业链上下游合作；加强金融资本合作，推动深圳证券交易所在汕头设立服务基地。2021 年 5 月，汕头（深圳）协同创新交流中心在深圳投入使用，汕头市投资促进局的工作人员进行驻点服务，高效对接引进深圳投资合作项目，目前已有 29 个项目落地，总投资额超过 142 亿元。湛江与深圳市的合作也得到进一步推进，深圳鹏城实验室湛江办事处入驻湛江海创中心园区，建设了"湛江海洋科技研究与产业化基地"、鹏城实验室人工智能开源创新平台鹏城云脑—湛江分中心等创新平台，举办了全国水下机器人（湛江）大赛，重点开展人工智能相关的海洋科研试验设施建设与共享、科技项目联合研究、科技成果转移转化等。

# 四、 案例分析： 深汕特别合作区

深汕特别合作区（以下简称"深汕合作区"）位于汕尾市西部、珠三角和沿海经济带东翼的连接点，面积 468.3 平方千米，可建设用地 145 平方千米，常住人口约 13 万，现在已经正式被纳入深圳第"10＋1"区。深汕合作区实际上并不与"飞出地"深圳市相邻，而是与广东省惠州市东部接壤，距深圳市东部约 60 公里，离深圳市中心约 120 公里。深汕合作区的区位优势明显，对外交通便捷，是粤港澳大湾区向沿海经济带东翼辐射的重要战略增长极。

## （一）合作历程

2008 年，深圳、汕尾两市政府经多次协商，决定合作共建"深圳—汕尾区域发展特别合作区"，并成立深圳（汕尾）产业转移工业园。园区位于汕尾市海丰县鹅埠镇，规划面积 1 036 公顷，后又并入新湖工业园 272 公顷，是经广东省政府批准认定的省级产业转移工业园，由汕尾市政府和深圳市政府共建。

2011 年 2 月，广东省委省政府批复《深汕（尾）特别合作区基本框架方案》，决定在深圳（汕尾）产业转移工业园的基础上设立"深汕特别合作区"，规划范围包括海丰县的鹅埠、小漠、鲘门、赤石四镇和圆墩林场，总面积 468.3 平方千米，委托深圳、汕尾两市共同管理。同年 5 月，成立"中共深汕特别合作区工作委员会""深汕特别合作区管理委员会"，合作区正式运作。

2018 年 12 月，中共深圳市深汕特别合作区工作委员会、深圳市深汕特别合作区管理委员会正式揭牌，标志着深汕合作区正式调整为深圳市委、市政府派出机构，以深圳市一个经济功能区的标准和要求，对深汕合作区进行顶层设计、资源配置、规划建设、管理运营，这一探索了十多年的区域协调发展模式进入了新的历史阶段。

表 12－4　深汕合作区发展阶段

| 发展阶段 | 时间序列 | 重要文件 | "飞地经济"模式 |
|---|---|---|---|
| 初创探索期 | 2011 年 6 月至 2013 年 8 月 | 《关于深汕（尾）特别合作区基本框架方案的批复》（粤委〔2011〕11 号） | 两市共管运行、上级政府主推、三方共享收益 |
| 转型试验期 | 2013 年 9 月至 2017 年 9 月 | 《关于优化深汕（尾）特别合作区体制机制加快合作区建设发展的会议纪要》（省政府工作会议纪要〔2013〕100 号）、《关于进一步优化深汕特别合作区体制机制加快合作区建设发展的若干意见》 | 深圳托管经济、本级和同级政府力量主推、三方共享收益 |
| "飞出地"全面主导期 | 2017 年 10 月至今 | 《深汕特别合作区体制机制调整方案的批复》（粤委〔2017〕123 号） | 深圳全面主导、本级政府力量主推、三方共享收益 |

资料来源：根据文件资料整理。

和国内的其他"飞出地"不同的是，深汕合作区超越了传统跨区域合作产业园区的范畴，创新了飞地治理模式。深汕合作区从产业布局到社会治理等方方面面都实现了由输出地主导，区划限制实现最大程度的消除，管理权限得到大幅度的统一。深圳市和汕尾市通过跨空间开发实现彼此的资源互补、协调发展，产业在"飞地经济"中发挥的正是支撑作用。

**（二）发展目标**

深汕合作区作为深圳全面主导建设的重要功能区，承担着党中央、国务院和省委省政府赋予的"区域协调、合作示范、自主创新"的重要使命，在推进粤港澳大湾区和先行示范区建设、辐射带动粤东地区发展方面发挥着重要角色。《深圳市国民经济和社会发展第十四个五年规划和二○三五年远景目标纲要》将第"10＋1"区的深汕合作区定位成航空航天、装备制造等先进制造业基地，打造深圳产业体系拓展、城市功能延伸的新兴城区和现代化国际性滨海智慧新城，培育其成为带动沿海经济带东翼发展的中心。为了实现高质量发展的使命，深汕合作区优先选择重大项目、高新技术项目和规模集聚项目，重点建设以先进制造业、战略性新兴产业和未来产业为主导的现代产业体系。

### （三）基础设施建设

良好的区位条件和港口资源需要通过完善的基础设施才能发挥出完整作用，深汕合作区正在逐步建立全方位的交通体系。2021 年 12 月，深圳港小漠国际物流港一期项目开始运营，深汕合作区自此有了面向"一带一路"的出海口和打造现代海港产业新城、培育临港特色产业体系的现代港口依托。作为珠三角与沿海经济带东翼的连接点，深汕合作区通过高速铁路实现与湾区三大核心城市 60 分钟互达，与湾区和东翼重要节点城市 90 分钟互达。通过构建"三公三铁"互联通道，实现了深汕合作区融入深圳主城区 30 分钟轨道交通圈和深圳铁路枢纽，通过高速可以直达深圳主城区的各个圈层，2 小时可达各重要功能区及枢纽。

同时，处于新城建设初期的深汕合作区也在积极推动 5G、工业互联网等新型基础设施项目的建设。深汕合作区作为深圳第"10＋1"区，已经在 2020 年 7 月顺利完成 315 个 5G 基站的建设任务，促进了深圳市 5G 基础设施全覆盖目标的实现，并先后启动了智慧医疗、智慧园区、智慧警务等 5G 示范应用场景，在鹅埠先进制造集聚区划约 46 万平方米土地决心打造深汕工业互联网产业示范基地。随着"新基建"的推进，深汕合作区数据中心保持增长，华润新一代数据中心已经建成 20 个机房模块、5 万台以上的服务器，为华润集团及其他企业提供相关服务。

### （四）产业项目支撑

深汕合作区的项目建设与产业支撑已经跳出被动承接的局限，做到主动选择产业和有意识地培育战略性新兴产业。深汕合作区建设初期，来自深圳的产业转移项目和资料快速涌入特别合作区，呈现出典型的占地面积大、能源消耗高等特点，区域合作走的依然是产业置换腾挪的老路。随着建设目标和功能定位的明确，深汕合作区开始跳出"被动承接"产业梯度转移，谋求同等待遇的产业扶持政策，面向国有大中型企业和世界 500 强企业进行招商，满足其项目扩张的软硬件需求，初步形成"深汕总部＋深汕基地"的产业发展模式。到了深圳全面主导发展时期，深汕合作区强化创新能力建设，形成战略产业培育的发展模式，实现了从"招商引资"到"招商选资"的转变。2021 年，深汕合作区累计引进产业项目 100 个，90% 以上来自深圳，与深圳逐步形成上下游产业链生态。

在人工智能领域，深汕合作区在鲘门片区规划建设约 13.5 平方千米的全国最大机器人小镇——深汕湾机器人小镇，首发项目深汕湾科技城于 2020 年 10 月举行首批企业集中签约暨战略合作企业签约仪式，12 家入园企业与 2 家战略合作企业集中入驻，初步实现机器人、人工智能产业集聚；在大数据领域，深汕云服务基地于 2020 年 9 月竣工验收，并将以信息服务和信息技术产业为主导，将打造金融数据备份中心、IT 外包服务支撑中心、粤港澳大数据处理中心、现代数据服务业支撑中心，另外早期项目还有：腾讯云计算数据中心、华润新一代数据中心、深圳威视数据中心、深汕容灾备份中心；在汽车领域，比亚迪汽车工业园落户深汕特别合作区，计划投资建设新能源汽车零部件产业项目，进行汽车零部件以及相关配套产业等核心产品的研发、生产与制造，项目占地面积约 95 万平方米，达产后年产值可达到约 100 亿元；在新材料领域，科诺桥 FPC 专用高分子新型薄膜材料项目在深汕合作区奠基开工，该项目由深圳科诺桥科技股份有限公司开发，占地面积 1.89 万平方米，建筑总面积约 5.6 万平方米，预计投资额 2.5 亿元。项目建成后，主要从事 FPC（柔性电路板）电磁屏蔽膜、导电胶膜等的研发、生产和销售，产品广泛应用于电子产品、通信器材等领域。达产后，预计年产 FPC 薄膜类产品 450 万平方米，预计年销售额 2.5 亿元，将提供约 200 个就业岗位。

## （五）经验总结

### 1. 依靠顶层设计冲破行政壁垒

传统的经济发展模式通常以行政区域为界，通过争夺外界资本和刺激内部创新来实现本地的竞争优势，然而区域协调发展恰恰需要冲破传统的行政壁垒。深汕合作区规划的初期，便受到了来自广东省委、省政府甚至中央的关切和指导。在深汕合作区管理机制的设计过程中，由广东省委、省政府组成的合作区建设协调领导小组协调深汕两市领导小组工作，并委托深汕两市的市委、市政府组成合作区管委会统筹协调合作区建设。正是在中央和广东省委、省政府的关切和支持下，深汕合作区才得以实现顶层制度设计，克服传统行政区划带来的局限性，收获更加广阔的发展空间。

### 2. 明确管理机制，实现权责分明

2017 年 9 月，《深汕特别合作区体制机制调整方案的批复》由广东省委、省政府正式批复同意，此后，深圳市由此前的管理经济事务转变为全面主导合作区经济建设，首创"飞出地"全面主导之先例，作为"飞入地"的汕尾，则由管理社会事务转为积极配合。体制机制的调整改变了合作区前期因两地权责模糊而产生的一系列诸如项目建设进度缓慢等问题，合作区的建设由此步入"快车道"。

### 3. 完善基础设施保障

基础设施建设是吸引投资、促进经济的保证。一方面，完善的基础设施可以极大地降低企业入驻成本和生产经营成本；另一方面，大额的基础设施投资对建设地的经济拉动作用巨大。2013 年厦深铁路建成通车，深汕合作区设立鲘门站，自此纳入深圳的一小时生活圈。未来，深汕合作区将逐步融入粤港澳大湾区交通一体化体系中，包括启动建设两条时速 350 公里的高铁线路，分别为已动工的广汕高铁和深汕高铁。广汕铁路建成后，将实现广州与深汕特别合作区间的一小时内互达，并将与已通车的厦深高铁和拟规划建设的深汕高铁组成便捷的高铁体系。

#### 4. 形成跳跃式梯度转移机制

深汕合作区打破了创新资源的临近式转移，在汕尾市西部的落后地区打造出一块软硬环境完备的区域，促进创新型高级要素系统地流入，形成区域性经济增长中心。基于跳跃式梯度转移机制，处于相同创新级别的区域均能受到高梯度区域创新极化效应的扩散作用的影响，技术创新的高级要素会不断冲破地缘束缚，循序渐进地形成跨地区的跳跃式传输。跳跃式转移相比临近式转移，将大幅度提高落后地区的创新资源配置效率，这对广东沿海经济带在东西两翼形成经济增长极有着重要的示范作用。

## 第二节　广东沿海经济带产业发展存在的问题

### 一、 地区能级差距偏大， 协同联动效应难以有效实现

沿海经济带区域发展差异较大，经济实力主要集中在珠三角地区，东西两翼产业能级较弱。2020 年沿海经济带实现地区生产总值 91 189.29 亿元，比上年增长 2.7%，"十三五"期间年平均增速为 7.4%。分区域看，2020 年珠三角 7 市生产总值占沿海经济带比重为 83.8%，东翼、西翼分别占 7.7%、8.5%，经济规模极为悬殊。"十三五"期间沿海经济带东翼和西翼地区生产总值增速分别比珠三角 7 市低 1.37 个百分点和 2 个百分点，且在疫情冲击之下，2020 年东西两翼的固定资产投资增长以及规模以上工业增长均为负，经济波动明显大于珠三角 7 市，区域不均衡问题依然严峻。根据第十一章测算的各城市产业能级，沿海经济带东西两翼与珠三角核心区差距较大，承接产业转移的能力不足，协同联动发展的基础薄弱。

表 12 - 5　2020 年广东沿海经济带分区域主要经济指标

| | GDP（亿元） | GDP 增长率（%） | 规模以上工业增长率（%） | 固定资产投资增长率（%） | 地方一般公共预算收入增长率（%） |
|---|---|---|---|---|---|
| 珠三角 7 市 | 76 395.81 | 2.9 | 1.11 | 10.9 | 1.1 |
| 东翼 | 7 053.51 | 1.7 | − 5.3 | − 1.0 | 3.8 |
| 西翼 | 7 739.97 | 2.2 | − 1.5 | − 0.5 | 2.7 |

数据来源：《广东统计年鉴 2021》。

从地区生产总值的产业构成来看，沿海经济带内部处于错位发展阶段，东西两翼工业支撑不足。珠三角 7 市整体上正处于由工业经济逐步迈向服务经济的过程，第三产业比重保持上升，第二产业以及工业比重则相应下降，2020 年三次产业结构为 1.3∶37.7∶61，进而对标纽约湾区、旧金山湾区和东京湾区等跨入创新经济阶段、具备成熟服务经济形态

的区域追求更高质量发展。然而，与此同时沿海经济带东西两翼的第二产业以及工业占比却没有实现强化，反而同步下降，存在城市化超前发展的风险。2020 年，沿海经济带东翼三次产业比例为 8.4：42.6：49，整体上处于传统产业升级与新型产业培育的产业发展阶段。沿海经济带西翼是广东重要的农业基地，2020 年三次产业结构为 19.8：33.2：47，工业占 GDP 比重仅有 25.9%，第一产业比重较高，而工业化仍处于中期阶段。

表 12 - 6　2020 年广东沿海经济带产业比重构成

| 产业 | 珠三角 7 市 | | 东翼 | | 西翼 | |
|---|---|---|---|---|---|---|
| | 2015 年 | 2020 年 | 2015 年 | 2020 年 | 2015 年 | 2020 年 |
| 第一产业 | 1.2 | 1.3 | 8.2 | 8.4 | 17.2 | 19.8 |
| 第二产业 | 42.3 | 37.7 | 53.8 | 42.6 | 40.7 | 33.2 |
| 其中：工业 | 40.9 | 36.4 | 50 | 36.9 | 36.3 | 25.9 |
| 第三产业 | 56.5 | 61.0 | 38.0 | 49.0 | 42.1 | 47.0 |

数据来源：《广东统计年鉴 2021》。

　　从现代产业体系发展情况来看，珠三角 7 市领先优势明显，先进制造业和高技术制造业比重较高。珠三角是中国对外开放的重要窗口，资金、技术、人才等要素集聚效应强，为战略性新兴产业营造了良好的发展环境。珠三角 7 市已初步形成以战略性新兴产业为主导、先进制造业和先进服务业为主体的产业结构。其中，广州、深圳是布局的主力军，战略性新兴产业成为推动经济增长的重要动力。2020 年深圳市战略性新兴产业增加值达到 10 272.72 亿元，占 GDP 的 37.1%；广州市战略性新兴产业增加值超 7 600 亿元，占 GDP 比重也达到 30%。从行业结构来看，深圳市先进制造业在工业增加值的比重超过 70%。另外，惠州、广州以及珠海该比重在 60% 左右，其余城市低于全省平均水平 56.1%。2020 年，珠三角沿海 7 市高技术制造业增加值为 9 588.52 亿元，占广东省的 93.14%。深圳市坚持走创新引导发展战略和市场化创新之路，2020 年实现高技术制造业增加值 5 904.84 亿元，占工业增加值的比重达到 66.1%，是广东省平均水平的 2.13 倍和全国平均水平的 4.38 倍。

　　珠三角沿海城市已经形成了互补高效的产业分工，加快形成创新型产业集群。2021 年 4 月，工信部公布先进制造业集群名单，广东赢得 6 席，全部分布在珠三角地区。其中包括深圳市新一代信息通信集群、深圳市先进电池材料集群、广佛惠超高清视频和智能家电集群、东莞市智能移动终端集群、广佛深莞智能装备集群、深广高端医疗器械集群。2021 年 8 月，《广东省制造业高质量发展"十四五"规划》列出十大战略性支柱产业集群和十大战略性新兴产业集群，珠三角也被作为高端制造业核心区得到战略性产业集群的密集布局。

　　相比之下，沿海经济带东西两翼存在产业规模小、层次低的问题。2020 年，粤东地区规模以上工业增加值1 568.36亿元，仅占全省的4.8%。具体来看，汕头市作为粤东重点城市，全市规模以上工业增加值仅占全省的2.1%，另外揭阳占比1.6%，而潮州和汕尾的占比低于1%。另外，粤东地区高端产业比重低，制造业核心业务集中在附加值较低的加工制造环节，先进制造业与高技术制造业增加值占规模以上工业增加值比重低。2020年汕头、潮州、揭阳和汕尾的先进制造业占本市规模拟上工业增加值的比重分别为36.3%、25.1%、35.2%和41.1%，而四市高技术制造业占本市规模以上工业增加值的比重分别为6.3%、11.0%、1.2%和23.2%。粤西三市先进制造业和高技术制造业水平较低。湛江市和茂名市作为粤西地区发展较成熟的城市，生产总值占整个粤西地区八成左右，而全市规模以上工业增加值仅占全省的比例分别为2.0%和1.5%，另外阳江为0.9%。茂名市先进制造业增加值348.69亿元，占规模以上工业增加值比重为75.3%；虽然有重化工业的加持，湛江市先进制造业的增加值仅占规上工业的40.3%，低于全省平均水平，阳江市先进制造业的规模和占比都比较小。从高技术制造业来看，粤西三市发展较为落后，茂名、湛江高技术制造业增加值仅10亿元左右，占规模以上工业增加值比重分别为1.5%和2.8%。，阳江的数据则更为微弱。

表12 - 7　2020年沿海经济带各市先进制造业与高技术制造业情况

| 城市 | 先进制造业 | | | 高技术制造业 | | |
|---|---|---|---|---|---|---|
| | 增加值（亿元） | 同比增长（%） | 占规模以上工业增加值比重（%） | 增加值（亿元） | 同比增长（%） | 占规模以上工业增加值比重（%） |
| 广州 | 2 643.88 | 7.20 | 58.2 | 715.41 | 20.67 | 15.7 |
| 深圳 | 6 096.96 | - 2.80 | 71.2 | 5 775.36 | - 2.06 | 67.4 |
| 珠海 | 715.62 | - 0.91 | 60.1 | 372.33 | 7.51 | 31.3 |
| 惠州 | 1 051.83 | 1.09 | 62.2 | 739.54 | 4.8 | 43.8 |
| 东莞 | 2 371.39 | 5.77 | 53.0 | 1 769.98 | 6.14 | 39.5 |
| 中山 | 576.63 | 9.02 | 49.2 | 176.85 | 0.48 | 15.1 |
| 江门 | 384.83 | 6.05 | 37.4 | 107.47 | 9.25 | 10.5 |
| 汕头 | 245.48 | 5.38 | 36.3 | 42.86 | 4.74 | 6.3 |
| 潮州 | 63.14 | - 3.26 | 25.1 | 27.66 | 9.46 | 11.0 |
| 揭阳 | 162.76 | - 19.87 | 35.2 | 5.32 | - 90.34 | 1.2 |
| 汕尾 | 73.23 | 6.97 | 41.1 | 41.36 | 31.47 | 23.2 |
| 湛江 | 263.66 | 23.07 | 40.3 | 9.81 | 10.35 | 1.5 |
| 阳江 | 63.12 | 9.41 | 21.1 | 0.98 | 6.52 | 0.3 |
| 茂名 | 348.69 | - 3.05 | 75.3 | 12.89 | 5.14 | 2.8 |

数据来源：《广东统计年鉴2021》和《广东统计年鉴2020》。

## 二、 两翼基础设施建设滞后， 要素配置困局仍未解决

东西两翼城市普遍存在城市基础设施落后，公路铁路等公共交通设施质量不高、通达性差，城市建筑陈旧等问题，其中，东西两翼城市的交通通达程度仍远远不够，离大湾区"1 小时生活圈""1.5 小时生活圈"尚有较大差距。另外，港口机制体制尚未理顺。港口的发展是沿海经济发展的重要支撑，但东西两翼各市的港口发展水平参差不齐，临港设施及配套处于初级开发建设阶段，泊位少，配套缺乏。虽然沿海经济带东西两翼均已开始注重人才的招揽，出台了各种政策和优惠措施，但由于各种原因，欠发达地区的人才"引不进"和"留不住"现象仍然严重。目前，人才"虹吸效应"仍然存在。东西两翼的生活水平、科研条件和收入水平均与邻近的珠三角地区有差距，在引进人才方面仍有很大困难。此外，各平台多为生产基地，未设研发机构，未能形成新的人才需求增长点，企业对人才的吸纳能力有限。与此同时，汕头、潮州等东翼地区工业用地存在布局分散、空间错配以及土地利用效率低的问题，难以同来自珠三角的产业转移实现优势互补，也不利于集群式培育战略性新兴产业。

## 三、 产业梯度落差偏大， 产业转移共建面临难题

合理的产业梯度是产业转移的基础和必要条件，产业转移的实质就是国家或地区之间基于产业梯度的产业接力过程。但是如果产业梯度的差异和产业发展环境落差太大，很可能就会影响或抑制产业的转移。广深两市均已进入后工业化时代，而东西两翼正处于工业化中期阶段，发展的落差使沿海经济带东西两翼在承接产业转移方面处于弱势地位。面对广州、深圳因产业结构升级而向外转移的不再具有比较优势的产业，东西两翼尚未能实现精准对接，有效解决相关产业发展所需。从现有产业承接情况来看，东西两翼所承接的产业多数还停留在低层次水平，未能成为珠三角的产业延伸拓展区和深度合作区，产业集聚过程缓慢。对于所有城市都希望发展的战略性新兴产业，东西两翼城市的营商环境还没有实现对应匹配，存在简政放权的"含金量"还不够高、政府—市场—社会三者间的权责与边界界定不清晰、事中事后监管服务不到位等问题，高技术企业的发展潜力、创新能力难以得到释放。

## 四、 区域协调机制尚不健全， 产业合作利益协调困难

协调机制是协调区域间利益、实现区域资源优化配置的重要依托。目前广东省沿海经济带的产业协同发展面临的巨大困境之一，就是尚未形成有效的协调机制。具体表现在：

一是区域间产业合作多以行政主导型为主，市场的决定性作用没有得到有效发挥，产业调整无法跳出行政区划界线；二是缺乏必要的市场交易平台，要素市场发育滞后，生产要素在区域内的流动不畅通，区域合作还没有上升到产业融合的高度和层次；三是协商机制不健全，现行"分灶吃饭"的财政体制和单一的地方考核制度，使得沿海经济带各方政府无法在追求地方经济增长目标的同时，从区域发展的长远利益考虑，合理协调产业输出地与承接地间的利益，整个区域的协调机制包括横向协商、纵向协调机制尚未形成。深汕合作区过去的发展历程是区域协调机制艰难建立的真实案例，其快速发展也是区域协调机制价值成效的有力证明，如何在更大范围的产业协同发展中有效借鉴"飞地经济"的经验，还需要思考和探索。

## 五、 对接平台特色不鲜明， 规模化承接效应尚未显现

由于规划能力和配套设施等方面的约束，部分产业转移园区只是被动接收产业转移，未能做到清晰的规划。园区建设的前期，引进的产业无法与本地优势资源实现有效结合，不符合主导产业发展战略，就实现不了专业化优势和完整的产业链。园区即便引进了龙头企业，也很难围绕行业龙头进行补充、延长和强化产业链。部分园区过于重视短期产值，造成落地企业之间的关联度过低甚至没有关联性。于是产业园区空有"聚"的表象，内部的信息交流、人才培养、技术合作和零配件交易等都不能形成互补优势，无法帮助企业形成品牌优势和竞争优势。经过10年的发展，现有的产业转移园区发展水平发生了明显分化，整体表现上规模化和品牌化效果不足。在新一轮的产业集群培育阶段，大部分产业承接平台又集中于新一代信息技术、新能源汽车、生物医药以及滨海旅游等新兴产业领域，相互之间在一定程度上存在同质化竞争现象，不利于特色产业的集群化发展。特别是粤东地区，传统支柱产业以轻工业为主，缺乏大型项目，在争取战略性新兴产业布局过程中，容易出现过度竞争，最终导致区域内产业依然零散化、低端化。

## 六、 港产联动尚不充分， 临海优势未能有效发挥

沿海经济带东西两翼部分港口在机制体制方面尚未理顺。部分港口由国企和民企合资建设运营，但在运营的过程中未能协调好发展理念与目标定位，制约了港口的进一步发展。另外区域经济和财政实力的劣势也造成了部分港口的基础设施建设长期落后，一直没有补齐历史欠账，包括疏港铁路尚不完善、公路辐射面不够等。与珠三角地区相比，东西两翼的港口利用率偏低，通关效率也偏低。另外，东西两翼虽然逐渐建成了一批临港产业项目，但尚未在当地形成产业链条，培育临港产业集群的后劲不足，造成产业规模仍相对较小。特别是沿海经济带东翼，产业结构以传统产业和轻工业为主，产业技术构成较为落

后，开发领域局限于近海，未能充分利用自己的临海优势和生物资源，在海洋重点产业布局中处于劣势。海洋交通运输方面，大型集装箱运输港口较少，港口的自动化、机械化水平总体不高，部分港口虽然发展迅速，但仍不能满足国民经济发展需求。未来产业中的海水综合利用技术、海洋能利用技术、深海油矿开采技术虽然有所发展，但仍处于起步阶段，且发展速度缓慢。

# 第三节　广东沿海经济带强化现代产业支撑的对策建议

## 一、发挥区域产业互补优势，促进城市群产业链分工布局

在进一步优化沿海经济带重大产业布局的过程中，推进重大产业项目向东西两翼布局要发挥出区域比较优势。珠三角的广州、深圳和东莞等城市的产业层次高、研发能力强，重点发展电子信息、新能源、新材料、生物医药等战略性新兴产业和高技术产业，率先实现产业的高端化，并进一步形成服务化为沿海经济带东西两翼提供技术支撑。湛江—茂名—珠海—惠州—揭阳等城市，重化工业基础好，港口条件优越，围绕临海绿色石化、精品钢铁以及海洋工程装备制造等产业重点布局；在现有项目的基础上，强化海洋风电项目的布局，打造覆盖整个沿海经济带的海上风电产业集群。针对沿海经济带东翼地区民营经济发达但缺少龙头项目的困境，大力推动大项目向东翼地区布局，比如打造汕头海上风电创新产业园，建设粤东千万千瓦级海上风电基地。另外，汕头等城市具有优势的传统产业，对发展以数据中心为支撑的数字产业具有明确的应用需求，可以考虑打造粤东数据中心集聚区。而沿海经济带西翼地区石化、钢铁产业大项目较多，但是"有龙头无产业"现象突出，为龙头骨干企业配套的上下游企业和关联辅助企业发育不足，民营企业发展不及东翼地区，应更加关注产业链的打造，提高产业的聚集度和规模，拓展优势产业发展。

## 二、激发中心城市溢出效应，促进创新链产业链空间融合

沿海经济带重要的研究机构、科技基础设施以及高层次人才绝大多数都集中在珠三角地区，资源亟须合理有序地布局。一方面，广州、深圳两座城市几乎集中了80%以上的高端科技创新资源，珠三角其余城市与之相比仍然存在较大差距，东西两翼城市就显得更为不足了。创新资源及创新链高度集聚中心城市的这种趋势，随着近些年广东省的优化布局，得到了一定程度的缓解，但整体情况尚未实现根本好转。另一方面，沿海经济带发展格局中，东西两翼城市对建设世界级沿海产业集群具有不可或缺的作用，在承载来自珠三角城市产业转移的过程中需要具备接收的能力，为相关产业重新提供成本优势，同时不造

成额外的成本。因此，沿海经济带必须解决好珠三角城市与东西两翼城市产业梯度过大的问题，促进沿海经济带的深度融合。特别是广州、深圳两座城市要做好创新资源共享和产业能级辐射，产业项目与创新要素同时向两个方向做延伸，构建创新链与产业链深度融合的合作模式。积极推动"双核＋双副中心"动力机制加速落地，促进中心城市创新链扩散溢出和东西两翼区域性副中心的壮大，建立不同层级的科技创新成果转化基地和科技引领示范区，为其余沿海城市注入科技创新的要素支撑。中心城市的创新溢出不仅仅参与临港重大项目，还要渗透到东西两翼重要产业链的打造过程中，助力欠发达城市的"强链补链稳链"。

## 三、　完善共建利益协调机制，　搭建产业统筹联动发展体系

推进广东沿海经济带的区域合作，必须建立起有效的合作治理模式，做好各方之间的利益协调工作。不同的利益主体（包括省政府、沿海经济带十四个市政府）有着不同的利益诉求，省政府是区域协调发展的总推动者，以实现区域整体利益最大化为目标，通过指定整体发展战略规划推动区域主体之间的利益协调。特别要充分保障好珠三角核心城市参与区域合作的合理收益，提高核心城市向东西两翼布局产业项目和创新要素的积极性。考虑到核心城市也有"稳增长、稳财政、稳排名"的需要，积极探索 GDP 核算规则的调整和财税共享方案。深汕合作区在利益分配机制体制上已经做出丰富的尝试，对沿海经济带的区域合作提供了宝贵的经验。《广东省国民经济和社会发展第十四个五年规划和 2035 年远景目标纲要》提出要以广清一体化、深汕特别合作区建设为示范，以产业共建等民生事业合作为重点，完善区域对口帮扶协作机制，实施新一轮对口帮扶政策和中长期规划，积极促进输血式帮扶向造血式帮扶转变、救助式帮扶向共建共享转变。但各地的情况不同，针对每一例区域合作，都要做好责权的明晰和利益分配的公平公正。通过构建细致的协调机制，使区域利益目标与各方预期收益相一致，让利益协调有章可循。

## 四、　串珠成链、　结链成网，　打造海洋经济集群发展平台

广东沿海经济带要以港口群为依托，推动临港产业一体化发展。珠三角地区利用自身优势，加快推动产业高端化，发展高水平临港产业集群，积极与东西两翼形成产业链共建格局。沿海经济带西翼以湛江、茂名等为核心建设沿海石化产业带，形成"一带、两翼、五基地、多园区协同发展"的特色产业布局，打造国内领先、世界一流的绿色石化产业集群。沿海经济带东翼加强汕头中以科技创新合作区、汕头临港经济区、揭阳大南海石化工业区、潮州凤泉湖高新区建设，培育壮大粤东生物医药等重大产业集群。实现沿海经济带东西两翼产业的区域性聚集，在此基础上以港口群为依托，形成若干特色产业链、供应

链，做大做强若干特色临港产业集群。另外针对海洋经济的需求，大力发展海工装备、海上风电等海洋六大产业，聚力打造海洋清洁能源、海洋船舶与高端装备制造、海洋油气化工、滨海旅游、海洋生物等千亿级甚至万亿级海洋产业集群。

## 五、 推动港口群有效衔接， 形成协同联动开放合作新格局

一是要加强规划引领，以港口群整合开发引导沿海城市群空间布局和产业布局。建议按照城市功能互补、港口合理布局、产业分工协作、基础设施互联互通、公共服务一体化、生态环境共建共治共享原则，制订三大港口群及相应产业群、城市群融合发展规划，提升港口群与产业链、供应链匹配度，在全省沿海地区形成空间布局合理、功能层次分明、经营分工明确、互动发展的三大港口城市群。建议成立省级层面的城市群协调领导小组，切实以规划引领，统筹推进三大港口群及各自产业群、城市群建设。二是要创新合作机制，加快推进港口群一体化发展。按照一体化理念，对区域内现有港口发展规划进行充分的融合与对接，科学编制珠三角、粤东、粤西三大港口群发展规划，真正实现"一张图、一个标准"建设、管理和服务。区域内各市要积极构建港口间协作的制度安排，探索通过资本合作带动港口资源共享和港口合作模式创新，消除"一港一政"，统一港口政策，统筹各港口航线，强化港口产业链合作，实现区域内港口共建共享、基础设施互联互通、物流资源共享优化、一体化协调调度、全域一体化开发与经营。推进港口群绿色生态一体化建设，推动危险品、船舶排污、清洁能源应用、应急救助等统筹协调、联防联治和联合监管。

# 第十三章

# 广东北部生态发展区构建绿色产业体系研究*

十八大以来，习近平总书记多次强调，绿水青山就是金山银山，这为我们建设生态文明、建设美丽中国提供了根本遵循，绿色发展已成为国家未来发展的重要战略之一。中国已向世界做出"二氧化碳排放力争于 2030 年前达到峰值，努力争取 2060 年前实现碳中和"的庄严承诺，要实现"碳达峰、碳中和"目标，明确将推动绿色改革和绿色创新、发展绿色能源及材料、推动制造业等领域资源利用的升级迭代作为未来发展的重中之重。此外，就广东省内部的经济形势来看，区域发展不平衡不充分一直是广东的"老大难"问题，尤其是北部生态发展区，与珠三角地区形成巨大落差，利用自身资源禀赋，建立新型绿色低碳产业体系迫在眉睫。

广州北部生态发展区位于广东省北部地区，主要包括韶关、河源、梅州、清远和云浮等 5 个地级市，区域分布分为东西两块，东部包括韶关、河源、梅州和清远 4 市，西部为云浮市。发挥北部生态发展区生态优势，构建绿色产业体系，把区域发展的短板变成"潜力板"，是北部生态发展区转变经济发展方式、平衡区域发展的关键。"十四五"期间，为协同推进"一核一带一区"保护与发展，北部生态发展区将以绿色发展的理念为指导，协调发展与保护，在守护绿水青山的同时发展绿色经济。绿色经济具有投入大、周期长、回报慢的特点，短期虽难以促成地区跨越式发展，但从长期看却是持续发展的机遇和源动力。支持北部生态发展区构建生态产业体系，通过延伸绿色产业链，持续强化珠三角的辐射作用，带动北部生态发展区做强绿色产业集群，对广东省具有深远的发展意义。

## 第一节　广东北部生态发展区产业发展现状特征

### 一、　第一、　第二产业稳步上升，　第三产业拉动作用日益明显

北部生态发展区第三产业的发展对经济的拉动作用日益显著。如图 13 - 1 所示，北部

---

\* 本章第一执笔人为暨南大学产业经济研究院李泽瑄。

生态发展区的经济近年得到了迅速发展，各产业部门不断升级，发展势头良好。2020 年韶关、河源、梅州、清远、云浮五地的国内生产总值分别达到了 1 353 亿元、1 103 亿元、1 208 亿元、1 777 亿元、1 102 亿元。从 2015—2020 年五地 GDP 及三次产业增加值变动趋势中可以看出，北部生态发展区 GDP 大体上逐年稳步攀升，其中，第三产业发展迅速，对经济的拉动作用日益显著；清远市的 GDP 在 2015—2020 年间增长了 41%，第三产业对 GDP 的拉升最为显著，第一、第二产业均稳步上升。河源、云浮自 2015 年起，第三产业的增加值逐步与第二产业拉开距离，第三产业成为经济增长的主动力。综上，北部生态发展区近六年来发展迅速，经济转型有显著成效。

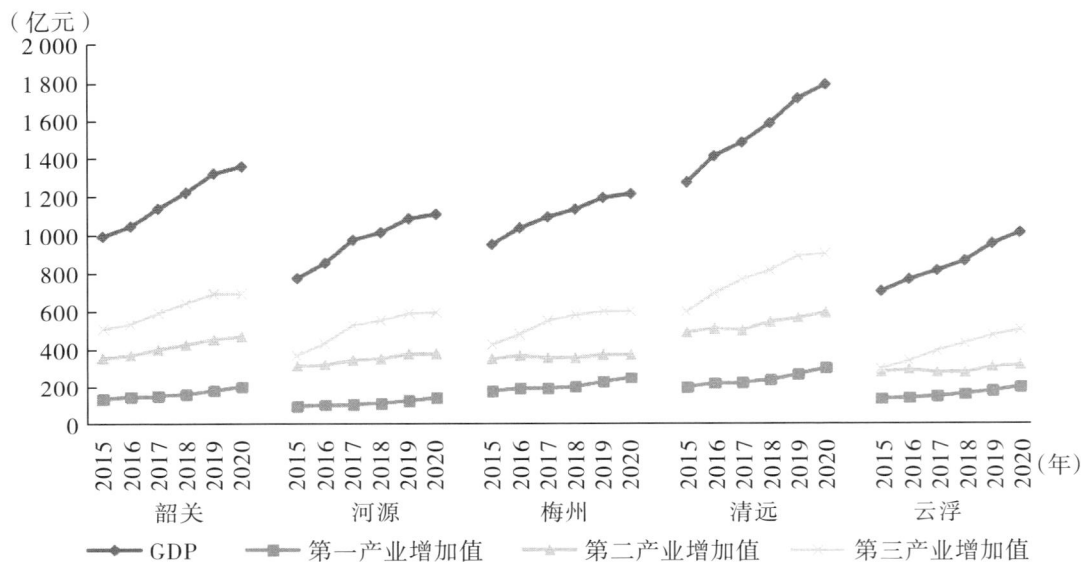

图 13 - 1　2015—2020 年北部生态发展区 GDP 及三次产业增加值变动趋势

数据来源：广东省统计局。

北部生态发展区三次产业结构逐步合理。随着经济的持续增长，北部生态发展区三次产业产值不断增长的同时，产业结构也在优化升级（见图 13 - 2）。从整体上看，自 2015 年起，韶关、河源、梅州、清远、云浮的第一产业产值比重保持平稳，至 2020 年占比分别为 14.7%、12.4%、20.3%、16.8%、19.3%；第二产业产值逐步下降，至 2020 年占比分别为 34.3%、34.0%、30.4%、33.0%、31.1%；第三产业产值比重节节攀升，至 2020 年占比分别为 51.0%、53.6%、49.3%、50.2%、49.6%。2016—2017 年，河源、云浮两市的第三产业产值比重超过了第二产业，成为经济发展的主动力。这得益于北部生态发展区加大对绿色经济的支持力度，使得以"农、林、牧、渔"为主的第一产业平稳发展，以资源开发为主导的第二产业比重急剧下降，以服务业为主的第三产业突飞猛进，但近两年由于疫情对旅游业的冲击，占比增速有所放缓。总体而言，随着经济发展，北部生态发展区的发展质量和效益有了明显提升，以资源为支撑的第二产业占比逐步下降，第一产业占比基本不变，有轻微地上涨，符合绿色发展的路径，产业结构得到了优化调整，服务业支撑引领作用更趋明显。

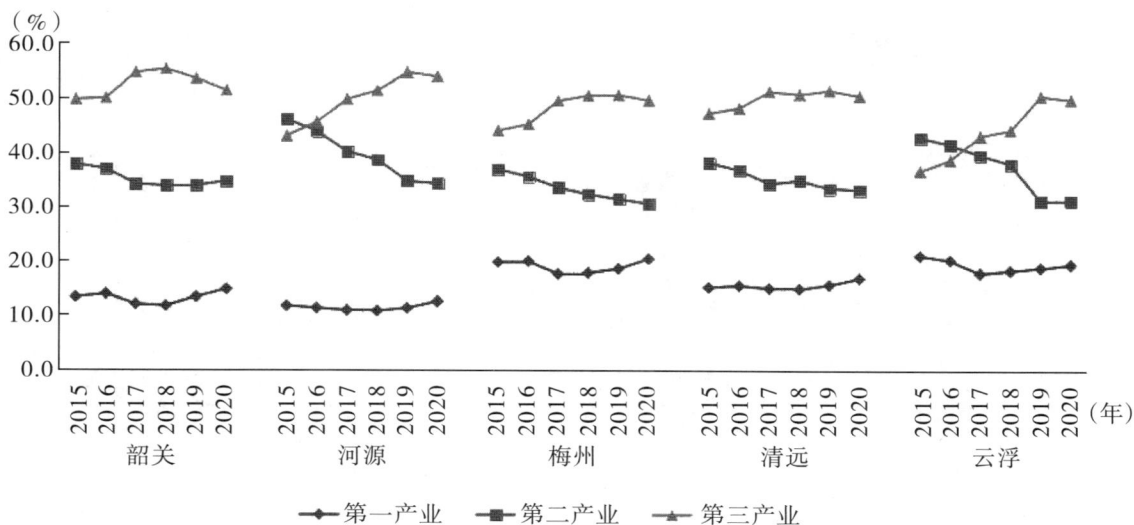

图 13-2　2015—2020 年北部生态发展区三次产业产值比重变动趋势

数据来源：广东省统计局。

## 二、 转型升级初显成效， 先进制造业比重有所上升

从图 13-3 可以看出，近年来北部生态发展区着力推动传统工业转型，围绕信息技术、新医药、新材料、新能源等现代化产业进行了全面布局，制造业产业结构不断优化。其中，河源市的制造业产业结构得到了显著提升，2020 年，河源市先进制造业、高技术制造业分别实现规模以上增加值 149 亿元、101 亿元，分别同比增长 4.6%、10.3%，占全市规模以上工业增加值的比重分别达到 53.2%、36.2%，先进制造业和高技术制造业比重较 2015 年分别提升了 4.2 个百分点和 7.2 个百分点，新兴产业对整体经济发展的推动作用明显增强。云浮市的制造业总体结构不断优化，先进制造业增加值占全市规模以上工业增加值的比例从 2015 年的 18.7% 上升为 2020 年的 24.2%，高技术制造业增加值占全市规模以上工业增加值的比例从 2015 年的 8% 上升为 2020 年的 10.7%，但整体制造业产业结构仍较为传统，2020 年先进制造业、高技术制造业（电子设备、医药）增加值占全市规模以上工业增加值的比例分别低于全省（56.1%、31.1%）31.9 个百分点、20.4 个百分点。受限于企业的自主创新和技术研发能力，北部生态发展区核心技术、核心制造设备尚未取得变革性突破，关键零部件对外依存度高，机械装备和材料制造产业中的传统制品占比较高，电子信息产业的产业层次偏低，企业的主营业务多集中在产业链加工组装环节，产品的附加值较低，制约了北部生态发展区制造业进一步发展转型。

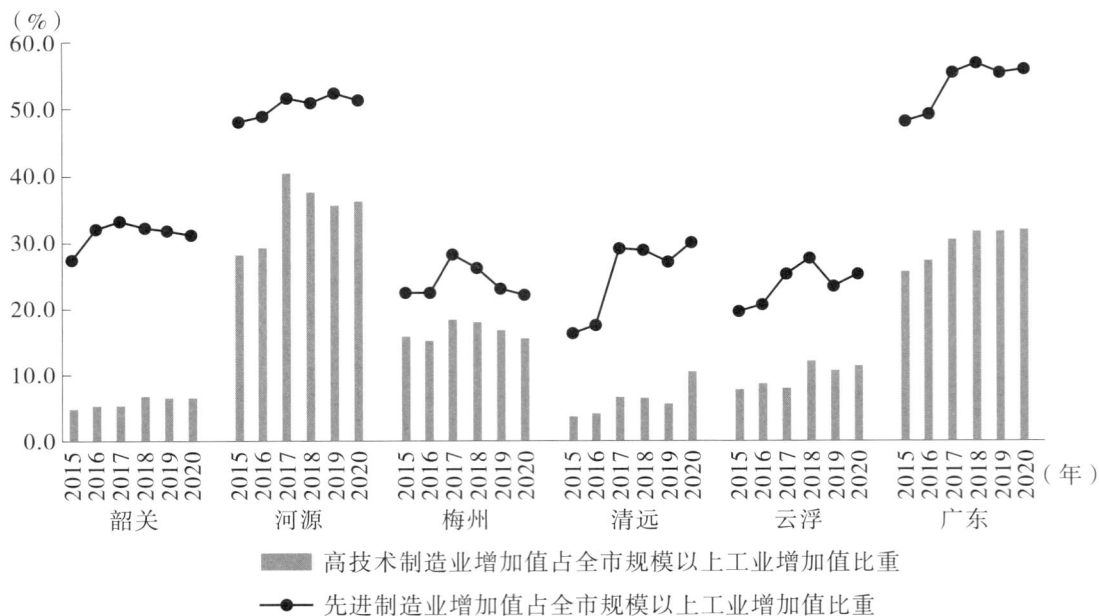

图 13－3　2015—2020 年北部生态发展区和广东省高技术制造业、先进制造业增加值占比情况

数据来源：广东省统计局。

## 三、 服务业结构不断优化， 现代服务业比重上升

北部生态发展区现代服务业体系建设成效显著。2020 年，北部生态发展区现代服务业增加值为 292.23 亿元，同比增长 3.1%，占服务业增加值的比重为 49.43%，比上年提高 1.73 个百分点。① 各地对信息传输、软件和信息技术服务业的投资力度也逐步加大，尤其是清远、云浮二市，对信息传输、软件和信息技术服务业的固定资产投资占总投资的比重已超过广东省的平均水平，传统服务业向现代化服务业转型的势头明显。整体上来看，北部生态发展区近年来批发零售、住宿餐饮等传统服务业不断萎缩，正向信息传输、软件和信息技术服务业以及租赁和商业服务等现代服务业领域大力拓展。批发和零售业获得的支持力度逐年锐减，而一度占据投资比重主体地位的住宿和餐饮业也大势已去，河源、梅州、清远三市的减幅尤为显著。相较而言，北部生态发展区的租赁和商务服务业近年来取得了较大的支持力度，河源政府因为近年来加快发展跨境电商、保税物流、融资租赁等外贸新业态新模式，综合保税区、保税物流中心（B 型）、中欧班列、整车进口、无水港等开放新平台加速建设，出口监管仓和进口保税库获批，使得跨境电商、保税物流等外贸新业态加快发展，租赁和商务服务业近几年发展迅猛。

---

① 《河源市产业发展规划（2021—2030）》。

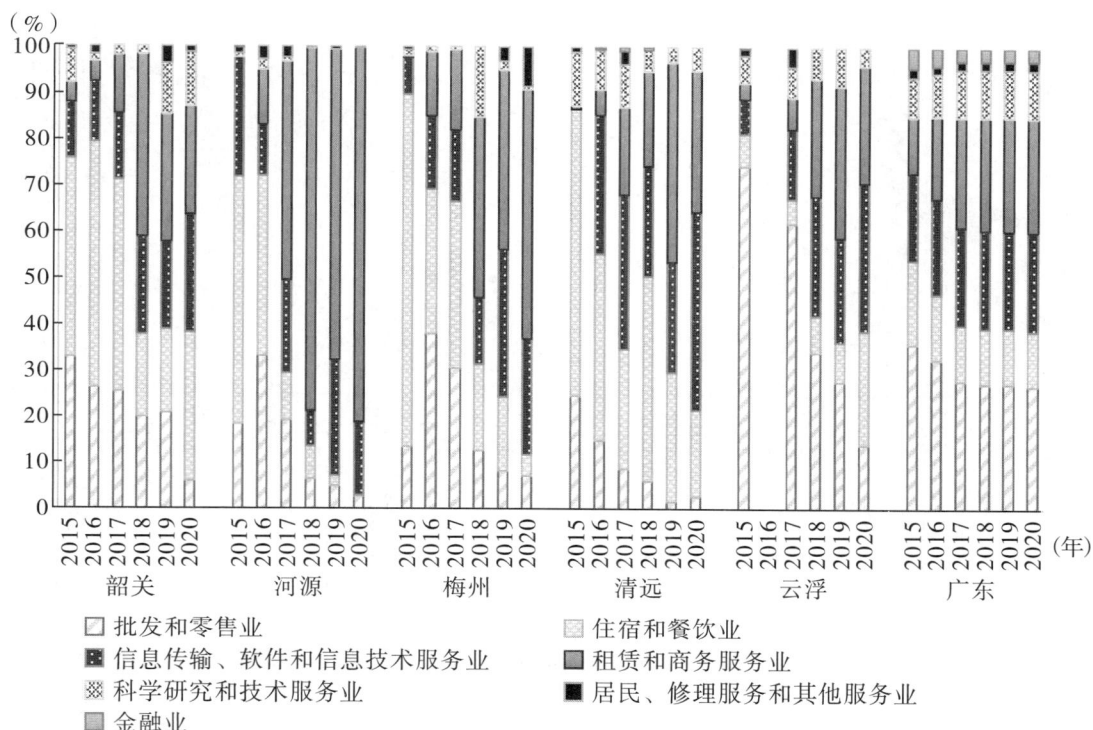

图 13 - 4　2015—2020 年北部生态发展区、广东服务业固定资产投资占比情况

数据来源：广东省统计局。

## 四、 发明专利数量增加， 科技创新能力有所提升

北部生态发展区工业企业新产品销售收入占比与单位工业企业有效发明专利拥有量有相对明显的提升。韶关、河源的单位工业企业有效发明专利拥有量的增长势头较为瞩目。整体而言，北部生态发展区对科技创新的重视程度有所提升，除对接粤港澳大湾区现代化经济体系之外，北部生态发展区企业自身有效发明专利的拥有量显著提升，但研发投入水平提升较慢，研发和创新综合能力仍显著低于广东省平均水平，企业创新意识、知识产权保护意识和科技创新能力还有待进一步提升，经济增长距离真正走上依靠自主科技进步的轨道还有一定距离。

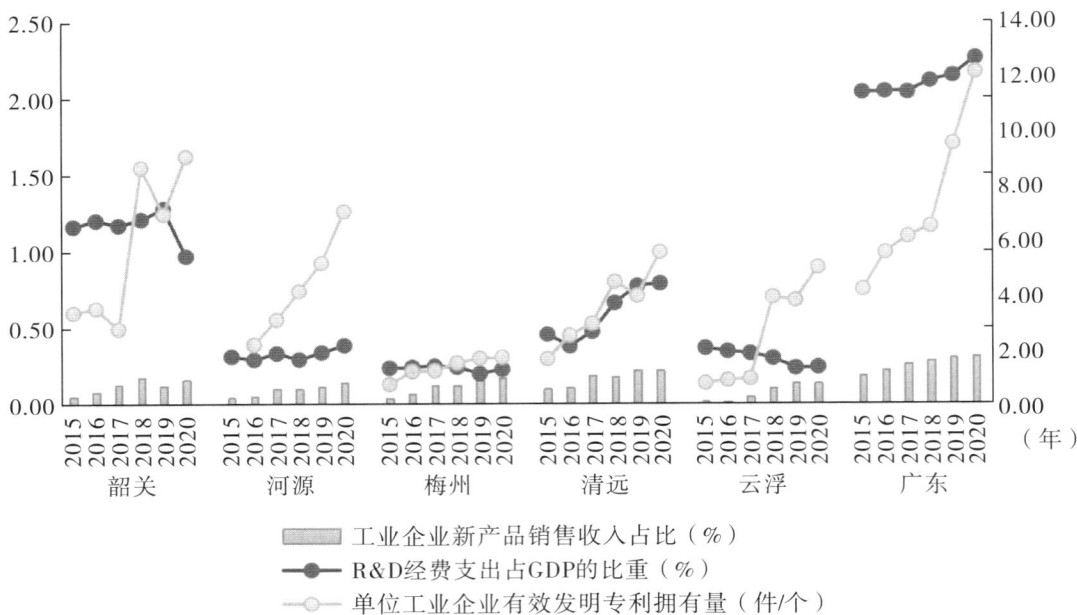

图 13－5　2015—2020 年北部生态发展区、广东企业自主创新情况

数据来源：广东省统计局。

# 第二节　广东北部生态发展区产业发展存在的问题

## 一、 经济总量仍然偏小， 收入水平明显滞后

北部生态发展区的经济总量整体较小。虽然广东省经济发展已久，但不容忽视的是，广东辉煌的经济总量中，80%的总量属于珠三角，而沿海的粤东西地区，只各占 6%，虽说如此，粤东西在规划中被列为新时期经济发展的主战场，搭配粤东西先发的沿海优势，未来可期。而占据广东省面积约 36%的北部生态发展区，因为山区隔阂、开放较晚，2020年北部生态发展区五市生产总值占广东省生产总值的不足 6%（见图 13－6），韶关、河源、梅州、清远和云浮在广东省 21 个地市中，规模以上工业增加值、固定资产投资、地方公共财政预算收入、社会消费品零售总额等主要经济指标绝对数在广东省排名均靠后，且北部生态发展区五市人均 GDP 水平不高。从图 13－7 中 2000 至 2020 年北部生态发展区、广东省与全国人均 GDP 变动趋势来看，北部生态发展区五市人均 GDP 远低于广东省人均 GDP，与全国人均 GDP 也有较大差距。随着时间的推移，北部生态发展区之间人均GDP 差距的扩大趋势逐步趋于收敛，但与广东省乃至全国差异仍在逐步拉大，还有很大的赶超空间。

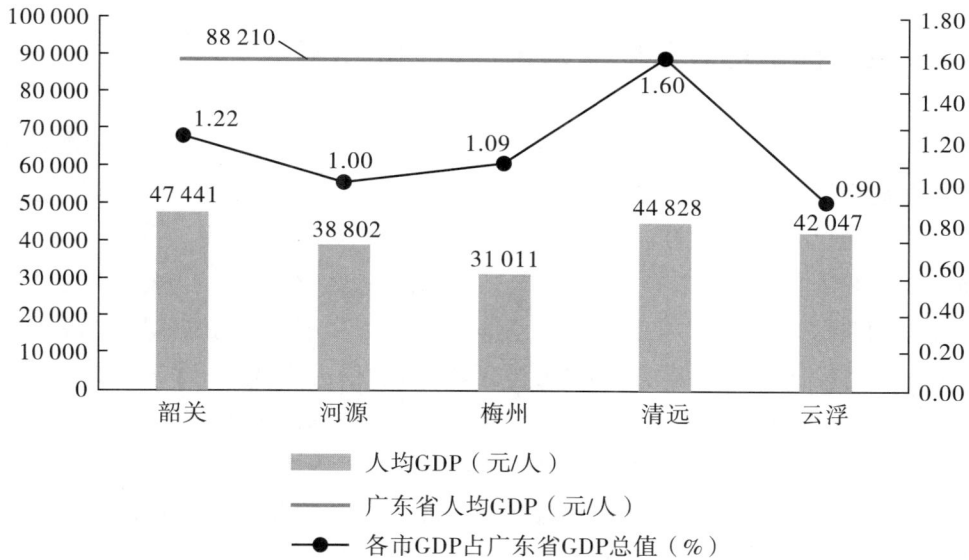

图 13 - 6　2020 年北部生态发展区经济发展状况

数据来源：广东省统计局。

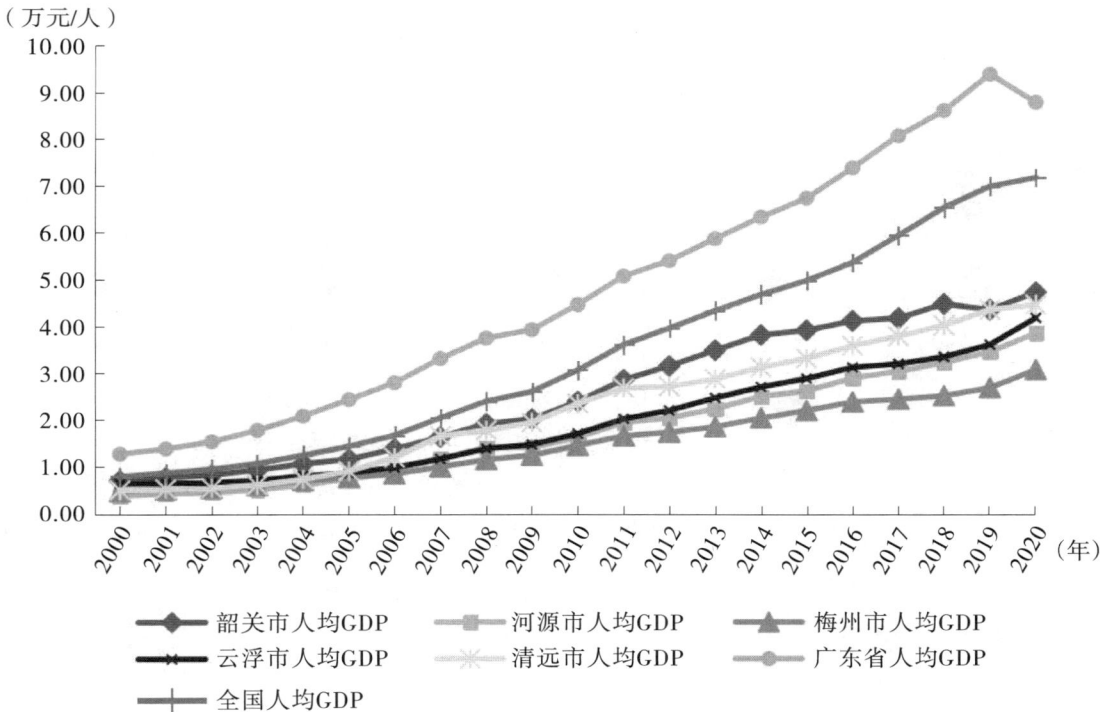

图 13 - 7　2000—2020 年北部生态发展区、广东省与全国人均 GDP

数据来源：广东省统计局。

## 二、 交通网络有待完善， 城市通达性有所不足

在工业社会，商品的流通速度和成本很大程度上决定了当地经济在市场上能否取得一席之地，基础设施建设、公共服务关系对地区发展影响重大。健全的基础设施与优质的社会服务，对区域内的产业发展和技术创新具有重大的引导和促进作用。

如图 13 – 8 所示，北部生态发展区先天的"八山一水一分田"的地理劣势，注定难以形成高密度的路网，尤其梅州、清远、云浮等市地处山区，公路、铁路等基本交通设施建设技术标准低，发展建设速度与粤港澳大湾区发展相比落后缓慢。2020 年，广东省建成区路网密度为 6.25 千米/平方千米，远高于云浮、梅州、清远的 3.97 千米/平方千米、4.27 千米/平方千米、4.5 千米/平方千米。广东省第一条山区高速公路的开启，也就是京珠高速的韶关段，仍等到 2003 年才姗姗来迟；直到 2005 年，梅州通往珠三角的第一条高速——梅河高速才正式通车。而韶关市的交通基础设施相较于北部生态发展区较为完备，建成区路网密度和人均城市道路和桥梁长度均高于广东省的平均水平。

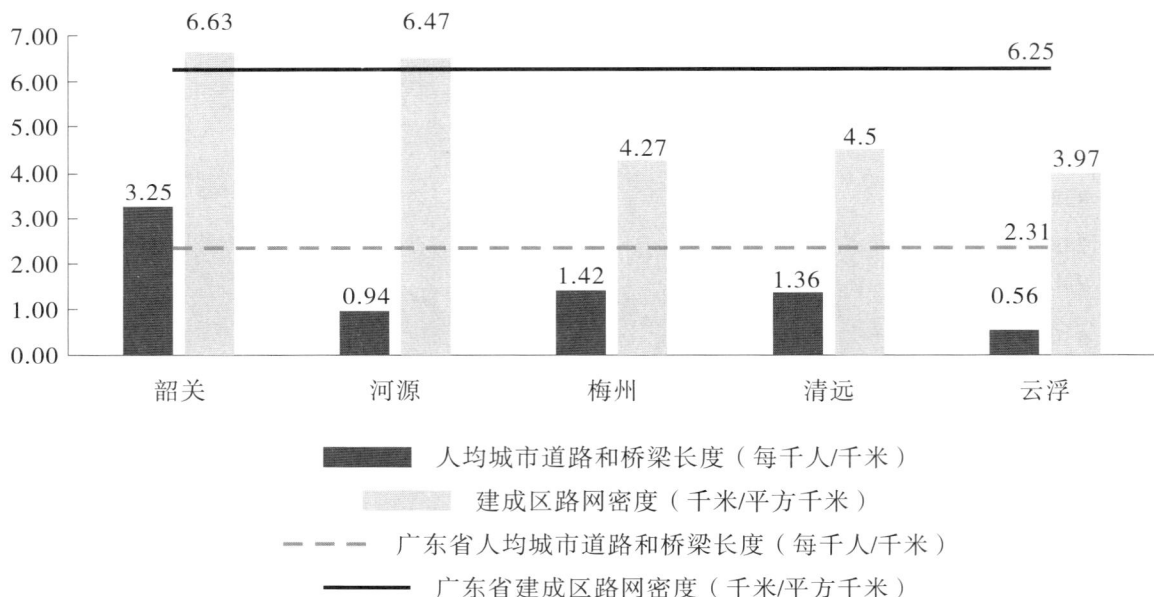

图 13 – 8　2020 年北部生态发展区交通基础设施建设状况

数据来源：广东省统计局。

## 三、 发展方式相对粗放， 技术创新能力待提升

北部生态发展区以量的扩张为主的传统粗放型发展模式导致资源消耗大、污染排放量较高；第三产业仍以传统服务业发展为主，现代服务业发展相对薄弱，机械装备和材料制造产业中的产品多为传统制品，即使是规模较大的电子信息产业，企业的主营业务多集中在产业链加工组装环节，产品层次、附加值较低；北部生态发展区产业间功能相对独立，关联性较差，未形成良好的产业链；企业自主创新和技术研发能力不强，核心技术、核心制造设备和上下游产品尚未取得整体性突破，关键零部件对外依存度高，企业科技成果转化能力偏弱；经济增长还没有真正走上依靠科技进步的轨道，企业科技创新能力不高，产业整体竞争力较弱；"航母"型大企业少，中小专业型行业龙头少，缺乏专、精、特、优的品牌企业。总而言之，北部生态发展区经济发展仍呈粗放型格局，循环经济体系尚未建立。

## 四、 保护与发展矛盾突出， 要素支撑短板凸现

在用地方面，首先，北部生态发展区山区承担着广东省生态屏障的重任，生态保护红线和永久基本农田占比较大，可开发利用的空间小。北部生态发展区五市的用地指标安排逐年减少，建设用地规模和用林用地指标、水田垦造指标的制约，与制造业项目用地需求的上升形成强烈反差，普遍存在项目排队等地的现象。其次，在园区用地紧张的情况下，园区招商往往会优先考虑体量大的企业，甚至劳动密集型的加工企业，而成长性好的科技型、创新型企业往往由于过小的体量而被园区排除在外，环境容量与能耗指标亦制约了企业招商引资和增资扩产，造成制造业工艺配套不足和产业链缺失。生态环境资源的使用限制一定程度上阻碍了北部生态发展区的产业开发，使得生态资源无法有效转化为物质财富。

在资金方面，绿色产业体系的构建各个方面均需要充足的资金作保障，北部生态发展区在依托生态资源推进循环工业体系建设方面做出了初步尝试，出现了一批初步形成了循环经济模式的工业园区。但北部生态发展区当地的金融业欠发达、金融主体类型较单一、融资方式仍较为传统，因此以中小微企业为主的制造业主体当中普遍存在融资难、融资贵等难题，科技成果转化以及企业拓展缺乏金融支持。此外，企业自筹部分占了工业污染治理投资总额绝大比例，其中银行贷款部分微乎其微，政府补助也非常有限，从图13-9中可看出，北部生态发展区受制于经济体量、税收来源等多方面原因，财政支出增长放缓与刚性需求矛盾加剧，一定程度上掣肘了北部生态发展区传统高污染、高耗能产业的绿色生态化转型。

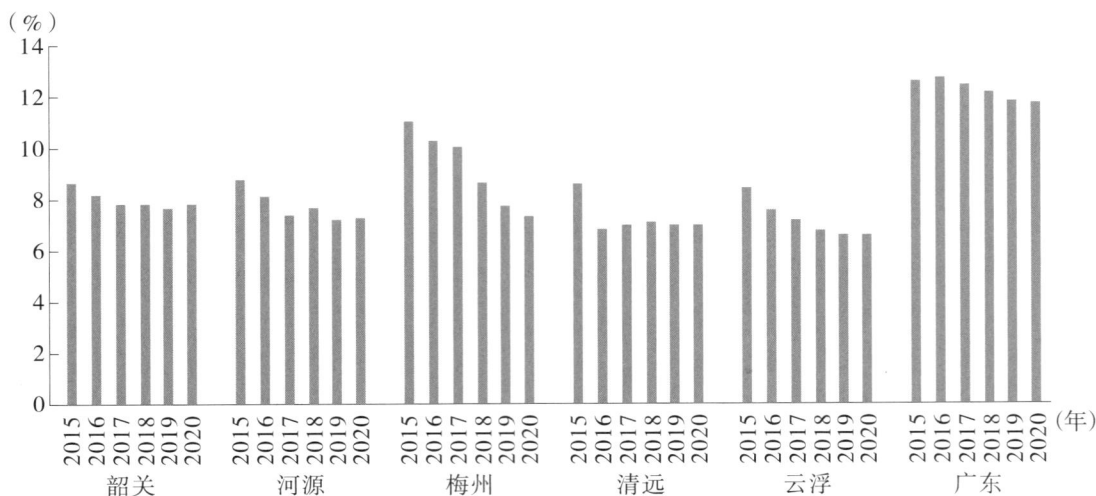

**图 13 - 9　2016—2020 年北部生态发展区、广东财政支出占 GDP 情况**

*数据来源：广东省统计局。*

在人才方面，北部生态发展区整体经济欠发达，医疗水平、教育资源等基础设施与一、二线城市相比有较大差距，一直以来都有外来劳动力减少、本地年轻劳动力外流的趋势，城市与人才的黏合度不高，对技能人才、高层次创新人才缺乏吸引力。不健全的人才引进和培养的体制机制使得高层次的科技创新缺乏领军人物和学科带头人，专业科技人才支撑力量薄弱，自主创新力度不足，难以满足产业结构调整和绿色产业发展的需要。

## 五、　自然资源产权归属不清，　管理问题仍然较大

北部生态发展区次生及再生林的建设以政府投资为主，所属权归属不明晰。林权归属于政府、国家所有，地方政府参与了森林资源的投资建设，而实际上的利用、开采往往需要借助地方企业或社会资本的力量。企业与林权的利益关系不明晰，开采与管理权没有明确的法律依据，从而导致开发中易出现很多权属交叉、监督不力的现象，这使得北部生态发展区森林资源保护与管理存在体系不明、难度较大的制度性问题。此外，北部生态发展区地形复杂，交通条件恶劣，无法有效运用机械与组织人力施工，同样阻碍了森林资源建设的效率。

# 第三节　广东北部生态发展区产业绿色化发展评价

## 一、绿色产业的概念与内涵

狭义上的绿色产业特指从污染控制角度界定的绿色产业，其侧重于环境问题的"末端治理"，指提供与污染物的控制和治理有关的生产和服务的企业集合。[①] 七部委联合印发的《绿色产业指导目录》中有明确列出，节能环保产业、清洁生产产业、清洁能源产业、生态环境产业、基础设施绿色升级和绿色服务均属于统计意义上的绿色产业。广义上的绿色产业是指从可持续发展角度界定的绿色产业，与资源节约和环境友好相关的产业均可被纳入绿色产业的范畴，产品或服务需要在各个环节的过程中将生态、经济与社会的价值相统一。综合广东省"一核一带一区"的区域发展格局，本章将研究范围设置为广义上的绿色产业。

结合已有相关研究文献，本文对绿色产业体系的界定为：以绿色发展理念为指导，以资源节约和环境友好为实质，符合生态文明建设的总要求与区域现状、具有转变传统经济发展方式和引领产业未来发展方向的产业部门集合体。它是加快产业结构调整、转变经济发展方式的重要途径，统筹经济效益、生态效益和社会效益三位一体，对实现经济高质量和可持续发展具有重要意义。

## 二、北部生态发展区绿色产业发展状况

### （一）能耗双控取得成效，发展方式仍待转型

国家生态文明战略的推进要求产业发展坚持节能降耗，追求绿色发展，加快新型工业化。由图 13 - 10 可看出，自 2015 年来，广东省能耗和电耗控制整体取得了显著成效，除了河源市的单位 GDP 能耗低于广东省之外，北部生态发展区其余地区的能耗、电耗均高于广东省的人均水平。其中，韶关和清远二市的电耗、能耗管控相对较为松懈，这与当地传统工业发展模式相对粗犷有着密不可分的关系，韶关是曾经的"华南重工业基地"和重要的有色金属之乡，历史原因造成了高能耗、高排放的经济结构特征十分明显。本章认为，归因于北部生态发展区能源的高耗低效利用，即北部生态发展区部分产业部门习惯于高投入、高耗费的传统生产方式，投入人力资金以升级创新生产模式的意愿不够强烈，技术创新能力不足导致生产成本难以下降。

---

① 李碧浩，许用权，柳阳. 从绿色产业到产业绿化 [J]. 上海节能，2012（5）：14 - 16 + 22.

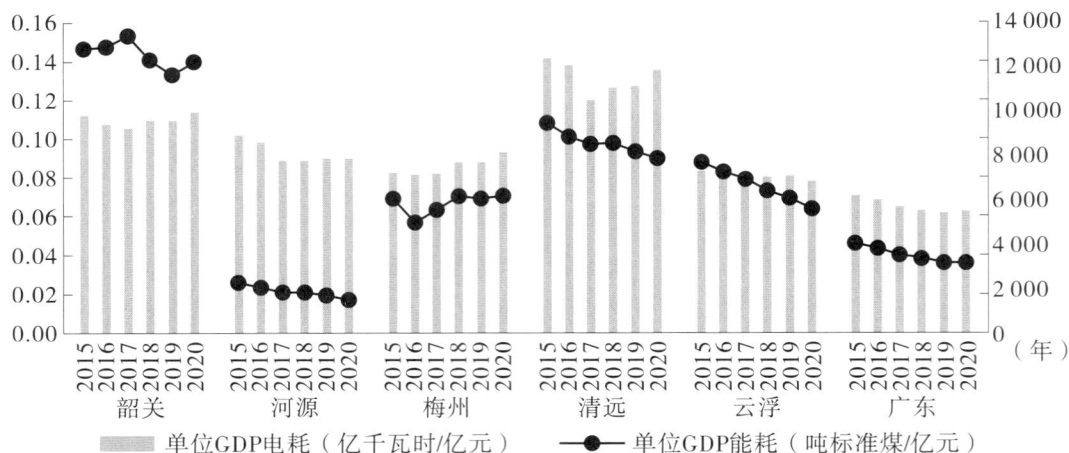

**图 13 - 10　2015—2020 年北部生态发展区年单位 GDP 电耗、能耗变动趋势**

数据来源：广东省统计局。

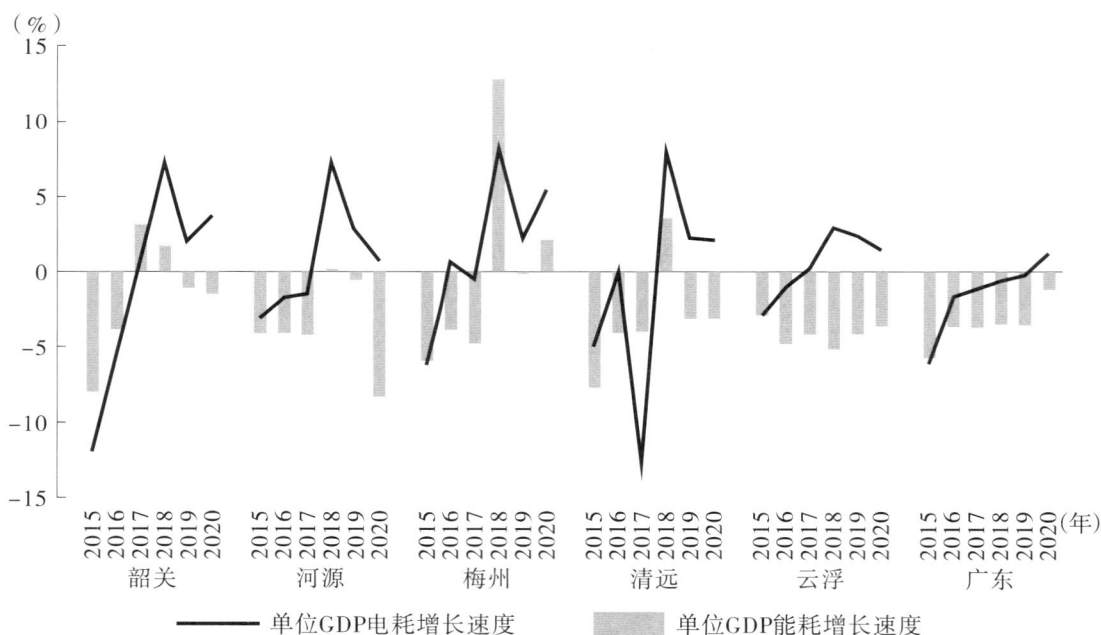

**图 13 - 11　2015—2020 年北部生态发展区年单位 GDP 电耗、能耗增长趋势**

数据来源：广东省统计局。

图 13 - 12 汇总体现了 2013—2019 年北部生态发展区以及广东省平均二氧化碳、废水和固体废物的排放情况。固体废物排放量与废水排放量来自《中国城市统计年鉴》，城市碳排放既包括如煤气和液化石油气等直接能源消耗产生的碳排放，也包括电能和热能消

耗。本文根据《IPCC2006 国家温室气体清单指南》提供的相关转化因子来计算关于直接能源消耗的碳排放，电能消耗产生的碳排放则借鉴 Glaeser 和 Kahn[①] 的做法，即根据中国电网公布的各区域年度电网基准线排放因子，结合区域电能消耗量计算出北部生态发展区各城市以及广东省平均电能消耗所产生的碳排放。城市热能主要包括锅炉房供热和热电厂供热两种，其原料多数以原煤为主。此外，根据《中国城市建设统计年鉴》提供的历年各城市集中供热的统计数据以及《燃煤工业锅炉节能监测（GB/T 15317—2009)》中规定的燃煤工业锅炉热效率标准，结合供热量、热效率和原煤发热量系数、标准煤折算系数、每千克原煤的碳排放系数（$2.53CO_2$/千克），经过一系列计算最终得出集中供热产生的碳排放量。综上所述，本章将北部生态发展区电能、煤气和液化石油气和热能消耗产生的碳排放相加而得以计算出北部生态发展区各市的碳排放数量以及广东省的平均碳排放量。

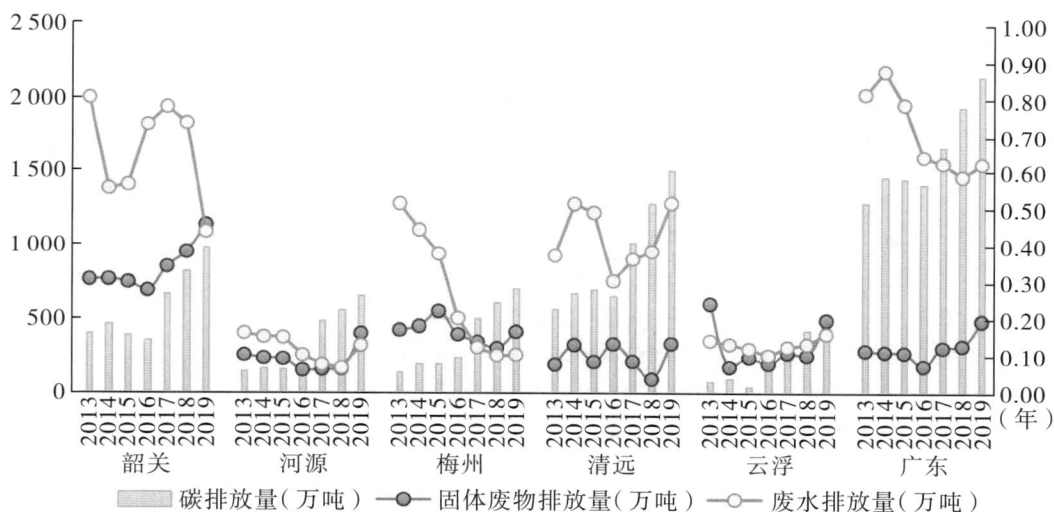

图 13 - 12 2013—2019 年北部生态发展区、广东省工业废物排放

数据来源：广东省统计局。

由图 13 - 12 可知，北部生态发展区尤其云浮市的碳排放量远小于广东省的平均碳排水平，整体趋势与广东省总碳排水平基本保持一致，即在 2015 年、2016 年经历小幅下调之后持续走高，节能减排的任务任重而道远。就工业污染排放而言，随着产业结构的优化调整，工业废水的排放量正在逐年下降，固体废物排放量也整体保持在相对可控的水平，对比广东省整体趋势，近年来梅州市的工业污染排放取得了较为显著的突出成就，河源、云浮秉持着节能减排的绿色生态发展路线，而韶关与清远的碳排放量、工业污染物排放量

① GLAESER L E, KAHN M E. The greenness of cities：carbon dioxide emissions and urban development［J］. Journal of urban economics, 2010, 67 (3)：404 – 418.

（指图 13 - 12 中的固体废物排放量与废水排放量）由于工业发展道路的历史路径，在北部生态发展区中处于相对较高水平。图 13 - 13 可体现出北部生态发展区节能减排的经济效率，由图 13 - 12 可知，北部生态发展区虽然整体的碳排放、工业污染物排放远小于广东省的平均水平，污染排放在近年来也逐步得到了有效治理，结合单位 GDP 碳排放量、工业污染物排放量来看，广东省整体的碳排放、工业污染物排放均得到了有效控制，但北部生态发展区由于缺乏高新技术的支撑，整体的工业能耗偏高、碳排放自 2016 年之后有持续走高的趋势，经济效率仍待提升。

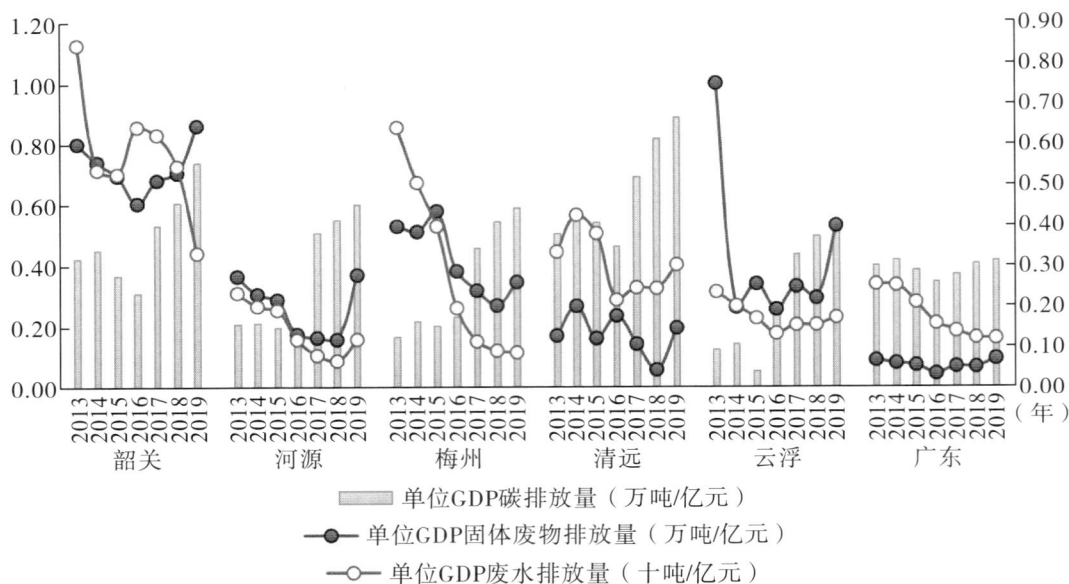

图 13 - 13　2015—2019 年北部生态发展区、广东省单位 GDP 工业废物排放

数据来源：广东省统计局。

## （二）环保财政支出较大，但力度有所放缓

为了落实产业绿色生态体系的建设，促进生态文明发展，北部生态发展区政府对各地节能环保给予了财政支持，且近年来的支持力度有所放缓。本章收集了 2015—2020 年北部生态发展区政府关于节能环保的财政支出（见图 13 - 14）。从图 13 - 14 中可以看出，北部生态发展区的节能环保支出占 GDP 的比重远远高于广东省的平均水平，其中，韶关、河源、梅州三地的节能环保支出占 GDP 比重尤为瞩目，结合图 13 - 13 中北部生态发展区单位 GDP 工业废物排放的数据可知，这三市在节能环保方面确实在政府的支持下取得了相应成效，而清远、云浮两地政府在财政支出方面的支持力度略逊于北部生态发展区其他三市。

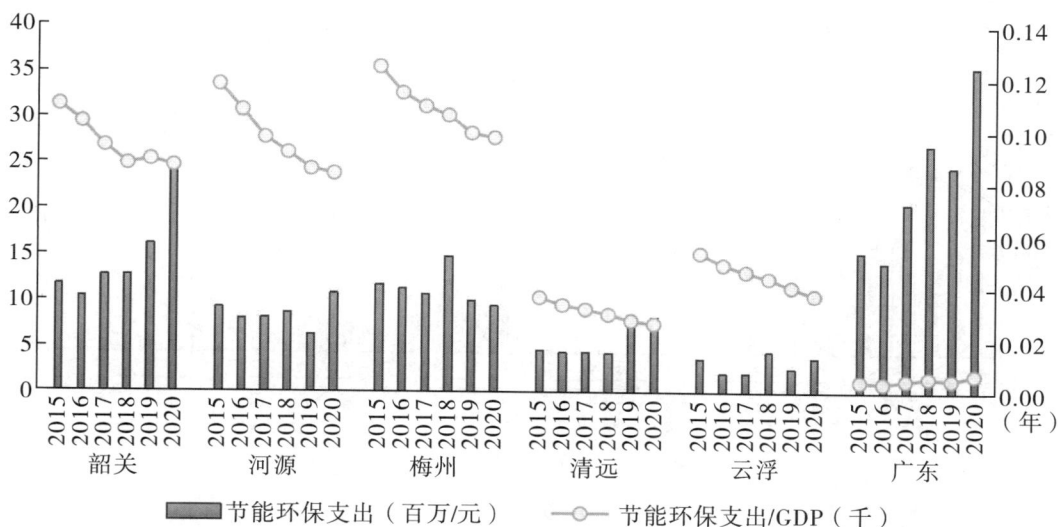

图 13 – 14 2015—2020 年北部生态发展区、广东环境保护财政支出

数据来源：广东省统计局。

综上所述，近年随着北部生态发展区工业化进程的加快以及绿色发展路径等保障措施的逐步落实，北部生态发展区产业总体上得到了迅速发展，第三产业对 GDP 的拉动作用明显，三次产业结构得到了有效的提升，绿色转型升级取得了一定的进展。但由于传统工业技术的局限性所带来的资源损耗和污染排放等问题，北部生态发展区的生态环境受到了一定程度的破坏，环境保护力度和效果还远远不够，仍需各地政府以及企业加大技术支持和资金投入，促使北部生态发展区传统工业经济发展方式尽快向绿色生态化和可持续转型，着力培育低污染、低耗能的高科技新兴产业。

## 三、 北部生态发展区绿色产业发展潜力与优势

### （一）自然资源丰富，绿色产业具备良好先天发展优势

如图 13 – 15 所示，北部生态发展区的人均森林面积、人均水资源量均高于广东省的平均水平。具体而言，首先，北部生态发展区拥有峡谷、岩溶、矿石、化石等丰富的山体、地质资源，种类多样且分布广泛，是北部生态发展区旅游资源的突出代表。其次，北部生态发展区拥有丰富的水体资源，包括珠江和长江两大水系、十大国家级湿地公园、丰富的温泉资源以及众多小型瀑布等其他水域资源。最后，北部生态发展区的矿产资源（铁、钛、钨、锡、稀土、萤石、高岭土、陶瓷土等）具有种类多、分布广、品位高、规模大等特点，形成北部生态发展区独特的资源优势。

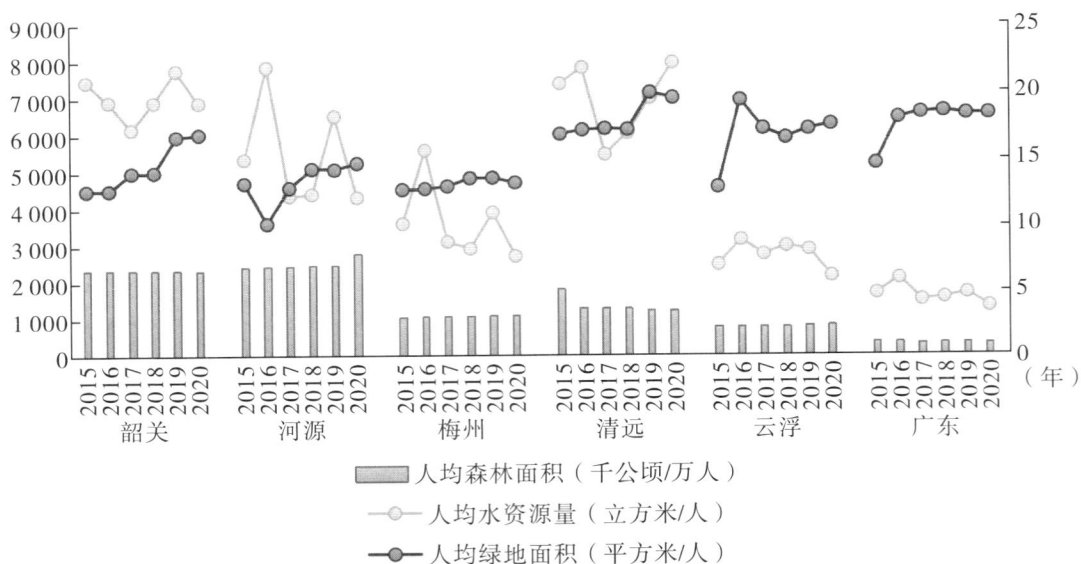

图 13 - 15　2020 年北部生态发展区自然资源禀赋情况

数据来源：广东省统计局。

### （二）政策支持力度大，绿色产业具备良好后天发展环境

近年来，广东省自然资源厅通过强化产业项目用地、筹措资金、推进垦造水田等措施，从政策、资金、服务、意识等方面，全角度、多维度助力北部生态发展区绿色产业开创新局面，推动北部生态发展区在高水平保护中实现高质量发展。具体而言，一是广东省对产业项目提供用地指标保障，推行点状供地政策保障乡村产业用地；二是分别从 2012 年、2017 年开始，广东省建立了永久基本农田保护经济补偿、北部生态发展区垦造水田制度，在破解北部生态发展区水田占补平衡难题、保障重大建设项目加快落地建设等方面发挥了重要支撑保障作用；三是建立基本公共服务均等化制度，保障北部生态发展区符合"一户一宅"的农村村民住宅建设规划要求；四是通过调查和评估不同类型的建设工程项目对林业自然保护区的生态影响，林业自然保护区生态损失补偿测算方法被逐步完善，推动公益林补偿机制、自然保护地生态保护补偿制度的建立。

### 四、 产业绿色化发展评价指标体系构建

本文的指标选取主要涵盖了经济发展速度、产业结构合理度、节能减排、资源禀赋、科技创新以及社会公共服务等方面，由此全面地衡量近年来北部生态发展区产业绿色发展程度。

具体而言，本章立足北部生态发展区产业发展实际，围绕绿色产业的内涵，将影响

北部生态发展区产业绿色发展的因素归纳分类为发展效率、发展潜力、污染减排、政府支持、社会公平五个层面，经过筛选和分析，最终确定了 5 个准则层、26 个指标层（见表 13-1），并应用熵值法确定各项指标权重，构建了一套产业绿色发展水平综合评价体系，将广东省的平均发展水平作为参考对照，依据评价结果对北部生态发展区绿色产业体系的构建提供思路参考。

表 13-1 北部生态发展区产业绿色发展水平评价指标体系

| 目标层 A | 准则层 B | 指标层 X | | |
|---|---|---|---|---|
| | | 指标代码 | 指标名称 | 属性 |
| 北部生态发展区产业绿色发展指标测评 | 发展效率 B1 | X1 | 人均 GDP（元/人） | + |
| | | X2 | 单位 GDP 能耗（吨标准煤/万元） | − |
| | | X3 | 单位 GDP 电耗（亿千瓦时/亿元） | − |
| | | X4 | 工业劳动生产率（元/人） | + |
| | | X5 | 第二产业占比（%） | − |
| | | X6 | 第三产业占比（%） | + |
| | 发展潜力 B2 | X7 | R&D 经费支出占 GDP 的比重（%） | + |
| | | X8 | R&D 就业人员占全部就业人员的比重（%） | + |
| | | X9 | 先进制造业增加值占规模以上工业增加值比重（%） | + |
| | | X10 | 单位工业企业有效发明专利拥有量（件/个） | + |
| | | X11 | 工业企业新产品销售收入占比（%） | + |
| | | X12 | 高技术制造业增加值占规模以上工业增加值比重（%） | + |
| | 污染减排 B3 | X13 | 单位耕地面积农药使用量（吨/千公顷） | − |
| | | X14 | 单位 GDP 工业固体废物排放量（万吨/亿元） | − |
| | | X15 | 单位 GDP 二氧化硫排放量（万吨/亿元） | − |
| | | X16 | 单位 GDP 工业污水排放量（万吨/亿元） | − |
| | | X17 | 单位 GDP 二氧化碳排放量（万吨/亿元） | − |
| | 政府支持 B4 | X18 | 燃气普及率（%） | + |
| | | X19 | 城市生活垃圾无害化处理率（%） | + |
| | | X20 | 节能环保占公共预算比重（100%） | + |
| | | X21 | 人均公交数（辆/千人） | + |
| | 社会公平 B5 | X22 | 人均绿地面积（平方米/人） | + |
| | | X23 | 人均水资源量（立方米/人） | + |
| | | X24 | 城镇登记失业率（%） | − |
| | | X25 | 人均道路面积（平方米/人） | + |
| | | X26 | 人均森林面积（千公顷/万人） | + |

## 五、 北部生态发展区产业绿色化发展评价结果及分析

由图 13 – 16 可知，自 2015 年来，北部生态发展区的绿色发展水平总体上呈波动上升趋势，发展水平远低于广东省的平均水平，虽发展速度与广东省大致保持趋同，但未进一步减少差距，也未出现加速赶超的趋势，北部生态发展区构建绿色产业体系任重而道远。就北部生态发展区内部的绿色发展水平而言，韶关、河源、清远、梅州市的发展水平整体差异不大，近年来的发展趋势有所不同，清远市绿色发展水平在近几年取得了突出成效，从 2016 年起发展速度加快，逐步追赶韶关和河源，且发展增速快于广东省的平均水平；而梅州市在 2018 年之后的绿色发展进程有所放缓。云浮市的绿色发展水平与北部生态发展区其他地区还存在着一定差距，但持续向上增长的趋势不变。整体来看，近年来随着绿色发展理念的深入和生态文明建设的持续推进，北部生态发展区产业绿色发展水平的增长态势良好，北部生态发展区乃至整个广东省正在逐步转变经济发展方式，探索绿色生态发展道路，通过推进传统产业转型、构建绿色制造体系、引导产业集聚、优化产业空间布局等方式推行新型工业化发展道路，从而缓解资源环境压力，统筹兼顾生态环境和发展速度。

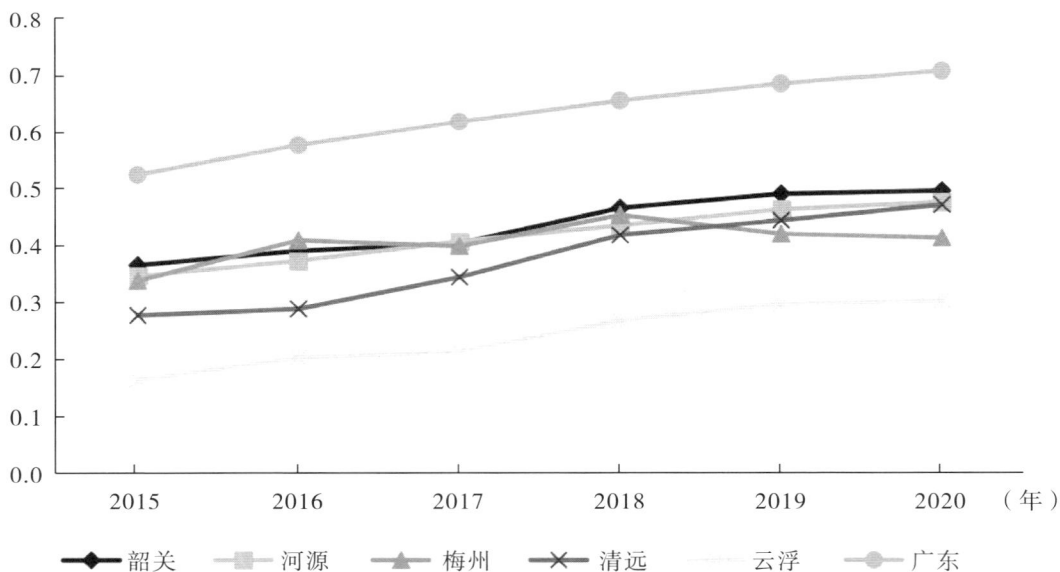

**图 13 – 16　2015—2020 年北部生态发展区、广东产业绿色发展水平综合指数**

数据来源：广东省统计局。

从每年北部生态发展区及广东省整体产业绿色发展各准则层指数具体来看（见图 13 – 17），发展效率指数在北部生态发展区这五年来稳中有进，且差异不大，广东省整体

水平略高于北部生态发展区，其中工业劳动生产率所占权重为 0.024 7，在 2020 年的广东省平均水平的位置上达到最高值，与 2015 年的初始年份相比几乎翻了一番，表明广东省整体的生产技术和效率有所提升，是产业绿色发展的动力源泉之一。第三产业占比指标权重（0.049 1）位列发展效率准则层第一位，数据显示，各个地区第三产业占比稳步上升，这表明了产业结构的优化调整对北部生态发展区的产业绿色发展起着重要作用。单位 GDP 电耗的指标权重以 0.030 5 位列第二，表明了电耗控制对产业绿色发展起重要推动作用。

广东省整体发展潜力指数近年来以较大增长幅度保持上升，北部生态发展区与广东省平均水平的初始差异大，增长速度虽整体呈波动上升趋势，但涨幅亦难及广东省整体水平，这一定程度是由于北部生态发展区致力于对接发达城市产业外溢资源，成为发达城市科技成果集聚转化地，自主创新能力有很大程度的欠缺。通过观察分析工业企业科技活动的相关指标可知，北部生态发展区产业绿色发展潜力与广东省的平均水平相比增长较缓，且动力稍有不足，R&D 经费支出占 GDP 的比重、R&D 就业人员占全部就业人员的比重分别以 0.095 0 与 0.091 9 的权重位列绿色发展潜力指标层的第一、第二名，表明企业创新研发的资本和人力投入为企业绿色创新提供根本支撑力。单位工业企业有效发明专利拥有量以 0.052 7 的权重同样极大程度影响着绿色发展潜力指标，表明有效发明专利能够为企业绿色技术创新提供重要助推力。

污染减排、政府支持的状况好坏也是衡量产业绿色发展水平的重要维度，从图 13-17 中可以看出，北部生态发展区以及广东省整体的污染减排指数呈减速放缓态势，整体表现略逊于其他指数，污染减排的五个指标的权重贡献也较为平均，广东省尤其是韶关市还需加大在污染减排方面的工作力度。除梅州的政府支持力度起点高，近几年缓慢下行，北部生态发展区其余城市的政府支持指标呈波动上升态势，略低于广东省的平均水平。其中，节能环保占公共预算比重以 0.119 1 的权重位列政府支持准则层乃至所有指标层的首位，人均公交数也相当程度影响着政府支持情况，表明政府对节能环保的投入极大程度地影响着北部生态发展区的绿色发展水平。由相关数据可知近年来北部生态发展区各地节能环保占公共预算比重均呈现下行趋势，政府应持续加大对节能环保投入，进一步加强公共交通系统建设以提升公共交通出行率。

最后，得益于北部生态发展区良好的生态环境、丰富的森林资源和水资源，北部生态发展区的社会公平指标高于广东省的平均水平，且这一指标在局部波动中维持大体稳定，说明北部生态发展区整体上十分注重对生态环境的保护，生态红线标准较为严格，北部生态发展区的生态资源富裕度并没有随着资源开发利用和人口的增长逐渐走低。综合来看，发展效率、发展潜力和政府支持指数较大程度影响着对北部生态发展区产业绿色发展水平指数的综合得分，北部生态发展区的产业绿色发展水平的变动主要受这三个层面因素影响。

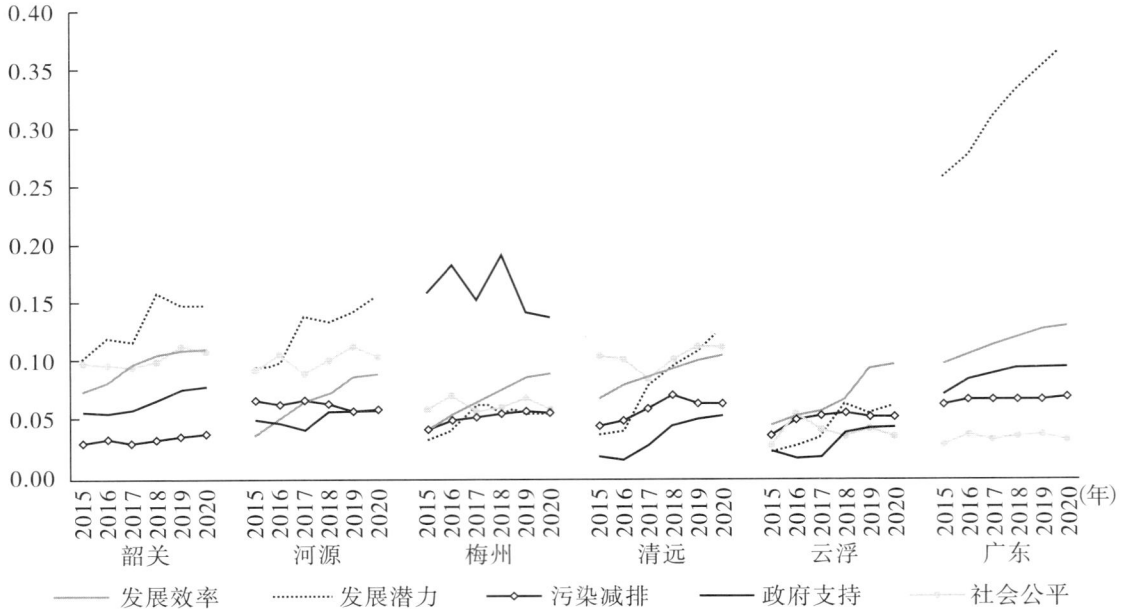

图 13 - 17　2015—2020 年北部生态发展区、广东产业绿色发展水平各准则层指数

数据来源：广东省统计局。

# 第四节　广东北部生态发展区绿色产业体系构建的路径与建议

## 一、 北部生态发展区产业绿色发展具体路径

### （一）河源市

表 13 - 2　河源市产业绿色发展的路径

| | | |
|---|---|---|
| 重点发展<br>六大战略性<br>支柱产业集群 | 新一代电子信息 | 发展智能终端；完善新一代通信设备；研发超高清视频显示；建设新型电子元器件产业基地；落地数字经济基础设施及应用 |
| | 先进材料 | 推进有色金属、硅材料精深加工；研发先进钢铁材料；布局发展稀土深加工 |
| | 现代农业与食品 | 优化特色农产品种植；推动农产品向精深加工延伸；打造绿色食品、健康饮料、营养保健品产业的特色品牌 |
| | 现代轻工纺织 | 促进纺织服装、钟表制造向上游高附加价值环节攀升，提升智能化生产和创意设计水平；发展绿色化、精品化的中高端产品 |
| | 汽车制造 | 重点发展汽车零部件、新能源汽车电池和汽车电子产品三大领域 |
| | 生物医药 | 重点培育医药制造和医疗器械两大生物医药产业集群 |

（续上表）

| 培育发展<br>五大战略性<br>新兴产业集群 | 前沿新材料 | 积极布局先进光学材料、高性能储能等绿色低碳材料、金属3D打印材料 |
|---|---|---|
| | 半导体与集成电路 | 促进新型电子元器件、第三代半导体芯片产业化发展 |
| | 激光与增材制造 | 推动模具制造、高性能激光器材与装备、增材制造装备发展 |
| | 精密仪器设备 | 大力支持精密高端智能数控设备产业发展 |
| | 安全应急与环保 | 推广应用节能环保产业、空气能设备 |
| 巩固发展三大生态<br>旅游产业 | | 发展"旅游+"新型业态；促进文化旅游融合 |
| | | 加快发展休闲观光农业 |
| | | 提升康养服务硬实力 |
| 协同发展<br>四大配套<br>服务业 | 现代商贸服务 | 提升电子商务和会展服务的服务水平 |
| | 金融服务 | 引进高层次金融服务主体，重点建设现代金融机构，重点发展绿色金融，构建现代化的金融服务体系 |
| | 专业服务 | 重点培育发展生产性专业服务、商务服务和信息服务三大专业服务 |
| | 现代物流 | 重点发展商贸物流、农产品流通和水运物流，加快融入粤港澳大湾区物流体系，千方百计降低企业物流成本 |

资料来源：根据《河源市产业发展规划（2021—2030）》整理。

## （二）云浮市

表 13 – 3　云浮市产业绿色发展的路径

| 发展壮大特色<br>新兴产业集群 | 金属智造 | 构建先进金属钢铁材料特色产业链条；重点发展相关联的不锈钢制品、机械装备、铝型材精深加工，其他金属制品；着力打造粤港澳大湾区金属智造企业转移承接地、华南地区重要的金属智造产业集聚区 |
|---|---|---|
| | 新一代<br>电子信息 | 构建以信息技术应用创新为主导、集"应用+制造+服务"于一体的新一代电子信息产业体系 |
| | 氢能与汽车制造 | 做大做强氢燃料电池、氢燃料电池整车等领域；提高氢能终端产品生产加工和组装配套能力；加快发展汽车零部件产业 |
| | 生物医药 | 大力发展药食同源健康食品制造，打造南药产供销一体化发展体系 |

（续上表）

| | | |
|---|---|---|
| 推动传统特色优势产业转型升级 | 建筑材料 | 推动石材、水泥生产企业转型升级；发展装配式建筑等新领域，打造特色突出的建筑材料产业体系 |
| | 绿色化工 | 打造硫化工循环经济发展体系，延伸发展精细化工、日用化工等细分领域，完善绿色化工产业链条 |
| | 轻工纺织 | 发挥造纸业、电池电源、纺织服装、玩具、智能照明细分行业的特色优势，推动轻工纺织行业向智能化、绿色化、高端化转型 |
| | 食品加工 | 强化在肉蛋奶制品加工和特色农副产品加工领域的特色优势；引导企业优化食品加工和制造工艺；着力发展现代食品制造领域 |

资料来源：根据《云浮市制造业高质量发展"十四五"规划》整理。

## （三）梅州市

表 13 - 4　梅州市产业绿色发展的路径

| | | |
|---|---|---|
| 重点发展新材料、新一代信息技术、新医药、新能源等"四新"产业 | 新材料 | 对接新一代信息技术、新能源汽车等重点产业对新型材料的需求，重点发展铜箔、稀土钕铁硼、可降解环保新材料、半导体材料、陶瓷新材料这五类新材料 |
| | 新一代信息技术 | 沿着高端印制电路板产业、智能视听设备产业、互联网与云计算和大数据服务这三大发展方向，打造新型电子元器件产业集聚区 |
| | 新医药 | 重点培育现代中药与民族药制造、先进医疗设备及器械制造，将生物医药与健康产业培育成新兴支柱产业 |
| | 新能源 | 有序推进光伏发电、水电、陆上风电、生物质发电和地热能利用等新能源项目建设；引进培育新能源装备制造产业 |

资料来源：根据《梅州市战略性新兴产业发展"十四五"规划》整理。

## （四）清远市

表 13 – 5 清远市产业绿色发展的路径

| | | | |
|---|---|---|---|
| 工业发展引领发展新动力 | 做强战略性支柱产业，推动传统产业转型发展 | 先进材料 | 加快发展绿色建筑陶瓷、新型墙体材料、新型防水材料、装配式建筑、新型装饰材料、水泥、有色金属产业 |
| | | 装备制造 | 重点发展汽车零部件及配件制造、航空装备、船舶制造和轨道交通零部件制造、空调制冷、电气机械和器材制造，培育发展智能物流与仓储装备和虚拟现实装备，对接珠三角地区的产业外溢 |
| | | 轻工消费品 | 积极承接粤港澳大湾区产业转移，发展食品加工产业、泛智能家居产业、纺织服装、珠宝饰品、文体文具、化妆品，积极培育数字印刷等新业态 |
| | 壮大战略性新兴产业 | 前沿新材料 | 重点发展高性能铝镁合金材料、稀散金属材料、半导体材料、新能源材料、碳酸钙深加工材料，构建前沿新材料产业集群 |
| | | 生物医药与健康 | 促进创新药物、生物制药、现代中药与原辅料、应急物资大健康和环保产业、高端医疗器械、医疗健康产业的集约集群发展、技术孵化 |
| | | 数字经济 | 积极建设数据中心，发展大数据与云计算服务，推进数字产业化和产业数字化 |
| 服务业现代化提供配套服务 | 突出旅游产业作用 | | 打造特色旅游品牌；推动旅游与特色潜力产业深度融合 |
| | 推动现代物流业发展 | | 重点发展快递物流、冷链物流、保税物流、互联网＋物流、供应链物流 |
| | 支持现代商贸业发展 | | 有序规划建设综合型现代商贸枢纽；支持农村电商、跨境电商的发展；发展特色会展服务业 |
| | 壮大现代服务业 | | 大力发展科技服务业、金融业、信息服务业、健康养老服务业、职业教育产业和服务外包产业 |
| 农业发展构筑新格局 | 提高农业经济效益 | | 以茶叶、蔬菜和水果三大种植业，清远鸡、生猪和鳜鱼三大养殖业为主导，推动农业智能化、数字化发展，促进农旅融合 |

资料来源：根据《清远市产业发展现状及产业发展思路》整理。

## （五）韶关市

表 13 - 6　韶关市产业绿色发展的路径

| | | |
|---|---|---|
| 服务战略性支柱产业技术改造和优化升级 | 先进材料 | 推动先进钢铁材料、有色金属新材料、化工新材料、新型建材、前沿新材料等先进材料产业创新发展 |
| | 先进装备制造业 | 围绕"先进材料—装备基础件/零部件—装备整机"提升先进装备制造业完整产业链的技术水平 |
| | 现代轻工业 | 打造特色优势农业科技园区；推动竹木资源深加工；智能化、自动化改造纺织服装业 |
| 助推战略性新兴产业成长壮大 | 生物医药与健康 | 加速生物医药与健康产业关键技术布局，重点布局现代中药及保健品、生物制药、化学原料药、医疗器械、专利新药五大领域；建设生物医药科技创新服务平台 |
| | 电子信息制造业 | 发展电子元器件、高端电子材料、电子信息终端等新产品，以补齐产业链短板、攻关关键核心技术，提升价值链 |
| | 大数据及软件信息 | 深化大数据及软件信息新技术赋能作用，积极引进人才团队，建设创新平台，推动产业集聚和制造业智能化服务化发展 |
| 农业现代化发展路径 | 精致农业 | 推广精准化技术应用，推动农业精品化；大力发展观光农业、休闲农业、体验农业、循环农业、创意农业等新业态；推进传统型农业向现代生态农业转型 |
| | 数字化农业 | 将互联网、物联网、云计算、大数据等信息技术创新性应用于农业生产与经营、管理与服务等方面 |
| | 农业科技园区 | 通过农业科技园区的发展壮大以带动辐射农业中的科技创新 |
| 现代生态产业体系补充 | 林业 | 促进林下经济发展，推动森林康养、生态教育等高端产业聚集 |
| | 生态旅游业 | 大力发展"科学+""生态+""康养+"等文科旅融合新业态，推进旅游产业智慧化、品牌化建设 |
| | 绿色港航 | 推动航道智能化升级；研究大宗物料铁水联运自动装卸、平料、抑尘防尘的绿色智能关键技术及装备 |

资料来源：根据《韶关市科技创新"十四五"规划》整理。

## 二、　北部生态发展区产业绿色发展的对策建议

### （一）壮大发展实体经济，构建现代绿色工业体系

#### 1. 建设绿色制造体系，加快工业绿色发展

欲实现北部生态发展区产业技术的绿色改造和优化升级，首先应淘汰落后设备和生产

工艺，推动钢铁冶金、水泥陶瓷、矿产资源精深加工及食品饮料等传统优势产业采用先进适用的清洁生产工艺技术和高效末端治理装备。其次，发掘更加绿色清洁的可替代原料，围绕原材料绿色智能升级改造、新型功能材料及装备高端制造等绿色发展主题部署重要工程，重点设立绿色提质改造和高端智能装备制造等相关项目。

### 2. 优化产业空间布局，引导产业集聚发展

根据打造现代产业园区的需要，结合国土空间规划编制，通过产业链延伸拓展，引导生产要素合理配置，科学界定不同功能区的产业定位，实现优势互补，加快产业的集中、集约、连片发展，实现土地集约高效利用。譬如韶关在市委十二届十四次全会中提到，除了构建"1+2+3"产业体系架构的目标（1大主导提升产业：钢铁生产加工，2大基础支撑产业：智慧制造、新能源产业，3大潜力发展产业：科研创新、工业旅游、文化创意）。梅州市在梅兴华丰产业带"一核四组团"空间布局基础上，结合"五星争辉"区域发展格局要求，构建"一核多组团"产业布局。云浮市"七大特色产业集群"战略部署要求中亦提到，坚持"新型工业化"发展方向，坚持创新发展、生态优先，聚焦制造业重点产业布局和重点平台建设，大力培育打造金属智造、新一代电子信息、氢能与汽车制造、生物医药四大特色新兴产业集群。河源市采取重点发展六大战略性支柱产业集群，培育发展五大战略性新兴产业集群，巩固发展三大生态旅游产业，协同发展四大配套服务业的产业发展路径。构建"三大核心驱动、一环延伸辐射、多点载体支撑"的产业空间总体布局。

### 3. 深化扩大开放合作，加强"双区"合作共建

北部生态发展区各地可通过紧密对接粤港澳大湾区现代化经济体系来拓展自己的经济发展空间，成为粤港澳大湾区现代产业重要战略腹地。具体而言，北部生态发展区应密切对接大湾区市场，跟进"双区"产业转型方向和产业疏解动向，关注省重点培育的产业，积极在当地引进配套产业链，形成"企业总部在大湾区，生产基地在北部生态发展区""研发孵化在大湾区，成果转化在北部生态发展区""生产基地在北部生态发展区，消费市场在大湾区"的产业合作模式。将北部生态发展区的中心城区打造成大湾区绿色产业拓展的首选之地，推动北部生态发展区与大湾区形成产业协同发展的新模式。

### 4. 加强能源供应保障，提升发展支撑能力

第一，大力发展清洁能源。具体而言，北部生态发展区应抢抓国家加快推动新型储能的政策机遇，推动"光伏+储能"一体化开发；有序推进光伏发电、水电、陆上风电、生物质发电和地热能利用等新能源项目建设；顺应新能源汽车发展趋势，鼓励光储充一体化充电站建设。第二，完善能源基础设施网络。加强电网建设，持续优化电网结构，加快布局现代化能源输配网络，大力推进"互联网+"智能电网建设；适度超前建设配电网，加快油气管网建设，全力支持产业集聚带等重点区域发展需要。第三，推动能源清洁高效利用。落实能源消费总量和强度"双控"制度，坚持能源节约与高效利用并举，加强全社会节能管理。

## （二）全面推进乡村振兴，形成农业发展新格局

### 1. 促进农业产品精品化、品牌化

把发展精致农业作为北部生态发展区生态农业发展的主攻方向，大力引进科技型农业龙头企业，加快农业高新技术企业建设，推进科技与农业深度融合，做大做强特色农业产业；推进规模化种养，提高农产品精深加工能力，深化农业科技园区、大型农业基地、现代农业产业园、特色农产品优势区建设，促进农业由增产向提质转变；加大品牌宣传力度，积极申请注册地理标志证明商标以及申报国家地理标志保护产品。

### 2. 推进农村一、二、三产业深度融合

支持打造北部生态农业与乡村旅游区、促进农业与旅游、教育、文化、康养、乡村民宿等产业功能互补和深度融合；培育发展中央厨房、观光牧场、休闲渔业、海洋牧场、阳台园艺等新业态，发展农产品个性化定制服务；探索发展乡村共享经济，支持利用乡村闲置农房、田园等资源建设共享农场；推动数字化发展，推动数字技术与乡村产业深度融合，推广乡村产业数字化应用场景，进一步实现了乡村旅游业的兴旺，促进第一、第二、第三产业融合发展。

### 3. 培育新型农业经营主体

壮大龙头企业队伍，突出龙头企业在农业产业链建设中的主力军作用，引导和鼓励现有龙头企业通过资产重组、资本运作等方式，优化资源配置，培育市场竞争力较强的良种选育种植、精深加工、销售主体；支持龙头企业参与优势特色产业集群、现代农业产业园、农业产业强镇等项目建设；扶持一批由龙头企业牵头、家庭农场和农民合作社跟进、广大小农户参与的农业产业化联合体，构建分工协作、优势互补、联系紧密的利益共同体，实现抱团发展。

## （三）大力扶持生态旅游业，推动旅游业发展新业态

### 1. 构建多元融合的旅游服务体系

为促进北部生态发展区文旅进一步融合，一是打造文化和旅游"新地标"，需鼓励头部企业发挥引领作用，持续推进长征国家文化公园、华南教育历史研学基地、南岭国家公园等重点旅游项目加速推进。二是丰富文化和旅游"新业态"，将文化内涵、创意设计、科技元素与旅游场景相融合，打造沉浸式、互动式文化和旅游消费新体验，加强对青年主流消费群体的吸引力。三是推出文化和旅游"新产品"，对接消费新需求，积极打造个性化、品质化的旅游产品。

### 2. 完善旅游交通基础设施建设

由于北部生态发展区景区之间公共交通接驳较欠缺，且各大景区之间间隔较远，除了做好景区自身的建设工作外，做好景区客运接驳服务，仍是未来相当长的一段时期内北部

生态发展区旅游产业发展建设工作的重点。北部生态发展区需加大投入，大力发展交通运输业，打造以国省干线公路网、普通铁路和内河航道为支撑，以高密度农村公路网为基础，以运输枢纽港站为节点，公路、铁路、水运、航空等多种运输方式衔接紧密，发展协调、布局合理、运行高效的综合交通运输体系，缩短周边重要旅游客源市场的时空距离。

### （四）创新林业发展方式，健全林业生态保护系统

#### 1. 创新林业产业发展方式

为创新林业产业发展方式，北部生态发展区应以森林资源培育为重点的林业第一产业为根据，以林产品精深加工为重点发展林业第二产业，大力开发以森林生态旅游、森林康养为重点的林业第三产业。就第一产业而言，充分利用森林资源固有优势，积极培育用材林及其他原料林，提高林地产出率以增加木材有效供给；为发展以林产品精深加工为重点的林业第二产业，需加快建立健全以生态产业化为主体的林业生态经济体系，以市场为导向，扶持发展森林食品、中药材、花卉苗木、竹等产业，推进林业特色产业基地化、品牌化、集聚化建设；为发展第三产业林业，需积极培育森林生态旅游新业态新产品，科学利用森林生态环境、景观资源、食品药材和生态文化资源，加快发展以森林疗养、森林保健、森林养老、森林度假为主的森林康养产业。

#### 2. 健全林木资源保护体系

为确保北部生态发展区天然林保有量基本稳定、质量持续提高、天然林生态系统服务综合效能逐步提升，需实施最严格的天然林保护制度，加快建立全面保护、系统恢复、用途管控、权责分明的天然林保护修复制度体系。开展具有开发利用价值和潜在利用价值的主要造林树种、重要乡土树种以及珍稀濒危树种的林木种质资源收集保存工作，形成以国家重点林木良种基地、国家林木种质资源库、省级林木种质资源库为骨干的种质资源保存与开发利用体系。

#### 3. 完善森林灾害预防体系

为了保存北部生态发展区林业治理的成果，需定期开展森林巡护、林业有害生物普查、预测、监测、防治和检疫执法等工作；建立长效的森林资源管理和保护机制，对森林资源保护工作进行专门的安排和部署；严格审批征占用林地程序，加强检查监督，规范采伐管理。依托广东省"智慧林业"先进平台，利用大数据、物联网、云计算等"互联网＋"先进技术，形成智能协同管理服务系统和优越的智慧林业生态客户端。

### （五）优化绿色发展机制，巩固落实制度保障措施

#### 1. 探索盘活园区土地利用机制

探索盘活园区土地利用的新机制，解决工业园区内部用地紧张的问题。在降低土地开发成本方面，首先可根据项目地的生态产业链延伸需求、以产业绿色升级为导向试行混合

用地，对工业园区内历史低效土地进行分割，根据规划进行二次流转，发展产业"园中园"，提升土地集约利用率。在优化流程方面，应完善历史用地办理手续，建立全流程的项目用地保障机制，优化工业物业产权分割及转让办理不动产登记，解决园区内租赁土地企业的项目建设报审、报建问题。在争取外部支援方面，北部生态发展区各地可积极争取列入省级专项计划指标范畴，争取省级专项建设用地规模支持，保障项目用地需求。

### 2. 畅通企业投资融资绿色通道

创新投融资体制机制，解决企业融资困难的问题。第一，可支持园区申报绿色生态产业链延伸相关的企业试点，通过企业以预付款、应收账款、存货质押的形式向上下游企业融资，活络资金流通，促进企业低成本融资增信，满足发展刚需，亦可以推动处于绿色生态产业链战略核心地位的企业提高信用等级，采取企业债券、公司债券、项目收益债券、中期票据、资产证券化等方式筹措资金。第二，引进或成立配套科技金融机构，探索市场化分担机制和知识产权质押担保、科技型企业股权质押等，拓宽园区企业融资渠道。第三，政府可充分发挥各级财政资金的引导作用，设立绿色发展专项产业基金，搭建融资合作平台，支持绿色发展相关的项目建设，带动园区企业或社会资本跟进投入。

### 3. 落实生态产品公益补偿制度

广东省是开展碳排放权交易较早的省份之一，目前来看，广东省虽然有较为发达的市场经济，但通过市场化筹集生态补偿资金的总量、占比与市场经济发达程度不匹配，生态保护补偿过度依赖财政补贴，市场化筹措资金占比小，生态保护补偿市场拓展和培育不足。广东省亟待建立市场化、多元化生态保护补偿机制，健全与珠三角核心区和沿海经济带、北部生态发展区之间的利益补偿机制，完善资源环境价格机制，将生态环境成本纳入经济运行成本。具体而言，制度应包括但不限于完善土地、矿产、海域海岛等自然资源有偿使用制度；强化环境保护、节能减排降碳约束性指标管理；推进用水权、用能权、排污权、碳排放权市场化交易；推进落实资源税从价计征；探索建立生态系统价值核算试点等。

### 4. 建立健全环保监督问责机制

严守生态保护红线，加强工业污染物排放的日常监管，严格评审高污染项目和排污许可证核发，建立企业全口径监管清单，对环境统计范围之外、环境影响评价文件缺失的企业进行全面梳理和排查，严查环保违法行为；建设北部生态发展区生态问责机制及健全的生态救济途径，形成由相关环保组织、专家学者、律师团体等为核心的第三方生态问责体系；建立节约集约用能、用水、用地激励和约束机制，落实能耗"双控"行动，鼓励企业加大节能环保设施投入，提高生产自动化水平，大力推进循环经济和清洁生产。

# 第十四章

# 广东21个地级以上市产业竞争力评估[*]

习近平总书记强调，"新时代新阶段的发展必须贯彻新发展理念，必须是高质量发展"，"高质量发展就是体现新发展理念的发展，是经济发展从'有没有'转向'好不好'"。提升产业竞争力是广东省贯彻落实习近平总书记重要讲话精神的生动体现，是广东省率先建成现代化经济体系的必然选择，对于广东省推进创新强省的建设具有重要战略意义。本章分别从产业核心竞争力、产业潜在竞争力、产业基础竞争力和产业环境竞争力四方面入手，创造性地构建了一套完整的城市产业竞争力评价指标体系，并对广东省21个地级以上市2020年的产业综合竞争力进行了测算。然后，依据测算结果，本章将21个地级市划分为了四个梯队，并结合相关资料分析出每个梯队的产业优势、产业特色以及产业短板所在。最后，本章结合《广东省制造业高质量发展"十四五"规划》等文件的相关指导部署，充分考虑各地级市产业发展间的比较优势，以"把握全局＋分梯队施策"的思路，对广东的21个地级以上市就提升产业竞争力方面提出针对性的政策建议。

## 第一节　城市产业竞争力评价指标体系构建

关于城市产业竞争力的研究，本节主要从基础因素、核心因素、潜在因素、环境因素等方面考虑，结合指标的可获得性，从而构建起城市产业竞争力的多层次评价指标体系。城市产业竞争力指标体系由三个层次构成，分别为评价目标层、评价要素层、评价指标层。

评价目标层，即城市产业竞争力的最高综合层次。

评价要素层，是评价目标层的主要影响因素，包括基础因素、核心因素、潜在因素、环境因素。

评价指标层，即反映城市产业竞争力影响因素的指标。为更好反映指标设置的全面性、系统性，在设置了二级指标的基础上，同时考虑了三级指标对评价的影响。

---

* 本章第一执笔人为暨南大学产业经济研究院王强。

因此，本节将城市产业竞争力指标体系中的评价要素层划分为产业核心竞争力、产业潜在竞争力、产业基础竞争力和产业环境竞争力四个子系统内容。每个部分对应的指标见表 14 - 1。

## 一、 产业核心竞争力

产业核心竞争力是影响城市产业竞争力的核心因素。产业核心竞争力在城市产业的发展中起着重要性和关键性的作用。本节产业核心竞争力包括产业规模、产业结构和产业效益。

（1）产业规模反映一个地区经济的总体发展水平，是衡量产业核心发展的关键指标。本节选取地区生产总值、出口总额、外商直接投资、工业增加值占 GDP 的比重、全社会固定资产投资额等指标来反映产业规模的状况。

（2）产业结构反映产业发展层次。产业发展层次是产业核心竞争力的重要衡量尺度。本节选取产业结构合理化、产业结构高度化、产业结构优化、产业结构生态化等指标来反映区域的产业结构情况。

（3）产业效益反映对经济资源的利用情况。对核心竞争力的衡量，不仅需要关注区域的产业规模，区域的产业效益也是需要重点关注的因素。本节通过选取地均 GDP、成本费用利润率、劳动生产率、总资产贡献率来反映区域的产业效益情况。

## 二、 产业潜在竞争力

衡量一个区域的产业综合竞争力，不仅受到区域所属的环境和相应的经济实力影响，与该区域的发展潜力也是息息相关的。产业的发展潜能不仅依靠人才和技术的支持，也依赖于绿色可持续发展。因此，本节将产业潜在竞争力划分为人力资本、技术进步和绿色发展能力等方面。

（1）人力资本作为生产要素诸因素中最具活力的要素之一，越来越发挥着重要的作用。反映人力资本的指标有：高技能劳动力占比、教育支出占比。

（2）技术的创新不断引领产业的发展，技术进步是产业发展潜力的重要因素。考虑资料的获取与指标的代表性，本文反映技术进步的指标是：研发支出占比、R&D 经费占比、新产品销售收入、专利授权数。

（3）绿色发展能力也是产业潜在竞争力的重要来源。绿水青山就是金山银山。绿色发展在产业发展过程中扮演着越来越重要的作用。城市的绿色发展能力反映了产业的发展潜力，包括两部分指标，一是生态环境指标，二是农业农村现代化建设指标，具体包括空气质量优良比例、城市水环境质量、人均绿地面积、每万户农村拥有专业技术协会个数、年末每千公顷实有耕地面积机械拥有量、治理达标河段长度占比。

## 三、 产业基础竞争力

产业的基础条件是提升产业竞争力的基础和条件。产业基础竞争力对产业的发展起着保障和支撑作用，决定了产业能否可持续发展。产业基础竞争力包括要素禀赋、交通基础、信息基础以及其他基础设施等方面。

（1）要素禀赋可反映出该地区相关资源的丰裕程度，是获得产业竞争优势的基础，对获取产业基础竞争力有着重要作用。本文反映要素禀赋的指标有：人口净流入量、土地面积占比、固定资产投资增速、人均金融存款、人均旅游收入。

（2）交通基础是产业区位优势的重要基础，对企业集聚起到了重要的作用。因此，交通基础是产业基础竞争力的重要组成部分。本文选用单位面积货运周转量、单位面积货运周转量、城市道路密度、省际港口货物吞吐量市场份额、省际机场货邮吞吐量市场份额来反映交通基础。

（3）信息基础是产业基础竞争力的重要来源之一。随着大数据、5G 等新时代的到来，信息在产业发展中扮演着越来越重要的作用，信息基础的发展可以推动产业的不断发展。本节反映信息基础的指标为：人均 5G 机架数、人均移动电话用户量、人均邮电业务量。

（4）其他基础设施，诸如水、电、公用设施等基础设施对企业是否选择入驻某个区域非常重要，基础设施的发达程度反映了一个区域是否具备创建具有竞争优势的产业基础竞争力。本文选用供水普及率、人均公共设施财政支出、人均电力消费量、燃气普及率、市政公用设施人口密度作为其他基础设施的指标。

## 四、 产业环境竞争力

产业的环境因素对城市产业的竞争实力有着重要作用。在产业的发展过程中，政府发挥着主导性作用，推动产业快速发展，同时市场这只"看不见的手"也在不断地发挥作用，影响着经济的发展。本节的产业环境竞争力包括政府服务和市场环境。

（1）政府服务是政府对外部环境的调控，同时是产业发展的助力，对创建良好的产业环境竞争力有很大的作用。反映政府服务能力的指标：财政自给率、财政收入占 GDP 比重、省级以上产业园区数、中学学校数、医疗卫生机构数、社会保障和就业支出、博物馆（含美术馆）、生产安全事故死亡率。

（2）市场环境反映现行市场中产业的发展结构、资金运转情况等。反映市场环境的指标有：私营企业法人单位数、社会消费品零售总额、人均可支配收入、常住人口与户籍人口的比重、金融机构本外币各项贷款、工业企业 R&D 经费内部支出。

综合而言，上述指标的数据一部分来源于《广东统计年鉴 2021》，另一部分由相关政府部门的网站提供。最终，城市产业竞争力评价指标体系如表 14 - 1 所示。

表 14 - 1　广东省 21 个地级以上市产业竞争力评价指标体系

| 一级指标 | 二级指标 | 三级指标 |
|---|---|---|
| 核心竞争力 | 产业规模 | 地区生产总值 |
| | | 出口总额 |
| | | 外商直接投资 |
| | | 工业增加值占 GDP 的比重 |
| | | 全社会固定资产投资额 |
| | 产业结构 | 产业结构合理化 |
| | | 产业结构高度化 |
| | | 产业结构优化 |
| | | 产业结构生态化 |
| | 产业效益 | 地均 GDP |
| | | 成本费用利润率 |
| | | 劳动生产率 |
| | | 总资产贡献率 |
| 潜在竞争力 | 人力资本 | 高技能劳动力占比 |
| | | 教育支出占比 |
| | 技术进步 | 研发支出占比 |
| | | R&D 经费占比 |
| | | 新产品销售收入 |
| | | 专利授权数 |
| | 绿色发展能力 | 空气质量优良比例 |
| | | 城市水环境质量 |
| | | 人均绿地面积 |
| | | 每万户农村拥有专业技术协会个数 |
| | | 年末每千公顷实有耕地面积机械拥有量 |
| | | 治理达标河段长度占比 |
| 基础竞争力 | 要素禀赋 | 人口净流入量 |
| | | 土地面积占比 |
| | | 固定资产投资增速 |
| | | 人均金融存款 |
| | | 人均旅游收入 |

（续上表）

| 一级指标 | 二级指标 | 三级指标 |
|---|---|---|
| 基础竞争力 | 交通基础 | 单位面积客运周转量 |
| | | 单位面积货运周转量 |
| | | 城市道路密度 |
| | | 省际港口货物吞吐量市场份额 |
| | | 省际机场货邮吞吐量市场份额 |
| | 信息基础 | 人均5G机架数 |
| | | 人均移动电话用户量 |
| | | 人均邮电业务量 |
| | 其他基础设施 | 供水普及率 |
| | | 人均公共设施财政支出 |
| | | 人均电力消费量 |
| | | 燃气普及率 |
| | | 市政公用设施人口密度 |
| 环境竞争力 | 政府服务 | 财政自给率 |
| | | 财政收入占GDP比重 |
| | | 省级以上产业园区数 |
| | | 中学学校数 |
| | | 医疗卫生机构数 |
| | | 社会保障和就业支出 |
| | | 博物馆（含美术馆） |
| | | 生产安全事故死亡率 |
| | 市场环境 | 私营企业法人单位数 |
| | | 社会消费品零售总额 |
| | | 人均可支配收入 |
| | | 常住人口与户籍人口的比重 |
| | | 金融机构本外币各项贷款 |
| | | 工业企业R&D经费内部支出 |

资料来源：作者根据公开资料整理。

# 第二节　广东 21 个地级以上市产业竞争力评价结果及分析

## 一、 21 个地级以上市产业综合竞争力评估结果

依托前文的城市产业竞争力评价指标体系，本节将广东省 21 个地级以上市作为评价广东省产业竞争力的评价对象，通过充分把握各地级市产业发展水平和发展现状，在确定产业发展的核心竞争力、潜在竞争力、基础竞争力和环境竞争力指数的基础上，依托主观赋权和客观赋权综合下所得的组合权重，赋以相应权重，并利用 TOPSIS 法进行综合评价，得到衡量产业发展综合竞争力状况的指数，从而实现对各地级市产业竞争力现状的把握，并以此探析提升广东省产业综合竞争力的方向与空间。

依据测算结果，广东各地级以上市产业发展综合竞争力得分情况存在较为明显的阶梯特征和差异，因此，本文将广东省 21 个地级以上市划分为四个梯队，分别为优势型城市、追赶型城市、发展型城市和提速型城市。而其各梯队所包含的具体城市情况，见表 14 - 2。

表 14 - 2　2020 年广东省 21 个地级以上市产业综合竞争力梯队

| 梯队 | 地级市 |
|---|---|
| 第一梯队：优势型城市 | 深圳、广州 |
| 第二梯队：追赶型城市 | 东莞、佛山、珠海、惠州、中山、江门 |
| 第三梯队：发展型城市 | 湛江、茂名、汕头、肇庆、揭阳、韶关 |
| 第四梯队：提速型城市 | 清远、河源、梅州、阳江、汕尾、潮州、云浮 |

表 14 - 2 的梯队划分结果显示，深圳、广州属于产业综合发展的优势型城市，产业综合竞争实力卓越，在 21 个地级市中居于"领头羊"地位。东莞、佛山、珠海、惠州、中山、江门等城市产业基础扎实、经济实力雄厚、具有丰富的区位优势，总体实力上虽不及广深两个超强城市，却遥遥领先大部分城市而居于前列，属于产业综合发展的追赶型城市。湛江、茂名、汕头、肇庆、揭阳、韶关这几个城市在产业发展中既有长处，也存在短板，属于需要不断发展的第三梯队，即发展型城市。清远、河源、梅州、阳江、汕尾、潮州、云浮则处于第四梯队，这些城市的产业综合竞争实力相对薄弱，产业发展的提升需要结合当地产业状况，进行提速发展。总体而言，将广东省 21 个地市划分为不同梯队，这些城市在不同梯队里面，有着不同的特点和特征。接着，本文将分梯队进行具体分析，剖析各个梯队的特征，从而为各个地市的持续向好发展提供依据。

## 二、 21 个地级以上市分梯队产业综合竞争力分析

### （一）优势型城市产业综合竞争力分析

深圳和广州均属于中国重要的中心城市和世界一线城市，具有得天独厚的区位优势。在产业规模、资源禀赋、产业新业态、发展新动能上有着天然的竞争优势。2020 年广州新一代信息技术、新材料与精细化工、智能装备与机器人、生物医药和健康产业分别增长11.6%、8.1%、6.4%、6.2%。2020 年深圳工业增加值 9 528.12 亿元，比上年增长1.5%，其中，先进制造业增长 3.9%，高于规模以上工业增加值增速 1.9 个百分点。通过加快培育发展新动能，广深两市产业发展取得可喜成绩，有力地推动了广东省经济高质量发展。为推动广东省产业的进一步发展，本文对第一梯队的两个城市综合竞争实力来源进行分析，以获取产业不断优化和不断发展的经验，具体分析如下：

1. **充分发挥"双区驱动效应"，产业核心能力卓越**

广深是珠三角的中心城市，积极发挥出"双区驱动效应"，发展外向型经济。两地积极联动国际市场发展外向型经济，促进了规模产业集聚，拉动产业规模不断扩大，并逐步融入全球产业体系，实现产业链供应链的高质量发展。两地产业核心能力引领全省。目前，深圳已打造出战略性新兴产业、未来产业、现代服务业和优势传统产业"四路纵队"，形成经济增量以战略性新兴产业为主、工业以先进制造业为主、三产以现代服务业为主等"三个为主"的产业结构，实现了产业体系的跃升。广州构建现代产业体系成效明显，主要表现为实体经济实力不断增强、产业转型优化发展成效显著、产业总体布局逐步优化、产业基础加快高级化，夯实了经济高质量发展的基础。

2. **持续释放产业"新动能"，产业发展潜力巨大**

广州与深圳在人力资本上有着共同优势，均坚持人才作为第一资源，着力促进人才创新发展，充分释放出产业"新动能"。广州人力科教资源丰富，拥有中山大学、华南理工大学等 12 所高校，人才储备超 20 万人；建有广东科学中心、国家超级计算广州中心等一大批科研机构。广州近几年来人力资源的发展表现出人才总量充足、人才年龄结构优化、配置力强等特点，同时积极推进实施更加积极有效的人才政策，实现"筑巢引凤栖"。深圳建立了"基础研究 + 技术攻关 + 成果产业化 + 科技金融 + 人才支撑"的全过程创新生态链，全社会研发投入占地区生产总值比重高达 4.93%，国际专利申请量连续 17 年居全国城市首位，在国家创新型城市队伍中位于首位。

3. **禀赋基础优势明显，产业发展环境优异**

交通基础实力强大，深圳是同时拥有全球第四大集装箱枢纽港、亚洲最佳码头、世界最繁忙机场、国家铁路公路枢纽的城市；广州是国际综合交通枢纽，拥有世界级空港、海港和四通八达的铁路、公路交通网，枢纽功能强大。信息设施领先全省，深圳建成 5G 基

站 4.6 万座，在工信部对全国十个城市 5G 组网测试中，深圳获得 5G 组网最优城市奖项；广州累计建成 5G 基站 4.8 万座，实现中心城区和重要区域的 5G 网络覆盖，在 5G 基站建设数量上居全省第一。产业发展环境良好，深圳市企业登记总数约为 22.7 万家，私营企业数约为 21.9 万家，外资和私营企业约占 99%，极大激活市场活力；而广州全市拥有各类市场主体 269.67 万户，同比增长 15.78%，高于全省 10.50% 的平均增速，全市市场环境优秀。

总之，第一梯队的两个城市产业发展基础扎实，拥有极好的产业发展环境和发展潜力，同时拥有着极强的产业核心竞争力，因此产业综合实力居于全省前列。这些城市不断推进现代服务业、先进制造业、战略性新兴产业互动融合，产业集群优势明显，产业集群优势成为广东经济创新发展重要引擎，引领广东全省在建设现代化经济体系和经济高质量发展上走在全国前列。

## （二）追赶型城市产业综合竞争力分析

东莞、佛山、珠海、惠州、中山、江门在产业综合竞争力方面有着自身独特的优势。东莞、佛山、珠海和惠州通过各自发展电子信息、人工智能等先进制造产业集群，实现工业的加速发展，工业实力都排在了广东前列，同时它们依托发达的交通基础设施，实现人才的虹吸作用。中山拥有近 40 个国家级产业基地，形成了以灯饰光源、红木家具、游戏游艺、五金锁具等为代表的一批特色产业集群，极具产业竞争力。江门市作为粤港澳大湾区西翼交通枢纽核心，交通的区位优势提高了江门对高端要素的集聚。本文通过具体把握第二梯队的六个城市产业综合竞争力特征，获取其中的经验，不断优化，实现产业综合实力的攀升。其产业综合竞争力特征主要表现如下：

### 1. 产业经济实力强劲，推动产业结构优化

第二梯队的六个城市的工业实力仅次于广深，产业经济实力强劲。东莞作为享誉全球的"世界工厂"，东莞全市规模以上工业增加值增速攀升，工业实力不容小觑，但东莞产业发展也存在主导产业空心化、产业附加值低、能耗高、产业结构欠合理问题。佛山是一个以民营经济为主体，以工业为主导的制造业大市，制造业企业转型升级，增长势头强劲。珠海的工业实力也不逊色，作为珠江西岸先进装备制造产业带的龙头，以"工业互联网""智能制造"等推动产业融合发展，激活制造业企业活力，推动产业结构不断优化。惠州不断打造具有全球竞争力的电子信息、人工智能等世界级先进制造产业集群，实现工业结构的不断完善发展。

### 2. 形成多层次创新体系，产业发展前景良好

东莞构建起源头创新、技术创新、成果转化、企业培育"四大创新体系"，加快推动科研成果转化落地，推动产业转型升级和技术创新。佛山建设面向全球的国家制造业创新中心步伐不断加快，"一环创新圈"和"1＋5＋N"创新平台体系加快构建，产业发展潜

力巨大。珠海创新主体蓬勃发展,高新技术企业总数突破两千大关,珠海建设大湾区创新高地的主力军日益壮大。而惠州、中山和江门等珠三角城市,积极对接"粤港澳大湾区城市群建设"和"一核一带一区"发展战略,以科技创新为突破口,推动模式、业态、制度、文化、服务等全方位多层次创新,产业发展前景良好。

### 3.　交通基础设施逐步优化,资源禀赋基础扎实

东莞和珠海作为粤港澳大湾区重要节点城市,交通便利促进转型困局的突破。近年来,东莞构筑以轨道交通为骨干的"二主六辅"综合交通网络,而珠海着力构建"西联东拓、南北贯通"的骨干路网,加快形成"六横十纵"交通网络。设施的优化推进粤港澳大湾区城市群的互联互通。中山全力打造大湾区西岸区域性综合交通枢纽,系列重大交通项目稳步推进,深中通道加快建设,轨道交通接入国家高铁网。相比而言,佛山的交通基础相对薄弱,但其投入力度不断加大。这些城市不断优化交通基础的发展,因而产业基础不断牢固扎实。

总的来说,第二梯队的六个城市,以制造业作为工业转型升级的主战场,支持企业自主创新,推动制造业从规模导向走向品质导向。这些城市注重新技术、新模式的产业化应用,搭建科技成果转化展示平台,提高科研成果本地转化速度和效益,由此产业转型升级取得了明显的成效,区域创新综合能力得到有效提升,产业结构向高端演进,生产效率持续提高,实体经济不断优化。

## (三)　发展型城市产业综合竞争力分析

湛江市凭借丰富的海洋资源和发达的港口业,对外贸易优势明显,但存在忽视海岸线的发展、下辖区县经济薄弱等短板。汕头是粤东的政治、经济、文化中心,但由于汕头市人口密度大,交通不便,又与台湾隔海相望,经济发展相对缓慢。交通设施、园区配套设施及服务设施的不完善,使得茂名、韶关、揭阳、肇庆的发展水平受到制约。总的来说,第三梯队的六个城市的竞争实力与前两个梯队的城市相比有较大差距,产业发展的任务比较艰巨,需要不断弥补不足、发挥优势,实现产业的不断发展。通过具体把握这些城市产业综合竞争力特征,不断克服对应的劣势,有助于实现产业综合实力的发展。其特征有以下几点。

### 1.　产业发展质量稳中有进,经济效益呈现稳步增长态势

近年来,湛江深入实施"五大产业发展计划",全力以赴打造省域副中心城市和广东新的增长极,产业发展质量持续推进。汕头不断克服产业发展短板,把制造业高质量发展作为加快产业高端发展的突破口,围绕落实强核、立柱、强链、优化布局、品质、培土"六大工程"细化落实省"制造业十九条",加快构建高质量发展机制。肇庆第一、二、三产业发展步伐不断加快:坚持"产业第一、制造业优先","4+4"千亿级产业集群逐渐成形。揭阳充分发挥揭阳的产业基础优势,以重点产业园区为依托,引导产业集聚发展,推动产业转型升级、协同发展,构建先进制造业、现代服务业、文化旅游业和现代农

业协调发展的产业体系。

**2. 重视产业创新能力的培育，不断发挥出产业发展后劲**

近年来，汕头通过培育壮大创新主体，不断加强知识产权保护应用，实现国家级高新技术企业三年翻两番，专利申请和授权总量居全省前列。茂名作为非珠三角城市，加大投入推动重大创新平台建设，强化科技创新载体支撑，建立高校产学研协同创新模式，促进产学研深度融合。肇庆将创新驱动发展"1133"工程作为经济发展的灵魂工程，狠抓创新驱动发展"八大工程"，持续优化创新创业生态环境。韶关全力创建国家高新区，努力将高新区建设成为对接粤港澳大湾区先行区、绿色协调发展示范区、老工业基地产业转型发展引领区、新兴产业加速发展集聚区，推动北部生态发展区核心城市建设。

**3. 弥补交通基础设施短板，推动产业基础实力提升**

目前制约湛江发展的最大短板仍然是交通。当前湛江正大力推进"一通道"建设，加快构建大通道、大港口、大路网、大枢纽，推进各项交通基础设施升级换代、互联互通。为加快构建"承湾启西、北联腹地"高水平全国性综合交通枢纽，汕头市大力推动交通基础设施建设，铁路、公路建设继续加快推进，不断提升与粤港澳大湾区互联互通水平。从普通公路到高速公路、铁路、机场、港口，揭阳全面发力，海陆空立体交通大格局已初具规模，昔日的"交通末梢"成了今日的交通枢纽。韶关为弥补交通基础设施的短板，紧紧抓住有利时机，加快建设安全、便捷、高效、绿色、经济的综合交通运输体系，交通建设投资不断加大。

总体来看，这些城市需重视战略性新兴产业的培育，着重推进新一代信息技术与制造业融合发展，促进制造业数字化转型，推动构建现代产业体系；不断弥补交通基础不足，建设现代化综合立体的高质量交通网络。

**（四）提速型城市产业综合竞争力分析**

受限于土地资源不足、交通基础设施薄弱、产业结构单一，产业转型升级和城镇化进程较慢，清远、河源、梅州、阳江、汕尾、潮州、云浮仍处于城市化中期和工业化的中期阶段。交通基础较弱是汕尾一直以来产业发展的短板，也阻碍着清远生态农业的进一步发展。云浮发展结构较为单一，经济发展过于依赖石材，制约了城市的可持续发展。总的来说，第四梯队的7个城市在21个地级市中属于需要不断提速发展的层次，产业发展的任务比较艰巨，需要不断弥补不足、发挥优势。通过具体把握这些城市产业综合竞争力特征，挖掘其中的特色发展之路，分析其中发展存在的不足和短板，不断克服，从而实现产业竞争力的强化。其特征表现为：

**1. 产业发展增添创新动力，促进产业转型升级**

云浮实施制造业高质量发展"6＋6"战略，金属智造、信息技术应用创新、氢能、生物医药、现代农业、文化旅游、现代物流"七大特色产业集群"初具规模；同时，建成一批新型研发机构和产学研一体化平台，成功创设云浮国际创新院和广东国际人才交流与创新中心云浮区域中心，两个省级实验室分中心落户云浮，科技创新能力不断提升。而河源等地在大湾区建设和广深港科技创新走廊建设的机遇下，主动融入"双区"创新，建设金地创谷、大数据人工智能创新园等，承接一批湾区重点高校、科研院所、实验室、工程中心等设立科技创新分中心，为产业升级提供环境支持。

**2. 基础设施薄弱，产业提质增效缺乏支撑**

提速型城市的基础设施建设较为薄弱。汕尾市的交通通达指数已连续两年在沿海经济带中排名最后，交通基础较弱成为汕尾一直以来产业发展的短板。云浮则仍然存在道路建设标准偏低、部分"瓶颈路"仍未贯通，交通环境品质总体弱等问题。此外，潮州地处粤东西北地区，多年来交通体系的不完善，尤其是乡村道路的不完善，直接影响了现代农业的发展。而阳江作为粤港澳大湾区向西延伸的第一座城市，交通基础设施与粤港澳大湾区核心城市联结不够紧密，空港、海港、轨道、高速公路和港口集疏运系统建设滞后，港口与腹地交通网络不完善，出行便利条件和多样性不足，不利于带动和辐射腹地经济发展。

**3. 弥补工业基础薄弱的短板，积极培育优势产业**

这些提速型城市均有人少地多的特点，长期以来农业在整个经济中占有相当大的比例。由于地形以山地、丘陵为主，产业的发展受到了很大的制约。清远发展最大的短板在农村，最大的潜力也在农村。立足本土优势和特色，大力推进农村产业规模化、标准化、市场化和品牌化，是清远实现传统农业升级的必由之路。当前，汕尾正立足海洋资源优势，不断弥补不足发挥优势，大力推动发展海上风电产业和先进装备制造业。一直以来，云浮存在着对经济的拉动作用不强的短板，为此云浮主动抢抓"双区"重大战略机遇，聚焦园区经济、镇域经济、资源经济"三大抓手"，充分发挥产业集聚效应，弥补工业基础的短板。

整体上看，第四梯队的七个城市产业转型升级总体水平较低，工业基础薄弱，尽管依托产业共建的持续推进，高技术制造业、生产性服务业比重有所提高，但科技创新内生动力明显不足，创新绩效有待提升，产业发展与环境保护的协调度亟待增强，产业转型升级、产业发展任重而道远。

# 第三节　全省及各市产业竞争力提升的新路径

## 一、 提高全省整体产业竞争力的对策建议

### （一）夯实硬基础，做强软实力，提升产业基础环境

打造"高水平的产业平台载体"以提升硬实力。优势型城市与追赶型城市不仅需要不

断完善交通网络等基础配套设施的建设，更需要聚焦重点产业的智能化改造与数字化转型，全力推动一批"强链、延链、补链"的项目落地，增强当地产业的竞争力。发展型城市与提速型城市则应在建设重点产业园的基础上，从优势型城市或者国外引进一批能带动当地重点产业发展的龙头型、基地型、外向型的好项目，进行区域联动、产业联动、企业联动，发挥"以点带面"的溢出效应，打造一批特色产业园，促进各地级市产业的集聚升级。通过"整体布局、分地市定位"战略，促进地区产业基础高级化。一是围绕广东省整体以及各地市、各领域产业基础建设的薄弱环节，不断补足招商引资、创新、人才、金融、政策等方面的短板，率先实现"点"的突破。二是加快推动"资金链、人才链、技术链、政策链、产业链"的多重融合，以实现地区产业的高质量发展。三是健全技术、技能、管理等创新要素参与利益分配的机制建设，从而实现"面"的整合，以提升产业发展软实力。

**（二）统筹布局优质公共服务资源，促进基本公共服务均等化**

依托广东省重点工程，优化公共服务资源配置。广东省应以各项相关重点工程为抓手，结合各地市的实际发展禀赋，优化公共服务资源的布局，在打造先进公共服务体系模板的同时，减少广东省各地级市的基本公共服务差异。第一，以广东省全域文明创建工程、文化旅游提升工程等为契机，弘扬潮州、汕头、揭阳等地区的潮汕文化与梅州、河源、惠州、韶关等地区的客家文化，借助各地的特色文化优势，发展特色旅游的同时加大公共文化服务的投入，实现经济发展、文化服务水平齐头并进。第二，借助建成100个省级幼儿园科学保教示范项目、教育结对帮扶计划等广东省教育现代化重点工程，促进珠三角地区优质教育资源向粤东、粤西、粤北的溢出。第三，通过政策补贴等形式鼓励惠州的中海壳牌石油化工公司、韶关的宝武集团等当地大企业与职业院校或者应用型本科院校共同合作建设教育联盟，支持落后地区的本科高校的建设与职业教育的提质。第四，可依托医疗卫生服务能力提升"百县"工程等，加大对落后地区医疗公共服务的基础投入与技术支持。

**（三）推进传统产业转移与区域一体化发展相结合**

在区域一体化发展上，广东省是沿海几个发达省份中最为失衡的省份，粤东西北大部分地级市人均GDP低于全国平均水平。因此，推进珠三角与粤东西北一体化发展是广东省高质量发展的必然选择。珠三角正处在传统产业转型升级的关键时期，既要转移部分落后产能、工业流程低附加值环节，为发展现代产业腾出空间，又要防止传统企业大规模转移造成产业空心化。支持粤东西北地区打造承接产业有序转移主平台，引导珠三角传统企业优先向粤东西北转移，既能缓解珠三角综合承载压力，又有利于保持紧密产业联系，是珠三角产业转型升级的最佳选择，也是发挥珠三角的辐射带动作用、把先发优势转化为先行责任、实现粤东西北跨越式发展和一体化发展的迫切需要。要加强珠三角和粤东西北之间的产业共建和产业转移工业园建设，让同一企业、同一产业在全省跨区域布局、一体化发展，加快形成以珠三角为龙头、粤东西北多点支撑、全省一体化发展的经济格局，既促进广东区域发展一体化，还保证全省产业升级、产业链体系完整性以及企业产值不因企业外迁而减少。

### （四）推动大湾区一体化，打造湾区产业链供应链枢纽

重点打造两条沿江产业链、供应链协同创新走廊和一个绕穗产业链、供应链协同发展区。以广州为起始，串联珠江东岸惠州、东莞、深圳、香港和珠江西岸中山、珠海、澳门，形成两条沿江产业链、供应链协同创新走廊。以广佛同城化、广清一体化为重点，并与肇庆、江门等城市深化产业合作，形成绕穗供应链协同发展区。积极对接香港、澳门，不断深化穗港澳全面合作，健全产业链协同发展体系与供应链安全协调机制。同时，加强广州、深圳双核联动，深化产业规划和供应链对接，促进两市要素间便捷流动，打造一批产业链条完善、辐射带动力强的产业集群。另外，强化广州—佛山极点带动，高水平推动广佛全域同城化，加快广佛高质量发展融合试验区建设，广州与佛山、惠州共建"广佛惠"智能家居国家级先进制造业集群，形成产业协同创新生态。深化广深与中山、肇庆、江门、珠海、东莞、惠州等城市合作，推动与湛江、汕头、汕尾、揭阳、潮州、茂名、阳江对接合作，支持东西两翼的产业集群建设，构建世界级沿海产业带。

## 二、　提高各梯队城市产业竞争力的对策建议

### （一）第一梯队：优势型城市

随着近几年的高质量发展，优势型城市的产业竞争力不断提升，不断发挥着辐射的带动作用。但从长远及国际视角来看，优势型城市的产业发展仍存在短板：一是关键核心技术"卡脖子"问题突出，在全球产业链、供应链、创新链中的地位和影响力与城市能级不相匹配；二是开放层次和水平尚需提升，在资源配置能力、国际人才集聚力等方面，与国际先进城市还存在差距；三是城市治理承压明显、发展空间不足、资源要素约束趋紧，使得产业发展动能有所不足。因此，优势城市应该不断补足短板，对标国际、国内产业发展强市，力争产业发展更上一层楼。

#### 1. 继续推进基础设施高质量发展，提升产业支撑力

为了更好地融入国内国际双循环，广深应继续积极构建现代化基础设施体系。一是产业基础设施规划应以整体优化、协同融合为导向，发挥能源、交通路网、水利、信息技术等基础设施对产业升级的重要作用，促进传统基础设施和新型基础设施发展，增强广深产业、经济的长远发展后劲。二是通过市场化改革，加快推动基础设施竞争性领域向各类市

场主体公平开放，充分释放市场活力。通过金融工具吸引市场长期资金、保险资金，打破投资壁垒，从而推进一批交通路网、能源水利、人工智能等传统和新型基础设施的重大项目落地与重点平台建设。三是基础设施建设不断突破传统、勇于创新，充分发挥广深在创新方面的优势。一方面，可以以"新应用"为发力点，实现新技术、新业态、新模式、新产业在基础设施领域率先应用，形成示范效应，稳固产业之基；另一方面，可以以"新区域"为突破点，广深二市应以系统枢纽工程为抓手，以区域基础设施互联互通为发力点，发挥基础设施建设的辐射作用，提升广深核心引擎功能，促进相关产业的区域联动。

### 2. 打造全球标杆城市，助力畅通国内国际双循环

深圳和广州对标国内城市发展水平较高，但对标国际，还存在一定的差距，应加强广深二市在各方面的合作，共同打造成为全球最具竞争力的双子城。广州和深圳一直以来都各具发展优势，广州历史底蕴深厚、科研院所集聚，深圳市场化程度高、创新动力足，二者地理位置相近，竞争不可避免，但合作必然是趋势所向。广州和深圳应依托签署的《广州市深圳市深化战略合作框架协议》，加强两市在科技创新、基础设施、生物医药、自贸区、智能汽车产业、营商环境等方面的合作。首先，科技合作是切入点，深圳提供高度活跃的企业与技术，广州发挥科教优势、提供人才与重大承接平台，同时发挥湾区其他城市的承接作用，有效配置资源。其次，两市应以数字政府建设为契机，在市场准入准则、产品生产质量、产品检测标准、政府服务环境、法治环境等方面加强与国际标准的对接，共同建设国际一流营商环境。广深应通过战略合作，充分利用国际、国内两种市场资源，并发挥标杆城市的模范带头作用，推动粤港澳大湾区建设的同时促进国内国际双循环。

### 3. 立足产业规模优势，提升产业链现代化水平

广深两地作为广东两极城市，应立足产业规模优势、配套优势和先发优势，在重点行业培育并壮大具有核心竞争力的企业，带动产业链上游到下游的协同发展。一是充分利用优势领域，推进构建全产业链。广州、深圳有着丰富的要素禀赋、良好的产业基础，可重点发展新一代信息技术、人工智能、绿色低碳等战略性新兴技术，提高实体经济发展的质量水平和效应，打造万亿级新兴产业集群，促进广州、深圳未来产业规模化、集群化发展。二是激励企业借助产业网络改造生产流程、提升生产工艺，打造全产业链、供应链。聚焦汽车、电子、石化、日用消费品等传统优势产业，以五大先进制造供应链集聚发展区为引领，以重点产业集聚区、产业基地、产业园等为依托，加大重点环节联合攻关和上下游组织协同力度，提升产业链、供应链自主水平。突出特色产业的传承与创新规划，强化广深两地的产业链优势环节，打造全产业链、供应链，提升生产、研发设计、品牌营销和终端服务等产业链重点环节，支持企业深度挖掘消费需求，适应和引领消费升级趋势。

### 4. 优化产业链布局，引导各类要素资源向产业发展聚集

在逆全球化和科技大变革背景下，广深要加快畅通产业循环，促进产业协同发展。一是科学布局区域产业链分工，协同周边城市群的产业发展。聚焦产业链区域化、全链化、

精深化方向，以粤港澳大湾区、都市圈建设等区域发展战略为契机，加快广州、深圳与周边城市群的产业协同发展，在大湾区范围内打造空间上高度集聚、上下游紧密协同、供应链集约高效的产业链集群。同时，紧抓粤港澳大湾区和深圳先行示范区"双区"建设契机，通过境外园区建设、国际产能合作等形式，构建产业的海外供应链。二是推动产业链集群式发展，着力引导各类要素资源向产业发展聚集。深入实施"链长制"、做好"链式"服务。聚焦集成电路、人工智能、5G 等重点产业梳理产业链生态，围绕强链、补链、延链、控链、稳链，寻找和弥补产业链的薄弱环节，打造新兴产业链。明确重点龙头企业技术优势，有目的地、有针对性地开展产业链招商，推动产业链内企业形成溢出效应、交易成本效应，产生集群效应收益，增强产业链根植性和竞争力。

### （二）第二梯队：追赶型城市

追赶型城市的产业竞争力虽然已经处于省内前列，但与优势型城市相比，仍存在一定的差距。目前，追赶型城市产业发展过程仍有不足：一是资源要素制约项目落地，如土地、能耗、环境容量等问题制约着招商引资、产业培育以及基础设施建设；二是投资结构亟待优化，企业自主创新能力较弱；三是交通等基础配套设施仍然存在短板，生态环境改善任重道远；四是城市的吸引力有待加强，精细化管理水平较低。这些短板影响着追赶型城市的发展速度。因此，追赶型城市应向优势型城市看齐，正视短板、对应施策，争取早日实现产业发展新突破。

**1. 高端化打造先进制造业集群，推动工业经济高质量发展**

追赶型城市应通过拓展产业发展空间，推动土地、技术、人才、资金等资源要素进一步向先进制造业聚集。一是集聚高端制造业创新资源，着力突破关键核心技术短板。聚焦先进装备制造业、新一代信息技术、生物医药等领域，开展关键核心技术攻关，重点打造珠三角"先进制造业产业聚集区"，把高端创新集聚区和高新区建设成为承载全球创新资源、集聚国内一流科技机构和高端人才的重大科创平台。二是加速融合工业化、信息化，深化实体制造业与互联网融合发展。将工业化、信息化、智能化与实体制造业有机融合，着力打造中国"互联网＋"应用创新试验区及区域"互联网＋"中心，打造具有国际竞争力的先进制造业基地。三是培育壮大根植性和竞争力强的制造企业群，着力打造百亿级、千亿级、万亿级梯次发展的先进制造业集群。四是大力推进体制机制创新和要素市场化改革，集聚政策、人才、资金、土地、公共服务等要素资源全力支持制造业发展，塑造制造业发展环境新优势，打造国际一流的营商环境高地，厚培制造业高质量发展的土壤。

**2. 抓好"四大质量建设"，提升产业发展吸引力**

追赶型城市应从长远出发，坚持"打基础利长远"的思想，抓好四个方面的"质量建设"，加快完善城市功能，提升城市吸引力，为提升区域产业竞争力谋发展。一是抓好金融服务质量，巧用各类政策性金融工具，打造综合性金融服务平台，为各类中小企业提供融资便利，促进企业创新、产业发展。二是抓好绿色发展质量，将绿色发展理念贯穿到产业发展的全过程，加强自然资源的保护，统筹强化山水林田湖草系统治理，赋能产业的可持续性发展，致力于打造绿色产业发展样板间，共建生态廊道。三是抓好品牌建设质量，支持优势产业创建品牌，赋能产业高质量发展。追赶型城市应立足资源禀赋，突出特色产业的差异化发展，加快提升重点产业、特色产业的产品质量，积极打造全国范围与区域范围的知名品牌，打响产业名号。四是抓好城市基建质量，打造高品质、现代化的基础设施建设，加快人才、技术、资金等要素的积累，为发展不平衡的区域吸引优势要素，为珠三角的产业发展新旧动能转换提供良好条件。

### 3. 利用精准投资、基建内外互联，支撑重点产业优先发展

为了整合资源，推动"示范项目"带动产业整体发展，追赶型城市应从以下两个方面入手：一是强化精准投资，充分发挥有效投资的关键作用。可适度超前开展基础设施投资，扩大先进制造领域投资，瞄准产业链长、带动性强的人工智能、互联网、生物医药等领域，加大投资力度；此外，需强化资源要素保障，用地、能耗、环保等资源优先向省、市重点项目和优质制造业项目倾斜；同时，需坚持"资金跟着项目走"的原则，发挥专项债等促投资作用，增强财政统筹和重大战略资金保障能力。二是进行基础设施建设的内外互联，整合区域优势资源，促进产业融入"双循环"。首先，追赶型城市需要推进珠三角区域基础设施互联互通，为区域间的产业合作、转移赋能。这在一定程度上也能提升区域性基础设施建设质量，缩短跨区合作的时空距离，降低时间、金钱等交易成本，促进产业之间的合作和交流。其次，追赶型城市应重点推动海、陆、空交通网络的互联互通，秉承"交通先行"的理念，形成开放支点，促进内陆制造企业走向国际市场。

### 4. 提高政府服务能力，促进城市发展能级提升

追赶型城市应优化政务服务环境，充分利用自身优势，主动对接广州、深圳发展资源，进一步提高城市的发展规模、质量与影响力。一是追赶型城市应坚持市场化改革方向，深化"放管服"改革，尤其珠海、佛山，应抓住数字智慧城市建设机遇，以数字政府建设为抓手，精简市场准入手续，逐渐简化企业事项的办事程序，线上、线下有效结合，逐渐实现一体化政务服务。二是在提高政府服务的同时，各地应充分认识自身的发展优势，提升城市发展能级。东莞、佛山、中山应充分发挥其地理优势，依托先进制造业的发展优势，规划特色合作平台，对接广州、深圳的优势资源；惠州、江门则应依托生物医药与健康产业集群、激光与增材制造产业集群等战略性产业集群，充分利用其土地资源优势，发挥对广深产业转移的作用，提高自身产业发展水平；珠海则应充分利用港珠澳大桥，加强与澳门的互通互融，推动澳门—珠海跨境金融合作示范区建设，统筹谋划横琴粤澳深度合作区，加强自身经济发展韧性。

### （三）第三梯队：发展型城市

发展型城市与优势型城市、追赶型城市的产业竞争力还是有一定差距。目前面临的主

要问题有：一是产业体量不大、层次不高，战略性新兴产业未形成规模；二是产业发展方向不够清晰，产业链、创新链还不完善，缺乏龙头企业和大项目带动；三是科技引领能力有待加强，园区建设质量和产城融合程度有待提升；四是区位空间优势尚未充分发挥，人才、技术、资金等方面仍存在较大短板。因此，发展型城市需要在产业竞争力不足的方面持续发力，力争缩小与优势型城市、追赶型城市的差距，补足短板，从而推动产业体系现代化建设。

### 1. 培育壮大实体经济，打造产业强市

发展型城市应充分发挥资源禀赋和比较优势，主动对接"双区"和两个合作区的产业建设，优化产业布局，完善产业体系，提升产业园区，强化产业发展整体优势，夯实经济高质量发展根基。一是以重点园区为载体推动产业集聚集约发展，加快创建国家级高新区。在"一核三区"的基础上构建"一区多园"协调发展模式，推动形成以国家级高新区和国家级经济技术开发区两个"国字头"园区为龙头、特色和专业产业园区为主体、镇村工业集聚区为补充的发展格局，为企业发展、产业联动、创新链培育提供高质量平台支撑。二是围绕广东沿海经济带建设产业分工，充分发挥资源禀赋和产业基础，打造一批集聚度高、竞争力强的产业集群。要加快建设战略性产业，推动传统优势产业数字化转型升级，全力打造先进制造业。同时积极培育科技研发、创意设计、健康养老等生产生活性服务业，大力发展"总部经济""会展经济""平台经济"，打造以人为本、体系完善、效益多元的现代服务业。

### 2. "以点带面 + 数字赋能"，促进产业转型升级

一是从"点"抓起，培育优秀龙头企业，反哺产业发展。发展型城市的产业发展可以充分挖掘和利用本地优势资源，以龙头企业和重点项目为依托，通过产业链、供应链延伸推动上中下游产业协同发展，形成产业集聚效应；扶持发展一批拥有自主知识产权和知名品牌的企业集团，推动中小企业专精特新发展。二是从"面"抓起，集中力量支持园区基础设施要素配套的提升，打造具有竞争力的特色园区。发展型城市需以扩容升级为抓手，提高园区承载能力，通过推动设施、产业、指标、规模和人才、资金、土地向重点产业园倾斜，努力做到整合资源、集中要素，聚焦聚力、高质高效，引导优质企业入园发展，高标准打造产业承接大平台。三是从信息基建抓起，提升"信息 + 产业"融合程度。各地政府应加大对 5G、光纤网络等新一代信息基础设施政策支持力度，另外，还可以通过税收优惠、优化融资手段等方式，加大对参与信息技术研发企业的资金支持。此外，持续发掘一批优质应用产品和优秀应用案例予以全面推广，探索传统产业集群数字化转型新路径。

### 3. 资源资产价值化，提升基础设施综合水平

一是把资源优势转化为发展优势，盘活重要产业资源。发展型城市要加快建立健全土地、矿产、林地、文化旅游等资源资产调查监测、价值评价、经营开发、价值实现机制，有力整合"小散乱"资源，加快盘活重点领域资源资产。二是推动要素合理配置，打造高

品质农业与旅游业。发展型城市需发挥区位、空间、生态等比较优势，建立专业平台，加大力度推动农业产业规模化、品牌化、特色化，擦亮各地文化旅游品牌，促进旅游业的链式发展。三是加快交通、水利、能源等项目建设，适度超前开展基础设施投资。在交通建设方面，发展型城市需深刻认识到目前交通枢纽集聚辐射力、都市圈快速便捷通达水平方面存在短板，力争建成高水平全国性综合交通枢纽。四是推动基础设施数字化、智能化，建设智能物流设施，推动货、车、场等物流要素数字化，支持物流园区和仓储设施智能化升级，推广智能物流设施应用。五是优化能源供给结构，持续提高传统能源清洁高效利用，积极发展风电、氢能、太阳能、生物能源等新能源。

### 4. 发挥市场主体投资作用，挖掘市场消费潜力

发展型城市应加强普惠性创业扶持政策，降低企业运营成本，激发市场主体活力、社会投资活力与市场消费潜力。一是优化政策环境。发展型城市政府应针对不同水平的群体制定不同的创业扶持政策，充分激发市场主体活力，通过差异化的政策扶持，最大程度地有效利用政府资源，激发市场主体活力。二是激发社会投资活力。一方面，借力汕头港、湛江港等综合交通枢纽建设项目，茂名、揭阳等地储备设施工程，肇庆能源建设工程，韶关生态文明示范区等建设项目，充分发挥政府投资引领作用，鼓励民间资本参与重大基础设施项目，引入社会资本；另一方面，完善市场主导的投资机制，减少市场投资过程中的阻碍，激发民间投资活力。三是引导消费，挖掘市场消费潜力。发展型城市的市场消费能力远远不如追赶型城市，发展型城市挖掘市场潜力应以提升传统消费为基础，通过提升产品质量与创新产品消费模式来增加消费需求。同时，应结合发展型城市独有的文化习俗与特色，大力发展文化产品消费，通过举办节日聚会促进当地消费。

### （四）第四梯队：提速型城市

与其他城市相比，提速型城市的产业竞争力相对较弱，这主要是体现为：一是经济总量偏小，地方财力较弱，使得当地产业发展动能不足；二是产业基础更为薄弱，在产业园区建设、交通网络搭建、信息覆盖等方面均存在短板；三是城市的吸引力与智慧化水平均有待提高，农村地区的基础设施条件也亟待改善；四是区域和企业自主创新能力不强，高层次科技创新人才缺乏；五是营商环境亟待优化，资源要素制约明显，资源环境压力大。因此，提速型城市应因地制宜，制定适合自身的产业发展战略，从重点产业发展抓起，力争走出一条产业发展新路径。

### 1. 顺应新一轮科技革命，促进传统产业升级

为提升核心竞争力，跟上城市快速发展的步伐，需要顺应新一轮科技革命，加快信息化和工业化融合发展，着力提高传统产业的数字化、网络化、智能化水平，促进传统产业转型升级。一是汇聚数据链，着力推进大数据中心建设。通过数据资源汇聚、整合、共享和利用，以实体经济、科技创新、现代金融、人力资源要素高质量融合，催生新产品、新

业态、新模式，实现经济发展新旧动能转换，促进资源配置优化和全要素生产率提升，从而实现经济高质量发展。二是推进企业信息化、数字化、智能化，深化传统产业与互联网融合发展。积极培育个性化定制、在线增值服务、分享制造等"互联网＋制造业"新模式，改造提升传统优势产业。推动制造资源云端迁移，加快高耗能、高价值、通用型工业设备上云、用云，引导大型企业加快业务系统云化改造，推动中小企业业务的云端迁移。加快制造能力平台化开放，依托工业互联网平台构建一批微服务资源池，加快制造资源和生产能力在线共享和优化配置。

### 2. 将基础设施短板转化为发展动力，打造产业品质工程

为了助力产业数字化转型，夯实产业发展硬条件，提速型城市可以从以下几个方面入手：一是利用"两面抓＋两手并用"的策略，为产业发展奠定坚实的基础。"两面抓"是指政府既可以充分发挥投资的关键作用，又可以适度超前开展基础设施投资，加快推动一批保安全、保民生、补短板基础设施项目建设。"两手并用"是指在发挥政府投资引导作用的同时，鼓励民间资本参与交通、物流、生态环境、社会事业等补短板项目建设。二是加快推进新型基础设施建设，为产业数字化转型赋能。加快建设5G基站、工业互联网等新型数字基础设施，提升城市智能化管理水平，逐步实现全市乡镇5G全覆盖；同时，统筹规划创新基础设施建设，聚焦新材料、新能源等重点领域，围绕源头创新、技术突破，加快推进科技创新基础设施建设。三是加快完善公共基础设施配套，缩小城市差距，打通产业空间障碍。应坚持县、镇、村三级一体统筹、有效衔接的方针，加快补齐农村基础设施和公共服务短板，完善乡村供水、供电、道路、通信网络、冷链物流等基础设施。

### 3. 将生态优势转换为产业优势，提升特色产业竞争力

一是坚持"绿水青山就是金山银山"的原则，为产业发展注入绿色能量。提速型城市的产业发展基础呈现出依赖于资源禀赋、生态产业发展空间大等特征，这要求各地级市树立绿色发展理念，坚持生态立市，坚持在保护中发展、在发展中保护，提升产业的"洁净度"，为产业高质量发展注入绿色能量。二是坚持"一挖二定位三行动"的发展策略，打造区域特色品牌工程。首先，应立足当地资源禀赋，挖掘具有潜在发展空间的产业；其次，对该产业进行战略定位与规划，制定发展策略；最后，因地制宜，因时而动，通过阶段性的投入与建设，实现特色产业成功搭建、效益显现与品牌推广。三是依托于良好的生态环境，发挥生态旅游资源优势。培育发展集农业、养生、观光等为一体的生态旅游产业集群，充分挖掘山水田园、民族风情等元素，加快引进旅游龙头企业，加快推动生态旅游业提档升级。四是充分发挥区域产业优势，积极探索推进农业产业链"链长制"，大力发展生态农业，促进精深加工、冷链物流，实现农业的产业化和品牌化。

### 4. "链接"优势城市，实现产业共兴

提速型城市需积极融入"双区"、融入其他优势型城市的产业发展之中，以实现优势互补。一是应以"规划共绘、设施共建、产业共兴、资源共享、机制共活"为主抓手，推

动传统产业绿色循环发展，持续深化邻市产业共建，以"深度融入、全面支撑、无缝对接"为目标，承接优势型城市与追赶型城市的产业转移，推动邻市的产业合作与升级。二是应稳步推进基础设施共建共联，扎实推进共建产业园区建设，努力融入优势型城市供应链、产业链、创新链和生态链，努力实现优势互补、互利共赢。如汕尾可以主动参与粤港澳大湾区城市群功能分工，支持广深"双城联动"建设，创造条件承接大湾区的产业外溢，把汕尾打造成为大湾区城市发展的战略腹地、东进门户。阳江则可以强化与湛江、茂名沟通对接，在区域交通、滨海旅游和农业等方面加强合作共建。这些措施在一定程度上能够使得提速型城市的产业发展效益最大化，实现资源共享、要素流通、深化合作与产业共兴。

# 创新篇

# 第十五章

# 广东产业技术创新现状、趋势与对策建议*

党的十九大以来,以习近平同志为核心的党中央全面分析国际科技创新竞争态势,深入研判国内外发展形势,针对我国科技事业面临的突出问题和挑战,坚持把科技创新摆在国家发展全局的核心位置,全面谋划科技创新工作。在党中央坚强领导下,在全国科技界和社会各界共同努力下,我国科技实力正在从量的积累迈向质的飞跃、从点的突破迈向系统能力提升,科技创新取得新的历史性成就。广东省是我国的创新大省,"十三五"时期,研发经费支出位居全国前列,区域创新综合能力稳居全国第一,有效发明专利量、PCT 国际专利申请量保持全国首位,知识产权制度持续完善,有力支撑广东省科技创新强省的建设,广东省产业技术创新竞争力大幅提升。技术创新一般是针对生产技术的创新,也可以是针对现存技术应用形式的创新,是企业为了改善产品质量,开发新的产品,提供新的服务,而采用创新的技术、知识和工艺,以新的生产经营和管理的模式,实现市场的争夺和企业市场价值的提升。广东省作为我国经济最发达的城市,对技术创新的重视程度非常高,在投入和产出方面都表现优异,但目前广东省产业技术创新现状仍存在可改进的空间,本章内容将对广东省产业技术创新现状进行梳理,针对其中存在的问题、结合当前产业技术创新所面临的机遇和挑战给出相关的对策和建议。

## 第一节　广东产业技术创新现状特征

### 一、　技术创新趋势整体向好，　区域创新体系不断完善

近年来,广东省创新投入持续加大,研发实力不断提升,交出了一份优秀的创新成绩单。根据《中国区域创新能力评价报告 2020》,在 2020 年的中国区域创新能力评价中,广东省综合创新能力得到了 62.14 的高分,排名全国第一,已连续五年居全国区域创新能力榜单首位。这样令人满意的创新表现,离不开广东省对创新投入的高度重视。"十三五"

---

* 本章第一执笔人为暨南大学产业经济研究院欧阳斯怡。

时期，广东 R&D 经费投入呈逐年上升趋势，位居全国前列，如图 15-1 所示，2020 年总计投入 R&D 经费 3 479.9 亿元，排名全国第一，较上年增长 12.3%，相较 2015 年增长 93.5%，平均年增长率为 14.1%。广东省也将在"十四五"时期延续这份可观的创新成绩单。2021 年，广东省深入实施创新驱动发展战略，创新能力获得了可观的提升，将广东省政府工作报告早前对于 2021 年研发经费支出破 3 800 亿元的预测变为现实。

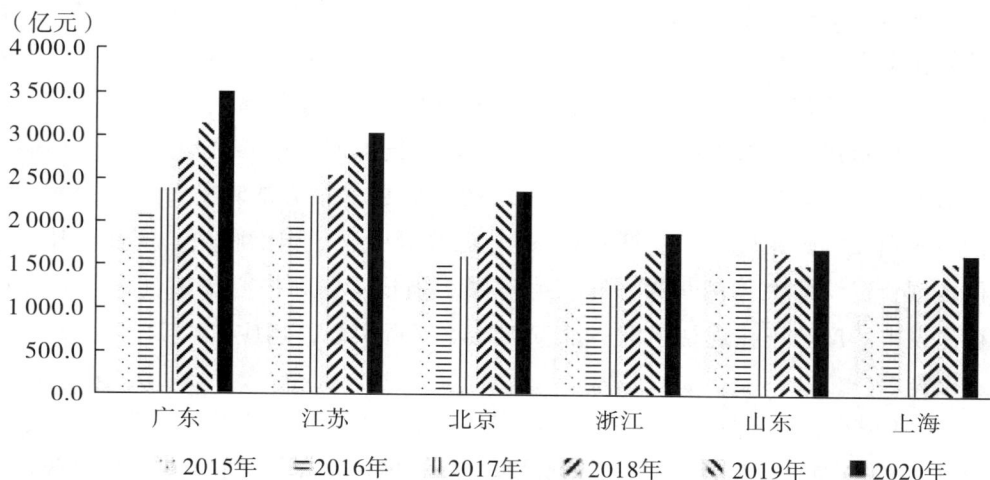

**图 15-1　2015—2020 年各省市 R&D 经费投入情况**

数据来源：《中国科技统计年鉴》。

随着广东企业创新能力持续领先全国，作为创新主体的广东企业地位也更加明显。一方面，广东企业越来越成为广东产业技术创新投入环节中举足轻重的主体，2015 年以来，广东省研究机构中工业企业所占比重持续保持在 80% 以上，根据《广东统计年鉴 2021》，2020 年广东省的 R&D 经费约有 90% 来自企业，高于全国平均水平，R&D 经费占地区生产总值的比例接近 3%；另一方面，广东企业在转化创新投入方面成果颇丰，2020 年，规上工业企业新产品开发项目数为 166 140 件，专利申请数为 305 665 件，排名均为全国第一。

## （一）强化战略科技力量布局，创新平台助力创新发展

以鹏城实验室、广州实验室为引领，打造了高水平多层次的实验室体系，助力企业积极创新。截至 2020 年底，广东拥有 30 家国家重点实验室、1 家"一带一路"联合实验室、20 家粤港澳联合实验室、10 家省实验室和 400 多家省重点实验室，涵盖了广东所有优势学科领域和产业领域。广东省实验室汇聚了高端科技人才力量，为当地技术创新注入源动力，全省 10 家省实验室共有高科技人才 8 000 人，两院院士 80 余人。2021 年 3 月 20 日，广东启动建设全国首家省部共建中医湿证国家重点实验室，目前全省共有省部共建国家重点实验室 5 家。广东省国家重点实验室为广东省技术创新竞争力提供坚实支撑，鹏城实验室于 2018 年启动建设，主攻研究方向为网络通信、网络空间和网络智能，实现了人

工智能算力全球领先，实验室研发的超级计算机"鹏城云脑Ⅱ"目前已被广泛应用，受到了高度的认可和关注。广州实验室属于生物医学领域的国家实验室，于2021年5月正式揭牌，力图打造一个具有全球影响力、防控突发性公共卫生事件的大型综合性研究基地和原始创新策源地，在抗击新冠肺炎疫情中展现了硬核力量，助力新冠肺炎疫情防控中的技术难题攻关。

国家技术创新中心建设持续推进，为优化产业创新平台布局提供重要支撑。全省国家技术创新中心共3家，包括：1家综合类国家技术创新中心，即粤港澳大湾区国家技术创新中心（我国仅有3个综合类国家技术创新中心）；2家领域类国家技术创新中心，即国家新型显示技术创新中心和国家第三代半导体技术创新中心，均于2021年揭牌成立。目前粤港澳大湾区国家技术创新中心已初步形成"核心战略总部—王牌军—独立团"的技术研发与成果转化"集团军体系"，已经吸引了全国的科研、产业、技术、金融等科技创新资源向大湾区集聚。国家耐盐碱水稻技术创新中心华南（湛江）分中心也正在建设中。广东正在规划建设一批省级技术创新中心，响应省内20个战略性产业集群建设需求。

重大科技基础设施布局不断完善，为广东技术创新提供基本依托和坚实支撑。散裂中子源一期、超算中心、国家基因库等基础设施得到了顺利运行。自散裂中子源开放运行以来，科研人员就在超导材料、锂电池、高性能材料等领域获得了可观的研究成果，为广东省经济社会发展提供了有力的支撑。惠州强流重离子加速器、江门中微子实验站等在建的重大科学装置也获得了顺利的建设进展，惠州加速器驱动嬗变装置于2021年7月30日正式启动建设。未来网络试验设施（深圳）、合成生物研究装置、脑解析与脑模拟装置、新型地球物理综合科学考察船等项目已获批，一批新的重大科技基础设施正在谋划。鹏城云脑网络智能设施、散裂中子源二期、先进阿秒激光、冷泉生态系统和人类细胞谱系共5项重大科技设施是综合性国家科学中心的重要支撑，被列入了国家"十四五"规划，数量在全国居于首位。

技术创新体系更加健全，整体创新能力向高质量发展更进一步。截至2020年底，全省共有21家高水平创新研究院，建成251家省级新型研发机构，拥有省级工程技术研究中心近6 000家。2021年新引进了广东省智能科学与技术研究院、有研（广东）新材料技术研究院、中国检验检疫科学研究院粤港澳大湾区研究院、广东省黄埔中医药联合创新研究院和广东省新兴激光等离子体技术研究院共5家研究院。

表 15-1 在粤创新平台数量统计（截至 2020 年底）

| 类型 | | 数量（家） |
|---|---|---|
| 科学研究平台 | 国家重点实验室 | 30 |
| | "一带一路"联合实验室 | 1 |
| | 粤港澳联合实验室 | 20 |
| | 省实验室 | 10 |
| | 省重点实验室 | >430 |
| 产业技术创新平台 | 国家技术创新中心 | 3 |
| | 省技术创新中心 | 正在布局建设 |
| | 国家级工程技术研究中心 | 23 |
| | 省级工程技术研究中心 | 5 944 |
| | 省级新型研发机构 | 251 |
| | 高水平创新研究院 | 21 |
| 公共卫生领域创新平台 | P4 实验室 | 正在布局建设 |
| | P3 实验室 | 8 |
| | 国家临床医学研究中心 | 3 |
| | 省临床医学研究中心 | 15 |
| 孵化育成平台 | 孵化器 | 1 036 |
| | 其中：国家级孵化器 | 151 |
| | 众创空间 | 986 |
| | 其中：国家备案众创空间 | 278 |
| | 国家级大学科技园 | 3 |
| | 省级大学科技园 | 8 |

数据来源：广东省科学技术厅。

## （二）聚力打造原始创新高地，核心技术攻关取得进展

一是基础与应用基础研究备受重视，原始创新成果大量涌现。广东省基础研究备受重视，当前，"卓粤"计划正式启动，海上风电联合基金、粤惠联合基金接连落户广东，基础研究资助体系不断完善，基础与应用基础研究投入持续加大。据《2021 年广东省国民

经济和社会发展统计公报》，2020 年，基础研究经费投入 204.1 亿元，较上年增长 43.9%，按 R&D 人员全时工作量计算的基础研究人员人均经费为 2.35 万元，较上年增加 0.59 万元，这将大大提高研发人员创造原始创新成果的动力。越来越多瞄准国际科学前沿、具有前瞻性引领性的原始创新成果不断涌现。2020 年，在合计 180 项广东省科学技术奖中，有 12.8% 的奖项属于自然科学领域；2021 年，深圳康泰生物新冠灭活疫苗被纳入国家紧急使用，成为广东新冠疫苗落地应用"零"的突破的标志；中山大学"天琴计划"激光测距台站测出国内最准的地月距离，精度达到国际先进水平，攻克了地月激光测距技术，对月球基础科学研究、我国太空安全、空间碎片和深空目标探测、太空科学实验等多领域具有重大应用价值。广东省在基础研究和应用基础研究方面取得了很大进步。

二是关键核心技术攻关取得良好进展，"卡脖子"技术难题得到进一步解决。广东省深入实施省重点领域研发计划，围绕新一代电子信息、数字经济等九大重点领域布局量子通信、芯片软件和计算、5G、区块链、人工智能、新材料等一批"先手棋"项目，"十三五"期间省级财政资金投入 71.2 亿元，带动社会及其他投入约 156 亿元，进一步提升了广东关键核心技术攻关能力，推动部分关键核心技术及产品的攻关，迅速打破了国外技术垄断及禁运局面，有力促进了相关领域自主创新能力提升。近两年，广东已经实现了一些领域的核心技术攻关。风华高科攻克了超微型片式阻容元件关键技术，实现了原材料的自主供应；国星光电突破了传统 LED 显示器件技术，彰显全球领先实力；惠州"国之重器"的两大科学装置"强流重离子加速器（HIAF）"和"加速器驱动嬗变研究装置（CiADS）"迎来了核心技术的攻关，中科院近代物理研究所独立研究的加速器驱动次临界系统（ADS）超导直线加速器样机打破了发达国家相关技术限制，目前连续波束流强度和功率均远超国际同类装置，创造了世界纪录，该项技术将为惠州的这两大国家重大科技基础设施提供坚强支撑，对未来改善我国能源结构、碳达峰和碳中和具有重要意义。

### （三）围绕产业链布局创新链，科技支撑经济高质量发展

科技型企业发展迅速，在全国范围内表现出较强的竞争力。据广东省科学技术厅数据，2021 年广东省高新技术企业数量高达 60 519 家，连续六年保持全国第一，较上年增加了 14.6%；2020 年，高新技术企业营业收入 9.3 万亿元，出口总额 1.7 万亿元，净利润总额 6 937 亿元，R&D 经费内部支出 3 179 亿元，A 股上市高新技术企业 54 家（全省 A 股上市企业 60 家），入选年度中国企业创新能力千强的科技型企业高达 215 家，均居全国第一。技术市场愈加活跃，企业技术交易活动日益频繁，如图 15 - 2 所示，2021 年全省认定登记技术合同 49 261 项，合同成交额 4 292.73 亿元，增幅超过 20%，其中技术交易额 3 240.5 元，继续保持全国第二。

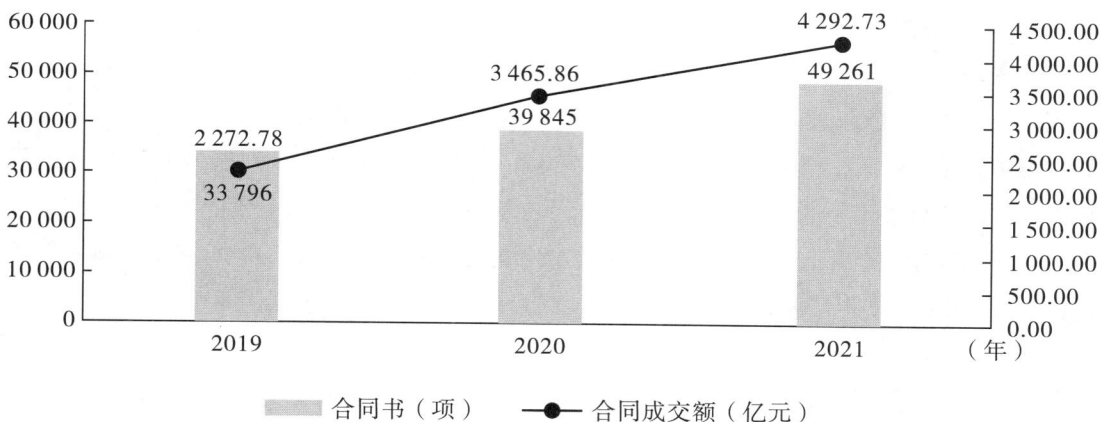

图 15 - 2  2019—2021 年广东省认定登记技术合同项目数及合同成交额情况

数据来源：广东省科学技术厅。

孵化器、众创空间规模快速增长，孵化育成体系进一步完善。根据广东省科学技术厅公布的数据，2020 年，科技企业孵化器达到 1 104 家，其中包含了 168 家国家级孵化器，孵化器总面积达 1 970.06 万平方米，在孵企业 3.5 万家，当年毕业企业数为 4 364 个，累计毕业企业 2.4 个，数量均居全国首位。众创空间 1 038 家，其中包含国家备案众创空间 269 家。新认定 3 家省级加速器，目前已建成国家级大学科技园 6 家、省级大学科技园 10 家以及专业孵化载体试点单位 5 家。2021 年，广东省科技厅发布《广东省科技孵化育成体系高质量发展专项行动计划（2021—2025 年)》政策，对"十四五"期间全省提升孵化育成体系的重点任务进行了部署，将进一步推动广东孵化育成体系新格局的构建；出台《广东省创业导师备案工作指引》，完善创业导师管理体系。广东省科技型企业将在更加完善的孵化育成体系下进行更高水平的创新创业。

战略性产业集群发展迅速，为广东高端技术补足短板，强力拉动广东经济发展。2021 年上半年，广东省"双十"产业集群中有 14 个产业的增速超过地区生产总值增速，为广东的经济增长提供了有力的支撑作用。一是十大战略性支柱产业集群实现增加值 19 576.46 亿元，同比增长 16.9%，增幅高于全省地区生产总值增速 3.9 个百分点，占全省地区生产总值比重 34.2%；其中绿色石化、智能家电、汽车、先进材料、现代轻工纺织、生物医药与健康等 6 个战略性支柱产业集群增速高于地区生产总值增速，支撑作用明显。二是十大战略性新兴产业集群合计企业数超 9.3 万家，营收超万亿元，增加值达 2 608 亿元，增加值同比增速达 22.3%；其中，智能机器人、高端装备制造、半导体与集成电路、前沿新材料等 8 个产业集群增速超过地区生产总值增速。广东的电子信息产业在芯片等领域仍存在短板，但这一状况正在得到改善。广东省统计局公布的数据显示，2021 年上半年广东半导体与集成电路产业实现营收超 900 亿元，增长 36.5%，增加值 215 亿元，增长 44.4%。从电子信息产业前十企业看，汇顶科技等 4 家企业位于深圳，安世半导体（中国）有限公司等 3 家企业位于东莞，显示出珠江东岸正依靠电子信息的雄厚积累向着产业高端迈进。珠江西岸也在积极布局电子信息产业，广州粤芯半导体技术有限公司此前完成二期项目融资，预计 2024 年建成投产，助力广东在国内集成电路制造领域实现差异化竞争态势。此外，珠海等地也在积极布局 IC 封装等产业环节。在装备和设备制造领域，珠江两岸则各有所长：高端装备制造产业在珠江西岸扎堆，2021 年上半年营收前十企业主要分布在中山、阳江和珠海，合计营收 287 亿元，占该产业集群的 23.8%；精密仪器设备产业 2021 年上半年完成营收 890 亿元，营收前十企业中，包括迈瑞生物等 7 家企业位于深圳。

高新区高质量发展，对广东的经济发展和技术创新提供了重要支撑。一是高新区建设不断推进。2021 年，全省高新区数量达 14 家，位居全国第二，"十三五"期间整体发展保持了良好的势头，珠三角地区国家高新区全部进入 100 强，5 家进入 30 强，成为全国 30 强高新区最多的省份；4 个产业集群入选国家创新型产业集群培育试点名单，排名全国第一；新增汕头、湛江、茂名 3 家国家高新区，实现粤东粤西地区"零"的突破；新一轮省级高新区建设有序推进，新认定广州琶洲、东莞滨海湾等省级高新区 17 家，全省省级以上高新区数量达 40 家，接下来将推动韶关、阳江、梅州、揭阳等地国家级高新区的创建，发展梯队更加合理完善。二是支撑广东经济发展作用显著。截至 2020 年底，广东高新区以占全省 0.7% 的土地面积，实现地区生产总值（GDP）1.78 万亿元，占全省 GDP 的 16%；实现工业增加值 8 984 亿元，占全省规模以上工业增加值的 27.1%；实现出口额 9 464 亿元，占全省出口总额的 21.8%。三是不断强化战略科技力量，全省 10 家省实验室均有在高新区布局，广州再生医学与健康广东省实验室、深圳鹏城实验室、东莞松山湖材料实验室按照国际先进、国内一流的标准组建。深圳国家基因库、东莞散裂中子源、大亚湾中微子实验室等重大科技基础设施集中布局在广东珠三角高新区。全省 251 家新型研发机构有近一半落户在高新区内。[①]

科技金融深度融合，为广东科技企业创新提供坚实的经济后盾。《2021 中国创投机构城市榜》显示，2021 年全国创投机构 Top10 的城市中，深圳和广州分别排名第 3、4 位，第一名和和第二名分别是北京和上海；全省国家高新区内创业风险投资机构高达 265 个；全省风险投资机构向科技领域投资超 2 600 亿元。2021 年，广东半导体及集成电路产业投资基金同步成立，首期财政出资 100 亿元；粤港澳大湾区科技成果转化基金正式推出，总规模 100 亿元，将采取"直投＋母基金"的投资策略，重点投向国内外新一代信息技术、集成电路等领域；中国科学院科技成果转化母基金（二期）落地广州，主要投向战略性新兴产业及关键"卡脖子"技术的"硬科技""绿科技"领域；广东省科学技术厅与中国银

---

① 苏瑞波，刘毅，周振江. 在新征程续写高质量发展新篇章——广东省高新区"十三五"回顾及"十四五"展望［J］. 广东科技，2021，30（4）.

行广东省分行等银行机构联合专项融资服务行动，2021 年春节期间向 1 210 家小微科创企业发放贷款 45.72 亿元。

### （四）科技融合社会民生共发展，造福社会为民众谋福利

疫情防控期间研发出一批防疫产品，大大推动我国疫情防控科研攻关。广东省实验动物监测所在新冠肺炎疫情暴发后不久就成功构建出了新型冠状病毒 N 蛋白表达菌株，中国计量科学研究院、部分省疾控中心及一些生物科技企业和国内外单位等利用该菌株都得出了重要的研究成果。2021 年 5 月 14 日，深圳康泰生物制品股份有限公司研发的新型冠状病毒灭活疫苗获得国家紧急使用，广东新冠疫苗实现"零"的突破。疫情防控期间，全省推动了 4 条疫苗研发路线，新增 4 个获国家药监局临床试验批件疫苗，累积获批件达 5 个，新增 4 个核酸检测试剂获国家医疗器械注册证，累积达 14 个，数量均居全国前列。全省累计生产核酸检测试剂超过 10 亿人份，海外销售核酸检测试剂近 3 亿人份。达安基因 30 分钟核酸快检产品迅速实现规模化推广应用。

技术服务农业农村创新发展水平增强，农村科技特派员帮扶机制硕果累累。2021 年全省新增 19 家省农业科技园区。为推进农村科技特派员驻镇帮镇扶村全覆盖，广东省农业科学院选出了几乎七成科研人员，组成了由 2 815 名农村科技特派员构成的 901 个团队，进行驻镇帮扶工作，实现了 901 个重点乡镇全覆盖，为开展特派员工作提供了有力的人才支撑和保障。2018—2020 年，省农科院科技特派员累计开展院地企对接 837 场，推介各类成果 3 467 个（次），与地方联合实施科研攻关及技术推广项目 175 个，承担地方政府委托的科技攻关项目 139 项，提交工作研究报告 146 个，其中 58 个被采用。目前，全省农村科技特派员覆盖广东 1 300 多个乡村产业，2021 年安排经费 5 420 万元，对接 1 118 个省定建档立卡贫困村；推广农业科技成果、新品种、新技术、新工艺 2 190 个，推广先进农业和农村适用技术 4 615 项；培训农村基层技术人员和农民约 63 万人次，安置劳动力就业 19.3 万人，带动 9.4 万户农户增收，辐射带动 824 万人受益，有效促进当地农民科技素质的提升，带动当地农民增收致富，推动乡村产业经济发展。

### （五）汇聚整合国内外创新资源，创新合作格局更加开放

广东正扩大国际科技交流合作"朋友圈"，积极融入全球创新的网络，在国际舞台上大放异彩，使创新更加高效化、多元化。当前，广东已经与 76 个国家和地区之间建立了紧密的科技交流联系，与 19 个国家成功签订了科技合作协议。不仅如此，广东在外国人才服务管理工作方面也取得了显著成效，在粤工作的外国人才约占全国 1/5，累计吸引了包括诺奖获得者在内的 431 名外国人才来粤短期开展交流合作，这些外国人才分别来自 38 个国家和地区。在全球创新的网络下，广东的创新必定是走在国际前沿的，这不仅利于广东省的创新发展，更能够为国际创新贡献一份力量。

## 二、 新兴产业创新能力领先， 助力经济整体高质量发展

新兴产业企业创新实力凸显，为广东经济社会发展注入鲜活动力。新兴产业近年来发展迅猛，集聚效应初步显现，具有巨大的增长潜力，对广东经济发展具有重大引领作用。广州日报数据和数字化研究院发布的"广东创新 Top100 榜（2021）"（以下简称"创新百强榜"）数据显示，广东企业创新 100 强名单中，属于新兴产业的企业数量高达 92 家，其中先进制造业有 45 家，占比最高；其次是属于新一代信息技术产业的企业，有 31 家，占比 33.70%；上述两大产业所属企业共 76 家，合计占比 82.61%，详见表 15 - 2。

表 15 - 2　"创新百强榜"中属新兴产业企业情况

| 所属产业名称 | 企业数量（家） | 企业所占比重 |
| --- | --- | --- |
| 先进制造产业 | 45 | 48.91% |
| 新一代信息技术产业 | 31 | 33.70% |
| 生物产业 | 5 | 5.43% |
| 高端装备制造业 | 3 | 3.26% |
| 新材料产业 | 3 | 3.26% |
| 新能源产业 | 3 | 3.26% |
| 节能环保产业 | 1 | 1.09% |
| 数字创意产业 | 1 | 1.09% |

数据来源：广州日报数据和数字化研究院。

新一代信息技术产业创新能力持续增强。如图 15 - 3 所示，广东创新百强企业中，属于新一代信息技术产业的企业平均发明总量最多，2020 年实现平均发明总量 7 187 件，较上一年增加 886 件。如图 15 - 4 所示，该产业平均国际专利数 2 764 件，是平均国际专利数高于平均值（1 443 件）的唯一产业，这意味着广东新一代信息技术产业机构拥有先进的创新意识，技术迭代的优势相比于其他产业更强，同时，也利于国际竞争力的提升，能有效地推动广东数字经济快速和高质量的发展。

生物产业专利创新质量保持领先。如图 15 - 5 所示，广东创新百强企业所属的各新兴产业中，平均专利授权率最高的是生物产业，高达 33.93%，这与 2020 年席卷全球的新冠肺炎疫情带来的冲击有关，疫情暴发后，全国对生物医药领域的研发需求急剧上升，从病毒种类的识别、核酸检测设备到新冠病毒的治疗都呼吁全国各地研发机构进行积极研发，这提高了生物产业的专利授权率。新一代信息技术产业和先进制造产业的专利授权率分别为 29.81% 和 26.34%，排名第 2 和第 3，专利授权情况在广东省内也有着良好的表现。

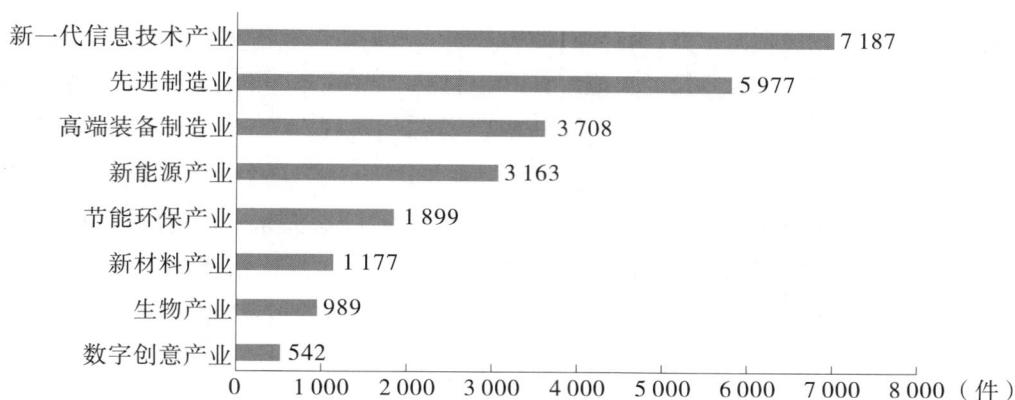

**图 15－3　2020 年广东创新百强新兴产业企业平均发明总量**

数据来源：广州日报数据和数字化研究院。

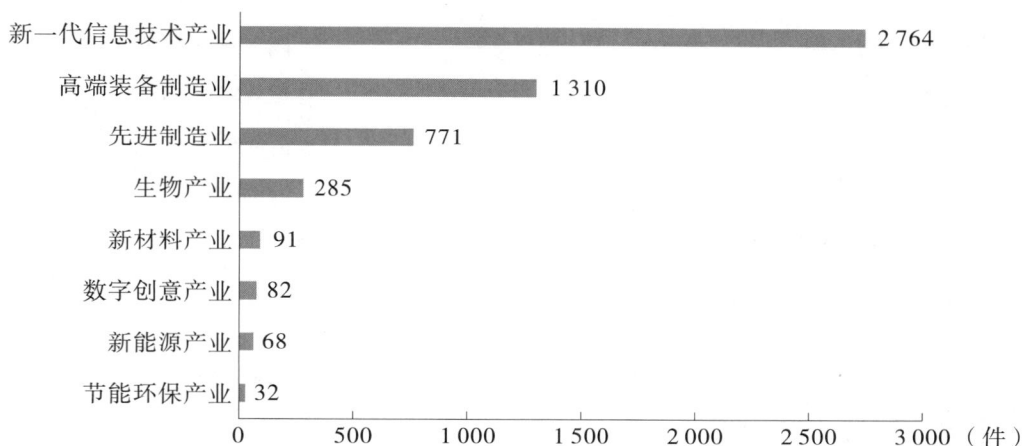

**图 15－4　2020 年广东创新百强新兴产业企业平均国际专利数**

数据来源：广州日报数据和数字化研究院。

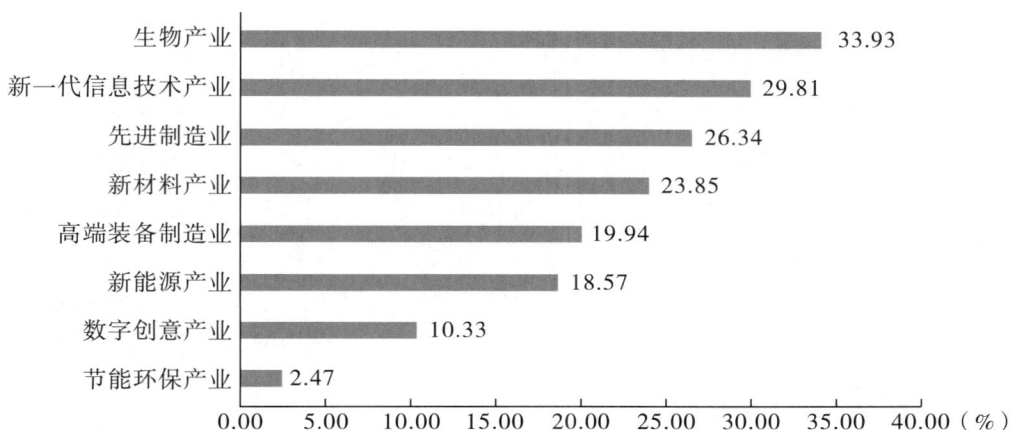

**图 15－5　2020 年广东创新百强新兴产业企业平均专利授权率**

数据来源：广州日报数据和数字化研究院。

高端装备制造业成长性逐渐凸显。高端装备制造业是知识和密集型产业，是新兴产业中的支柱产业。如图 15－6 所示，将各新兴产业 2016—2020 年专利复合增长率进行比较，高端装备制造业的专利复合增长率高达 35.97%，排名省内第 1，可以看出高端装备制造业有着优秀的成长性；第 2 名和第 3 名分别是新能源产业和新材料产业，专利复合增长率分别额为 14.53% 和 13.62%，这两个行业是世界各发达国家都非常重视的行业，在发展上呈现出多领域交叉、具有较强创新性、绿色化等特点，在近两年更是获得了飞速的发展，有着可观的发展前景；节能环保产业出现了负增长，专利复合增长率为－69.16%，成长性较弱。

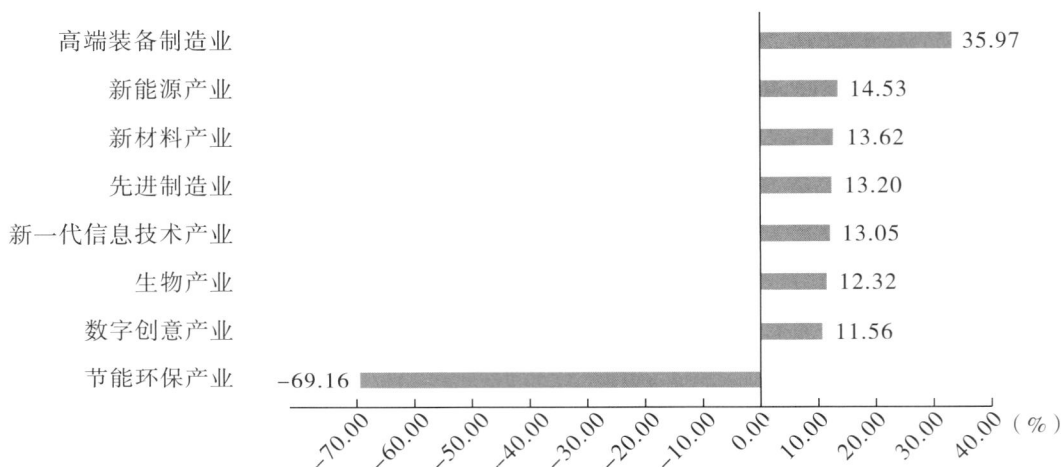

图 15－6　2016—2020 年广东创新百强新兴产业企业平均成长性

数据来源：广州日报数据和数字化研究院。

## 三、　创新集聚效应更加明显，　珠三角核心优势更加突出

### （一）珠三角地区凸显创新集聚优势

珠三角地区的创新活动在地理上表现出极强的集聚效应。一是珠三角地区的规模以上工业企业几乎覆盖了全省的研发投入。如图 15－7、图 15－8 所示，2016—2020 年，珠三角地区规模以上工业企业的 R&D 经费投入和 R&D 活动人员投入逐年增长，2020 年占全省比重分别为 95.53% 和 94.04%，珠三角地区持续加大科技创新资源投入，为广东科技创新水平的提升带来了强有力的拉动作用。二是珠三角地区聚集了全省绝大部分优势创新企业，且多为制造业。若定义发明总量不低于 50 件的企业为优势创新企业，2020 年，全省739 家优势创新企业中有 689 家位于珠三角，占比高达 93.23%，其中525 家企业属于制造业，主要集中在计算机、通信和其他电子设备制造业（170 家），电气机械和器材制造业

（99 家），专用设备制造业（57 家），为培育世界级先进制造业集群提供了良好基础条件。

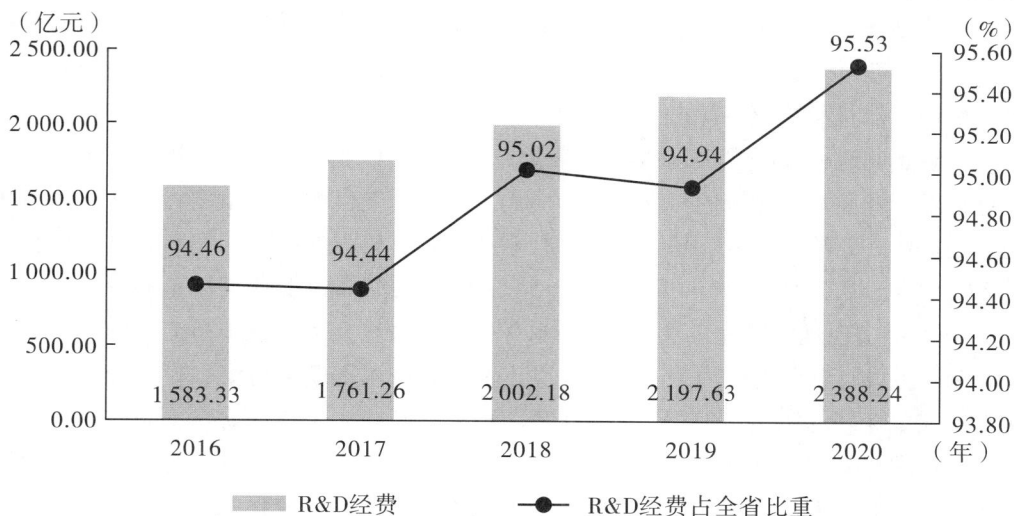

**图 15 - 7 2016—2020 年珠三角地区规模以上工业企业 R&D 经费情况**

数据来源：广州日报数据和数字化研究院。

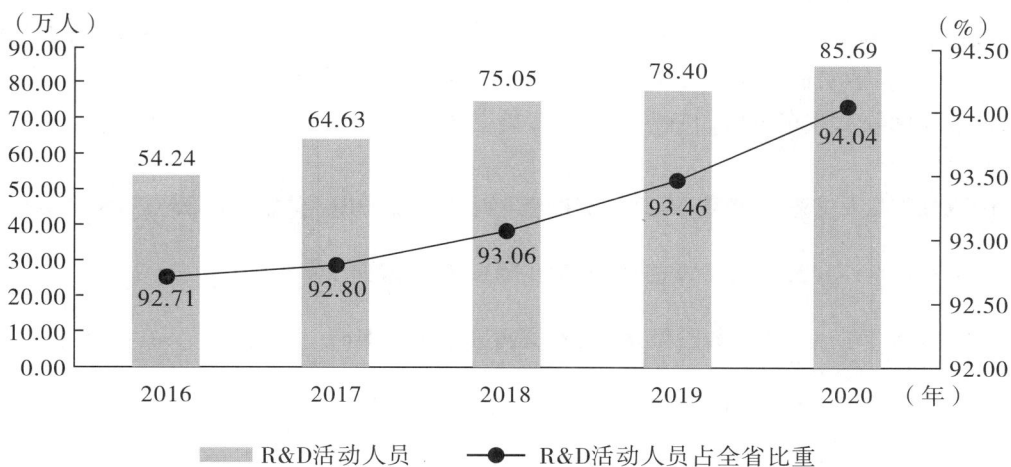

**图 15 - 8 2016—2020 年珠三角地区规模以上工业企业 R&D 活动人员**

数据来源：广州日报数据和数字化研究院。

珠三角地区各大城市群的制造业发展势头良好，成为当地创新优势的重要主体。珠三角地区是广东省制造业发展的排头兵，其高质量发展为广东的经济发展注入了强劲动力，全省规模以上制造业增加值、企业数量连续多年位居全国第一。首先，广佛肇城市群优势创新企业门类中，制造业企业最多，占比超过七成，而所属制造业门类的企业中，属电气机械和器材制造业以及计算机、通信和其他电子设备制造业数量最多，占比超四分之一。其次，深莞惠城市群优势创新企业行业分布中，也是制造业门类占比最多，占比达

77.26%，而所属制造业门类企业中，计算机、通信和其他电子设备制造业有 123 家，占深莞惠优势创新企业的 35.86%。最后，珠中江城市群优势创新企业所属行业中还是制造业企业最多，超过八成，所属制造业门类企业中，计算机、通信和其他电子设备制造业以及电气机械和器材制造业累计占比 48.72%。

　　高端装备制造业未来几年仍然是发展重点，新能源行业将迎来更加快速的增长，新一代信息技术产业亟需多领域的深度融合和应用。从专利复合增长率角度看，珠三角地区高端装备制造业、新能源产业、新一代信息技术产业具有较强的成长性，专利复合增长率分别为 32.46%、20.73%、18.64%（见图 15-9）。高端装备制造业是广东的十大新兴产业之一，2021 年实现规模以上工业总产值 16.9 亿元，较十年前增长 906%，目前广东省高端装备制造业设计和制造能力持续增强、新产品和新技术不断取得突破，在珠三角地区已经初步形成了良好的产业集聚态势。近年来，广东省新能源企业注册量不断攀升，广东具有良好的地理优势和营商环境，再叠加"碳达峰"与"碳中和"理念的提出，新能源产业将迎来又一个春天。广东省新一代信息技术产业在全国具备较强的竞争力，但仍需要着力解决当前面临的"卡脖子"技术难题，突破原创性理论研究基础薄弱的问题，进一步形成体系化、标准化的发展格局，促进与其他领域的多元融合发展。珠三角地区节能环保产业成长性较弱，实现其增长的关键主要在于资源循环利用板块中的电池回收领域、汽车拆解领域，新能源汽车行业于 2015 年左右快速发展起来，而新能源汽车及其动力的寿命分别在 10 年和 8 年左右，按照报废寿命推算，新能源汽车报废和动力电池退役的热潮即将到来，电池回收和汽车拆解即将迎来巨大市场空间。

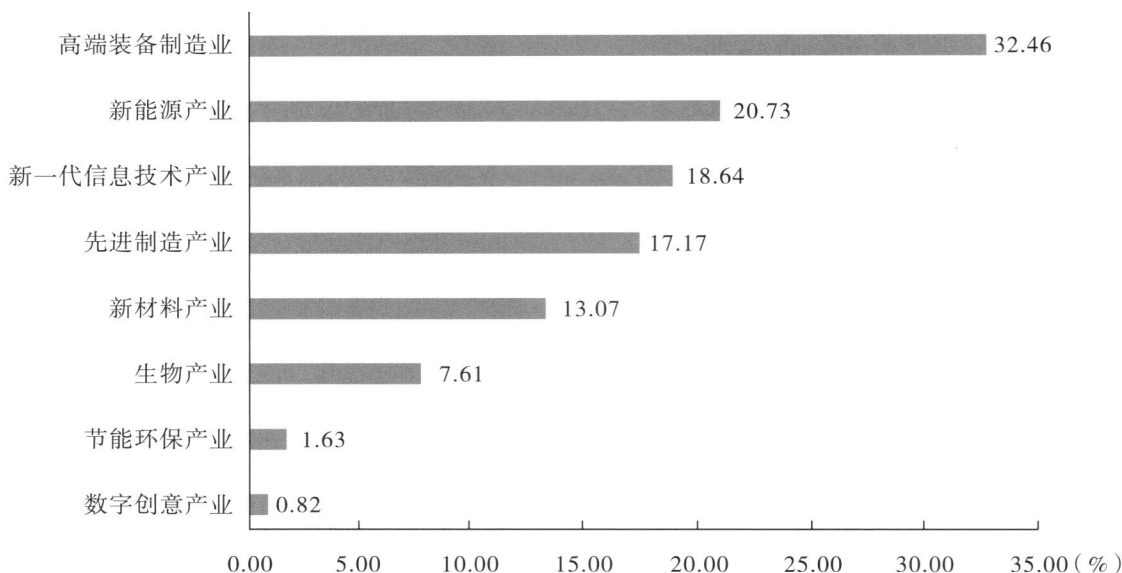

图 15-9　上榜企业所属新兴产业平均成长性

数据来源：广州日报数据和数字化研究院。

## （二）粤东西北地区缺乏创新动力

粤东西北地区以制造业为主导的产业发展格局，缺乏创新驱动、科技含量高的经济支柱产业，导致产业结构升级慢，三次产业发展不协调。根据广州日报数据和数字化研究院公布的数据，2020 年在粤东西北创新 Top50 榜中，有 19 家企业属于传统行业，31 家企业属于新兴产业，覆盖领域涵盖先进制造业（21 家）、生物产业（5 家）、新材料产业（3 家）节能环保产业（1 家）和数字创意产业（1 家）。地区的自主创新能力也较弱，绝大多数企业在核心技术知识产权的自主性上有所缺乏，在产业链中，往往位于中下游来料加工或装配环节，没有附加值较高的产品。

粤东西北地区企业创新能力总体上与珠三角地区有着较大的差距，从发明专利的角度看，表现出较低的创新能力和动力。如图 15－10 所示，粤东西北地区上榜企业所属产业平均发明总量最大的是数字创意产业，达 523 件；其次是先进制造业，达 313 件；生物产业、新材料产业和节能环保产业上榜企业平均发明总量分别为 160 件、70 件和 47 件。

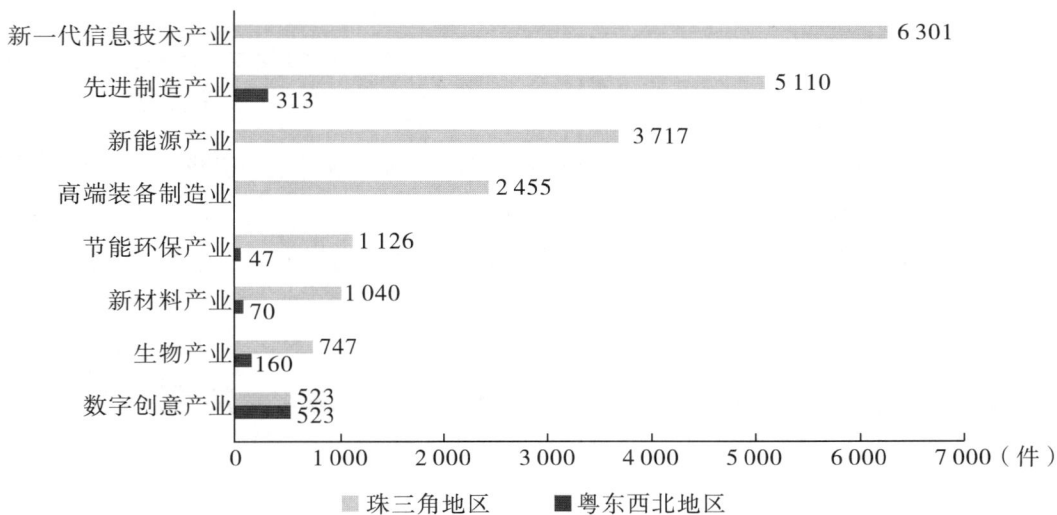

**图 15－10　2015—2019 年各地区上榜企业所属新兴产业平均发明总量**

数据来源：广州日报数据和数字化研究院。

节能环保产业专利质量较高，生物产业、数字创意产业专利质量有待提高。粤东西北地区创新 Top50 强企业所属的新兴产业平均专利授权率为 16.06％，节能环保产业的企业专利授权率高达 70.21％（见图 15－11），粤东西北地区节能环保产业的发展优势主要体现在资源循环利用领域，尽管目前粤东西北地区环保企业数量仅占全省 17％左右，但随着珠三角众多产业逐渐向广东两翼转移，粤东西北地区节能环保产业必将迎来巨大的创新和发展空间。数字创意产业和生物产业的专利授权率分别为 10.71％和 6.63％，专利质量较低。数字创意产业的发展需要以先进的数字技术、现代通信技术以及网络技术等为前提，同时也需要与许多其他领域相互融合迸发能量，其附加值远高于大多数传统行业。

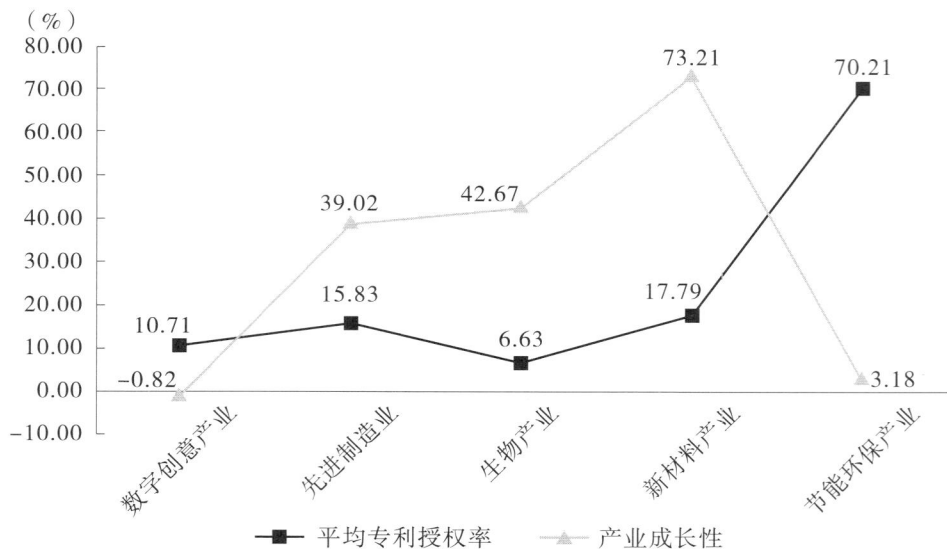

图 15 - 11　2015—2019 年粤东西北地区上榜企业所属新兴产业创新能力情况

数据来源：广州日报数据和数字化研究院。

新材料产业、生物产业表现出较强的成长性。粤东西北地区上榜优势创新企业所属产业中新材料产业 2015—2019 年专利复合增长率为 73.21%；其次是生物产业和先进制造业，平均成长性分别为 42.67% 和 39.02%；节能环保产业相距上述三个产业在成长性上表现略逊色，平均成长性仅为 3.18%（见图 15 - 11）。

## 四、 大湾区创新抢占国际前沿， 一流湾区建设脚步加快

### （一） 创新成果凸显优势

粤港澳大湾区创新能力高于其他湾区，研究领域与科技前沿紧密相关，专利影响力有待提升。粤港澳大湾区发明专利公开量和增长率均居世界首位，领先于其他三大湾区。如图 15 - 12 所示，粤港澳大湾区 2016—2020 年累计专利公开量达 149.8 万件，远超其他三大湾区，专利多数来自大数据、人工智能、电子通信和半导体等领域，有助于推动传统产业的转型升级和国际科技创新中心的打造。然而在专利影响力方面，粤港澳大湾区在四个湾区中的优势不明显。发明专利影响力即发明专利被引频次与发明专利公开量的比值，比值越高表明该湾区的专利影响力越高。旧金山湾区的专利影响力最强，高达 3.03，其次是纽约湾区 1.77，粤港澳大湾区是 1.04，东京湾区是 0.95。粤港澳大湾区比值较上期（2015—2019 年）增长 0.29，但与旧金山湾区和纽约湾区相比，仍有较大提升空间。

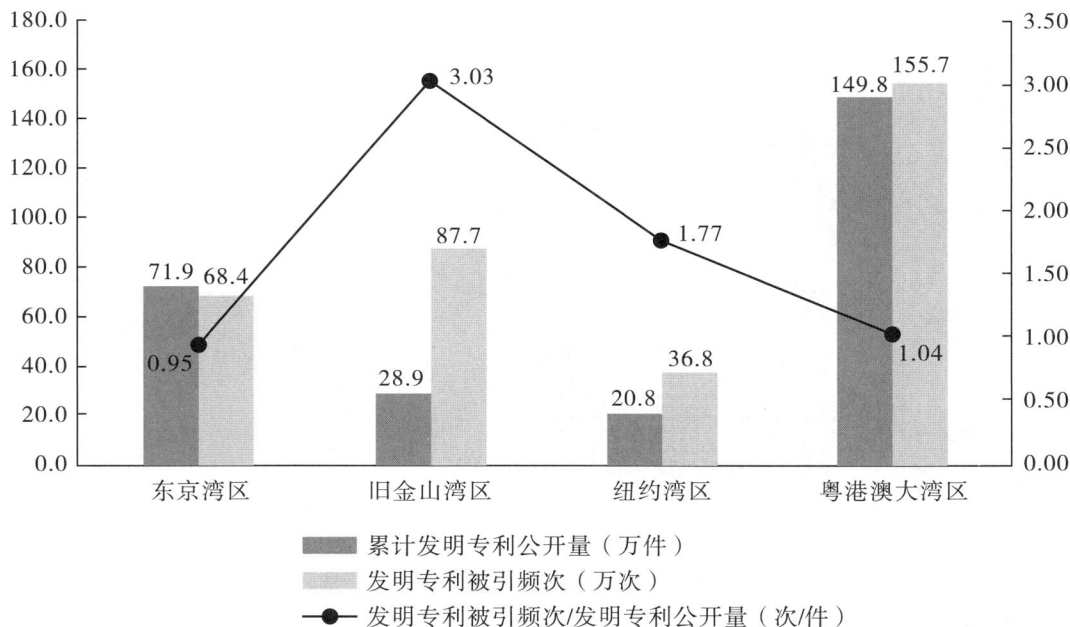

图 15 – 12　2020 年四大湾区发明专利被引频次与发明专利公开量对比

数据来源：广州日报数据和数字化研究院。

## （二）科技行业集聚效应明显

粤港澳大湾区的优势创新机构在所属行业上有着较强的头部集聚效应。根据广州日报数据和数字化研究院发布的"粤港澳大湾区 Top 500 优势创新机构排行榜"数据，2016—2020 年间，77 个科学研究和技术服务业企业、69 个高校和科研院所入选优势创新机构，与计算机、通信和其他电子设备制造业（109 个）位列前三名（见图 15 – 13）。信息传输、软件和信息技术服务业有 53 个机构入选本次的优势创新机构，占比 10.6%。与2015—2019 年五年间 500 个优势创新机构（简称"上期优势创新机构"）相比，本期优势创新机构的主要结构没有重大变化，领先行业岿然不动，头部集聚效应明显；科技行业呈现出迅猛增长的趋势，规模不断扩大，"计算机、通信和其他电子设备制造业"门类较上期增长 12.37%。

大湾区创新机构 500 强主要来自新兴技术产业、制造业、高校和科研院所，这三大领域的创新机构在地理位置上也呈现出鲜明的集聚效应。大湾区的 500 强优势创新机构中共有 239 家属于新兴技术产业，其中广州、深圳在新兴技术产业方面的优势创新机构数分别占比 56.1% 和 18.8%，合计占比超过七成（见图 15 – 14），广深港澳科技创新走廊集聚效应明显。500 强优势创新机构中属于各类制造业的机构有 122 家，位于珠江西岸的广州、佛山和珠江东岸的深圳、东莞的机构合计占比 75.45%，构成粤港澳大湾区制造业高质量发展重要区域。广州和深圳是粤港澳大湾区高校和科研院所创新机构的主阵地，占比近七成，其中广州的科研优势最为突出。

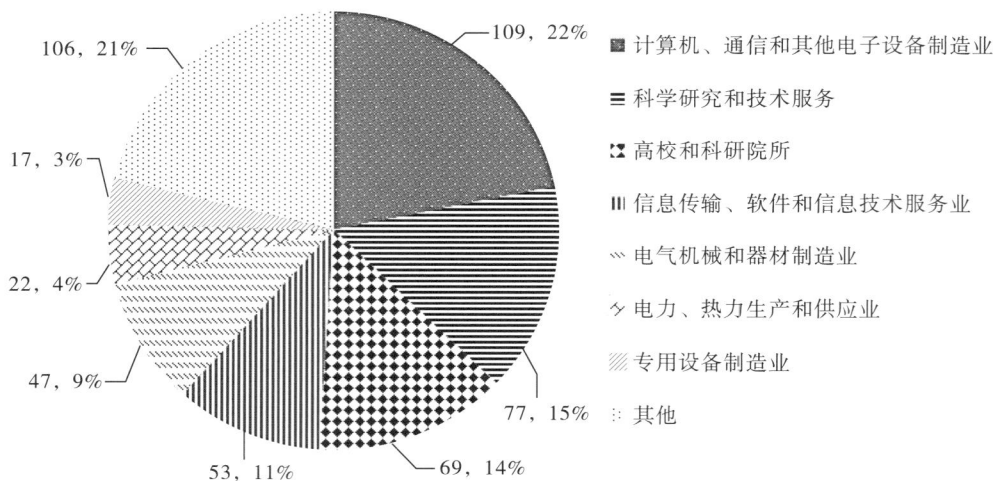

**图 15 – 13　粤港澳大湾区 Top500 优势创新机构行业分布情况**

数据来源：广州日报数据和数字化研究院。

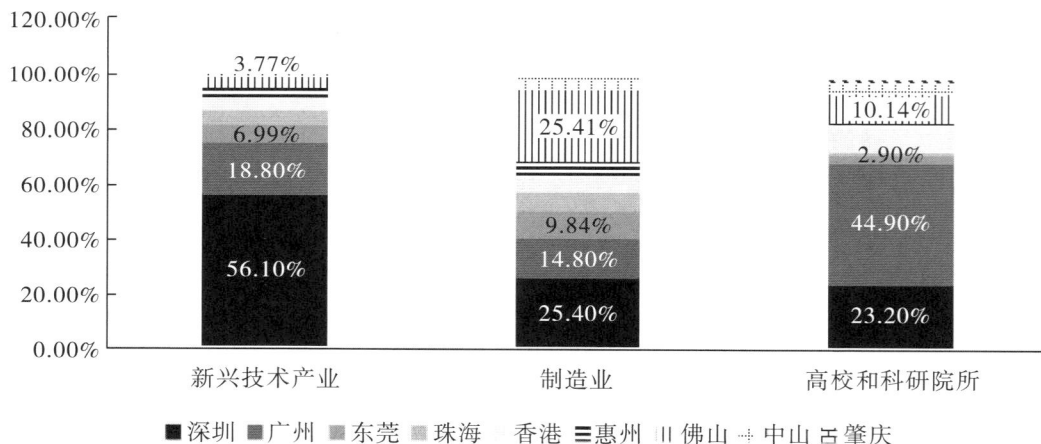

**图 15 – 14　粤港澳大湾区 TOP50 优势创新机构地理分布情况**

数据来源：广州日报数据和数字化研究院。

珠江东岸和珠江西岸是大湾区优势创新机构的聚集地。粤港澳大湾区 Top 500 优势创新机构中，珠江西岸入选机构所涵盖的行业数量最多（21 个），珠江东岸入选的机构数量最多（263 家），见图 15 – 15。其中珠江东岸创新要素的集聚效应主要体现在电子信息相关的领域。

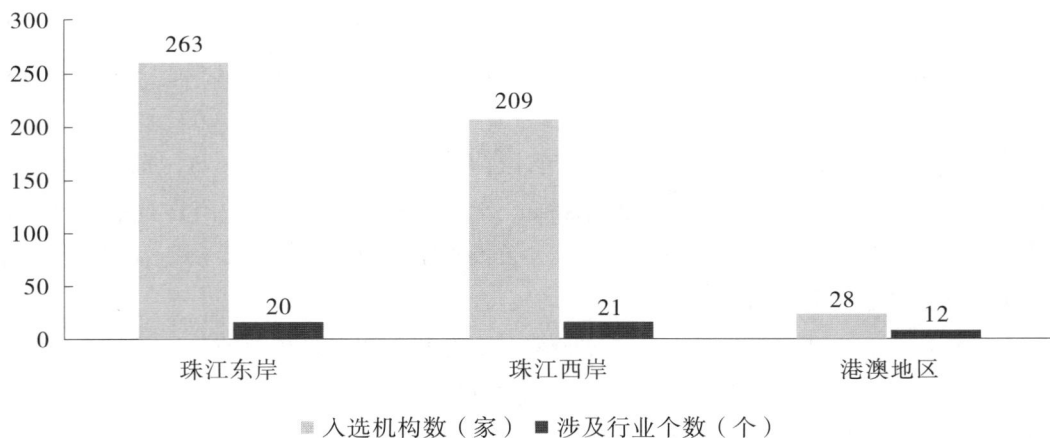

**图 15 – 15 粤港澳大湾区 Top 50 优势创新机构地区情况**

数据来源：广州日报数据和数字化研究院。

## 五、 高技术产业创新动力加强， 行业创新发展各具特色

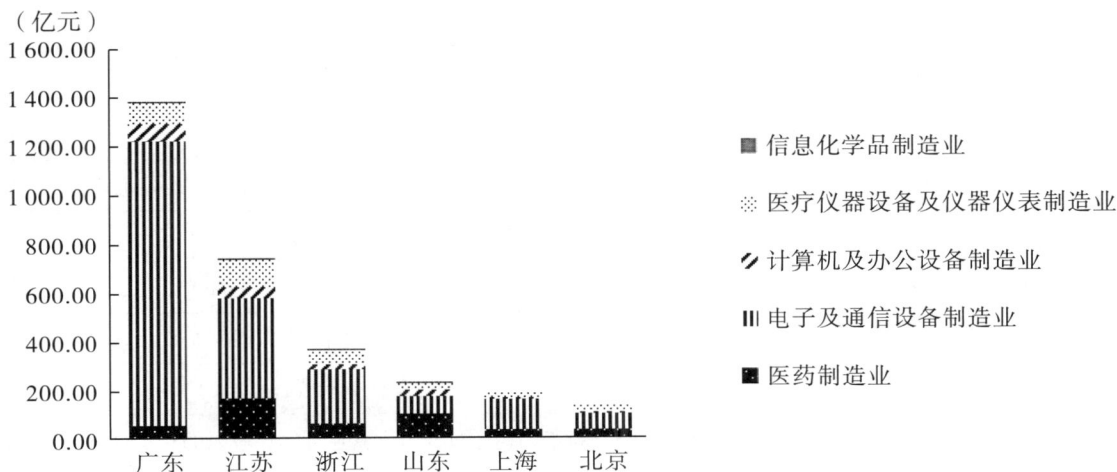

**图 15 – 16　2020 年主要区域高技术产业 R&D 经费支出情况**

数据来源：《中国高技术产业统计年鉴》。

广东高技术产业的创新水平领先全国，近年来，广东深入实施"大众创业、万众创新"和创新驱动发展战略，高技术产业研发投入力度不断加大，发展脚步加快，对其他产业的渗透能力强。如图 15 – 16 所示，2020 年广东省高技术产业 R&D 经费支出达 1 388.19 亿元，其中占比最高的是电子及通信设备制造业，R&D 经费支出为 1 163.10 亿元，占高技术产业总 R&D 经费八成以上。从医药制造业来看，江苏和山东是六个区域中 R&D 经费

支出较多的省份，近年来，江苏省医药制造业逐步走向主导型产业，为江苏省的经济发展提供了不可缺少的支撑力，在医药产业的发展和创新能力上，江苏省也有着区别于其他区域的优秀表现，2021 年江苏省医药制造业已有企业 703 家，实现营业收入 3 870.3 亿元，利润总额 419.3 亿元，均居全国第二；山东省医药制造业发展长期位于全国前列，包括齐鲁制药等在内的 13 家企业进入全国药企百强，数量全国第一，为山东省医药制造业的高质量发展注入强劲动能。各省份的计算机及办公设备制造业、医疗仪器设备及仪器仪表制造业和信息化学品制造业的 R&D 经费占比均较少。

　　总体而言，广东高技术产业中最具创新综合实力和创新产出实力的是计算机及办公设备制造业，创新投入实力最强的是电子及通信设备制造业。参考王洪庆和侯毅的高技术产业技术创新能力评价指标体系构建方法①，构建如表 15 - 3 所示的指标体系，利用《中国高技术产业统计年鉴》数据，采用熵值法对广东省高技术产业的技术创新能力进行评价。各项指标的熵值、差异性指数和权重见表 15 - 4，各行业的得分见表 15 - 5。

表 15 - 3　广东省高技术产业创新能力评价指标体系

| 目标层 | 二级指标 | 三级指标 |
|---|---|---|
| 广东省高技术产业技术创新能力 | 创新投入能力 | A1：研发人员投入强度（%） |
| | | A2：科研机构密度（%） |
| | | A3：R&D 经费投入强度（%） |
| | | A4：新产品开发投入强度（%） |
| | | A5：研发经费内部总支出中仪器设备所占比重（%） |
| | | A6：研发人员人均研发经费内部总支出（万元/人） |
| | | A7：技术引进消化吸收率（%） |
| | 创新产出能力 | B1：人均有效发明专利数（件/人） |
| | | B2：人均专利申请数（件/人） |
| | | B3：新产品销售收入占主营业务销售收入的比重（%） |
| | | B4：出口交货值占主营业务收入的比重（%） |
| | | B5：新产品出口销售收入占新产品销售收入的比重（%） |
| | | B6：高技术产业的盈利能力（%） |
| | | B7：研发产出效率（%） |
| | | B8：新产品开发产出效率（%） |

---

　　①　王洪庆，侯毅. 中国高技术产业技术创新能力评价研究 [J]. 中国科技论坛，2017 (3)：59 - 63.

表 15 - 4 广东省高技术产业技术创新能力各项指标的熵值、差异性指数及权重

| 指标 | 熵值（$e_j$） | 差异性指数（$g_j$） | 权重（$w_j$） |
|---|---|---|---|
| A1 | 0.932 0 | 0.068 0 | 0.043 1 |
| A2 | 0.9719 | 0.028 1 | 0.017 8 |
| A3 | 0.930 3 | 0.069 7 | 0.044 2 |
| A4 | 0.930 7 | 0.069 3 | 0.043 9 |
| A5 | 0.958 8 | 0.041 2 | 0.026 1 |
| A6 | 0.871 2 | 0.128 8 | 0.081 5 |
| A7 | 0.763 2 | 0.236 8 | 0.149 9 |
| B1 | 0.936 1 | 0.063 9 | 0.040 5 |
| B2 | 0.915 1 | 0.084 9 | 0.053 8 |
| B3 | 0.918 0 | 0.082 0 | 0.051 9 |
| B4 | 0.849 4 | 0.150 6 | 0.095 4 |
| B5 | 0.901 4 | 0.098 6 | 0.062 4 |
| B6 | 0.847 6 | 0.152 4 | 0.096 5 |
| B7 | 0.754 7 | 0.245 3 | 0.155 3 |
| B8 | 0.940 6 | 0.059 4 | 0.037 6 |

表 15 - 5 广东省高技术产业各行业得分及排名

| 行业 | 创新投入能力 | | 创新产出能力 | | 综合 | |
|---|---|---|---|---|---|---|
| | 得分 | 排名 | 得分 | 排名 | 得分 | 排名 |
| 医药制造业 | 5.10 | 4 | 8.93 | 4 | 14.03 | 4 |
| 电子及通信设备制造业 | 14.77 | 1 | 12.07 | 3 | 26.84 | 3 |
| 计算机及办公设备制造业 | 9.32 | 3 | 21.40 | 1 | 30.72 | 1 |
| 医疗仪器设备及仪器仪表制造业 | 11.47 | 2 | 16.94 | 2 | 28.41 | 2 |

广东省计算机及办公设备制造业创新综合能力和创新产出能力最强，电子及通信设备制造业的创新投入能力最高（见表 15 - 5）。广东高技术产业技术创新能力综合得分第 1 名是计算机及办公设备制造业（30.72 分），其中创新投入得分 9.32（排名全省第 3），创新产出得分 21.40（排名全省第 1），疫情防控期间，居家办公对办公设备制造业拉动较大，催生出了许多居家办公设备需求；医疗仪器设备及仪器仪表制造业的综合得分、创新投入和创新产出得分均位居全省第二，同样是因为受到疫情较大冲击，导致医疗仪器设备行业有较大投入和产出；电子及通信设备制造业创新投入能力得分 14.77，排名第 1，当前广东省电子及通信设备制造业有着较高的创新投入和研发动力，据前瞻产业研究院统计数据，2022 年广

东省拥有全国最多的通信设备制造产业园区，共计 10 家，行业内上市公司数在全国也排名前列，且主要位于深圳和广州，企业创新产出以实用新型专利为主，创新成果产出能力仅第 3 名，有待提升。

# 第二节　广东产业技术创新存在的问题

## 一、 基础研究存在诸多短板， 关键核心技术受制于人

广东在基础研究方面仍存在诸多短板，例如一些关键核心技术底层原理不清，底层基础技术、基础工艺能力不足等，工业母机、高端芯片、基础软硬件、开发平台、基本算法、基础元器件、基础材料等技术瓶颈仍然突出。尽管广东省近年来的技术创新已经得到了可观的成果，但在一些核心技术上仍存在"卡脖子"问题，产业活动只能沿着国外的知识体系、技术路线、设计思想和管理经验进行，这可能会导致广东制造业被锁定在产业价值链的低端环节。例如，工业软件的关键技术还存在"肌无力"。如果工业软件核心技术无法自主可控，极有可能会导致丧失产业数字化转型的主动权。

## 二、 创新成果转化存在困难， 科研主体转化意愿不强

广东技术交易额体量很大，但属于高校、科研机构的交易额占比很低，大量科技成果不能及时转化为应用技术的问题十分突出，大部分的企业转化科技成果的动力不足。中小企业是广东企业的主体，最需要技术支持，对研发创新和成果转化需求旺盛，但成果转化的过程中仍然存在许多实际困难，让企业在转化科技成果时碰到阻力和压力，例如创新代价大、资金不足；科技成果的价值缺乏权威机构评估，不能对科技成果的价值形成客观公正的评价；缺少有效的技术交易平台，技术市场存在着不健全不规范、信息不完全、效率低等问题；熟悉科技成果转化市场运作的人才匮乏，缺乏较强的经营管理能力等。

## 三、 人才竞争优势不再明显， 高层次人才分布失衡

国内其他城市陆续加入"抢人大战"，各地区人才竞争压力增大，广东省人才竞争优势有待提升。《中国科技统计年鉴 2021》数据显示，广东省 2020 年硕士及以上学历的研发人员占比仅为 19.1%，而北京同期的该比例高达 46.2%，可见，广东省研发人才中高学历人才比例仍有较大上升空间。随着我国开放程度的加大，越来越多城市意识到人才对当地技术创新发展的重要性，相继出台各种引才政策，这些城市的政策比广东更加吸引

人，广东省对人才的吸引力正在逐渐减弱，高水平人才的加入有所放缓。

## 四、 重政策制定轻后续实施， 创新政策落实效率低

一是技术创新政策有待细化。广东省当前部分技术创新政策只停留在指导层面，虽指引了发展方向，但缺乏政策实施的具体细则来对政策落实的过程起到更具体的规范作用，尤其是一些试点政策还需要在实践中不断改进和完善。二是政策宣传模式缺乏创新。当前广东省对技术创新政策的宣传投入了大量成本，但宣传的覆盖范围仍然不够大，依旧存在部分企业的管理人员对政策不够熟悉的现象。三是区域间政策落实不均衡。珠三角地区有着得天独厚的发展优势，政策落实进展也较快，珠三角以外的区域的进展却不容乐观，广东省科学技术厅公布的数据显示，2019 年广州和深圳的孵化器个数已经分别高达 320 个和194 个，而云浮、汕尾、揭阳的孵化器却分别只有 2 个、3 个、4 个。

## 五、 财政支持力度仍需提升， 创新发展环境有待改善

广东企业进行创新的激励不足，广东省一般公共预算科学技术支出及其所占比重均有所下降。地方的一般公共预算科学技术支出是地方政府对各地创新重视程度的体现，地方的科学技术财政支出能够对企业的创新实力和创新成果产生积极的影响。2020 年，广东省的财政科技支出总计 955.7 亿元，较上年下降了 213.1 亿元，降幅为 18.2%，财政科技支出占一般公共预算支出的比重也由 2019 年的 6.8% 下降至 5.5%。全国其他省市中，尽管浙江省、北京市和山东省的财政科技投入在 2020 年也有不同程度的下降，但降幅远不及广东。有许多学者针对政府科技投入对企业创新造成的影响进行了研究，赵元笃的研究认为，政府科技投入越大，给予的优惠与支持越多，就越容易出研发成果[①]；王俊等人的研究认为政府研发资助能够提高企业技术创新投入，这种积极作用是通过降低企业内部与外部融资约束的程度来实现的[②]。政府科技投入的下降会向企业传递不利的信号，尤其是那些处于初创阶段的企业，很可能由于缺乏财政支持而难以支撑度过艰难的发展状况，也不利于关键核心技术的突破，导致不利的创新环境。

① 赵元笃. 政府研发投入对企业技术创新的影响研究：以广东为例 [J]. 改革与战略，2012，28（8）：40 - 44.
② 王俊，李晏新闻，杨林燕. 政府研发资助对企业技术创新投入强度的影响：基于 A 股制造业上市公司的经验分析 [J]. 湖南科技大学学报（社会科学版），2021，24（1）：76 - 83.

# 第三节　广东产业技术创新主要趋势

## 一、　数字化转型带来更高创新效率

以大数据、物联网、云计算、人工智能为代表的数字信息技术深度影响着产业发展，数字化转型已经成为潮流。对于产业技术创新而言，数字化转型带来的不仅是利用数字技术进行全方位、多角度、全生态链条的生产流程优化，更重要的是如何运用数字化转型优化市场资源配置，提高创新驱动效果，实现产业高质量发展。数字技术形成了高效的信息交互方式，能够很大程度上节约交易成本，大大提升了创新过程中的效率；数字化转型利用数据杠杆撬动资金、人才和物质，打破空间、组织和技术的界限，优化配置高技术产业现有资源，使其朝着动态全局方向不断演进，全方位提升资源配置效率。

## 二、　民生需求催生健康产业新业态

人们对健康的需求已经从"治病"转化为"治未病"，这呼吁着民生科技的进一步发展。自新冠肺炎疫情暴发以来，疾病防治又一次受到了极大的重视，连同近年来不断发生的食品安全和健康保健等方面的问题，都让人们对健康有了更高的要求。未来生物大健康产业将产出更智慧、高效的产品，提供更加便捷、多元的服务，健康医疗大数据和智慧医疗便是很好的例子。疫情防控期间，大数据能够很好地对疫情相关动态进行监控，便于疫情态势的判断、疫情数据的分析，为我国疫情防控提供了强有力的科技支撑；"智慧医疗"相比于传统医疗来说，提供了更为快捷和方便的资源共享和信息流通平台，但如何提升用户体验仍是智慧医疗需要攻克的难题。人们对健康多样的需求是大健康产业的发展机遇，未来民生科技将迎来更加深刻的创新，大健康产业也会创造出更多的新业态和新模式，更好地服务人民。

## 三、　新能源支撑创新发展绿色低碳化

践行绿色能源革命，新能源为绿色创新发展聚势赋能。"双碳"目标的提出将为新能源行业技术创新带来发展新机遇。我国政府承诺将在 2030 年前实现碳达峰，2060 年前实现碳中和，力求向绿色低碳转型，积极应对气候变化。"双碳"目标对科技创新的绿色发展提出了新要求，新能源恰恰意味着更加清洁和高效的能源生产方式，大力发展以风电和光伏为代表的可再生能源正是有效减少碳排量的有效路径，可以预见在未来的很长一段时

间内，风电、光伏和核电的发电量占比逐年上升。除了"双碳"目标带来的机遇，未来新能源行业也将面临严峻的挑战。随着成本的下降，新能源行业的竞争能力逐渐增强，这也带来了政策补贴的退坡，进入"后补贴时期"的新能源行业，即将迎来重大的转折点，能否保持创新的迭代是新能源行业在这一转折点实现弯道超车的关键所在，未来新能源行业应当牢牢把握住创新迭代的主旋律。如今，广东省新能源汽车企业发展的一大痛点就是由包括锂、镍等金属材料在内的上游电池材料价格飞速上涨所导致的芯片供应短缺问题，这对新能源汽车企业的技术创新提出了又一个新的挑战，固态电池、钠离子和燃料电池等新型电池技术将受到更多关注。

### 四、　新兴信息技术跨界进发新动能

数字技术进入了深度扩散阶段，跨学科、跨行业的合作愈发频繁，看似不相关的科学研究和技术应用的融合正在推动各种可能的实现，实用的新应用领域快速发展，融合研究成为促进科学技术发展的新范式。例如，智能手机是通过几十年来在电子、天线、材料、电池、电信网络和用户界面等方面的基础研究和开发实现的。预计到 2040 年，通过对社会科学和行为科学的进一步了解，人工智能（AI）、高速通信和生物技术等技术的融合将得到加强，以实现快速突破和用户定制化的应用，其效能远远超过各单独技术领域的总和。这些跨界融合的技术平台可以为快速创新提供基础，同时降低进入市场的壁垒。例如，当今全球机器人产业正不断发展，这将为世界带来更加深刻的变化，未来机器人将被赋予更多全新的技术功能，同时也将与智能制造、碳中和、医疗健康等领域进行有机结合，技术融合呈现出"1 + 1 > 2"的效果，大放异彩。

## 第四节　广东产业技术创新的对策建议

### 一、　持续加大基础研究力度，打好关键核心技术攻坚战

广东省要加强关键领域核心技术攻关，加快解决关键核心技术"卡脖子"问题，加大在前沿性、引领性、颠覆性技术上的研发投入，紧随新一代科技革命的脚步，争取实现在产业变革过程中"跟跑者"角色向"领跑者"角色的转变，瞄准广东省战略性新兴产业的重点布局领域，加快推进人工智能、区块链等专项行动计划，积极参与国家战略性科学计划和科学工程，争取在信息光子、新材料等领域启动新一轮部省联合重点专项。深入实施"广东强芯"行动，加快在集成电路、工业软件、高端设备等领域补齐短板。努力攻克新一代信息技术、现代交通、先进制造、新能源、航空航天、深空深地深海、生命健康、

生物育种等领域的"卡脖子"技术，围绕龙头骨干企业及产业链上下游企业对"卡脖子"核心技术、共性需求开展攻关，并通过"里程碑"式考核、"项目经理人"制管理等创新机制严格把控项目产出质量，力争提升关键核心技术的自给率。

## 二、 完善技术交易市场建设， 提高科技成果转化成效

一是培育出更加成熟的科技成果转化评估平台，以更加公正、客观地对科技成果的真实技术价值、经济价值、社会价值进行评估，实现"所见即所得"，便于市场更加直观和公平地获取科技成果转化的相关信息，使科技成果交易的信息更加透明有效、交易成本降至合理范围内。二是逐步建立完善的科技成果转化技术交易市场，形成有力的科技成果转化技术支撑服务体系，构筑科技成果转化的公共平台，设立技术产权交易市场，鼓励科技中介服务市场的发展，形成良好的科技成果转化和企业技术产权交易平台，降低企业技术交易过程中因获取场所、信息、咨询等服务而产生的成本，让成果转化过程在这些中介机构的作用下更方便、快捷、高效。三是加强科技成果转化专业人才队伍建设，培养一批了解科学技术、经济规律、企业管理和商业化运作等的高素质人才，更好地撬动科技成果转化和技术成果交易市场的高效运行。

## 三、 谋划实施重大人才工程， 激发人才创新发展活力

应贴合广东省实际发展需求，因地制宜地推进人才引进工作，不盲目加大人才引进力度，在保证广东省技术创新发展特色的前提下，吸纳实际需要的人才，而不是一味地引进人才，不考虑广东省的实际情况，造成人力和财力的浪费。不断保持开放，吸引更高层次的人才以创造价值，进一步提升广东省人才在全国的竞争力，形成人才优化和技术进步的良性循环。为人才提供多方面的保障，如安全、舒适和方便的创新环境，加大对创新成果的保护力度。尽可能满足人才的软硬件要求，以减少人才流失。

## 四、 建立政策效果考核体系， 政策制定与落实两手抓

广东省技术创新政策今后的重心应当从制定向实施倾斜，具体表现为以下几个方面：一是细化技术创新政策。针对现有的指导性技术创新政策，进一步规范政策的实施流程，对实施流程做出更加具体的规定，增加政策的实用性；针对试点政策的实施，做好实施过程中关键问题的记录，因地制宜进行改进和完善。二是创新政策宣传模式。在宣传成本可接受的前提下，合理地对各种宣传手段进行组合运用，确保所宣传的内容能够覆盖至所有的宣传对象，使相关人员对政策的内容得到进一步的熟悉并掌握。三是缩小区域间政策落

实差距。尽可能量化区域的技术创新政策落实效果，加大对各区域政策落实的考核力度，合理化缩小区域的政策落实差距。

## 五、　深入建设知识产权强省，　营造安全可靠创新环境

为保护企业创新的积极性和创新成果，广东应实行更加严格的知识产权保护制度，尤其是建立一套完善的知识产权保护机制来保护一些重点产业和重点企业的知识产权，大力发展知识产权服务业，建设知识产权集聚中心，创建国家级知识产权保护和运用综合改革试验区。加快建设全国知识产权运营公共服务平台横琴特色试点平台和广州知识产权交易中心，以完善知识产权交易规则和机制。知识产权保护不足，一直以来是广东乃至全国与发达经济体存在差距的原因之一，全省目前多数企业在保护知识产权方面做得不够，为了在技术创新的质量上有关键突破，向知识产权保护强国看齐，广东需要将知识产权保护政策覆盖、落实到全省，为企业创新营造健康、安全、自由、包容的氛围和环境，让企业能够更好地进行创新活动。

## 六、　数字技术助力实体经济，　推动新业态新模式涌现

广东省应紧抓数字技术带来的机遇，实现与实体经济的有机融合。新发展阶段，我国将数字经济作为促进经济高质量发展的新力量、新空间、新增长点，因此，广东省需要以更广的视野、更高的站位，塑造数字经济的健康生态，促进数字技术向经济社会和产业发展各领域广泛深入渗透，推进数字技术、应用场景和商业模式融合创新，赋能传统产业转型升级，协同推进数字化转型和数字产业化、产业数字化，培育新产业新业态新模式。促进数字技术与实体经济融合发展，需要明确以下几个路径：数字技术与实体经济融合发展应以满足需求作为出发点，以降低成本作为主要抓手，以创新发展作为驱动力，以高质量发展作为目标，以数字人才培养作为支撑。

# 第十六章

# 广东制造业服务化现状、趋势与对策建议[*]

当前我国制造业部门的定位从主导经济增长向创新驱动和高端要素承载功能转变，需要通过服务化等手段加快实现价值链升级和促进生产制造效率的提升。广东省作为中国参与全球产业分工和粤港澳大湾区的关键组成部分，制造业服务化转型对提高其在全球价值链下的制造业竞争力，推进广东经济高质量发展，为中国建设现代化经济体系提供典型示范均有重要意义。第一，制造业服务化是企业适应消费结构升级，满足个性化需求和企业寻求差异化的重大战略选择。制造企业通过服务化延伸关注客户需求，主动向提供全生命周期管理和提供系统解决方案转变。新冠肺炎疫情引发的全球性供应链危机也进一步引导企业通过创新优化供应链价值链管理模式，提高生产运营效率。第二，制造业和服务业高质量发展带动产业深度融合趋势加速。我国整体处于工业化中后期，新一代信息通信等的发展在技术上为制造业服务化提供了现实基础和发展机遇。第三，服务化是适应国际产业分工新形势，强化制造业核心竞争力的重要方式。

制造业服务化是制造企业突破自身产业边界向价值链上下游的服务环节进行扩展的动态的过程。在信息技术发展背景下，制造业新业态和新模式不断重塑。制造业价值从最终产品向前端研发设计、后端服务转移，服务性活动占比不断提升，服务能力逐渐成为决定制造业企业综合竞争力和盈利水平的关键因素。从产品形式角度来看，服务化是指企业从提供有形产品向服务供应商转变；从投入产出来看，制造业服务化包括投入服务化和产出服务化，分别指代服务要素和服务产出在制造业企业的全部要素投入和全部产品产出的比重大小；从战略层面来看，企业在服务化过程中商业模式和组织形态发生转变：或是向服务型制造企业转型，如宜家等定制化服务制造商；或是逐渐转变为服务提供商，如 IBM 成为国际一流软件和服务提供商。

工信部 2016 年颁布《发展服务型制造专项行动指南》，提出重点发展服务型制造新模式。服务型制造指企业在研发设计与生产制造等基础上，利用现代信息技术，输出高新技术支持下的增值服务。作为数字化和智能化时代下建立现代经济体系的重要组成部分，服务型制造为包括先进制造业和传统制造业转型升级和提高投资回报率开辟了"新赛道"，更成为中国制造业在国际竞争下实现弯道超车的重要手段。

———————————

\* 本章第一执笔人为暨南大学产业经济研究院单鹏。

综上，制造业服务化和服务型制造均提出制造企业要发展服务业务并加大服务要素的投入，这是制造业转型升级的重要路径。但两者之间也存在一些差异，具体包括：①服务型制造业强调制造企业服务环节内部化，而制造业服务化则强调服务性活动在价值链各环节重要性的提升；②制造业服务化刻画了转型的动态过程，而服务型制造是指转型的目标和最终产业形态。

# 第一节　广东制造业服务化发展现状特征

## 一、 服务化政策体系推广工作成效积极显著

### （一）制造业服务化政策体系不断完善

广东省按照"1＋1＋9"工作部署，聚焦推动制造业高质量发展的"强核、立柱、强链、优化布局、品质、培土"等"六大工程"，先后发布发展服务型制造和生产性服务业、加快发展供应链管理、促进制造业转型升级等政策措施，已形成多层级、广覆盖的政策体系，促进工业、信息业、生产性服务业协同发展，加速推进制造业服务化发展，具体政策文件如表16－1所示。

表 16－1　广东省制造业服务化相关政策统计

| 时间 | 政策文件 | 具体内容 |
|---|---|---|
| 2015 年 | 《关于加快发展生产性服务业的若干意见》 | 重点发展研发创新平台建设等生产性服务业 |
| 2016 年 | 《广东省促进大数据发展行动计划（2016—2020 年）》 | 打造全国数据应用先导区和大数据创业创新集聚区，抢先发展数据产业发展高地，建设国家大数据综合试验区 |
| 2018 年 | 《广东省深化"互联网＋先进制造业"发展工业互联网的实施方案》 | 通过支持企业"上云上平台"、行业标杆示范应用推广、产业生态创新发展等措施，加快建设和发展工业互联网 |
| 2021 年 | 《广东省制造业高质量发展"十四五"规划》 | 提出实施强链工程，推动全省制造业迈向全球价值链中高端 |
| 2022 年 | 《工业设计赋能广东行动方案（2022—2025 年）》 | 推动广东工业设计发展水平和服务能力继续走在全国前列，形成支撑广东制造业高质量发展的工业设计创新服务体系 |

资料来源：广东省政府政策文件。

此外，制造业服务化发展作为新产业业态，对政府行业治理、服务要素管理以及相关配套服务等方面都提出新的要求。广东省政府在检验检测认证认可、数据开放共享和供应链安全保护、政府采购等方面积极作为，大力改善营商环境，有力地疏通了制造业服务化发展的梗阻。

### （二）制造业服务化示范工作加快推进

2016 年 7 月，工业和信息化部等部门发布《发展服务型制造专项行动指南》（以下简称《指南》），提出设计服务提升等四大主要行动，以及推广创新设计等十大服务型制造模式。2020 年 7 月，工业和信息化部等十五部门发布《关于进一步促进服务型制造发展的指导意见》（以下简称《指导意见》）。《指导意见》在《指南》的基础上进一步提出了两阶段目标，到 2022 年制造与服务全方位、宽领域、深层次融合发展格局基本形成；到 2025 年制造业在全球产业分工和价值链中的地位明显提升，服务型制造成为制造强国建设的有力支撑。《指导意见》还更新了服务型制造推广的具体模式，并要求配套提升发展基础和营造良好发展环境。

表 16 - 2　《关于进一步促进服务型制造发展的指导意见》相关行动、推广模式

| 主要行动 | 推广模式 | 具体变化解读 |
| --- | --- | --- |
| 设计服务 | 工业设计服务 | 不变，更加聚焦工业设计 |
| | 定制化服务 | 不变，强调新一代信息技术的融合 |
| 制造效能 | 供应链管理 | 删去服务外包推广模式 |
| | 共享制造 | 新增，要求推进共享制造平台、工厂、生态发展 |
| 客户价值 | 检验检测认证服务 | 新增，鼓励发展第三方专业服务供应商、平台 |
| | 全生命周期管理 | 强调建设数字化平台和提升产品生产数据分析能力 |
| | 总集成总承包 | 开展总集成总承包服务 |
| | 节能环保服务 | 新增，鼓励企业加大节能环保技术和产品研发力度，推行合同能源管理，发展专业化节能服务公司 |
| 服务模式 | 生产性金融服务 | 不变 |
| | 其他创新模式 | 核心技术研发，发展信息增值服务，探索和实践智能服务新模式，大力发展制造业服务外包等 |

资料来源：中华人民共和国工业和信息化部。

广东省在服务型制造试点示范建设工作方面取得积极成效，优秀示范企业、平台逐步涌现。广东省积极配合工信部国家级服务型制造示范遴选工作，同时从 2018 年开始自主开展了省级示范试点遴选培育工作。目前广东省共有国家级示范企业 8 家、示范平台 13 家、共享制造示范项目 5 家，如表 16 - 3 所示。此外，广州和深圳先后获评全国服务型制造示范城市和服务型制造示范（工业设计特色类）城市。

表 16 - 3　部分省市国家级服务型制造示范入选情况

| 地区 | 2017 年 | | | 2018 年 | | | 2020 年 | | |
| --- | --- | --- | --- | --- | --- | --- | --- | --- | --- |
| | 企业 | 项目 | 平台 | 企业 | 项目 | 平台 | 企业 | 项目 | 平台 |
| 广东 | 1 | 1 | 3 | 1 | 2 | 3 | 6 | 2 | 7 |
| 山东 | 3 | 6 | 1 | 2 | 6 | 2 | 4 | 3 | 2 |

（续上表）

| 地区 | 2017 年 | | | 2018 年 | | | 2020 年 | | |
|---|---|---|---|---|---|---|---|---|---|
| | 企业 | 项目 | 平台 | 企业 | 项目 | 平台 | 企业 | 项目 | 平台 |
| 浙江 | 2 | 4 | 3 | 0 | 8 | 2 | 10 | 2 | 4 |
| 江苏 | 1 | 1 | 1 | 2 | 4 | 2 | 6 | 2 | 3 |
| 上海 | 1 | 0 | 0 | 0 | 3 | 2 | 5 | 1 | 3 |
| 北京 | 1 | 3 | 0 | 1 | 1 | 0 | 2 | 0 | 1 |
| 天津 | 1 | 5 | 2 | 1 | 0 | 1 | 4 | 1 | 0 |
| 福建 | 2 | 3 | 3 | 3 | 5 | 3 | 5 | 2 | 3 |

资料来源：中国服务型制造业联盟、各省市工业和信息化厅。

截至 2021 年，广东省共有国家和省级服务型制造示范企业 36 家。从服务模式来看，共有 24 家企业开展定制化服务，11 家开展供应链管理服务，另有 9 家开展全生命周期管理服务。以广州广日电梯工业有限公司为代表的企业创新融合开展定制化服务、供应链管理服务、全生命周期管理等综合服务，为广东省制造业服务化打造了优秀的标杆。

从地区分布来看，广东省服务型制造示范企业和示范平台主要集中在珠三角地区，如图 16－1 所示。广州和深圳作为全国服务型制造示范城市，示范企业和示范平台数量较多。其中，广州入选示范企业 18 家，示范平台 21 家，占比均超过 50%；深圳入选示范平台 9 家，在提供供应链协同、检测认证、创新设计等方面涌现一批公共和产业平台。佛山、珠海、中山、惠州、东莞也出现若干优秀的企业和产业平台。

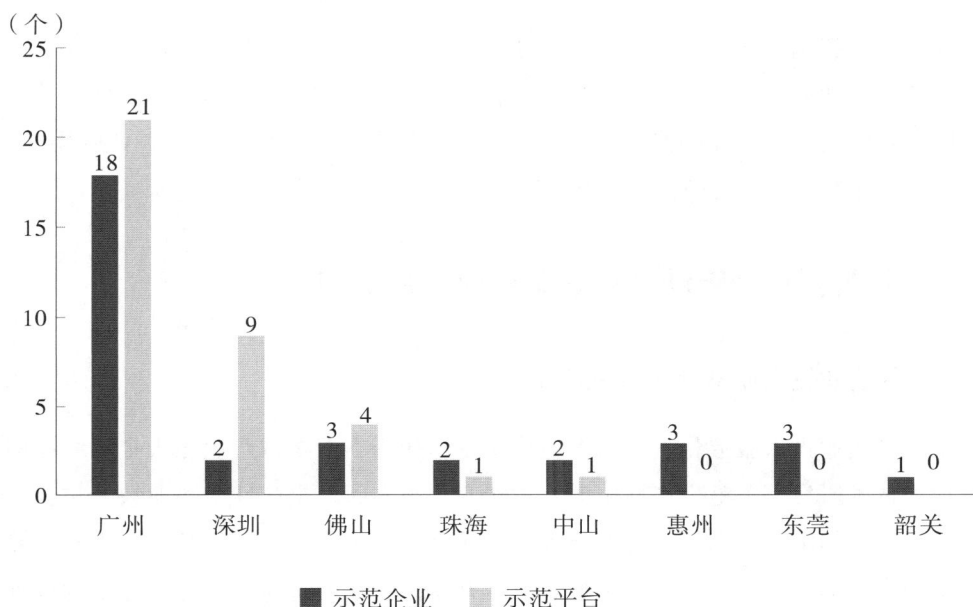

图 16－1  广东省国家和省级服务型制造示范企业地区分布情况

资料来源：中华人民共和国工业和信息化部、广东省工业和信息化厅。

从行业分布来看，消费制造领域制造业服务化处于活跃阶段，示范企业中家具制造行业占比为 26.47%，电子行业占 14.71%，机械制造行业占 14.71%。汽车、通信、纺织等传统优势产业服务化转型仍有较大提升空间。

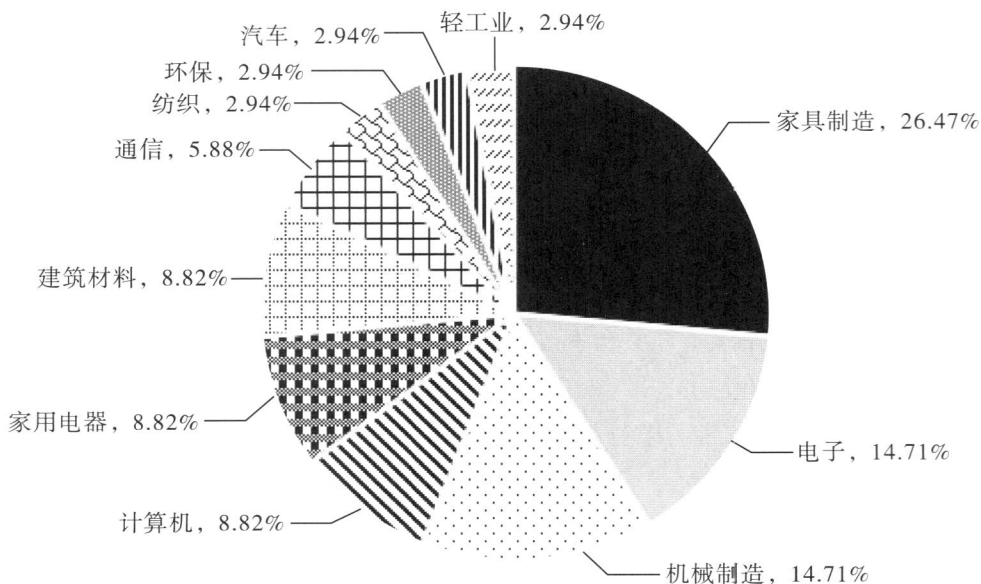

**图 16－2　广东省国家和省级服务型制造示范企业行业分布情况**

数据来源：中华人民共和国工业和信息化部、广东省工业和信息化厅。

同时，广东省制造业泛服务化发展已经形成独特优势。依托品牌制造业企业，广东积极拓展旁侧服务业如工业旅游的发展，推动制造业的泛服务化发展。例如，广州珠江啤酒集团有限公司依托品牌企业的优势，建成集"啤酒美食、文化创意展览、休闲娱乐观光"为一体的珠江琶醍啤酒文化创意艺术区。

## 二、 服务化转型带动制造业服务业耦合协同

### （一）制造业投入服务化提升核心价值

广东省制造业投入服务化进程不断加快，劳动和资本密集型产业龙头企业纷纷向依赖产品设计和技术研发等关键生产性服务要素转变。一方面，生产性服务业快速扩张，内部结构由低附加值的组装、销售、运输环节为主向上游工业设计、信息技术、检验检测等高技术含量和高附加值环节为主优化调整。另一方面，研发创新和数据等服务成为推动全省制造业效率提升和结构转型的新动能。

## 1. 设计服务驱动和引领作用显著增强

广东省深入实施《工业设计能力提升专项行动计划（2020—2022 年)》，促进工业设计服务及成果转化应用能力不断增强。《关于进一步促进服务型制造发展的指导意见》首次将工业设计纳入推动服务型制造创新发展的路径之一，目前已累计开展四批国家级工业设计评选工作。广东先后入选 22 个国家级工业设计中心和 2 个工业设计企业，均排名全国第二，如图 16 - 3 所示。

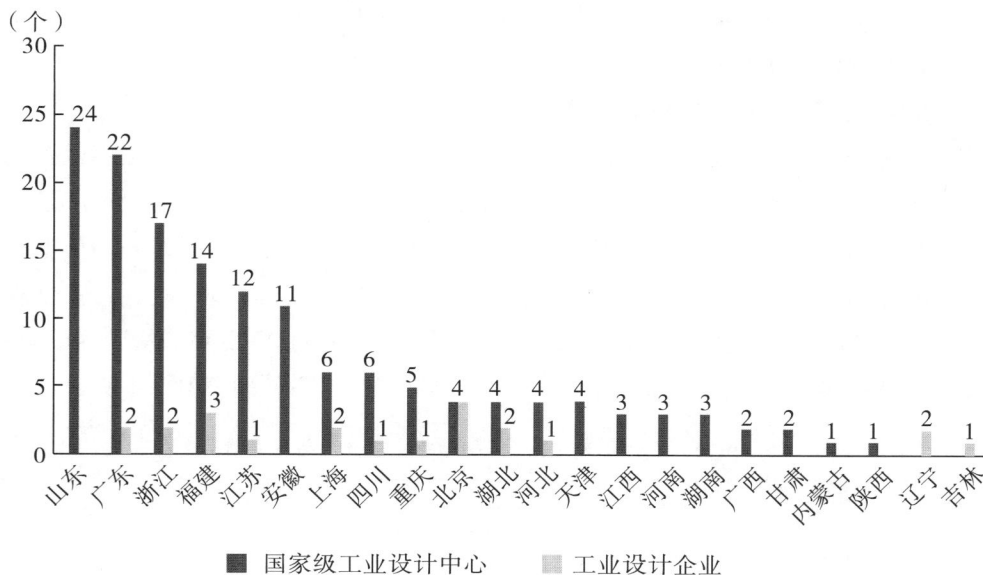

图 16 - 3　各省市四批国家级工业设计中心和企业入选数量

数据来源：中华人民共和国工业和信息化部。

在传统优势产业，以广汽集团为代表的本土汽车企业持续加大汽车设计投入，整体设计水平走在我国汽车自主品牌前列，自主设计的传祺 GS8、GS4、埃安等车型设计深受消费者喜爱，上市后销量即呈爆发式增长。日立电梯集设计、研发、生产一体化发展，将智能化技术创新与工业设计多元融合，改善电梯与人的交互体验，创造了更好的产品体验和更高的用户价值，综合实力稳居全国前三。在战略性新兴产业，广州视睿电子科技有限公司创新建设国家级工业设计中心，实现电子产品结构功能、外观的设计以及人性化体验服务设计，已成为液晶显示细分行业的领军企业。

## 2. 全生命周期管理助力制造效能提升

广东省积极引导制造业企业实施产品全生命周期管理（PLM），从需求分析到淘汰报废或回收再处置的产品全生命历程，统筹优化产品服务，综合协调产品、用户以及环境利益。"双碳"目标对企业全生命周期的碳排放和供应链生产链精细化管理提出更高的要求，广东省企业先行先试，在汽车、装备制造、传统能源、建筑、家居等领域均树立了良好的典范。

检验检测认证服务水平要不断提高，重点发展第三方专业化服务和公共平台。截至2020年，广东省共有国家产品质量监督检验中心82个，获得资质认定计量认证的检验检测机构4 171家，排名全国首位，检验检测行业从业人数突破10万人。广东省已在家电、家具、电网输变电设备、涂料、机械、太阳能光伏、电线电缆、工业机器人、化妆品等领域建成国家质检中心以及一系列公共技术服务平台，为广东省培育发展战略性支柱产业集群和战略性新兴产业集群提供优质的公共技术服务平台。同时大力推进湾区内认证、检验的技术交流和资源贡献，加快检测结果的国际互认，深度融入"质量强国"和粤港澳大湾区建设等国家战略，助力制造行业高质量发展，支持企业走出去。

### 3. 研发投入和创新成为服务化发力重点

制造业服务化发展带动全省工业研发投入持续增加。广东省服务型制造示范企业平均研发投入占营业收入比重超过10%，远高于全省工业企业平均水平。2020年广东省研发经费投入规模为3 479.9亿元，连续四年排名全国第一；研发投入强度为3.14%，仅次于北京、上海排名全国前三。其中，规模以上制造业研发投入规模2 500亿元，占全省研发投入71.8%；制造业研发强度为1.7%，有效发明专利数超过20万件。从国际层面来看，广东制造业研发投入与强度也已达到发达国家和地区平均水平，如表16－4所示。

表16－4　广东与发达经济体制造业研发投入与强度情况

| 国家/地区 | 年份 | 全社会研发强度（%） | 规模以上制造业研发投入占比（%） |
| --- | --- | --- | --- |
| 广东 | 2020 | 3.14 | 71.8 |
| 中国 | 2020 | 2.40 | 60.6 |
| 美国 | 2018 | 2.83 | 46.9 |
| 德国 | 2018 | 3.13 | 58.8 |
| 日本 | 2018 | 3.28 | 68.7 |
| 韩国 | 2018 | 4.53 | 71.3 |

资料来源：国家统计局、OECD数据库。

### （二）制造业收入服务化延伸协同发展

目前制造业企业开展的服务性活动主要涉及定制化服务、全生命周期管理、总集成总承包和供应链管理四大类，如图16－4所示。大型龙头企业为产业链上下游企业提供研发设计、创业孵化、计量测试、检验检测、供需对接等服务。但在节能环保服务、检验检测、生产性金融服务方面的创新应用，制造企业目前的商业模式落地仍不太成熟，实际应用相对有限。

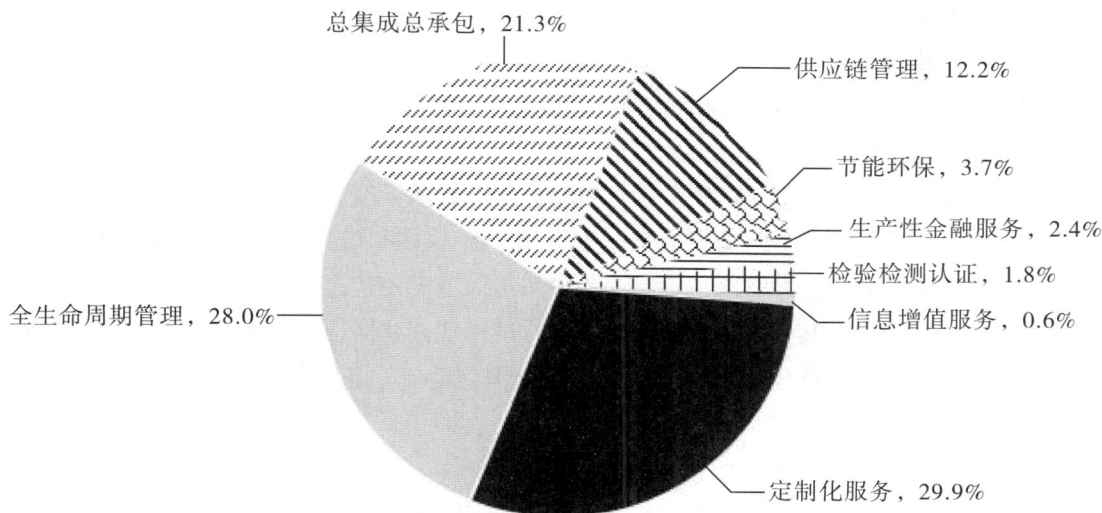

**图 16 - 4　东部地区企业已开展的服务型制造模式分布情况**

数据来源：中国服务型制造联盟。

### 1. 定制化服务助力提升产业品牌价值

定制化服务和配套柔性制造生产已经成为广东传统优势制造业保持竞争力的重要方式。其中定制家具是广东省模式应用最成熟，柔性制造能力匹配个性化需求最好，产业链最成熟的领域之一。定制家具行业市场规模呈逐年上涨的趋势，2020 年全国行业市场规模达 3 811 亿元，同比增长 14%；2016—2020 年年均复合增长率为 17.76%。广东率先打造以广州为核心，辐射佛山、东莞、中山等地区的定制家具产业集群，目前仅广州市有定制家居企业超过 3 600 家。同时发展壮大一批定制家具龙头企业如欧派家居、索菲亚等，广州系品牌在国内市场占有率不断提升。其中，欧派家居开创大规模非标定制产品制造模式，由定制橱柜起步，并向全屋产品延伸，纵向一体化覆盖从原料采购、设计开发、生产制造、品牌建设、产品销售等各个环节，实现对整个产业链的有效控制。

### 2. 总集成总承包整合离散化产业资源

总集成总承包服务是指企业在提供主营产品基础上，整合供应链资源，通过模块化分工和数字化技术，集成核心产品相关的制造和软件服务等业务，为用户提供一体化解决方案。广东总集成总承包模式在电力装备、新能源、汽车等成熟应用，促进企业从设备制造商向集成商转型，大大提升了企业的业务场景和综合竞争力。在新能源产业，明阳智新通过自主开发数字化解决方案平台和供应链管理能力，向下游风电场的开发和运营领域拓展，并在阳江、汕尾、揭阳等地陆续设立关键部件的供应链配套及服务基地，为广东省打造世界级海上风电产业基地和供应链本地化发展提供核心支撑。

### 3. 软件及信息增值服务提升客户价值

广东省配套制定《广东省发展软件与信息服务战略性支柱产业集群行动计划（2021—2025 年)》等政策，巩固发展软件和信息行业，促进制造业智能化、服务化协同推进。截至 2021 年，广东全省软件企业超 6 000 家，从业人员逾百万；软件出口、利润总额、PCT 国际专利申请量、软件著作权登记量等均位居全国首位。广东省工业企业的数字化研发工具的普及率和工业企业关键工序的数控化率全国领先，航天航空、机械、汽车、轨道交通等重点行业的数字化和服务化能力大幅提升。2021 年软件和信息技术服务竞争力前 15 的领军企业中广东省独占 4 席，既包括华为、中兴等服务型制造企业，也包括腾讯、中软国际等互联网服务企业。其中，中软国际与华为等战略伙伴共同构建互联网信息技术服务平台，通过提供云服务，搭建大数据平台等，为全国制造业企业提供工业诊断、设计仿真、生产管理等一体化解决方案。

## 三、 服务化示范城市因地制宜探索特色道路

### （一）广州发展智能服务，建设定制之都

广州市作为全国首批六个服务型制造示范城市之一和广东省制造业转型升级的两核之一，近年来制造业服务化发展迅速。通过强化政策引领，广州成功打造全球"定制之都"和"中国软件名城"，在培育具有创新实力的服务型制造企业，打造支撑融合发展的服务型制造平台及支持体现广州产业特色的服务型制造项目方面积极作为。

### 1. 政策聚焦顶层设计，实施分类推进

广州市提出"加快发展服务型制造及生产性服务业"的重点任务，并相继制定一系列配套政策措施。广州先后出台"链长制"、生产性服务业发展三年行动方案、先进制造业强市三年行动计划、"定制之都"三年行动计划、工业互联网赋能特色产业集群、数字新基建 40 条等政策，推动数字经济立法，大力推动"制造 + 服务"融合发展，基本形成覆盖产业链创新链的政策保障体系。

同时，"点—链—面"分类推进的政策实施取得新突破。一是落实"上云上平台"奖补政策推动企业关键设备和核心业务向云端转移；二是面向纺织服装、美妆日化、箱包皮具、珠宝首饰、食品饮料等五大传统特色产业集群，组建"1 + 2 + N"供应商联合体，打通产业链上下游环节，发展服务型制造。

### 2. 信息基础建设发力，强化枢纽优势

2021 年上半年，广州市累计建成 5G 基站 5.1 万座，实现 5G 网络全覆盖，建设国际 IPv6 根服务器，率先建成工业互联网标识解析顶级节点，是国际数字信息重要枢纽。同时，广州作为"中国软件名城"信息产业优势显著，有信息和软件服务企业总数近 40 万家，其中有国家高新技术企业两千多家。

### 3. 智能服务模式创新，支撑能力增强

近年来，广州陆续引进树根互联、阿里云、航天云网等20多家专业云服务平台，引进和培育了"鲲鹏生态"、致景科技（百布网）、中船互联、博依特等产业领先平台，发展壮大了嘉诚国际供应链管理平台、广电计量检测综合服务平台等专业化服务支撑平台。平台发展新动能日益凸显，智能服务模式日益涌现，对制造业提升竞争力效果显著。视源电子通过工业互联网平台实现与供应链上下游企业的网络化协同生产，降低运营成本28%，排产周期进一步提升。

### 4. 数产融合不断探索，跨界融合发展

广州市作为华南地区唯一工业互联网标识解析国家顶级节点，辐射粤、桂、闽、琼四省区域，省、区、市协同推进标识解析和应用工作。截至2021年9月，广州建设二级节点共15个，接入二级节点企业399家，累计标识解析量达10.6亿，占全国38.55%。广州积极推动基于标志解析的产品追溯、供应链管理、大规模制造业服务化、产品全生命周期管理等创新应用，标识解析体系建设走在全国前列。例如，博创智能、中船互联、裕申电子等企业应用标识打通生产、加工、外包、售后等平台数据，大幅提升企业供应链精细化管理水平，促进设备生产效率的提升和销售模式的拓展。

### 5. 定制设计能力提升，绽放品牌力量

广州积极组织建设"定制之都"示范工程，一方面大力推广定制设计和柔性制造模式，在家居、汽车、服饰、时尚等产业打造"竞争蓝海"。时尚企业如名创优品、完美日记等通过自主设计提升品牌价值和市场影响力，成功走向世界。广州聚合粤港澳大湾区设计资源，在工业设计领域培育工业设计企业在基础研究能力和创新载体建设，促进重点行业工业设计研究院、工业设计公共服务平台和行业协会影响力扩大。中望龙腾打破我国工业CAD软件由国外垄断的局面；视源电子、白云电器、广电运通、小鹏汽车等企业通过自主设计生产实现高质量发展，极大提升了研发创新能力和品牌价值，在行业竞争中充分体现了"广州制造"的核心竞争力。

## （二）深圳聚焦工业设计，提升数字服务

随着制造业转型升级的不断推进，深圳市出台一系列政策措施，制造业服务化发展初见成效，不断加快制造与服务的协同发展，建设公共服务平台，促进生产型制造向服务型制造转变。

### 1. 产业政策统筹协调，强化政策引领

深圳市自2015年以来陆续发布多项核心政策，推出多项鼓励措施，为制造业服务化发展奠定了较好的政策基础，营造良好的产业环境和营商环境。深圳相继出台《〈中国制造2025〉深圳行动计划》《深圳市工业互联网发展行动计划（2018—2020年）》《深圳市生产性服务业公共服务平台管理办法》《深圳市产业转型升级专项资金管理办法》等相关

政策措施，并借助"双区"驱动、"双区"叠加重大机遇，深耕更具竞争力的现代服务业与先进制造业，带动行业向高端化、国际化、品牌化方向发展，增强产业核心竞争力。

### 2. 大力发展工业设计，促进价值蝶变

工业设计助力深圳制造提质增效。2020年深圳工业设计总产值为134.56亿元，同比增长16%，带动上下游产业产值超千亿元。深圳已累计建成13家国家级工业设计中心、114家省级工业设计中心以及95家市级工业设计中心，并入选国家第三批服务型制造示范城市，工业设计专业化程度和国际化水平领跑全国。同时，深圳鼓励设计创新，大力培育和吸引全球设计人才，连续6年举办国际设计大展等推广行业创新成果。

### 3. 云网融合生态培育，支撑制造发展

得益于改革开放和良好的营商环境，深圳制造企业扎根创新沃土，不断推动深圳制造业转型升级。第一，深圳工业经济结构优势突出。先进制造业和高技术制造业增加值是深圳工业经济的主体，2020年占规模以上工业比重分别为72.5%和66.1%，并且产品质量也实现了高速增长。第二，深圳新基建和新载体建设实现突破。2021年，深圳建成5G基站超5万个，是全国首个实现5G独立组网全覆盖的城市，由此迈入全球5G第一城。基于5G和工业互联网的勃兴，深圳推动工业企业走向智能化、网络化、数字化。

### 4. 产业平台搭建共享，优化产业生态

深圳市加快建设生产性服务平台，确立以生产性服务业引领制造业走向中高端的工业转型升级战略。2021年深圳出台《深圳市工业和信息化局生产性服务业公共服务平台发展扶持计划操作规程》，利用财政资金大力支持生产性服务业公共平台发展。截至2022年，深圳市共认定9家生产性服务业公共平台，集中在标准、计量、检验检测和认证认可等质量基础设施领域，并积极开展基础创新和核心技术攻关的产研体系建设。

## 四、 重点行业实现集群式服务化转型升级

### （一）信息通信业："平台＋服务化延伸＋可持续发展"模式

广东省数据要素资源丰富，数字基建带动产业数字化转型，催生制造业服务化新机遇。2021年以来，广东省加快推动省级数据交易所建设，全面深化数据要素市场化配置改革。广东制造业数据采集存储量全国领先，制造业数据储量占全国数据总量比重超过14%。截至2021年，广东累计建成5G基站17万座，约占全国15%。5G产值超过3000亿元。广东省的5G产业领跑全国，诞生如综合供应商华为，5G芯片领域的中兴，网络工程建设领域的杰赛科技、海格通信等，基站天线领域的立讯精密、信维通信等，PCB领域的鹏鼎科技、生益科技等，基站配套领域的北讯集团、高新兴等，网络维护与优化领域的超讯通信、世纪鼎利等。

龙头企业通过打造"平台＋服务化延伸"模式发展服务业务。广东省贯彻落实工业互

联网行动计划，支持广东省工业互联网产业示范基地、工业互联网（广东）创新中心等项目建设，推动阿里云工业互联网总部、树根互联、航天云网等龙头企业平台相继落户，初步形成了数据驱动的产业治理和创新服务基础设施体系。以广州和深圳工业互联网产业大脑为依托，通过采集—存储—分析—检测—服务全产业链发展的态势，衍生的创新服务模式包括：①产品效能提升服务，如设备运行检测、工业产品远程运维、设备融资租赁等；②产业链条增值服务，如现代供应链管理、共享制造、测试测评等；③综合解决方案服务，如智能工厂综合解决方案、区域运维推广解决方案、创新创业综合解决方案等。

产业平台服务赋能中小企业制造业发展。围绕战略性产业集群开展数字化转型试点，已累计推动1.5万家工业企业"上云上平台"降本提质增效。2021年，华为、富士康、树根互联、腾讯4家广东企业平台入选"双跨平台"，积极赋能中小型工业企业，在产业资源管理、工业数据整合、工业软件普及和应用服务等方面展现出优异能力。上述四家工业互联网平台共服务电子信息制造等企业用户50多万家，连接设备超过500万台套，工业应用软件数量近万个。"新一代移动通信开放验证公共服务平台""智能制造产业链综合服务平台"等重大公共服务平台积极发挥促进产业资源对接和开放应用示范场景的作用。

## （二）智能装备业：供应链协同优化管理模式

智能装备产业具有技术水平高、研发投入大、产业链条长的特征。广东大力推动企业智能化改造工厂，加强装备的集成应用，建设一批示范智能工厂和车间，智能制造与服务型制造协同发展。近年来，广东装备制造企业不断由生产制造智能化向研发设计、仓储运输、全产品生命周期管理等"微笑曲线"两端发展，系统集成能力、智能服务水平不断提高，服务与技术不断外溢，助力产业整体升级。智能装备产业链核心环节和企业发展服务型制造模式如表16-5所示。

表16-5　广东省智能装备产业链各环节龙头企业

| 环节 | 核心产品 | 龙头企业 | 创新服务模式 |
|---|---|---|---|
| 感知层 | 传感器、伺服电机、机器视觉 | 惠岚科技、禾赛科技、北醒电子 | 系统定制化设计和核心模块开发、信息技术咨询和信息系统集成服务 |
| 网络层 | 云计算、大数据、智能芯片、工业以太网 | 华为、腾讯、百度 | 供应链管理、总集成总承包、全生命周期管理、数字化应用平台 |
| 执行层 | 机器人、数控机床等终端产品 | 大疆、大族激光、固高科技 | 个性化定制、一体化解决方案、软件和数据增值服务 |
| 应用层 | 智能生产线 | 格力、比亚迪 | 柔性生产、数字化管理 |

资料来源：作者根据公开信息整理。

广深佛莞智能装备产业集群作为全国规模最大、品类最多、产业链最完整的智能装备集聚区域，包括高端装备制造、智能机器人、精密仪器设备等广东省"双十"产业，产出占全省比例超过70%。尽管跨越四座城市，但上下游产业链却结合得十分紧密，实现差异化、特色化、协同化发展，产业集群覆盖了智能装备企业上万家。生产上，高端材料、传感器、探测器等关键零部件供应企业高度聚集；流通上，物流、仓储等第三方生产性服务企业数千家，为畅通上下游企业流通提供强有力支撑。例如，家电巨头美的集团从2017年起布局国内综合物流，2020年后携手中远海运等公司加速国际物流平台建设，创新海外端到端综合物流解决方案，从而实现全球市场高速增长。电子行业龙头TCL则通过数字化升级，自主搭建工业互联网平台和供应链平台等方式，在供应链创新管理和协同上取得重大突破，实现供应链集群化，打造了2小时供应链协同圈。除集成电路外，TCL其他上游核心零部件供应链日趋完整且自主可控，广东省内配套率已超过70%，既能提升上下游共享制造能力，也输出了产业服务。

## 五、 服务型企业强链补链推进产业转型升级

### （一）领军企业："生产＋服务"战略转型

广东大型制造业企业规模、质量、效益进一步提升，积极发挥对产业链的带动作用。广东制造业500强企业作为振兴工业经济发展的领头羊，2021年营业收入合计5.23万亿元，较2020年提高4.3%；净利润总额3096.5亿元，比2020年增长16.6%。从创新能力上来看，龙头企业创新研发投入意愿增强。2020年制造业500强企业中研发投入强度3%以上的占36.4%，比2019年增加24.2%。在推进全球价值链重构和促进广东省制造业转型的背景下，制造业龙头企业纷纷由单一生产型全面向"生产＋服务"型转变，示范性企业引领作用增强，已经在投入服务化领域衍生出创新设计、定制化服务、供应链管理、网络化协同制造、服务外包、系统解决方案、金融支撑服务和职能服务等创新服务型模式，并在产出服务化领域重视全生命周期管理和信息增值服务，如表16-6所示。

表16-6 部分广东制造业龙头与创新服务模式

| 企业 | 行业 | 2020年营收（亿元） | 服务收入占比 | 创新服务模式 |
|---|---|---|---|---|
| 华为 | 信息通信 | 8 914 | 11.3%* | 供应链管理、总集成总承包、全生命周期管理、个性化定制、信息增值服务 |
| 工业富联 | 电子 | 4 318 | 0.3% | 工业设计、供应链管理、科技服务综合解决方案、信息增值服务 |

（续上表）

| 企业 | 行业 | 2020 年营收（亿元） | 服务收入占比 | 创新服务模式 |
|---|---|---|---|---|
| 美的集团 | 家用电器 | 2 629 | 10.2% | 定制化、系统解决方案、供应链管理、协同制造、供应链金融、物流仓储、全生命周期管理 |
| 比亚迪 | 汽车 | 1 451 | 0.8% | 全产业链经营、数字化服务、供应链管理、网络化协同制造、系统解决方案 |
| TCL | 电子 | 1 210 | 2.4% | 网络化协同制造、智能和个性体验、场景化体验、供应链管理 |
| 中集集团 | 机械设备 | 1 182 | 12.9% | 物流仓储、供应链管理、供应链金融 |
| 中兴通讯 | 信息通信 | 1 015 | 11.1% | 供应链管理、总集成总承包、全生命周期管理、个性化定制、信息增值服务 |
| 神州数码 | 计算机 | 860 | 3.7% | 云计算及数字化服务、服务外包、系统解决方案 |

\* 华为未公布具体服务收入占比，选用企业业务收入近似代替。

资料来源：作者根据公开信息整理。

## （二）中小企业："上云上平台"提升品质

广东省中小微企业整体发展弱于大中型企业，服务化转型培育潜力较大。根据服务型制造联盟调查数据，中小型企业占服务型制造企业超过50%，是制造业服务化不可或缺的力量。发展服务型制造，有利于推动广东省内中小企业提升专业化优势，对补链强链助推制造业高质量发展具有重要意义。从整体表现来看，2018 年以来中小企业景气度持续边际收缩，未来服务化赋能增长的潜力和重要性较大。2020 年，全省规模以上工业中大型企业完成增加值 15 850.39 亿元，增长 1.7%；而小微型企业共完成增加值 9 600.24 亿元，下降 0.8%。

积极培育专精特新"小巨人"企业，激发中小微企业融合发展活力。《关于支持"专精特新"中小企业高质量发展的通知》《广东省工业和信息化厅关于为"专精特新"中小企业提供服务的通知》等政策先后颁布，广东召开多场"专精特新"新品发布会，推动提升专精特新"小巨人"企业数量和质量，助力制造业做实做强做优，提升产业链供应链稳定性和竞争力。目前，广东省共有 429 家企业入选国家级专精特新"小巨人"企业名单，排名全国首位，如图 16－5 所示。其中，制造业企业占比90%以上，近八成专精特新"小巨人"企业属于工业"四基"领域。

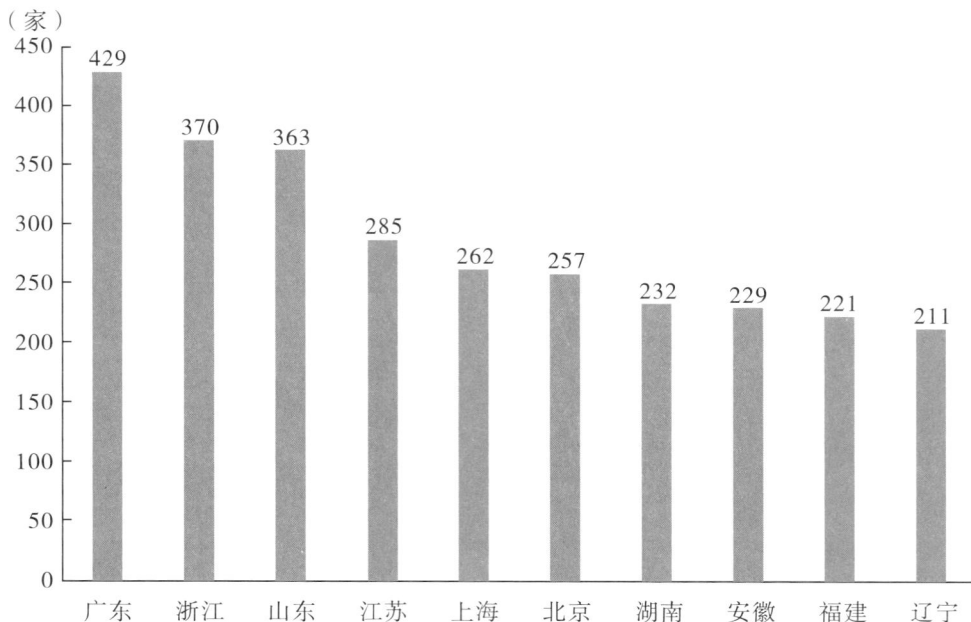

（家）

图 16 – 5　全国专精特新"小巨人"企业入选数量前十省市

数据来源：中华人民共和国工业和信息化部。

# 第二节　广东制造业服务化存在的问题

## 一、服务型制造对标国内先进地区仍有差距

### （一）服务型制造存在竞争优势断档风险

#### 1. 制造业质量竞争力优势存在下降风险

尽管广东制造业发展势头较好，从规模和质量来看处于全国前列，但竞争力发展态势与国内先进城市存在较大差距。从制造业质量来看，中国自 2008 年以来制造业质量竞争力指数稳步上升，其中广东、上海、北京三大经济中心表现较为突出。然而，广东省制造业质量竞争力指数自 2008 年起排名逐渐下滑，2012 年下滑至全国第四，2014 年后连续三年竞争力指数有所回升但仍居全国第四，如图 16 – 6 所示。主要原因在于：①要素价格上升导致劳动密集型低附加值的传统外向型制造业优势不再；②先进制造业发展大而不强，核心环节技术创新能力低；③服务型制造发展集中于集聚地区、优势行业和龙头企业，服务型制造生态体系仍不健全，对制造业效能提升效果不及预期。

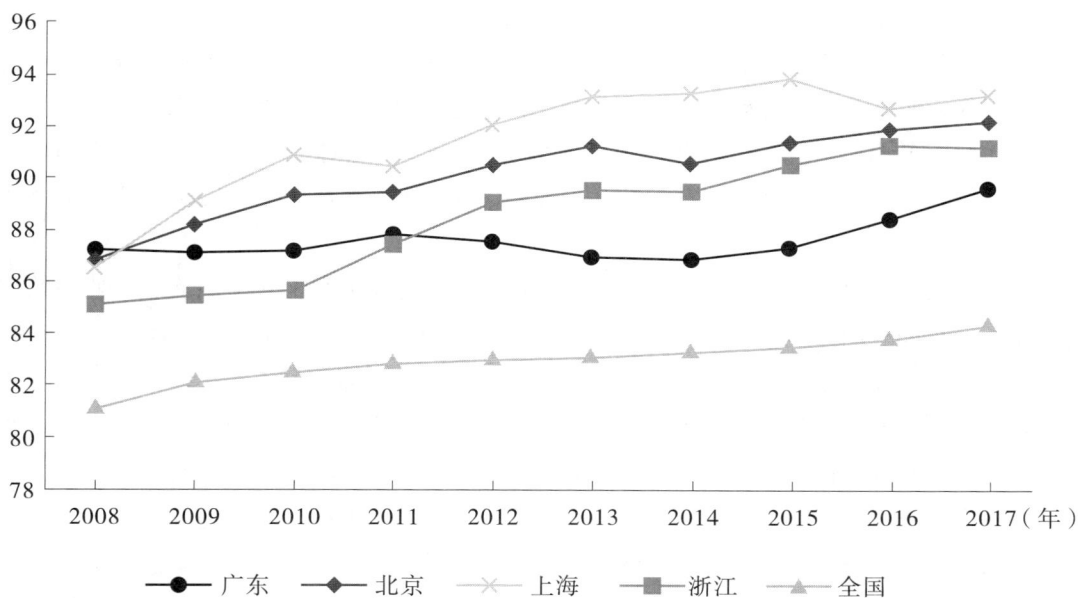

**图 16 - 6　2008—2017 年全国及部分省市制造业质量竞争力指数**
数据来源：国家市场监督管理总局。

### 2. 平台赋能效果与信息产业优势不匹配

广东省工业互联网平台等存在重"连接"轻服务的问题。广东省着力于新基建的建设，软件和新一代信息技术产业较为发达，5G 产业链、大数据中心体系、工业互联网平台等制造业数字化资源处于全国领先地位，但在数据应用和创新拓展数字化衍生服务，利用创新服务模式带动企业效益提升和促进产业经济增长方面，广东仍有较大提升空间。一方面，省内非广深地区的新型基础设施仍未实现全面覆盖，给工业互联网进一步普及应用带来严重阻碍。另一方面，数据等资源的维护成本过高和上下游企业无法实现数据互联互通等导致制造企业尤其中小企业转型效果较差。以工业互联网为例，根据中国电子信息产业发展研究院发布的《工业互联网大数据应用白皮书》，2020 年广东省工业互联网带动经济增长指数为 81.2，排名全国第三，低于山东省和江苏省；2020 年广东省工业互联网投入产出比为 5.45，排名全国第三，低于北京市和江苏省。江苏省先后开展服务型制造"十百千"工程，通过组建由 320 家制造业企业、互联网机构构成的工业互联网发展联盟，推动服务型制造生态体系建设，为全国发展服务型制造提供典型经验。

### （二）生产性服务支撑制造作用有待加强

近年来，广东省重视并加快了生产性服务业的发展，但是生产性服务业发展对制造业服务化支撑作用较弱。从总量看，2020 年广东省生产性服务业增加值为 1.2 万亿元，占服务业总比例为 48.4%，远低于 2016 年广东全省生产性服务业发展会议上提出的"力争到

2020 年生产性服务业增加值接近 3 万亿元，占服务业比重达 60% 以上"的目标。从结构看，初级服务行业如交通运输、批发零售、住宿餐饮等占比较大，仍以传统服务模式经营为主，现代化水平不高；金融、保险、房地产、信息、咨询、中介等新兴服务有所起步；高端生产性服务业如工业设计、供应链、商务与科技服务等比重仍然偏低，研发机构、物流装备、管理咨询等产业发展有所滞后。另外，具有较强创新能力的现代服务业企业较少。

制造业服务化率可以直观地反映相关服务业作为制造业中间投入在制造业行业中的重要程度，广东和国内其他省市、国外部分发达经济体的制造业服务化指数比较如表 16 - 7所示。我国加快发展生产性服务业，总体融合发展水平与日韩国家差距逐渐缩小，江苏和浙江等地区制造业服务化水平不断提高，已初步形成差异化、特色化制造业服务业融合发展路径。但广东生产性服务业尤其是关键服务行业的发展相对滞后，导致制造业服务化指数逐年下滑（从 2002 年 3.93% 下降到 2017 年 2.14%），与韩国、日本等发达经济体相比差距较大。现代服务业与制造业的关联度低，不利于巩固提升制造业在全省经济中的支柱地位和辐射带动作用，也与广东建设制造强省和提升制造业全国排头兵的实力不匹配。

表 16 - 7　制造业服务化指数国内外比较

（单位：%）

| 国家/地区 | 2002 年 | 2007 年 | 2012 年 | 2014 年 | 2017 年 |
|---|---|---|---|---|---|
| 广东 | 3.93 | 2.94 | 2.65 | — | 2.14 |
| 江苏 | 0.83 | 2.63 | 3.43 | — | — |
| 浙江 | 2.87 | 2.65 | 3.02 | — | — |
| 中国 | 2.74 | 2.79 | 2.49 | 2.86 | — |
| 韩国 | 6.32 | 4.27 | 2.65 | 2.81 | — |
| 日本 | 4.69 | 3.76 | 3.59 | 3.69 | — |

数据来源：WIOD 投入产出表、各省投入产出表。

### （三）政策托力和体制机制完善还需加强

服务型制造需要地方政府对服务化政策提供强有力的支持。虽然广东省部分城市已逐步出台了服务型制造政策，但就实际政策实施过程来看，仍存在一些问题：第一，以宏观性指导建议为主，而未出台类似浙江、江苏等地专门促进制造业服务业融合相关政策，因而成效不甚理想。第二，制造业服务化协调机制不健全，尚未形成合力。服务业和制造业之间在税收、金融、科技等方面存在较大政策差异，不利于生产性服务业进一步发展。第三，现有政策通常采用服务型制造示范企业或项目遴选推荐等方式，中小企业获得实质性资金扶持比例偏低、金额偏少，从而可能会影响既定目标的实现，未来的政策托力还需加强。第四，区域性服务型制造产业生态体系不健全，区域性供应链体系仍未形成。广州和深圳各自出台各项促进服务型制造的专项政策，发展大批优秀示范企业和产业平台，但对周边地区尤其珠三角以外地区的辐射影响能力较弱。

## 二、 制造企业服务化转型面临内外多重制约

### （一）服务化转型缺乏市场推动激励机制

第一，制造企业服务化转型意识和接受度较低。广东省大部分制造企业长期依赖于资源要素投入和规模扩张的粗放经济增长方式，对于制造业服务化转型与服务型制造的迫切性、重要性认识严重不足，由此造成制造业企业服务化转型的内在动力不足。

第二，企业自发进行制造业服务化转型存在风险。服务化转型是对原企业生产经营模式、营销模式、资源配置模式和组织模式的重大变革，可能需要经历较为艰辛的过程。由于主观方面专业知识储备不足与客观方面资金、技术、人才匮乏等问题，企业将面临服务化转型不确定性风险与维持现状之间的权衡。企业考虑到能力局限、风险规避等因素，缺乏足够的激励或动力来推动或深化自身的服务化转型进程。

第三，缺乏市场化推动机制和保障手段。"十三五"期间，国家、省、市陆续出台一系列促进制造业高质量发展的相关政策，引导企业开展业务转型，但仅靠单一行政手段引导对促成产业集群式转型的良性生态成效仍不明显。目前制造业企业普遍利润较低，数字化服务化改造需要政府和社会服务平台提供资金、技术、培训等的支撑，相关服务商无法满足制造企业实际需求。因此需要进一步采取激励保障措施推动更大范围的制造企业重视服务环节的投入与业务拓展。

### （二）智能化服务化转型受困于缺链短链

一是企业自主创新能力不强，尚难以支撑向服务型制造转变。在技术研发创新方面，众多核心关键技术自主研发能力不足，核心零部件仍大量依赖进口，企业研发投入和盈利能力呈现双低局面。科技创新体系建设与制造配套系统仍未完善，信息技术与制造技术融合应用尚不成熟。总体来看，广东制造企业提供的服务类型、品质及服务能力不均衡，智能化服务化转型仍有较大提高空间。

二是高端产品和服务供给不足，难以满足市场实际需求。大部分制造企业仍停留在产品售后服务等初级服务，尚未从客户需求端出发，提供基于用户场景的数字化服务和整体解决方案。重大技术装备的系统集成能力不强，企业很难提供行业独占性的产品和服务。产业电商平台、公共服务平台、工业互联网等平台生态构建不完善，辐射面较小。

### （三）服务化转型关键要素支撑存在障碍

一是服务型制造创新发展亟需复合型人才。高层次、复合型 、创意型人才和先进的

管理、技术保障是广东省实现制造业服务化转型的关键。制造业服务化转型要求企业拥有大量的专业知识储备，企业既要充分运用新一代技术，同时又要在供应链管理、产品全生命周期管理以及为客户提供一体化解决方案等方面做出相应调整。

二是技术创新和研发投入的市场转化能力较弱。广东省大多制造企业缺乏将新一代技术与自身产品相融合的能力。以研发设计领域为例，不少制造企业将重点放在单项技术突破方面，而未向多维集成方向转变，无法实现从单一设备提供商向综合服务方案供给商转变。原因在于广东省大多制造企业尚未将新一代信息技术应用于研发设计领域，缺乏相应的技术支撑。

三是数据要素市场流通机制仍不健全。广东省数据要素改革刚刚起步，数据资源整合和开放共享仍需时间，跨行业、跨部门数据中心建设难度较大，对制造业服务化产生一定的壁垒。产业链数据互联互通能够推动产业集群跨越式发展，但目前只有部分大型骨干企业实现初步的信息化数字化改造，中小微企业难以与之形成合力，从而无法享受龙头企业的供应链红利。工业大数据标准仍未落实，企业设备和系统之间模块式连接受限。

# 第三节　广东制造业服务化主要趋势

第三次工业革命之后，依靠生产技术进步和规模经济优势带动的制造环节利润呈现边际下降的趋势，价值分布更多地向服务和技术环节转移，大型制造企业尤其是跨国集团纷纷实施服务化战略变革。未来随着数字经济与制造业进一步深度融合，"微笑曲线"更加扁平化，制造业与服务业相互融合、协同发展的趋势将更加明显。研发与创新、制造与服务一体化将诞生更多"工程式创新"和"商业模式创新"。"十四五"期间制造业服务化将进入一个新阶段，新阶段主要趋势包括以下几个方面：

## 一、 服务型制造成为企业主流发展方向

传统制造业面临新一轮的洗牌，企业应用生产性服务向数字化、智能化、绿色化转型，要素配置效率快速提升，落后低效产能将加快市场出清或被兼并重组。中小微企业将更加重视品质化、标准化、品牌化发展，竞争力水平持续提升。先进制造业与现代服务业融合发展进一步加深，生产性服务业向专业化和价值链高端延伸，智能产品服务、总集成总承包、信息增值等服务型制造业态规模扩大，一批具有国际竞争力的专业化服务龙头企业可能会快速崛起。

## 二、　面向基础关键技术和环节突破创新

广东省先进制造业产业集群互补优势将在服务化进程中进一步放大，促进不同产业、产业链不同环节资源共享、共融共生的协同发展格局形成，不断提升全产业价值链优势。产业龙头企业在现有总集成总承包、供应链管理和输出解决方案基础上，通过产业和供应链平台聚合创新资源，组建创新联合体，进而在产业链关键核心技术自主可控上取得突破。

## 三、　制造业数字化服务化融合进一步加深

未来数字经济高速发展，数据将成为促进经济增长和提高现代经济发展质量的重要动力。无论是推进数字产业化发展，还是加快产业数字化转型，企业都更加接受制造业服务业融合发展理念，通过数字化改革具备数据推动力和智能化再生能力，在提升原有产品制造效率的同时向前向后通过服务延伸价值链。集产品、技术开发、数据数字和服务有效融合的一体化解决方案已经成为企业 2B 业务的主流模式，2C 业务未来可能也会遵循这一方向。

## 四、　智能化浪潮催生制造业新服务新模式

在智能化、电气化背景下，广东传统优势产业如汽车、电子设备等从通信架构向基于软件服务的架构（SOA）转型，物联网、自动驾驶、3D 打印等新技术的应用使得价值链也由聚焦整车制造环节延伸至"智造 + 服务"，智能移动终端转型带来数万亿级的市场空间，售后服务从附加产品变为主流，未来新服务和新模式不断诞生，用户运营或成为制造业企业新的突破口。

## 五、　检验检测与标准化引领高质量发展

在新冠肺炎疫情突发性危机后，防疫物资在初期有大量的进口需要且在中后期又对海外市场实现出口，均凸显了检验检测行业对制造业的重要性，广东省在此期间积极发挥检验认证的优势，为我国战胜疫情贡献力量。随着云计算、区块链、数据中心的建设，检验检测认证实现数据互认是发展的重要方向之一，对制造业赋能效果更加突出。此外，标准制定将成为未来先进制造业全球竞争的关键环节。数字经济时代下，现有制造业"产品—标准—产业化"模式将向"标准—产品—产业集群"转变，广东龙头企业将以华为为榜样，依靠自身技术和管理创新，在国际标准制定上产生更大的影响力。

# 第四节　广东制造业服务化的对策建议

## 一、　制定科学系统政策体系完善顶层设计

一要加强系统谋划，构建高效的工作体系。依托扎实的制造业基础和服务业配套，通过政策引导、资金扶持、示范引领、人才建设等全方面系统性政策体系，多方协同推进制造业服务化高质量发展。加快出台促进制造业服务化发展的专项方案和重点工作指引。结合广东省"十四五"规划、加快产业数字化改革、全面推广"链长制"等政策措施，以发展示范性服务型制造和关键生产性服务业作为核心抓手，统筹引导制造业服务化加快推进。聚焦构建放管结合、开放有序的准入环境，积极稳妥推进资质认定、强制性产品认证等检验检测认证领域"放管服"改革。

二要强化资金保障和示范培育工作。一方面，对国家和省级示范性服务型制造企业和平台方给予财政奖励和税收优惠；另一方面，积极完善生产性金融服务体系，推进产业投融资体制改革创新。依托战略性新兴产业发展基金等做大做强专精特新企业，引导广东省加快产业转型升级、推动产业结构优化、实现振兴实体经济的政策目标。

## 二、　分类实施制造业企业服务化转型工作

### （一）做大做强链主企业，提升高端服务能力

发挥行业龙头和骨干企业示范引领作用。鼓励产业龙头企业拓展新型服务化模式，做大做强一批服务型制造示范企业，目标在"十四五"末服务收入占营收比重达到30%以上。鼓励供应链龙头企业进行能力外溢，发展总集成总承包等模式，与上下游企业共享共建，为供应链企业提供专业化、社会化生产性服务，积极带动产业链资源、要素、技术、工厂、市场的深度整合；聚焦产业链赋能升级、产品创新发展和新制造模式推广，率先达到国际一流"制造＋服务"供应商水平。

### （二）完善鼓励支持政策，引导中小企业转型

完善对制造业企业尤其是中小企业服务化转型的支持政策。中小企业本身服务化能力较弱，对服务化转型认识较浅，抗风险能力不足，是未来制造业服务化转型升级的主体和重点。要加大对中小制造企业尤其是专精特新企业的政策扶持，充分发挥中小企业在补链强链助推制造业高质量发展的重要作用。积极引导中小企业重视数字化和服务化转型，建立专家智库和战略咨询机构，帮助企业加深对服务化的认识与理解。积极推进示范项目遴

选工作并做好事前辅导和事后扶持并推广的工作，打造一批上下游协同、配套集约高效的服务型制造产业集群。创新金融手段和相关政策，缓解中小企业转型过程的融资筹资困境。

### （三）积极打造产业平台，铸造协同发展载体

继续鼓励支持园区和大型企业工业互联网平台及工业电商平台的搭建，加快实现在装备制造业、电子信息、消费品等优势产业和大宗原材料领域的创新应用。推动工业电子商务平台围绕制造业供应链关键环节，全面拓展产品众创、协同制造、个性化定制、在线物流、精准营销等服务，集聚技术、数据、金融等要素，带动产业链向高端化延伸。充分发挥龙头企业尤其是骨干企业在产业链配套和协作方面的作用，推动大中小企业融通发展，构建高效分工协作的新型产业体系。重视中小制造企业实际生产经营需求和数字化服务化转型遇到的问题，通过减税降费、产业基金扶持、产业培训等方式拓展企业应用平台资源的能力，提高平台投入产出效率，构建积极的产业生态。

### （四）强化数字信息赋能，提升两业融合深度

推动工业数据开发共享，提升制造企业数据应用能力，促进产业集群互联互通。重点推动绿色石化、智能家电、海洋装备等特色优势产业服务化数字化转型升级。在先进制造业产业集群内部大力发展智能制造装备与智能工业软件，提升国产智能技术、产品与装备市场占有率，培育智能制造系统解决方案供应商，积极参与国家智能制造、工业互联网等标准体系建设。鼓励信创产业提速发展，将广州、深圳打造为工业软件产业生态示范城市。

## 三、　加强基础关键技术环节联合攻关

加强服务环节创新发展支撑，围绕重点产业链核心需求补齐基础短板。着力突破新一代电子信息、高端装备制造等产业的技术缺失和薄弱环节。结合省内产业基础和发展特色，依托国家级和省级制造业创新中心、企业技术中心等创新载体，聚焦基础薄弱环节，通过供应链合作、联合研发等方式发展创新链，打造制造业高水平开放合作先行地，构筑互利共赢的产业链供应链合作体系。集聚大湾区技术和人才优势，加强基础研究和原始创新端投入，提高核心城市协同创新水平。第一，聚焦单项冠军优势，实施鼓励单项冠军企业积极拓展供应链延伸相关政策，提升其细分领域的竞争力和技术转换能力。第二，着力抓好稳链补链强链控链工作，聚焦"关键核心技术—材料—零部件—整机—系统集成"全链条培育，实施重点工程和重大平台建设，推动链主企业向提供系统集成商和整体解决方案服务商转变。第三，重视发展工业设计，包括建设工业设计研究服务体系，搭建协同创

新服务支撑平台和交流合作展示交易平台等，推动更高质量的工业设计创新发展。第四，发挥智能装备优势，聚焦标志性产业链培育，鼓励扶持企业建立"软件＋硬件＋平台＋服务"的集成系统，推动开展战略管理咨询、检验检测认证、核心技术共同开发等服务，提升协同发展水平。

## 四、 完善制造业服务化配套体制体系

完善要素市场化配置体制机制改革。第一，深化产业用地市场化配置改革。完善工业用地出让制度，有序推进制造用地和服务用地的合理转换，创新探索第二、第三产业混合用地供给和管理方式。建立产业用地全周期管理机制，实现用地规划、项目招商、土地供应、供后管理和退出等各环节多部门协同监管。第二，强化人才激励和培训机制。探索建立与国际接轨的人才评价体系，加大力度引进高精尖缺人才以及具有颠覆性技术的双创团队。开展稀缺专业人才培养，在服务型制造和高端生产性服务业领域提供针对性的服务化转型培训活动，加深制造业企业对服务化转型的理解与认识。第三，增加有效金融服务供给。大力推进中小企业融资平台和信用信息平台建设，完善供应链融资、贸易融资、直接融资功能。

# 第十七章

# 广东制造业数字化转型现状、经验与对策建议[*]

2015 年，习近平总书记在第二届世界互联网大会提出"中国正在实施'互联网 +'行动计划，推进'数字中国'建设"，随后党的十九大更是将"数字中国"建设提到了国家战略高度。在数字经济时代，数字技术赋能传统产业，推动产业转型升级，是产业发展的应然规律。广东省作为我国制造业大省同时也是我国数字经济强省，实施制造业数字化转型，有利于充分释放数据要素红利，应对全球经济疲软、国内经济新常态、资源环境约束趋紧和疫情常态化等多重挑战。故而，广东省应以深化新一代信息技术与制造业融合发展为主线，以工业互联网创新应用为着力点，加速制造业数字化转型，推动制造业转型升级，支撑经济高质量发展。

## 第一节 广东制造业数字化发展现状特征

### 一、 制造业提质增效稳步发展， 自主创新能力显著提高

作为制造业强省，"十三五"期间，广东供给侧结构性改革不断深化，制造创新体系不断完善，制造业高端创新资源加速集聚，初步形成了"一核一带一区"制造业协同发展格局，为"十四五"全省制造业高质量发展蓄力。据《广东统计年鉴2021》，2020 年，广东全省规模以上制造业企业增加值近 3 万亿元。在 41 个大类工业行业中，广东有 25 个行业销售产值排名全国前三，占比超六成，规模实力全国领先。

先进制造业支撑制造业发展。2020 年广东全省规模以上先进制造业增加值 19 270.23 亿元，占规模以上工业增加值（32 500.17 亿元）比重为 59.29%；规模以上先进制造业企业有超过 3.6 万家，占规模以上制造业企业（57 230 家）比重为 63.55%。其中，高端电子信息制造业工业增加值 7 490.82 亿元，企业数量 5 560 家；先进装备制造业工业增加值 5 311.80 亿元，企业数量 8 953 家；生物医药及高性能医疗器械工业增加值 798.55 亿元，

---

* 本章第一执笔人为暨南大学产业经济研究院梁建昊。

企业数量 1 131 家；先进轻纺制造业工业增加值 2 281.01 亿元，企业数量 11 315 家；新材料制造业工业增加值 1 599.43 亿元，企业数量 6 669 家；石油化工产业工业增加值 1 788.62亿元，企业数量 2 714 家。

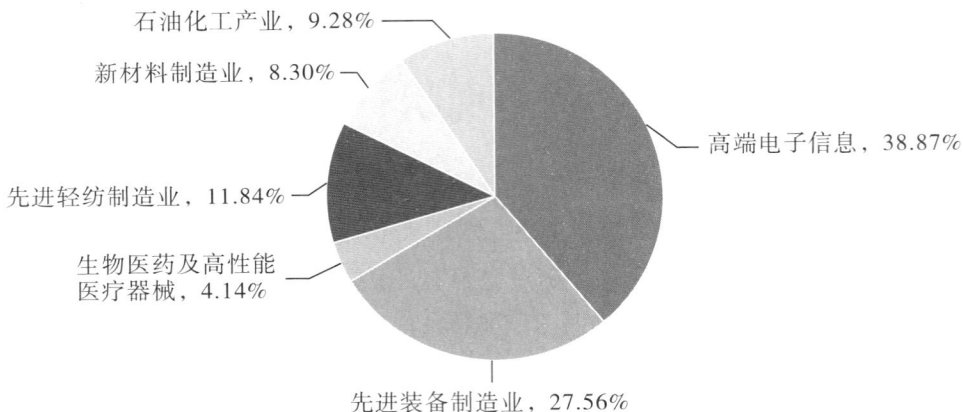

**图 17 - 1　2020 年广东规模以上先进制造业工业增加值构成**

数据来源：《广东统计年鉴 2021》。

高技术制造业发展态势良好，结构趋于合理。2020 年广东全省规模以上高技术制造业增加值 10 350.06 亿元，占规模以上工业增加值（32 500.17 亿元）比重为 31.85%；规模以上高技术制造业企业数量超 1 万家，占规模以上制造业企业（57 230）比重为 18.64%。其中，医药制造业工业增加值 605.83 亿元，企业数量 570 家；信息化学品制造业工业增加值15.15 亿元，企业数量 18 家；电子及通信设备制造业工业增加值 8 338.17 亿元，企业数量 1 154 家；电子计算机及办公设备制造业工业增加值 720.06 亿元，企业数量 7 670 家；航空、航天器及设备制造业工业增加值 39.92 亿元，企业数量 23 家；医疗仪器设备及仪器仪表制造业工业增加值 630.93 亿元，企业数量 1 235 家。

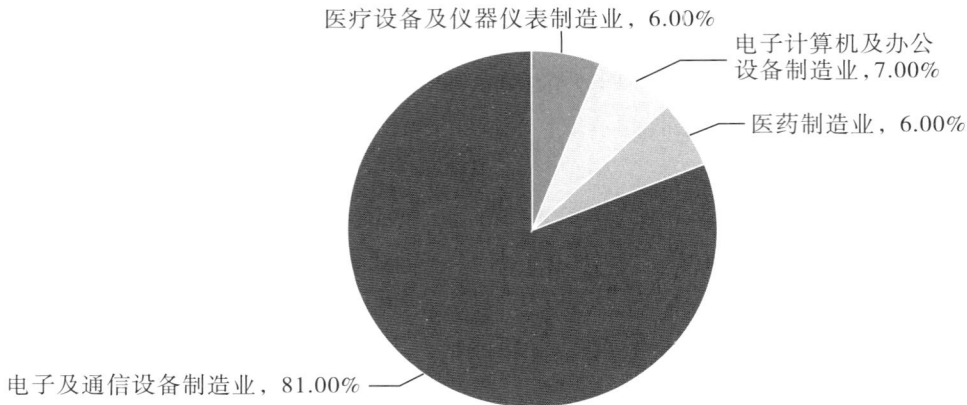

**图 17 - 2　2020 年广东规模以上高技术制造业工业增加值构成**

数据来源：《广东统计年鉴 2021》。

　　产业区位分布合理，比较优势充分发挥。珠三角地区主要布局以高端电子信息制造业、先进轻纺制造业、石油化工产业、新材料制造业、生物医药及高性能医疗器械等为主的先进制造业和以医药制造业、电子及通信设备制造业、电子计算机及办公设备制造业、医疗仪器及仪器仪表制造业等为主的高技术制造业，2020 年分别实现先进制造业、高技术制造业增加值 16 357.94 亿元和 9 976.02 亿元，二者合计占珠三角地区规模以上工业增加值的 94%以上，这表明珠三角地区规模以上工业的产业布局基本以先进制造业、高技术制造业等现代产业为主。沿海经济带东翼、西翼和北部生态发展区现代产业布局则相对较少。2020 年东翼地区分别实现先进制造业、高技术制造业增加值 544.61 亿元和 117.19 亿元，二者合计占东翼地区规模以上工业增加值的 42.2%；西翼地区分别实现先进制造业、高技术制造业增加值 675.46 亿元和 23.69 亿元，二者合计占西翼地区规模以上工业增加值的 49.4%；北部生态发展区分别实现先进制造业、高技术制造业增加值 497.58 亿元和 233.16 亿元，二者合计占北部生态发展区规模以上工业增加值的 47.4%。其中，东西翼地区主要布局传统优势产业、劳动密集型产业，具体来看，东翼地区主要以电子信息、玩具、陶瓷、精细化工、纺织服装等优势产业为主；西翼地区主要以能源、石化、装备制造、临港工业和物流等优势产业为主；北部生态发展区由于具有丰富的矿业、林业等资源比较优势，因而其产业布局主要是钢铁有色金属冶炼及加工、木材加工、烟草及卷烟生产、食品与药材加工等资源密集型产业。

　　产业集群建设发展迅速，结构不断优化。根据《广东省制造业高质量发展"十四五"规划》，目前，广东全省超万亿元产业集群有七个，包括新一代电子信息、软件与信息服务、现代农业与食品、现代轻工纺织、智能家电、绿色石化、先进材料；5G 产业和数字经济总体规模位居全国之首；主要产量排名全国第一产品有 5 个，包括汽车、智能手机、4K 电视、水泥、塑料制品等；家电、电子信息等部分产品产量甚至取得了全球第一的成绩。这也进一步证明了广东在制造业方面的实力，以及制造业数字化转型的巨大发展潜力。

　　创新投入不断加大，创新效益逐渐显现。2020 年广东全省规模以上制造业 R&D 经费支出 2 461.82 亿元，占规模以上工业企业 R&D 经费（2 499.95）比重 98.47%；R&D 经费投入强度（与营业收入之比）为 1.76%，高于规模以上工业企业 R&D 经费投强度 0.9个百分点。其中高技术制造业 R&D 经费 1 388.19 亿元，投入强度为 2.77%，比上年提高0.19 个百分点。在规模以上工业企业中，R&D 经费投入超过 100 亿元的行业大类有 5 个，其中计算机、通信和其他电子设备制造业经费遥遥领先于其他制造业，为 1 182.61 亿元；仪器仪表制造业和医药制造业的 R&D 经费投入强度最高，分别为 3.45%和 3.41%，位列第一、第二，见表 17 - 1。

表 17 - 1 2020 年分行业规模以上制造业企业 R&D 经费情况

| 行业 | R&D 经费<br>（亿元） | R&D 经费投入强度<br>（%） |
|---|---|---|
| 制造业总体 | 2 461.82 | 1.76 |
| 农副食品加工业 | 23.70 | 0.65 |
| 食品制造业 | 20.40 | 0.91 |
| 酒、饮料和精制茶制造业 | 4.47 | 0.46 |
| 烟草制品业 | 4.16 | 0.81 |
| 纺织业 | 10.86 | 0.54 |
| 纺织服装、服饰业 | 13.59 | 0.55 |
| 皮革、毛皮、羽毛及其制品和制鞋业 | 11.69 | 0.94 |
| 木材加工和木、竹、藤、棕、草制品业 | 3.72 | 0.86 |
| 家具制造业 | 26.34 | 1.34 |
| 造纸和纸制品业 | 14.37 | 0.59 |
| 印刷和记录媒介复制业 | 18.48 | 1.43 |
| 文教、工美、体育和娱乐用品制造业 | 12.89 | 0.40 |
| 石油加工、炼焦和核燃料加工业 | 4.72 | 0.16 |
| 化学原料和化学制品制造业 | 47.14 | 0.83 |
| 医药制造业 | 58.73 | 3.41 |
| 化学纤维制造业 | 2.1 | 1.21 |
| 橡胶和塑料制品业 | 83.57 | 1.55 |
| 非金属矿物制品业 | 35.71 | 0.59 |
| 黑色金属冶炼和压延加工业 | 9.36 | 0.33 |
| 有色金属冶炼和压延加工业 | 11.68 | 0.32 |
| 金属制品业 | 78.04 | 1.15 |
| 通用设备制造业 | 105.36 | 2.22 |
| 专用设备制造业 | 122.58 | 2.87 |
| 汽车制造业 | 129.57 | 1.40 |
| 铁路、船舶、航空航天和其他运输设备制造业 | 22.79 | 1.83 |
| 电气机械和器材制造业 | 342.93 | 2.13 |
| 计算机、通信和其他电子设备制造业 | 1 182.61 | 2.70 |
| 仪器仪表制造业 | 45.71 | 3.45 |
| 其他制造业 | 7.26 | 1.86 |

（续上表）

| 行业 | R&D 经费<br>（亿元） | R&D 经费投入强度<br>（%） |
|---|---|---|
| 废弃资源综合利用业 | 3.34 | 0.30 |
| 金属制品、机械和设备修理业 | 3.96 | 2.08 |

数据来源：广东省统计局。

具体来看，在规模以上制造业企业的 R&D 中，根据 R&D 经费投入和 R&D 经费投入强度大致可分为 3 类：第一类为高经费支出、高投入强度，这部分主要包括一些高技术制造业等，如电气机械和器材制造业，计算机、通信和其他电子设备制造业以及专用设备制造业等。第二类为低经费支出、低投入强度，这部分主要由一些传统制造业和部分重工业等构成，如酒、饮料和精制茶制造业，烟草制品业，石油加工、炼焦和核燃料加工业等。还有部分制造业具有较高经费投入，但投入强度却较低的特点，如农副食品加工业，食品制造业，汽车制造业等。

研发投入的提升直接表现在创新能力和专利数量上。根据《中国区域创新能力评价报告 2020》，广东区域创新综合效用值达 62.14，已连续 4 年位列全国第一。在区域创新能力 5 个评价维度中，企业创新、创新绩效两个维度全国领先，其中"企业创新"评价得分已连续 3 年居首位。在专利数量方面，根据广东省统计局公布的数据，2020 年广东全省专利授权量达 709 725 件，较去年增长 34.57%，其中发明专利授权数达 70 695 件，较去年增长 18.33%；有效发明专利量达 35.05 万件，PCT 国际专利申请量达 2.81 万件，分别连续 11 年和 9 年位居全国第一。另外值得一提的是，《广东省制造业高质量发展"十四五"规划》中提到，省内通信龙头企业的 5G 标准必要专利数量占全球比重超过 25%，广东省 5G 产业发展在全球范围内领先优势明显。

表 17-2　各省市区域创新能力综合指标

| 地区 | 综合值 | | 知识创造 | | 知识获取 | | 企业创新 | | 创新环境 | | 创新绩效 | |
|---|---|---|---|---|---|---|---|---|---|---|---|---|
| | 效用值 | 排名 | 效用值 | 排名 | 效用值 | 排名 | 效用值 | 排名 | 效用值 | 排名 | 效用值 | 排名 |
| 权重 | 1 | | 0.15 | | 0.15 | | 0.25 | | 0.25 | | 0.20 | |
| 广东 | 62.14 | 1 | 49.11 | 2 | 48.73 | 2 | 80.27 | 1 | 55.99 | 2 | 66.99 | 1 |
| 北京 | 55.50 | 2 | 73.75 | 1 | 48.53 | 3 | 44.26 | 4 | 59.31 | 1 | 56.32 | 3 |
| 江苏 | 49.59 | 3 | 45.38 | 3 | 34.85 | 4 | 58.53 | 2 | 44.12 | 3 | 59.45 | 2 |
| 上海 | 44.59 | 4 | 42.08 | 4 | 56.83 | 1 | 39.92 | 7 | 35.88 | 6 | 54.00 | 4 |
| 浙江 | 40.32 | 5 | 40.00 | 5 | 22.29 | 7 | 49.96 | 3 | 37.02 | 4 | 46.16 | 5 |
| 山东 | 33.15 | 6 | 22.65 | 15 | 18.59 | 9 | 41.98 | 6 | 36.74 | 5 | 36.42 | 17 |

数据来源：《中国区域创新能力评价报告 2020》。

## 二、 数字基础设施建设稳步推进， 数字经济治理体系不断完善

数字化基础设施主要包含三个层次。第一是数字基建，主要是指5G①、数据中心、人工智能等数字化基础设施，是数字化基础设施的核心层；第二是以数字化为核心的各类基础设施，既包括新能源（氢能、太阳能等可再生资源）、新材料（新型陶瓷材料，金属玻璃等特殊材料）、无人化及相关配套设施，还包括相应开发的园区项目，是数字化基础设施的外延层；三是经数字化改造的传统基建及其新型细分领域，主要是经数字化、智能化改造的传统基建，还包括一些为克服传统基建不足而生的细分领域，如智慧城市、轨道交通等。下面以数字化基础设施中最为核心和关键的5G基站和数据中心为例，进行详细说明。

表 17 - 3　广东 21 个地级市 5G 基站及站址建设

(单位：个)

| 地市 | 2019 年底 5G<br>基站完成数 | 2020 年 5G<br>基站设计划数 | 2020 年新增 5G<br>基站站址数 |
|---|---|---|---|
| 广州 | 15 969 | 10 000 | 1 581 |
| 深圳 | 14 810 | 15 000 | 1 230 |
| 珠海 | 548 | 2 134 | 105 |
| 汕头 | 110 | 2 609 | 112 |
| 佛山 | 1 701 | 7 018 | 181 |
| 韶关 | 85 | 1 083 | 70 |
| 河源 | 84 | 978 | 60 |
| 梅州 | 86 | 1 160 | 63 |
| 惠州 | 456 | 3 425 | 72 |
| 汕尾 | 84 | 932 | 28 |
| 东莞 | 1 515 | 7 620 | 229 |
| 中山 | 567 | 3 399 | 210 |
| 江门 | 150 | 2 523 | 151 |
| 阳江 | 85 | 997 | 277 |

① 5G 是指第五代移动通信技术，以移动性、时延、用户感知速率、峰值速率、连接数密度、流量密度、能效为关键性能指标，支持 eMBB（增强移动宽带）、mMTC（海量机器类通信）和 uRLLC（超可靠低时延通信）等三大应用场景，是构建制造业数字化转型的新型基础设施。

（续上表）

| 地市 | 2019 年底 5G 基站完成数 | 2020 年 5G 基站设计划数 | 2020 年新增 5G 基站站址数 |
|------|------|------|------|
| 湛江 | 130 | 2 170 | 150 |
| 茂名 | 110 | 1 686 | 280 |
| 肇庆 | 160 | 1 666 | 105 |
| 清远 | 84 | 1 393 | 134 |
| 潮州 | 85 | 887 | 25 |
| 揭阳 | 84 | 1 747 | 200 |
| 云浮 | 85 | 1 065 | 40 |

数据来源：广东省工业和信息化厅。

首先是 5G 基站，根据《广东省 5G 基站和数据中心总体布局规划（2021—2025年)》，从 2019 年来看，广东全省已累计建成 5G 基站 36 988 座，约占全国基站总数的 1/4。其中广州建成 5G 基站 15 969 个，深圳建成 5G 基站 14 810 个，基本实现了广州、深圳中心城区的 5G 网络连续覆盖，规模建设取得较大成效。从 2020 年来看，全省新建 5G 基站 87 278 个，占全国 15% 左右，完成省政府下达建设目标（4.8 万座）的 181.8%。其中广州、深圳分别新增 16 839 个和 15 916 个。[①] 广东实现广州主要城区连续覆盖，深圳 5G 网络全覆盖，建设速度位居全国前列。根据《广东省制造业高质量发展"十四五"规划》，截至 2020 年末，全省累计建成 5G 基站突破 12.4 万个，约占全国 17.5%，产业规模、用户数和基站数均为全国第一，其中广州 32 808 个、深圳 30 726 个。根据《广东省加快 5G 产业发展行动计划（2019—2022 年)》，截至 2022 年底，全省 5G 整体技术创新能力要达到世界领先地位，关键核心技术创新能力要迈入世界前列，形成世界级 5G 产业集聚区和 5G 融合应用区。因此在未来，雄厚的 5G 网络信息基础设施将成广东进一步推动制造业数字化转型的攻坚利刃。

其次是数据中心，目前广东仍以中小型数据中心为主。根据《广东省 5G 基站和数据中心总体布局规划（2021—2025 年)》，截至 2019 年底，广东全省已投产使用的数据中心数量约 160 个。其中，超大型数据中心占 1%，大型数据中心占 20%，中小型数据中心占 79%。从分布来看，主要分布于经济发达地区，这是由需求决定的。珠三角地区投产使用的数据中心占广东全省总量的 68%；粤东、粤西两翼和粤北山区则分别占全省数据中心总量的 24% 和 8%。数字中心的广泛发展将结合 5G 技术进一步推动广东制造业数字化转型。

---

① 广东省能源局关于广东省十三届人大四次会议第 1029 号代表建议答复的函［EB/OL］. http://drc. gd. gov. cn/snyj/tzgg/content/post_ 3318203. html.

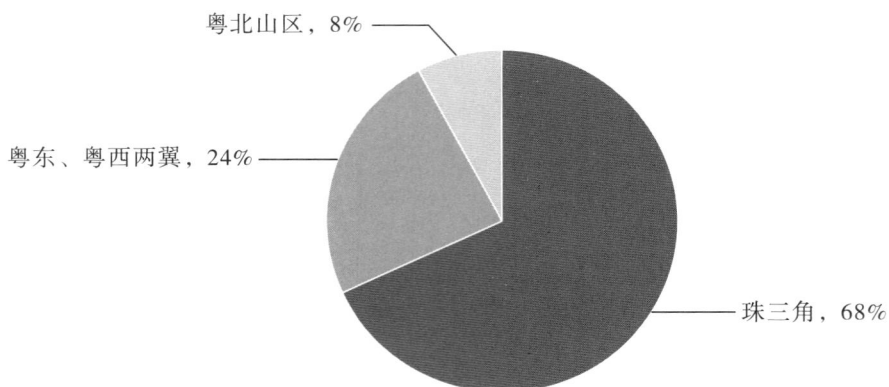

**图 17 - 3　2019 年广东省数据中心区域分布比例**

数据来源：《广东省 5G 基站和数据中心总体布局规划（2021—2025 年）》。

在机架数及上架率方面，根据《广东省 5G 基站和数据中心总体布局规划（2021—2025 年）》，截至 2019 年底，广东规划在建的机架数量 18.5 万个，已投产的机架数量约 11.6 万个，在用的机架数量约 7.2 万个，累计服务器数量超过 86.4 万台，数据存储量约 25 万 TB，折合占地面积超过 800 亩，总投资额约 700 亿元。从上架率①来看，广东数据中心全省上架率约 61.8%，珠三角地区 63.3%，粤东、粤西和粤北地区共占比 55.1%。其中，广州、深圳分别为 63.21% 和 69.01%，均高于全省平均水平。这主要是由于广州和深圳作为广东经济最为发达的两座大型城市，互联网公司、金融企业和云计算厂商大多云集于此，因而对数据中心有着较大需求。

**表 17 - 4　全省 21 地级市上架率（截至 2019 年底）**

| 地市 | 机架数（个） | | 上架率 | | 地市 | 机架数（个） | | 上架率 | |
|---|---|---|---|---|---|---|---|---|---|
| | 现有 | 排名 | 百分比 | 排名 | | 现有 | 排名 | 百分比 | 排名 |
| 广州 | 34 676 | 1 | 63.21% | 7 | 肇庆 | 428 | 12 | 74.07% | 5 |
| 深圳 | 25 213 | 2 | 69.01% | 6 | 茂名 | 391 | 13 | 96.68% | 1 |
| 东莞 | 17 618 | 3 | 59.73% | 11 | 云浮 | 376 | 14 | 60.11% | 9 |
| 佛山 | 10 414 | 4 | 75.16% | 3 | 江门 | 367 | 15 | 60.05% | 10 |
| 湛江 | 8 110 | 5 | 47.02% | 15 | 梅州 | 349 | 16 | 37.82% | 18 |
| 中山 | 5 971 | 6 | 29.56% | 20 | 清远 | 271 | 17 | 33.58% | 19 |
| 汕头 | 4 333 | 7 | 46.85% | 16 | 揭阳 | 228 | 18 | 38.16% | 17 |
| 汕尾 | 4 271 | 8 | 89.67% | 2 | 韶关 | 135 | 19 | 56.30% | 12 |
| 潮州 | 1 339 | 9 | 9.93% | 21 | 河源 | 110 | 20 | 62.73% | 8 |

---

① 上架率＝在用的标准机架数/已投产的标准机架数。

（续上表）

| 地市 | 机架数（个） | | 上架率 | | 地市 | 机架数（个） | | 上架率 | |
|---|---|---|---|---|---|---|---|---|---|
| | 现有 | 排名 | 百分比 | 排名 | | 现有 | 排名 | 百分比 | 排名 |
| 珠海 | 819 | 10 | 74.94% | 4 | 阳江 | 107 | 21 | 53.27% | 14 |
| 惠州 | 803 | 11 | 55.92% | 13 | | | | | |

数据来源：《广东省5G基站和数据中心总体布局规划（2021—2025年)》。

在政策支持方面，根据《广东省5G基站和数据中心总体布局规划（2021—2025年)》，全省将按照"双核九中心"的总体布局，形成广州、深圳两个低时延数据中心核心区和汕头、韶关、梅州、惠州（惠东、龙门县）、汕尾、湛江、肇庆（广宁、德庆、封开、怀集县）、清远、云浮9个数据中心集聚区。到2022年底，全省实现累计折合标准机架数约47万个，平均上架率达到65%，设计PUE值①平均小于1.3，珠三角地区30%中高时延数据业务迁至粤东西北地区。到2025年底，全省累计折合标准机架数约100万个，平均上架率达到75%，设计PUE值平均小于1.25，珠三角地区60%中高时延数据业务迁至粤东西北地区。在5G基站方面，到2022年底，全省5G站址累计达35万个（含储备站址），5G基站累计达22万个（其中宏站15万个，微站2万个，室内分布系统5万个），5G用户数达6 000万户。到2025年底，全省实现5G全域覆盖，5G站址累计达45万个（含储备站址），5G基站累计达29万个（其中宏站16万个，微站5万个，室内分布系统8万个），5G用户数超1亿户。此外，为保障各区数据中心的顺利布局，广东省政府从建立统筹推进的工作机制、统筹调配数据中心能耗指标、推动关键共性技术攻关和示范应用、加快数字产业与新型基础设施建设融合发展、加强国土空间规划衔接、扩容建设直连通信链路、强化用电供应保障、加大人才引进培养力度、确保信息网络安全等九方面提出保障措施，加快统筹推进5G基站和数据中心建设。

## 三、 数字技术与实体经济加速融合， 制造业数字化转型成效显著

数字经济是以数据为基础，运用云计算、大数据分析等技术将数据要素化，即将数据变为一种对制造业企业生产经营有效的生产要素。因此数字经济的发展壮大会加快数字经济与制造业的深度融合，不断提高制造业企业的生产经营效率，尤其是解决传统制造业存在的低自动化、低成品率、低利润率、管理粗放、产品单一等问题。

2020年，广东省数字经济增加值约5.2万亿元，增长6.6%，增速比GDP快4.3个

---

① PUE值是指数据中心消耗的所有能源与IT负载消耗的能源之比。

百分点,① 规模居全国第一，超过第二名江苏 8 000 亿元、第三名山东近 1.2 万亿元，是福建数字经济规模的 2.6 倍。从 GDP 占比来看，2020 年广东省数字经济占 GDP 比重为 46.8%，和浙江并列第一，超过山东和江苏 4% ~ 5%。在数字产业化方面，广东继续领跑全国，据中国通信院数据，2020 年数字产业化规模超 1.7 万亿元，稳居全国首位，江苏、广东数字产业化占 GDP 比重超 15%，位居全国前列；在产业数字化方面，广东产业数字化遥遥领先，规模约为 3.5 万亿元，居全国第一，江苏、山东、浙江等地区产业数字化规模均不足 3 万亿元。

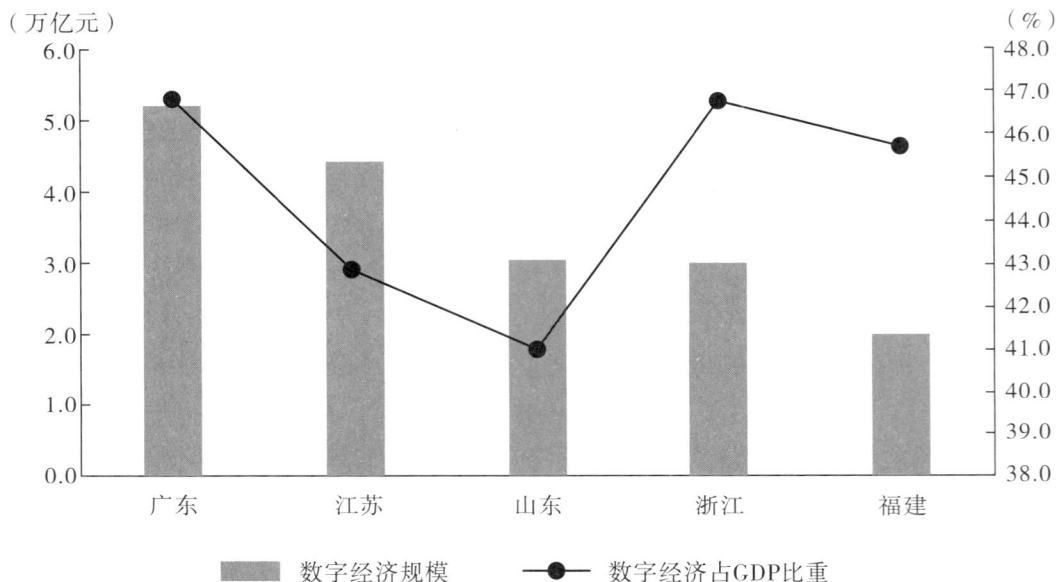

**图 17 - 4　我国主要省份数字经济规模及 GDP 比重**
数据来源：作者根据公开资料整理。

从微观数据来看，广东省有电子商务交易的企业数达到 15 175 家，全国位列第一，超过第二名浙江（11 353）3 822 家，第三名江苏（9 844）5 331 家，是福建有电子商务交易的企业数（5 749）的 2.6 倍。从有电子商务交易的企业数占所有企业数的比重来看，广东位列第四，为 10.8%，比第一名山东（12.5%）低了 1.7 个百分点，比最后一名江苏（9.4%）高 1.4 个百分点，见图 17 - 5。这种情况一方面是受广东省企业数量基数大的影响，另一方面也在一定程度上反映了广东省数字化转型深度可以进一步提高。目前，

---

① 《广东省数字经济促进条例》9 月 1 日起施行　立法破解数字产业"成长的烦恼"［EB/OL］. https://www. gdzz. gov. cn/zgxc/gdyw/content/post_ 12990. html.

广东已累计推动 1.7 万家工业企业"上云上平台"①、55 万家中小微企业"上云用云"。②

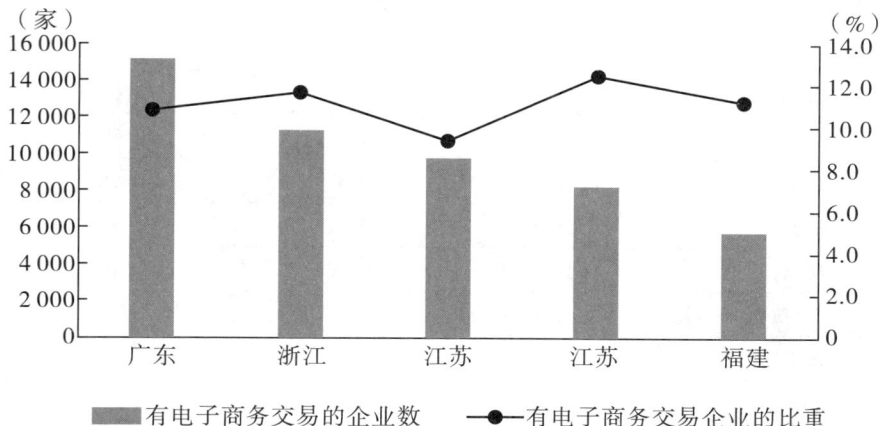

图 17 - 5　主要省份有电子商务交易的企业数及其比重

数据来源：国研网。

根据《中国区域数字化发展指数报告》，广东在与数字经济相关的创新要素投入、数字基础设施、数字经济发展、数字社会建设四个维度上分别得分为 0.70、0.88、0.84、0.72，以总得分 0.80 位列全国第一，其中数字基础设施和数字经济发展这两个维度居全国首位，见表 17 - 5。此外在中国信息通信研究院政策与经济研究所编写的《中国区域与城市数字经济发展报告（2020 年）》中，广东省数字经济竞争力指数 85.56，位列全国第一，比江苏高 3.73，比浙江高 7.16，见表 17 - 6。可见，广东作为改革开放的排头兵、先行地、实验区，在数字经济发展上成效显著。

广东数字经济的快速发展推动了广东传统制造业产业的改造升级，如汕头玩具、湛江廉江小家电、阳江五金刀剪等。通过新一代信息技术和传统制造业的深度融合，大力发展服务型制造和智能制造、绿色制造，在广东传统制造业低成本比较优势逐步丧失、竞争力不强、市场占有率不断下降的大背景下，广东传统制造业得以焕发生机。

表 17 - 5　2020 年中国区域数字化发展指数测算结果

| 地区 | 创新要素投入 | 数字基础设施 | 数字经济发展 | 数字社会建设 | 总得分 |
| --- | --- | --- | --- | --- | --- |
| 广东 | 0.70 | 0.88 | 0.84 | 0.72 | 0.80 |
| 浙江 | 0.60 | 0.75 | 0.76 | 0.66 | 0.71 |

①　"上云上平台"是指围绕研发设计、生产管控、经营管理、售后服务等核心业务环节，利用工业互联网新技术、新工具、新模式，实施数字化转型升级，进一步降低经营成本、提升生产效率、提高产品质量、降低能耗排放、优化产业协同等。

②　南方都市报. 广东数字经济规模约 5.2 万亿领跑全国，占 GDP 比重近一半［EB/OL］. https:// www.sohu.com/a/485452179_ 161795.

（续上表）

| 地区 | 创新要素投入 | 数字基础设施 | 数字经济发展 | 数字社会建设 | 总得分 |
|---|---|---|---|---|---|
| 北京 | 0.60 | 0.77 | 0.72 | 0.73 | 0.71 |
| 江苏 | 0.57 | 0.69 | 0.74 | 0.66 | 0.68 |
| 上海 | 0.75 | 0.56 | 0.63 | 0.59 | 0.63 |
| 山东 | 0.35 | 0.38 | 0.50 | 0.58 | 0.46 |
| 四川 | 0.53 | 0.26 | 0.42 | 0.54 | 0.44 |
| 福建 | 0.40 | 0.54 | 0.40 | 0.40 | 0.43 |
| 重庆 | 0.50 | 0.45 | 0.27 | 0.46 | 0.39 |
| 陕西 | 0.49 | 0.27 | 0.27 | 0.51 | 0.36 |

数据来源：《中国区域数字化发展指数报告》。

表 17-6　2020 年中国区域数字经济竞争力指数排名 Top10

| 排名 | 省市 | 数字经济竞争力指数 |
|---|---|---|
| 1 | 广东 | 85.56 |
| 2 | 北京 | 84.19 |
| 3 | 上海 | 82.17 |
| 4 | 江苏 | 81.83 |
| 5 | 浙江 | 78.40 |
| 6 | 山东 | 76.46 |
| 7 | 天津 | 74.93 |
| 8 | 福建 | 74.55 |
| 9 | 四川 | 73.62 |
| 10 | 重庆 | 73.57 |

数据来源：《中国区域与城市数字经济发展报告（2020 年）》。

## 案例一：佛山——美的集团

2020 年，美的集团实现收入 2 857.10 亿元，同比增长 2.27%，实现归母净利润 272.23 亿元，同比增长 12.44%。从美的集团发展历史来看，2012 年集团员工 13 万人创造净利润 80 亿元；2017 年同样是 13 万员工，却创造了净利润 160 亿元，这其中巨大的净利润增长与美的集团的数字化转型之路不可分割。

随着信息技术的迭代发展，2012 年美的集团开始布局数字化 1.0 战略，在集团董事长方洪波的带领下开始建设"632 项目"，投资三十多个亿构建 6 大运营系统（PLM、ERP、APS、MES、SRM、CRM）、3 大管理平台（BI、FMS、HRMS）、2 大门户（MIP、MDP）和集成技术平台，探索从人治到 4A 治理（流程治理、数据治理、IT 治理和技术架构治理），这就是被业界所熟知的美的"632"战略的运作层部分。整个"632"战略分为了两层，除运作层之外，另一层为管理层，其中"人与财"的双引擎管理机制正是属于管理层的部分，也是管理层中最核心的部分。美的"人与财"双引擎战略是由四个集团管理数字化部分构成，即：组织绩效与利益分享体系、经营可视（财经）、人才供应链（HR）以及数字化管控与赋能。2020年，在 1.0 战略的基础上，美的进入 2.0 时代，主要是针对 1.0 战略中所忽略的 To B 端的市场需求，例如精密模具、机电里的核心零部件、金融能力等。

（作者根据美的集团及公开资料整理）

### 案例二：汕头——玩具

2020 年，汕头有玩具生产经营企业约 1 万家（加上配套市场主体约 3.2 万家），拥有 20 多家年产值超亿元的骨干企业，规模以上产值 275 亿元。2021 年，汕头玩具创意产业占规模以上工业的 8.7%，同比增长 3.9%。可见，汕头玩具产业集群具备一定的产业规模，但在数字化转型的过程中，中小企业仅仅依靠自身的力量转型，会遇到难以克服的瓶颈和困难。

以前汕头玩具面临的问题主要有：一是生产管理模式落后，包括现场设备老旧、自动化程度低、生产效率低、产品质量不稳定。二是市场模式需要调整，包括内部运营成本高、产品市场反馈不及时订单滞后、新产品设计与市场互动弱、销售网络与生产制造错层。三是应用型数字化人才紧缺，包括粤东区位原因，导致很难留住人才；在位的老师傅门派各异，导致低标准化、低良品率、产品生产缺乏稳定性等问题。

针对以上问题，汕头市金平区的邦宝益智积极探索，主要措施包括：首先打破"信息孤岛"，从 2016 年起，在汕头市工信局指导下，邦宝益智开始了玩具制造的数字化转型之路。以两化贯标体系及双创政策为核心理念，邦宝益智首先采用 3D 视觉装配线结合 MES、ERP 等系统进行自动排产、质量检验、完工入库、设备检测等智能化数据流程。其次打造智能工厂，公司充分利用工业互联网及新一代信息技术，将制造业与新技术物联网结合起来，进行数字化、网络化、智能化改造，打造粤东玩具企业智能制造样板工厂。最后积极从珠三角引进从事信息化技术及自动化设备的相关人才，并与高校开展产学研合作。与此同时，企业还与外部知名品牌软硬件供应商进行系统性顶层架构设计实施此项目。

（作者根据汕头市政府、工信局、统计局及公开资料整理）

在政策支持方面，广东省工信厅发布了《广东省制造业数字化转型实施方案（2021—2025 年）》。按照广东省目标，第一是推动工业企业数字化转型，培育制造业数字化转型标杆企业。到 2023 年将推动超 3 万家规模以上工业企业实施数字化转型，到 2025 年推动超 5 万家，同时 2023 年和 2025 年分别带动 80 万家和 100 万家企业"上云用云"。第二是初步构建健康有序的标识解析体系。包括基本建成覆盖重点行业的工业互联网网络基础设施，5G 在工业领域深化应用，建成 50 个以上工业互联网标识解析二级节点。第三是建立较完善的工业互联网安全保障体系。包括引进培育 500 家左右制造业数字化转型服务商，打造 5 家左右国家级跨行业、跨领域工业互联网平台，20 家左右特色专业型工业互联网平台。

除了省级层面发力之外，广东各市也在持续发力。根据《广州市推进制造业数字化转型若干政策措施》，实施"一链一策"推动重点产业链网络化协同，按照不超过项目投入费用的 30% 进行补助，单个项目最高不超过 500 万元；"一行一策"支持集群内中小企业应用"1 + 2 + N"解决方案实施数字化转型，对服务企业数字化转型成效显著的平台服务商，按成功服务企业数量给予奖励，奖励金额最高不超过 500 万元；"一企一策"引导重点优势企业智能化升级，按照技术改造、首台（套）重大技术装备推广等政策给予奖补；"一园一策"加强产业园区内外网络建设，按照不超过项目投入费用的 30% 进行奖补，每个项目最高不超过 500 万元；对平台企业被国家工业和信息化部门评选为跨行业跨领域综合型工业互联网平台的，一次性奖励 500 万元；被评选为国家级特色型或专业型工业互联网平台的，一次性奖励 300 万元等。根据佛山市工信局发布《佛山市推进制造业数字化智能化转型发展若干措施》，佛山市明确了推动制造业数字化转型发展的五项重点工作、二十五个扶持方向和扶持标准，并明确了政策的扶持对象、扶持资金出资情况和有效期。

此外，针对传统制造业，民建广东省委会在省政协第十二届五次会议中提出了《关于推动广东省传统制造业数字化转型，培育经济发展新动能的提案》。广东省金融监管局针对传统制造业企业数字化转型资金不足问题，积极引导全省金融系统加大对制造业企业数字化转型的金融支持力度，支持银行机构倾斜资金"贷"动制造业数字化转型。截至 2021 年 12 月末，制造业贷款余额 2.05 万亿元，同比增长 15.4%，增速比各项贷款增速高 1.8 个百分点，占各项贷款余额比重 9.2%，当年新增额 2 740 亿元，占各项贷款增量比重 10.3%，制造业贷款比重持续提升。具体来看，中国建设银行广东省分行全面启动"智造之光"综合金融服务方案，通过丰富制造业企业数字化转型产品体系，以金融力量支持广东制造业数字化转型升级。目前建设银行已推出数字化设备购置贷、数字化技改贷、数字化项目贷、数字化住房租赁贷款、智造集群贷、智造支持贷、重点科研计划立项支持贷等数款金融产品。其中"智造支持贷"是建设银行面向资信良好、具有较强发展前景和技术研发实力的企业发放的信贷产品，用于满足企业日常经营周转的流动资金贷款。该产品依据企业获得股权投资、纳税金额、代发工资金额、研发投入、知识产权价值等情况，制定五种额度核定方式，并通过股权 + 债权形式，推进科技与资本融合。

# 第二节　国内外制造业数字化转型经验总结

在新一轮的制造业数字化、智能化转型热潮中，除了熟知的德国工业4.0、美国先进制造业国家战略计划、日本机器人新战略等战略以外，加拿大、欧盟、英国、阿根廷、韩国、新加坡、俄罗斯等众多国家和地区也推出了一系列战略，尽管各个国家的侧重点有所不同，但智能化、数字化制造是这些国家战略的主方向。从国内来看，各省制造业数字化转型发展则主要是以各自优势和产业结构为立足点，进行大胆探索。

## 一、以产业集群建设带动产业数字化转型

江苏实体经济发达，钢铁、石化、建材、印染纺织等传统优势产业占全省国民经济一半以上，传统产业的绿色化、智能化、数字化、网络化水平还有很大提升空间。因此江苏推动制造业智能化改造和数字化转型主要突出以下措施：一是通过龙头骨干企业引领，对标世界制造领先水平，形成"一行业一标杆"。二是加快建设中小企业"智改数转"云服务平台，对规模以上中小工业企业协同开展智能制造免费诊断服务。三是产业链"智改数转"升级工程，支持"链主"企业基于产业链协作平台开展协同采购、协同制造、协同销售和协同配送等应用，带动上下游企业数字化协作和精准对接。四是支持综合型、专业型和特色型工业互联网平台建设，每年新认定10个省级重点工业互联网平台，打造20个"5G＋工业互联网"融合应用项目，20个工业大数据应用示范项目。五是分类制定标准，遴选建立全省"智改数转"生态资源池。建立服务绩效考核评价机制，对考核优秀的服务商给予支持。六是支持围绕企业"智改数转"需求开展工业软件技术攻关、产品研发和解决方案集成。发布工业软件应用推广指导目录，鼓励制造业企业运用目录和清单内软件产品推进"智改数转"。七是分行业梳理智能硬件和装备供给短板，支持企业研发智能制造设备，每年认定智能制造领域首台（套）重大装备20个以上。八是组织制造业企业与网络运营商对接合作，加快改造企业内网，推动企业外网建设。优化全省数据中心布局，支持企业建设标识解析二级节点及数字运营中心。九是完善工业信息安全风险评估、信息通报、应急处置等制度。建设省级工业互联网安全信息共享与应急服务协同保障平台。十是总结提炼"智改数转"经验做法，每年征集和遴选100个应用场景、100个实践案例。开展各类供需对接活动，加大优秀方案和实践案例的宣传推广。

## 二、以数字技术打造数字化转型生态圈

与江苏相比，浙江的制造业整体偏弱，但互联网经济发达，数字经济发展具有先发优

势。因此浙江更注重以数字经济为制造业提质增效，推动浙江制造向智能制造转型。浙江把企业"上云上平台"作为推动企业数字化转型的切入点。重点抓好四个方面：一是突出市场主体和产业集群升级，加快提升制造业竞争力。包括构建"五企"培育体系；推进传统制造业改造提升 2.0 版，创建传统制造业改造升级国家示范区；实施产业集群培育升级行动，发挥工业大市大县示范带动作用；着力稳企业拓市场，制定出台新一批减负降本政策，全年为企业减负 2 500 亿元以上。二是突出战略性新兴产业和未来产业培育，创新驱动制造业高质量发展。包括构建产业创新体系，开展制造业创新中心提升行动；做优做强战略性新兴产业，落实人才强省、创新强省首位战略；建设未来产业先导区，超前布局第三代半导体、类脑芯片、区块链、北斗等未来产业。三是突出产业基础再造和产业链提升，大力推动产业体系现代化先行。包括夯实产业基础，实施工业强基工程；提升产业链水平，推动标志性产业链做长做宽、做优做强；全力强链延链补链，深化全球精准合作，开展"一局长一项目"。四是突出产业数字化和数字产业化，以数字化改革撬动制造业变革。包括以"五新"为重点实施数字经济"一号工程"2.0 版，加快国家数字经济创新发展试验区和国家工业互联网示范区建设；以"未来工厂"为引领推进新智造，深化新一代信息技术与制造业融合发展，带动中小企业全面数字化转型；以"产业大脑"为集成，优化产业生态，以工业互联网为支撑，加快产业大脑建设，融合产业侧和政府侧数据，贯通生产端与消费端，为企业生产经营提供数字化赋能。

## 三、 以顶层设计引领高端制造业数字化转型

美国是全球最早布局数字化转型的国家。其主要的发展路径包括：一是强化战略顶层设计。美国聚焦大数据和人工智能等前沿技术领域，有针对性地适时发布《联邦大数据研发战略计划》《国家人工智能研究和发展战略计划》《为人工智能的未来做好准备》和《美国机器智能国家战略》等政策。此外，为了全面复苏实体经济，引领高端制造业数字化转型，美国通过《智能制造振兴计划》组建智能制造领导联盟、成立"智能制造创新研究所"；通过《先进制造业美国领导力战略》来开发和转化新的制造技术、教育培训和集聚制造业劳动力以及扩展国内制造供应链的能力，并通过新一代信息技术加快发展先进制造业，确保先进制造的美国经济实力引擎和国家安全支柱地位。

二是大力发展中小企业。据中国信通院统计数据，在美国，有 98% 的企业是小企业，数量达 2 450 万家左右，其中有 30 万家是制造业企业。可见中小企业是美国经济的重要组成部分。针对中小企业的保障主要是从完善法律法规、设立专业管理机构以及保证资金支持三个方面来进行的。第一，在法律法规方面，为了打造良性竞争的市场经济，保证中小企业的有序发展，美国颁布十几部法律，其中包括《小企业法》《小企业投资法》《小企业就业法案》等。第二，在管理机构方面，美国设立白宫小企业会议、小企业委员会以及

小企业管理局等，这些管理机构的设立可以充分了解中小企业发展过程中遇到的难点与堵点，为有针对性地提出解决方案和多元化的服务提供了可能。第三，在资金支持方面，美国对研发活动的资金支持主要有直接和间接两种形式。一种是用于技术创新的直接支持，指联邦政府给相关机构自上而下的资金拨备。这种资金支持方式主要用于基础技术、应用技术和实验验证三部分，尤其是基础技术，往往给予其最大的资金支持和充分的发展时间。另一种是通过贷款等方式的间接资金支持，这种资金支持方式主要服务于中小企业，尤其是具有技术潜力的中小企业。

三是推动跨部门融合发展。美国跨部门联合发展是以大型国家项目来实现的，这种跨部门的协作有利于打通政策推行的各个环节，可以在短时间内推动重点领域发展。例如美国网络和信息技术研究与发展项目，从开始推行至今，已成为政府统筹"计算机、网络和软件领域"的先进信息技术研发的主要机构。这个项目最初的建立是为了推动网络和信息技术研究与发展，由白宫科技政策办公室、NSTC、国防部、商务部、能源部、交通部、NASA、NSF 等 24 个机构共同参与。

## 四、 以数据自动流动化解复杂系统的不确定性

德国工业 4.0 战略的主要任务是通过充分利用信息通信技术和信息物理系统相结合的手段，来推动制造业向智能化、数字化转型。支持手段包括利用财政政策加大对实体经济转型升级的支持，构建以商业银行为核心、政策性金融机构协调配合的融资体系，深化官产学研合作提高产业创新效率以及完善公共服务平台等。其中最核心的理念就是建立标准化，与一般的产品标准化不同，德国"工业 4.0"的主要任务和目标是建立"工厂标准化"。

这种工厂的标准化和数据的自动流动在博世集团的生产车间内可以得到鲜明的体现。博世集团是德国"工业 4.0"战略的重要发起者，在"工业 4.0"领域有着独特定位，既是"工业 4.0"的领先践行者，也是"工业 4.0"的卓越供应商。博世集团利用 RFID 等物联网技术与 ERP、PLM 等管理信息系统对接，使供应链以及产业链各环节无缝对接，打破"信息孤岛"，实现了数据在产品生产中的自动流动。目前，在博世集团的工厂车间内，基本实现了生产环节的数据自动流动。主要措施包括，一是"看板系统"数字化。博世集团内部推行无纸化办公，把流程变为数据，让业务流程透明化。总部通过看板体系，可以简单直观地了解到在重要数据库中的数据，这些数据包括了每个工厂的物流情况是否拥堵、生产能力是否充分利用等等，从而可以统筹安排每个工厂的生产计划，实现资源在不同工厂间的流动和匹配，进而最大程度上保证人力资源、物质资本的合理使用。二是"自动生产"数字化。生产过程包含多个方面，从投入要素的角度来看，包括如劳动（员工）、资本（机器）、土地、原材料、半成品等等，在博世集团工厂内，每一样投入要素有且只有一个的身份识别号，这些识别号会记录投入要素在生产过程中产生的各种信息，

然后通过管理信息系统将不同生产信息输到云端，这些信息将在云端汇总，通过精密的大数据分析、云计算等，来进行生产调度，从而实现自动生产。三是"机器设备预知性维护和维修"数字化。在工厂的生产过程中，生产设备的维修一直是提升工厂生产效率的最大绊脚石。尤其是在生产分工如此精细化的今天，一条生产链当中的任何一个环节出现了问题，整条生产链都有可能无法运作。因此博世集团的智能工厂通过物联传感器，来对工厂内的生产设备，尤其是对于关键部件进行连续监控。这种监控除了可以针对生产过程中的关键参数进行检测以外，还可以把检测到的各种信息送到云端，进而提前对机器的损耗情况进行判断，有针对性地提前安排工作维修人员对机器进行养护。此外还有人才培养数字化学习平台的搭建和人才培养数字化学习与业务的连接等。值得一提的是，德国尤其重视数据治理问题，在数据治理方面，德国将人作为数字化转型核心，尤其避免让技术凌驾于人类之上，重视处理"数据道德准则"问题。

表 17-7　世界主要经济体政策及目标

| 国家 | 时间 | 政策 | 目标 |
|---|---|---|---|
| 美国 | 2020 年 10 月 | 《关键与新兴技术国家战略》 | 美国要成为关键和新兴技术的世界领导者，并构建技术同盟，实现技术风险管理。其中包括通信及网络技术、数据科学及存储、区块链技术、人机交互等 |
| 加拿大 | 2020 年 12 月 | 《重启、复苏和重新构想加拿大人的繁荣：构建数字化、可持续和创新性经济的宏伟增长计划》 | 创造包容性增长轨道，投资数字和物理的战略性基础设施，成为数字和数据驱动的经济 |
| 英国 | 2020 年 9 月 | 《国家数据战略》 | 推动数据在政府、企业、社会中的使用，并通过数据的使用推动创新，提高生产力，创造新的创业和就业机会，改善公共服务 |
| 德国 | 2020 年 6 月 | 《未来一揽子计划》 | 投资科学、研究和未来技术；至 2025 年，对人工智能的投入从原计划的 30 亿欧元增加到 50 亿欧元。借助《德国人工智能战略》为欧洲人工智能网络和"人工智能欧洲制造"的竞争力奠定基础 |
| 法国 | 2020 年 2 月 | 《使法国成为突破性技术主导的经济体》 | 遴选出法国有领先潜力且需要国家集中战略支持的市场，包括数字医疗、发展健康数据基础设施与服务；利用健康数据提供诊断预测、预防、个性化随访等数字化解决方案与服务；开发与数字化解决方案相适应的新型保健设备和医疗设备 |

（续上表）

| 国家 | 时间 | 政策 | 目标 |
|------|------|------|------|
| 俄罗斯 | 2020 年 7 月 | 《关于 2030 年前俄罗斯联邦国家发展目标的法令》 | 数字化转型部分设立了 4 项指标：①经济和社会领域关键部门达到"数字化成熟"，包括卫生、教育以及国家管理；②在具有社会重要意义的大众服务中，能够以电子形式提供的服务占比提高到 95%；③宽带接入互联网的家庭比例提高到 97%；④信息技术领域的国内解决方案投资增加到 2019 年的 4 倍 |
| 日本 | 2021 年 3 月 | 《科学与技术基本计划（第六版）》 | 适应新形势并推进数字化转型，构建富有韧性的经济结构，在世界范围内率先实现超智能社会 5.0 |
| 新加坡 | 2020 年 | 《数字服务计划及标准》 | 全球范围内率先实现全城市的数字孪生建设 |
| 韩国 | 2020 年 8 月 | 《基于数字的产业创新发展战略》 | 通过制定"数字＋制造业"创新发展战略，将重点放在韩国的优势产业制造业上，提高制造业中产业数据（产品开发、生产、流通、消费等产业活动全过程中产生的数据）的利用率，以增强韩国主力产业的竞争力 |

资料来源：中国电子技术标准化研究院。

# 第三节　广东制造业数字化转型存在的问题

## 一、　中小企业缺乏数字化内在动力

广东省是我国制造业大省，制造业传承有着深厚积淀。根据广东省统计局公开的数据，2020 年，广东共有 5.8 万多家规模以上工业企业，其中大型企业仅有 1 448 家，中小微企业占比超过 97%；在工业增加值方面，2021 年最新数据显示，广东规模以上中小微企业工业增加值 18 922.12 亿元，占工业增加值（37 306.53 亿元）比重一半以上，可以说中小微企业是广东制造业极为重要的组成部分。

然而，中小微企业在全国范围内普遍存在数字化转型不足的问题。据商务部公布的数据，中小企业数字化装备应用比例为 45%、生产过程信息系统覆盖占比为 40%、设备联网率仅为 35%。同样，作为中小企业数字化重要场景的"上云"，中小企业利用率也普遍不足，只有 25% 的中小企业应用了采购云平台，23% 的中小企业实现上云管理。广东的情况如出一辙。其中的原因包括多个方面：一是企业领导人受传统观念影响，对企业数字化、智能化转型的认识不够深入，存在等待观望、盲目跟风和利用政策补贴的现象，改造意识不强。二是经营利润较低，贷款融资较难的企业一方面自身基础薄弱，另一方面转型门槛又较高，成功转型得到回报的门槛更高，导致企业想改但不会改、会改却改不起。三是"数改智改"作为产业升级的一种新模式，从开始布局到真正产生经济效益难免存在"时滞"现象，多数中小企业可能熬不过"黎明前的黑暗"。据埃森哲的调查报告，80%的受访企业疫情防控期间部署了远程办公工具，63%的受访企业加强了线上渠道的布局，但仅有11%的企业2020年数字化投入已经转化为经营绩效。[①]

## 二、 行业间数字鸿沟现象比较明显

上述中小企业缺乏内生动力的问题直接导致了大中小企业数字化发展的不平衡。绝大多数中小企业数字化水平低；而龙头企业和大型企业则加快布局，抢占发展先机和战略竞争的制高点，产业链间的数字鸿沟在一定程度上受其影响。处于产业链上游的实体经济大多为中小企业，下游大多为大型实体企业，且这些大型龙头企业仍在以内部综合集成作为工业互联网建设的主体，缺乏企业间的互通，因此导致产业链上、下游不同环节在数字化升级上出现不平衡，进而在协同发展上出现困难，使得制造业数字化转型的巨大潜力无处释放。

产业链间存在数字鸿沟另一个可能的影响因素是企业间的类型不平衡。新兴技术企业具有良好的互联网基因，积极推进数字化转型；但不具备互联网基因的传统制造业企业数字化转型面临较高成本，包括数字化投入大、预期收效不明晰以及数据安全风险等因素，难以进行数字化转型升级。这种产业链上的数字鸿沟甚至会影响到广东"链长制"的探索实施。

## 三、 数据开放与数据共享程度不高

数字经济的不断发展会使得企业对外部数据的需求不断上升，其中就不乏涉及一些具有隐私保密属性的数据，比如企业信息，包括生产流程、产量规模、原料采购、人力资本等；公民信息，包括公民身份信息、消费习惯、行程安排等。

数据标准与数据安全是实现这些数据开放共享的前提。关于数据标准，制造业企业的生产经营活动具有链路长、环节多的特点。企业每天运营会产生的包括经营数据、生产数据、客户数据在内的数以亿计的数据，若不统一标准，这些数据就难以兼容，很难转化为有用的资源。尽管我国当前已经颁发《工业互联网标准体系框架（版本1.0）》《国家智能

---

① 闫跃龙. 中小企业数字压转型成本高？这个活动藏着破局之道［EB/OL］. https://www.163.com/dy/article/GI3120UV0511FO49.html.

制造标准体系建设指南（2021 版）》《工业互联网综合标准化体系建设指南（2021 版）》等文件，广东省也曾出台《广东省大数据标准体系规划与路线图（2018—2020）》，但制造业市场接受度还有待提升。关于数据安全，自 2016 年《中华人民共和国网络安全法》颁布以来，我国还颁布了《关键信息基础设施安全保护条例》《网络安全等级保护条例（征求意见稿）》《网络安全审查办法》《数据安全管理办法》等相关法律法规，广东省已出台《广东省公共数据管理办法》，但有关工业数据处理、企业"上云上平台"信息管理办法等相关文件还不够充分，尤其对制造业企业数据安全还缺乏足够重视。制造业企业的数据安全标准比普通消费数据严格得多。它涵盖了企业生产设备、产品、运营、用户全方位信息，因而这些数据的收集、存储和应用等各个环节都要严格保密。在相关法律法规不成熟的情况下，若这些信息被泄露，将会给企业和用户带来严重的安全隐患。因此通过完善相关法律法规，规制信息窃取及篡改的行为，提高技术层面的支持，是确保数据安全乃至制造业数字化转型顺利推进的重要前提之一。

## 四、 关键技术与人才匹配面临 "卡脖子" 难题

根据中国工业技术软件化产业联盟发布的《中国工业软件白皮书（2020）》，2019 年生产制造类、经营管理类、运维服务类国产软件在国内市场份额的占比分别为 50%、70%、30%，而就研发设计类软件，国产软件占比仅为 5%。这样的大环境反映了我国制造业数字化转型的基础相对薄弱，广东省也不例外，数字化转型"缺芯少核"的问题依然严峻。具体体现在，一是广东省内能生产的传感器与控制类产品大多门槛较低，缺少其中的核心专利；二是国外基本垄断了关键工业软件、底层操作系统等软件技术以及嵌入式芯片等硬件技术。基于以上原因，国内很多高端制造装备多是从国外进口，但是这些进口设备的数据接口和数据格式有自己的标准，封闭性比较强，且装备种类繁多，不同厂家不同类型的设备的通信接口与功能参数也各不相同，这也进一步加大了国内企业统一数据标准和整合数字资源的难度。

此外，产业升级转型必然伴随着人力资源体系的调整，制造业数字化转型要求大量既懂信息技术又懂制造技术的复合型人才。随着广东制造业数字化进程不断推进，专业性人才与企业的匹配问题将成为制约广东制造业进一步发展壮大的关键性因素。目前，广东制造业数字化转型仍处于起步腾飞阶段，相对而言，具有实践经验的人才并不多。

# 第四节　广东制造业数字化转型的对策建议

## 一、　优先突破行业龙头企业

制造业数字化转型优先突破环节应是行业龙头企业，并在此基础上发挥龙头企业带动作用。结合《广东省制造业数字化转型实施方案（2021—2025 年)》中的战略性支柱产业集群建设和战略性新兴产业集群，建议政府鼓励不同行业的龙头企业牵头搭建特色鲜明的工业互联网平台，带动本行业内中小微企业的数字化发展。对于符合条件的大型企业，可以鼓励其通过上市、发行债券等多种渠道募集资金，充分发挥资本市场在"资源配置""引资引智"等方面的优势，降低广东制造业数字化转型成本。通过搭建工业互联网根植于产业集群建设的方法，以期部分缓解广东产业链数字鸿沟问题，实现大、中、小、微企业协同发展。

## 二、　重点扶持中小微企业

制造业数字化重点扶持对象应是中小微企业。中小微企业是广东经济的中坚力量，但目前面临着数字化转型成本高、不确定性大等诸多难点。目前，广东一方面鼓励中小微企业使用低成本、快部署的工业互联网，另一方面采取"平台让一点、政府补一点、企业出一点"的方式，进一步降低转型成本。

资本市场在"资源配置""引资引智"等方面具备明显优势，所以扶持中小微企业数字化发展不应忽视金融资本的引进。建议政府也可以引导金融资本进入中小微制造业企业数字化转型领域，鼓励银行、保险公司、证券公司等以自身利益最大化为目标的金融机构摸清中小微企业资金需求，尤其是中小微企业真实的资金需求和转型风险，针对性地建立中小微企业数字化转型信用风险评估管理体系，创新设计适合于中小微企业的金融产品和保险服务，降低中小微企业对转型不确定性的顾虑。

## 三、　打造制造业数字化生态圈

通过政府战略引领，打造数字化转型发展环境。要继续巩固综合基础设施，针对不同行业数字化转型业务需求，在收集、存储、传输及安全等方面，对软硬件基础设施进一步完善。包括：第一，加快外部公共网络的建设，并鼓励制造业企业对内网进行新一轮升级改造。第二，依托国家工业互联网大数据中心广东分中心的建设，实现对核心地带、重要行业的数据采集、汇总、分析及应用，其中尤其关注工业大数据的分层分类管理。第三，提高政府服务能力和办事效率，设立专门的数字经济领域企业的审批服务窗口，实现一对一的专业服务等。

## 四、 加大数字技术人才培育力度

制造业数字化转型要求大量既懂信息技术又懂制造技术的复合型人才。在《广东省制造业数字化转型实施方案（2021—2025年)》中，广东提出要"加强高校职校等制造业数字化领域相关学科和专业建设，推进产教融合、校企合作，引才聚才用才"。

由于广东制造业数字化转型仍处于起步腾飞的阶段，拥有实践经验的人才并不多。所以应对该现象的举措包括：一是将人才教育纳入推进数字化转型发展战略，从基础教育、高等教育、职业教育、职业培训等方面提升支持力度，全面培养能够满足当前和未来数字化转型需求的人才。二是鼓励制造业企业和互联网企业共同培养人才，促进数字技术与实体产业的深度融合。三是鼓励大学、职校等增设数字技术相关专业，培养一批具有竞争力的制造业数字化转型后备人才队伍，为广东制造业数字化发展提供智力储备。四是提高企业员工的数字化水平，鼓励企业对基层工人开展数字信息技术等实操性培训，尤其关注中小型企业，保证其有能力为员工提供长期、可持续的职业培训，降低数字化转型推广普及中的基层阻力。五是重视人才激励，不仅要培育人才，也要引进人才，通过建立完善的人才评价体系，对外引进"青年人才计划""万人计划"等国家级项目人才，实现"引才留才用才"，打造广东高端技术研发新高地。

## 五、 重视数字化转型制度创新

完善的政策激励包括两个方面：一是坚持竞争中性，确认市场主体地位。广东制造业数字化转型正处于关键的起步腾飞阶段，出于对中小企业数字化转型难度的认识，各地市或多或少都会通过政策补贴等方式支持、鼓励企业进行数字化改造。但在这个过程当中，应注意方式方法，要避免"懒政怠政""一补了之"的情况。在对企业进行全面调研了解的基础上，对确实需要进行数字化的企业进行政策激励，包括通过补贴、事后奖金等方式鼓励中小企业"上云上平台"，但不可"揠苗助长""一窝蜂"式推进。二是改革政府行政管理制度，加强制度保障。面对制造业数字化转型所产生的新模式，通过行政体制改革，积极提高政府服务能力和效率，包括设立专门的数字经济领域企业审批服务窗口，实现专业服务，加速释放制造业数字化的巨大潜力。

## 六、 坚持数字化转型区域合作

从粤港澳大湾区区域发展视角来看，广东作为粤港澳大湾区的主体之一，其优势在于土地资源和制造业产业基础等方面，香港则具备较为系统的基础科研优势。广东若仅仅依靠省内技术资源，在短期内快速推进制造业数字化进程，可能会受到技术水平方面的制约。

因而，广东可以基于粤港澳大湾区区域发展视角，依靠自身在土地资源、制造业产业基础等方面的优势，确定重点发展领域，并积极与港澳展开合作，包括在技术研发、人才培养、核心装备生产等领域探索跨区域合作发展。另外，也可以构建广东省内各城市间企业、科研机构的交流数字平台，降低数字化转型成本，实现外部经济。例如以"政府引导 + 企业主导"的模式，综合广州、深圳等地的技术和人才，佛山、肇庆、东莞等地的土地资源，并充分考虑各地的优势产业集群，发展制造业数字化转型，支撑区域内经济发展。

# 第十八章

# 广东产业发展新业态与新模式的演进与对策建议<sup>*</sup>

根据《新产业新业态新商业模式统计监测制度（2021）》，新业态指顺应多元化、多样化、个性化的产品或服务需求，依托技术创新和应用，从现有产业和领域中衍生叠加出的新环节、新链条、新活动形态。新商业模式指为实现用户价值和企业持续盈利目标，对企业经营的各种内外要素进行整合和重组，形成高效并具有独特竞争力的商业运行模式。

新业态与新模式的形成可归结于"三链"共同作用的结果。一是创新链驱动。科技创新与新业态新模式是一个彼此互动、相互交融的过程，新技术的出现往往会改变整个创新链条，改变行业的生产要素和生产关系，打通传统产业的创新模式，对传统企业、行业、产业产生革命性影响。二是产业链推动，在产业发展过程中，原有产业链会受到外部条件的影响而不断分解、融合和交替，使得原有产业组织形态发生改变，进而为新业态与新模式的产生提供产业基础。三是价值链拉动。随着经济发展，居民消费能力和消费层次双双提升，一方面要求企业具备更高的业态和模式创新能力，以满足消费者更具个性化的需求；另一方面，当用户需求提升到足以形成新的市场需求时，必然催生出新的价值链，进而对产业链和创新链形成需求倒逼，引起产业链和创新链重构，形成新业态与新模式。

广东省产业发展新业态、新模式层出不穷，为传统产业优化升级带来了新方向、新机遇。自 2015 年以来，广东省不断出台政策推动新业态与新模式发展，特别是在"互联网＋"热潮的推动下，广东传统产业得到深度改造和提升，"智慧农业""工业互联网平台""共享经济""平台经济"等一系列新业态新模式应运而生，在线教育、远程医疗、直播带货等成为保障居民日常生活需求、促进经济企稳回升的重要途径。

---

* 本章第一执笔人为暨南大学产业经济研究院张树锋。

# 第一节　广东产业新业态与新模式的演进趋势

## 一、广东农业发展新业态与新模式演进

近年来，广东省以"互联网＋农业"为驱动，助力发展智慧农业、精细农业、高效农业和绿色农业，在全国率先启动广东农业公园建设，大胆探索发展"生产、生活、生态"为一体的农业发展新模式，实现由传统农业向现代农业的转型升级。

### （一）广东农业技术由机械化到智能化的创新

智慧农业是农业信息化发展从数字化到网络化再到智能化的高级阶段，对农业发展具有里程碑意义。在广东省政府的大力支持下，智慧农业快速发展，常用环境类农业传感器、农业遥感技术、农业无人机、农业大数据与智能算法等智慧农业技术研发应用取得了长足进步。

第一，广东省将物联网、大数据以及人工智能等应用于农业的种植、养殖和管理等过程，通过监测农作物地区的土地分布、土壤湿度、农田水利等实现农业资源的充分利用，并运用感知设备技术、智能化管理系统和智能化互联互通技术，实现农业的智能化和精准化。

第二，广东省通过农产品质量安全追溯系统，打通农产品从选种到生态以及销售的各个环节，对农业产业全过程进行可追溯的信息化管理，实现在源头上保障农产品质量安全。即消费者可以通过智能手机扫描二维码、互联网查询条形码、RFID 电子标签等方式在信息查询平台上搜索到农产品的培育、加工以及物流和库存情况，大大提高农产品安全性。

第三，广东省积极打造一批各具特色的农业大数据平台，推动现代农业快速发展。随着广东省农业大数据不断积累、分析技术不断创新，大数据的潜在价值正在逐渐释放，成为现代农业发展的重要资产。例如在广州举行的 2020 世界数字农业大会、第十九届广东种业博览会上，粤农情大数据服务平台、5G＋农业大数据平台等一批先进的农业大数据平台纷纷亮相，成为打造新一代智能化农业示范应用的风向标。

表 18 - 1　广东省农业大数据平台案例

| 平台名称 | 开发建设单位 | 平台特点 |
|---|---|---|
| 陈皮产业园智慧农业大数据平台 | 江门市新会区人民政府 | 主要为政府提供数据和监管平台服务，为生产经营主体提供数据和生产技术服务，为消费者提供陈皮"一张图"安全正宗产品信息服务 |

（续上表）

| 平台名称 | 开发建设单位 | 平台特点 |
|---|---|---|
| 智慧农业大数据平台 | 广州大气候农业科技有限公司 | 链接农产品生产基地、生产、加工运输、流通销售等产业链关键环节，为农户提供渠道加入智慧农业、营销决策平台，实现精准化生产；为政府提供农业全域全方位监管工具 |
| 粤农情大数据服务平台 | 广东省农业农村厅 | 通过与省政务大数据中心对接，采集梳理全省涉农企业数据，形成广东省农业经营主体主题库 |
| 5G＋农业大数据平台 | 梅州市大埔县人民政府和中国移动梅州分公司 | 引进智能灌溉、智能采摘机器人、无人机、巡护机器人等智能化设备，通过"种、管、采、卖"精准化，实现技术、品质和品牌的提升与市场销售渠道的拓展 |

资料来源：作者根据公开资料整理。

从全国部分省市的智慧农业企业融资情况来看，截至 2021 年底，广东省智慧农业企业融资总额为 1 815.3 百万元，位居全国各省市首位，见图 18-1。

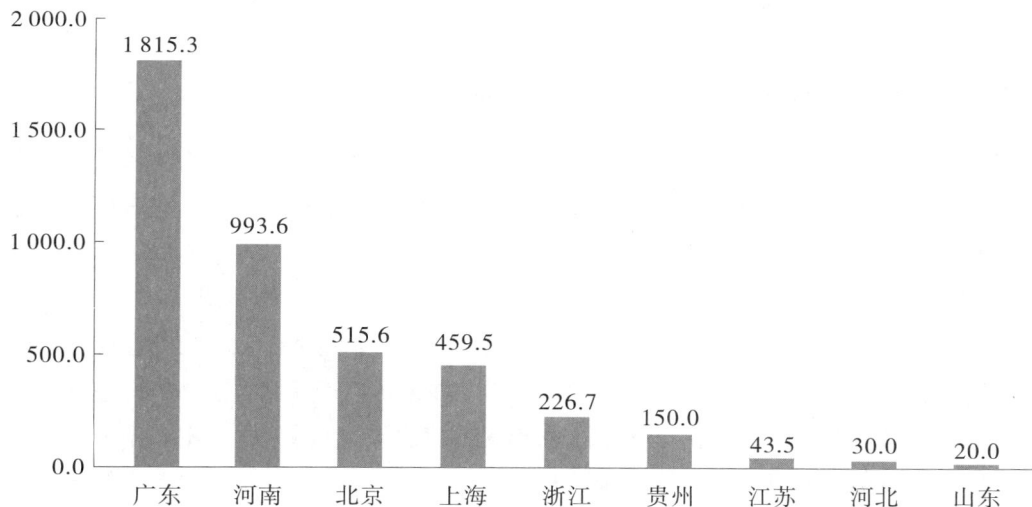

图 18-1　我国部分省市智慧农业企业融资情况（单位：百万元）

数据来源：私募通数据库。

## （二）广东农业服务由单一领域到跨领域融合的创新

目前广东省农业与旅游业、电商物流业、金融业等结合形成观光旅游农业、农村电商物流、农业金融等新业态。

以"农业＋电商＋物流业"为例，广东省积极开展农业跨境电商综合试验区，探索数字农业农村建设新路径。近年来，广东省积极加强现代农业跨境电商建设，以佛山、汕头为依托开展建设农业跨境电商融合发展试验区，探索建立农产品跨境贸易生态产业链。同时，茂名市、肇庆市依托自身优势产业积极发展农业跨境电商，对推动"互联网＋"农产品出村，促进农产品产销对接和农业品牌建设起到重要作用。

表 18 – 2　广东省农业跨境电商案例

| 城市 | 农业跨境电商案例 |
|---|---|
| 佛山 | 佛山里水镇着力发展电子商务，打造骆驼电商港、宇能国际跨境电商产业园两大电商基地，获批创建"农产品跨境电子商务"综合试验区，率先探路农产品跨境电商新业态新模式的发展路径 |
| 汕头 | 汕头澄海打造"农产品跨境电子商务"综合试验区，建设粤东农产品跨境电子商务大数据服务中心、跨境电子商务创新孵化基地和"三大中心" |
| 茂名 | 茂名通过发挥茂名荔枝等特色水果以及罗非鱼等水海产品的产业优势，加快建设世界荔枝交易集散中心和荔枝电子商务平台 |
| 肇庆 | 肇庆依托粤港澳大湾区肇庆（怀集）绿色农副产品集散基地，开展"线下展示＋线上交易"跨境电子商务出口业务，打造绿色农副产品跨境电子商务出口服务平台 |

资料来源：作者根据公开资料整理。

### （三）广东农业种植由个体建设到产业园建设的创新

数字技术的发展推动了平台化管理场景的深入变革，推动农业主体围绕优势区域建立园区平台，通过建立利益联结机制等新模式，集聚各类现代生产要素，促进现代化农业建设。其中，现代农业产业园模式最为典型。

从园区建设数量来看，截至 2020 年底，广东省已创建 14 个国家级、160 个省级、55个市级现代农业产业园，主要农业县实现省级现代农业产业园全覆盖，初步形成"跨县集群、一县一园、一镇一业、一村一品"的农业产业体系，新产业新业态新模式蓬勃发展。

从园区发展质量来看，无论是徐闻菠萝产业园的"徐闻菠萝"、台山丝苗米产业园的"丝苗米"，还是新会陈皮产业园的"新会陈皮"，这些广东品牌正在让"老广的味道"走向全国和世界，成为广东省现代农业产业园质量、效益和竞争力的综合体现。这些知名品牌的出圈，也让外界看到了广东省现代农业产业园在品牌建设等方面贡献出的广东智慧与广东经验。

表 18 – 3　广东省现代农业产业园案例

| 产业园名称 | 产业园介绍 |
|---|---|
| 清远市连南稻鱼茶产业园 | 通过"公司＋基地＋农户"等合作方式，与农民构建稳定的利益联结机制，每年举办的"稻田鱼文化节"已成为国家级示范性渔业文化节庆 |
| 湛江市徐闻菠萝产业园 | 形成"优种植＋补流通＋促融合＋引科技＋强品牌＋重保障"六位一体的菠萝发展格局，成为徐闻乡村振兴的"希望果" |

（续上表）

| 产业园名称 | 产业园介绍 |
|---|---|
| 韶关市翁源兰花产业园 | 通过政府部门积极创新联农带农、利益联结长效机制和绩效考核激励机制，形成"公司＋基地＋农户""公司＋合作社"等创新模式 |
| 江门市新会陈皮产业园 | 以陈皮为特色优势产业，以龙头企业为平台，形成"公司＋基地＋农户＋金融＋旅游＋互联网"的经营模式，建立集种植、生产加工、金融投资、仓储物流、电子商务、文化旅游于一体的产业集群 |
| 清远市英德红茶产业园 | 通过"公司＋农户""茶旅融合"等多种形式反哺农村，特别是"产业园＋扶贫"的创新模式正加快破解当地城乡二元结构问题 |
| 江门市台山丝苗米产业园 | 利用丝苗米种植区相对集中的优势，实践探索了"市场牵龙头、龙头带基地、基地连农户"的经营模式 |

资料来源：作者根据公开资料整理。

## 二、 广东制造业发展新业态与新模式演进

随着新一轮科技革命和产业变革深入发展，基于互联网的新业态和新模式不断打破原有产业链和价值链，孕育形成新的产业形态、新的生产制造方式、新的行业领域以及新的产业生态体系，成为推动广东制造业提质增效的强大动力。

### （一）广东制造业模式由信息化到数字化的创新

在数字技术和移动互联网技术的发展推动下，广东省制造业数字化水平不断提升，实现传统制造业从研发生产到销售环节的商业模式创新。

#### 1. 研发模式：多主体协同创新

以移动互联网、人工智能、大数据等为代表的新兴技术为企业组织学习提供了开放式信息接口，为创新系统内部耦合提供了新发展方向。近年来，广东省出现了一批以众包、众创、众筹为代表的新兴业态和新型研发模式，以开放协同、共建共享为主要特征，运用"互联网＋"的思维寻求技术解决方案。

（1）众创空间：营造高能效的创新创业环境。

众创空间也称"创新型孵化器"，是通过市场化机制、专业化服务、资本化途径等方式构建而成的新型创业公共服务平台。如腾讯众创空间（羊城同创汇）针对创业者对人才、资源、融资、辅导、营销等多方面的需求，为创业者提供"一站式"的全流程服务。通过设立孵化器建设、科技创新、产业发展、科技金融等专项扶持资金，为入驻项目给予资金扶持，通过腾讯投资联盟提供的种子基金、VC对接、产业基金等途径为创客提供融资对接服务。

（2）科研众包：发掘更全面的技术解决方案。

科研众包是指在互联网等技术推动下，能低成本地将地理分布广泛、文化差异巨大的不同主体汇集到同一个开放环境之中，通过充分交换彼此意见，在科研项目发起方和不同主体之间建立起快速有效的效应，以发掘更为全面的科研技术解决方案。如"庖丁众包"平台是华南地区首个聚焦于先进技术、人才、媒体等资源的专业科研众包平台，通过结合不同地区的产业集群，针对不同行业和技术领域开展精准对接活动，以实现市场需求与技术的精准匹配，助力产业链实现整体技术升级。

（3）科技众筹：搭建低成本的创业融资渠道。

科技众筹是指通过开放式平台为具有创造能力的潜在人才或团队提供资金资源，推动企业或者社会大众可以广泛容易地参与到科技投资领域当中。如"海鳖众筹"平台是国内首个由创投机构开发设立的互联网投融资对接平台。该平台主要为创业项目提供高效、专业、全面的"一站式"投融资服务，服务领域集中于科技创新、文化创意、TMT（数字新媒体）等。该平台上线两年内便为 20 多个项目成功融资超 7 000 万元。

## 2. 生产模式：产销和谐、动态优化

在工业互联网等新兴技术的推动下，制造业生产线的柔性化程度显著提升，使得企业能够随时全面地对生产流程开展监控、调整和优化工作，并在控制成本支出的情况下根据各细分市场需求开展小批量定制生产。

（1）产销和谐：形成下游推动上游新模式。

基于工业互联网智能分析，广东省企业能按需生产，实现产销和谐。一方面，互联网和网络协同技术的普及，使得市场需求、生产和物流数据在市场主体之间自由流动，改变了以往工业价值链从生产端向消费端、上游向下游推动的模式，从客户端价值需求出发提供定制化产品和服务，形成产销和谐。另一方面，信息网络技术的广泛应用，可以实时感知、采集和监控生产过程中的大量数据，促使生产过程无缝衔接和企业间协同制造，实现生产系统的智能化分析和决策优化。

（2）动态优化：实现制造业生产线柔性化。

基于工业互联网全面感知特征，广东省企业实现柔性生产，加以动态优化。企业通过在生产线上密布传感器，自动识别生产线上每个加工配件，并将数据传输到工业互联网，在工业机理模型的分析下确定每个配件的生产路线和工序，实现混线生产，进而提升生产线敏捷和精准的反应能力。同时，全流程贯通的数据流可以完整、实时、动态地反映现实生产全过程，对生产进行调整优化，实现动态交互的生产优化。

## 3. 销售模式：定制化、多元化

（1）C2M 模式：探索先订单后制造新模式。

在数字化和移动互联网的作用下，促使广东省制造业从原先的供给主导转向需求主导，并朝专业化个性化方向演进。在越来越多的广东省制造业企业开始探索"与用户交互、让用户吐槽、最终由用户定义"新模式的同时，催生出一种不同于以往的个性化生产

销售模式，即 C2M（用户直连制造）模式。该模式通过先订单、后制造的方式解决了企业库存积压难题，大大提升了制造业价值创造空间，推动广东省批量制造的工厂蜕变成为以数据驱动的大规模定制工厂。

（2）跨境电商：开拓线上销售新渠道。

互联网平台的成长扩大了企业产品的营销渠道，促使销售方式由原先的线下实体销售转变为线上线下相结合，呈现出多元化发展特征。特别是近年来广东省电子商务的快速发展，构建起多方位、开放的外贸合作模式，有效打破渠道垄断，降低企业进出口贸易门槛。海关总署广东分署数据显示，2015—2020 年，广东跨境电商进出口额从 167.3 亿元增长到 1 726.46 亿元，年均增速 59.5%，连续六年位居全国第一。跨境电商作为新兴的商业模式正在为广东省制造业实体经济发展注入活力。

## （二）广东制造业技术由机械化到智能化的创新

在互联网突破地域、组织和技术界限的支撑上，制造业智能化体系贯穿设计、生产、管理、服务等活动的各个环节，形成产品快速迭代、模式深刻变革、用户深度参与的新格局，制造业产品技术呈现出自动化、智能化的趋势特征，具有自感知、自学习、自决策、自执行、自适应等典型特点。

### 1. 智能工业机器人

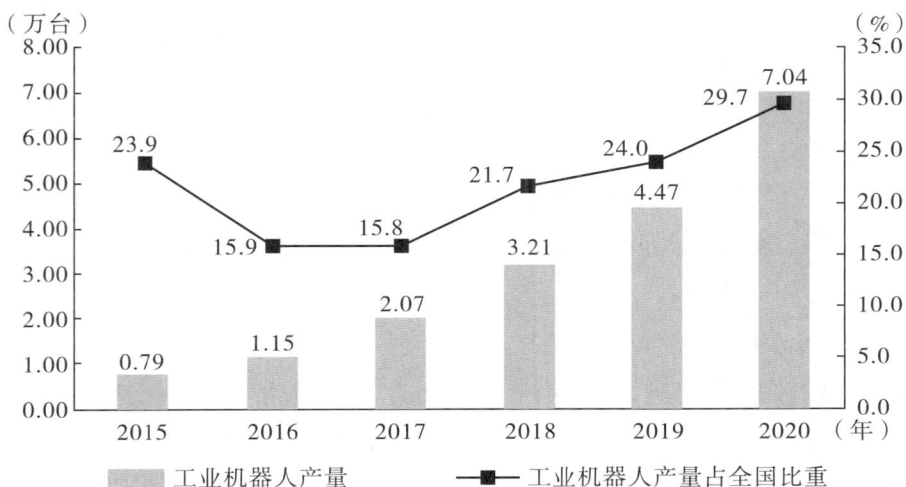

图 18 - 2　2015—2020 年广东省工业机器人产量及其占比

数据来源：作者根据公开资料整理。

广东省工业机器人产量迅猛增长，成为国内最大的工业机器人生产基地。从图 18 - 2 近几年数据来看，广东省工业机器人产量节节攀升，从 2015 年的 0.79 万台上升至 2020 年的 7.04 万台，并保持良好的发展态势。其中 2020 年工业机器人产量占全国比重

29.7%，位居全国各省份第一。

### 2. 新能源汽车和无人驾驶技术

广东省新能源汽车产量表现良好，但整体规模仍需提高。从图 18-3 近几年数据来看，广东省新能源汽车产量波动较大，其中 2017 年受购置税优惠政策退坡的影响，同比下降 57%；2020 年在疫情和全球经济衰退的大环境，新能源汽车产量增幅放缓，同比增长 9.2%；2021 年在产能逐步恢复的状态下，广东省新能源汽车产量增长迅猛，达到 53.50 万台，同比增长 156%，占全国比重 15.1%。广东省作为改革开放前沿阵地，在新能源汽车的生产和消费方面仍需大力推进，进一步提高全国新能源产量占比，构筑汽车制造业竞争力。

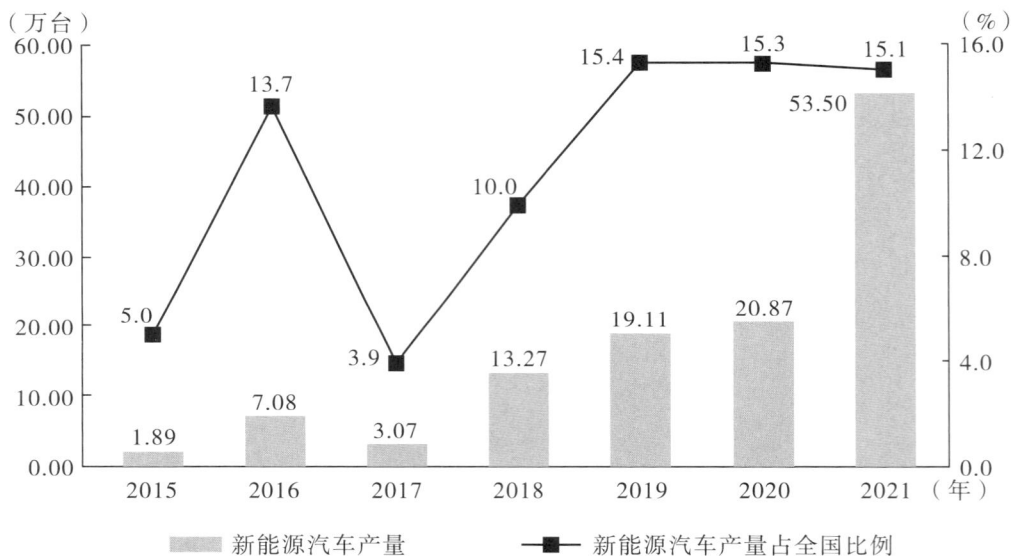

图 18-3　2015—2021 年广东省新能源汽车产量及占全国比例

数据来源：广东省统计局。

### 3. 3D 打印技术

广东省 3D 打印发展迅速，是国内最大的激光与增材制造产业集聚区。2020 年，广东省科学技术厅等五部门联合发布《广东省培育激光与增材制造战略性新兴产业集群行动计划（2021—2025 年）》，提出要大力促进 3D 打印产业发展，逐步形成具有国际竞争力的激光与增材制造产业集群。从相关企业数量来看，截至 2021 年底，广东省拥有 3D 打印企业 15 557 家，占全国比重 23.4%，在各省份中排名第一，详见图 18-4。

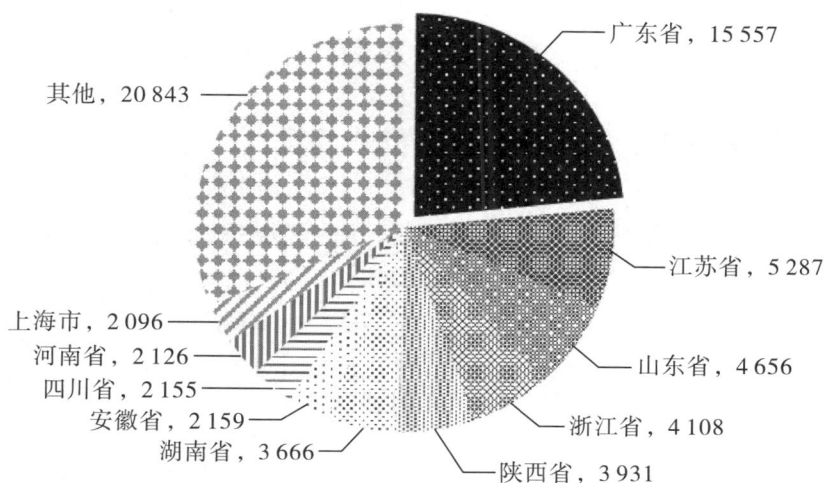

图 18－4　2021 年我国 3D 打印相关企业数量（单位：家）

数据来源：企查查。

## （三）广东制造业载体由个体化到平台化的创新

近年来，广东省面向制造业网络化、智能化、数字化需求，构建基于海量数据采集、汇聚、分析、监管的服务体系，形成支撑制造资源泛在连接、弹性供给、高效配置的工业云平台，推动广东省制造业载体由单一个体化转向生态化平台化发展。

广东省高度重视工业互联网平台发展，在全国率先出台《广东省深化"互联网＋先进制造业"发展工业互联网的实施方案》和《广东省支持企业"上云上平台"加快发展工业互联网的若干扶持政策（2018—2020 年）》，大力推动制造业企业运用工业互联网的新技术、新模式降本提质增效，推进广东制造业数字化转型，荣获"国家级工业互联网示范区"称号。

在企业引进培育方面，广东省首创"广东省工业互联网产业生态供给资源池"，引进阿里工业云总部、树根互联总部、思科工业云平台、用友工业互联网平台、浪潮工业互联网总部等国内外优秀服务商落地广东，成功打造一批工业互联网应用标杆示范。同时围绕重点行业，培育了美云智数、云工厂等一大批专注于垂直行业的工业互联网平台，培育了华为、腾讯、富士康和树根互联 4 家企业成为国家级工业互联网平台，该数量居全国第一。

在产业集群建设方面，广东省通过建设工业互联网产业示范基地，推动产业集群整体数字化转型。广东省在积极引进工业互联网服务商等创新资源的同时，由产业集群所在地政府对接合作，针对集群企业的共性需求提供工业互联网转型升级解决方案，推动集群整体数字化转型。目前广东省已启动建设广州（开发区）、深圳（龙华区）、佛山（南海区）

等一批工业互联网产业示范基地，由中国信息通信研究院牵头建设的广东省工业互联网创新中心，发挥产业创新生态集聚效应，培育壮大新业态新模式。

## 三、 广东服务业发展新业态与新模式演进

相较于农业和制造业，广东省服务业新业态与新模式的发展势头更为强劲，既有服务内容的推陈出新，也有商业模式的多向多元，在"互联网＋"生活服务业领域上为大众提供便利生活，形成新的消费需求习惯。

### （一）广东文化产业由标准化到创意化的创新

文化创意生产能力的提升，是广东省文化产业向前发展的驱动力。伴随着 5G、人工智能、AR/VR 等新技术的发展，动漫游戏、沉浸式体验、视频直播、互联网文化、社交媒体、数字出版等新兴文化业态发展强劲，成为广东省文化产业发展的新增长点。

在动漫领域方面，动漫文化不再仅限于艺术的表达形式，而延伸成为新型文化业态的布局铺陈——横跨影视、出版、演艺、游戏、新媒体等衍生产品。例如广东省在动漫文化上已成功打造一批具有较强影响力的原创产品和品牌，包括熊出没、喜羊羊与灰太狼、超级飞侠、猪猪侠等一批大热 IP。2021 年在广州举办的中国国际漫画节动漫游戏展，更是广东省探索实践"动漫＋游戏＋潮玩"新模式的一大实践。

在游戏领域方面，广东省积极打造"电竞＋城市"的新模式，以此打开未来文旅跨界合作过程中连接流量与消费场景两大入口的新路径。广东省通过吸引知名电竞战队落地，将电竞与咖啡厅、酒店、实景项目等消费场景深度融合，有效推动文旅产业快速发展。同时，广州市政府出台《广州市促进电竞产业发展行动方案（2019—2021 年）》，提出要将广州建成"全国电竞产业中心"，并将"和平精英"电竞文旅嘉年华纳入广州文交会之中，吸引了大量年轻人参与，成为激发老广州新活力的一大新途径。

在数字文旅方面，沉浸式体验作为文旅行业的一种新业态，能够给参与者带来娱乐、社交、成长等不同维度的价值。如广东省博物馆以"展览＋演艺"为主线，打造沉浸式红色体验。根据真实历史故事，选取五四运动在广东、中共广东支部正式成立、刑场上的婚礼、中央红色交通线、广州解放 5 个典型场景分别排演 5 场表演，并结合展厅空间设计、道具运用、数字技术支持等，让游客沉浸式体验党史展览与红色演艺。

### （二）广东商贸服务由单一化到多元化的创新

"互联网＋"在商贸服务领域快速推进，电子商务、移动支付、共享经济、智慧物流等新业态新模式层出不穷，成为引领广东商业服务发展的风向标。在"互联网＋"的加持下，广东商贸服务呈现出创新零售服务、融合线上线下、便利群众生活的新特点。

#### 1. 批发零售：社交化、场景化

在互联网信息技术的推动下，广东省社交电商、社区团购、网红电商等新业态、新模式得到快速发展，"传统零售"逐渐发展成以消费者为中心的新"批发兼零售"模式。

（1）社交电商：探索直播带货新模式。

社交电商指通过社交互动、内容运营等方式来影响、引导用户产生购买意愿和购买行为的电子商务模式。直播带货是社交电商的重要表现形式，通过带货主播主动服务消费者，利用信息化优势，能实现高效率、低成本地开展售后服务和口碑管理工作，对于商家与消费者而言，能在很大程度上减少信任成本，快速完成价值交换。根据 2021 年《直播电商区域发展指数研究报告》的数据，广东省共有 18 个地区入围直播百强地，该数量位居全国第二。

（2）社区电商：优化传统商户供应链。

社区电商模式是一种社群"拼团营销＋线上商城＋线下取货配送"的新商业模式。具体而言，线上小程序、官方商城等线上交易平台的营销融入了社区拼团购的模式，消费者可以通过在这些社区电商平台进行商品的预定下单，门店在接到预定单后采取骑手配送的方式将商品送到消费者手中。该模式优化了线下商户供应链，以精准迎合客户需求为创新点，在消费者特别重视新鲜及方便的广东地区获得快速发展。目前，广东省已培育发展包括钱大妈、1 号生活、壹家仓、一米鲜生活、菜头家在内的一批优质社区团购平台。

#### 2. 餐饮住宿：智能化、人性化

（1）智慧餐饮：实现业务场景优化重组。

随着消费者饮食观念、习惯和行为方式发生改变，餐饮行业也逐渐在菜品设计、门店运营、包装配送等环节进行全面革新。特别是在疫情防控常态化的背景下，传统餐饮加速数字化转型升级成为企业发展的必选题，通过数据挖掘和精细化运营实现业务场景的优化和重组，推动企业与用户建立起更有温度的连接，以提高企业竞争力。如喜茶上线"喜茶GO"，通过数字技术为品牌赋能。此外，近年来广东省各大高校、事业单位食堂积极探索智慧餐饮服务，实现食材烹饪全链条管理、后厨操控可视化监控、就餐保障个性化服务等功能。

（2）共享住宿：增值服务提升用户体验。

从住宿业领域来看，新技术与住宿业的深入融合，有效改善了企业营销预定、运营管理、成本控制、服务创新等环节，不断提升用户体验。如共享经济与旅游业的深度融合催生出"共享住宿"新模式，即房东将自己闲置的房屋资源出租给外地游客，并提供诸如导游等一系列额外服务，让消费者在得到住处的同时，更能享受不一样的人生体验。

# 第二节　广东前瞻性布局未来产业的实践探索

未来产业是指引领重大变革的颠覆性技术及其新产品、新业态所形成的产业，具有高成长性、先导性、战略性等显著特征。近年来，在新一轮科技革命和产业变革孕育兴起的大趋势下，前瞻谋划未来产业，用明天的科技铸造后天的产业，对培育发展新动能、增创发展新优势、抢占下一轮发展制高点等具有重要意义。

## 一、各省市超前谋划未来产业，加快塑造先发优势

我国多个省市已将未来产业写进其"十四五"规划当中，通过主动作为和超前布局，抢占未来产业发展制高点。如浙江省先后发布《浙江省未来产业先导区建设指导意见》和《浙江省区块链技术和产业发展"十四五"规划》等文件，聚力构建以人工智能、区块链、元宇宙等领域为重点的未来产业发展体系，并在宁波市建设全省首个未来产业先导区——宁波市区块链产业先导区。河南省围绕"优中培精""有中育新""无中生有"三大路径，谋篇布局量子信息、氢能与储能、类脑智能、未来网络等未来产业，积极建设未来产业先导区、示范区。

表 18-4　我国各省市未来产业规划

| 地区 | 文件/会议名称 | 未来产业规划 |
| --- | --- | --- |
| 全国 | 《中华人民共和国国民经济和社会发展第十四个五年规划和2035年远景目标纲要》 | 类脑智能、量子信息、基因技术、未来网络、深海空天开发、氢能与储能 |
| 北京 | 《北京市关于加快建设全球数字经济标杆城市的实施方案》 | 新一代数字化出行产业、新型数字化健康服务产业、智能制造产业、支持碳中和的数字能源产业、数字金融产业、数据支撑的研发和知识生产产业 |
| 上海 | 《上海市战略性新兴产业和先导产业发展"十四五"规划》 | 光子芯片与器件、基因与细胞技术、类脑智能、新型海洋经济、氢能与储能、第六代移动通信 |
| 江苏 | 中国共产党江苏省第十三届委员会第十次全体会议 | 第三代半导体、基因技术、未来网络、新材料、空天与海洋开发、量子科技 |
| 浙江 | 《浙江省未来产业先导区建设指导意见》 | 人工智能、区块链、第三代半导体、量子信息、柔性电子、未来网络、空天一体化、生物工程、前沿新材料、先进装备制造、先进能源、元宇宙 |

（续上表）

| 地区 | 文件/会议名称 | 未来产业规划 |
|------|------|------|
| 河南 | 《河南省"十四五"战略性新兴产业和未来产业发展规划》 | 量子信息、氢能与储能、类脑智能、生命健康、未来网络、前沿新材料 |
| 广东 | 《广东省制造业高质量发展"十四五"规划》 | 卫星互联网、光通信与太赫兹、干细胞、超材料、天然气水合物、可控核聚变—人造太阳 |

资料来源：各省市政府官网。

## 二、 广东市场主体创新活力强， 部分领域初具规模

近年来，广东省明确了创新发展方向，将作为广东经济发展龙头的珠三角整体转向了创新驱动发展轨道，深圳等地的创新经济、业态、模式不断在全省范围推广，持续激发市场主体创新活力，在部分前沿技术领域上已具备一定发展基础，特别是在元宇宙、区块链领域上，已形成全国领先优势。本小节参考《中华人民共和国国民经济和社会发展第十四个五年规划和2035年远景目标纲要》所提出的七大未来产业，结合广东省发展前沿技术优势领域，选取基因技术、区块链、类脑智能、元宇宙、空天信息、氢能产业六大领域展开论述。

### （一） 基因技术领域

基因技术是指通过操纵、增减DNA上的基因内容来改变生物的属性及特点，以达到有利于人类特定目的的生物科学技术，可应用于基因鉴定、基因制药、基因诊断、基因治疗、基因克隆等技术领域。

从基因技术企业分布来看，根据YourMap®数据库，我国基因企业主要集中于北京市（247家）、上海市（215家）、广东省（175家）、江苏省（108家）和浙江省（74家），占企业总数72.2%。其中，基因技术领域的头部企业大都布局于经济发达的一线城市和省会城市。如北京的代表性企业有博奥生物、诺禾致源、泛生子、贝瑞和康等；深圳的代表性企业有华大基因、华大智造、海普洛斯、微基因等；广州的代表性企业有金域医学、万孚生物、燃石医学等。

从基因产业园区来看，我国除少部分独立发展的基因产业园区外，大部分基因产业集群都被划分到生物医药产业园之中。根据发展时间为主线，可将基因产业园区划分为两个梯队。第一梯队以北京、上海、广州为代表，包括中关村生命科学园、张江生物医药基地和广州国际生物岛等。这些地区在已有规模体量和品牌建设基础上，通过采取资源整合、突出重点的方式探索新的增长点。如上海市在2021年发布建设"张江细胞和基因产业园"和"浦江基因未来谷"，力争打造具有全球影响力的细胞与基因产业集群。第二梯队以深

圳、南京、苏州、杭州、福州等为代表，包括乐土沃森生命科技中心、深圳国家基因库、浙江基因健康创业中心等，形成新一轮创新竞赛。

表 18－5　我国主要基因基地/产业园区

| 基地/产业园 | 所在城市 | 成立时间 | 介绍 |
|---|---|---|---|
| 中关村生命科学园 | 北京市 | 2000 年 | 2020 年成立细胞与基因治疗创新中心，建设生物医药领域"新基建"平台 |
| 张江细胞和基因产业园 | 上海市 | 2021 年 | 围绕"张江细胞产业园"与"张江基因岛"，打造具有全球集聚度和显示度的产业新地标 |
| 浦江基因未来谷 | 上海市 | 2021 年 | 建设定位明确、特色突出的"浦江基因未来谷" |
| 广州国际生物岛 | 广州市 | 2011 年 | 重点支持生物新药创制、生物能源、生物信息、基因工程与蛋白质工程和海洋生物等方面研发 |
| 深圳国家基因库 | 深圳市 | 2016 年 | 我国目前唯一一个获批筹建的国家基因库，也是目前全世界最大的综合基因库 |
| 乐土沃森生命科技中心 | 深圳市 | 2020 年 | 计划建成产业园、高端孵化器、博士后站等教育和培训基地，形成生命科技产业生态系统 |
| 南京扬子科创中心 | 南京市 | 2017 年 | 拥有中国第一个国家健康医疗大数据中心，也是中国最大的人类全基因组测序中心 |
| 浙江基因健康创业中心（基因小镇） | 杭州市 | 2016 年 | 致力于打造以基因检测技术为核心，融诊断咨询、研发制造、产业孵化、健康管理、大数据共享为一体的"基因健康产业链生态圈" |
| 贝瑞基因数字生命产业园 | 福州市 | 2017 年 | 搭建覆盖产、学、研、资多维度的新型基因产业生态系统 |
| 苏州生命健康小镇产业园 | 苏州市 | 2020 年 | 旨在打造长三角基因特色产业生态高地、精准医疗和智慧科技研发示范区 |

资料来源：作者根据公开资料整理。

### （二）区块链领域

区块链是一个分布式可共享、通过共识机制可信、每个参与者都可检查的公开账本，但又没有任何一个中心化的单一用户可对它进行控制，即只能按照严格的规则和公开的协议进行修订。

区块链是我国近年来较为火爆的技术领域之一。区块链产业以其去中心化、不可篡改性、高安全性的特征，成为打通、连接各个技术领域的基础支撑，在经过前几年行业乱象整治之后又迎来新一轮快速增长期。浙江省将区块链领域作为未来产业之一，并出台《浙江省区块链技术和产业发展"十四五"规划》，在宁波市建设全省首个未来产业先导区——宁波市区块链产业先导区，现已引进培育趣链、复杂美、布比等国内知名企业和蓝虹、智加、格密链等创新创业型企业。河南省郑州市于 2021 年举办金水产业大脑上线发布仪式，这是全国首个基于区块链网络架构、区块链技术与产业政策服务融合创新的应用场景和典型案例。

广东省区块链产业已初具规模。从技术创新方面来看，2021 年我国大陆申请区块链专利的地区主要为广东省（4 434 件）、北京市（4 384 件）、浙江省（1 342 件）、上海市（847 件）和江苏省（615 件）。其中，广东省集聚了平安集团、腾讯科技、微众银行、金融壹账通等一批企业，在省政府积极出台政策推动区块链发展的影响下，以区块链为首的金融科技技术蓬勃发展，推动广东省成为全国区块链专利申请数量最多的省份。此外，2022 年广东省工作报告指出，将推动数字人民币、国家区块链创新应用等试点在广州落户，充分体现了广东省对区块链产业发展的重视，区块链应用有望进一步深化。

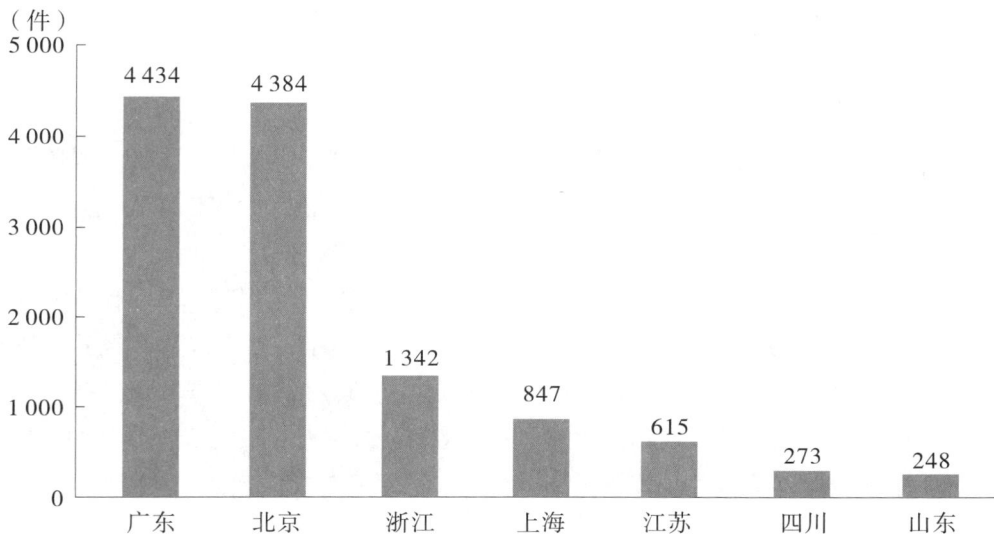

图 18 - 5　2021 年各省市区块链专利申请总数

数据来源：零壹智库。

### （三）类脑智能领域

类脑智能是受脑神经机制和认知行为机制启发，以计算建模为手段，通过软硬件协同实现的机器智能，具有信息处理机制上类脑、认知行为和智能水平上类人的特点。

在全国层面，从基础研究来看，清华大学、浙江大学、复旦大学、上海交通大学、中国科学院自动化研究所等高校机构在 2014 年开始便陆续开展类脑智能相关研究，在类脑计算芯片、类脑认知引擎平台等方面已取得一定成果。特别是 2018 年北京脑科学与类脑研究中心、上海脑科学与类脑研究中心的相继成立，推动北京市和上海市逐渐成为我国脑科学研究最为集中的地区。从平台建设来看，上海市以国家神经疾病医学中心的获批、亚洲规模最大的张江国际脑影像中心投入运行、全球最大规模的多维度脑科学数据库和标本库的打造、国际一流多尺度精密成像平台投入运行为标志，形成一个国际一流的脑与类脑前沿研究平台。从产业应用来看，上海市与中国一汽、国家电网、上汽集团、上海申通及百余家医疗机构在自动驾驶、智能电网、智慧物流、轨道交通、智慧诊疗等领域展开实质性产学研合作，申请专利近百项，有力推动脑智能理论与算法在重大领域的示范应用。

在广东省层面，广东于2018年印发《新一代人工智能发展规划》，首次将类脑智能计算作为重点发展方向，于2019年在香港中文大学（深圳）启动广东省第一批脑科学与类脑研究重点领域研发计划项目，并于2020年在南方科技大学立项建设广东省类脑智能计算重点实验室，着力打造类脑智能计算的完备理论和关键技术体系、产学研相结合的人才培养机制。深圳市在《深圳市科技创新"十四五"规划》中明确将脑科学与类脑智能作为未来产业之一，在光明科学城谋划建设脑科学与类脑智能集群，推动建设全球首个大型综合性脑科学创新科研平台。

### （四）元宇宙领域

元宇宙是利用VR虚拟现实等多种新技术手段进行链接与创造、与现实世界映射和交互的虚拟世界，具备新型社会体系的数字生活空间。通俗来说，元宇宙即人们娱乐、生活乃至工作时的虚拟空间，能达到真假难辨、虚实混同的境界。

广东省是元宇宙产业的先行者和排头兵。企查查数据显示，截至2022年3月，全国现存元宇宙企业总共为1 092家，其中广东省内名称中含有"元宇宙"和经营范围包含"元宇宙"的企业共计213家，占比19.5%，远超排名其后的浙江省和山东省。具体而言，广东深圳拥有包括华为、腾讯、比亚迪等众多高科技企业，一批"深企"积极探索元宇宙领域，积极开展、布局相关业务，推动着广东省元宇宙产业走在全国前列。

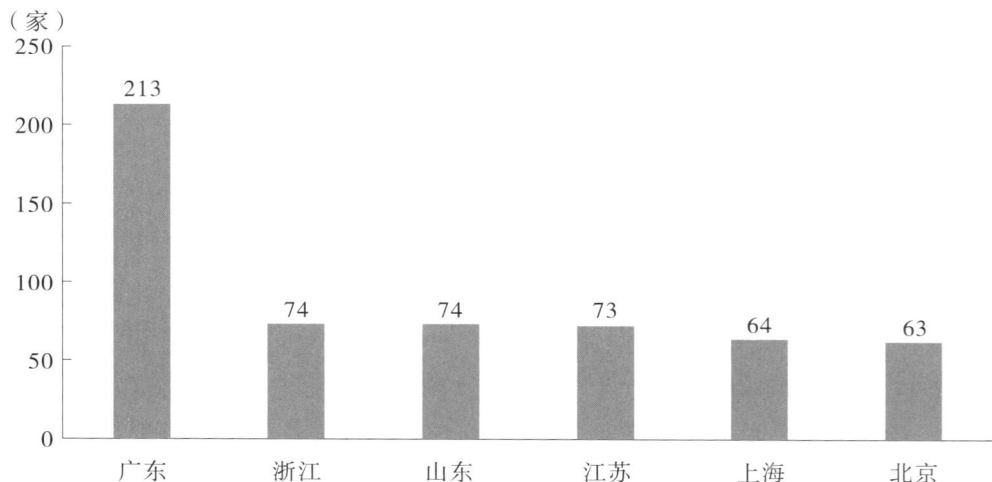

图18-6　我国部分区域元宇宙企业分布情况

数据来源：企查查。

广东省是国内较早探索实践元宇宙领域的地区。其中以腾讯为代表，作为入局元宇宙较早的企业，主要采取投资的策略实现元宇宙布局，如通过投资等方式配备大量平台公司，在硬件方面包括 VR/AR 技术与平台，软件方面则覆盖了人们对游戏、购物、学习和社交等多方面的需求。广州网易则是通过自研方式入局，先后开发沙盒游戏、投资虚拟社交平台 IMVU 等。此外，上海米哈游作为一家游戏公司，其元宇宙应用主要包括成立逆商工作室，与瑞金医院合作研究脑接口技术的开发和临床应用，并有意投资首个元宇宙社交软件 Soul。北京字节跳动则是通过并购 PICO、光舟半导体等企业布局元宇宙产业，详见表 18 – 6。

表 18 – 6　我国部分省市代表性企业元宇宙业务布局

| 省市 | 代表性企业 | 元宇宙业务布局 |
|---|---|---|
| 广东 | 腾讯 | 参投 Roblox、独家代理 Roblox 中国区产品发行 |
| | 网易 | 开发沙盒游戏、投资 IMVU |
| 上海 | 米哈游 | 逆商工作室、脑接口技术、元宇宙社交软件 Soul |
| 北京 | 字节跳动 | 并购 PICO、光舟半导体等企业 |

资料来源：前瞻产业研究院。

### （五）空天信息领域

空天信息产业是指运用空间基础设施和新型网络技术手段，通过收集、存储、处理和分析来自空天领域的信息，从而提供多样化服务的新兴产业。空天信息广泛服务于国家安全、经济建设和大众民生等诸多领域，兼具军事价值和经济价值。

我国主要省市先后建立空天信息技术产业平台，前瞻布局空天信息产业。长期以来，我国空天信息产业自主发展，在以国营军工集团为主、民营企业积极参与的格局下，形成了卫星制造、卫星发射、卫星应用及运营和卫星地面设备产业链。随着新技术的普及，我国空天信息技术发展有更高层次的要求。北京航天科技和航天科工集团积极布局低轨卫星网络，开展"鸿雁星座"和"虹云工程"；北京航空航天大学于 2021 年 7 月成立未来空天技术研究院，为未来空天领域技术研究发展、重大工程实施、航空航天强国建设奠定人才基础。浙江布局航空航天产业，培育杭州、台州航空航天"万亩千亿"新产业平台，支持舟山航空产业园建设，形成"一湾两区两网"的空间格局。广东省积极建设空天信息产业园区，打造高端设备和智能制造基地，目前已拥有中科空天飞行科技产业化基地和中国科学院空天信息创新研究院粤港澳大湾区研究院等机构。

表 18-7　我国空天信息产业重点布局地区和项目

| 省市 | 空天技术布局 | 重点发展项目 |
|---|---|---|
| 北京 | 中关村科学城 | 千乘探索——卫星研制及地球空间信息服务商；微纳星空——以卫星制造业务为核心的卫星系统技术解决方案供应商；和德宇航——智能空间信息服务供应商 |
| 浙江 | "一湾两区两网"空间格局 | 建设以大湾区为重点的航空航天制造基地，建设杭州、宁波航空航天科技创新区，布局航空运营服务网和空天数字服务网 |
| 广东 | 中科空天飞行科技产业化基地 | 致力于太空科技探索和系列化空天飞行器的研发集成、技术成果转化，提供宇航发射服务 |
| | 中国科学院空天信息创新研究院粤港澳大湾区研究院 | 进行太赫兹技术研究、推广及相关产品生产制造。太赫兹技术可广泛应用于雷达、遥感、国土安全与反恐、高保密的数据通信与传输、大气与环境监测、实时生物信息提取以及医学诊断等领域 |

资料来源：作者根据公开资料整理。

## （六）氢能产业领域

氢能是重要的工业原料和二次能源载体，也是世界上公认的清洁能源，具有清洁低碳、制成途径多样、高热值转化率等多方面优势。氢能产业链涵盖制氢、储氢、运氢和应用四个环节。

我国在制氢环节上具备一定优势，主要分布于环渤海和长三角地区。我国是最大的氢能生产国，但目前制氢技术尚处在不成熟的试验阶段，主要的氢源仍来自化石燃料制氢（煤制氢）和化工工业副产氢（焦炉气副产氢、氯碱副产氢、丙烷脱氢副产氢等）。从制氢量排名前十的企业来看，我国主要制氢企业为国家能源集团、中国石化、华昌化工和东华能源，集中分布于环渤海和长三角地区，详见表 18-8。

表 18-8　制氢量排名前十的企业

| 排名 | 企业名称 | 排名 | 企业名称 |
|---|---|---|---|
| 1 | 国家能源集团（北京） | 6 | 金能科技（山东） |
| 2 | 中国石化（北京） | 7 | 卫星石化（浙江） |
| 3 | 华昌化工（江苏） | 8 | 巨正源股份（广东） |
| 4 | 东华能源（浙江） | 9 | 鸿达兴业（内蒙古） |
| 5 | 美锦能源（山西） | 10 | 滨化股份（山东） |

资料来源：国际能源研究中心。

广东省作为汽车制造大省，在氢能储存和应用方面取得较大成就。2021年，广东燃料电池汽车示范应用城市群正式启动，佛山、广州和深圳以较完备的产业基础和优势长板，成为示范城市群发力的核心，将大力推动应用场景开放，促进产业化进程，打造千亿级氢能产业。其中，佛山是全国加氢站最多的城市，在加氢站的建设上也走在前列。深圳于2021年10月开通了首条氢燃料电池公交示范线，积极从事氢能技术研发和产品开发，在绿色制氢的前沿技术上也取得突破，电解水制氢转换效率优于国内同类产品15%。

# 第三节　广东产业发展新业态与新模式存在的问题

## 一、　未来产业前瞻性布局不足，　业态创新缺乏机理支撑

广东省在未来产业谋划布局上相对不足。我国其他省市已加紧布局推动未来产业发展，如浙江省已在宁波市建设全省首个未来产业先导区——宁波市区块链产业先导区；上海市出台政策文件支持一批面向未来的先导产业培育发展；河南省提出围绕"优中培精""有中育新""无中生有"三大路径培育未来产业，并积极建设未来产业先导区；山西省将着力形成"5+4"未来产业发展矩阵，通过七大重点工程，加快打造"政产学研金服用"七大主体相互贯通、共生演进的未来产业创新发展生态。相较于以上省市而言，广东省针对未来产业发展的明确性文件仍较为缺乏，在未来产业谋划布局上仍存在一定差距，亟需加大对未来产业的顶层设计。

表18-9　部分省市加快未来产业发展步伐

| 省市 | 文件名称 | 简介 |
|------|----------|------|
| 浙江 | 《浙江省未来产业先导区建设指导意见》《浙江省区块链技术和产业发展"十四五"规划》《宁波市区块链产业先导区建设实施方案》 | 浙江省率先出台未来产业先导区建设指导意见，推动建设宁波市区块链产业先导区成为全国区块链技术创新策源地 |
| 上海 | 《上海市战略性新兴产业和先导产业发展"十四五"规划》 | 明确先导产业的发展目标、发展重点、空间布局、重大专项工程和保障措施 |
| 河南 | 《河南省"十四五"战略性新兴产业和未来产业发展规划》 | 提出"优中培精""有中育新""无中生有"三大发展路径，超前谋划支撑未来产业发展的核心要素 |
| 山西 | 《山西省"十四五"未来产业发展规划》 | 围绕"优中培精""有中育新""新中求变""无中生有"四大路径，着力形成"5+4"未来产业发展矩阵 |

资料来源：作者根据公开资料整理。

广东省在业态创新方面缺乏理论支撑。目前广东省关于新业态新模式的案例缺少系统性和全面性的研究，缺乏适用于企业建立新模式和新业态的理论支撑和模式借鉴，导致政府在认识新业态新模式演变规律、预判新业态新模式发展趋势等方面缺乏理论总结和实践参考，企业在技术更新、产业转型提升等方面缺乏方向性指引。

## 二、　新业态领域存在监管空白，　消费维权存在诸多痛点

在数字化浪潮推动下，近年来网络交易蓬勃发展，各类新型消费层出不穷。从过去的"缺斤短两"到如今的大数据"杀熟"，新消费、新业态、新模式、新政策的涌现改变着消费者的维权形式，给多个消费领域带来不同程度的监管空白，既有智能产品、智能客服等新型技术带来的新难点，也有跨境网购、直播带货、盲盒等新商业模式带来的新热点。例如，在2022年广东3·15晚会上，短视频平台、海外购食品、新能源汽车、网络消费、金融消费等多个业态领域是消费维权的热点。

表 18 – 10　广东省新业态领域存在诸多监管空白

| 新业态领域 | 相关事件介绍 |
| --- | --- |
| 新能源汽车 | 充电故障、续航里程缩水等电池质量问题突出，且目前对于新能源领域的监管还处在发展变化阶段，相关法规条例尚不明晰 |
| 跨境网购 | 近年来对线下进口食品的治理已相对成熟，但跨境食品电商的中文标签问题一直都困扰着进口食品业态，相关监管制度仍存在空白 |
| 相亲平台 | 在网络相亲交友平台上，存在着大量的虚假套路，如"虚构式"邀约、"洗脑式"推销、"诱导式"签约、"凑数式"服务等，严重侵害消费者权益 |

资料来源：作者根据公开资料整理。

回顾近几年新业态的发展历程，新业态领域的监管空白可能会带来行业性风险隐患。一是"互联网＋金融"创新催生的P2P网贷新业态，由于缺少有力监管，导致出现大量平台跑路和诈骗事件，致使很多将辛苦攒下的工资、退休金拿去投资的普通消费者一夜间血本无归。二是曾经火爆的长租公寓，其是传统领域顺应市场结构性变革所衍生出的新业态。在疫情冲击下多地多家长租公寓企业相继"爆雷"，受监管制度不完善影响，大量租客将面临损失租金甚至面临"无家可归"的困境。此外，相当一部分领域的新业态企业发展并非扎实立足于产品或用户需求，而是因借助资本之力"跑马圈地"的急速扩张逻辑，既缺乏有效盈利模式支撑，又很容易导致市场恶性竞争，埋下行业性风险隐患。

### 三、　产学研转换机制不够成熟，　市场创新活力有待提高

一方面，近年来广东省科技中介机构获得一定发展，已形成省科技系统、市科技系统、院校科研机构以及社会团体和民营科技中介服务机构四种类别的科技中介服务机构，先后建立"广东省中国科学院全面战略合作信息网""广东省科技业务综合管理系统""广东省产学研合作促进会"等多功能科技服务平台。但目前这些平台仍处于完善阶段，未能很好满足企业和高校、科研院所的需求，且科技中介行业体系仍存在门类不齐全、规模偏小等问题，未能真正实现产学研合作效能。

另一方面，当前新业态新模式的产生与发展大都处于自发状态，尽管广东省形成了一批创新型企业，但相比广东经济大省地位而言，缺乏重大技术创新方面的有效引导，创新型企业数量还是相对较少，未能真正构建起良好的新业态新模式创新体系。同时，当前开放式创新等新业态新模式仅存在于省内极少数大型骨干企业之中，一些中小微企业的创新发展能力、决策管理能力和资本运作能力依然不足，未能全面融入新业态新模式所形成的创新生态之中。虽然广东省创新投入总量逐年增长，但对于中小微企业创新能力的培育力度及激励机制仍有待提高完善。

### 四、　新业态模式培育力度不足，　创新支撑链条有待健全

从政策链角度看，目前广东省除了"双创"活动和孵化育成体系建设等工作重点外，全省层面缺乏对开放式创新等新业态与新模式培育的专项支持，阻碍了中小微企业的创新发展，不利于营造探索实践前沿技术的创新环境。

从资金链角度看，广东省资本市场还不够完善，风险投资市场发展滞后，如还未完全建立起省级风险投资引导基金。大型综合性创新组织缺乏有效的金融支持，限制了对未来产业发展、新业态新模式创新的持续投入，影响后续创新成果的落地。

## 第四节　广东产业发展新业态与新模式的对策建议

### 一、　强化源头创新供给，　推进未来产业顶层设计

跟踪战略前沿技术，总结推广技术预见研究成果。加大对全球基础科学研究重大成果的跟踪分析，瞄准前沿学科和交叉融合学科，利用科研众包等新模式跟踪破解相关重大科学难题，做好基础研究领域的技术储备；组织国内知名高校、科研机构和行业领军人才深

入合作开展技术预见研究活动，总结推广技术预见研究成果，打造国内面向新业态新模式前沿技术跟踪的权威发布平台，为各类产业园区利用新技术和新模式实现转型升级提供理论支撑和模式借鉴。

做好未来产业发展的顶层设计。借鉴我国其他省市发展未来产业相关经验，结合广东省产业发展的基础条件和发展优势，加快研究制定未来产业发展规划，明确未来产业发展的重点方向、重点领域、战略任务及战略举措，科学系统谋划重点领域的重大项目布局；借鉴浙江省、河南省开展未来产业先导区的做法，积极打造集聚示范典范，并鼓励各地区围绕"一园一特色"建立新业态新模式示范区；聚焦基因技术、区块链、元宇宙、空天信息、氢能产业等较具优势的前沿技术，依托广州和深圳两个国家创新型城市架构，以及东莞、佛山创新后台服务基地，整合国内外创新资源，布局一批国家未来产业技术研究机构，加强前沿技术多路径探索和交叉融合，提高颠覆性技术供给。

## 二、 健全消费领域监管， 推动消费维权体系优化

建立健全消费领域监管机制。在强化对传统电商监管的同时，积极探索新业态网络消费的新型监管方式和措施，针对网络消费纠纷频发且涉及多个监管部门的消费领域，尝试整合建立协同监管特别机制，实现精准有效监管；充分运用云计算、大数据、人工智能等技术手段，建立更为有效的网络消费者投诉机制和预警机制，及时准确发送消费风险提示；建立健全技术监管平台，以实现智能化高效化的现代监管。

完善消费者维权体系。持续扩大维权渠道建设及维权救济支持，探索建设更加适应新业态新模式的维权渠道和有效服务；加大维权工作力度，不断扩大消费维权事件出力覆盖面，通过推进多部门消费者权益保护对话及合作，提高消费者维权行动跟进效率和处理成功率。

## 三、 强化企业主体地位， 促进产学研深度融合创新

培育科技型企业梯队。强化企业技术创新主体地位，建立多层级、多主体共同参与的科技型企业发展体系，加快优化科技型中小企业、高新技术企业、行业领军企业、未来型企业的梯次培育发展体系；鼓励企业建立健全自主研发机构，提高企业自身技术创新能力，并支持有条件的企业通过产学研协同创新建立一批技术创新平台；大力推进企业研发机构的优化整合，逐步建立"技术创新中心—工程中心—企业研发机构"分层推进模式。

促进产学研运营机制。充分发挥广东省内高校和科研院所的创新资源优势，鼓励高校与科研院所在科技研发、技术咨询和成果转化等方面为企业提供服务，支持企业与重点高校和科研院所建立战略合作关系；建设企业技术需求数据库，推动科技成果与企业技术需

求对接；加快科技企业孵化育成体系完善，推动珠三角国家科技成果转化示范区建设，支持设立粤港澳产学研创新联盟，完善"省部院"产学研合作机制；支持掌握关键核心技术、拥有自有知识产权的科技人才或团队落地广东转化科技成果。

## 四、　完善创新资源配置，　提升创新治理现代化水平

加大政策支持力度。加快建立系统、协调、完整的新业态新模式发展长效机制。采取奖励、资助、贷款贴息、购买服务等方式，精准持续支持未来产业企业、新业态新模式领军企业；通过设立专项基金支持前沿技术的产业化、工程化，鼓励"大众创业，万众创新"，营造勇于探索、宽容失败、尊重人才、追求创造的良好社会创新氛围。

加强投融资体制创新。充分发挥香港、澳门、深圳、广州等资本市场和金融服务功能，合作构建多元化、国际化、跨区域的科技创新投融资体系；推动支持实体经济发展的金融创新，引导金融资本、产业资本、社会资本等多渠道向未来产业领域、科技创新创业领域集聚；通过建立未来产业企业培育清单、新业态新模式企业培育清单等方式，为企业提供上市培育绿色通道功能，支持高成长性创新企业优先在科创板上市。